Crète

L'ÎLE DES BIENHEUREUX

Rebelle et sauvage, la Crète s'offre avec douceur au voyageur qui voudra bien lui accorder une oreille attentive. Partez ainsi à la conquête d'une nature éblouissante faite de lagons cristallins, d'oliviers à perte de vue, d'authentiques villages de montagne, de gorges rocailleuses, de parfums et saveurs aromatiques et sincères : la Crète est un lieu qui réveille les sens. Berceau de la civilisation minoenne, terre d'histoire aux multiples héritages, celle que l'on appelle « l'île des dieux » ou la « Grande île » témoigne aujourd'hui avec fierté des richesses de son passé. Visitez ses palais et ses sites antiques, comme le célèbre palais de Cnossos, reflets de la grandeur et du raffinement d'une des premières civilisations méditerranéennes d'Europe. Pénétrez dans ses paisibles monastères qui résistèrent en leur temps aux occupants, dans ses églises byzantines et dans ses chapelles isolées. Admirez les trésors de ses musées, les édifices des époques lointaines qui décorent ses villes. Laissez-vous emporter par les sons de la lyre et du luth. De La Canée à Réthymnon, aventurez-vous dans des ruelles labyrinthiques de ces vieilles villes pleines d'effervescence et de charme. Il y a fort à parier que vous repartirez avec force, tendresse et reconnaissance de votre séjour sur cette terre de Crète. Terre insulaire de caractère, célèbre pour l'hospitalité de ses habitants et leur joie de vivre, la Crète exhale une douceur et un dynamisme qui ne sauront que vous toucher.

SOMMAIRE

L'activité touristique se concentre autour du lac d'Agios Nikolaos. © VLADIMIRSKLYAROV - ISTOCKPHOTO

© GEORGIOS TSICHLIS - SHUTTERSTOCK.COM

6 INSPIRER

Quelle est la saison idéale pour visiter la Crète pour profiter de son charme et de ses festivités ? Les réponses à toutes ces questions dans cette partie du guide.

35 DÉCOUVRIR

Une vision d'ensemble sur l'histoire, les beautés naturelles, les contrastes, le mode de la vie, les enjeux sociaux et la culture de la Crète.

91 RÉGION D'HÉRAKLION

Région dynamique et incontournable du fait des trésors et des énigmes de la civilisation minoenne exposés dans son musée, découverts dans des sites uniques.

© VENIAMAKIS STEFANOS - SHUTTERSTOCK.COM

Randonnée dans les Gorges de Samaria. © TOMASZ MAJEWSKI

Crète. © IMARZI - SHUTTERSTOCK.COM

Altitude (en mètres)
2000
1000
500
200
Route principale
Route secondaire
Ville
Principaux sommets
Liaison maritime
MER DE CRETE
Bateaux vers le Pirée
PÉNINSULE DE GRAMVOUSSA
748 m.
762 m.
PHALASARNA
KISSAMOS
HANIA
SOUDA
PLAKA
APTERA
ARMENI
PANORMOS
RETHYMNON
KEFALI
AGIA IRINI
1182 m.
AGIA TRIADA
Pachnes 2453 m.
AMOUDARI
AZOGIRES
ARGYROUPOLIS
ELAFONISSI
GORGES DE SAMARIA
THRONOS
GIALOS
SOUGIA
MYRTHIOS
SPILI
AGIA ROUMELI
LOUTRO
PREVELI
PALEOHORA
PLAKIAS
AGIA GALINI
Îles de Paximadia
MATALA
Îles de Gavdopoula
MER DE LIBYE
Île de GAVDOS
25 KM

MER DE CRETE
Bateaux vers le Pirée
Vers le Pirée
Vers le Pirée
Îles de Dia
AGIA PELAGIA
FODELE
HÉRAKLION
L'ÎLE ET LA PRESQU'ÎLE DE SPINALONGA
Îles de Dragonada
Îles de Elassa
HERSONISSOS
MALIA
ELOUNDA
VAÏ
SITIA
CNOSSOS
KRASSI
MYRTIA
ARCHANES
PALEKASTRO
AGIOS NIKOLAOS
Dikti 2148 m.
KRITSA
2141 m.
1476 m.
819 m.
XEROKAMPOS
MAKRIGIALOS
GORTYNE
MYRTOS
IERAPETRA
Îles de Koufonissi
Îles de Chrissi
MER DE LIBYE

QUAND Y ALLER

JANVIER

11° / 15°

ÉPIPHANIE
On célèbre à cette date le baptême de Jésus et dans toutes les îles le pope lance une croix à la mer en signe de bénédiction.

$

FÉVRIER

12° / 15°

CARNAVAL DE RETHYMNON
(RETHYMNON)

© SUMMER-LIKE - SHUTTERSTOCK.COM

Découvrez Réthymnon qui se déguise, fait la fête et inverse l'ordre de la ville avec créativité, imagination et bonne humeur !

$

MARS

13° / 17°

FÊTE NATIONALE
C'est la fête nationale grecque, en commémoration du début de la guerre d'indépendance contre l'Empire ottoman. C'est un jour férié.

$

JUILLET

25° / 30°

FÊTE DES BERGERS DE ZONIANA
(RETHYMNON)
L'art de la fabrication du fromage dans un village d'éleveurs et une belle occasion de faire la fête : une expérience bucolique !

FESTIVAL D'ÉTÉ D'HERAKLION
(HÉRAKLION)
Une programmation riche en spectacles d'un haut niveau artistique et une belle occasion d'enrichir vos soirées à Héraklion !

$ $ $

AOÛT

25° / 31°

DORMITION
La Dormition est célébrée dans tout le pays, avec particulièrement d'entrain dans les églises et monastères dédiés à la Vierge.

$ $ $

SEPTEMBRE

23° / 27°

$ $

Du fait de la douceur de son climat, toutes les saisons sont propices pour voyager en Crète. La saison dure de mai à fin octobre, alors que la haute saison se poursuit de juillet à août. Si vous préférez les périodes calmes, tout en profitant des journées et des mers chaudes, optez pour les mois de juin et septembre. Rythmé par la religion, le calendrier grec offre l'occasion de connaître également la Crète au printemps et autour des dates qui coïncident avec la Pâque orthodoxe.

AVRIL

15° / 19°

PÂQUES
La plus grande fête religieuse de l'année, célébrée dans tous les villages de Grèce, marque le début de la saison estivale.

$ $

MAI

19° / 23°

FÊTE DES MUSÉES
A l'occasion de la Journée internationale des musées, l'entrée des musées, monuments et sites appartenant à l'État est gratuite !

$ $

JUIN

22° / 27°

$ $ $

OCTOBRE

20° / 25°

JOUR DU NON

© BESTRAVELVIDEO - SHUTTERSTOCK.COM

Ce jour férié commémore le 28 octobre 1940 où le général Metaxas a répondu *Ochi* (« Non ») aux troupes italiennes de Mussolini.

$ $

NOVEMBRE

17° / 20°

$

DÉCEMBRE

13° / 17°

NOËL
Noël est surtout l'occasion délicieuse de partager des gourmandises comme les gâteaux *melomakarona* et les *kourabiedes*.

$ $

LES BONNES RAISONS D'Y ALLER

UNE NATURE VARIÉE, ÉBLOUISSANTE

Un impressionnant éventail de paysages crétois d'une rare beauté séduit le visiteur.

UNE HOSPITALITÉ APPRÉCIABLE

Il reste encore tellement d'authenticité dans la convivialité des Crétois !

UNE HISTOIRE RICHE

Berceau de l'opulente civilisation minoenne, l'île a su résister à tous ses occupants.

© RICHARD WHITCOMBE - SHUTTERSTOCK.COM

LA GRANDE BLEUE À PERTE DE VUE

Farouche ou sereine, la mer crétoise s'étend, immense, et captive les regards.

© MASSON - SHUTTERSTOCK.COM

UN CLIMAT IDÉAL

De type méditerranéen, avec des étés très chauds, ensoleillés, rafraîchis par le meltem.

© GORILLAIMAGES - SHUTTERSTOCK.COM

UNE MULTITUDE D'ACTIVITÉS SPORTIVES

La diversité de la nature crétoise permet à tout le monde de passer des vacances actives.

© IMARZI - SHUTTERSTOCK.COM

TERRE DE SAVEURS AUTHENTIQUES

Le régime méditerranéen est source d'inspiration des spécialités de la cuisine crétoise.

LES BONNES RAISONS D'Y ALLER

LA DOUCEUR DE VIVRE CRÉTOISE

Un rythme de vie nonchalant, convivial et festif pour profiter à fond du temps présent.

© VLADIMIR SAZONOV - SHUTTERSTOCK.COM

© VENIAMAKIS STEFANOS - SHUTTERSTOCK.COM

TRADITIONS ET COULEUR LOCALE

La musique, le chant et la danse modèlent et rythment le caractère authentique crétois.

© ADAMCHUK

L'ARTISANAT, GOÛT DU SAVOIR-FAIRE

Par leur goût de la beauté et leur créativité, les Crétois sont des artisans inspirés.

LES 12 MOTS-CLÉS

#ARMES À FEU

Les Crétois qui ont été amenés, tout au long de leur histoire, à affronter les occupants de l'île, sont prêts à tout moment à défendre leur terre. La plupart d'entre eux disposent donc d'armes à feu qui, fort heureusement, ne sont utilisées que pour tirer des coups de feu en l'air lors des mariages ou à d'autres grandes occasions de leur vie.

#CAFÉ FROID

Les jeunes Crétois ne consomment aujourd'hui pratiquement plus que des cafés froids : du café soluble dit « frappé » ou le « freddo », le grand classique froid (un expresso glacé, existant aussi en version cappuccino). C'est en effet tellement plus agréable de se rafraîchir en été en sirotant un café froid, à toute heure de la journée.

© URBAZON - ISTOCKPHOTO.COM

#COSTUME CRÉTOIS

Le costume traditionnel crétois date du XVIe siècle. Dans les villages, le 3e âge masculin arbore encore dans le quotidien certains attributs de ce costume : la *vraka*, sorte de pantalon bouffant, le *sariki*, un foulard autour de la tête, et les *stivanias*, de grandes bottes noires. Les femmes ne portent l'habit traditionnel que les jours de fête.

© VENIAMAKIS STEFANOS - SHUTTERSTOCK.COM

#HIPPIES

A la fin des années 1960, une communauté de beatniks cherchant à retrouver une vie proche de la nature s'installa dans les grottes artificielles de Matala. Le petit village est ainsi devenu un lieu de rendez-vous des hippies, et cela jusqu'à la fin des années 1970. En souvenir de cette période, un festival de musique très prisé a lieu en juin.

#ICÔNES BYZANTINES

Par le terme « icône byzantine », on désigne en grec la représentation de saints ou de scènes bibliques sur un support en bois ou en métal précieux. Les plus belles ornent encore aujourd'hui les lieux du culte orthodoxe, notamment en Crète. L'église Agia Ekaterini à Héraklion, devenue musée, propose une exposition rare sur cet art byzantin d'Orient.

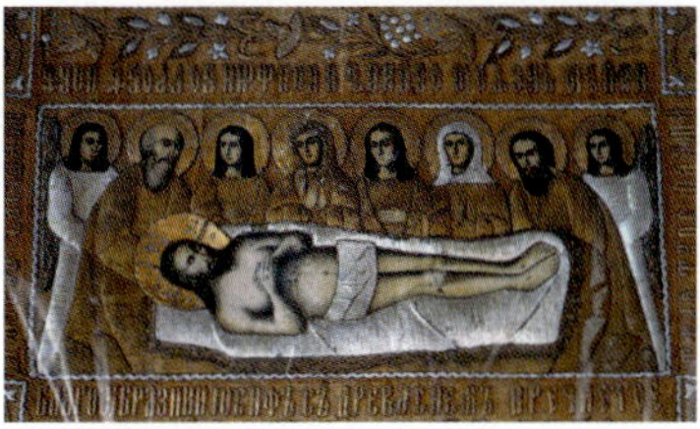

© JEKATARINKA - SHUTTERSTOCK.COM

#IPNAKOS

La sieste est très largement suivie en Crète. Les magasins sont fermés généralement entre 14h et 17h et il est de bon ton, surtout en été, de respecter cette pratique. Quand le soleil bat son plein et après votre déjeuner, il est important de prendre un temps de pause avant de retourner à vos activités, et même avant votre baignade.

#KAFENEIO

Presque une institution sociale, surtout dans les petits villages, le kafeneio est un hybride entre le café et le bar. C'est le point de rencontre des hommes, où ils passent de longs moments pour discuter politique ou football avec passion, autour de quelques verres de raki. C'est le lieu par excellence où l'on joue au backgammon, en grec *tavli*.

#KRI-KRI

La chèvre sauvage et emblématique de la Crète porte dans le dialecte local le nom de « kri-kri ». En réalité, c'est une espèce de bouquetin, descendant de la chèvre et revenue à l'état sauvage depuis l'époque néolithique. Aujourd'hui menacée, on peut l'apercevoir dans le parc naturel des gorges de Samaria en train de surveiller son espace naturel !

#MOULINS

Les conditions climatiques permettaient, autrefois, aux Crétois d'utiliser les moulins pour moudre les grains ou pour remonter l'eau des nappes phréatiques comme sur le plateau de Lassithi. La plupart de ces édifices ayant disparu, on retrouve un grand nombre de moulins miniatures dans les boutiques de souvenirs, très prisés par les enfants !

© MLENNY

#MUSIQUE CRÉTOISE

La musique crétoise a beau avoir des racines qui se perdent dans la tradition, elle est encore particulièrement vivace dans le cœur et le quotidien des Crétois. Ayant des particularités que l'on ne retrouve pas dans la musique traditionnelle grecque, elle doit son charme à la lyre crétoise et au luth, ainsi qu'à son articulation rythmique.

#NATURE

Le relief singulier a limité le développement d'infrastructures touristiques sur une bonne partie de l'île : c'est ainsi que l'environnement naturel a pu sauvegarder ses richesses. Particulièrement attractive au printemps, la nature de la Crète sait assouvir la passion des amateurs de randonnée : explorez des paysages spectaculaires peu touchés !

#PARFUMS

La Crète a ses propres parfums ! Le thym, l'origan, le fenouil sauvage, la sauge, omniprésents sur les montagnes, le basilic et les géraniums débordent des jardins et diffusent leurs essences, se mélangeant avec celles des épices. Vers la fin de l'été, le parfum le plus précieux ne porte qu'une seule signature de marque, celle de l'olivier !

VOUS ÊTES D'ICI, SI…

- **Vous aimez parler fort**, sur votre portable, dans les cafés, les bus, dans la rue, au bord de la plage en prenant tout le monde à témoin de vos discussions !
- **Vous aimez faire traîner les soirées** autour d'une table, de préférence celle d'une bonne taverne, entre amis !
- **Vous réglez l'addition pour tout le monde** ou vous vous laissez inviter, c'est très mal vu de payer sa part dans son coin !
- **Vous adorez refaire le monde en sirotant votre café,** toujours la même tasse, pendant des heures !
- **Vous tenez particulièrement à votre indépendance.** C'est la raison pour laquelle vous occupez à vous seul une table pour quatre personnes !
- **Vous acceptez la traditionnelle hospitalité crétoise** en vous rendant chez des locaux pour arroser votre visite d'un bon verre de raki !
- **Vous adorez participer** à un mariage crétois ou à une fête patronale (*panigyri*).
- **Vous respectez les traditions locales** sans ironie mais avec toute la déférence d'un peuple fier de ses coutumes !

MA CRÈTE

avec Kalliopi Morfi, l'auteure du guide

© DR

Interview

Historienne et historienne de l'art spécialisée dans la tragédie et la littérature antique, Kalliopi Morfi est native de Patras et habite à Athènes, où elle enseigne et travaille comme traductrice. La Crète tient une place particulière dans son histoire personnelle, l'ayant parcourue maintes et maintes fois. Pour le *Petit Futé*, elle a écrit les guides *Athènes* et *City Trip Athènes*, ainsi que deux éditions sur la Crète.

DISTANCES

TEMPS DE TRAJET

	HANIA [LA CANÉE]	HERAKLION	AGIOS NIKOLAOS	RÉTHYMNON	KISSAMOS
HANIA [LA CANÉE]		142 KM 🚗 2h 🚌 2h30	202 KM 🚗 3h20	68 KM 🚗 1h 🚌 1h45	37 KM 🚗 45mn
HERAKLION	142 KM 🚗 2h 🚌 2h30		62 KM 🚗 1h	80 KM 🚗 1h15 🚌 1h30	175 KM 🚗 2h30
AGIOS NIKOLAOS	202 KM 🚗 2h45	62 KM 🚗 1h		141 KM 🚗 2h15	235 KM 🚗 3h30
RÉTHYMNON	68 KM 🚗 1h 🚌 1h45	80 KM 🚗 1h15 🚌 1h30	141 KM 🚗 2h15		96 KM 🚗 1h30
KISSAMOS	37 KM 🚗 30mn	175 KM 🚗 2h30	235 KM 🚗 3h30	96 KM 🚗 1h30	
IERAPETRA	236 KM 🚗 3h30	96 KM 🚗 1h30	34 KM 🚗 45mn	172 KM 🚗 2h30	267 KM 🚗 3h45
MATALA	136 KM 🚗 2h30	63 KM 🚗 1h	126 KM 🚗 2h	79 KM 🚗 1h45	167 KM 🚗 3h
MONT PSILORITIS [MONT IDA]	120 KM 🚗 2h15	62 KM 🚗 1h30	122 KM 🚗 2h30	57 KM 🚗 1h15	152 KM 🚗 2h30
MALIA	175 KM 🚗 2h30	34 KM 🚗 30mn	30 KM 🚗 30mn	111 KM 🚗 1h30	206 KM 🚗 3h
CNOSSOS	143 KM 🚗 2h	5 KM 🚗 15mn	67 KM 🚗 1h15	80 KM 🚗 1h15	175 KM 🚗 2h30
FAISTOS	132 KM 🚗 2h30	48 KM 🚗 1h	111 KM 🚗 2h	75 KM 🚗 1h30	164 KM 🚗 2h45
VÁI	290 KM 🚗 4h30	150 KM 🚗 2h30	89 KM 🚗 1h45	227 KM 🚗 3h30	322 KM 🚗 4h45

Le bus est le moyen de transport le plus développé et pratique en Crète : les bus KTEL font partie du paysage. Si vous préférez sillonner la Crète avec votre propre véhicule, sachez que la plupart des points de l'île sont accessibles par la route. Toutefois, celle-ci est souvent sinueuse à cause du relief et, plus particulièrement, celle de la côte sud-ouest. Le réseau routier n'est pas excellent dans les régions inhabitées, mais il est praticable.

ERAPETRA	MATALA	MONT PSILORITIS [MONT IDA]	MALIA	CNOSSOS	FAISTOS	VÁI
236 KM 3h30	136 KM 2h30	120 KM 2h15	175 KM 2h30	143 KM 2h	132 KM 2h30	290 KM 4h30
96 KM 1h30	63 KM 1h	62 KM 1h30	34 KM 30mn	5 KM 15mn	48 KM 1h	150 KM 2h30
34 KM 45mn	126 KM 2h	122 KM 2h30	30 KM 30mn	67 KM 1h15	111 KM 2h	89 KM 1h45
172 KM 2h30	79 KM 1h45	57 KM 1h15	111 KM 1h30	80 KM 1h15	75 KM 1h30	227 KM 3h30
267 KM 3h45	167 KM 3h	152 KM 2h30	206 KM 3h	175 KM 2h30	164 KM 2h45	322 KM 4h45
	122 KM 2h30	149 KM 3h	57 KM 1h	94 KM 1h30	107 KM 2h	82 KM 1h30
122 KM 2h30		112 KM 2h30	95 KM 1h30	64 KM 1h15	15 KM 30mn	211 KM 3h30
149 KM 3h	112 KM 2h30		93 KM 2h	61 KM 1h30	93 KM 2h	208 KM 4h
57 KM 1h	95 KM 1h30	93 KM 2h		40 KM 1h	84 KM 1h30	117 KM 2h
94 KM 1h30	64 KM 1h15	61 KM 1h30	40 KM 1h		50 KM 1h	155 KM 3h
107 KM 2h	15 KM 30mn	93 KM 2h	84 KM 1h30	50 KM 1h		197 KM 3h15
82 KM 1h30	211 KM 3h30	208 KM 4h	117 KM 2h	155 KM 3h	197 KM 3h15	

IDÉES DE SÉJOUR

Si une semaine vous laisse le temps de découvrir la majeure partie de l'est de la Crète (d'Héraklion au plateau du Lassithi en passant par Agios Nikolaos, Sitia, Kato Zakros et jusqu'à Ierapetra), sept petits jours seront trop courts pour explorer la partie occidentale de l'île, les préfectures de Hania et de Réthymnon réservant des merveilles très diverses (de montagne et de mer) et parfois difficilement accessibles. Un choix sera donc nécessaire. Si vous voulez en plus visiter Héraklion et ses environs à votre arrivée, il vous faudra sélectionner tout d'abord un cap : l'est ou l'ouest de l'île. Si vous avez prévu de passer de 10 à 15 jours en Crète, il vous suffira de faire un panaché des différents circuits proposés, en fonction de vos préférences, mais attention : même si les routes sont bien entretenues, la géographie montagneuse de l'île vous obligera à passer pas mal de temps sur la route.

LA CRÈTE, D'HÉRAKLION AUX GORGES DE SAMARIA

Après la visite d'Heraklion et du Palais de **Cnossos** ★★★★ (p.137), cap à l'Ouest ! Direction **Rethymnon** ★★★ (p.312), puis les gorges de Samaria notamment. Ce n'est pas toute l'île, mais cela donne déjà l'occasion de voir pas mal des attraits de la destination et de prendre goût à la douceur de vivre et au côté sauvage qu'exhale cette terre de caractère.

› Jour 1 : Arrivée à Héraklion

Arrivée à l'aéroport Nikos-Kazantzakis ou au port d'Héraklion. Balade dans le centre-ville en remontant la rue du 25-Avgoustou, en passant devant la **fontaine Morosini** (p.102) (place Venizelou), puis en continuant vers le marché rue Odos-1866. L'après-midi, visite du **musée archéologique** (p.104) d'Héraklion. En fin de journée, vous pourrez vous promener le long des remparts vénitiens de la ville, voir la tombe de Nikos Kazantzakis pour les amoureux de littérature, et finir par une promenade sur le port vers la forteresse de Koulès à l'heure où le soleil décline. Plus tard dans la soirée, si vous souhaitez goûter à l'animation nocturne, allez boire un verre dans l'un des bars du quartier Koraï ou de la rue Milatou.

› Jour 2 : Le palais de Cnossos

Visite du palais de **Cnossos** ★★★★ (p.137), à 15 minutes d'Héraklion par la route. Ce palais du roi Minos est l'un des sites archéologiques grecs les plus célèbres. Visitez-le de préférence tôt le matin, puis allez déjeuner à **Archanès** ★★ (p.141), un village réputé pour son vin. L'après-midi, vous pourrez vous rendre sur le magnifique plateau de Nida pour voir la grotte d'Ideon Andron dans laquelle Zeus aurait, selon la légende, été élevé. Vous pourrez aussi découvrir le pittoresque village de montagne d'**Anogia** ★★ (p.336), réputé pour ses lignées de musiciens et son tissage, y passer la soirée sur fond de musique traditionnelle après avoir goûté à l'agneau local et y dormir. Là, vous pourrez apprécier l'âme crétoise.

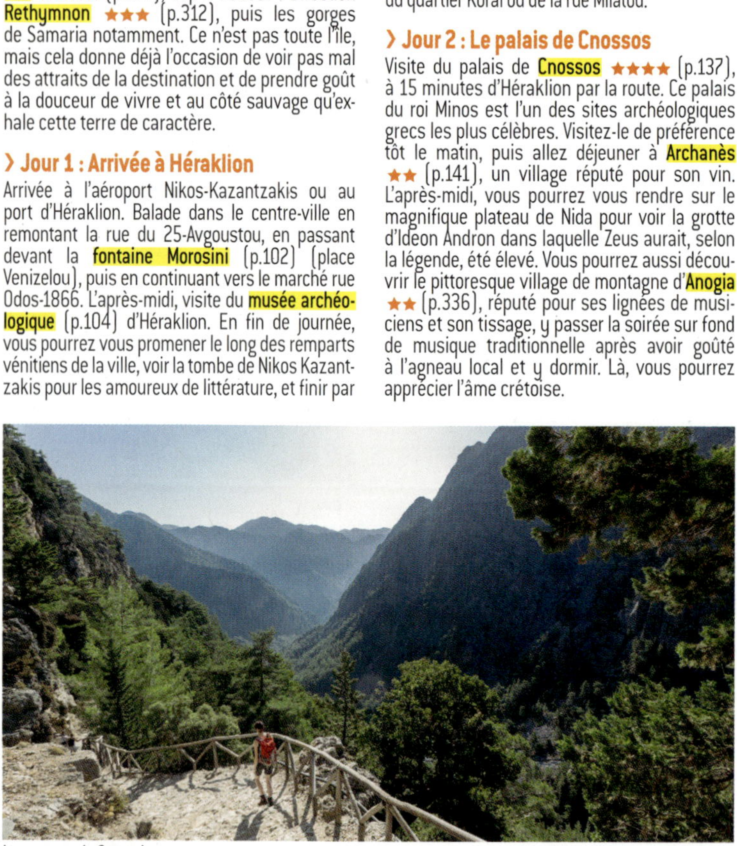

Les gorges de Samaria.

› Jour 3 : Direction Rethymnon

Direction **Rethymnon** ★★★ (p.312) par le monastère d'**Arkadi** ★★ (p.330) à 20 km au sud de la ville et arrêt baignade avant de visiter le quartier historique vénitien. Soirée à **Rethymnon** ★★★ (p.312), avec dîner dans l'un des restaurants de la vieille ville, puis raki dans l'un des nombreux bars animés du quartier.

› Jour 4 : Les gorges de Samaria

Excursion aux gorges de Samaria. Le départ se fait d'Omalos (tôt le matin un bus relie **Rethymnon** ★★★ (p.312) à Hania, puis Omalos). Après 16 km d'une marche superbe mais soutenue (en descente), on arrive sur la petite plage d'**Agia** (p.280) Roumeli pour une baignade bien méritée. Retour par bateau vers Hora Sfakion, puis bus vers Hania. Soirée dans la vieille ville d'Hania.

› Jour 5 : Zaros

Le lendemain, une route pittoresque vous amène jusqu'à **Zaros** ★ (p.144) par la superbe vallée d'**Amari** (p.338) au pied du **mont Psiloritis** ★★★★ (p.337). A **Zaros** ★ (p.144), vous pourrez déguster des truites au bord du lac avant de rejoindre le village agréable de **Kalamaki** (p.150), où vous pourrez prendre une chambre face à la mer et déguster de l'espadon.

› Jour 6 : Sites minoens et farniente

Le matin, visite des sites minoens de **Phaestos** ★★★ (p.148) et d'**Agia Triada** ★★ (p.150) et après-midi détente sur la longue plage de Komos, où les tortues de mer *Caretta caretta* viennent enterrer leurs œufs. Soirée à **Matala** ★★★ (p.152), jolie petite station balnéaire qui se revendique encore hippie, connue pour ses grottes qu'aurait squattées un temps Bob Dylan. Retour à **Kalamaki** (p.150) pour la nuit.

› Jour 7 : Site romain et retour à Héraklion

Visite du site romain de **Gortyne** ★★★ (p.146) avant de revenir à Héraklion où vous attend votre avion ou votre ferry.

LA CRÈTE, D'HÉRAKLION À HANIA AVANT LE FARNIENTE

L'ouest de l'île est une bonne option pour découvrir la Crète en une semaine. Après la visite d'**Heraklion** ★★★ (p.98), direction **Hania** ★★★★ (p.225), puis les spots balnéaires du sud de l'île. Cela donne déjà l'occasion de voir pas mal des attraits de la destination et de prendre goût à la douceur de vivre et au côté sauvage qu'exhale cette terre de caractère.

› Jour 1 : Arrivée à Héraklion

Arrivée à l'aéroport Nikos-Kazantzakis ou au port d'**Héraklion** ★★★ (p.98). Balade dans le centre-ville en remontant la rue du 25-Avgoustou, en passant devant la **fontaine Morosini** (p.102) (place Venizelou), puis en continuant vers le marché rue Odos-1866. L'après-midi, visite du **musée archéologique d'Héraklion** (p.230). En fin de journée, vous pourrez vous promener le long des remparts vénitiens de la ville, voir la tombe de Nikos Kazantzakis pour les amoureux de littérature, et finir par une promenade sur le port vers la **forteresse de Koulès** (p.102) à l'heure où le soleil décline. Plus tard dans la soirée, si vous souhaitez goûter à l'animation nocturne, allez boire un verre dans l'un des bars du quartier Koraï ou de la rue Milatou.

› Jour 2 : Le palais de Cnossos

Visite du **palais de Cnossos** ★★★★ (p.137), à 15 minutes d'Héraklion par la route. Ce palais du roi Minos est l'un des sites archéologiques grecs les plus célèbres. Visitez-le de préférence tôt le matin, puis allez déjeuner à **Archanès** ★★ (p.141), un village réputé pour son vin. L'après-midi, vous pourrez vous rendre sur le magnifique plateau de Nida pour voir la **grotte** (p.335) d'Ideon Andron dans laquelle Zeus aurait, selon la légende, été élevé. Vous pourrez aussi découvrir le pittoresque village de montagne d'**Anogia** ★★ (p.336), réputé pour ses lignées de musiciens et son tissage, y passer la soirée sur fond de musique traditionnelle après avoir goûté à l'agneau local et y dormir. Là, vous pourrez apprécier l'âme crétoise.

› Jour 3 : Hania

Arrivée à **Hania** ★★★★ (p.225). Découverte du quartier historique et dîner dans l'une des tavernes du port. Puis dernier verre de raki dans un *kafeneion* typique au milieu de musiciens jouant de la *lyra* (luth crétois).

› Jour 4 : Vers Kastelli-Kissamos

Départ pour **Kastelli-Kissamos** ★ (p.268) avec un arrêt à **Kolymbari** ★ (p.265) et au **monastère** (p.266) Moni Gonia sur la péninsule de Rodopos. Visite du **musée archéologique** (p.315) de **Kissamos** ★ (p.268) (fermé le lundi). L'après-midi, visite du site de **Falassarna** ★★★ (p.276) et baignade à la très belle plage du même nom. Nuit à **Kastelli** (p.186) ou à **Falassarna** ★★★ (p.276).

› Jour 5 : L'île de Gramvoussa

Le matin, excursion en bateau depuis **Kissamos** ★ (p.268) jusqu'à l'île de **Gramvoussa** ★★★ (p.274) (et sa forteresse) et la superbe baie de Belos. Si vous êtes motorisé, vous pourrez vous y rendre en voiture par une piste cahoteuse. Puis départ par une superbe route panoramique pour le village traditionnel et écologique de Milia (où vous pourrez manger et dormir dans un cadre naturel et bucolique) en passant par le village d'Elos, véritable oasis de châtaigniers, et les superbes gorges de Topolia.

IDÉES DE SÉJOUR

› Jour 6 : Plage à Elafonissi

Le matin, départ pour la superbe plage d'Elafonissi ★★★ (p.279) qui ressemble à un lagon, après une visite au couvent de Chrissoskalitissa (p.279) situé à quelques kilomètres de là, au bord d'une crique. Départ ensuite pour Paleohora ★★★ (p.300), paisible petite station balnéaire où vous dormirez.

› Jour 7 : En bateau vers Sougia

Départ en bateau le matin pour Sougia ★★ (p.298) (où vous laissez vos sacs), visite du très beau site de Lissos (p.298) après environ 1 heure 15 de marche. Retour à Sougia ★★ (p.298) et nuit sur place, ou bateau pour Loutro ★★ (p.295), minuscule et charmant petit port bleu et blanc où vous passez la nuit.

› Jour 8 : Retour vers Héraklion

Depuis Sougia ★★ (p.298) ou Loutro ★★ (p.295), retour en bateau à Hora Sfakion puis remontée vers Héraklion.

LA CRÈTE ORIENTALE

Une semaine en Crète contraint de faire des choix. Après la visite d'Héraklion ★★★ (p.98), on peut se concentrer sur la partie est de l'île d'Agios Nikolaos ★★★ (p.163) à la palmeraie de Vaï ★★★ (p.211), en passant par les villages du plateau du Lassithi. Elle est moins courue, mais promet d'en prendre plein les yeux !

› Jour 1 : Arrivée à Héraklion

Arrivée à l'aéroport Nikos-Kazantzakis ou au port d'Héraklion ★★★ (p.98). Balade dans le centre-ville en remontant la rue du 25-Avgoustou, en passant devant la fontaine Morosini (p.102) (place Venizelou), puis en continuant vers le marché rue Odos-1866. L'après-midi, visite du musée archéologique d'Héraklion (p.208). En fin de journée, vous pourrez vous promener le long des remparts vénitiens de la ville, voir la tombe de Nikos Kazantzakis pour les amoureux de littérature, et finir par une promenade sur le port vers la forteresse de Koulès (p.102) à l'heure où le soleil décline. Plus tard dans la soirée, si vous souhaitez goûter à l'animation nocturne, allez boire un verre dans l'un des bars du quartier Koraï ou de la rue Milatou.

› Jour 2 : Le palais de Cnossos

Visite du palais de Cnossos ★★★★ (p.137), à 15 minutes d'Héraklion par la route. Ce palais du roi Minos est l'un des sites archéologiques grecs les plus célèbres. Visitez-le de préférence tôt le matin, puis allez à Archanès ★★ (p.141) pour visiter une des caves de cette région vinicole. Nuit à Archanès.

› Jour 3 : Les villages du plateau du Lassithi

Départ pour les villages du plateau du Lassithi. La route serpente ; vous vous arrêterez au frais pour profiter de la vue sur la baie et les moulins, dans les villages traditionnels de Krassi ★ (p.189), Tzermiado (p.189) et Psychro (p.190), où vous visiterez la grotte de Dikti (p.190), dans laquelle serait né Zeus. Nuit dans le village typique d'Agios Giorgios (p.191), où vous pourrez acheter des jolies broderies artisanales.

› Jour 4 : Vers Agios Nikolaos

Route pour Agios Nikolaos ★★★ (p.163) avec pause déjeuner sur la place de Neapolis (p.184). Soirée et nuit à Agios Nikolaos ★★★ (p.163), le Saint-Tropez de la Crète, autour du lac Voulismeni (p.164).

Fresque de la Taurokathapsie sur le site minoen de Cnossos.

© GATSI - ISTOCKPHOTO.COM

L'île de Spinalonga.

› Jour 5 : L'île de Spinalonga

Excursion sur l'île de **Spinalonga** ★★★ (p.180) où se dresse une forteresse vénitienne, occupée par une colonie de lépreux jusqu'en 1957. Superbes paysages de la mer Egée. Deuxième nuit à **Agios Nikolaos** ★★★ (p.163).

› Jour 6 : La plage de Vaï et sa palmeraie

Départ pour la plage de **Vaï** ★★★ (p.211) et sa palmeraie. Déjeuner à **Palekastro** ★★ (p.213) et route pour **Zakros** (p.216), puis Kato Zakros. Si vous êtes à pied, descendez les gorges, la randonnée est facile et magnifique. En voiture, il faudra alors prendre le bus le lendemain pour rejoindre Apo Zakros. Baignade, dîner et nuit dans la petite baie de Kato Zakros, dans un calme divin.

› Jour 7 : Sur le chemin du retour

Première partie du retour vers **Héraklion** ★★★ (p.98). Vous dormirez à **Ierapetra** ★ (p.192) ou dans le paisible village de Mirtos pour couper la route. Descendre de **Zakros** (p.216) à **Xerokambos** ★ (p.203), sur la magnifique route surplombant la mer dans un paysage désolé digne d'un désert de pierre. Roulez ensuite vers le petit village d'**Hametoulo** (p.201), puis **Ziros** (p.203) sur le plateau, avant de rejoindre la route principale qui se dirige vers la côte sud venant de **Sitia** ★★★ (p.208). Ici encore, le panorama est grandiose. Suivez la côte jusqu'à **Ierapetra** ★ (p.192). Dîner et nuit sur place.

› Jour 8 : Arrivée à Héraklion

Retour à Héraklion après une petite exploration de l'arrière-pays de **Ierapetra** ★ (p.192) au-dessus du village de Mirtos, ou bien passez une dernière journée à parfaire votre bronzage sur la superbe île de sable blanc de Chrissi (retour du bateau à 18h, puis une heure et demie de route jusqu'à Héraklion).

LA CRÈTE, ENTRE RANDONNÉES ET VISITES

Avec ses parcs naturels, ses gorges, ses grottes, ses montagnes, sa végétation variée et bien sûr sa mer omniprésente, la Crète offre un grand choix de paysages, ce qui séduira les amateurs de grands espaces et de nature, mais aussi de sport. L'île est un lieu de prédilection pour les marcheurs, petits et grands, amateurs ou confirmés.

› Jour 1 : Arrivée à Heraklion

Vol France-**Héraklion** ★★★ (p.98). Nuit dans la capitale.

› Jour 2 : Visite d'Héraklion

Le matin, découverte de la ville et de ses architectures vénitienne et turque. Promenade sur les remparts où se trouve la tombe de Nikos Kazantzakis. Départ pour **Anogia** ★★ (p.336) pour vous imprégner de l'atmosphère de ce village de montagne au pied du **mont Psiloritis** ★★★★ (p.337). Évitez de boire trop de psicoudia parce que le lendemain…

› Jour 3 : Le mont Psiloritis

Ascension du **mont Psiloritis** ★★★★ (p.337), point culminant de l'île (de 7 à 8 heures de marche aller-retour), après avoir visité la grotte Ideon Andron où Zeus aurait été élevé. Ensuite, direction le plateau du Lassithi où vous pourrez dormir (de préférence à **Agios Giorgos** (p.191)).

© MLENNY

Moulins à vent, plateau de Lassithi.

› Jour 4 : Le plateau du Lassithi

Traversée à pied du plateau du Lassithi pour voir de près les fameux moulins à vent et visite de la grotte **Dikti** (p.190) où serait né Zeus. Direction **Elounda** ★★★ (p.176) ensuite puis **Plaka** ★ (p.181).

› Jour 5 : La forteresse de Spinalonga

Randonnée jusqu'au cap Agios Ioannis et visite en bateau de la forteresse chargée d'histoire de **Spinalonga** ★★★ (p.180). Puis soirée à **Agios Nikolaos** ★★★ (p.163), le Saint-Tropez de la Crète !

› Jour 6 : Agios Nikolaos

Visite du typique village de **Kritsa** ★ (p.186) et balade jusqu'au site minoen tout proche de **Lato** (p.188). Retour à pied (ou en bus) à **Agios Nikolaos** ★★★ (p.163) d'où vous pouvez vous rendre à **Mochlos** (p.206), un petit port à mi-chemin entre **Agios Nikolaos** ★★★ (p.163) et **Sitia** ★★★ (p.208). Soirée et nuit dans ce village paisible, au bord de la baie.

› Jour 7 : Vers Sitia

Le matin, excursion dans la très belle campagne environnante. Baignade, puis direction **Sitia** ★★★ (p.208) où vous passerez la nuit.

› Jour 8 : Zakros

Départ matinal pour **Zakros** (p.216). A Apo Zakros (Zakros d'en haut), laissez votre voiture (ou descendez du bus). Vous rejoindrez ensuite Zakros par le dernier tronçon du sentier de randonnée E4, la superbe **vallée de la Mort** (p.217). Visite du site minoen de Zakros. Baignade. Soirée et nuit à Zakros.

› Jour 9 : Xerokambos

Randonnée matinale de 12 km qui vous mènera jusqu'à **Xerokambos** ★ (p.203), plus au sud ou alternativement en voiture par cette même piste. Après une baignade dans ce très beau décor naturel, direction la côte sud par **Ziros** (p.203) puis **Goudouras** (p.203). Visite du **monastère** (p.202) Moni Kapsa. Camping sur la plage.

› Jour 10 : L'île de Koufonissi

De **Makrigialos** ★★ (p.201), un peu plus loin sur la côte, prendre un bateau pour l'île de Koufonissi, son théâtre antique et sa très belle plage. Excursion autour de l'île. Puis direction **Koutsounari** (p.199), plus à l'ouest où se trouve un camping. Soirée à **Ierapetra** ★ (p.192) où vous pourrez visiter le vieux quartier après un bon repas dans l'une des tavernes du port.

› Jour 11 : Myrtos

Départ matinal pour **Myrtos** ★★ (p.196). Visite des sites minoens de Fournou Korifi et Pirgos. Pique-nique dans l'un de ces deux sites qui surplombent la mer. Baignade et soirée décontractée dans l'une des tavernes du bord de mer de Myrtos.

› Jour 12 : Les gorges de Sarakinas

Le matin, randonnée jusqu'à Males par les gorges de Sarakinas. Départ pour **Héraklion** ★★★ (p.98). Soirée en ville. Emplettes…

› Jour 13 : Le site de Cnossos

Le matin, visite du site de **Cnossos** ★★★★ (p.137), puis repas au village d'**Archanès** ★★ (p.141) où vous pourrez visiter une cave. L'après-midi, visite du **musée archéologique d'Héraklion** (p.141).

› Jour 14 : Retour

Retour en France depuis Héraklion.

DE L'AÉROPORT AU CENTRE-VILLE

Il existe trois aéroports sur l'île : à Héraklion, près de Sitia à l'est, et près de Hania à l'ouest. Si le plus important est celui d'Héraklion (deuxième aéroport de Grèce), certains charters et des avions de compagnies grecques desservent également les deux autres, ce qui peut être très pratique si votre destination finale en est proche. Il est conseillé, cependant, si vous vous dirigez vers la région d'Agios Nikolaos, de choisir l'aéroport d'Héraklion, rapide d'accès et mieux desservi par les bus que celui de Sitia. Vous pouvez également voyager à l'aide de compagnies régulières en changeant simplement à Athènes où vous emprunterez l'un des nombreux vols pour Héraklion ou Hania. Des bus desservent régulièrement ces aéroports depuis les centres-villes de Hania, Héraklion et Sitia. Toutefois l'option la plus sûre est de prendre un rapide taxi. Il n'y a pas de vols intérieurs en Crète. Ainsi, pour aller d'une ville à l'autre, il faut passer par le continent.

ARRIVÉE EN BATEAU

Au départ du Pirée, quatre compagnies grecques assurent l'arrivée en Crète par ferry. Les bateaux desservent les quatre ports principaux de l'île : Héraklion, Hania, Réthymnon, et enfin Sita, avec escale à Agios Nikolaos. Le choix du port dépend de la destination principale : Héraklion est le point de chute lorsque l'on a choisi de visiter plutôt le centre de l'île ; les ports de Hania et Réthymnon sont des choix intéressants lorsque l'on a choisi de passer des vacances plutôt tournées vers les plages les plus fréquentées de l'île ; enfin, arriver au port de Sitia permet l'exploration de la partie est de la Crète. Pour connaître les liaisons et leurs horaires, renseignez-vous auprès des agences ou sur les sites Internet suivants : www.gtp.gr et www.greekferries.gr

Depuis les ports de la Crète, plusieurs croisières sont organisées vers les îles de la mer Egée, notamment vers Santorin. Préférez les hydroglisseurs pour des trajets plus courts.

Si vous avez l'occasion de faire une excursion en bateau, profitez-en, car il s'agit d'un moyen de découvrir l'île autrement. En Crète de nombreux touristes louent des bateaux, mais si vous n'êtes pas un navigateur averti, il vaut mieux s'adresser aux agences qui proposent souvent des locations à durée variable, avec navigateur certifié, permettant de faire du canotage sans les soucis propres à la navigation. Enfin, pour se rendre sur les petites îles qui entourent la Crète, certains pêcheurs accepteront de vous conduire moyennant un coût modique.

TRANSPORTS EN COMMUN

Ce moyen de transport est particulièrement développé en Crète : les bus KTEL font partie du paysage. Quelle que soit votre destination, vous aurez toujours la possibilité de vous y rendre en bus, même dans les régions les plus reculées. Entre les grandes villes et les points touristiques importants, les lignes sont très denses en saison, avec peu d'attente entre chaque bus. Les bus crétois sont aujourd'hui très modernes dans leur grande majorité. Etant donné que les routes sont assez bonnes, les voyages ne ressemblent pas trop à un chemin de croix, mais n'oubliez pas que la Crète est une contrée montagneuse. Ne vous étonnez pas de ne jamais être à l'heure, car cela est pratiquement impossible en Crète, même si, au départ, les bus sont particulièrement ponctuels (et ne vous attendent pas !). Les horaires de bus sont consultables sur le site Internet de la compagnie KTEL (www.ktelherlas.gr) pour les régions est d'Héraklion et du Lassithi, et sur le site www.e-ktel.com pour les régions ouest de Hania et de Réthymnon. Ces deux sites sont régulièrement mis à jour et celui de la région ouest d'Hania-Réthymnon offre la possibilité de réserver en ligne.

Hania.

VÉLO, TROTTINETTE & CO

A regarder sur une carte, la Crète n'est pas très grande et l'idée d'en faire le tour à vélo peut sembler excellente. En plus, il n'y a pas de problème de climat, donc peu d'équipement et d'affaires lourdes à emporter. Les spécialistes pourront faire des excursions dignes de ce nom. Un conseil quand même : gare à la chaleur, ne roulez pas sous le soleil au zénith sans protection.

Certains voyageurs louent des vélos et font de petites promenades d'une journée, mais ceux qui alignent les kilomètres au compteur se font plus rares. Le plus facile est de suivre la côte nord où les pentes ne dépassent en général jamais 10 %. Si, en revanche, vous vous en sentez capable, passez sur la côte sud où les montées sont plus difficiles et nombreuses. Vous aurez la possibilité de louer des vélos et des VTT sur place. Ceux qui souhaitent apporter leur propre matériel n'auront pas à se méfier des vols, trop rares sur l'île pour être signalés. Un simple antivol symbolique (histoire de ne pas provoquer trop de tentation) fera l'affaire.

AVEC UN CHAUFFEUR

Les agences peuvent proposer une location avec chauffeur et en général cela ne fait pas augmenter sérieusement le prix de la location. Il vaut mieux prévoir ce type de location bien avant votre arrivée pour bénéficier des remises sur les prix mais également pour ne pas avoir de mauvaises surprises. Pour un séjour très court ou d'affaires, il est préférable de louer une voiture avec chauffeur.

EN VOITURE

Visiter la Crète en voiture est une riche idée : c'est même sûrement le meilleur moyen pour explorer les recoins les plus authentiques de l'île en toute liberté. Pour ceux qui ne peuvent pas concevoir un voyage dans une autre voiture que la leur, la Crète est accessible par ferry. Il faudra au préalable traverser toute l'Italie jusqu'à Trieste ou Ancône pour embarquer dans un ferry vers Igoumenitsa ou Patras et ensuite traverser une bonne partie de la Grèce continentale jusqu'au Pirée, afin d'embarquer pour la destination finale. La meilleure solution est de louer une voiture sur place, dans l'une des innombrables agences qui pratiquent des tarifs similaires et en général très abordables. Si vous êtes ressortissant de l'Union européenne, le simple permis de conduire suffit. Les véhicules proposés à la location sont en assez bon état, mais nous vous conseillons cependant de bien vérifier l'état général avant d'accepter les clés et, surtout, de bien vous mettre d'accord sur le type et le coût de l'assurance.

Les routes crétoises sont, en comparaison avec le reste de la Grèce, excellentes et, en comparaison avec le reste de l'Europe, assez bonnes. Sur les routes, il n'y a pas de problème particulier et les automobilistes sont en général assez sérieux, du moins en comparaison avec

d'autres régions de Grèce. Toutefois, prenez garde aux bus publics sur les routes sinueuses, qui peuvent se présenter en plein milieu de la chaussée dans la surprise d'un virage, heureusement souvent à allure modérée. Également, des kri-kri peuvent se balader ou se reposer en pleine chaussée et il vous faudra donc être alerte et conduire souplement. Il y a beaucoup de nids de poule dans l'asphalte sur les routes, c'est quasiment systématique à part sur la nationale. Alors soyez prudent et ne roulez pas trop vite.

ACCESSIBILITÉ

Les personnes à mobilité réduite et les bébés en poussette ne sont malheureusement pas une priorité en Grèce. L'accessibilité est donc réduite, notamment dans les bus locaux. Toutefois les compagnies aériennes et les ferrys ont pris des dispositions pour rendre le voyage accessible à toute personne à mobilité réduite. En Crète, plusieurs hôtels ont aménagé les lieux afin d'en faciliter l'accès. Dans les musées, on a plutôt aménagé l'accès au niveau des salles se trouvant au rez-de-chaussée qui fort heureusement sont les plus riches en objets exposés. Il reste encore beaucoup à faire pour l'accessibilité des sites archéologiques mais en général ceux de Cnossos et de Phaistos ne présentent pas de problèmes majeurs. Pour un séjour confortable, il est conseillé de vous adresser à une agence spécialisée.

LES PHRASES CLÉS

Bonjour, comment puis-je me rendre à…
Καλημέρα, πώς θα μπορούσα να πάω στο....

Est-ce loin à pied ? Y a-t-il le métro ou un bus... pour y aller ?
Είναι μακρυά με τα πόδια? Μπορώ να πάρω το μετρό ή το λεωφορείο για να πάω εκεί?

Pouvez-vous me montrer cet endroit sur la carte s'il vous plait ?
Μπορείτε να μου δείξετε το μέρος αυτό στον χάρτη?

Où puis-je acheter les tickets de transport ? Est-ce que je peux payer en carte de crédit ?
Πού μπορώ να αγοράσω εισιτήρια για τα μέσα μαζικής μεταφοράς? Μπορώ να πληρώσω με πιστωτική κάρτα?

Où est la sortie ? A gauche, à droite ou tout droit ?
Πού είναι η έξοδος? Αριστερά, δεξιά ή ευθεία?

Je suis perdu et je suis en retard, s'il vous plait, aidez-moi ! Merci beaucoup !
Χάθηκα και έχω καθυστερήσει, βοηθήστε με σας παρακαλώ! Σας ευχαριστώ πολύ!

PRATIQUE

A VOIR / A FAIRE

HORAIRES

Les horaires des musées changent au moins une fois par an en Grèce ! Il est donc de bon conseil de consulter les sites des musées et des sites archéologiques avant de leur rendre visite. Dans les régions touristiques, telle que la Crète, les horaires pendant la haute saison sont en général respectés à la minute près. Cela n'est pas valable pour les musées d'art folklorique et traditionnel se trouvant dans les villages éloignés : très souvent les clefs de ces musées se trouvent chez l'habitant ou chez un employé de la mairie !

A RÉSERVER

En haute saison il est conseillé de réserver à l'avance avant de se rendre à un spectacle ou avant une visite au musée ou à un site archéologique (Cnossos en tête) : cela vous évitera les longs moments d'attente très désagréables, surtout pendant les journées très chaudes de la saison. Pour vos réservations en ligne, visitez le site : https://etickets.tap.gr/

LES ÉVÉNEMENTS

Plusieurs évènements culturels d'un excellent niveau artistique ont lieu en été en Crète et cela dans toutes les grandes villes. Dans ce guide, nous vous proposons des festivals et manifestations variées très prisés et fréquentés, qui ont lieu tous les ans. Par ailleurs les mairies des grandes villes de Crète, et plus précisément les services touristiques, sont très informées sur la vie culturelle de l'île et pourront vous renseigner.

En haute saison, ne ratez pas l'occasion d'assister à une représentation de tragédie ou de comédie ancienne grecque qui se déroule dans les théâtres à ciel ouvert ou sur des sites archéologiques.

FUMEURS

Il est formellement interdit de fumer dans les musées et les sites archéologiques.

C'EST TRÈS LOCAL

En visite guidée ou en solitaire, prenez soin de suivre les consignes indiquées : il est interdit de prendre en photo certains objets exposés dans les musées ; restez strictement dans les zones destinées aux visiteurs ; tâchez de ne pas faire de bruit dans une église et soyez habillé convenablement.

LES PHRASES CLÉS

Bonjour, puis-je avoir deux entrées adultes et un enfant s'il vous plait ?
Καλημέρα, μπορώ να έχω δύο εισιτήρια για ενήλικες και ένα για παιδιά, παρακαλώ?

Le tarif enfant est jusqu'à quel âge ? Et pour les seniors, est-ce qu'il y a une réduction ?
Μέχρι ποια ηλικία θεωρείται κανείς παιδί? Υπάρχει έκπτωση για τους συνταξιούχους?

Est-ce qu'il y a des visites guidées en français ou un audioguide ?
Υπάρχει ξενάγηση στα γαλλικά ή ηχητική ξενάγηση?

Combien de temps faut-il pour faire la visite ?
Πόσο διαρκεί η επίσκεψη?

J'ai du mal à monter les escaliers, avez-vous un ascenseur ?
Οι σκάλες με δυσκολεύουν, υπάρχει ασανσέρ?

Excusez-moi, pouvez-vous me dire où sont les toilettes ? Merci beaucoup.
Με συγχωρείτε, πού είναι οι τουαλέτες? Σας ευχαριστώ πολύ.

SE RÉGALER

HORAIRES

En saison le plus grand nombre des restaurants, tavernes et mezzedopoleia sont ouverts à partir de 9h jusqu'à minuit, et même jusqu'aux derniers clients, sans interruption : on y sert également des petits déjeuners, des snacks, et des brunches. En général le service de midi a lieu entre 11h et 17h30 et celui du dîner entre 19h et minuit.

BUDGET / BONS PLANS

En moyenne, il faut compter entre 15 et 20 € par personne pour un bon repas en Crète. Les prix montent très vite lorsqu'il s'agit de commander un poisson frais ou des crustacés. Il est donc conseillé de toujours se renseigner sur le prix du poisson au kilo pour éviter les mauvaises surprises.

EN SUPPLÉMENT

Pensez à laisser un petit pourboire de l'ordre de 10 % de la note car en Grèce il n'est pas compris dans les prix.

C'EST TRÈS LOCAL

N'hésitez pas à commander plusieurs mets au lieu d'un plat principal pour chacun : ça permet de goûter plusieurs spécialités locales à la fois ! Si vous accompagnez vos repas avec du raki, buvez avec modération ! Il est presque de coutume de toute façon, qu'après un repas, l'établissement vous offre un verre de raki accompagné de quelques fruits de saison ou de la pâtisserie crétoise.

A ÉVITER

Evitez les établissements où les prix ne sont pas clairement affichés sur la carte du menu et surtout évitez les établissements qui ne sont pas fréquentés par les locaux.

ENFANTS

Les Crétois adorent les enfants ! Vous n'aurez jamais l'impression dans les restaurants que vos enfants gênent l'ambiance générale. Bien au contraire ! Ils deviennent assez souvent des petits rois pour les locaux, surtout dans les villages.

FUMEURS

En Grèce, la loi anti-tabac dans les espaces publics existe depuis 2008 mais n'a jamais été respectée dans les bars, clubs et cinémas en plein air : pendant plus de 10 ans, on fumait partout, sans restriction, malgré la loi. Le Premier ministre conservateur K. Mitsotakis, élu en juillet 2019, a promis que la loi serait dorénavant appliquée. Depuis son élection, des amendes ont été mises en place pour faire payer à la fois les établissements et les clients qui ne respecteraient pas la loi. A voir si cela se concrétise dans la pratique.

LES ATTRAPE-TOURISTES

Dans les grandes villes et les lieux touristiques, vous serez parfois sollicité par de nombreux rabatteurs devant leurs restaurants : ils feront tout pour vous convaincre que c'est ici la meilleure adresse ! N'acceptez de les suivre que si vous êtes certain de votre choix, particulièrement en ce qui concerne les restaurants des rues très touristiques.

LES PHRASES CLÉS

Bonjour, je voudrais réserver une table pour deux personnes pour ce midi ou ce soir.
Γεια σας, θα ήθελα να κλείσω ένα τραπέζι για δύο σήμερα το μεσημέρι ή το απόγευμα

Avez-vous un menu en français ou en anglais ?
Υπάρχει μενού στα Γαλλικά ή τα Αγγλικά;

Je suis végétarien, y a t-il des plats sans viande ?
Είμαι *vegetarian*, έχετε πιάτα χωρίς κρέας;

Je n'ai vraiment plus faim mais avez-vous une carte des desserts ?
Έχω χορτάσει αλλά θα ήθελα να δω το μενού με τα επιδόρπια.

Puis-je avoir l'addition s'il vous plait ? Je peux payer par carte ou en espèces ?
Τον λογαριασμό παρακαλώ. Μπορώ να πληρώσω με κάρτα ή μόνο μετρητά;

C'était très bon, nous reviendrons. Merci et à bientôt.
Ήταν πεντανόστιμα, θα έρθουμε ξανά. Ευχαριστούμε πολύ, εις το επανιδείν.

PRATIQUE

FAIRE UNE PAUSE

HORAIRES

Ils sont rarement affichés (ou fiables), mais il n'est pas rare qu'un établissement ouvre pour le petit-déjeuner et ferme tard dans la nuit… Dans les régions touristiques, les tenanciers et propriétaires des bars et cafés doivent assurer la saison estivale pour survivre toute l'année : ils sont donc ouverts tous les jours, du matin au soir, et les horaires dépendent de l'affluence. Certains bars de nuit n'ouvrent qu'à partir de 18h-19h et restent ouverts jusqu'au petit matin. Certains kafeneio traditionnels ouvrent tôt le matin et à nouveau vers 18h mais ferment quelques heures après le déjeuner. Mais la plupart du temps ces lieux sont ouverts en continu : en été, les serveurs attendent simplement que le dernier client parte pour fermer. Cette flexibilité peut se prolonger hors saison, surtout en fin de semaine, dans les établissements qui restent ouverts. En Grèce, on ne vous mettra jamais la pression pour quitter un établissement ou recommander, une fois votre boisson terminée. A moins que vous ne demandiez l'addition, on vous laissera tranquillement en profiter, sans nécessairement débarrasser la table. Il faut malgré tout raison garder : si vous voyez que vous êtes les derniers et que les serveurs sont épuisés, il est peut-être temps de libérer votre place !

BUDGET / BONS PLANS

Boire le café est une institution en Grèce : vous pourrez rester des heures avec un freddo ou un frappé pour quelques euros, sans avoir à renouveler votre commande. Attention cependant : les cafés ne sont pas donnés. A 4 € le frappé, parfois on comprend que certains clients s'éternisent… Un cocktail coûte en moyenne 7 €, une bière entre 4 et 6 €. Pour une soirée bien arrosée, comptez autour de 25 € par personne.

C'EST TRÈS LOCAL

Le café traditionnel, le kafeneio, est bien souvent le cœur de la vie locale dans les îles. Plus exactement, c'est bien souvent le cœur de la vie publique et donc de la vie masculine… En effet, les femmes vivent encore largement au sein du foyer pendant que les hommes se retrouvent au café pour se tourner les pouces et refaire le monde, bien campés dans leurs fauteuils… Le kafeneio ouvre tôt le matin, on vient y prendre son premier café pour voir le village qui se réveille doucement. Parfois, il reste ouvert pour le déjeuner mais habituellement, il ferme entre midi et 17h, pour la sieste. Il rouvre sur les coups de 18h pour un dernier café ou un jeu de tavli de fin de journée. Plus tard, il se transforme en ouzerie, où l'on boit ouzo, bière et raki en partageant de petits plats, les mezzedes, sur fond de rebetiko, la musique populaire grecque par excellence.

FUMEURS

Le beau temps et les terrasses limitent le problème en été. Il faut toutefois concéder que la loi anti-tabac dans les espaces publics existe depuis 2008 mais n'a jamais été vraiment respectée. Kyriakos Mitsotakis, le nouveau Premier ministre conservateur élu en juillet 2019, a promis que la loi serait dorénavant appliquée. Depuis son élection, des amendes ont été mises en place pour faire payer à la fois les établissements et les clients qui ne respecteraient pas la loi. A voir si cela se concrétise enfin dans la pratique…

LES PHRASES CLÉS

Bonjour, quelle est la spécialité de la maison ? Nous voulons découvrir.
Γεια σας, ποια είναι η σπεσιαλιτέ σας; Θέλουμε να τη δοκιμάσουμε.

Avez-vous de la place en terrasse ?
Έχετε δωμάτιο στην αυλή;

Quel est votre nom ? Je m'appelle… Ravi de vous rencontrer !
Πώς λέγεστε, Το όνομά μου είναι… Χάρηκα πολύ που σας γνώρισα!

A votre santé ! Zut, j'ai renversé mon verre… pouvez-vous m'aider ?
Στην υγειά μας! Ωχ, έχυσα το ποτό μου, μπορείτε να με βοηθήσετε;

C'était très bon. Nous allons reprendre la même chose s'il vous plait.
Ήταν νοστιμότατο. Θέλουμε άλλο ένα παρακαλώ.

PRATIQUE

(SE) FAIRE PLAISIR

HORAIRES

Les boutiques et les magasins sont généralement ouverts de 9h à 14h et de 17h à 21h. Dans les régions très touristiques, les magasins et les boutiques de souvenirs restent ouverts entre 10h et 23h30.

BUDGET / BONS PLANS

Dans les zones les plus touristiques, là où l'offre abonde, comparez les prix dans quelques boutiques avant de faire vos achats : vous pourrez ainsi tenter de négocier.

SOLDES

La période des soldes estivales en Crète et en Grèce en général commence le deuxième lundi de juillet et dure jusqu'à la fin du mois d'août. En hiver, les soldes commencent le deuxième lundi de janvier et durent jusqu'à la fin février. Plusieurs offres qui durent une dizaine de jours sont très souvent annoncées en mai ou en octobre.

C'EST TRÈS LOCAL

Tous les produits alimentaires que l'on peut trouver dans les magasins spécialisés sont conseillés : fromages (le gruyère crétois), l'huile d'olive, les olives, le miel, les herbes, les tisanes, les épices et bien sûr le raki. Les produits artisanaux, tels que les bijoux, reproductions des objets de musées, icônes byzantines, céramique, produits des tanneurs, tissus, couteaux crétois sont autant de cadeaux locaux à rapporter.

LES ATTRAPE-TOURISTES

Les boutiques de souvenirs débordent d'objets en tout genre. Essayez de vous fier à votre goût personnel et, pour s'assurer de la qualité, il faudra vous en remettre aux prix : les objets artisanaux sont un peu plus chers et toujours signés. Les produits alimentaires tels que l'huile, le miel ou les herbes, d'une excellente qualité, se trouvent dans les boutiques et magasins spécialisés.

LES PHRASES CLÉS

Bonjour, c'est superbe, mais combien ça coûte ?
Καλημέρα, αυτό είναι πολύ όμορφο, αλλά πόσο κοστίζει;

Vous auriez ma taille ? Où se trouvent les cabines d'essayage ?
Το έχετε στο μέγεθός μου; Πού είναι τα δοκιμαστήρια;

Est ce que je pourrai vous le rapporter et l'échanger si ça ne va pas ?
Εάν δεν μου κάνει μπορώ να το επιστρέψω;

J'ai trop dépensé aujourd'hui, pouvez-vous me faire une réduction sympa ?
Έχω ξοδέψει πολλά σήμερα, θα μπορούσατε να μου κάνετε έκπτωση;

Je prendrai celui-ci. Pouvez-vous me faire un paquet cadeau ?
Θα πάρω αυτό. Θα μου το τυλίξετε για δώρο;

Vous prenez la carte de crédit ? Où puis-je trouver un distributeur de billets ?
Δέχεστε πιστωτικές κάρτες; Πού μπορώ να βρω ATM;

BUDGET / BONS PLANS

Dans la plupart des stations balnéaires, il est possible de louer des petits catamarans, des pédalos, des kayaks de mer, des jet-skis et de faire du ski nautique. Le sud est un peu moins développé en prestations de ce genre, à part Agia Galini, Plakias et un peu vers Mirtos et Ierapetra. Quelques spots comblent les amateurs de windsurf : à Kouremenos Beach près de Palekastro à l'est de Sitia, à Almirida, près de Hania ou à Paleohora au sud. Côté navigation, le prix de location pour un catamaran avec skipper est de 700 € par jour environ, la location d'un petit bateau à moteur coûte environ 60 € l'heure, fuel compris. Côté sports nautiques pour une plongée sous-marine, il faut compter 65 € en moyenne, pour une heure et demie de cours particulier individuel de surf il faut compter 90 € environ…

Plus on s'éloigne du bord de la mer, plus le prix des activités baisse : l'entrée de la gorge de Samaria coûte seulement 5 € et celle d'Agia Irini 4 € ! Les prix de la location de VTT et bicyclettes sont les mêmes dans toutes les agences et un peu plus chers en haute saison.

En Crète on trouve aussi quelques golfs et de nombreux clubs de tennis qui ne sont jamais très loin des hôtels. Il est également possible de pratiquer l'équitation. Peu importe l'activité à exercer, le conseil est le même : comparez les prix.

VOS PAPIERS SVP

Une pièce d'identité est demandée lorsqu'on veut louer un véhicule, le plus souvent le permis international de conduire est suffisant. Cela va de même pour la location d'un bateau. Les clubs de plongée sous-marine sont obligés de demander un certificat de santé lors de votre inscription, mais ils ne se formalisent pas trop. C'est donc à vous d'être responsable car il s'agit de votre sécurité.

LES PHRASES CLÉS

Bonjour, comment puis-je me rendre à… ? Est-ce loin ?
Καλημέρα, πώς μπορώ να πάω στο… ; Είναι μακριά;

J'aimerais aller courir. Il y a un coin sympa pour cela dans la ville ?
Θα ήθελα να πάω για τρέξιμο. Υπάρχει κάποιο όμορφο μέρος για τρέξιμο στην πόλη;

J'adore cuisiner. Savez-vous où je peux trouver des cours de cuisine ?
Μου αρέσει η μαγειρική. Πού θα μπορούσα να παρακολουθήσω μαθήματα μαγειρικής;

Vous pourriez m'indiquer une salle de sport pas très loin ?
Μπορείτε να μου πείτε πού είναι το πιο κοντινό δημόσιο γυμναστήριο;

Quel est le sport national ?
Ποιο είναι το εθνικό άθλημα;

Pensez-vous que nous pourrions voir cela ou même participer ?
Θα μπορούσαμε να το παρακολουθήσουμε ή να το δοκιμάσουμε;

HORAIRES

La vie nocturne en Crète commence après 22h30 et elle peut durer jusqu'à l'aube ! En règle générale, les bars ferment à 3h du matin mais comme la fête peut commencer à tout moment, l'heure de la fermeture dépend très souvent de la bonne humeur !

Selon les habitudes locales, en période estivale le dîner n'est jamais servi avant 21h30. C'est le moment où les restaurants et les tavernes commencent à être bondés de monde. Comme on ne se presse pas à table, les sorties commencent sur les coups de 23h30-minuit, rarement plus tôt.

BUDGET / BONS PLANS

Il faut compter autour de 35 € par personne pour une sortie avec repas et deux verres dans un bar.

TRANSPORTS NOCTURNES

Ne comptez pas sur les transports publics pour rentrer de soirée, à moins qu'une navette privée ait été prévue. Pour les sorties, prévoyez d'appeler un taxi, en vous assurant qu'il pourra vous raccompagner plus tard dans la nuit. Sinon, vous devrez compter sur vos jambes ou la bonne volonté motorisée – mais non alcoolisée ! – d'un(e) partenaire de soirée.

A PARTIR DE QUEL ÂGE

Pour boire et consommer de l'alcool dans un café ou un lieu public, il faut avoir 18 ans mais cette loi n'est pas très suivie et personne ne demandera de carte d'identité à un jeune qui commande un verre d'alcool.

C'EST TRÈS LOCAL

La musique et les concerts avec danse et matinades ! Pour les Crétois, avec leur sens de la fête, toutes les occasions sont bonnes pour se rassembler, chanter et danser jusqu'au bout de la nuit. Notamment au cours des mariages, des festivités estivales des *panigyri* et pour célébrer le saint patron de l'île. A ces occasions, vous verrez toute l'île et toutes les générations manger, boire, danser et chanter pendant parfois plusieurs jours !

LES PHRASES CLÉS

Bonsoir, comment puis-je me rendre à…
Καλησπέρα, πώς μπορώ να πάω στο…

Est ce que cet endroit est tranquille ? Il n'y a pas de problème de sécurité ?
Είναι ήσυχο μέρος; Υπάρχουν θέματα ασφαλείας;

J'aimerais voir un spectacle typique ! Qu'est-ce qu'il y a en ce moment ?
Θα ήθελα πολύ να δω μια παραδοσιακή παράσταση! Ποιες παραστάσεις ανεβαίνουν τώρα;

Je ne comprends pas… pouvez-vous répéter s'il vous plait ? Merci.
Δεν σας κατάλαβα, μπορείτε να επαναλάβετε; Σας ευχαριστώ.

Est-ce que je peux vous offrir un verre ? Quel est le meilleur cocktail de la maison ?
Θα μπορούσα να σας κεράσω ένα ποτό; Ποιο είναι το καλύτερο κοκτέιλ σας;

J'ai la gueule de bois, auriez-vous quelque chose pour que j'aille mieux ?
Έχω πολύ δυνατό πονοκέφαλο, έχετε να μου δώσετε κάτι που θα με βοηθήσει;

SE LOGER

BUDGET / BONS PLANS

Les prix sont, officiellement, contrôlés par l'Office national du tourisme (EOT) en fonction de la catégorie de l'hôtel. En réalité, l'hôtelier s'affranchit volontiers des prix officiels et pratique souvent les tarifs qu'il souhaite. En Crète, destination touristique par excellence, les contrôles sont fréquents et la concurrence ne permet ni excès ni écarts sérieux. Les hôtels de qualité supérieure situés dans les villes ou au bord de la plage (complexes hôteliers avec piscines, restaurants, activités, etc.) affichent des prix comparables à ceux de l'Europe occidentale. Les pensions et les hôtels, dans les petites villes, proposent des prix tout à fait abordables (à partir de 25 € la chambre double hors saison, autour de 50-70 € en saison pour un petit hôtel tout confort). La solution la plus économique pour les voyageurs au petit budget reste les *domatia* (chambres) chez des particuliers mais on les trouve de moins en moins, transformées en petites pensions ou studios à louer. Comme partout, les prix augmentent parfois considérablement en haute saison. Il faut noter qu'en Crète, la saison commence en avril et se poursuit jusqu'à fin octobre mais la très haute saison s'étend de début juillet à fin septembre. Mai, juin et octobre sont un peu plus calmes et les prix sont moins élevés. En hiver, pour les établissements qui restent ouverts, les prix chutent. Les fourchettes de prix que nous avons utilisées dans ce guide sont basées sur les tarifs en haute saison.

A RÉSERVER

En haute saison, tous les hébergements affichent complet : il est impératif de réserver avant son départ. La période de réservation commence dans certains cas au début de l'année.

FUMEURS

En général, on peut fumer dans toutes les parties extérieures de différents types d'hébergements hôteliers, et parfois même en intérieur. Toutefois, en Grèce, la loi anti-tabac dans les espaces publics existe depuis 2008 mais n'a jamais été respectée dans les bars, clubs et cinémas en plein air : pendant plus de 10 ans, on fumait partout, sans restriction, malgré la loi. Depuis l'élection, en 2019, du Premier ministre conservateur K. Mitsotakis, désirant appliquer la loi, des amendes ont été mises en place pour faire payer à la fois les établissements et les clients qui ne respecteraient pas la loi. A voir si cela se concrétise dans la pratique...

LES PHRASES CLÉS

Bonjour, avez-vous de la disponibilité pour une chambre double pour ce soir ou demain soir ?

Γεια σας, υπάρχει διαθέσιμο δίκλινο δωμάτιο για σήμερα ή αύριο;

Avez-vous un code wifi… les enfants ne tiendront pas sans !

Έχετε κωδικό για το *Wi-Fi*, αλλιώς τα παιδιά μου θα τρελαθούν!

C'est bruyant, est ce que je peux changer de chambre ?

Το δωμάτιό μου έχει θόρυβο, μπορώ να μετακινηθώ σε άλλο;

Jusqu'à quelle heure est-ce que nous pouvons aller à la salle de sport et à la piscine ?

Τι ώρα κλείνουν η πισίνα και το γυμναστήριο;

Est-ce que je peux laisser mon bagage et revenir plus tard le récupérer ?

Μπορώ να αφήσω τις αποσκευές μου και να τις πάρω αργότερα;

Est-ce que vous pouvez nous appeler un taxi ? Merci beaucoup.

Μπορείτε να μας καλέσετε ένα ταξί; Σας ευχαριστώ πολύ.

ALLO ?

- **De France en Crète** il faut composer le 00 30 + indicatif régional + numéro local (ex : pour Héraklion de France : 00 30 2810 223638).
- **De Crète en France,** composez le 00 33 + indicatif régional sans le zéro + numéro local à 8 chiffres (ex : pour appeler Paris de Crète : 00 33 1 45 67 89 79).
- **D'une région de la Crète à une autre**, composez l'indicatif régional + numéro local (ex : pour Hania d'Héraklion : 28210 90432).
- **Appel local en Crète :** idem. Indicatifs régionaux des principales villes en Crète : Héraklion 2810 - Hania 28210 - Réthymnon 28310 - Agios Nikolaos 28410 - Sitia 28430 - Ierapetra 28420.

ACCESSIBILITÉ

Les personnes à mobilité réduite et les bébés en poussette ne sont malheureusement pas une priorité en Grèce. L'accessibilité est donc réduite, notamment dans les bus locaux. Toutefois les compagnies aériennes et les ferrys ont pris des dispositions pour rendre le voyage accessible à toute personne à mobilité réduite. En Crète, plusieurs hôtels ont aménagé les lieux afin d'en faciliter l'accès. Dans les musées, on a plutôt aménagé l'accès au niveau des salles se trouvant au rez-de-chaussée qui fort heureusement sont les plus riches en objets exposés. Il reste encore beaucoup à faire pour l'accessibilité des sites archéologiques mais en général ceux de Cnossos et de Phaistos ne présentent pas de problèmes majeurs. Pour un séjour confortable, il est conseillé de vous adresser à une agence spécialisée. Consultez également avant de partir la page en anglais du site de référence sur les personnes handicapées en Grèce : http://disabled-greece.gr/. Il est aussi de bon conseil de s'adresser à une agence de voyages spécialisée.

SANTÉ

Vous ne risquez rien en vous rendant en Crète. Assurez-vous toutefois que vos vaccins (DT Polio, etc.) sont à jour. Attention toutefois : plusieurs cas d'infection du virus du Nil ont été signalés dans le sud de la Grèce et même en Crète. La plupart des cas sont bénins avec des symptômes grippaux. Pensez donc à vous protéger en utilisant une crème anti-moustique et des vêtements couvrants.
Une lotion contre les brûlures du soleil est également indispensable. Par ailleurs, il est très important de bien s'hydrater en Crète, surtout en été : pensez à avoir toujours une bouteille d'eau sur vous.

En cas de maladie ou de problème grave, n'hésitez pas à consulter les pharmaciens : ils sont en général très compétents.

URGENCES SUR PLACE

Numéro grec d'urgence : 166

Les services médicaux en Crète sont performants et très compétents. Toutes les villes possèdent un centre hospitalier, une clinique ou un dispensaire. Il est, toutefois, de bon conseil de voyager en Crète et en Grèce en général en étant muni de la carte européenne d'assurance maladie. Cette carte est délivrée par les services français d'assurance maladie.

SÉCURITÉ

Pour les pays membres de l'UE, le numéro d'appel d'urgence est le 112.

Partout en Crète on trouve un poste de police et dans les villes portuaires les autorités responsables de la sécurité du port. Bien qu'il y ait très peu de problèmes à signaler sur l'île, il peut être utile de noter le standard de la police (tél. 100) où un opérateur parlant en général anglais vous répondra. Dans les grandes villes, la police touristique est là pour résoudre les problèmes et elle le fait le plus souvent avec plus de tact et de discernement que la police grecque.

Toutefois, il est à noter que la Crète est exemplaire en termes de sécurité : la criminalité y est quasi inexistante. Et quand elle s'exprime, c'est le plus souvent dans les centres névralgiques du tourisme de masse. Hormis ces exceptions, qui restent rares, la Crète est paisible… bien plus que la Grèce elle-même.

LGBTQ

Si le *rainbow flag* flotte dans un nombre croissant de bars et de clubs dans les grandes villes, on ne peut pas réellement dire que les habitants de Crète soient foncièrement tolérants et ouverts sur la question de l'homosexualité. En effet, pays religieux très pratiquant, la Grèce est relativement conservatrice. Bien que l'on ne rapporte que très peu d'épisodes de violence subie par des homosexuels en Grèce, la violence symbolique reste présente et il convient de prendre les précautions nécessaires dans des contextes ressentis malveillants pour que rien ne dégénère. Toutefois, dans les zones touristiques, il n'y a en général pas à s'en faire. La Grèce est une destination populaire auprès de la communauté gay. Si peu de structures particulières ont été mises en place, l'accueil dans les établissements classiques ne posera aucun problème. Les agences spécialisées auprès de cette population de voyageurs sont membres de l'iGLta (international Gay and Lesbian travel association) et de l'iSGLmp (international Society of Gay and Lesbian meeting professionals).

AMBASSADE ET CONSULATS

En Crète, ce sont les consuls honoraires qui prennent le relais du consulat. Ils ne sont pas nombreux sur l'île et sont souvent très sollicités en été. Sur place, peu d'organismes publics grecs seront à votre disposition pour vous renseigner sauf dans le domaine touristique. Mieux vaut avoir préparé ses papiers administratifs avant le départ. Il n'y a pas d'ambassade française (ni suisse ni canadienne) en Crète, il faut aller soit à Athènes, soit à Thessalonique pour cela. Mais vous trouverez une consule honoraire française à Héraklion, Mme Sophie Tsandiraki (22, Critovoulidou - +30) 2811 102185). Concernant la Grèce en général, vous pouvez trouver une multitude d'informations sur le site www.ambafrance-gr.org. Pour les urgences 24h/24, contactez le consulat de Thessalonique : + 30 693 688 9858.

POSTE

Malgré le flot touristique, le service postal crétois ne figure pas parmi les plus développés d'Europe et de Grèce. En dehors des bureaux de poste des grandes et moyennes villes, il est même parfois difficile de trouver une boîte aux lettres. La lenteur du service est institutionnelle, car tout le courrier doit rejoindre Le Pirée avant de partir dans les autres directions. Si vous souhaitez que votre courrier arrive à destination avant votre retour de voyage, n'hésitez pas à l'envoyer dès votre premier jour sur l'île ! Comptez environ une semaine le plus souvent. A noter également que le prix unique d'un timbre pour une carte postale envoyée à l'étranger est de 1 €.

MÉDIAS LOCAUX

En Crète on trouve toute la presse internationale, aussi bien dans les capitales des départements que dans les grandes villes balnéaires. Elle arrive souvent avec un jour d'écart. Sinon, dans les villages éloignés, vous ne disposerez que des versions électroniques de vos journaux pour être informé.

Pour la presse locale, sachez que l'on trouve quelques médias grecs anglophones, notamment le grand quotidien *Kathimerini* qui publie une version anglaise synthétique de ses articles du jour. Là encore, vous ne la trouverez que dans les villes les plus visitées mais les articles sont disponibles partout en ligne. Sinon, voici quelques sites Internet locaux et incontournables qui vous donneront une mine d'informations culturelles et pratiques sur la Crète.

odysseus.culture.gr : le site officiel du ministère de la Culture est disponible en anglais et liste tous les sites archéologiques de Grèce et de Crète, avec descriptif détaillé et informations pratiques. Particulièrement utile pour pister les nombreux changements d'horaires des grands sites historiques.

www.visitgreece.gr : le très beau site officiel de l'office de tourisme grec. Disponible uniquement en anglais ou en grec, il regorge d'informations sur l'île, les hôtels et les différents moyens de transport inter et intra-îles.

www.greece-is.com : un site *lifestyle* complet sur la Grèce, en anglais, qui propose des dossiers spéciaux sur la Grèce : gastronomie, patrimoine, sites à visiter, anecdotes et portraits de la vie locale. Il existe aussi en magazine papier, distribué gratuitement dans certains établissements touristiques.

LES PHRASES CLÉS

Bonjour, mon téléphone ne fonctionne pas, pouvez-vous m'aider s'il vous plait ?
Γειά σας, το τηλέφωνό *μ*ου δεν λειτουργεί, *μ*πορειτε να *μ*ε βοηθήσετε;

Je ne me sens pas bien, pouvez-vous m'amener à l'hôpital le plus proche ?
Δεν νιώθω καλά, *μ*πορείτε να *μ*ε πάτε στο πιο κοντινό νοσοκο*μ*είο;

Est-ce que vous avez un médecin qui parle français ?
Υπάρχει γιατρός που να *μ*ιλάει γαλλικά;

Je viens de me faire voler mes papiers, où est le poste de Police le plus proche ?
Μόλις *μ*ου έκλεψαν το διαβατήριό, πού είναι το πιο κοντινό αστυνο*μ*ικό τ*μ*ή*μ*α;

Est-ce un quartier dangereux ou je peux y aller sans crainte ?
Αυτή η περιοχή είναι επικίνδυνη ή *μ*πορώ να κάνω βόλτα χωρίς να ανησυχώ;

Avez-vous des timbres pour une carte postale à envoyer en France ? C'est combien ?
Έχετε γρα*μμ*ατόση*μ*α για τη Γαλλία; Πόσο κοστίζουν;

DÉCOUVRIR

La Crète doit à sa situation de tels avantages que les Anciens disaient qu'elle serait destinée à commander la Grèce. Berceau de l'opulente civilisation minoenne, mais aussi berceau et terre d'adoption des dieux, de héros, d'artistes, de grands écrivains, musiciens et chanteurs, terre qui a su résister à tout occupant, terre hospitalière, elle persiste à se montrer généreuse à ceux qui désirent la découvrir ! Plongez donc dans son passé, dans les eaux translucides des mers qui la bordent ! Perdez-vous dans les labyrinthes de ses villes empreintes d'un mélange entre Occident et Orient, traditionnelles et modernes, et toujours à taille humaine. Prenez le temps d'explorer les grottes, les montagnes, les villages ! Et surtout, nouez des liens avec ses habitants. Ce sont eux qui tiennent le fil d'Ariane vous permettant de découvrir les secrets de cette île sans vous perdre : vous y reviendrez !

LA MYTHOLOGIE CRÉTOISE

Les mythes crétois possèdent le grand avantage d'avoir sauvegardé, plus que la mythologie grecque classique, des traces éloquentes d'un passé très lointain d'où surgissent ces influences anatoliennes qui ont tant alimenté l'imaginaire des poètes antiques. Grâce à son emplacement géographique, la Crète a été, en effet, très tôt en contact avec les civilisations orientales et cela a joué un rôle important à la composition des récits mythologiques. Parfois on trouve les précieux vestiges des mythes crétois dans la littérature beaucoup plus tardive mais ce n'est pas pour autant qu'on n'y reconnaît pas l'originalité et l'ingéniosité de ce peuple qui a su surgir avec éclat de la sauvagerie et de la brutalité primitives. Il est temps, donc, de découvrir, à travers ces mythes, quelques étapes de la civilisation crétoise, la plus ancienne, la plus originale et la plus féconde des civilisations égéennes.

Europe

Souvenir prestigieux des relations très anciennes entre la Crète et l'Anatolie, Europe, celle qui a « le front large » ou « le regard qui embrasse de vastes étendues », est, selon les versions du mythe, le fruit de l'union du premier roi de Phénicie, Phénix (ou Agénor), avec Téléphassa, la sœur de Cadmos, le roi légendaire de Thèbes.

Un jour, la jeune Europe, insouciante, accompagnée par sa mère et son cortège, s'amusait dans les prairies de Tyr (ou de Sidon), sa ville natale, ville phénicienne du bord de la Méditerranée.

Zeus, ébloui par la beauté de la jeune fille, dresse tout un plan afin de la séduire mais sans pour autant se faire prendre par Héra, son épouse officielle, connue pour ses mémorables scènes de ménage. Il se métamorphose donc en taureau et se mêle ainsi au troupeau royal qu'Hermès avait conduit aux rivages de Tyr. Sous l'aspect d'un taureau blanc comme la neige, selon l'imagination débordante d'Ovide, avec ses cornes transparentes et ses muscles du cou remarquables, Zeus parvient à attirer l'attention de la jeune fille qui finit par monter sur le dos du taureau. Le taureau sursaute subitement et, sautant d'une vague à l'autre, amène Europe en Crète, à Phaistos (ou Gortyne). Sous un platane, qui depuis n'a jamais perdu son feuillage, a lieu ainsi l'union entre Zeus et Europe. De cette union vont naître trois fils, ô combien illustres et légendaires : Minos, le roi de Cnossos, Sarpédon qui reçoit de Zeus le privilège de vivre pendant trois générations d'hommes, et Rhadamanthe qui est censé avoir transmis les lois aux habitants des îles de la mer Egée.

Après la naissance de leurs trois enfants, Zeus confie Europe et ses trois fils à Astérion, roi de Crète, qui n'avait pas de descendants. Afin de montrer sa reconnaissance à Astérion, Zeus lui offre comme cadeau Talos, le gardien féroce qui veille sur les côtes crétoises.

Le mythe crétois d'Europe est fréquemment attaché à la constellation du taureau, alors que les monnaies de Gortyne, représentant le personnage entouré de rayons, permettent d'imaginer que Europe était la personnification d'un météore lumineux ou d'une brillante étoile. Le personnage d'Europe est aussi associé à la pleine lune : enlevée à l'aube par le taureau-soleil, elle réapparaît le soir, du fond de la mer.

Minos

L'essor remarquable de la civilisation crétoise est irréfutablement attaché au palais de Cnossos et à Minos, son roi légendaire. En réalité, au palais de Cnossos ne règnent que des « minos », titre attribué aux rois crétois dont les Grecs ont fait plus tard un prénom, lorsqu'ils créèrent leurs mythes originels. Personnage ambigu, Minos est loué par les poètes antiques pour ses qualités qui lui ont valu la faveur des dieux. Les historiens, pour ne citer que Thucydide, gardent de Minos le souvenir d'un chef puissant et redoutable, à la tête de l'incontestable thalassocratie minoenne, cet empire maritime établi pendant des siècles sur les côtes et les îles de la mer Égée. Selon Homère, Minos est le premier roi de Crète. Il assiste aux conseils des dieux présidés par son père céleste et figure parmi les trois juges qui rendent justice au royaume d'Hadès, chez le peuple des ombres.

Minos épouse Pasiphaé, la fille d'Hélios et de Perséis, sœur d'Éétès et de Circé. De cette union vont naître, entre autres, Androgée, Ariane, Phèdre et Glaucos. Digne d'un personnage légendaire, Minos se livre, bien sûr, à des relations extraconjugales. Or, ces femmes périssent violemment, surtout à cause de Pasiphaé, qui a l'habitude de déployer ses capacités magiques

© ANTON CHYGAREV - SHUTTERSTOCK.COM

Salle du trône, palais de Cnossos.

pour éliminer ses concurrentes. Ainsi, les femmes qui tombent dans les bras du roi de Crète meurent, principalement lorsque les tours de magie de Pasiphaé leur font engendrer des monstres. Mais voilà que Procrée échappe à son sort en offrant à Minos le sexe d'une chèvre qui, désormais, accouchera, à la place des amantes, des créatures horribles, telles que des vipères ou des scorpions. Derrière ce récit d'Apollodore, où se mélangent hommes, bêtes et monstres, se cache, très probablement, cette étape de l'histoire d'Athènes, lorsque la ville, ayant succombé à la force thalassocratique de la Crète, était, selon la légende la plus connue, obligée de verser comme rançon à Cnossos, tous les ans, 7 garçons et 7 filles destinés à assouvir la faim du Minotaure.

Selon une autre version, Minos impose ce fardeau macabre aux Athéniens comme réparation de la mort de son fils Androgée. Cette mort avait été provoquée par Egée, roi d'Athènes et père de Thésée, qui, mécontent du triomphe emporté par Androgée lors des Panathénées, lui impose comme épreuve supplémentaire et fatale d'éliminer le taureau de Marathon. Minos vengera son fils et attaque Athènes qui, à cette période-là, était déjà dévastée par des épidémies et la famine. La ville en siège se livre à des sacrifices expiatoires sans succès. C'est alors que l'oracle conseille aux Athéniens de satisfaire toute volonté de Minos afin de se libérer de leurs fléaux. Ainsi s'impose le tribut des jeunes garçons et filles qui périssaient dans le labyrinthe, le palais du Minotaure.

Le Minotaure et le labyrinthe

On ne peut pas aborder le mythe du Minotaure ni le suivre dans son labyrinthe, sans risquer de s'y perdre, si l'on ne suit pas le fil qui nous reconduit à Minos. L'histoire commence donc lorsque le roi de Cnossos monte sur le trône, assisté par Poséidon. Mais voilà que, ivre de son pouvoir, Minos refuse un jour de sacrifier un taureau à l'honneur de son dieu protecteur. Poséidon, outragé, décide de punir le roi de Cnossos : ou bien le taureau échappé au sacrifice ravagerait la Crète ou Pasiphaé, l'épouse de Minos, éprouverait du désir pour le taureau. Le dévolu est jeté sur Pasiphaé qui, après son union avec le taureau, donnera vie au Minotaure.

Fruit d'amour d'un être humain et d'une bête, le Minotaure ne peut pas être autre chose qu'un monstre. Il a, en effet, la tête d'un taureau et le corps d'un homme. Minos, pris d'effroi devant cette horrible progéniture, décide de la séparer à vie du monde des humains. Il fait appel à son architecte mythique, Dédale, pour qu'il bâtisse un palais sinueux d'où il serait impossible de s'évader. Le terme « labyrinthe » signifie « palais de la double hache » et évoque très probablement l'extrême complexité du palais de Cnossos.

Quoi qu'il en soit, la légende du labyrinthe a traversé la mythologie et l'imaginaire grecs comme symbole d'un édifice rare et extraordinaire d'où seuls l'amour et la ruse ont permis un jour à Thésée de sortir entier !

© DUNCAN1890 - ISTOCKPHOTO.COM

Pleurs pour Icare, de Herbert James Draper, 1898.

Talos

Selon la tradition crétoise, Talos est tantôt père d'Héphaïstos, tantôt un géant forgé en bronze créé par Dédale en faveur de Minos. Il a la charge de veiller sur la Crète et c'est pour cette raison qu'il parcourt l'île d'un bout à l'autre, trois fois par jour. Lorsque Minos est absent, il a également la charge de veiller sur Europe. Il est représenté sur les monnaies de Phaistos ayant l'aspect d'un jeune homme ailé et nu, s'apprêtant à jeter la pierre tenue dans sa main. Talos n'avait qu'une seule veine qui allait de la gorge jusqu'au talus et qui tenait en place à l'aide d'un clou !!! Cette veine unique était son point vulnérable, qui lui a coûté la vie. En effet, lorsque le géant a voulu empêcher les Argonautes de faire escale en Crète, à leur retour de Colchide, Médée a réussi avec ses tours de magie à enchanter Talos et le rendre fou. Affolé et complètement déboussolé par les visions infligées par la compagne de Jason, Talos enlève le clou qui lui assurait la vie, son unique veine se vide de son ichor, et le géant de bronze meurt aussitôt sur un rocher.

D'autres versions décrivent Talos comme un géant impitoyable qui se jette dans les flammes jusqu'à ce que sa torche en métal rougisse. Ensuite, il serrait contre sa poitrine ceux qui voulaient accoster sur l'île, leur infligeant, ainsi, une mort horrible.

Les attributs que revêt Talos nous renvoient parfois à un Héphaïstos primitif ou au feu céleste ou, encore, le rattachent à la tempête. La pierre que cette créature mythique tient dans la main, et qui était censée être son arme contre les Argonautes, représente très probablement la foudre. Serait-ce Talos alors qui se cache derrière l'expression « le coup de foudre » ?

Dédale et Icare

Athénien de souche, d'une généalogie qui le lie à Cécrops, le fondateur mythique d'Athènes, Dédale est l'artiste rénovateur par excellence du monde ancien grec. Il arrive en Crète exilé par l'Aréopage, après avoir assassiné son neveu et assistant Talos, qui, de toute évidence, commençait à lui faire de l'ombre… Renommé pour son talent en architecture, en sculpture et en arts mécaniques, il ne devient héros mythique que lorsqu'il construit le labyrinthe, le palais conçu pour emprisonner le Minotaure. C'est dans cet édifice même que Minos enfermera Dédale et son fils Icare, soit parce que l'architecte légendaire avait aidé Pasiphaé à s'unir avec le taureau, soit parce qu'il avait procuré le fil à Ariane, grâce auquel Thésée put éliminer le Minotaure et trouver la sortie du labyrinthe. Quoi qu'il en fût, Dédale fera encore une fois preuve de son génie et de son esprit novateur ; il récupère des plumes d'oiseaux, il les fixe avec de la cire à ses épaules et à ceux d'Icare, et, par la voie de l'air, ils réussissent à s'évader à tire-d'aile ! Or, le jeune Icare, téméraire et imprudent, s'approche du soleil. La cire fond et le fils de Dédale se noie dans la mer qui porte désormais son nom, la mer Icarienne. Quant à Dédale, il arrive, malgré tout, en Sicile, où il continue d'exercer son métier d'architecte, bénéficiant de la protection du roi Cocalos.

Zeus de Crète

Le cycle légendaire attaché à Zeus couvre plusieurs étapes du récit mythologique de la Grèce antique. La légende la plus connue, que nous devons à Hésiode, présente la Crète comme une terre adoptive pour le futur «père des dieux et des hommes». En effet, la grotte flanquée au mont Ida, au cœur de l'île, n'est que le berceau circonstanciel permettant à Zeus de survivre loin de la manie dévoratrice et infanticide de son père, Cronos. Or, selon la mythologie crétoise, bien longtemps avant que Zeus ne devienne immortel, le Zeus indigène, Zeus de Crète, Crétagénès, naît, meurt et renaît tous les ans et c'est sur le mont Ida que se trouvait sa tombe, selon Callimaque.

De toute évidence, cette version est une autre manière d'évoquer les cycles de la nature ; elle est présente chez Euripide, lorsqu'il mentionne les festivités qui se déroulaient en Crète, tantôt en l'honneur du Zeus céleste, tantôt du Zeus du monde souterrain. Par ailleurs, le culte qu'on réservait à Zeus sur le mont Ida avait un caractère mystique, ce qui écarte encore plus le Zeus Crétagénès du Zeus de l'Olympe. Mais c'est justement tous ces écarts, d'une version à l'autre, qui donnent à la mythologie grecque tout son sens et qui servent de fil conducteur lorsque, tout en flânant dans le labyrinthe des mythes, on essaie de trouver l'issue historique.

LA CULTURE DE L'OLIVIER

Profondément connecté à son histoire abyssale, l'olivier peuple la Crète depuis la Haute-Antiquité. Entre le bleu smalt du ciel, le bleu saphir de la mer et l'ocre jaune, brun et rouge de la terre, une traîne transparente, prenant toutes les nuances du vert argenté, enveloppe le paysage crétois, d'un bout de l'île à l'autre, flirtant tout au long de l'année avec les rayons d'un soleil éblouissant. Réputé éternel, en raison de sa longévité, considéré comme le plus vieux au monde, l'olivier de Voúves pousse encore aujourd'hui à proximité de La Canée, survivance d'un passé bien fructueux et opulent. Arbre précieux, son huile l'est encore plus. A la base de la cuisine crétoise, l'huile d'olive ajoute aux plats des saveurs tellement riches qu'elles laissent apprécier à fond le goût des choses simples. A la tête des ressources qui font aujourd'hui vivre l'île, l'olivier et son huile permettent de déguster pleinement un séjour en Crète !

L'olivier, richesse de la Crète !

Un climat favorable, une terre propice et un régime social prospère : voici les composants de l'engrais qui a fertilisé, à l'aube de l'âge de bronze, l'olivier lorsqu'il prend racine en Crète, bien avant sa propagation sur la péninsule grecque.
Le climat méditerranéen de Crète, avec ses hivers doux, pluvieux et humides, ses longs étés chauds et secs, s'adapte avec vigueur aux exigences du cycle de l'olivier : repos hivernal de novembre à février, réveil végétatif de fin mars à fin mai et maturation qui profite pleinement de la chaleur et de la sècheresse estivales. La terre crétoise, au sol profond et perméable, résistant à une pluviométrie variable et parfois relativement élevée s'ajoute aux conditions parfaitement adaptées à la prolifération de l'olivier en Crète. Le régime social de l'époque minoenne, au gouvernement solide, donne le coup de pouce décisif à la culture de l'olivier qui conquiert les régions les plus pauvres de l'île. Par la suite, l'excédent d'huile produit est transporté dans des jarres et, avec d'autres produits exportés, il permet aux Crétois de figurer parmi les plus grands commerçants de Méditerranée. Remontant à la nuit de temps, l'histoire de l'olivier se confond, en réalité, avec toutes les grandes civilisations méditerranéennes. Appartenant à la famille des oléacées, l'olivier est caractérisé par ses fleurs hermaphrodites régulières, à pétales soudés, à deux étamines et à deux ovules par loge. Il s'agit d'une plante ligneuse à feuilles opposées et aux fruits charnus. De toutes les espèces différentes que comprend le genre *Olea* sur les cinq continents, seul nous intéresse l'*Olea europea L* et, plus précisément, les séries oléastre : l'olivier sauvage et sativa : l'olivier cultivé.

© T PHOTOGRAPHY - SHUTTERSTOCK.COM

La Crète offre un climat idéal pour la culture de l'olivier.

© GEORGIOS TSICHLIS - SHUTTERSTOCK.COM

On les rencontre sur tout le pourtour du Bassin méditerranéen et à l'intérieur des frontières climatiques proches de la Crète et de la Grèce. La présence de l'*Olea europea L* est attestée dans le pays par des empreintes fossiles de feuilles trouvées à Santorin et datant de 37 000 ans av. J.-C. Selon les textes homériques et les tablettes du Linéaire B, l'ancienneté des deux espèces est confirmée par la présence de deux oliviers sacrés et légendaires : l'olivier d'Athéna, le symbole incontesté de l'olivier cultivé, et l'olivier de l'Olympe, le symbole même de l'olivier sauvage. Ce sont ses branches qui composaient la couronne, consécration suprême des vainqueurs des Jeux olympiques.

En Crète, l'oléastre demeure important jusqu'aux débuts de la période mycénienne mais ce n'est que vers 3000 av. J.-C. que l'olivier cultivé gagne l'île : c'est alors que cet arbre devient le pilier le plus important de l'agriculture crétoise.

L'olivier, arbre généreux

Trois techniques, pratiquées encore aujourd'hui, existaient pour la récolte des olives : le ramassage des fruits tombés au sol, la cueillette sur l'arbre à la main et, enfin, le gaulage imposant le ramassage immédiat et le vannage. Selon les sources, au début l'extraction de l'huile se faisait à l'aide d'un pilon de pierre avec lequel on écrasait les olives tandis que de l'eau chaude facilitait la décantation. Plus tard, ce pressoir rustre est remplacé par les « meules à sang ». Il s'agit de rouleaux en pierre maniés soit à la main soit avec des bâtis en bois, actionnés par des animaux ou par les hommes qui, dans certains cas, étaient des esclaves.

Malgré le rôle important que tenait l'olivier, les sources mythologiques restent assez modestes sur Aristée, l'inventeur du moulin à huile, à qui Dionysos, le maître incontestable du pressoir à vin, fait énormément d'ombre. Athéna, elle, a beau être la déesse de l'olivier, elle n'a jamais surveillé la fabrication de l'huile. Tout au long de l'Antiquité, les olives accompagnaient les repas des foyers plus ou moins aisés en tant que condiment. D'une grande valeur nutritionnelle, elles étaient surtout l'élément essentiel de l'alimentation paysanne car elles étaient faciles à transporter. C'est aussi la raison pour laquelle elles faisaient partie des provisions essentielles pour les soldats. La qualité de l'huile était, comme de nos jours, divisée en trois catégories : l'huile de première qualité, issue de la première presse sans mélange ; l'huile d'une qualité inférieure due à une moindre qualité des fruits ou de la pression ; et l'huile de récupération qui n'était pas comestible.

Les utilisations de l'huile d'olive

La plus grande partie de l'huile non comestible était utilisée pour l'éclairage, essentiellement celui de la maison et des mines. Une fois remplie, la lampe à huile habituelle avait une capacité d'éclairage de deux heures et demie. Dès l'époque archaïque et en tant que lubrifiant, l'huile était utilisée pour le graissage, l'entretien des cuirs et des métaux, et pour rendre étanche l'intérieur des jarres et des amphores.

L'huile était, par ailleurs, destinée aux soins fondamentaux du corps. Après le bain, les onctions à l'huile, parfois réchauffée, assouplissaient et défatiguaient la peau et les muscles. Les athlètes grecs et les jeunes qui s'exerçaient aux gymnases et en plein air l'utilisaient afin d'éviter les accidents musculaires et se protégeaient en même temps la peau contre les différences de température et les rayons du soleil. Onguent de grande qualité, l'huile constituait la base des parfums alors que ses vertus curatives lui ont réservé une place importante en médecine. Ayant conquis la terre crétoise, l'olivier a gagné durant l'Antiquité la péninsule grecque en passant par Pylos, puis Mycènes et, enfin, Athènes.

Au fil du temps, la Grèce est devenue un pays connu pour la qualité de son huile. De nos jours, elle occupe la troisième place des pays producteurs pour ce qui est de la quantité produite. Un tiers de la production a lieu en Crète où l'on cultive trois variétés d'olives : la Koroneïki, la plus largement répandue, la Mastoïdis-tsounati et la Hondroelia, qui est rarement cultivée actuellement à cause du changement climatique et malgré la haute qualité d'huile qu'elle peut produire.

Région privilégiée par son climat, son histoire, sa culture et ses beautés physiques, la Crète est un lieu que l'on n'arrête pas de découvrir. Une grande partie de cette découverte passe par ses saveurs, hautement assaisonnées avec de l'huile.

GÉOGRAPHIE

« Crète », en tant que personnage héroïque, apparaît dans plusieurs légendes : elle est parfois décrite comme fille d'une Hespéride, ou Hespéride elle-même ; ailleurs, elle est l'épouse d'Hélios, le roi soleil, et devient ainsi la mère de Pasiphaé ; ailleurs encore, elle apparaît comme la fille de Deucalion. Cela ne pouvait en être autrement : la Crète, l'île qui a marqué le monde ancien grec par sa civilisation, méritait bien une place dans la mythologie pour expliquer sa destinée unique et exceptionnelle. Son emplacement géographique et sa morphologie se trouvent au cœur de sa belle aventure, de ses péripéties et de ses tourments au cours des siècles. Grand pont suspendu entre le Péloponnèse et Rhodes, escale pour les marins venus du nord qui naviguent vers le sud sur le chemin des Cyclades et de l'Egypte, la Crète couronne l'extrême sud de la Grèce en se laissant gracieusement aller aux flots de la mer Egée et de la Méditerranée.

Une île montagneuse

Par sa superficie qui atteint les 8 335 km², la Crète est la cinquième plus grande île de la Méditerranée après la Sicile, la Sardaigne, la Corse et Chypre. Longue de 257 km, sa largeur varie entre 12 et 60 km et lui donne son aspect étiré si caractéristique.

Située dans la Méditerranée orientale, encore plus au sud qu'une partie des côtes du Maghreb et à seulement 300 kilomètres des côtes libyennes, la Crète est le point le plus méridional de l'Europe, après l'île de Chypre. Sur une carte, elle marque la limite sud du bassin égéen qui comprend toutes les autres îles grecques (à l'exception de Corfou et des îles qui l'entourent). De loin, la Crète ressemble à un immense rocher isolé au milieu de la mer. En effet, sur pratiquement toute la longueur de l'île, les montagnes se succèdent pour se jeter dans la mer au nord et au sud. Quatre chaînes de montagnes dominent et sont séparées par des plaines et des hauts plateaux où l'agriculture est riche. A l'ouest, le massif des Montagnes Blanches (Lefkà Ori) culmine à 2 454 m, et les sommets y sont souvent couverts de neige, d'où leur nom : *Lefkà* signifie blanches. On y trouve également les plus grandes gorges, celles de Samaria, s'étirant sur 17 kilomètres avec un dénivelé total de 1 227 m. Au centre, entre Héraklion et Agia Galini, s'élève la chaîne de l'Ida qui, avec 2 456 m, est le sommet le plus haut de l'île. Plus à l'est, au-delà de la grande plaine centrale, s'élèvent les monts Dikti à 2 148 m. Enfin, à la pointe est, le massif de Sitia atteint 1 476 m.

Le plus long fleuve de Crète est le Yeropotamos, situé dans la vallée de Messara au sud de l'île. Il s'étire sur 45 km et se jette dans la mer de Libye, près d'Agia Triada. Le seul lac d'eau douce de Crète est le lac de Kournas, entre Réthymnon et Hania. Enfin, deux plateaux célèbres et magnifiques sont vraiment incontournables : ceux du Lassithi (anciennement recouverts de moulins à vent) et de Nida.

Le lagon de Balos.

Randonnée dans les sublimes gorges de Samaria.
HERACLES KRITIKOS - SHUTTERSTOCK.COM

La Grande bleue

Les amoureux de nature ne pourront qu'être séduits par la beauté apaisante du paysage crétois, extrêmement riche et varié. Cette richesse est, incontestablement, due à une mer omniprésente, tantôt limpide et turquoise, tantôt d'un bleu profond impénétrable, aux riches fonds marins. L'immensité bleue borde le nord de l'île par la mer de Crète, et le sud par la mer de Libye. Quel plaisir, lorsqu'on gravit les routes qui serpentent dans les montagnes de Crète, d'embrasser au loin la Grande Bleue qui s'étend à l'infini…

Avec son littoral qui dépasse les 10 000 km, la Crète est dotée d'un nombre impressionnant de plages à couper le souffle. Si parfois elles débordent de monde, c'est pour de bonnes raisons. Citions ainsi parmi les plus célèbres, et sans ordre particulier, la plage de Matala, d'abord, située à proximité du Palais de Phaistos. Cette crique, point de rencontre des hippies pendant les années 1960 et 1970, doit son charme au coucher du soleil, à ses eaux limpides, et ses rochers sculptés depuis l'Antiquité. La plage du lagon de Balos, elle, s'offre en plein milieu d'un paysage vierge : les eaux saisissantes du lagon aux couleurs turquoise et émeraude, complètement transparentes, vous invitent à vivre, allongé sur un sable blanc, une expérience inoubliable. La plage sablonneuse de Preveli s'étend au pied d'une gorge. Une rivière qui se jette dans la mer, avec palmiers, lauriers et buis qui poussent sur ses rives, est l'autre atout de cette plage méritant le détour. La liste continue avec la plage et les criques turquoise et sablonneuses de Falassarna, la plage rose d'Elafonissi, ou la plage de sable noir de Vaï, bordée par la plus vaste palmeraie d'Europe. On ne manquera pas non plus l'occasion de se rafraîchir sur les plages parsemées de galets lisses de Palaiochora et de Lenda… Dans ces paysages côtiers, d'une beauté hors du commun, et sur n'importe quelle plage, baie ou crique, la mer crétoise ne pourra qu'envoûter vos vacances.

Une géographie propice au sport

Avec ses parcs naturels, ses gorges, ses grottes, ses montagnes, sa végétation variée et bien sûr sa mer omniprésente, la Crète offre un grand choix de paysages, ce qui séduira les amateurs de grands espaces et de nature, mais aussi de sport.

Dans la plupart des stations balnéaires (en particulier sur la côte nord), il est possible de louer des petits catamarans, des pédalos, des kayaks de mer, des jet-skis et de faire du ski nautique. A noter que les vents peuvent se lever très rapidement et changer de direction fréquemment (effets de relief en été surtout sur la côte sud). Quelques spots comblent les amateurs de windsurf : à Kouremenos

© STEFANO ZACCARIA - SHUTTERSTOCK.COM

Plage d'Elafonissi.

Beach près de Palekastro à l'est de Sitia, à Almirida, près de Hania, ou à Palaiohora au sud.

On croise, en revanche, peu de voiliers dans les eaux de la mer de Libye à cause du manque d'abris et d'infrastructures. Signalons pour les amateurs de voile le port de Palaiochora, peu fréquenté pour ces différentes raisons mais bien équipé (possibilité d'hivernage). Dans le nord de l'île, les escales sont possibles à Hania, Réthymnon, Héraklion, Agios Nikolaos…

L'île est un lieu merveilleux pour les marcheurs, petits et grands, amateurs ou confirmés. De la balade d'une heure ou deux, où l'on peut même emmener sans problème les enfants, au véritable trekking de plusieurs jours, voire plusieurs semaines, l'éventail des possibilités est très large. La Crète est montagneuse et les chemins sont parfois difficiles. Si vous n'avez pas l'habitude de la marche, il peut être préférable de s'inscrire à l'un des divers trekkings proposés par les agences de voyages locales, notamment si vous décidez, par exemple, de traverser les fameuses gorges de Samaria. Sinon, les buts de randonnée ne manquent pas : de nombreuses gorges existent en dehors de celles de Samaria (Imbros, Agia Irini…), les Lefka Ori, le plateau d'Omalos, les monts Psiloritis et Dikti, le plateau du Lassithi, la vallée de la Mort près de Zakros, des îles comme Gavdos… Ajoutons le sentier paneuropéen E4, bien signalé tout au long de son parcours, qui traverse la Crète d'ouest en est de Kastelli-Kissamos à Zakros. Ceux qui souhaitent simplement s'immerger au cœur de la nature n'auront qu'à sortir des agglomérations et parcourir les régions environnantes ou séjourner dans de petits ports. Avis à ceux qui aiment les vacances actives !

NATURE

Par sa position géographique, son climat et son relief, la Crète est dotée d'une flore que l'on n'a pas fini de découvrir dans ses grottes et ses criques inaccessibles, ses modestes vallées éparpillées dans les montagnes. Quant à la faune, elle compte plus d'un millier d'espèces endémiques, alors qu'en période migratoire l'île offre son hospitalité à 350 espèces différentes d'oiseaux. Or, malgré une certaine prise de conscience concernant les problèmes liés à l'écologie, ces richesses naturelles courent un grand risque. Participant au programme européen « Natura 2000 », la Crète a fait des pas considérables vers la protection de l'environnement naturel et la protection des régions présentant un grand intérêt écologique. Toutefois, tant que les autorités grecques ne mettent pas les problèmes environnementaux en priorité, les trésors naturels sont en péril. Et ils ont, déjà, fait sonner l'alarme.

Espèces rares en voie de disparition

Les *kri-kri*, appellation locale d'une race de chèvre sauvage à bézoard (*Capra aegagrus creticus*), figurent parmi les symboles de la Crète. D'un aspect distinctif et impressionnant, on peut encore apercevoir l'*Agrimi* (sauvage) ou « kri-kri » dans le parc national de Samaria, les Lefka Ori ou sur les îlots de Dia. La protection officielle dont elles jouissent depuis une trentaine d'années seulement n'a pas empêché leur disparition progressive due à une chasse intensive. Elles restent assez difficiles à apercevoir, hormis dans les gorges ou les secteurs escarpés. Les kri-kri, qui furent importées en Crète, ne se trouvent désormais plus que sur cette île et pour cette raison elles sont considérées comme une espèce endémique.

Le chat sauvage de Crète, sous-espèce endémique du chat sauvage ou *fourogatos* selon le dialecte crétois, attise actuellement la curiosité des scientifiques qui le croyaient définitivement disparu. Sa dernière trace officielle remontait à 1905 : en Angleterre, une scientifique détenait deux peaux de cet animal. En 1996, les chercheurs des Universités des Sciences naturelles de Crète et de Perugia ont fini par découvrir des traces de *fourogatos* à côté d'Amari ; depuis il est devenu un animal protégé. Il vit actuellement sur le mont Ida et dans la vallée d'Amari. Menacé par l'utilisation des pesticides, sa survie est donc loin d'être assurée.

Les pesticides et les rapaces qui survolent l'île menacent, également, l'*akanthopontikos*, le rat épineux de Crète. C'est un rongeur à poils épineux, presque rouge ou jaune, au ventre blanc et au museau gris ou marron. Il se nourrit principalement de grains mais il se laisse aussi tenter par des escargots ou des insectes. Animal nocturne, très difficilement repérable, le rat de Crète n'a pas attiré le nécessaire intérêt scientifique, ce qui rend sa survie encore plus vulnérable.

Le gypaète barbu (*Gypaetus barbatus*), considéré comme le rapace le plus rare des Balkans, ne survole actuellement que le ciel de Crète. Malheureusement, il n'existe actuellement sur l'île que six couples ayant la capacité de se reproduire, ce qui rend la perpétuation de l'espèce très improbable.

© VIVOOO - SHUTTERSTOCK.COM

Chèvres kri-kri dans la montagne escarpée.

L'envergure de ses ailes atteint les trois mètres et celui de son corps les deux mètres environ. Il est l'unique espèce au monde qui se nourrit presque exclusivement d'os. Sa technique consiste à jeter sa proie d'une grande hauteur afin que son ossature se casse. Par la suite, il attaque d'abord la moelle épinière et seulement après à la carcasse. Les chances de survie du gypaète barbu diminuent considérablement à cause des appâts posés par les paysans contre les chiens errants et les corbeaux. Actuellement la menace principale est due aux éoliennes installées, de plus en plus, sur les montagnes crétoises.

La faune en danger

Les lapins et les lièvres sont largement chassés en Crète, malgré les lois concernant les périodes de la chasse. Même si l'on croise, encore, quelques lièvres bruns, leur population a énormément diminué. Il en va de même pour les grenouilles crétoises, espèce endémique, vivant d'habitude en dessous de 100 mètres d'altitude et dont le nombre a chuté après l'introduction irréfléchie d'une espèce de crapaud d'Amérique qui se nourrit, entre autres, de têtards. Le danger pour les espèces rares guette sur certaines plages, particulièrement celles qui se trouvent autour de Réthymnon, Hania et dans la baie de Messara. Il s'agit des plages où des tortues de mer viennent pondre leurs œufs. Ces tortues *Caretta caretta* étant en danger, elles font l'objet depuis 1982 de la protection de la Sea Turtle Protection Society of Greece (STPS). Les associations pour leur défense tentent de sensibiliser et de récolter des fonds auprès des touristes.

Une faune qui résiste

Les reptiles et batraciens sont beaucoup plus nombreux en Crète : serpents (inoffensifs pour la plupart, à l'instar de la couleuvre chat), crapauds verts, lézards, et surtout quelques caméléons qui raviront ceux qui auront la chance d'en croiser. Les animaux les mieux représentés sont finalement les oiseaux, notamment les rapaces. On les verra surtout au printemps et en automne. On rencontre ainsi des vautours, des martes, des éperviers, des aigles royaux, des buses et des faucons (pèlerins et crécerelles). On observe également des chouettes effraies et des hiboux petits ducs. La présence de ces rapaces, très peu chassés par l'homme, s'explique en raison du caractère montagneux de l'île. De nombreuses espèces d'oiseaux peuplent par ailleurs le ciel crétois : fauvette, rouge-gorge, perdrix choukar, merle bleu, alouette, guêpier, grimpereau, mésange ou encore pipit rousseline. Pour les amateurs de belles couleurs, les papillons offrent un merveilleux spectacle lors de la saison chaude. Les eaux crétoises sont également riches, particulièrement sur la côte nord de l'île. On y trouve des mérous, des espadons, des rougets, des dorades, des sardines mais surtout des poulpes, pêchés avec le *kamaki*, sorte de trident et attribut traditionnel de Poséidon. Sans oublier les dauphins qu'il n'est pas rare de croiser dans les eaux de la mer de Libye, ou encore les cachalots sur la pointe sud-ouest. L'île regorge de pêcheurs amateurs et professionnels, et la surabondance de la pêche ainsi que sa pratique illégale à l'aide de dynamite conduisent peu à peu à la disparition des poissons et à la destruction des fonds marins.

Orchidées sauvages.

La Crète : une île verte, malgré tout

Contrairement aux idées reçues, et grâce aux vents chargés d'humidité, la Crète est assez boisée en comparaison avec d'autres îles de la région. Il existait autrefois de vastes forêts de cèdres sur toute l'île mais les Minoens puis les Vénitiens les ont exploitées pour les besoins de construction et de navigation. Enfin, les Ottomans ont achevé l'œuvre de destruction en incendiant toutes les forêts restantes dans lesquelles se réfugiaient les résistants crétois.

Aujourd'hui, la végétation est composée de forêts méditerranéennes, de buissons et d'arbustes, parmi lesquels des mimosas, des genêts d'Espagne, des pistachiers et des tamaris. On estime que la flore est composée de plus de 2 000 espèces de plantes différentes dont environ 160 sont endémiques. On trouve pins et érables dans la montagne, et cyprès et platanes sur la côte. Des lauriers roses, qui fleurissent de juin à août, sont visibles le long des routes et dans les ravins. L'olivier, dont la culture remonte à l'époque minoenne, est l'arbre qui domine le paysage crétois. L'olivier de Kavousi, village à proximité d'Ierapetra, se vante d'être l'olivier le plus ancien au monde avec ses quelque 3 500 ans d'âge. Caractérisé arbre « monumental » par la SEDIK (Association Municipale des Oliviers de Crète), il est, par la dimension et la forme de son trône, une véritable sculpture vivante. Une branche de cet arbre a servi de couronne à la championne du marathon des Jeux olympiques de 2004.

© FRANCK LEGROS - SHUTTERSTOCK.COM

L'oliver millénaire de Kavousi.

Témoin du passage du temps et de sa longue histoire en Crète, un olivier dont on estime qu'il a entre 2 000 et 4 000 ans se trouve à Pano Vouves, près du village Vouves, dans la municipalité de Kolympari appartenant à la région de Hania. Cet arbre est devenu à nouveau productif après avoir été greffé avec l'olivier « Tsounati », espèce dont les fruits donnent la meilleure qualité d'huile. Les branches de cet olivier ont été utilisées à l'occasion des Jeux olympiques d'Athènes de 2004 et de Pékin de 2008, pour créer les couronnes de vainqueurs. Déclaré monument naturel protégé, cet olivier a donné l'idée de créer, dans une ancienne maison voisine datant du XIXe siècle, le Musée de l'Olivier, un autre détour qui vaut vraiment la peine.

Un autre végétal était aussi connu au temps des Minoens et très utilisé : le lin. Ses utilisations étaient multiples, aussi bien industrielles (fabrication de tissu), alimentaires que médicinales (confection de médicaments contre la toux). Le genévrier de Phénicie (*kedros*) se trouve presque exclusivement sur l'île de Gavdos ; son essence était exportée vers l'Egypte pour embaumer les morts. La Crète est aussi célèbre pour son incroyable luxuriance en plantes aromatiques (thym, sauge, menthe, dictame, origan…) et fleurs de toutes sortes.

Le paysage est particulièrement riche en herbes et plantes pharmaceutiques comme l'origan, le thym et le labdanum. Ces herbes sauvages en abondance sont cueillies depuis des millénaires et utilisées pour favoriser la guérison, notamment sous forme de tisanes médicinales. L'une d'elles, le dictame ou *erondas*, particulièrement bénéfique pour les maux d'estomac et l'arthrite, était déjà utilisée par les Minoens. Hippocrate était également conscient de ses avantages thérapeutiques et, aujourd'hui, il se trouve sur le marché sous forme de poudre ou d'huile essentielle.

Enfin, le platane d'Orient, supplanté au fil des ans par le platane commun, a été utilisé depuis l'Antiquité comme arbre d'ornement ou de menuiserie et, surtout, pour des longues siestes à l'ombre ! Le plus ancien témoignage trône encore aujourd'hui au village de Krassi. Déclaré par décret présidentiel, en 2011, monument de la nature, cet arbre majestueux est estimé avoir plus de 1 000 ans. Sous son feuillage, plusieurs artistes ont cherché leur inspiration, parmi eux, selon la légende, l'illustre auteur grec N. Kazantzakis. C'est la raison pour laquelle cet arbre millénaire est connu sous le nom de cet écrivain, originaire de la Crète.

La fleur crétoise par excellence reste l'orchidée. On la trouve aussi bien au niveau de la mer qu'à une altitude de 2 000 m, avec une plus forte densité à mi-montagne. Elle est présente dans des formations végétales aussi diverses que des pâturages pierreux, des friches… On recense en Crète plus de 70 espèces d'orchidées, toutes terrestres. La plupart sont entomophiles, ce qui signifie qu'elles ont besoin des insectes (principalement des guêpes et des abeilles) pour leur fécondation et vont même jusqu'à pousser très loin la ressemblance avec leurs pollinisateurs. Ainsi le pétale inférieur de l'orchidée du genre Ophrys de Crète joue-t-il un rôle de miroir. Prisées des chercheurs, les orchidées sont également très appréciées pour l'originalité de leurs formes et de leurs coloris. Signalons également l'Ambelitsa (Zelkova de Crète) qui vient d'Asie et qui pousse exclusivement dans les environs des Lefka Ori, autour du plateau d'Omalos.

Hormis l'orchidée, du début du printemps jusqu'à l'automne, des fleurs sauvages telles que la camomille, les coquelicots, les anémones ou les iris et les glaïeuls couvrent d'un bout à l'autre la Crète d'un tapis délicatement parfumé et de toutes les couleurs. Dans les grottes, on découvre des plantes rares telles que les chrysanthèmes, glaïeuls et campanules qui poussent dans les gorges de Samaria.

CLIMAT

La Crète figure parmi ces régions du monde qui affichent des records de longévité : si le régime méditerranéen est à la base de la vitalité crétoise, le climat est l'autre facteur à prendre en considération. L'île, perchée au point le plus au sud de toute l'Europe, bénéficie d'un climat méditerranéen : l'été est chaud et sec ; l'hiver, doux et court. Il commence pratiquement en janvier et s'achève en mars. Les pluies, pas très abondantes, tombent principalement en automne et en hiver. Ce climat est si attrayant que l'on peut visiter la Crète tout au long de l'année, selon la saison que l'on préfère ! En été, bien sûr ! Mais, également, au printemps, en automne ou en hiver. Au printemps, la Crète devient un immense jardin débordant de parfums ; en automne, elle reflète les couleurs du miel et des raisins ; en hiver, elle se repose... Alors, peu importe la saison, les vacances en Crète sont toute l'année !

Un climat méditerranéen

La Crète bénéficie d'un climat méditerranéen très clément et sain. Les étés sont très chauds, le printemps et l'automne jouissent d'un bel ensoleillement et les hivers s'écoulent dans la douceur et la luminosité. Les pluies sont rares et souvent de courte durée : elles arrivent généralement entre novembre et mars. Seuls les vents refroidissent parfois le climat, mais cela a l'avantage d'atténuer la chaleur estivale. La neige couvre tous les ans les sommets et les flancs des montagnes mais elle se fait très rare sur les plaines et encore plus au bord de la mer ! L'île de Gavdos ainsi que les côtes sud de la Crète bénéficient d'un climat méditerranéen plus chaud à cause de leur proximité géographique avec l'Afrique. C'est la raison pour laquelle, en été, les conditions climatiques ont les caractéristiques d'un climat subtropical. En général, la température moyenne maximale en été varie entre 20 et 30 °C et en hiver entre 10 et 15 °C. Le climat crétois est plus favorable au nord qu'au sud de l'île. Au printemps, qui débute en mars, les journées sont déjà longues et chaudes. Les précipitations sont peu nombreuses. Avril et mai sont sans doute les meilleurs moments pour venir profiter de la Crète, alors couverte de fleurs. En été, les températures peuvent atteindre 40 °C, mais les vents rafraîchissent l'atmosphère, la rendant plus supportable que sur le continent où elle est pourtant moins chaude. L'automne est la saison la plus humide, surtout à partir du mois de novembre. En hiver, si les températures ne baissent jamais trop, il peut cependant arriver que des chutes de neige modifient l'aspect de l'île.

DÉCOUVRIR

© OLGA GAVRILOVA - SHUTTERSTOCK.COM

Balayée en été par le melten, l'île offre de nombreux spots de planche à voile.

© FOKKEBOK - SHUTTERSTOCK.COM

Avec un ensoleillement omniprésent, l'île se visite pratiquement toute l'année.

Une brise agréable

La situation géographique de la Crète lui fait profiter d'un climat méditerranéen chaud et sec, atténué par des vents, tel que le meltem venant du nord et qui adoucit la chaleur sous forme d'une brise agréable. Connu sous son nom d'origine turque, ce vent était connu dès l'Antiquité grecque : l'« étésien » était alors une dénomination concernant les vents qui soufflent en été et que Zeus lui-même envoyait aux mortels pour les rafraîchir pendant les chaleurs. Il s'agit d'un vent qui souffle fréquemment en été sur la mer Egée et qui touche la Crète avec une force qui parfois dépasse 8 sur l'échelle de Beaufort. Ce vent, salvateur lors des jours très chauds, peut toutefois être une surprise assez désagréable pour les non avertis. Un drapeau rouge indiquant l'interdiction de se baigner est alors obligatoirement levé sur les plages organisées alors que les sauveteurs des plages sont toujours présents pour avertir ou venir en aide. Pensez aussi à vous renseigner ou consulter les sites météorologiques lorsque vous choisissez les plages non surveillées. Les gens qui pratiquent le surf ou le windsurf sont particulièrement heureux lorsqu'ils voient le meltem se lever : soyez vigilant et mieux informé lorsque vous pratiquez ces sports en solitaire !

Quand partir ?

Ce n'est pas rare de voir des touristes se baigner dans la mer sur les côtes sud en plein mois de novembre ! Le soleil, presque toujours éclatant, est omniprésent sur l'île de mai à octobre. L'eau de la mer à La Canée atteint les 22 °C en octobre et les 20 °C en novembre ; on relève 23 °C en octobre et 21 °C en novembre à Preveli et respectivement 23 °C et 20 °C à Milatos. En mai, presque sur tout le littoral la température a déjà atteint les 20 °C, une température acceptable pour les moins frileux ! Ainsi, pour la baignade, la Crète reste une destination idéale aussi bien au printemps qu'en automne. Bien sûr, les journées deviennent plus courtes lorsqu'on avance vers l'hiver : c'est alors l'occasion d'apprécier la vie dans les grandes villes de l'île.

Au printemps, les visiteurs ont la chance d'admirer les richesses naturelles de l'île dans toute leur splendeur, avec toutes leurs couleurs et leurs parfums. La saison sied aussi pour participer à tous les événements liés à la célébration de la Pâques orthodoxe grecque. C'est également une période idéale pour connaître de plus près les locaux avant l'arrivée massive des touristes qui limite un peu leur traditionnelle nonchalance. Le mois de mai, toujours ensoleillé en Crète, et avec des températures très douces, permet de partir en randonnée dans les montagnes ou de s'aventurer en escalade dans des conditions très agréables. Il n'est pas rare, lors de pérégrinations sur les montagnes ou à travers les zones rurales des vallées, d'assister à une « fête de la tonte » : il s'agit de fêtes qui commencent en mai et qui durent jusqu'en juillet, au cours desquelles les éleveurs font appel à leurs amis pour tondre les moutons. A la fin du jour, une fête accompagnée de chansons, de danses et de raki est prévue : laissez-vous inviter ! Les agences se spécialisant dans l'agrotourisme peuvent s'en occuper également.

En automne, la Crète vit au rythme des récoltes et vendanges. A partir de la fin août, on recueille le miel, on commence les vendanges dans les vignobles. Le début de cette période est marqué par le ramassage des figues de Barbarie. Si vous avez la chance d'être en visite sur l'île en automne, vous pourrez en profiter pour assister aux *rakokazanas*. De mi-octobre jusqu'en décembre, tous les Crétois, presque sans aucune exception, distillent les raisins (*kazanema*) pour en tirer le fameux raki. Les chances ne manquent pas pour apprécier un verre de raki au moment même de sa production. Les fêtes autour des *rakokazanas* sont nombreuses et durent plusieurs jours. D'un point de vue moins fêtard mais pas moins agréable, les sites archéologiques de la Crète sont d'une beauté remarquable en automne : les couleurs s'adoucissent, les formes des vestiges s'affirment, libérées du soleil accablant, le temps semble se figer…

L'hiver en Crète est généralement doux, mais les vents risquent de rendre la sensation du froid plus intense. Toutefois, les inconditionnels des sports d'hiver peuvent choisir la Crète pour aller skier ! Au cœur de la Méditerranée, skier tout en contemplant la mer depuis les sommets Psifali (1 984 m) et Strifomadi (1 921 m) offre une sensation inhabituelle et inoubliable. Un conseil cependant : les sports d'hiver n'étant pas encore développés en Crète, il est conseillé d'organiser cette expérience assez exotique avec une agence de voyage pour ne pas se retrouver sur une fausse piste !

ENVIRONNEMENT

Berceau de civilisation et de mythologie, la Crète emprunte ses traits caractéristiques à son insularité et à sa géologie. L'île du cyclope a également suscité l'admiration par la fécondité de ses terres et la diversité de ses productions agricoles. Homère évoque la Crète comme une île « hospitalière, belle et fertile ». Si l'autonomie alimentaire constitue l'un des piliers du territoire, le tourisme est un axe fort de l'économie, qui n'est pas sans conséquence sur l'environnement. L'artificialisation des sols, la gestion de l'eau et des déchets figurent parmi les sujets cruciaux à traiter. La pollution de la Méditerranée et l'impact du réchauffement climatique constituent également des questions préoccupantes. Préserver l'environnement de l'île tient aussi à une certaine façon de voyager, plus sobre, et en même temps plus propice pour y déceler ce qui provoque depuis l'Antiquité l'émerveillement des visiteurs et des habitants.

Des milieux naturels soumis à de fortes pressions

Cinquième île de la Méditerranée, la Crète possède des écosystèmes remarquables, qui abritent des espèces endémiques, comme les kri-kri (chèvres sauvages), ou encore le genévrier dit « cèdre crétois ». Les milieux naturels sont cependant soumis à de fortes pressions anthropiques. L'artificialisation des sols, et notamment l'urbanisme littoral, a par exemple engendré la disparition de sites de ponte de tortues. Le pâturage non contrôlé, le braconnage, la fréquentation touristique ou encore le camping sauvage ont contribué à la dégradation de milieux naturels, ou encore à la perte de biodiversité. Dans certaines zones, le piétinement, l'érosion des dunes, mais aussi le réchauffement climatique à l'origine de plus fréquentes et sévères sécheresses, ont contribué au dépérissement de nombreux « cèdres crétois ». Des programmes de restauration comme « junicoast » ont vu le jour. L'île s'est aussi dotée d'outils de protection de son patrimoine naturel. Des zones Natura 2000 ont pour objectif de protéger les écosystèmes et les espèces remarquables. Des parcs nationaux assurent des missions de protection de l'environnement associées à des actions d'accueil et de sensibilisation des publics.

- **Parc national de Samaria** ou Parc national des Montagnes Blanches : situé dans la partie nord-ouest de l'île, il abrite notamment la réserve naturelle des gorges de Samaria et le passage étroit « des portes », qui offre une randonnée pittoresque, uniquement accessible de mai à octobre.

Il protège également une biodiversité remarquable, associée à plusieurs espèces floristiques endémiques. Les gorges de Samaria constituent également l'habitat naturel des kri-kri.

- **Le Parc naturel de Sitia** : situé à la pointe est de l'île, il a rejoint le réseau Geopark de l'Unesco. Ce territoire dispose de nombreux sentiers de randonnée (géo-parcours) et d'un centre d'accueil qui permettent de découvrir la géologie unique du site, mais aussi sa biodiversité.
- **Le Parc naturel du Psiloritis** : situé au centre de l'île, il abrite le plus haut sommet de la Crète, le mont Ida. Des itinéraires de randonnée permettent de découvrir le parc, ses montagnes mais aussi ses vallées, et toute une frange littorale. Créé en partenariat avec le Musée d'Histoire naturelle de la Crète (p.103), il protège un riche patrimoine géologique et a intégré le réseau Geopark.

Depuis 2012, sur fond de crise économique, des investisseurs étrangers achètent des terres selon des procédures simplifiées pour y implanter de grandes fermes solaires ou éoliennes. Ce système de « fast track » dispense d'études d'impacts et suscite l'ire de nombreux habitants. Si l'île n'est pas raccordée au réseau de transport d'électricité du continent, les opposants mettent en avant le surdimensionnement des équipements face aux besoins énergétiques de l'île et l'impact sur les milieux naturels (zone Natura 2000) et les paysages.

En 2020 s'est tenue une manifestation contre un de ces projets d'installation d'unités de production d'énergie renouvelable à l'échelle industrielle (EREI), à Sitanos. Autre sujet de discorde, la construction du nouvel aéroport de Kastelli, qui engendrerait la destruction de milieux naturels et de cultures. Au-delà il symbolise le choix d'une massification du tourisme et du sacrifice de l'environnement sur l'autel de l'économie. Un choix justifié par la situation économique mais qui semble oublier la gravité et les conséquences du réchauffement climatique en cours. À trop ignorer les alertes, le mythe d'Icare pourrait devenir prémonitoire.

© GEORGIOS TSICHLIS - SHUTTERSTOCK.COM

Le mont Ida, plus haut sommet de Crète.

Des risques naturels amplifiés par le réchauffement climatique

On assiste ces dernières années à des sécheresses et inondations plus fréquentes et intenses. En 2019, l'île a subi de violentes inondations qui ont coûté la vie à 4 personnes. En novembre 2020, la Crète a été placée en état d'alerte générale, suite à des pluies diluviennes qui ont entraîné de lourds dégâts matériels : routes endommagées, rivières obstruées, ponts emportés par les eaux. La vulnérabilité des cibles (habitats, infrastructures) est aggravée par l'urbanisme et l'artificialisation des sols. Les premières conclusions mettent en avant la nécessité d'intégrer le risque climatique dans les plans de gestion. Autre effet du changement climatique, la survenue en septembre 2020 du cyclone Ianos.

Une agriculture résiliente

Le plus vieil olivier du monde se trouverait en Crète. L'agriculture crétoise se fonde sur une polyculture associée à l'olivier et à l'élevage caprin, qui a permis d'assurer la résilience du territoire. Cependant, les « mers d'oliviers » constituent dans certaines zones des monocultures sensibles aux aléas climatiques et aux agents pathogènes. C'est ce qu'il s'est passé en 2018 : après plusieurs hivers secs et la survenue d'agents pathogènes, les productions d'huile d'olive ont connu une baisse de leur rendement.

Une gestion de l'eau et des déchets encore déficiente

Le territoire n'a pas mis en place de collecte sélective et ne possède pas d'installation réglementée de traitement des déchets. La situation est encore plus problématique en période de fréquentation touristique, lorsque la population est plus nombreuse (la Crète a accueilli 3 millions de touristes en 2019). Il en va de même pour la gestion de l'eau. Les eaux usées résiduaires terminent le plus souvent sans traitement dans la mer. La Crète est aussi une des îles de la Méditerranée, avec la Corse, qui souffre le plus de la pollution plastique. Elle a été qualifiée de « plastic hotspot » par un rapport du WWF en 2017, qui préconise, parmi les actions à mettre en place, un accord international visant à interdire des rejets du plastique en Méditerranée à l'horizon 2030.

Voyager autrement

« Dans les creux abrités, les citronniers et les orangers embaumaient, et plus loin, de la mer infinie, émanait une inépuisable poésie ». Il est possible de retrouver le charme décrit par Nikos Kazantzaki dans son roman *Alexis Zorba*. La Crète se prête à la marche à pied et au vélo. Le voyageur sera également invité à un usage sobre des ressources locales. Pour les adeptes du voyage lent, il est tout à fait possible de se rendre de Paris à Athènes en train. De plus en plus nombreux sont les voyageurs à vélo qui s'élancent depuis la France vers la Grèce.

HISTOIRE

L'histoire de la Crète, source inépuisable de fierté pour ses habitants, va au-delà de l'éblouissante période minoenne. Jalonnée par la lutte contre les occupants successifs, cette histoire millénaire est omniprésente. Or, elle n'est pas uniquement racontée par ses monuments, ses sites archéologiques et ses musées. Elle est, également, racontée par des voix basses : il suffit de prêter l'oreille lorsque les hommes âgés refont le monde en sirotant leur café, lorsque les femmes préparent le banquet d'un mariage. Elle est cachée derrière les sons de la lyre crétoise, dans une gorgée de raki ; elle a l'arrière-goût de l'huile d'olive ; elle est cousue sur les habits traditionnels ; elle danse, elle chante, elle fait la fête… Se perdre dans les ruelles des villes, dans les chemins sinueux de villages, mais, surtout, se mélanger aux locaux : c'est là où se trouve la clé pour découvrir des secrets de cette histoire riche et bien mouvementée.

6000-3400 AV. J.-C., ENVIRON

L'éveil de la Crète date de l'époque néolithique. Impossible de déterminer avec précision les points de l'île où se fixèrent les premiers habitants, nous avons néanmoins la certitude, grâce aux fouilles archéologiques, que les groupes néolithiques ont occupé les grottes de Miamou et de Skales. Puis, à leur sortie des cavernes, ils commencent à bâtir des huttes rondes en branchages et en boue, de préférence à flanc de coteau. L'image de ces huttes est à jamais imprimée sur certaines urnes funéraires : donnant sur le soleil levant, ces paillotes étaient construites sur terre battue, pavée par la suite. Pendant toute cette période, on célèbre le culte d'une divinité féminine et on adore les idoles, des statues informes, d'une déesse stéatopyge, symbole de fécondité.

3 000-1200 AV. J.-C

Tout au long du Néolithique, la Crète ne connaît pas d'autre civilisation. La situation change vers la fin ou le milieu du IVe millénaire avant J.-C., lorsque de vastes migrations bouleversent la mer Egée et tout l'Orient. La Crète va en être préservée et, de ce fait-là, sera indépendante pendant plusieurs siècles. Grâce à cette longue continuité dans la paix, l'île fonde la civilisation minoenne, une civilisation éclatante et prospère dont on distingue trois phases, selon une chronologie relative : Minoen Ancien (3000-2000 av. J.-C.), Minoen Moyen (2100-1580 av. J.-C.), Minoen Récent (1580-1200 av. J.-C.).

Ancien palais minoen de Phaestos.

DÉCOUVRIR

A l'aube du Minoen Ancien, les outils en pierre commencent progressivement à être remplacés par les armes en cuivre, les bijoux en or et en argent. C'est la période du bronze en Crète. Sous un régime de collectivité familiale, l'île va connaître une longue période d'abondance et de prospérité due, en grande partie, au commerce maritime. Vers 2400 av. J.-C., les Crétois, ayant compris que le bronze était un alliage précieux, rare et indispensable, se mettent à le fabriquer en quantités considérables afin de couvrir les besoins des pays aux alentours. C'est ainsi que la Crète deviendra le maître de la mer Egée, se révélant une force thalassocratique incontestée. Pour plus de mille ans, ayant dominé les routes commerçantes maritimes égéennes, en rapport avec la Méditerranée orientale, la Crète fera de larges emprunts à tous les peuples avec qui elle maintient des contacts. Résistant cependant vigoureusement à toute assimilation, elle restera originale.

2 400 AV. J.-C

© LUIS SANTOS - SHUTTERSTOCK.COM

Fresque représantant la civilisation minoenne, Cnossos.

La croissance pendant l'âge de bronze eut comme conséquence principale le déplacement de la richesse et du pouvoir : les villes maritimes de l'est de la Crète sont en déclin, le régime des clans est décadent. C'est alors que commence l'ère des premiers palais : Cnossos et Phaistos s'éveillent et deviennent les citées opulentes marquant par leur essor l'histoire et la civilisation de la Grèce antique. Vers 2000 av. J.-C., les princes de ces deux grandes villes, ainsi que ceux de Malia, de Zacros ou d'Agia Triada, ayant accumulé assez de richesses, bâtirent des palais, ces systèmes grandioses d'appartements, de sanctuaires, de salles des fêtes, d'ateliers, d'entrepôts et de magasins. Tous les palais, conçus pour être adaptés au climat méditerranéen, ont le souci du confort, le sens du beau et, enfin, tous ces éléments qui, selon l'historien français Gustave Glotz (1862-1935), constituaient le « goût sûr du théâtral et du pittoresque ».

2000-1750 AV. J.-C

© CARL DEABREU PHOTOGRAPHY - SHUTTERSTOCK.COM

Ancien palais minoen de Phaestos.

1750 AV. J.-C

La période des premiers palais s'achève brusquement suite à « la catastrophe de 1750 ». Serait-ce donc un séisme qui a fait écrouler les palais ? Un incendie ou une invasion ? Ou bien une révolution intérieure ? En tous cas, après cette catastrophe, une page de l'histoire crétoise est définitivement tournée : celles qui suivent n'emploient plus les vieux hiéroglyphes mais l'écriture linéaire.

1700-1400 AV. J.-C

Après la catastrophe de 1750, la Crète connaît une phase transitoire. Or, à l'aube de 1700 av. J.-C., des palais plus somptueux et imposants s'élèvent sur l'emplacement des palais détruits. C'est la période des seconds palais : Cnossos, sous le gouvernement solide des *minos*, acquiert progressivement une place hégémonique et c'est ainsi que, vers 1450 av. J.-C., toute la Crète succombera à ce qu'on pourrait nommer « la monarchie minoenne ».

1450-1400 AV. J.-C

Cnossos maintient sa force pendant presque cinquante ans. Tout au long de cet âge d'or, les *minos*, à la tête de leur flotte invincible, assurent la sécurité des mers en réprimant la piraterie et font respecter de loin leur pouvoir. De Crète et, plus particulièrement de Cnossos, sortent des marchands qui se répandent en Grèce continentale, en Egypte, en Syrie, à Chypre et vers les vastes régions du Couchant. C'est au cours de cette période que les Crétois vont fonder des comptoirs sur toutes les côtes méditerranéennes, foyers de vie et d'art.

VERS 1400 AV. J.-C

Le tribut que payaient les peuples à la force thalassocratique qu'a été la Crète pesait lourd et durait déjà depuis fort longtemps. La tradition enregistre à sa propre manière les signes du déclin : un Minos échoue à s'emparer de Mégara, un autre, le dernier, meurt lors d'une expédition de représailles en Sicile, Athènes prend sa part de gloire lorsque Thésée inflige la défaite au Minotaure. En réalité, les Achéens n'attendaient que de se débarrasser de leurs tuteurs crétois. Un coup de pouce est donné en -1400, lorsque le feu dévore Cnossos. Ainsi, l'île qui maîtrisa la Méditerranée ne devient qu'une dépendance lointaine du continent grec. Deux siècles plus tard, les Doriens s'emparent de l'île et c'est ainsi que la cité des *minos* est enterrée pendant plus de 3 000 ans sous ses propres ruines.

1100-1000 AV. J.-C

Après avoir influencé avec sa civilisation les autres îles, la Crète se trouve confondue dans un vaste ensemble mycénien, dorien, puis grec. L'île bénéficie de sa situation exceptionnelle au centre de tous les échanges entre l'Europe et les côtes d'Afrique : son développement se poursuit donc. L'occupation de l'île par les Ptolémées (Egypte) marquera un ralentissement de cette croissance.

67 AV. J.-C. - 1204

Les Romains s'emparent de la Crète en 67 av. J.-C. et installent la capitale administrative à Gortyne. Au Ier siècle de notre ère, saint Paul, accostant dans le sud de l'île, fut le premier à évangéliser une partie des Crétois. En 395, au moment du partage du monde romain, la Crète passe sous contrôle byzantin jusqu'en 1204. Seule ombre à une longue période tranquille, la domination arabe entre 824 et 961 qui fut stoppée par Nikiphoros Phokas, empereur byzantin à partir de 963. Somme toute, pendant 1 200 ans environ, la Crète connaît la phase la plus calme de toute son histoire.

1204-1669

En 1204, la quatrième croisade dévie de sa route, attaque et laisse Constantinople en ruine. Venise s'adjuge alors la Crète qui constitue un relais stratégique sur la route commerciale de l'Orient. A partir de 1453, avec la prise de Constantinople par les Ottomans, la Crète devient terre d'asile pour les Byzantins. Ainsi les arts fleurissent à nouveau sur l'île, sous la forme de construction d'églises et de production d'icônes. Cette floraison artistique s'arrête en 1645 lorsque les Ottomans, jusqu'alors indifférents par rapport à la Crète, prennent La Canée avant de faire subir à Candie (Héraklion) un siège de 21 ans (1648-1669) à la suite duquel ils se rendent maîtres de toute l'île.

1669-1898

L'occupation ottomane en Crète a duré 230 ans pendant lesquels l'empire exerce avec violence un régime autoritaire. Refusant de vivre sous le joug d'une puissance étrangère, les Crétois résistent farouchement mais à plusieurs reprises échouent près du but. L'occasion se présente lorsque les puissances occidentales, hostiles à l'Empire ottoman, décident d'asseoir leur influence dans la zone est de la Méditerranée. Vers la fin du XIXe siècle, donc, plusieurs puissances tentèrent de rallier les Crétois par un soulèvement général qui aboutit en 1898 au départ des Turcs et à la déclaration d'indépendance. Ainsi, la liberté a finalement triomphé de la mort, et les Crétois ont, pour la première fois depuis des siècles, connu l'autonomie tant désirée.

1864-1936

Eleftherios Venizélos

Né en Crète, il figure parmi les plus proéminents Premiers ministres de la Grèce moderne. A la veille des guerres balkaniques, Venizélos, prône pour la Grande Idée, une Grèce renforcée et agrandie. Allié fervent de l'Entente, il voit des nouveaux territoires se rattacher à la Grèce à la signature des traités de Sèvres et de Lausanne. Exilé en France et condamné à mort par contumace par ses ennemis politiques, monarchistes et d'extrême droite, il meurt à Paris en 1936.

Eleftherios Venizélos.

1898-1913

Les quinze années d'indépendance sont pour la Crète une période de croissance économique et culturelle. Estimant que cette croissance pourrait être encore plus importante, les Crétois commencent à se battre pour le rattachement de leur île à la Grèce. Elftherios Vénizelos [1864-1936], un Crétois d'origine et fondateur du parti libéral, sera l'instigateur de l'*Enossis* [l'Union] qui ne peut se résoudre que par la guerre. Ainsi, lors de la première guerre balkanique, en 1913, la Crète lutte aux côtés de la Grèce et, après la défaite des Ottomans, le traité de Londres signé en mai 1913 rattache officiellement la Crète à la Grèce. S'ensuit alors une réorganisation de l'île et quatre départements sont définis : Héraklion, La Canée, Lassithi et Réthymnon.

1914-1945

L'entrée de la Grèce dans la Première Guerre mondiale ne se fait pas sans heurts. En effet, le roi grec d'origine germanique, Constantin Ier, est plutôt sensible à une alliance avec la Triplice mais prône la neutralité de la Grèce. Le Premier ministre, E. Venizelos, s'oppose aux desseins du roi philogermanique grec. Congédié par le roi, Venizelos forme un gouvernement provisoire à Thessalonique. Les Alliés forcent le roi à abdiquer et c'est ainsi que la Grèce rentre dans le camp des vainqueurs et accède à de nouveaux territoires, notamment Smyrne.

1922

En 1922, les forces grecques sont défaites par l'armée turque en Asie Mineure. Les Turcs repoussent violemment des flots de réfugiés grecs sur le continent, après avoir commis des massacres sur plusieurs milliers de chrétiens anatoliens et incendié les quartiers grecs d'Izmir [Smyrne] et le port. C'est la Grande Catastrophe. Un nombre important de ces réfugiés arrive en Crète où vivaient encore des citoyens musulmans de langue grecque, les Turcs crétois. Suite au traité signé entre la Grèce et la Turquie à Lausanne en 1923, un échange de populations entre les deux pays est décidé, échange fondé uniquement sur l'identité religieuse. C'est à cette occasion-là que les derniers Turcs crétois partent de Crète et gagnent principalement la Turquie où ils ont formé de petites communautés au sein desquelles ils ont préservé leur propre culture, les traditions crétoises et le dialecte gréco-crétois.

1940-1945

L'entre-deux-guerres en Grèce est une période d'instabilité politique. En 1936, le général Ioannis Metaxas abolit la Constitution et s'attribue les pleins pouvoirs, instaurant une dictature inspirée de l'Italie fasciste. Toutefois, en 1940, il refuse de laisser passer les troupes italiennes en Grèce, craignant peut-être que le pays ne se retrouve dans la même situation territoriale qu'avant la Première Guerre mondiale. Ainsi la Grèce entre en guerre, rejoignant le camp des Alliés. Les troupes britanniques se retirent et s'installent en Crète. La place stratégique de l'île attise la convoitise du Reich qui remportera la terrible bataille de Crète de mai 1941. L'occupation allemande est farouche en Crète et les représailles sont violentes : villages dévastés, exécutions massives. La résistance qui s'organise harcèle les nazis jusqu'en 1945, date du retrait définitif des forces allemandes de l'île.

1950-1960

A l'image de la Grèce, la Crète, dès les années 1950, s'efforce d'entreprendre une modernisation agricole et industrielle alors qu'au début des années 1960 elle se tourne de plus en plus vers le tourisme. Malgré les efforts, le pays accuse toujours un retard économique, surtout à cause de la corruption et des querelles intestines qui minent l'Etat.

1967 - 1974

C'est dans un climat d'instabilité politique que se produit, le 21 avril 1967, le coup d'Etat de Papadopoulos, Pattakos et Makarézos. S'appuyant sur l'armée, les trois militaires instaurent un Etat policier pendant sept ans. L'opposition est neutralisée, les chefs des partis arrêtés ou forcés à l'exil, alors que la torture devient le moyen d'opprimer toute résistance. Les déportations, notamment d'intellectuels, vers les îles de Yaros et Leros vont dans le même sens. Le slogan de la junte militaire voulait tout dire : « La Grèce des Grecs chrétiens ».

17 NOVEMBRE 1973

En novembre 1973, dans l'enceinte de l'Ecole Polytechnique d'Athènes, se barricadent des étudiants, des lycéens, des ouvriers et des citoyens qui pendant plusieurs jours manifestent contre la dictature. Les dictateurs interviennent, laissant derrière eux, officiellement, 34 morts. Cette révolte organisée, dont la lutte a rapidement gagné l'ensemble du pays, a contribué au réveil des consciences et marque le début de la fin de la dictature.

1974-1981

La chute de la dictature en 1974 advient suite à l'invasion de Chypre par la Turquie. Le référendum qui est aussitôt organisé règle définitivement le système politique du pays : ce sera une République ! Constantin Caramanlis en est le Premier ministre : respecté par tous et farouchement pro-européen, il sera l'artisan de l'entrée de la Grèce dans la CEE (1981).

1981-2000

Les années 1980 sont marquées par la victoire historique du parti socialiste (PASOK). En 1981, Andréas Papandréou remporte les élections et reste au pouvoir pendant sept ans. Son gouvernement finit par être impliqué dans des scandales politico-économiques. Ceux-ci se poursuivent au cours des années 1990 et 2000, touchant les deux grandes familles politiques qui se partagent le pouvoir en alternance, le PASOK de Papandréou et le parti néo-libéral Nouvelle Démocratie de C. Mitsotakis. Les années 1990 et 2000 sont fastes pour la Grèce qui semble crouler sous l'argent « gratuit » de Bruxelles. Corruption et népotisme battent leur plein alors que le pays rejoint l'Union monétaire européenne en trafiquant ses résultats économiques.

2009-2022

En 2009, le pays est confronté à l'une des plus graves crises économiques de son histoire. Les dix dernières années ont été marquées par une crise politique et sociale. Parmi les faits marquants, on note : l'entrée de l'Aube Dorée néonazie au parlement, la montée au pouvoir du parti radical de gauche Syriza, l'accumulation de plans d'austérité dont la population grecque sort exsangue, la crise humanitaire internationale liée à l'arrivée massive de réfugiés du Moyen-Orient sur les côtes grecques et le retour à la vie politique des grandes familles politiques en partie responsables de la crise. Suite aux élections législatives de 2019, le fils de Konstantinos Mitsotakis, Kyriakos Mitsotakis, devient Premier ministre. Le malaise social et politique persiste en Grèce et il faut prévoir encore plusieurs années avant d'envisager une réelle sortie de crise.

© PHOTOCOSMOS1 - SHUTTERSTOCK.COM

Le premier ministre grec Kyriakos Mitsotakis.

DÉCOUVRIR

LES ENJEUX ACTUELS

L'activité économique crétoise s'articule autour des secteurs agricoles et touristiques. Or, au fil des ans, ces piliers de l'essor de la Crète moderne n'ont pas été développés de manière rationnelle. Et il est aujourd'hui grand temps de sauvegarder ces ressources naturelles de richesse. La promotion et l'élargissement de l'agriculture bio semblent de plus en plus être une solution qui s'impose. Le tourisme alternatif cherchant à limiter l'impact négatif du tourisme de masse se révèle être un bon moyen pour préserver les composants authentiques de l'identité culturelle, sociale et naturelle crétoise. Une approche plus conforme aux objectifs fixés par le Programme du Développement Durable adopté par l'ONU peut permettre à la Crète de maintenir sa place parmi les îles les plus visitées de la Grèce en profitant à la fois aux visiteurs extérieurs et à l'ensemble de la société et de l'économie locales.

Le secteur agricole

L'agriculture a toujours été la principale ressource de l'île. Au total les Crétois cultivent 30 % de leur sol et doivent, depuis 1981 et l'année de l'entrée de la Grèce dans l'Union européenne, faire face aux régulations de Bruxelles concernant la politique agricole commune. Or, les habitants de l'île acceptent assez difficilement que les directives concernant une de leurs plus importantes sources de revenus soient décidées à plusieurs milliers de kilomètres de la Crète. On ne change pas des cultures ancestrales aussi facilement même si cela ne permet pas d'obtenir des rendements aussi importants qu'en Europe occidentale. Et d'ailleurs, cette permanence de la tradition garantit à coup sûr la bonne qualité des aliments produits en Crète.

Si les Crétois ne suivent pas à la lettre les directives européennes dictant les rythmes de la productivité, ce n'est pas pour autant que le développement du secteur agricole se fait dans le respect total des ressources naturelles et de la protection de l'environnement. En effet, le problème qui touche l'irrigation est assez sérieux. Grâce aux sommets montagneux, les zones cultivables sont irriguées par de nombreuses sources. Dans les autres régions, les Crétois ont depuis longtemps trouvé le moyen de pomper l'eau des nappes phréatiques en installant des éoliennes dans les plaines. Pourtant, ce n'est pas rare, en été, lorsque les besoins en irrigation sont très importants, que plusieurs régions se trouvent avec des coupures d'eau ou que les champs soient arrosés à tour de rôle. Par ailleurs, la consommation irréfléchie d'eau puisée atteint sérieusement les réserves des couches phréatiques, ce qui aggrave encore plus la situation.

Vignobles et cultures dans la vallée d'Héraklion.

© SLAWEK_BIGI - SHUTTERSTOCK.COM

Touristes sur la plage de Matala.

D'autre part, les pesticides et les engrais utilisés intensément pour les cultures ont déjà endommagé la flore et surtout la faune de l'île. Dans la course vers le développement et la modernisation du secteur agricole, moins effrénée qu'ailleurs mais au galop, les Crétois se trouvent à la deuxième place des régions grecques utilisant le plus les pesticides et engrais, selon l'Organisation des Nations Unies pour l'alimentation et l'agriculture. La lueur d'espoir vient de l'agriculture biologique qui se développe progressivement sur toute l'île et pourrait constituer une alternative intéressante et pleine de promesses pour les agriculteurs crétois et leur environnement.

Le tourisme

La Crète est l'une des régions les plus touristiques du pays, et la deuxième île la plus visitée, après l'indétrônable Santorin. Dans certaines régions, toutes situées sur la côte nord de l'île, cet afflux touristique est particulièrement visible et envahissant. L'activité touristique a d'abord profité aux propriétaires de grands complexes hôteliers sur la côte nord, la plupart du temps grecs ou étrangers, mais plus rarement crétois. Petit à petit, les bénéfices de cette frénésie touristique se sont étendus à toute la population qui a su y trouver, aussi, son compte. D'abord les infrastructures se sont développées sur l'ensemble de l'île, et ce ne sont plus aujourd'hui uniquement quelques pôles qui en profitent. Petits restaurants, pensions familiales et magasins touristiques se sont ouverts un peu partout sur l'île, auxquels il faut ajouter les locations de véhicules, les excursions organisées et toutes les activités qui gravitent autour pour comprendre que le tourisme est aujourd'hui indispensable à l'économie crétoise en tant que tout premier secteur d'activité. Entre les grandes villes du nord, complexes hôteliers et résidences de vacances se succèdent pour attirer la majeure partie des visiteurs qui choisissent des formules « tout compris » pour leurs vacances. C'est donc dans ces régions que vous aurez le moins de chances de découvrir la Crète authentique. En d'autres termes, cela veut dire que l'investissement effréné dans le secteur touristique apporte énormément de fonds aux Crétois mais cela risque de transfigurer davantage le paysage de l'île. Si cette tendance se maintient, le pays ne pourrait que subir, dans les années à venir, les effets négatifs d'un trop-plein touristique, et ce en dépit des revenus générés, évidemment bienvenus après la pire crise économique que le pays ait connu depuis la fin de la Deuxième Guerre mondiale. C'est la raison pour laquelle le tourisme alternatif doit se développer afin de préserver et mettre durablement en valeur les ressources naturelles, culturelles et sociales de la Crète.

Le grand enjeu actuel

En 2009, la crise économique la plus grave de l'histoire moderne grecque frappe le pays : les plans de rigueur successifs s'imposent. En 2010, les pays de la zone euro lancent des plans de sauvetage internationaux afin d'éviter la faillite de la Grèce. En 2018, le dernier plan d'aide prend fin et la reprise économique s'amorce.
Au départ, la Crète résiste bien à cette crise : le taux de chômage est plus bas que dans le reste du pays, principalement grâce au développement du secteur touristique. Mais, à partir de 2012 et alors que le tourisme en Crète connaît une hausse spectaculaire sans précédent, le taux de chômage flambe : pour la première fois, le secteur touristique ne semble pas capable d'absorber les secousses provoquées par la crise économique. Selon les statistiques officielles récentes, cela est dû à la baisse des revenus par visiteur, à la dispersion géographique des établissements et entreprises touristiques ainsi qu'au manque de liens entre le tourisme et les autres secteurs économiques crétois, tels que le commerce ou l'agriculture.
Cela est révélateur du fait que le tourisme n'est pas encore appréhendé comme un des piliers pouvant contribuer de manière globale, directement ou indirectement, à la réalisation des objectifs fixés par le Programme du Développement Durable à l'horizon 2030. Ce programme, adopté en 2015 par les gouvernements membres de l'ONU (dont la Grèce), vise à mettre fin à la pauvreté, à combattre les inégalités et les injustices et à remédier au changement climatique. En d'autres termes, le pari pour le développement touristique crétois est de faire en sorte qu'il se poursuive en tenant compte de ses retombées économiques, sociales et environnementales actuelles et futures, tout en répondant pleinement aux besoins des visiteurs, des professionnels, et des communautés d'accueil.

ARCHITECTURE

Rocher aride aux flancs escarpés surgissant des flots, la Crète impressionne et interroge. Se peut-il que ce petit bout de terre soit l'un des berceaux de la civilisation occidentale ? Son riche patrimoine architectural est là pour en attester. L'île abrite les vestiges de la grande civilisation minoenne dont l'histoire s'entremêle avec les légendes homériennes. Enjeu stratégique, la Crète fut ensuite convoitée par les grandes puissances de la Méditerranée. Mycéniens, Romains, Byzantins, Vénitiens et Ottomans y ont laissé leur empreinte, créant une superposition de styles étonnante dont églises, monastères, palais et forteresses sont les témoins. Mais c'est dans son habitat traditionnel que cette île fière a su le mieux préserver son identité crétoise. Une source d'inspiration pour les bâtisseurs d'aujourd'hui qui proposent une architecture élégante et harmonieuse. Entre mythe et réalité, embarquez pour un voyage architectural inoubliable !

De Minos à Byzance

Tout commence avec la légendaire civilisation minoenne, qui, entre mythe et réalité, fascine par sa splendeur, son hospitalité et son pacifisme. Nulle fortifications ici, mais des palais tout entiers dévoués au bien-vivre. Ceux qui sont parvenus jusqu'à nous datent de l'époque dite des Seconds Palais (1700-1350 av. J.-C.) et témoignent d'un faste inégalé. Les palais minoens possèdent de nombreuses caractéristiques communes : une grande cour centrale rectangulaire vers laquelle convergent couloirs et escaliers, des murs intérieurs recouverts d'un enduit à la chaux et souvent ornés de fresques réalisées à base de pigments naturels, des sols recouverts de gypses, de petites pièces éclairées par de larges baies ou de grands puits de lumière et réparties par fonction (religieuse, administrative, sanitaire…) et surtout d'étonnants systèmes de tuyauterie en terre cuite permettant l'adduction et l'évacuation des eaux, alimentant des salles de bains avec baignoires et parfois même toilettes. Le comble du raffinement ! **Cnossos** ★★★★ (p.137) est le plus impressionnant des palais minoens avec 1 300 salles, 5 étages et un impressionnant propylée (entrée monumentale soutenue par 4 piliers) s'étendant sur 22 000 m^2. Certes, sa « restauration » par l'archéologue Arthur John Evans l'a quelque peu dénaturé avec ses piliers de béton et ses copies de fresques, mais qu'importe, vous ne pourrez qu'être impressionné par ce géant. Autres palais incontournables : **Phaistos** ★★★ (p.148) avec son entrée principale située en haut d'un escalier monumental et son théâtre à 8 gradins, **Malia** ★★ (p.133) moins ostentatoire mais tout aussi impressionnant (surtout sa table d'offrande percée de 34 petites cavités) et Kato Zakros le plus petit… mais qui compte tout de même 300 pièces, ainsi qu'un étonnant atelier de fonte de métal équipé de conduits d'adduction d'air ! Les Minoens ont également bâti des villes entières, comme en témoigne le site de Gournia avec son dédale de rues dallées zigzagant entre les maisons réparties en quartiers d'habitation. La présence de villes autour des palais laisse penser que la société minoenne était structurée en petites monarchies centralisées vivant en parfaite harmonie.

Une harmonie qui fut mise à mal par l'arrivée des Mycéniens puis des Doriens privilégiant, eux, une architecture massive et défensive. Au cœur du site de Phaistos, il est encore possible de voir les vestiges d'un village mycénien avec notamment un portique, un sanctuaire et un megaron (grande salle rectangulaire à foyer fixe central précédée d'un vestibule). Si l'histoire a prouvé que l'Antiquité gréco-romaine fut une période faste en Crète avec la création de nouvelles cités (les Grecs préférant s'établir sur des sites plus sécurisés vers l'intérieur), ports et routes, force est de constater que les sites archéologiques de l'époque sont relativement modestes.

© GEORGIOS TSICHLIS - SHUTTERSTOCK.COM

Le site de Gournia.

DÉCOUVRIR

Le site de Driros est le plus représentatif de la période grecque classique avec ses deux acropoles et son agora. Quant à **Gortyne** ★★★ (p.146), elle est sans doute la ville qui porte le plus d'empreintes de la présence romaine avec théâtre, forum et nymphée.

Les Byzantins, eux, ont principalement laissé leur empreinte en matière religieuse. De façon générale, les édifices byzantins se caractérisent par un plan basilical dit centré ou un plan en croix grecque - avec en Crète une récurrence du plan à nef unique avec contreforts extérieurs -, des coupoles sur pendentifs, un extérieur souvent sobre et austère et un intérieur richement décoré (fresques, mosaïques) et un chœur dont se détachent des absides. Parmi les chefs-d'œuvre byzantins, notons l'église Saint-Nicolas Ormos de la première période byzantine, l'**église Agios Titos** (p.102) à **Gortyn** ★★★ (p.146) datant du VIIe siècle, l'étonnante église Agios Fanourios à Kitharida avec ses coupoles multiples et son puissant appareillage de pierre ou bien encore l'**église Agios Nikolaos** (p.164) et son impressionnante coupole. En parallèle des églises, les Byzantins ont également bâti des monastères dont celui de Katholiko situé non loin de l'église taillée dans la roche d'une grotte ayant abrité l'ermite Jean, fondateur du monastère.

De la Sérénissime à la puissance ottomane

De tous les occupants de la Crète, ce sont sans doute les Vénitiens qui y ont laissé l'empreinte la plus visible. Dirigeant l'île d'une main de fer, les Doges de la Sérénissime en ont contrôlé tous les aspects, l'architecture et l'urbanisme en tête, la ville devant tout à la fois être fonctionnelle et impressionner. Conscients de sa position stratégique, les Vénitiens ont d'abord fortifié l'île. Ne manquez pas la forteresse de Frangokastello avec ses 4 puissantes tours d'angle ou bien encore le château de Gramvoussa avec ses remparts bastionnés. Génies des mers, les Vénitiens ont également doté les cités portuaires de puissants arsenaux reconnaissables à leur alignement de longues et hautes pièces voûtées surplombées de frontons triangulaires. Le complexe de La Canée avec ses 7 voûtes immenses et son môle terminé par un phare n'a rien perdu de sa majesté. Le rapport des Vénitiens à l'eau se lit aussi dans les trésors d'ingénierie développés en matière d'adduction d'eau. Ils construisirent notamment un aqueduc géant permettant d'acheminer l'eau jusqu'au centre d'Héraklion et de faire fonctionner les deux superbes fontaines Bembo et Morosini, cette dernière étant supportée par de puissants lions de pierre, symbole de la Sérénissime. Ces fontaines sont au centre de places, élément majeur de l'urbanisme vénitien, entourées de bâtiments administratifs. La loggia, ce bâtiment ouvert sur l'extérieur par des arcades ou des colonnades accueillant les élites, en est la plus belle représentante, comme en témoignent les loggias de La Canée et Héraklion aux façades richement décorées. Autre bâtiment vénitien clé, le duomo ou église principale, dont la **basilique Saint-Marc d'Héraklion** (p.101) est la grande représentante avec son plan à trois nefs et son puissant portique. Des campaniles ou clochers d'églises isolés ont également été ajoutés à de nombreux édifices religieux existants. Les Vénitiens ont aussi apposé leur marque sur les monastères, créant notamment des entrées au vocabulaire gothique puis Renaissance sur des édifices byzantins. C'est le cas notamment dans les **monastères d'Arkadi** (p.330) et **d'Agia Triada** (p.252) Tsagarolon. Enfin, la présence vénitienne se lit dans les maisons, qu'elles soient citadines ou rurales. Les ruelles étroites de

© GEORGIOS TSICHLIS - SHUTTERSTOCK.COM

Forteresse de Frangokastello.

DÉCOUVRIR

Réthymnon regorgent de demeures de pierre aux imposants portails sculptés surmontés de frontons et menant à des passages voûtés, eux-mêmes menant aux escaliers desservant le *piano nobile* ou étage noble agrémenté de balcons et fenêtres décorés. Dans les campagnes, les Vénitiens ont d'abord habité de puissantes tours puis des maisons-fortes d'aspect toujours austère mais désormais percées d'ouvertures et de fenêtres avant qu'une paix relative leur permette de se faire construire de superbes villas d'agrément, à l'image de la Villa Clodio à Chromonastiri. Un faste que la puissance ottomane a voulu très rapidement effacer, transformant quasi systématiquement les églises en mosquées, comme à La Canée où le clocher de l'église Saint-Nicolas (p.164) fut démoli pour être remplacé par un haut minaret ponctué de deux balcons, ou comme avec l'église Saint-Tite devenue la Mosquée du Vizir. Les Ottomans capitalisèrent, eux aussi, sur les fortifications existantes et dotèrent les villes de grandes casernes, à l'image de celles d'Héraklion qui accueillent aujourd'hui la préfecture et le palais de justice. Mais l'empreinte ottomane la plus prégnante est à observer sur les façades des maisons. Nombreuses sont celles à arborer fièrement un *sahnisi*, ou balcon de bois couvert en encorbellement ajouté au premier étage des maisons vénitiennes… ou l'art de voir sans être vu.

Identité crétoise et perspectives contemporaines

L'identité crétoise s'exprime pleinement dans l'habitat traditionnel rural. Simples, de forme cubique, faites de bois, de pierre et de terre, ces maisons possèdent à l'origine peu d'ouvertures et s'organisent autour d'une pièce unique dont le sol est dallé de grandes pierres. Leur toiture plate est faite de plusieurs couches mêlant poutres de bois entrecroisées, roseaux et argile, une pente étant ménagée dans la structure pour récupérer l'eau de pluie. Puis progressivement leur architecture évolue, le système de planches et de travers de bois est remplacé par une arcade semi-circulaire, puis deux, permettant à la maison de gagner un étage. Leur décoration évolue également. Les murs blanchis à la chaux se parent de couleurs vives, tandis que certains toits se couvrent de tuiles. Le très coloré hameau d'Aspros Potamos avec ses maisons qui semblent s'emboîter les unes dans les autres est un bel exemple de cette identité crétoise. Autres constructions rurales phares : les mitata ou cabanes estivales des régions montagneuses, construites en blocs de pierres sèches suivant un plan cylindrique surmonté d'un toit conique avec un intérieur voûté supporté par des dalles encorbellées et légèrement inclinées vers l'extérieur. Le petit patrimoine des puits et citernes est, lui aussi,

© ALMOTIONAL - ISTOCKPHOTO

Architecture typique à La Canée.

indissociable de la Crète, tout comme celui des moulins. Dans l'ouest où les précipitations sont fréquentes, vous pourrez observer des moulins à eau, tandis qu'à l'est, plus venteux, les paysages se couvrent de moulins à vent, comme à Ambellos sur le plateau de Lassithi. Dans les plaines arides, des moulins à vent en métal léger ont également été construits pour pomper l'eau des puits et irriguer les cultures. Aujourd'hui, ces trésors d'ingénierie côtoient de puissantes éoliennes.

Si la Crète n'a pu échapper à la bétonisation d'une partie de son littoral pour répondre à la demande touristique, elle a su malgré tout développer une architecture contemporaine qui oscille avec talent entre préservation et restauration de l'héritage du passé, modernisation des traditions héritées des Vénitiens et des Ottomans et créations aux lignes sobres et épurées. Minimalisme, harmonie avec la nature, recours à des matériaux nobles président à la construction de ces nouvelles demeures crétoises. Parmi les plus beaux exemples, notons la résidence familiale imaginée par l'agence Tense Architecture Network à Héraklion qui fut nommée au prix Mies van der Rohe 2017 pour ses volumes fluides conçus pour suivre la lumière du soleil, la Ring House à Agia Galini imaginée comme un véritable sanctuaire – en effet, les matériaux excavés ont été utilisés pour remodeler le jardin, tandis que des plantes locales ont été semées pour cacher les cicatrices des travaux - et comme un refuge lumineux enroulé autour d'une cour centrale, ou bien encore la Villa San Matteo au sommet du Cap Koutoula avec ses lignes géométriques adoucies par les teintes naturelles de ses matériaux bruts. L'architecture contemporaine crétoise, ou l'art de transformer un paysage aride et accidenté en source infinie d'inspiration !

BEAUX-ARTS

A la charnière de l'Europe, de l'Afrique et de l'Asie Mineure, l'histoire picturale de la Crète est le fruit d'un brassage d'influences. Au commencement, la civilisation minoenne s'est forgée entre ses vallées et ses côtes. De la même façon, les mythes se sont écrits sur cette île. Par la suite, les plus grandes civilisations ont contribué à son enrichissement. Des noms évocateurs se croisent dans ses innombrables vestiges. Byzantins, Vénitiens, Ottomans ont marqué l'art de l'ancienne île de Candie. Même les pirates n'ont pas résisté à son magnétisme. La fresque se pose en véritable trait d'union historique. De nos jours encore, la peinture murale continue d'occuper une place à part sur l'île. Un peu comme la digne héritière d'une tradition ancestrale. Entre un palais mythique, une icône byzantine et la demeure d'El Greco, vos excursions seront jalonnées de références d'une diversité à faire tourner la tête.

Aux origines

L'histoire crétoise est baignée de légendes. Les mythes de Dédale, de Thésée ou d'Icare nourrissent l'imaginaire des artistes depuis la nuit des temps. À cet égard, il est impossible de faire l'impasse sur le palais de Cnossos, situé à quelques kilomètres d'Héraklion. La légende raconte qu'il fut la demeure du roi Minos, légendaire bâtisseur du labyrinthe dans lequel il enferma le Minotaure, vaincu par le vaillant Thésée et l'ingénieuse Ariane. De nos jours, ce palais dévoile un éventail de fresques majeures à plus d'un titre. Notons que la tradition de la peinture murale est toujours d'actualité en Crète. Dans la demeure mythique, les fresques montrent notamment une scène de tauromachie, le portrait de trois gracieuses déesses de profil, une danseuse, sans oublier les boucliers du grand escalier. Le trône du roi associe pour sa part sculpture taillée dans le gypse et griffons peints. Dans la chambre de la reine, les jeux aquatiques des dauphins égaient les murs. Toutes ces peintures sont d'une facture saisissante par leur élégance. Datées du XVe ou ou du XVIe siècle avant notre ère, elles appartiennent à la période néopalatiale, caractérisée par la place prépondérante que prend l'art dans la civilisation crétoise. Le commerce assure alors la prospérité des Crétois qui aspirent à plus de confort et d'ornementations. La céramique s'affine, les motifs naturalistes, végétaux puis marins remplacent les détails schématisés. Sur les bas-reliefs, les premières figures animales émergent de la pierre. Les statuettes de divinités féminines, principalement en bronze, abondent également durant cette période faste.

Art mycénien

La Crète passe sous domination mycénienne vers 1450 av. J.-C. La céramique atteste de l'influence que les artistes crétois exercent sur les Mycéniens. Ces derniers reprennent leur technique si particulière qui permet d'affiner

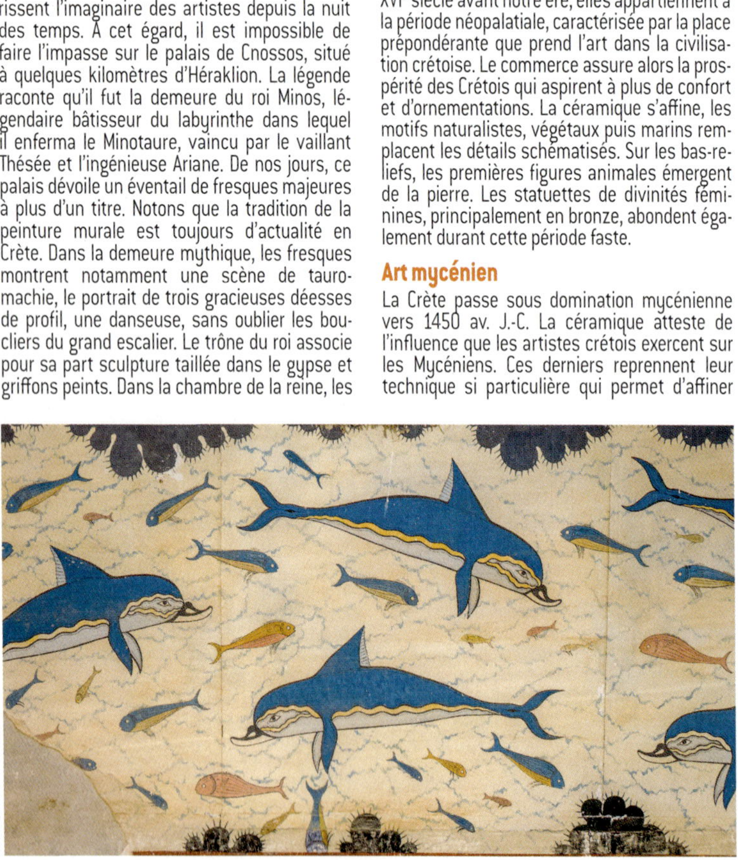

Fresque des dauphins dans la chambre de la reine du palais Cnossos.

© ASTUDIO - SHUTTERSTOCK.COM

Fresque byzantine dans l'église Panagia Kera.

patiemment l'argile. Le potier façonne ainsi des vases aux parois d'une formidable minceur, ou « en coquille d'œuf ». Les décors reprennent les lignes géométriques combinées à des éléments naturels stylisés. Tout au long de son histoire, l'île a servi d'étape du fait de sa situation géographique. L'Empire romain, en pleine expansion, n'échappe pas à la règle. Mais après le partage de l'Empire, la Crète passe sous l'autorité de l'Empire romain d'Orient. Ce double héritage, latin et byzantin, imprègne à jamais sa culture.

Influence byzantine

De nombreux artistes byzantins fuyant les Ottomans élisent domicile en Crète. Ils apportent avec eux la tradition de Constantinople. A ce titre, signalons la **collection d'art byzantin** (p.230) et post-byzantin de La Canée. On retrouve ici des fresques issues d'églises, mais aussi une mosaïque qui ornait le sol d'une basilique du VIe siècle, et de magnifiques icônes, comme celle d'un saint Georges à cheval du XVIIe siècle.

Après une période de sommeil, la tradition byzantine renaît dans les dernières années de l'occupation vénitienne. Cette période qualifiée de Renaissance crétoise découle de la Renaissance italienne.

Le musée archéologique d'Agios Nikolaos expose de belles pièces de l'art minoen, et l'étonnante déesse de Myrtos, une statuette stylisée dont le corps reprend la forme d'un vase surmonté d'un long cou ; mais c'est au musée ethnographique du village que l'on peut admirer de splendides icônes d'origine byzantine.

Pour ressentir à la fois l'influence byzantine et vénitienne, il suffit de flâner dans les ruelles de Krista. Ce village a connu ses heures de gloire durant les siècles de domination byzantine puis vénitienne, ainsi qu'en attestent ses lieux de culte, en particulier l'église Panagia Kera, formée par la réunion de trois chapelles, qui renferme les fresques de l'époque byzantine les mieux conservées de toute la Crète. Datées des premières années de la Renaissance (XIIIe siècle), leurs couleurs étincelantes semblent éternelles. Selon la légende, l'église abritait une icône de la Vierge Marie capable d'accomplir des miracles. Dans la nef, les fresques dédiées à Marie illustrent l'Assomption, tandis que le dôme évoque des scènes du Nouveau Testament.

Renaissance crétoise

Durant quatre siècles, la présence vénitienne donne lieu à un échange florissant entre les populations. La vie intellectuelle et artistique contraste avec la crise économique et sociale qui frappe cette époque. Au XIIIe siècle, la tradition latine influence logiquement l'art crétois. A cette période, rien n'atteste de l'existence d'écoles en Crète. Les enfants de familles aisées partent étudier en Italie et rapportent sur leur île le souffle de la Renaissance italienne. Cependant, la vapeur s'inverse si bien que les colons vénitiens s'hellénisent. Le début du XVIe siècle voit s'épanouir la Renaissance crétoise. Ce siècle est celui de Mikhaïl Damaskinos (1530-1592), artiste considéré comme l'un des plus grands peintres d'icônes de l'Ecole crétoise. Son œuvre, qui associe éléments de l'art byzantin et de la Renaissance, s'inscrit dans la lignée de l'école du monastère d'Agia Ekaterini qui prospéra jusqu'à la fin de la période vénitienne. Selon toute vraisemblance, Damaskinos fut l'un des maîtres du Greco. Il séjourna à Venise entre 1577 et 1582. Son traitement des perspectives révèle de très nettes influences italiennes. Ses œuvres de style byzantin peuvent être admirées dans l'église Agia Ekaterini à Héraklion tandis que ses icônes sont exposées au Musée d'Art religieux d'Héraklion.

© ARGUS II - SHUTTERSTOCK.COM

Le Parc El Greco, dédié au peintre né à Héraklion.

El Greco

Domenikos Theotokopoulos, dit El Greco (1541-1614), est né à Fodele, près d'Héraklion. Il profite vraisemblablement de l'enseignement de Damaskinos, avant de séjourner quelques années à Venise, puis dans toute l'Italie où il bénéficie de l'influence de Bassano et du Tintoret, pour ensuite travailler dans l'atelier du Titien. Après son séjour à Rome, il prend en 1577 la direction de Tolède où il s'impose comme l'un des plus grands artistes du baroque espagnol. Son style se caractérise par l'allongement des figures, l'étrangeté de l'éclairage, l'irréalité de la composition et le mysticisme. Les œuvres qu'El Greco a pu peindre en Crète étaient inconnues jusqu'à la découverte en 1983, dans l'église d'Ermoupolis à Syros, d'une icône signée de sa main. Byzantine par son thème (la Vierge) et la disposition générale des personnages, cette peinture préfigure l'influence de la Renaissance dans ses motifs décoratifs. Au musée historique d'Héraklion est exposée sa *Vue du mont Sinaï et du monastère*. Un jardin dans le centre-ville porte son nom. Dans toute la Crète, de très nombreux lieux, hôtels ou restaurants portent le nom du Greco. En 2014, plusieurs événements ont célébré les 400 ans de sa mort. Le musée El Greco est installé dans la maisonnette de Fodele où le maître a vécu, en face de l'église byzantine de Panagia qui l'a tant inspiré. Elle révèle d'habiles copies, des objets de son quotidien, son atelier reconstitué ainsi que des informations sur la famille et la vie de l'artiste.

Art des rues

Entre la Crète et l'art mural, une grande histoire d'amour s'écrit depuis des siècles. La fresque, tradition picturale héritée de la culture byzantine, s'intègre sur l'île avec une aisance des plus plaisante. Loin de hurler leur mécontentement, les artistes des rues entretiennent avec le cadre naturel une relation symbiotique. Impossible de dire si les peintures embellissent les rues ou si le paysage valorise les réalisations murales. A Héraklion, parcourir les rues promet de belles surprises. Les thèmes, bien que variés, sont souvent traités de manière figurative et les dessins sont agréablement décoratifs. Ici, pas de revendication déguisée mais des scènes de rue dans la rue. Des arbres parmi les arbres, ou, plus étonnant encore, des animaux de la savane qui jaillissent d'un compteur électrique, ou un éléphant à l'angle d'un mur. De quoi s'offrir une visite à moindres frais sans se priver de la clémence du climat. Le graffiti fait à tel point partie de la vie de l'île que la capitale a lancé son festival de street-art en 2016. Durant quatre jours, tous les arts de la rue sont mis à l'honneur dans l'idée de promouvoir la jeune création : musiciens, danseurs, peintres, graffeurs, acteurs de théâtre, jongleurs animent Héraklion.

De son côté, La Canée réserve également ses découvertes à tous les carrefours, toujours dans cet esprit d'embellissement parfaitement intégré à l'architecture et à la douceur de vivre crétoise que nous aimons tant.

Art contemporain

Le Musée d'art contemporain de Réthymnon s'est établi au cœur de la vieille ville, sous le fort vénitien et le musée archéologique. Depuis 2009, cet espace d'exposition a fusionné avec la galerie dédiée au peintre Lefteris Kanakakis et le Centre d'art contemporain. Les 600 œuvres d'art grec de la collection permanente couvrent la période allant de 1950 à nos jours, de l'abstraction à la création numérique. Elle regroupe les huiles, dessins et aquarelles de Lefteris Kanakakis, enfant du village (1934-1985). Après des études aux Beaux-Arts d'Athènes, Kanakakis poursuit sa formation à Paris. Sa peinture a pour thèmes les natures mortes et les intérieurs, dans un style naturaliste. Sur la fin de sa carrière, il évoque la situation politique par l'introduction d'objets symboliques (drapeaux, médailles ou trompettes) sans abandonner son travail sur le nu féminin et le portrait. Le petit port de Viannos a miraculeusement vu s'étoffer la collection d'art grec contemporain de la galerie Savvas Petrakis. Dans un ancien moulin à huile, à proximité de la plage, le musée réunit un nombre exceptionnel de talents. La raison de sa richesse s'explique par son histoire qui est celle d'un rêve devenu réalité. Alors hospitalisé, Petrakis eut un déclic : il demanda à des Crétois de faire don d'une œuvre afin de concrétiser son projet. Certains le traitèrent de fou. Mais bien vite, et grâce au soutien du sculpteur Kyriakos Rokos, sa collection prit une ampleur inespérée. Désormais, pas moins de 200 œuvres signées de généreux artistes grecs font le bonheur des visiteurs.

MUSIQUES ET SCÈNES

Si la danse et la musique continuent de jouer un rôle important dans le quotidien des Grecs, c'est aussi parce qu'elles préservent – tel un musée vivant – les spécificités régionales. Terre mythique flottant entre Orient, Occident et Afrique, la Crète a pu constituer une personnalité bien trempée qu'elle a infusée dans la culture des archipels environnants. Si ici aussi on trouve le rebetiko ou le syrtos, des spécialités locales comme les mantinades, le rizitika ou le pentaszoli nous transportent dans une autre Grèce. Et même si les différentes crises qu'a connues le pays ont accéléré les changements de la société, le pays et ses îles préservent et valorisent leur patrimoine comme un trésor. Tradition et modernité sont toujours les deux jambes sur lesquelles avance la culture de la Grèce et de ses îles.

Les musiques traditionnelles et populaires grecques

Dès que l'on aborde le sujet des musiques traditionnelles ou populaires en Grèce, viennent immédiatement en tête des images de sirtaki ou des échos de bouzouki (la mandoline grecque). Si ces deux aspects monopolisent l'imaginaire, un monde d'une profondeur fabuleuse se dissimule pourtant derrière. Carrefour de la Méditerranée, envahi à maintes reprises, l'histoire du pays est imprimée dans ses musiques traditionnelles et populaires. Bien que les îles, par leur passé, connaissent des folklores propres, la Grèce dans sa totalité partage trois grands piliers musicaux : le dimotiko, le rébétiko et le laïko. Le dimotiko, c'est le chant populaire grec le plus ancien. Il est communément divisé en deux mouvements, l'akritique, datant du IXe siècle, et le klephtique, courant durant toute l'occupation ottomane (de la fin de la période byzantine au début de la Révolution grecque de 1821). Le dimotiko est un bon moyen d'entendre tous les instruments piliers de la musique folklorique du pays : la lira (une vièle emblématique de la Crète), la gaida (une cornemuse), le laouto (le luth grec), le tambouras (un autre luth grec) ou encore le daouli (un tambour)...

Le genre grec par excellence (classé patrimoine culturel immatériel de l'humanité), c'est le rébétiko. Musique populaire datant du début des années 1960, ce « blues grec » est le chant des déracinés, des exclus, des marginaux, né dans les cafés souterrains d'Athènes et de Thessalonique. Il raconte le quotidien fait de pauvreté, de douleur, de faim ou de toxicomanie des « Micrasiates », ces réfugiés grecs expulsés d'Asie Mineure en 1922. Une très belle musique gorgée de spleen qui a connu son heure de gloire entre les mains de Vassilis Tsitsanis, Markos Vamvakaris ou Marika Ninou.

DÉCOUVRIR

© VENIAMAKIS STEFANOS - SHUTTERSTOCK.COM

Lyre et luth crétois.

Le troisième grand courant grec, le laïko, est apparu dans les années 1950 et 1960. Signifiant « populaire », le laïko est de la musique pop dans le sens le plus littéral du terme et un descendant du rébétiko. Le terme a évolué avec le temps et qualifie désormais la pop moderne grecque dans son ensemble, voire même la variété. Dans les années 1960, deux grandes stars du pays ont explosé via le laïko : Stelios Kazantzidis et Manolis Angelopoulos. Parmi les grands noms de la musique grecque contemporaine, son plus illustre ambassadeur fut Manos Hatzidakis (1925-1994). Célèbre compositeur des *Enfants du Pirée*, il est aussi le découvreur de Nana Mouskouri (une Crétoise !) et a fait voyager le rébétiko dans le monde. Il est, avec Melina Mercouri, de ces artistes qui ont donné une dimension internationale aux airs grecs. Depuis les années 1980, les grands noms de la musique populaire grecque sont Dionysis Savvopoulos, Charis Alexiou, Nikos Papazoglou, Giorgos Dalaras ou le rockeur Vassilis Papakonstandinou.

Les spécificités crétoises

Un brin à l'écart géographiquement, la Crète l'est d'une certaine manière également sur le plan culturel en cultivant des esthétiques qui lui sont propres. Le genre crétois le plus célèbre est sans aucun doute les mantinades. Ce type de chanson populaire se caractérise par ses paroles improvisées devant respecter une certaine métrique (2 vers rimés de 15 syllabes chacun). Trouvant son origine dans la poésie crétoise médiévale, les paroles sont aujourd'hui souvent portées sur les femmes et l'érotisme. L'accompagnement musical des mantinades est appelé kontilia, et prend généralement la forme d'une mélodie à quatre mesures répétées tout le long de la chanson. Autre forme crétoise courante, le rizitika, très ancien, est un chant de montagne a capella qui aime raconter les légendes merveilleuses de l'île. Un rizitika chanté par Nikos Xylouris (1936-1980) au début des années 1970 est resté particulièrement célèbre sur l'île (et dans le pays). Sobrement baptisé *The Rizitika of Crete*, le morceau est sans doute aussi fameux du fait de la popularité de son interprète, chanteur mythique de l'île surnommé « l'Archange de la Crète ». Enfant d'une famille de musiciens du village d'Anogia, Nikos Xylouris apprend à manier très jeune la lyre crétoise. Amoureux de la musique traditionnelle de son île – alors tombée en désuétude -, l'artiste prend le parti très tôt dans sa carrière de tenter de la revaloriser. Pari réussi, en la mariant avec des sonorités venues d'ailleurs et en la modernisant, Xylouris a massivement participé au renouveau de la musique crétoise, tout en devenant lui-même iconique. Son frère, Andonis Xylouris, connu sous le pseudonyme de Psarantonis, est également l'un des musiciens crétois les plus reconnus aujourd'hui.

La Crète est dans l'ensemble une terre fertile pour les musiciens. Parmi les plus réputés à l'heure actuelle, on peut citer les chanteurs Stelios Petrakis, véritable ambassadeur de la musique crétoise, Thanasis Skordalos, grand joueur de lyre, Psarogiorgis, célèbre pour son maniement du laouto et fils du joueur de lyre crétoise Psarantonis (le « Jazzman de la Crète »). Récemment, c'est le groupe Chainides qui a connu un certain succès en mariant l'héritage crétois à des genres plus modernes.

Il est courant d'entendre de la musique traditionnelle crétoise dans des évènements comme les fêtes patronales, appelées panégyries, s'accompagnant toujours de musique et de danse. Aussi, le Festival d'été, se tenant chaque été dans la capitale crétoise, accueille danse, musique et spectacles au sein d'une très bonne programmation.

La danse

Fait amusant, le sirtaki n'est pas une danse traditionnelle, mais elle est l'est devenue avec le temps. Créée en 1964 par Jean Vassilis (sur une musique de Théodorakis) pour le film *Zorba le Grec* de Michel Cacoyannis, elle s'inspire néanmoins d'une danse traditionnelle, le hasápikos (ou hasaposerviko) mais n'existait pas à proprement parler avant ça. La danse traditionnelle la plus célèbre du pays n'est donc pas… « traditionnelle ». Et pourtant des danses folkloriques, en Grèce, il y a en a énormément – on en dénombrerait même 10 000 différentes sur tout le territoire. Et si elles sont le reflet des spécificités régionales, elles partagent un socle commun. Par exemple, à l'instar du syrtos, de nombreuses danses sont exécutées en rond. En effet, à l'origine, en formant un cercle, les danseurs entendaient se protéger des influences néfastes. En Crète, la danse la plus célèbre et la plus visible est de loin le pendozali. D'inspiration guerrière, le pendozali est une danse traditionnelle vigoureuse, tout en sauts et dynamisme et pétrie d'improvisations. Encore très présente dans les fêtes de village, elle voit les danseurs s'aligner en se tenant par les épaules et exécuter les mêmes pas que le danseur voisin, en suivant le premier qui mène le bal. Lorsque le rythme s'accélère, la danse le suit en cadence et peut devenir très rapide. Le pendozali fait partie d'un groupe de danses dynamiques sautées ou avec rebonds nommé Pidiktos, dont on trouve bon nombre de variantes sur l'île. Un peu à part, n'oublions pas le sousta, seule danse de couple pratiquée en Crète.

Peuplée de si longue date que la mémoire des hommes peine à l'imaginer, la cinquième île de la Méditerranée est le berceau d'écritures ancestrales qui gardent leurs mystères. Tour à tour soumise à l'influence minoenne, à celles de la Grèce antique, de l'Empire byzantin ou encore de la Sérénissime, la Crète est bien souvent associée au pays auquel elle est rattachée depuis 1913. Pourtant, chaque strate de sa fabuleuse histoire a conservé sa part d'imaginaire dans un melting-pot délicieux. Terre préservée où l'on rêve volontiers d'écrivains déambulant les yeux fixés sur l'horizon, la Crète a vu naître le brillant Níkos Kazantzákis puis, à l'aube du siècle suivant, un prix Nobel d'exception, Odysséas Elytis, distingué en 1979 pour l'ensemble de son œuvre. Décidément inspirante depuis la nuit des temps, voilà qui explique sans doute pourquoi la Britannique Victoria Hislop, qui aime tant y camper ses intrigues, a multiplié les succès internationaux.

Le mystère des origines

La Crète est à la croisée des routes méditerranéennes, là est sans doute la raison pour laquelle elle fut très tôt escale régulière des peuples aventuriers, voire lieu d'habitation de certains d'entre eux. Au tout début du XXe siècle, Sir Arthur Evans (1851-1941) mit au jour le temple de Cnossos, et de ses découvertes déroula le fil d'une civilisation aux origines toujours incertaines. Les Minoens - le nom qui leur a été attribué, s'inspirant de la légende du roi Minos - auraient connu leur apogée vers 1600 avant Jésus-Christ, un tremblement de terre, daté de -1450, aurait signé le début de leur déclin puis l'émergence des Mycéniens. De ces peuples nous restent des hiéroglyphes qui se dévoilent notamment sur le Disque de Phaistos déterré en 1908 et exposé au Musée d'archéologie d'Héraklion. Sa lecture, tout autant d'ailleurs que sa provenance, se prête encore à de nombreuses interprétations, mais l'une des hypothèses pressent que ces dessins sont la base de deux autres écritures certainement inventées sur l'île, et tout aussi indéchiffrables, le Linéaire A et le Linéaire B.

Disque de Phaistos.

Si chacun s'accorde à penser que ces caractères n'ont en rien inspiré l'alphabet grec, tous reconnaissent qu'ils lui sont largement antérieurs. Terre qui garde ses secrets, peut-être parce que son littoral est grignoté par les flots et que les vestiges du passé sont peu à peu submergés, ce qui d'ailleurs laisse penser à quelques-uns que les Minoens n'étaient pas moins que les énigmatiques habitants de l'Atlantide, la Crète est également terre mythologique. Homère, le poète réel ou inventé qui aurait vécu au VIIIe siècle avant notre ère, ne fait-il pas à maintes reprises référence à l'île « hospitalière, belle et fertile » dans *L'Iliade* et *L'Odyssée* ? Ici auraient vécu le triste Minotaure, condamné à errer dans le labyrinthe qu'avait bâti Dédale, et l'effrayant Cyclope que Ulysse, presque par miracle, aurait vaincu.

De Crète, Icare se serait envolé en direction d'un soleil trop intense, et une expédition aurait pris la mer pour rejoindre Troie où une guerre se préparait… Ce goût des histoires atemporelles et quasiment philosophiques, pour ne pas parler d'épopées, se retrouve dans deux grands textes qui ont fortement marqué l'histoire du pays, bien que pour cela il faille s'autoriser un saut temporel de quelques millénaires qui vit l'occupation vénitienne (1204-1669) succéder aux empires romain puis byzantin qui s'étaient disputé le territoire. La première œuvre est celle d'un dramaturge né vers 1545 à Réthymnon, Georges Chortatzis, dont on ne sait rien sinon qu'il s'est certainement inspiré de *L'Orbecche*, peut-être la première grande tragédie italienne, née sous la plume de Giovanni Battista Giraldi (1504-1574).

Publiée à titre posthume en 1637, *Érophile* campe en cinq actes, quatre intermèdes et 3 025 vers l'histoire de Panarétos, orphelin qui ignore qu'il est fils d'un roi disparu, et ses amours malheureuses avec la jeune fille avec laquelle il avait été élevé. Le père de cette dernière, Philogonos, souverain d'Égypte, qui avait recueilli l'orphelin en ignorant son ascendance royale, condamna leurs fiançailles et le fit assassiner. Érophile, ne supportant pas la perte de son aimé, met fin à ses jours.

Tout aussi dramatique, et là encore parfait exemple romantique, *Erotókritos* a été écrit par le Crétois d'origine vénitienne Vicenzos Kornaros (1553-1613). Une nouvelle fois se raconte l'amour impossible entre la fille d'un roi et un jeune homme d'origine modeste, et plusieurs milliers de vers détaillent les épreuves qu'a à surmonter le héros pour obtenir la main de sa bien-aimée, une poésie qui s'écoute volontiers car elle prend la forme d'une « mantinade », c'est-à-dire une chanson rythmée, improvisée ou non, telle qu'il s'en fredonne toujours de nos jours car cet art lyrique est resté populaire en Crète depuis sa lointaine origine datée de la fin du XIVe siècle. D'autres chants, encore plus anciens, se teintent d'une nuance plus révolutionnaire du fait même de leur origine. En effet, les premières retranscriptions par des moines remontent au XIIe siècle, une époque où pourtant il leur était interdit de garder trace écrite de ces « rizitika » qui louaient l'héroïsme des Crétois. Durant la longue occupation ottomane qui débuta en 1669 et s'acheva par une guerre qui opposa l'Empire à la Grèce (1897-1898), ces chansons cessèrent de résonner, tout comme la littérature qui s'étiola dangereusement.

Le renouveau

Níkos Kazantzákis, né en 1883 à Héraklion, vécut de plein fouet cette transition puisqu'il connut l'exil avec ses parents puis participa aux guerres balkaniques qui se conclurent par le rattachement de la Crète à la Grèce en 1913. Son premier roman, *Le Lys et le Serpent*, publié à 20 ans sous pseudonyme, évoquait déjà ses ambitieux thèmes de prédilection : la vie, la mort, l'amour.

Disciple d'Henri Bergson, côtoyant les poètes, curieux du bouddhisme et se détournant du Dieu de ses origines, très engagé politiquement, Kazantzákis vécut une existence qui a tout d'un roman et qui prend sens dans l'épitaphe qui couronne sa tombe depuis 1957 : « Je n'espère rien, je ne crains rien, je suis libre ». Peut-être sous-estimé en francophonie, il n'en reste pas moins un monument de la littérature crétoise, le grand public le connaît pourtant par le biais de trois films adaptés de ses écrits : *Celui qui doit mourir*, *Zorba le Grec* et *La Dernière tentation du Christ*. Grâce au travail de la très belle maison d'édition Cambourakis, c'est pourtant un plaisir rare que de pouvoir mesurer l'étendue de son talent. Sa liberté de pensée lui aurait coûté le Nobel de Littérature à neuf reprises, une distinction qui fut par contre accordée à l'un de ses concitoyens en 1979.

L'œuvre d'Odysséas Elytis est certainement encore plus difficile à dénicher en français bien que Cheyne propose une jolie édition bilingue de l'anthologie *Le Soleil sait*. Le poète a vu le jour en 1911 dans l'actuelle capitale, mais c'est à Athènes qu'il est élevé et de ses très nombreux voyages au bord de la mer qu'il se nourrit.

Lecteur insatiable, il plonge en poésie au gré du hasard, succombant au charme de Constantin Cavafy et à celui de Paul Éluard qui lui ouvre les portes du surréalisme. Le pressentiment du second conflit mondial à venir l'extirpe des cercles littéraires où il s'épanouit pour lui faire endosser l'uniforme militaire. Pourtant c'est au cœur de la guerre, miraculé, qu'il concourt à promouvoir l'avant-garde et entame sa prolixe carrière poétique.

TOP 10

LECTURE

Vue de l'étranger, la littérature crétoise souffre certainement de son assimilation à la culture grecque, pourtant elle possède son propre dialecte qui a fait les délices des poètes du XVe au XVIIe siècle, et qui est toujours utilisé à l'oral. Enchanteresse, elle attise quoi qu'il en soit l'inspiration des auteurs des quatre coins du monde.

LES ÉLÉGIES D'OXOPETRA

L'auteur affirmait que la poésie est l'art de nous rapprocher de ce qui nous dépasse, et le démontre encore une fois.
Odysséas Elytis,
Éditions Voix d'encre.

LE DÉCHIFFREMENT DU LINÉAIRE B

© ÉDITIONS GALLIMARD

Une enquête scientifique qui se dévore comme un roman policier, jusqu'à la révélation finale.
John Chadwick,
Éditions Gallimard.

LES PETITS MYTHOS TOME 11 : CRÈTE PARTY

© ÉDITIONS BAMBOO

Une touche d'humour en bonus pour raconter aux enfants pourquoi le Minotaure était prisonnier du labyrinthe.
Christophe Cazenove et Philippe Larbier,
Éditions Bamboo.

DICTIONNAIRE INSOLITE DE LA CRÈTE

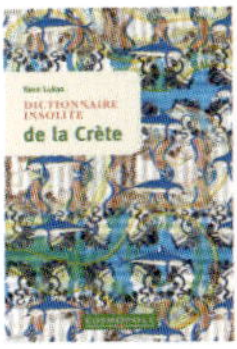

© ÉDITIONS COSMOPOLE

Un lexique fort utile pour lutter contre les idées reçues et pour confirmer que la Crète est une autre Grèce.
Yann Lukas,
Éditions Cosmopole.

RÉGIME CRÉTOIS

© HACHETTE CUISINE

Il est de réputation qu'elle serait la plus saine au monde : la cuisine crétoise se réinvente en 70 recettes.
Alexandra Retion,
Éditions Hachette.

L'ASCENSION

© ÉDITIONS CAMBOURAKIS

Trop longtemps méconnu, ce texte autobiographique date de 1946, un jalon essentiel dans l'œuvre du plus grand auteur crétois.
Níkos Kazantzákis,
Éditions Cambourakis.

LA VIE D'ISMAIL FERIK PACHA

© ÉDITIONS CAMBOURAKIS

Comment un Crétois capturé par les Turcs se retrouve quelques années plus tard à combattre son propre frère.
Rhéa Galanaki,
Éditions Cambourakis.

LE LABYRINTHE DE ZEUS

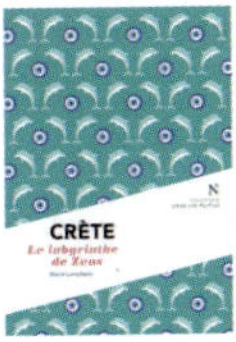

© ÉDITIONS NEVICATA

Un récit et trois entretiens pour tenter d'apprivoiser l'âme crétoise, celle pour qui liberté n'est pas un vain mot.
Marie Geredakis,
Éditions Nevicata.

L'ÎLE DES OUBLIÉS

© LE LIVRE DE POCHE

En remontant le fil de ses origines, une jeune archéologue va découvrir les dessous d'une Crète restée mystérieuse.
Victoria Hislop,
Le Livre de poche.

1177 AVANT J.-C.

© ÉDITIONS LA DÉCOUVERTE

Cet essai passionnant explique comment les aléas climatiques ont bouleversé les civilisations méditerranéennes il y a 3 000 ans.
Eric H. Cline, Éditions La Découverte.

A L'ÉCRAN

Bizarre, vous avez dit bizarre ? Faut-il vraiment s'étonner que la crise économique sans précédent qu'a connue la Grèce en 2008 ait coïncidé avec le jaillissement d'une nouvelle génération de cinéastes à l'imagination fertile, adeptes de jeux théoriques cruels et d'humour noir ? On connaît les legs de son histoire millénaire que contemplent imperturbablement des paysages aux airs de paradis. Pêle-mêle : mythologie, sens du tragique et de la comédie, démocratie athénienne, brutalité spartiate, ignorance malicieuse de Socrate, métaphysique de Platon ou cynisme de Diogène. Voilà qui explique peut-être cette singularité du cinéma grec, dont « la vague bizarre » n'est que le dernier avatar : une faculté à faire fi de l'adversité et des catastrophes de l'histoire. Ne nous y trompons pas : si le cinéma grec est un fleuve d'images dans lequel on ne se baigne jamais deux fois, c'est qu'il invite plutôt à se laisser surprendre.

Des débuts chaotiques

Le cinéma grec a presque toujours dû composer avec une situation politique instable. Quelques années après l'apparition du septième art, les guerres balkaniques puis gréco-turques et l'expulsion des grecs d'Asie donnent le *la* à un siècle houleux. Le premier long-métrage grec, *Golfo* (Konstantinos Bachatoris, 1915), est un échec. C'est aussi le premier-né d'un genre cher au cinéma grec, les films en fustanelle, du nom d'un costume traditionnel : ce sont des mélodrames bucoliques qui idéalisent la vie à la campagne et une forme d'innocence prémoderne. La création de la Dag Films, la première des sociétés de production véritablement professionnelle, en 1927 sous la houlette des frères Gaziádis, marque un premier tournant. Mais l'avènement du parlant vient renforcer le poids de la concurrence étrangère et porter un nouveau coup à une production déjà exsangue et étranglée par la censure. Quelques rescapés résistent : des tentatives de productions gréco-turques suggérant un timide rapprochement qui ne prend pas vraiment, ou *Daphnis et Chloé* (Orestis Laskos, 1931), chef-d'œuvre du cinéma muet grec. L'histoire veut que ce soit le premier film à présenter une scène de nudité, ce qui rapporté à la sculpture antique n'a rien d'étonnant. Finos Film, qui deviendra l'une des plus grandes sociétés de production, créée en 1942, amorce un nouveau changement alors que les sorties grecques étaient devenues quasiment inexistantes. On lui doit *La Voix du cœur* (Dimitris Ioannopoulos, 1943), émouvant mélodrame qu'il est coutume de considérer comme le véritable acte de naissance du cinéma grec mais il faut attendre la fin de la guerre civile pour que le studio connaisse son véritable envol. Yórgos Tzavéllas, autre pionnier, signe le premier film – déjà considéré comme un chef-d'œuvre – *Applaudissements* (1944) d'une œuvre qui sera couronnée de succès.

Une parenthèse dorée (1950-1960)

La relative stabilité politique des années 1950 et 1960 correspond à l'une des périodes les plus fécondes du cinéma grec. Michael Cacoyannis en est le réalisateur emblématique. Les accents tragiques de *Stella (1955)* proviennent du fond des âges mais son héroïne rétive au mariage est éminemment moderne. Le film fait d'emblée de Melina Mercouri – pour laquelle c'est alors le premier rôle au cinéma – une star. Pour son rôle dans *Jamais le dimanche* (1960), réalisé par Jules Dassin avec qui elle s'est mariée, elle reçoit le prix d'interprétation à Cannes. Le film est le versant joyeux de *Stella*, réunissant et opposant une prostituée au grand cœur et un Américain, féru de culture antique, qui voudrait la réformer. Les éléments de folklore dont joue le film sont en passe de devenir des clichés : la taverne comme décor central, la danse et les airs de bouzouki, un tempérament volcanique. *Zorba le Grec* (Michael Cacoyannis, 1964), tourné en Crète à la Cranée et dans la péninsule d'Akrotíri, devient la vitrine de ce folklore à l'international et la musique de Míkis Theodorákis, qui illustre une célèbre scène de sirtaki (une danse populaire grecque rendue célèbre par *Zorba le Grec*), fait le tour du monde. Entretemps, Níkos Koúndouros signe *Ville magique* (1954), aux influences néoréalistes, qui oppose les habitants pauvres mais dignes du quartier de Dourgouti au monde dépravé de la pègre, assimilé à la modernité, et surtout *L'Ogre d'Athènes* (1956), qui en poursuit le thème mais vire davantage au noir. Le réalisateur Tákis Kanellópoulos (*Ciel* en 1962, *L'Excursion* en 1966 et *Parenthèse* en 1968) qui a fait ses armes avec des documentaires, signe des films qui représentent des tentatives tout à fait à part de cinéma lyrique, détaché de toute référence littéraire (ils sont quasiment dénués de dialogues pour les deux derniers).

© VIVOOO - SHUTTERSTOCK.COM

Plage de Stavros où a été tourné le film « Zorba le Grec ».

Fort dans la tourmente

La dictature des colonels (1967-1974) s'accompagne d'une forte répression : bon nombre de cinéastes, dont la créativité s'en trouve comme décuplée, vont se retrouver derrière les barreaux ou contraints à l'exil. Parmi les réussites, miraculeuses compte tenu du contexte, on peut citer *Evdokia* (Alexis Daminos, 1971), tourné dans la périphérie d'Athènes, où l'on retrouve l'archétype de la prostituée élevée au rang d'héroïne tragique. Le film contient une célèbre scène de zeibekiko, une danse traditionnelle. *Les Fiançailles d'Anna* (Pandélis Voulgaris, 1972) se présente comme une double critique de la bourgeoisie et de la dictature à travers l'histoire d'une bonne asservie. Une kyrielle de films historiques, qui prennent les libertés de rigueur avec l'histoire, sont produits avec la bénédiction du régime. *Qu'as-tu fait à la guerre, Thanassis ?* (Dinos Katsouridis, 1971) en est une satire, et son succès annonce une prise de conscience politique de la part des spectateurs, alors que comédies sans distinction et films érotiques dominent le circuit commercial. Au même moment, celui que l'on considère aujourd'hui comme l'un des plus grands cinéastes grecs, Theo Angelopoulos, fait ses débuts. Un hermétisme certain lui permet d'échapper à la censure de la dictature. A n'en pas douter, son cinéma lent, contemplatif et austère peut aussi tenir à distance le spectateur qui, pressé, risque de passer à côté de sa force mélancolique et méditative. Comme dans *Le Voyage des comédiens* (1975), qui suit les pérégrinations d'une troupe de théâtre jouant *Golfo*, une pièce grecque et bucolique, à travers le pays, son œuvre multiplie les références à la tragédie antique. Ses films fleuves collectionneront les prix, dont une Palme d'or pour *L'Eternité et un jour* en 1998, qui se déroule à la frontière gréco-albanaise. Le cinéma local a peiné à se relever de la dictature mais les productions étrangères se sont engouffrées dans la voie qui leur était ouverte : *Une femme à sa fenêtre* (Pierre Granier-Deferre, 1976) avec Romy Schneider, qui dresse le portrait d'une bourgeoisie décadente (qui est aussi l'objet des *Fainéants de la vallée fertile* de Nikos Panayotopoulos en 1978), un épisode de James Bond évidemment (*Rien que pour vos yeux*, John Glen, 1981) où le monastère des Météores et Corfou sont mis à l'honneur, etc.

La réalisatrice anglaise Clare People a tourné une comédie estivale délicieuse et méconnue, *Soleil Grec* (1987), à Lindos, sur l'île de Rhodes. Son thème ? Le désagrément causé par l'invasion touristique aux habitants permanents. Le film le plus célèbre des années 1980 est aussi le plus coûteux : *Rebétiko* (Costa Ferris, 1983) tient son nom d'une musique traditionnelle grecque.

© DALIU - SHUTTERSTOCK.COM

Le port de La Canée a servi de décor au film « The Two Faces of January ».

La vie de la chanteuse Markia Ninou en est à la fois la source d'inspiration et le prétexte pour célébrer la résilience du peuple grec à travers quarante ans d'histoire. Le cinéma grec semble momentanément coincé comme Ulysse chez Circé, profitant peut-être d'une tranquillité retrouvée. Toujours est-il que la production des années 1980 et 1990, hormis celle d'Angelopoulos, est singulièrement pauvre ou sous-évaluée. Exception très marginale, les films de Nikos Nikolaïdis, qui préfigurent vingt ans à l'avance la « vague bizarre » du cinéma grec : *Singapore Sling* (1990) est une variation sadique à la bizarrerie frénétique ou forcée, au choix, sur *Laura* de Preminger. *Safe Sex* (Thanasis Papathanasiou, Michalis Reppas, 1999) fête la fin du siècle en devenant provisoirement le plus grand succès du cinéma grec. La place lui sera ravie par un *Un ciel épicé* (Tassos Boulmetis, 2003) qui revient sur le pogrom d'Istanbul en 1965.

Les années 2000

De manière générale, alors que la crise se profile, le cinéma grec présente des signes de vitalité de plus en plus nombreux. D'abord un huis-clos, *Boîte d'allumettes* (Yannis Economides, 2002), qui met en scène une famille en implosion dans la banlieue d'Athènes. Des films plus conventionnels : les mariages forcés qui prévalaient au début du siècle précédent fournissent le sujet de deux beaux mélodrames de Pantelís Voúlgaris, *Les Mariées* (2004), puis *Little England* (2013) tourné à Andros. *Hardcore* (2004) évoque la vie de deux jeunes filles dans le bordel où elles ont échoué. Son réalisateur, Dennis Iliasdis, est parti aux Etats-Unis pour s'y consacrer au cinéma d'horreur. *100 % grec* (Filippos Tsito, 2009) dont le titre français n'est pas très fidèle à l'original, *L'Académie de Platon* ironise sur trois buralistes qui passent leurs journées à deviser et sur leur racisme larvé. Rien ne laisse alors vraiment présager la « vague bizarre » du cinéma grec lancée par *Canine* de Yorgos Lanthimos en 2009, alors que le pays s'est enfoncé dans la crise. Le film connaît un retentissement à l'étranger inhabituel pour un film grec dans le sillage duquel vont s'engouffrer *L* (Babis Makridis, 2011), *Attenberg* (2012), puis *Chevalier* (2015) d'Athina Rachel Tsangari, Absurde, cruauté, abstraction, loufoquerie plus ou moins glaciale caractérisent ce mouvement qui prend un malin plaisir à rompre avec la vraisemblance. *Miss Violence* (Alexandros Avranas, 2013) s'ouvre par le suicide d'une enfant, avant de rassembler les pièces de ce puzzle. Tourné sur l'île d'Antiparos, *Suntan* (Argyris Papadimitropoulos 2017) est une variation pleine de noirceur sur le thème du démon de midi. Pendant ce temps, Hollywood a donné l'impression de redécouvrir la Grèce, au gré de *Capitaine Corelli* (John Madden, 2001) qui vaut essentiellement pour ses visions de Céphalonie, la plus grande des îles ioniennes, *Mamma Mia !* (Phyllida Lloyd, 2008), tourné sur les îles de Skiathos et Skopelos dans le village côtier de Damouchari, ou *The Two Faces of January* (Hossein Amini 2014), qui pérégrine de l'Acropole, parmi les ruines de l'agora jusqu'à la Crète, la cité minoenne de Cnossos et le port de La Canée. Et enfin, troisième volet d'une trilogie romantique, *Before Midnight* (Richard Linklater, 2013) voit ses deux personnages se promener dans le Magne, dans le Péloponnèse.

POPULATION

Au cours de ces vingt dernières années, la population de la Crète a augmenté de 60 000 habitants environ. La poussée démographique qui s'accélère de plus en plus est en grande partie due à l'arrivée et à l'installation sur l'île d'un nombre conséquent d'immigrés. Mais elle est également le signe d'une croissance économique incontestable, due sans aucun doute au tourisme et à l'agriculture. Dernièrement, la Crète s'est avérée une terre accueillante pour tous ceux qui ont choisi d'en faire leur pays et recommencer leur vie. Qu'il s'agisse des immigrés venant des Balkans ou de l'ex-URSS, des Grecs du continent ou des Européens, cette île de toutes les couleurs a vraiment une connaissance intime de ce qui constitue l'hospitalité et elle en est très fière. La Crète mérite, donc, d'être connue, même à travers sa démographie : c'est une autre manière de découvrir un peuple chaleureux et bienveillant.

Une répartition inégale

La Crète, forte de quelque 633 500 habitants, est l'île la plus peuplée de Grèce (5,5 % de la population totale du pays), d'une densité de population de l'ordre de 74 habitants/km². La capitale, Héraklion, avec une agglomération de plus de 150 000 habitants, est la plus grande ville de l'île, devant Hania et Réthymnon. Elle est également la 6e plus grande ville de Grèce en termes de population, après Athènes, Thessalonique, Le Pirée, Patras et la municipalité de Peristéri se situant au sud de la capitale grecque. La majorité de la population crétoise se concentre sur la côte nord de l'île, le sud étant du fait de son relief montagneux peu peuplé. Ainsi, 45 % de la population de l'île vit en milieu rural. Dans la région d'Héraklion, la population s'élève à plus de 300 000 habitants. C'est la région la plus peuplée de Crète avec une densité de 110 habitants/km². A l'est, le Lassithi compte moins de 80 000 habitants, la région de Hania à l'ouest affiche 150 000 habitants tandis qu'au centre, la région de Réthymnon totalise plus de 80 000 habitants. Selon les statistiques officielles et le dernier recensement, l'âge moyen est plus élevé dans les villages étant donné que les jeunes préfèrent chercher du travail et un mode de vie plus moderne dans les grandes villes. Il est également à signaler que l'âge médian des femmes en Crète, suivant la tendance générale en Grèce, est supérieur à celui des hommes, de l'ordre de 43,5 % environ.

Les Crétois et leur Préhistoire

Se situant au croisement des routes maritimes - largement ouverte sur la Méditerranée mais également sur les îles de la mer Égée, le Proche-Orient et l'Afrique -, la Crète doit son essor culturel pour beaucoup à son emplacement géographique.

Ses premiers habitants se fixèrent sur l'île dès le Néolithique. Il semble que ces Crétois n'ont jamais pratiqué l'agriculture et c'est une des raisons pour laquelle on pense qu'il s'agit d'un peuple d'une origine différente de celle des anciens Grecs du continent. Les hommes crétois du Néolithique vivent majoritairement en dehors de leurs huttes, faisant paître les troupeaux sauvages ou les bouquetins errants parmi les roches des cimes, pêchant ou sillonnant les mers pour mettre la main sur l'obsidienne à Mélos, ou les vases de pierre en Egypte. Quant aux femmes, elles restent chez elles, surveillant les enfants et remplissant toutes les tâches domestiques.

Toutefois, on ne dispose que de peu d'indices nous révélant les rudes débuts des Crétois sur leur terre, si ce n'est que dans tout le domaine de l'Egée, la civilisation crétoise était la plus précoce et celle qui a disparu le plus tôt. Par contre, la mythologie grecque, sans cesse embellie au cours des âges, laisse échapper quelques indices concernant les mélanges entre différentes légendes venues d'ailleurs : c'est à travers elles et à travers l'alphabet ancien crétois que nous pouvons être certains que sur l'île, d'une manière ou d'une autre, deux peuples ont appris à coexister et à communiquer entre eux et cela de bonne heure : les autochtones – les Etéocrétois- et les Phéniciens.

Homme en habits traditionnels.

DÉCOUVRIR

Dans les rues d'Héraklion.

Emigration et immigration

Les Grecs, du fait de leurs péripéties politiques et de la lente évolution économique du pays, étaient depuis la plus haute Antiquité un peuple qui était amené à migrer afin d'améliorer son niveau de vie. Les mythes grecs débordent de légendes selon lesquelles soit à cause du courroux des dieux, soit à cause de la saga familiale ou dynastique, soit, enfin, à cause d'un coup de foudre, il fallait laisser sa terre maternelle pour toujours ou pour une période plus courte. Et, lorsqu'on revenait au pays, c'était bien parce qu'au fond des trières, on rapportait, au moins, une toison d'or… Au cours des siècles, l'odyssée des Grecs se poursuit vers l'Amérique, l'Australie et l'Allemagne.

Dans l'ensemble du pays, la tendance après les années 1950 était plutôt de s'installer à Athènes afin de pouvoir faire des études supérieures et trouver du travail. La Crète, grâce à ses ressources naturelles importantes, a pu mieux résister par rapport aux autres îles grecques à la désertification de ses villes et campagnes : ses habitants ont moins émigré soit vers l'étranger, soit vers la métropole. Lorsque le choix de l'émigration s'est imposé, il concernait les Crétois dont les terres étaient complètement arides ou qui ne suffisaient pas à leur assurer une vie acceptable.

Vers la fin des années 1980, la Grèce, connaissant une stabilité politique et un certain développement économique comparé à celui de ses voisins des Balkans, devient un pays vers lequel on immigre. La première vague d'immigrés vient principalement d'Albanie, et plus tard de Bulgarie, de Roumanie et de l'ex-URSS. Leur intégration n'a pas été et n'est toujours pas facile. La longue tradition migratoire des Grecs, marquée par le devoir d'hospitalité, a été très souvent bafouée par une hausse de la xénophobie et du racisme. C'est notamment le cas à l'encontre des minorités ethniques arrivées plus récemment : Afghans, Pakistanais et autres minorités musulmanes, souvent en proie aux discriminations raciales parfois alimentées par les journaux d'extrême droite et les journaux à sensation.

Toutefois, contrairement à la Grèce continentale, la Crète a bien mieux intégré ses travailleurs immigrés venant d'Albanie ou des Balkans. Ceux-ci ont trouvé principalement leur place dans l'agriculture, secteur très porteur sur l'île, et dans lequel un nombre décroissant de Crétois souhaite travailler (du moins manuellement). Par ailleurs, un nombre très important de femmes immigrées a trouvé du travail dans le secteur de l'hôtellerie et de la restauration, au moins pendant la période touristique. Ces immigrés font déjà largement partie intégrante de la population crétoise, surtout les deuxième et troisième générations. Ce n'est pas le cas des immigrés qui viennent d'Afrique à bord de bateaux qui chavirent au large de la mer de Libye. Leur situation est très vulnérable car la plupart d'entre eux désirent quitter la Crète, et la Grèce en général, afin de joindre les autres pays européens. La demande d'asile étant devenue ces dernières années en Grèce une procédure très lente, la situation pour les Africains qui choisissent de rester sur l'île est précaire, malgré les efforts des associations locales de solidarité et des organismes humanitaires.

SOCIÉTÉ

La Crète sort de son isolement insulaire à partir des années 1950. Commence ainsi une période pendant laquelle les mutations sociales vont traverser des phases de recul, de retour aux sources traditionnelles, avant un élan définitif vers la modernisation. Le développement des secteurs touristique et agricole, sources majeures d'essor économique, ont joué un rôle décisif dans la formation d'une société à caractère mixte, agricole et petit bourgeois. Toutefois, malgré le changement incontestable du mode de vie, la tradition reste encore le pilier sur lequel les Crétois fondent leur authenticité et leur fierté. C'est, aussi, la raison pour laquelle on peut encore en Crète prendre son temps pour vivre, pour être en communauté, en symbiose avec les cycles de la nature, en harmonie avec les saisons. Loin du rythme effréné des grandes capitales, les Crétois ont su préserver leur sens de l'hospitalité, de l'honneur et de la bravoure.

Tradition et modernité

Les années 1950 constituent une époque charnière pour la société grecque : c'est la période où s'achève la transformation de la société traditionnelle débutée en 1832, année de la constitution de l'Etat grec. C'est à ce moment-là que s'accélèrent l'industrialisation et l'urbanisation, entraînant un changement de comportement, de mœurs et de culture. Ainsi, l'homogénéité sociale et idéologique, fondements de la société traditionnelle, sont bouleversés à cause, entre autres, de l'émigration et de la migration interne. La Crète, jusque dans les années 1950, est restée isolée et à l'écart de la modernisation, comme d'ailleurs beaucoup d'autres îles grecques et régions rurales. Lorsque l'île sort enfin de son isolement, les traditions vont se montrer bien résistantes. Ainsi, une coutume perdure : si on demande à un Crétois de décrire sa lignée, celle-ci demeure matrilinéaire. Cette particularité-là est considérée comme une survivance de ce que certains nomment le « matriarcat minoen ».

En effet, la place de la femme en Crète ancienne a soulevé plusieurs débats. Les idoles de la Terre-Mère, les fresques représentant des femmes, les figurines ou, encore, les récits plus tardifs des anciens Grecs et Romains, nourrissent aussi bien les discussions que l'imagination. La source principale qui provient de la Crète antique nous renseignant sur la place de la femme est le Code de la Gortyne, un recueil de lois gravé sur pierre et datant de la première moitié du Ve s av. J.-C. : il comporte les dispositions juridiques sur la dot, les nouveau-nés, le mariage et les droits de la femme sur l'héritage. L'étude de ce code peut laisser l'impression que la femme en Crète bénéficiait d'une liberté et d'une autonomie plus grande comparée à la femme athénienne. Mais rien ne permet de parler de « matriarcat », et encore moins d'un féminisme précoce. La place de la femme en Crète était tout simplement différente. Dans l'imaginaire grec et, surtout, la pratique sociale, les femmes n'étaient que le pilier de la vie familiale. La cellule familiale est de fait dirigée d'une main de fer par les femmes qui se font entendre aussi fort que les hommes. En Crète, comme dans toutes les régions rurales, les femmes participent aux travaux agricoles tandis qu'une très grande partie du secteur touristique est dépendante d'elles. L'émancipation féminine en Crète est donc un fait indéniable ; mais la reconnaissance de la femme en tant qu'égale de l'homme a encore un long chemin à faire.

Les mœurs crétoises

Le mariage est une institution qui perdure en Crète et qui concerne, des villages entiers dans les zones rurales : il a lieu dans le village de naissance de la jeune femme et donne lieu à une fête qui dure parfois trois jours. Quelques jours avant la cérémonie, c'est la soirée du « krevati » (le lit, en grec).

© ANNA PAKUTINA - SHUTTERSTOCK.COM

Fresque La Parisienne provenant probablement du palais de Cnossos à l'époque minoenne.

© T PHOTOGRAPHY - SHUTTERSTOCK.COM

Danse traditionnelle.

Le jeune couple invite alors la famille et les amis les plus proches chez eux, à boire, à manger et... à jeter de l'argent sur leur lit ! Ces cadeaux viennent en plus de ceux qui seront offerts le jour du mariage et les Grecs étant très généreux, les sommes sont parfois astronomiques.

En Crète, le mariage ne se conçoit pas sans de nombreux coups de feu tirés en l'air. La plupart des Crétois disposent d'une ou plusieurs armes à feu, officiellement pour la chasse, mais tous avouent être prêts à les porter pour défendre leur île si elle était attaquée. Sur les routes, on voit très souvent les panneaux d'indication des directions criblés de balles : les hommes les prennent pour cible afin de s'exercer, en général, le dimanche entre amis. Pas de panique cependant, le fait que les Crétois soient armés ne signifie pas qu'ils soient dangereux. Bien au contraire, ils sont particulièrement sympathiques, toujours prêts à venir en aide. Et si parfois ils s'expriment d'un ton sec, c'est pour aller droit au but et marquer le respect dû à son interlocuteur. D'un autre côté, un petit mot doux « to kopéli », qui signifie « l'enfant » en dialecte crétois, est utilisé couramment pour afficher la sympathie envers quelqu'un, même s'il s'agit d'un inconnu.

La danse, l'autre manière d'être ensemble

Dans la société traditionnelle grecque, la danse constitue un élément fondamental du comportement social et, en tant que tel, elle concerne toute la communauté. En participant à une danse, on va au-delà de l'individualité, on renforce la cohésion du groupe, on dissimule les contrastes existants entre les membres de la communauté et on reproduit la réalité sociale.

Il en est ainsi pour la Crète et, cela, dès la Haute Antiquité. On peut encore aujourd'hui « assister » à un spectacle de danse primitive menée par trois femmes formant un cercle autour d'un joueur de lyre : il s'agit d'une statuette (1440-1100 av. J.-C) en terre cuite, découverte à Palaikastro, exposée au musée d'Héracleion. Il est dit aussi que la danse des jeunes représentée sur le bouclier légendaire d'Achille était inspirée des danses crétoises.

Quoiqu'il en soit dans les légendes d'antan, la danse en Crète continue encore aujourd'hui d'être la composante principale de tout événement officiel et officieux : les mariages, les baptêmes, les fêtes nationales et locales, les fêtes religieuses ; en Crète on danse. A toutes ces occasions-là, les hommes et les femmes de toute tranche d'âge s'unissent en se tenant par la main ou les épaules confirmant ainsi qu'ils sont tous membres de la même communauté, partageant les mêmes institutions, mœurs, et, enfin, le même lieu.

Conservant plusieurs étapes de leur évolution, les danses traditionnelles crétoises sont exécutées en cercle et se transmettent le plus souvent d'une génération à l'autre, tout simplement par émulation. Parmi elles, la pendozali, une danse guerrière dont les origines remontent à l'époque minoenne est la plus répandue, symbole de la longue marche des Crétois vers leur liberté. Lors d'un séjour en Crète, il sera donc très rare de ne pas croiser un groupe de gens en train de danser, sur une place publique, devant une petite chapelle, dans la cour de leur maison. Si vous voulez connaître de près les Crétois, voilà l'occasion idéale : mettez-vous parmi eux, donnez-leur la main et suivez les pas.

RELIGIONS

Les Grecs sont, dans leur grande majorité (88 %), chrétiens orthodoxes. L'église orthodoxe, indissociable de l'État, joue un rôle décisif depuis la fondation de l'Empire byzantin. Ce rôle devient d'autant plus important après la prise de Constantinople par les Ottomans (1453), puisque, comme tous les représentants des religions monothéistes, le clergé orthodoxe se voit attribuer un rôle administratif dans les régions conquises. Ainsi, c'est l'Eglise qui tient les registres civils, règle les problèmes juridiques des paroissiaux et assure le prélèvement des impôts en faveur des Ottomans. Pendant les quatre siècles qu'a duré l'occupation ottomane, l'Eglise orthodoxe a eu le temps d'augmenter sa fortune foncière et de devenir indissociable de la notion de grécité. Détenant encore aujourd'hui une place centrale dans la vie du pays, la religion est devenue au fil des années une affaire de réflexe traditionnel et de festivités avant tout.

La religion en Crète

En Crète, même dans les coins les plus reculés, les ex-voto, les chapelles, les monastères et les églises font partie intégrante du paysage. Comme partout en Grèce, l'orthodoxie a beau être omniprésente, elle ne s'enrichit pas moins de pratiques pré-chrétiennes ou de superstitions solidement ancrées dans un passé lointain. La religion orthodoxe est bien sûr un dogme, mais, avant tout, c'est l'occasion de faire la fête. En effet, les occasions ne manquent pas de célébrer le saint patron de chaque ville ou village au cours de grandes foires religieuses, autrement dit de *panigyria*. A cette occasion-là, les pratiquants se mélangent aux fêtards et c'est alors que la musique, la danse et surtout les grands banquets succèdent à la messe et durent toute la journée et la nuit. Au niveau administratif, l'Eglise de Crète a un statut semi-autonome et elle se rattache directement au patriarche œcuménique de Constantinople. L'Eglise de Crète a été officiellement fondée en 64 par le disciple de saint Paul, l'apôtre Tite, saint patron de la ville d'Héraklion.

L'Eglise et l'Etat en Grèce

L'Eglise grecque orthodoxe est autocéphale et a ses propres statuts, tandis que sa doctrine est indissociablement rattachée à celle du Patriarcat œcuménique qui siège à Istanbul. N'étant pas encore séparée de l'État, l'Eglise orthodoxe exerce une influence indéniable aussi bien dans le secteur politique qu'économique. La religion orthodoxe est enseignée dans les écoles publiques, même si, depuis 2015, les élèves peuvent en être dispensés avec l'accord de leurs parents. L'Eglise demeure le premier propriétaire foncier du pays, encore largement exempté des taxes foncières, à la fureur de nombreux citoyens qui ont payé le prix fort des politiques d'austérité pendant la crise. Face à ce mécontentement, une révision constitutionnelle avait été lancée par le gouvernement d'Alexis Tsipras, proposant enfin une vraie révolution politique et économique des liens entre Eglise orthodoxe et Etat. Mais l'une des premières mesures prises par le gouvernement conservateur de Konstantinos Mitsotakis a été un rétropédalage total sur ces sujets.

Célébrations religieuses

Croyants sans être de fervents pratiquants, les Grecs respectent les fêtes religieuses qui rythment leur vie et le calendrier orthodoxe. En Crète, la Pâques orthodoxe et la Saint Georges sont les plus importantes célébrations de l'année. A ces occasions, l'île se remplit de natifs partis dans les grandes villes de Grèce : c'est le moment du grand retour et un rituel de retrouvailles assez suivi. Les célébrations de Pâques en Crète coïncident avec l'ouverture de la période touristique et cela offre une très bonne occasion de prévoir à ces dates-là une plongée dans les traditions crétoises.

Célébration de la résurrection du Christ, la Pâques orthodoxe est aussi l'occasion de fêter l'arrivée du printemps. Les rites suivis sont nombreux. La plus importante procession est celle de l'epitaphios, dédiée à la Descente de la Croix, le Vendredi saint : une représentation du tombeau du Christ, le plus souvent en bois sculpté, décoré de fleurs et porté par des hommes, est solennellement suivie par les fidèles et tous ceux qui aiment participer aux traditions du pays. La Résurrection est fêtée le samedi soir à minuit : la flamme de la bonne nouvelle annonçant que le Christ est aux cieux se transmet d'un cierge à l'autre et de main à main. Au-delà des grandes dates, le saint le plus vénéré en Crète est saint Georges, patron des paysans et des bergers, fêté le 23 avril. On voit alors les bergers rassembler leurs troupeaux, les bêtes étant lavées et décorées pour l'occasion et emmenées devant l'église du village afin de recevoir la bénédiction du prêtre.

© FTIARE - SHUTTERSTOCK.COM

Célébration de Pâques à Héraklion.

La communauté juive de Crète

La synagogue Etz Hayyim, qui se trouve à Hania, est l'unique témoignage de la présence de la communauté juive en Crète, une des plus anciennes communautés d'Europe. Les juifs s'installent en Crète à la période hellénistique, autour du IIIe siècle av. J.-C., et suivent la tradition romaniote. Au XVIIIe siècle, on compte 2 000 juifs et 8 synagogues en Crète. Aux siècles suivants, la population chute drastiquement et à l'arrivée des nazis, en 1940, il ne reste plus que 400 juifs. Dès les premiers jours de l'occupation, les synagogues d'Héraklion, Réthymnon et la Beth Shalom qui se trouvait à Hania, sont complètement détruites, suite aux bombardements.

Les cimetières de Réthymnon, Hania et Héraklion disparaissent. Le 9 juin 1944, 276 juifs de Hania sont embarqués sur le *Tanais*, direction Auschwitz. En chemin, la flotte britannique torpille le navire, le prenant pour un bateau allemand. Il n'y a aucun survivant. La synagogue Etz Hayyim est rouverte en 1999 mais seulement une vingtaine de familles, venues d'ailleurs, y célèbrent les fêtes juives. Dans un esprit de tolérance et d'ouverture, on peut s'y recueillir devant le petit mémorial aux naufragés du *Tanais* et devant les quatre anciennes tombes de rabbins (XVIIIe et XIXe siècles) dans le minuscule cimetière attenant à l'ancien mikveh, les bains rituels dédiés aux femmes.

Les Turco-Crétois

Les mosquées et les minarets sont les signes indéniables de la longue période durant laquelle la Crète était occupée par les Ottomans. Or, bien au-delà de cette période, la communauté turco-crétoise a su résister à l'assimilation imposée par les Ottomans au début, et par les Grecs ensuite : tout en restant musulmane, elle s'est affirmée grecque. Les Turco-Crétois étaient majoritaires dans les trois villes de Hania, Héraklion et Réthymnon. À la fin du XIXe siècle, plus de 40 000 Turco-Crétois quittent la Crète alors que l'État crétois autonome est créé sous la pression des grandes puissances. En 1912, date du rattachement de l'île à la Grèce, les Turco-Crétois représentent 11 % de la population crétoise. Ils ont dû quitter définitivement la Crète à la suite du désastre de l'Asie Mineure en 1922 et de la convention de Lausanne en 1923. Le sort des populations échangées au cours des siècles n'a épargné ni les Turco-Crétois ni les Grecs qui sont arrivés de l'Asie Mineure : les Turcs locaux traitaient les uns de *gavur fidanı* (pousses infidèles) car ils ne parlaient pas leur langue ; les Grecs locaux traitaient les autres de *tourkosporoi* (graines de Turcs).

QUE RAPPORTER ?

Les Crétois sont considérés depuis toujours comme un peuple artiste. Par ailleurs, l'île a longuement vécu en quasi-autarcie en ce qui concerne les produits alimentaires et les outils. Ainsi, les Crétois ont acquis un savoir-faire et un goût pour l'artisanat. Or, de nos jours, les artisans sont de moins en moins nombreux et c'est surtout grâce au développement touristique que certains ont pu préserver leur métier : tissage, broderie, poterie, ébénisterie, tannerie, forge ou icônes figurent parmi les produits les plus sollicités. Aussi, la saveur des produits agricoles traditionnels se maintient dans les villages où chacun persiste à entretenir sa petite oliveraie, son potager, ses animaux et ses ruches. Préférez ainsi les petits producteurs et les artisans locaux pour rapporter des souvenirs dans vos bagages, avant de quitter la Crète. Et n'oubliez jamais que les choses authentiques sont toujours signées !

Les authentiques objets artisanaux

Les bijoux : Les bijoux exposés dans le musée d'Héraklion témoignent de l'habileté d'exécution par la splendeur de leurs formes. Les sceaux, travaillés dans l'or ou dans la pierre, représentent avec une précision stupéfiante des scènes de la vie culturelle et religieuse. Les reproductions de ces bijoux et objets remplissent les vitrines des bijouteries dans toutes les grandes villes de Crète : elles sont en or ou en argent, et à des prix variables. Préférez les bijoux à granulation : ils sont plus chers mais ils sont la preuve d'un travail artisanal authentique.

Les couteaux crétois : La métallurgie, art important et sacré tout au long de l'Antiquité, a été considérablement développée en Crète pendant la période byzantine. Sous l'occupation vénitienne puis ottomane, l'importation du fer étant contrôlé, les Crétois se sont limités à puiser dans leurs réserves le métal pour en produire uniquement des instruments et outils destinés à répondre aux besoins quotidiens. C'est dans ce contexte que les Crétois perfectionnent leur savoir-faire concernant la production de couteaux. Par ailleurs, l'histoire mouvementée de l'île a encouragé les Crétois à être constamment armés et c'est la raison pour laquelle les couteaux, signe de bravoure, figurent parmi les éléments qui ornent les costumes traditionnels des hommes. La plupart des couteaux ont une forme raffinée alors que la gaine, en bois, argent ou corne d'animal, est un signe de statut social. Sur les lames des couteaux, les Crétois gravent quelques vers des mandinadès. Pénétrer dans une coutellerie offre aussi l'occasion d'admirer de près un produit authentique et artisanal crétois qui mérite de figurer dans la liste des souvenirs que l'on veut garder de la Crète.

La poterie : Remontant à la nuit des temps, la production de céramique était une industrie très fructueuse en Crète jusqu'à la fin des années 1990. Au début du siècle dernier, dans chaque département de l'île, quatre centres de céramique ont été établis afin d'en promouvoir l'art et la production, et perpétuer ce savoir-faire auprès des générations futures. Initialement conçue pour répondre à des nécessités domestiques et agricoles, la céramique a évolué, adoptant des formes originales et des motifs décoratifs variés provenant de l'art folklorique crétois. N'hésitez pas, lors de votre séjour en Crète, à rendre visite au village Thrapsanó, à proximité d'Héraklion : il est mondialement connu pour la production de jarres et d'objets en céramique. Sinon, les boutiques spécialisées que l'on trouve partout en Crète offrent un grand éventail d'objets utilitaires ou décoratifs en terre cuite et qui valent la peine d'être rapportés : vases, cendriers, vaisselle, sous-verres, reproductions d'objets folkloriques, bijoux... Préférez ceux qui sont peints à la main : la signature de l'artiste doit être apparente.

Icône religieuse.

Reproductions d'œuvres des musées : La plupart de ces reproductions, très appréciées, sont réalisées en terre cuite alors que les reproductions des statuettes sont en résine synthétique, ou, de moins en moins, en marbre. Les reproductions les plus fiables doivent respecter le prototype à 80 %, au minimum, et, dans ce cas-là elles sont toujours accompagnées d'un certificat d'authenticité. La reproduction du Disque de Phaistos, symbole d'une Crète qui n'a pas encore dévoilé tous ses secrets, peut être un bon achat.

Icônes grecques byzantines : Préférez les magasins spécialisés aux boutiques touristiques pour acheter votre copie. C'est dans ces boutiques-là que l'on trouve des icônes, œuvres d'artistes formés dans les monastères ou les grandes écoles d'art iconographique. Ces icônes se distinguent par leur fidélité à la tradition byzantine tant dans la composition que dans la technique. C'est l'occasion d'admirer en même temps la beauté artistique et spirituelle de l'Orient chrétien et la particularité de l'iconographie crétoise.

Komboloï : cette sorte de petit chapelet que tous les Crétois agitent dans tous les sens n'a aucune signification religieuse. Certains vous diront qu'il s'agit d'un simple passe-temps, un anti-stress ou un jeu, d'autres que c'est une tradition dont ils ne connaissent plus trop l'origine. En général en pierre semi-précieuse, ils existent aussi en bois, ou en plastique, et se trouvent un peu partout, dans les boutiques de souvenirs comme dans les kiosques. Voilà le genre d'objet original que vous pourrez rapporter de votre séjour en Crète, pour un prix plus ou moins dérisoire.

Objets en bois : la sculpture sur bois était très répandue en Crète : les temples des églises, les icônes et leurs supports, les chaires, les candélabres mais aussi les meubles des familles aisées étaient l'œuvre d'artisans talentueux et très reconnus. Le visiteur découvrira cet art au pied du mont Psiloritis : le sculpteur sur bois G. Koutantos a créé, en 2010, le Musée de la Sculpture sur bois. Ce musée tente de préserver un art qui se fait de plus en plus rare. Toutefois, vous trouverez également dans les boutiques touristiques quelques objets sculptés à la main : des louches, des fourchettes, des dessous de plats et des sous-verres et même des échiquiers, un backgammon ou, enfin, des jouets pour enfants d'une assez bonne facture. Choisissez les objets sculptés sur bois d'olivier : ils sont à peine plus chers mais ils portent une longue histoire en eux.

Les produits des tanneurs : les artisans les plus renommés sont ceux qui fabriquent les stivanias, les bottes très caractéristiques que portent les hommes en Crète. Signe d'un peuple guerrier, les bottes en cuir crétoises se font encore aujourd'hui sur mesure et sont portées aussi bien dans les grandes occasions qu'au quotidien. Elles coûtent en moyenne 200 euros, mais elles sont prévues pour durer ! En Crète, les tanneurs perpétuent une très longue tradition qu'ils ont su élargir à d'autres produits : sacs, cartables, portefeuilles, agendas, ceintures et scandales en cuir… de très bonnes idées cadeaux, et pour toutes les bourses ! De passage à Réthymnon, visitez l'atelier de M. Aggelakis ou celui de M. Ninirakis, installé dans le village d'Agia Varvara, à proximité d'Héraklion, et laissez-vous tenter par une très jolie paire de bottes ou de chaussures, créées avec le savoir-faire d'antan.

L'artisanat féminin

Broderies et tissus : dans presque toutes les anciennes maisons crétoises, les femmes passaient une grande partie de leurs journées

Couteaux traditionnels crétois.

© ESTONIANMAMA - SHUTTERSTOCK.COM

Vente d'éponges naturelles.

installées devant un métier à tisser vertical afin de couvrir les besoins familiaux en textile. De nos jours, cette tâche, toujours exclusivement destinée aux femmes, est devenue un métier pour plusieurs d'entre elles : la production de tissus en coton, lin et soie – ces derniers sont de couleur rouge, le plus souvent - et de kilims en laine, couvre aussi bien la demande locale que la demande touristique. Les motifs que l'on trouve sur ces tissus, brodés à la main lorsqu'ils sont authentiques, restent fidèles aux motifs byzantins qui remontent au XIe siècle, ou sont des reproductions du pur folklore crétois. Pour distinguer les motifs propres à la tradition crétoise, veillez à ce qu'ils soient géométriques et multicolores. Un souvenir inhabituel provenant de Crète peut être par exemple une tenture murale ou un petit kilim en laine. Sinon, les boutiques spécialisées débordent de serviettes de table en coton ou en lin avec une bordure représentant une branche d'olivier, de nappes, de couvre-lits… Il y en a pour tous les goûts !

Produits agricoles

Huile d'olive. La production d'huile d'olive en Crète est présente depuis des milliers d'années. À l'époque minoenne déjà, la Crète exportait son huile d'olive vers l'Égypte. Notez que 95 % des huiles d'olive crétoises sont extra vierges, avec un taux d'acidité inférieur à 1 %, gage de qualité et de plaisir gustatif. Une huile d'olive qui présente un faible taux d'acidité est produite dans des conditions optimales. Les petits villages crétois, comme Zakros à l'est, produisent des huiles biologiques réputées. Nombreux sont les touristes qui rapportent de leur voyage une bouteille d'huile d'olive ou un bidon (plus facile à transporter). On en trouve, bien entendu, très facilement en Crète. Mais faites attention : les belles bouteilles ne renferment pas forcément les meilleures huiles !

Miel de thym. La Crète, pays richissime en plantes aromatiques, produit des miels aux parfums et propriétés divers. Le plus précieux est le miel de thym, qui est traité de manière naturelle, tout comme les autres miels où l'on retrouve le parfum de la sauge, de l'origan, du pin, de l'acacia, de l'arbousier, des châtaignes, et même des agrumes cultivés dans les vallées de l'île. Les apiculteurs crétois n'ont pas recours à des températures élevées lorsqu'ils traitent le miel et c'est ainsi que les vitamines restent intactes. On récupère le miel des ruches entre juillet et septembre, cela offre l'immense opportunité aux visiteurs qui affluent en Crète en été de trouver le miel de leur préférence au moment même de la récolte. Très souvent, au bord des routes longeant les villages, on rencontre les petits producteurs de miel. C'est la meilleure occasion pour s'approvisionner !

Le raki. Signe d'amitié, de convivialité et de partage, le raki est pour les Crétois plus qu'un apéritif : c'est l'expression, assez alcoolisée, de leur identité et de leur histoire. On le trouve partout en Crète, aussi bien dans les grandes surfaces que chez les cavistes, et même chez l'habitant. C'est un souvenir qui va de soi.

Epices et herbes. Vous trouverez de très bonnes épices et, surtout, des herbes séchées sauvages. L'origan et le thym crétois parfument salades et plats chauds d'une saveur unique. Le thé des montagnes (*tsái tou vounou*) et le diktamon se boivent en décoction. Vous trouverez également ces ingrédients en supermarché, de bonne qualité.

Eponges. Elles abondent dans les boutiques. N'hésitez pas à vous en acheter une, elles sont pêchées en mer, séchées et totalement naturelles. A utiliser pour la toilette corporelle, elles se gardent plusieurs années.

SPORTS ET LOISIRS

Mis à part l'indémodable baignade, la Grèce offre de multiples possibilités. Le berceau des Jeux olympiques reste un lieu idéal pour l'exercice physique et la célébration des valeurs sportives, que ce soit… devant la télé ou dans les stades, notamment pour supporter les deux grands clubs de foot d'Athènes, le Panathinaïkos et l'Olympiakos. Qu'il s'agisse de football, de basket, de tennis, de golf ou de voile, les Grecs sont de grands sportifs. Avec sa multitude de plages et de criques, la Crète est d'abord un paradis pour la plongée sous-marine et les sports nautiques. Mais la diversité de la nature de l'île permet aussi de se faire plaisir sur terre. La Crète est d'ailleurs particulièrement recommandée aux randonneurs qui apprécient ses paysages préservés et spectaculaires. Mais, avec ses montagnes, on peut aussi y pratiquer le parapente, l'escalade, le VTT et même le ski en hiver ! Avis à ceux qui aiment les vacances actives.

Des sports collectifs très populaires

Football. Dans toute l'Europe, les bouillants stades d'Athènes ont acquis la même réputation que ceux de Turquie. Le Karaïskakis, qui accueille l'Olympiakos Le Pirée (historiquement le club de la classe ouvrière), ou le Stade olympique du Panathinaïkos (celui de la haute société) promettent l'enfer aux visiteurs et le « derby des éternels ennemis » est toujours très chaud. Mais dans tout le pays, le ballon rond est une vraie folie aux implications politiques, sociales et financières énormes. La Superleague Ellada (la 1re division) pulvérise les audiences télé et draine les parieurs dans les bureaux de l'Opap. La suprématie démographique de la capitale se ressent et plus de la moitié des clubs sont issus de l'agglomération d'Athènes. Du côté de l'équipe nationale, le principal fait d'arme de la sélection est sa victoire surprise lors de l'Euro 2004 (après avoir notamment sorti la France en quart de finale).

Basket. Le basket-ball est l'autre grand sport populaire dans le pays et les deux clubs phares sont… le Panathinaïkos et l'Olympiakos ! La sélection, elle, a été championne d'Europe en 1987 et en 2005 et vice-championne du monde en 2006. Et aujourd'hui l'équipe est portée par la nouvelle star de la NBA née à Athènes, Gianni Antetokounmpo, qui évolue à Milwaukee et qui a été élu meilleur joueur de la Ligue en 2019 et en 2020.

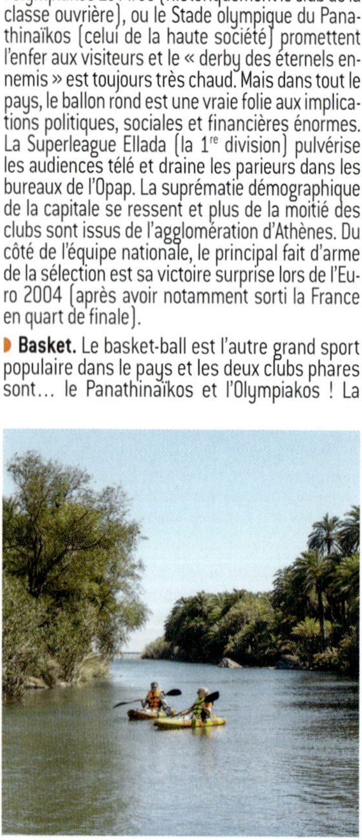

Le tavli, une passion grecque

Véritable discipline nationale, elle se pratique surtout aux terrasses des cafés. Le tavli est l'équivalent du backgammon. C'est le nom donné à ce jeu préféré des Grecs et des Crétois. S'ils y jouent un peu moins qu'avant, il y a toujours un tavli dans le plus petit des kafeneio. Il y a plusieurs façons de jouer, avec des règles qui diffèrent. Les Grecs et les Crétois alternent entre les trois les plus connues (plakoto, fevga et portès).

La mer, pour une foule d'activités

Il va de soi que le « fonds de commerce » du tourisme en Crète reste les nombreuses plages de l'île. Des plages où l'on pourra se faire plaisir.

Sports nautiques. Dans la plupart des stations balnéaires (en particulier sur la côte nord), il est possible de louer des petits catamarans, des pédalos, des kayaks de mer, des jet-skis et de faire du ski nautique ou du wakeboard. Le sud est un peu moins développé en prestations de ce genre, à part Agia Galini, Plakias et un peu vers Mirtos et Ierapetra. A noter que les vents peuvent se lever très rapidement et changer de direction fréquemment (effets de relief en été surtout sur la côte sud). Enfin, quelques spots comblent les amateurs de planche à voile : à Kouremenos Beach près de Palekastro à l'est de Sitia, à Almirida, près de Hania ou à Paleohora au sud.

Yachting. Peu de voiliers se croisent dans les eaux de la mer de Libye, au sud, à cause du manque d'infrastructures. Dans le nord de l'île en revanche, les choses sont différentes avec quelques escales possibles (Hania, Réthym-

© JULIA MCGEE / SHUTTERSTOCK.COM

Le tavli est un jeu très répandu en Grèce.

non, Héraklion, Agios Nikolaos…). Certains voiliers utilisent cette route pour joindre Rhodes, la Turquie ou les îles du sud de la mer Egée.

Plongée sous-marine. Les eaux de la Crète sont claires et chaudes (jusqu'à 27 °C) et la visibilité peut atteindre 35 m en été. Même en apnée, il est possible de découvrir un univers sous-marin très intéressant. Les fonds présentent une riche diversité en faune et en flore tels les coraux, éponges, ascidies, mollusques, crabes, langoustes, pieuvres, murènes, congres, hippocampes. D'autre part, de nombreuses grottes et épaves offrent un spectacle fascinant comme les ruines englouties d'Oloús à Eloúnda ou celles de Móchlos dans la baie de Mirabelló. La côte sud présente des eaux cristallines avec des plongées sur des épaves, sur des sites archéologiques immergés ou encore dans des grottes sous-marines. Les clubs de plongée sont en général sérieux et bien équipés. Ils dispensent des cours de tous niveaux et certains peuvent organiser des sorties particulières sur demande.

Un superbe spot de randonnée

Parcourir la Crète à pied est sûrement le meilleur moyen de découvrir, surtout à l'intérieur des terres, une nature et des paysages peu touchés par le modernisme et de rencontrer une Crète rurale traditionnelle. La mer n'est jamais très loin et le relief offre un large éventail de possibilités pouvant satisfaire aussi bien les amateurs de grandes randonnées que ceux qui ne souhaitent parcourir la campagne qu'en famille.

Le chemin de randonnée européen E4. Il part du Portugal et parcourt la Crète, la traversant d'ouest en est, de Kastelli-Kissamos à Zakros. Il fait 320 km de longueur et il faut, avec une moyenne de 15 km par jour, entre 3 et 4 semaines pour le parcourir. Bien sûr, vous pouvez choisir de n'emprunter que certains tronçons. Il est régulièrement entretenu et bien signalé avec des panneaux jaune et noir. A chaque étape, il y a des possibilités de logement et de restauration.

Refuges. Si vous décidez de vous attaquer à sa partie montagneuse, il vous sera sans doute nécessaire de vous arrêter dans l'un des refuges de montagne gérés par le club EOS Héraklion (p.115). Il faut les contacter avant pour réserver et glaner de précieux conseils. Ils organisent des randonnées et s'occupent d'autres activités comme le canoë, la spéléologie, le mountain bike, le ski ou l'alpinisme.

D'autres randonnées de choix. Les gorges en Crète sont particulièrement spectaculaires et, outre celles de Samaria, les plus connues et les plus parcourues, il en existe d'autres moins fréquentées mais situées également dans un environnement naturel exceptionnel : Imbros, Aradena, Agia Irini, Topolia, Rouvas. De nombreux autres endroits offrent aussi la possibilité de circuits avec des arrêts dans des villages pittoresques.

A l'assaut des sommets !

Outre la randonnée, le relief crétois permet la pratique du VTT et… du ski !

VTT et mountain bike. Il est possible de louer des vélos un peu partout en Crète (entre 10 et 15 € par jour). Certains tour-opérateurs organisent des circuits en groupe, vous facilitant la vie en vous récupérant là où ça devient difficile, et même des séjours complets d'une semaine.

Ski. Aussi incroyable que cela puisse paraître, on peut pratiquer le ski en Crète ! En effet, l'île étant particulièrement montagneuse, certains de ses sommets sont enneigés en hiver. Il existe notamment une station de ski sur le plateau de Nida, au pied du mont Psiloritis (2 456 m).

GASTRONOMIE

Située en plein cœur de la Méditerranée avec laquelle elle ne fait qu'un, la plus grande île grecque offre une aventure gastronomique à la hauteur de ses paysages spectaculaires. Source d'inspiration du fameux régime du même nom, la Crète est un condensé de la cuisine méditerranéenne, avec son abondance de légumes et de céréales, son usage généreux d'ail et d'huile d'olive et sa consommation modérée de viande et de laitages. Les repas commencent souvent avec des mezzés que les locaux picorent avec un verre de vin ou d'eau-de-vie. Les poivrons, les tomates, les courgettes et les aubergines sont associés au porc, au poulet et à l'agneau, alors que les poisons et les fruits de mer sont souvent grillés ou frits en toute simplicité. Le café est une affaire sérieuse pour les Grecs, ils le sirotent généralement avec des pâtisseries souvent agrémentées de miel et de fruits à coque. Enfin la Crète est aussi l'une des plus vieilles terres viticoles au monde.

Au cœur du régime crétois

Bien que le terme s'applique à une bonne partie du Bassin méditerranéen, le régime crétois, d'ailleurs souvent rebaptisé «diète méditerranéenne», trouve en Crète tous les attributs qui font sa renommée. Au point même qu'il fut inscrit par l'Unesco au patrimoine culturel immatériel de l'humanité en 2010, incluant une petite dizaine de pays, dont évidemment la Grèce.

Cette diète aurait en effet des vertus spectaculaires, permettant de limiter efficacement les maladies d'Alzheimer et de Parkinson, l'obésité et les maladies cardio-vasculaires. Sans oublier une longévité accrue, de nombreux pays concernés par ce mode d'alimentation figurant en bonne place parmi les pays ayant une très longue espérance de vie. Elle repose sur plusieurs éléments, comme la consommation abondante de fruits, de légumes dont des légumes secs, sans oublier les céréales et les fruits à coque. L'huile d'olive joue également un rôle important, sa richesse en acides gras mono-insaturés et en polyphénols a été prouvée depuis longtemps, ces derniers étant connus pour leurs effets anti-oxydants, permettant de lutter contre les cancers et les maladies neurodégénératives. D'ailleurs sur les 28 huiles d'olive grecques bénéficiant d'une AOP ou d'une IGP, 9 sont produites en Crète.

Une consommation modérée de viande et tout particulièrement de viande rouge est un des aspects du régime crétois, sans oublier bien sûr une alimentation comprenant une quantité non négligeable de poissons et fruits de mer. Les produits laitiers sont généralement variés et on favorise les laits de chèvre et de brebis, notamment pour les fromages et les yaourts, qui contiennent moins de lactose et donc sont plus digestes et moins enclins à causer des allergies ou des intolérances. Et bien sûr on n'oubliera pas une consommation modérée d'alcool, en dehors du vin rouge, riche en polyphénols. Enfin, précisons que la température des aliments joue un rôle clef également, puisque la cuisine crétoise se consommé tiède.

© OLIAA - ISTOCKPHOTO.COM

Les Kalitsounia.

A l'heure du mezzé

Comme dans le reste du pays, les repas en Crète commencent souvent par la dégustation de mezzés, une habitude d'ailleurs commune en Méditerranée orientale comme en Turquie ou au Liban. Ces petites bouchées sont aussi bien chaudes que froides.

Parmi les mezzés crétois les plus communs, il y a les *dakos* (tartines de pain grillé à l'huile d'olive avec tomate, feta, olives et origan) où le pain est parfois remplacé par des *paximadi* (biscottes de seigle). Il existe de nombreuses viennoiseries salées comme les *kalitsounia* (tartelettes garnies de fromage ou d'herbes aromatiques), le *chaniotiko bouréki* (feuilleté aux pommes de terre, courgette et fromage),

© CGE2010 - SHUTTERSTOCK.COM

Dakos.

le *marathopita* (fine galette fourrée d'herbes : aneth, menthe, origan, etc.) ou encore le *mizithropita* (chausson plat garni de fromage *misithra*). On compte aussi d'autres spécialités comme le *stamnagathi* (salade de pissenlit à peine cuit servie avec huile d'olive et jus de citron), l'*apáki* (viande de porc fumée), le *sykoti savore* (foie sauté avec des oignons et un trait de vinaigre) ou le *staka* (crème de fromage frais).

Bien sûr on retrouve en Crète d'autres mezzés plus classiques comme les *creatopita* (triangles feuilletés à la viande) ou le *tiropita* (son équivalent au fromage). Les *dolmadès* sont des feuilles de vigne farcies au riz. Sans oublier les tartinades comme le *tzatziki*, du yaourt avec des morceaux de concombre, de l'aneth et de l'ail, ou le *taramasalata*, une crème d'œufs de poisson fumés. Les *gigantes plaki* sont des haricots blancs géants en sauce tomate. Les imprononçables *kolokythoanthoi* (fleurs de courgette farcies de riz et de fromage), les *kolokythopita* (feuilletés courgette-feta) et la *horiatiki* (la fameuse salade grecque : tomate, concombre et feta) sont des classiques. Autre délice, le *saganaki* ou feta frite.

On retrouve plusieurs fromages originaires de Crète, comme le *misithra*, un fromage tendre à base de lait de brebis et/ou de chèvre – que l'on sert dans ce que les restaurants appellent la salade crétoise en remplacement de la traditionnelle feta présente dans la salade grecque. Le *misithra* doit être consommé dans les 4 ou 5 jours. Il n'est disponible qu'en hiver car durant l'été il n'y a pas assez d'herbe en montagne pour les animaux qui ne peuvent pas produire suffisamment de lait pour faire ce fromage à durée de vie très limitée. Sinon le *graviera* est un fromage populaire au lait de brebis, similaire à un gruyère, parfois mélangé avec du lait de chèvre. Il contient 40 % de matière grasse et bénéficie d'une AOP depuis 1996. Parmi les autres fromages, citons le *xygalo*, le *pichtogalo* ou encore le *tirozouli*.

Les basiques de la cuisine crétoise

La Crète est riche de nombreuses spécialités savoureuses. Ainsi l'*antikristo* est un plat de fête préparé à partir de grandes pièces d'agneau plantées sur des pieux en cercle avec des braises au milieu, que l'on laisse cuire des heures. Plus simple, le *tsigariastó* est une fricassée de chèvre ou d'agneau servie avec des quartiers de citron. Plus surprenant, le *chirino me selino* est un ragoût de porc au céleri. Le *gamopilafo*, un riz pilaf cuit avec du beurre et du jus de citron accompagné d'agneau, est le plus souvent cuisiné pour les mariages. Enfin, les Crétois aiment beaucoup les escargots. On retrouve ainsi le *chochlioí boumpouristoí*, des escargots sautés à l'huile d'olive avec du romarin et du vinaigre. Les succulents légumes gorgés de soleil sont préparés sous forme de *sofegada* (sorte de ratatouille) ou de *sfougato* (omelette aux pommes de terre et courgettes). Les locaux aiment les pâtes comme les *skioufichta* en forme de tube ou les *magkiri*, en carrés.

Il est évident que les grands classiques de la cuisine grecque sont présents en Crète comme les *keftedès* (boulettes de viande hachée épicée), le *souvlaki* (brochettes de viande marinée, en général du porc), le *stifado* (ragoût de lapin, parfois de porc, au vin rouge et à la cannelle) ou encore le *gyros* (un pain plat moelleux fourré de viande effilochée et de crudités).

Xerotigana.

Les fruits de mer et poissons sont bien sûr au menu, on les retrouve souvent préparés avec simplicité, grillés, frits ou parfois en *stifado* (notamment avec du poulpe).

Il existe des plats plus complets comme l'incontournable *moussaka*, un gratin de viande hachée et d'aubergines à la sauce béchamel, ou le *papoutsaki*, des aubergines farcies en gratin, très courant. Le terme *yemista* est générique pour décrire les légumes farcis de riz, bien qu'il s'agisse très généralement de poivrons ou de tomates. Vous rencontrerez aussi le nourrissant *pastichio*, un gratin de macaronis à la viande et à la tomate, recouvert de sauce béchamel. Enfin le *bouréki* est une tourte aux légumes divers (courgettes, pommes de terre et oignons en général) et au fromage frais, sans viande.

Entre desserts et café grec

Les desserts en Grèce sont souvent simples et les locaux ont tendance à les consommer plutôt au goûter avec un café, la fin du repas laissant place à des fruits succulents comme les melons, pastèques ou raisins qui se plaisent sur l'île. Parmi les desserts typiquement crétois, on pourra déguster les *xerotigana*, des sortes de rosaces de pâte frite parsemées de sésame et imbibées de miel, ou encore un *amygdalopita*, un gâteau moelleux aux amandes et au sirop. Autres douceurs à tester : les *patouda*, des petits chaussons friables fourrés d'une pâte de noix et de dattes, et le *portokalopita*, un gâteau à l'orange.

Sinon on peut toujours essayer le classique *baklava* composé de plusieurs couches de pâte filo et de noix, imbibées de sirop, ou le *bougatsa*, un feuilleté fourré de crème à la vanille, sans oublier les *loukoumades*, des beignets levés servis avec du miel. D'origine orientale, le *halva* est un nougat parfumé à la crème de sésame *(tahini)* et agrémenté d'amandes ou de pistaches. Le miel crétois est considéré comme excellent et on le consomme généreusement, notamment avec un simple yaourt grec bien crémeux.

En Crète et dans le reste du pays, les pauses café sont une véritable institution. Héritage des Turcs, c'est un café moulu bouilli, qui lorsqu'il est servi doit reposer quelques minutes afin que le marc se dépose bien dans le fond de la tasse. On le consomme en petite quantité car il est généralement très serré. Systématiquement servi avec un grand verre d'eau glacée, demandez-le *skéto* (sans sucre), *métrio* (légèrement sucré) ou *glyko* (très sucré).

Boissons alcoolisées

Fruit d'une longue tradition, le vin se boit en Crète depuis l'époque minoenne. Les Crétois étaient alors de véritables précurseurs et les pressoirs à raisin de Vathipetro découverts lors de fouilles archéologiques auraient plus de 3 500 ans. Dans l'Antiquité, le vin était beaucoup plus fort qu'aujourd'hui, il était parfumé avec des herbes et des épices et on le diluait avec de l'eau avant de le boire. Les plus anciens vignobles de Crète se trouvent au nord avec une ouverture directe sur la mer Egée. Un climat tempéré du fait des influences de la mer et cinq mois de sécheresse contribuent à l'excellence de ces vins rouges. Les vieux cépages crétois sont le roméiko, le kotsifali, le liatiko et le ladikino. Les vins blancs occupent une place moindre. On citera le vilana, le plyto, le vidiano, le malvasia et le moshato. Le retsina est un vin blanc auquel on ajoute pendant la fermentation des morceaux de résine. Pendant l'Antiquité, les Grecs décidèrent de sceller les amphores au moyen de résine pour les protéger des éléments. C'est ainsi que le retsina est né. Ce vin affiche un goût typé et prononcé et se boit glacé, avec des mezzés.

Le *tsikoudia* (terme crétois pour le *raki)* est une eau-de-vie à base de raisin. On le boit très froid, avant, après ou pendant le repas dans des petits verres. Autre alcool, l'*ouzo* est très répandu en Grèce. Produit à partir marc de raisin, il est ensuite parfumé avec des graines d'anis vert comme notre pastis. Très populaire dans le pays, en Crète le *rakomélo* lui vole parfois la vedette. Ce raki parfumé au miel et aux épices – cannelle et cardamome – est un digestif apprécié et guérirait même les maux de gorge. Autre liqueur purement crétoise, la *mournoraki* est fabriquée à partir des fruits du mûrier. Côté bière on retrouvera évidemment l'inratable Mythos présente dans toute la Grèce. Les puristes s'essayeront à la Charma, une bière locale qui existe en blonde/lager ou en noire/dunkel.

AGENDA

Depuis des siècles, le calendrier religieux rythme la vie des Grecs, surtout au cours de l'occupation ottomane : c'est ainsi que la religion s'est emparée de la vie sociale. Les fêtes religieuses en Crète, et en Grèce en général, revêtent un éclat assez particulier, donnant lieu à des célébrations solennelles, à des retrouvailles entre membres d'une même famille ou à des occasions de faire la fête entre amis… Au cours de ces fêtes, de copieux repas sont organisés devant les églises des villages après la messe, et sont accompagnés de musique, chants et danses traditionnels (panigyri), notamment dans les régions empreintes de traditions, dont la Crète. Quant aux fêtes nationales, elles ont une importance plus particulière en Crète du fait que l'île a payé très lourdement sa volonté de résister à tout occupant. La Crète doit en effet son charme à cette contradiction : rebelle et insoumise mais, en même temps, traditionnelle.

LUNDI GRAS

RETHYMNON

En février.

Quarante jours avant la Pâque orthodoxe commence une période de jeûne pendant laquelle les pratiquants s'abstiennent de manger viande, volaille et poisson. Le jour marquant le début du carême est le Lundi gras (un jour après le Carnaval). On se rend à la campagne et on fait voler des cerfs-volants. On mange des crustacés, le fameux tarama et du lagana, une sorte de pain azyme. Jour férié en Crète (et en Grèce), c'est l'occasion de faire la fête, bien arrosée d'ouzo et de raki, sur les places publiques ou devant les chapelles.

PÂQUES

Les prochaines Pâques orthodoxes auront lieu les 24 avril 2022 et 16 avril 2023.

La plus grande fête religieuse grecque, dont la date varie chaque année, est l'occasion de plusieurs jours de fête et de recueillement. Au programme : une semaine au ralenti, rythmée par les célébrations religieuses avec notamment la procession de l'*epitafios* le vendredi et la messe du samedi soir, suivie d'un grand repas et de la *lamayiritsa* (une soupe d'abats). Il est particulièrement intéressant de visiter Patmos où se tiennent les célébrations les plus solennelles, avec reproduction de la Cène et lavement des pieds le Jeudi saint.

CARNAVAL DE RETHYMNON

RETHYMNON

Fin février, début mars, selon la date de la Pâques orthodoxe.

Pendant les quelques jours qui précèdent le jeûne de 40 jours que de nombreux Grecs respectent avant Pâques, le carnaval de Réthymnon bat son plein et l'on vient de toute la Grèce pour y assister ! De nombreuses animations, soirées et concerts rythment la semaine des petits et des grands et mettent en valeur les traditions et la créativité des habitants. Répartis en groupes, on sillonne alors la ville pour participer à la chasse au trésor perdu ! Les carnavals d'Agioi Déka (Gortyne) et de Kastelli sont également très réussis.

FÊTE DES BERGERS DE ZONIANA

RETHYMNON

En juillet.

Dans la région de Réthymnon, ce festival dédié au fromage se déroule en juillet et en août. En 2012, la fabrication d'un *myzithra* géant (fromage de brebis et chèvre) de 970 kilos a décroché le record officiel au *Guinness Book*. Les festivités sont toujours agrémentées de musiques et danses traditionnelles, et de dégustations de cuisine locale concoctée par les femmes de Zoniana et l'association des chefs de Crète. La fête est l'occasion d'offrir d'importantes quantités de fromage à des associations humanitaires de la région.

FESTIVAL D'ÉTÉ D'HERAKLION

HÉRAKLION

En juillet.

Le festival a lieu dans les théâtres en plein air Nikos-Kazantzakis et Manos-Hatzidakis et se déroule de juillet à mi-septembre. Des concerts en tout genre, des représentations théâtrales du répertoire classique (notamment des tragédies et comédies antiques grecques) et contemporain, des projections de films en VO, ou encore des spectacles de danse sont organisés chaque soir par la municipalité d'Héraklion. Ce sont près de 150 spectacles et une cinquantaine de films qui sont présentés au public. Réservez en avance !

JOUR DU NON

28 octobre.

Le Jour du Non est la fête nationale en l'honneur de la résistance face aux fascistes italiens en 1940. A cette occasion des défilés militaires et étudiants sont organisés à Athènes. Cette célébration revient sur un épisode de la Seconde Guerre mondiale : le dictateur Metaxás endosse le rôle du héros national en refusant l'ultimatum de Mussolini le 28 octobre 1940 (« Jour du Non »). Après une farouche résistance contre les Italiens, la Grèce est envahie par l'Allemagne nazie en avril 1941. Le 28 octobre est un jour férié partout en Grèce.

REGGAE VIBES - FESTIVAL DE MUSIQUE

AGIOS NIKOLAOS

Il a lieu tous les ans entre fin juillet et début août.

Le festival de musique Reggae Vibes a eu lieu pour la première fois en 2007 sur la plage d'Almyros. Depuis, c'est une institution et un évènement musical unique pour les fans de musique reggae et dub, non seulement en Crète, mais aussi dans le reste de la Grèce. Il a lieu tous les ans unissant de nombreux groupes d'une renommée mondiale. Avec un succès de plus en plus grandissant, le festival contribue, à sa manière, au développement culturel et touristique de la région du Lassithi.

FÊTE NATIONALE CRÉTOISE

Le 8 novembre. Jour férié à Réthymnon.

Fête nationale en Crète, en l'honneur de la tragédie qui a eu lieu au monastère d'Arkadi en 1866. C'est un jour férié à Réthymnon. A cette occasion-là, une messe solennelle a lieu en commémoration des quelque 1 000 Crétois, hommes, femmes et enfants qui se sont donné la mort en mettant feu à la poudrière du monastère où ils s'étaient enfermés pour échapper aux représailles des occupants ottomans. Un grand défilé a lieu dans les rues principales de Réthymnon avec la participation des élèves et des corps armés grecs.

DORMITION

Le 15 août.

La Dormition de la Vierge célèbre, chez les orthodoxes, ce que les catholiques appellent l'Assomption de la Vierge Marie. Dans l'île catholique de Tinos, la fête de la découverte de la Sainte Icône de Panagia demeure le jour le plus important pour l'île. La veille, les vêpres ont lieu au Temple de la Découverte où une icône miraculeuse a été transférée. Mais chaque région promet son lot de festivités, avec de grandes panigyri organisées là où une église ou un monastère est dédié à la Vierge, soit à peu près partout. Toutes les familles s'y retrouvent.

SAINT-SYLVESTRE

31 décembre.

Les Crétois ouvrent la fenêtre la nuit de la Saint-Sylvestre pour laisser sortir l'ancienne année, ce que leur climat permet ! La nouvelle année est accueillie avec des feux d'artifice et des rafales de tirs en l'air ! Le lendemain, les Crétois, au moins ceux qui suivent encore la tradition à la lettre, ont l'habitude de donner de l'argent au premier enfant qui va franchir leur seuil afin d'avoir de la chance tout au long de la nouvelle année. C'est la coutume de kali héra, ce que littéralement signifie « bonne main » !

RÉGION D'HÉRAKLION

Cette vaste région, qui occupe le centre, est la plus touristique de l'île. Elle se situe entre les monts Ida à l'ouest, et Dikti à l'est. C'est une région de collines avec, au sud, la plaine fertile de Messara bordée par la chaîne des monts Asteroussia qui rendent l'accès à la mer de Libye difficile. Préfecture la plus dynamique de Crète, elle concentre la moitié de la population de l'île. La région est incontournable pour ceux qui veulent découvrir les civilisations minoenne et romaine. Au nord, la côte est occupée par des stations balnéaires avec des infrastructures touristiques qui s'étendent sur près de 40 km jusqu'à Chersonissos et Malia. Au sud, hormis Matala et ses environs, grâce au relief il reste des endroits isolés à découvrir au détour des contours géographiques de la côte. Sur les contreforts sud du mont Psiloritis, des villages pittoresques comme Zaros méritent le détour.

Almirida
AGÍA PELAGÍA
Vlichada
Sisses
FODELE
Achlada
Vers AGIA TRIADA
Paliokastro
Damasta
AMMOUDAR
Aimonas
Gazi
Aidonochori
Veni
Astiraki
AROLITHOS
TYLISOS
ANOGIA
MONI
Loutraki
Kritharida
KROUSONAS
Profitis
Ano Asites
Kouroutes
Lochria
Prinias
Ka
Voriza
Preveliana
ZARÓS
AGÍA VARVÁRA
Klima
Skourvoula
Ano Moulia
Moroni
Vourvoulitis
GORTYNE
Galia
Tymbaki
VORI
ÁGIOI DÉKA
Gagales
PHAESTOS
MOÍRES
KASTELLI
Loures
KALAMAKI
KAMILARI
Petrokefali
Platanos
PITSIDIA
Sivas
AGIOS MYRON
Vagionia
Pombia
KOMOS
MÁTALA
Fournofarago
Kandila
Pigaidakia
Agios Ioannis
Antiskari
Vathi
Paranimf
KALOÍ LIMÉNES
Tripiti
LÉNTAS

Région d'Héraklion
HÉRAKLION
Héraklion
AMNISSOS
KOKKINI HANI
Analipsi
ANISSARAS
Prassas
GOUVES
CHERSONISSOS
CNOSSOS
STALIDA
Koxari
Galipe
MÁLIA
Vasilies
Mochos
Kato Archanes
Potamies
ARCHANES
MYRTIA
Apostoli
Gonie
Karnari
Peza
KASTELLI
Voni
Thrapsanon
Rousochoria
Kaminakion
Arkalochori
Kalo Chorio
Afrati
Pirathi
Machera
Xeniakos
Karavados
Neochori
Kalivia
Apini
Ano Kastelliana
Demati
Pervola
Pyrgos
Achentrias
Arvi
Ethia
Sarakinos
KAPETANIANÁ
Tris Ekklisies
5 KM

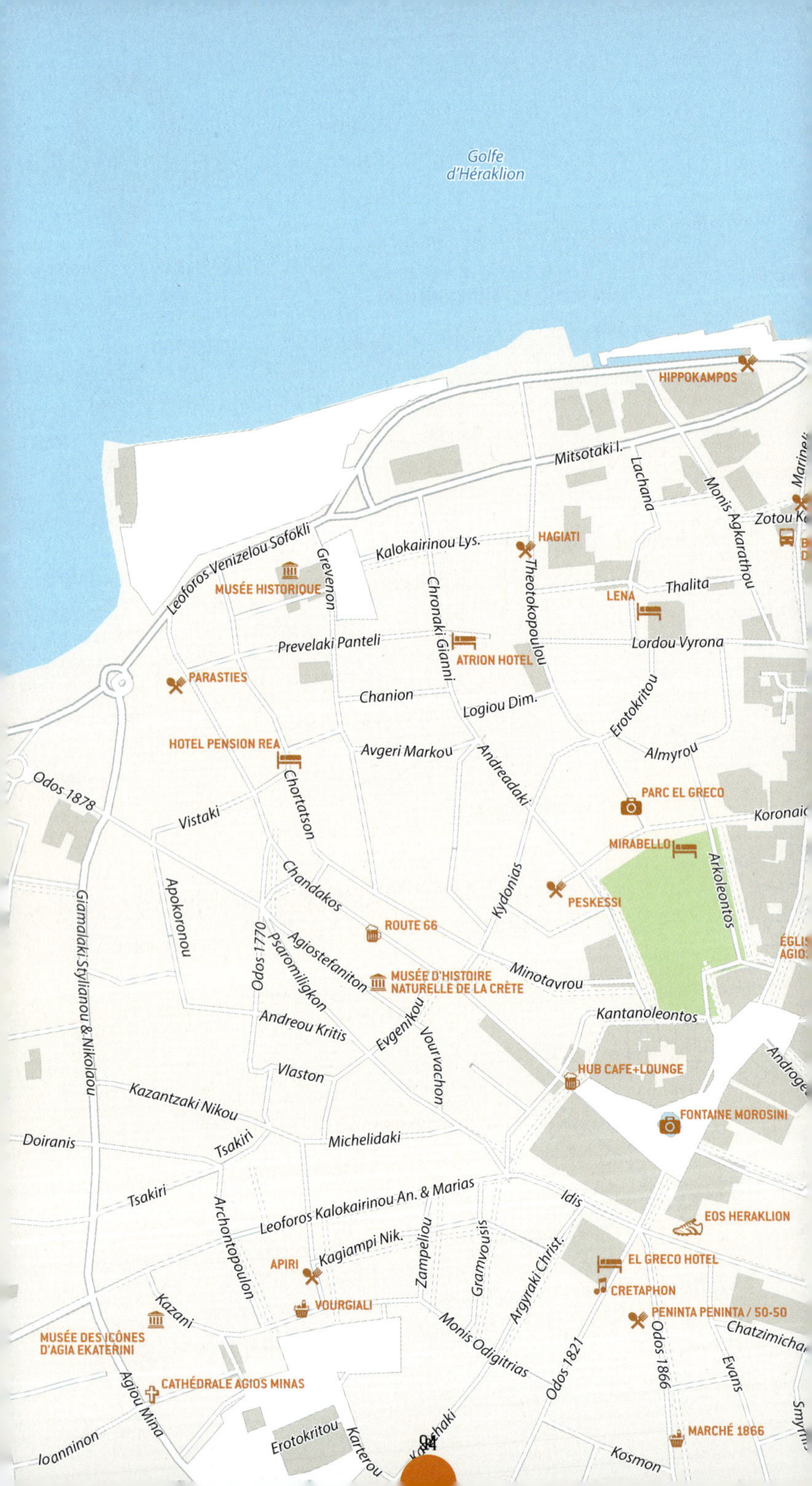
Golfe
d'Héraklion
HIPPOKAMPOS
Mitsotaki I.
Lachana
Monis Agkarathou
Zotou
Leoforos Venizelou Sofokli
Grevenon
Kalokairinou Lys.
HAGIATI
Theotokopoulou
Chronaki Gianni
MUSÉE HISTORIQUE
Thalita
LENA
Prevelaki Panteli
ATRION HOTEL
Lordou Vyrona
PARASTIES
Chanion
Logiou Dim.
Erotokritou
HOTEL PENSION REA
Avgeri Markou
Andreadaki
Almyrou
Odos 1878
Vistaki
Chortatson
PARC EL GRECO
MIRABELLO
Arkoleontos
Chandakos
Kydonias
PESKESSI
Apokoronou
Giamalaki Stylianou & Nikolaou
Odos 1770
Psaromiligkon
Agiostefaniton
ROUTE 66
MUSÉE D'HISTOIRE
NATURELLE DE LA CRÈTE
Minotavrou
Andreou Kritis
Evgenikou
Vourvachon
Kantanoleontos
Vlaston
HUB CAFE+LOUNGE
Kazantzaki Nikou
FONTAINE MOROSINI
Doiranis
Tsakiri
Michelidaki
Tsakiri
Archontopoulon
Leoforos Kalokairinou An. & Marias
Idis
EOS HERAKLION
Kagiampi Nik.
APIRI
Zampeliou
Gramvousis
Argyraki Christ.
EL GRECO HOTEL
CRETAPHON
VOURGIALI
Kazani
PENINTA PENINTA / 50-50
Odos 1866
MUSÉE DES ICÔNES
D'AGIA EKATERINI
Monis Odigitrias
Odos 1821
Evans
CATHÉDRALE AGIOS MINAS
Agiou Mina
Ioanninon
Erotokritou
Karterou
MARCHÉ 1866
Kosmon

Héraklion
FORT VÉNITIEN DE KOULES
100 M
OTOR CLUB - LOUEUR ET AGENCE
RAKAS
ERZAKI
OLLA
CATION
T MOTOS
LATO BOUTIQUE HOTEL
NEW VENETO RESTAURANT
HERB'S GARDEN - BRILLANT
Lavyrinthou
Epimenidou
Leoforos Nearchou
Podilatodromos Limena Irakleiou
Patros Antoniou
Kriti
Ketzia Alexandrou
Evropis
MARIN DREAM HOTEL
Sapfous
Pasifais
Efesou
CENTRE VICENZOS CORNAROS
Malikouti
ESTAURANT
KOUZEINERI
EN BOUTIQUE DESSERTS
'AMAN' THE GARDEN
ANTIQUE SHOP
agiannaki
GERO PLATANOS
Ariadnis
Ygeias
Idomeneos
Aretousas
Meramvellou
OLIVE GREEN HOTEL
UMAMI
Idaiou Antrou
Melidoniou
Bofor
Chatzidaki I.
Milatou
MUSÉE ARCHÉOLOGIQUE
Xanthoulidou
XALAVRO
FIX
Korai Adamantiou
ELI'S CERAMIC ART
ARISMARI & VARSAMO
Sapoutie
dalou
MAYABA STORE
BEST WAY LOCATION DE VOITURES
CAPSIS ASTORIA HOTEL
Vyzantiou
Plateia Eleftherias
Leoforos Ikarou
Dikaiosynis
Plateia Daskalogianni
Plateia Eleftherias
Zografou Ant.
100 M

Le village de Kapetaniana.

HÉRAKLION ★★★

Avec ses 174 000 habitants, Héraklion est la première ville de Crète et la sixième de Grèce. C'est aussi la capitale de l'île depuis 1971, après avoir succédé à Hania (La Canée). Le port de cette cité moderne cerclée d'imposants remparts vénitiens est le plus important de l'île. Victime de la dernière guerre, Héraklion n'est peut-être pas la plus belle ville de Crète et pourtant c'est presque un point de passage obligatoire pour les visiteurs qui débarquent par avion ou bateau sur l'île (hormis ceux qui arrivent par bateau ou avion à Hania ou Sitia !). Les habitations de la ville sont disparates et ses sites touristiques ne figurent pas parmi les plus beaux de Crète. Mais, malgré cela, Héraklion possède un certain charme distillé par sa fourmillante vitalité, particulièrement plaisante lors d'une promenade vespérale au gré des ruelles animées du centre-ville, et par ses quelques places calmes et ombragées au pied des églises où l'on observe la vie locale s'écouler tranquillement à côté des ronflements de moteurs. Ville étudiante, Héraklion est dotée d'une population jeune. C'est l'une des rares villes de Crète (si ce n'est la seule) à n'être pas entièrement tournée vers le tourisme. De taille modeste, cette capitale au plan circulaire présente également des points d'intérêt historiques qui justifient une halte d'une journée au moins dans votre voyage. Du vieux port en remontant vers le centre-ville, vous passerez devant des bâtiments anciens qui témoignent d'un passé glorieux et chargé d'histoire. Les différents occupants de la ville (Arabes, Romains, Byzantins, Turcs) y ont chacun laissé leur empreinte sur ce qui est ainsi devenu un savant mélange de différents styles : fontaine turque, forteresse vénitienne, églises byzantines, etc.

Une visite au musée archéologique se révèle incontournable, ne serait-ce que pour découvrir, concentrés en un même lieu, de nombreux vestiges de la civilisation minoenne et de s'imprégner de cette culture précoce qui a fortement marqué l'histoire de la Grèce et de l'Europe. En termes pratiques, Héraklion est parfaite pour organiser votre séjour puisqu'elle concentre tous les services touristiques (agences de voyages et de locations de voitures) à des prix intéressants.

Histoire

Les plus anciennes traces d'habitation du site actuel d'Héraklion remontent à l'époque minoenne. Les fouilles archéologiques ont mis en lumière quelques habitations isolées se situant au centre de la ville actuelle ainsi que des agglomérations plus importantes sur les collines avoisinantes à l'est d'Héraklion. La géomorphologie de la ville, en aval du fleuve Katsampas, dans lequel se jetait la rivière Kairatos, l'unique voie naturelle entre Cnossos et la mer Egée, explique le développement et l'essor du port à l'est de la ville et cela dès l'époque minoenne. Toutefois, l'agglomérat portant le nom Héraklion et datant du IXe siècle av. J.-C. se situait entre les actuelles rues Dédale et Epiménide, autour desquelles s'étend aujourd'hui le centre de la ville. Le nom de la ville est dû à Idaios Héraclès, qui selon la mythologie grecque était un des Curètes chargés par Héra de veiller sur le nouveau-né Zeus afin qu'il soit épargné du courroux de Cronos. Cet Héraclès qui a très probablement évolué au fil du temps en Héraclès fils de Zeus est, selon la légende, le premier à avoir instauré, avec ses frères, les concours des courses à pied à Olympie et le premier à avoir choisi la couronne en branche d'olivier pour les vainqueurs. Ceci étant, la légende n'est que le témoignage d'une Crète minoenne où les concours athlétiques se trouvaient au centre de la vie palatiale dont la preuve se trouve, merveilleusement bien conservée, sur les fresques de Cnossos. Pendant la période byzantine et plus précisément entre le IVe et le IXe siècle, la ville est connue sous le nom de Kastro, «Forteresse», sous-entendant qu'une fortification a eu lieu et témoignant de l'importance stratégique du lieu. A peine plus tard, entre 824 et 961, les Arabes s'y établirent et installèrent à cet emplacement une ville fortifiée qui devint rapidement la plaque tournante de l'esclavage dans l'est de la Méditerranée. Cette ville s'appelait El Khandak en raison des larges et profonds fossés qui entouraient les remparts, car khandak signifie «fossé» en arabe. Ce nom fut modifié en Khandakos lorsque les Byzantins menés par Nicéphore Phokas en redevinrent maîtres en 961. A leur tour, les Vénitiens s'en emparèrent et modifièrent le nom en Candie qui devint rapidement le nom de désignation de l'ensemble de l'île. Pendant les quatre siècles au service de la République, Candie connut une importante croissance et s'agrandit considérablement. Les principaux édifices furent alors construits, servant de relais à l'autorité de Venise. C'est à la même époque que les notables de la République s'y construisirent de superbes demeures secondaires dans la vieille ville. Entre 1648 et 1669, un long siège de 21 ans mit néanmoins fin à la prospère domination italienne, relayée par les Turcs. Héraklion fut ainsi la dernière ville de Crète à tomber sous le joug des envahisseurs turcs. La France de Louis XIV a d'ailleurs participé, brièvement et sans succès, à cette lutte aux côtés des Vénitiens en 1668 et 1669.

Avec l'arrivée des Turcs, la ville changea à nouveau de nom pour devenir Megalo Kastro

(«Grande Forteresse»). Pendant les deux siècles suivants d'occupation ottomane, Héraklion perdit de son prestige et de sa grâce pour n'être plus qu'une base militaire autoritaire. Après ces années sombres, l'indépendance et le rattachement à la Grèce en 1913 marquèrent le renouveau. Cependant, en 1941, l'occupation de l'armée allemande annonça le début d'une autre période difficile, heureusement plus courte, mais dont on peut encore percevoir les stigmates laissés sur la population crétoise. Depuis les années 1960, Héraklion est devenue le symbole de l'ouverture de la Crète au tourisme de masse et c'est ainsi qu'en 1971 elle reprit son statut de capitale de l'île, succédant à la ville de Hania alors jugée trop excentrée et moins dynamique.

Quartiers

Le centre d'Héraklion, où se concentrent les sites d'intérêt de la ville, est assez peu étendu. On ne distingue donc pas de quartiers à proprement parler. On parcourt aisément à pied ses ruelles et ses avenues. De forme circulaire, ceint par les remparts, le centre est séparé d'est en ouest par la grande artère 25-Avgoustou (25-Août), qui descend de la place de la fontaine aux Lions (Morosini) vers le port vénitien. On trouve sur cette avenue la majorité des banques, des loueurs de voitures et autres agences de voyages. Le cœur du vieux centre, qui est aussi le cœur touristique d'Héraklion, comprend donc cette fameuse place aux Lions où s'étalent de nombreuses terrasses, mais également en contrebas la place El-Greco, et, de l'autre côté de la rue 25-Avgoustou, la Loggia (l'Hôtel de Ville) et la place Agios-Titos abritant l'église du même nom. Le marché (rue piétonne 1866) et l'importante avenue 1821 partent de la place aux Lions vers le sud et appartiennent également à l' « hypercentre » d'Héraklion. A l'est de la rue 25-Avgoustou se trouve le petit quartier piéton organisé autour de l'odos Koraï. Il s'agit de quelques ruelles très étroites récemment restaurées, où s'alignent les bars branchés et autres restaurants. La jeunesse d'Héraklion s'y retrouve le soir. La rue piétonne principale de la ville, l'odos Dedalou, part également de la place aux Lions vers l'est, juste en dessous de l'odos Koraï. Des boutiques de mode et de souvenirs l'occupent. Ce quartier piéton débouche sur la plus grande place de la ville, la place Eleftherias, qui sert également de porte d'entrée à Héraklion (les remparts la bordent). Toujours animée, cette immense place, où se trouvent de nombreux arrêts de bus, est entourée de bars touristiques et de loueurs de voitures. A ses abords, le Musée archéologique attire de nombreux visiteurs. Toujours à l'est, en se rapprochant du port depuis le musée, on parcourt des ruelles sans trop d'animation avant d'arriver à l'Arsenal vénitien qui surplombe le port et à la gare routière A située en contrebas juste en face du port des ferries. Au nord, le port vénitien et les ruines du Koules, ancienne forteresse, bordent la mer. C'est l'avenue Sofokli-Venizelou qui la longe : très empruntée par les voitures, elle ne possède que peu d'attraits, néanmoins de rares restaurants se sont installés sur cette avenue, côté mer. De l'autre côté de la rue 25-Avgoustou on trouve, tout autour de la place El-Greco, de petites rues plutôt calmes où quelques hôtels bon marché se sont installés. Parmi elles, l'odos Handakos est la plus grande et la plus agréable. De petites bijouteries artisanales et quelques bars y ont élu domicile.

La rue 25-Avgoustou s'arrête à la place aux Lions : vers le sud partent les rues 1866 (marché) et 1821. De part et d'autre de ces dernières, trois places remarquables s'offrent au visiteur : la place Daskalogianni à l'est, très populaire, qui abrite la poste et des restaurants populaires, la place Kornarou, au milieu, avec sa fontaine turque convertie en kiosque, et enfin la vaste place des églises Agia-Ekaterini (Sainte-Catherine) et Agios-Minas côté ouest, plus paisible. En continuant vers l'ouest, on rencontre à nouveau les remparts et la porte d'Hania, où se trouve la gare routière B.

Se loger

La ville est surpeuplée de touristes dès la mi-avril jusqu'à mi-novembre, si bien qu'il est parfois très difficile de s'y loger, surtout après les arrivées de ferrys en provenance des Cyclades. C'est pourquoi nous vous recommandons de réserver vos nuits suffisamment à l'avance si vous voyagez à cette période. Sinon, d'autres logements se trouvent dans la proche banlieue comme à Ammoudara. Le reste de l'année (sauf à la Pâques orthodoxe), il est aisé de se loger à Héraklion, on y trouve une structure hôtelière honorable. Attention, certains hôtels versent une commission aux taxis à chaque nouveau client déposé, au détriment des petits hôtels qui n'ont pas les moyens d'utiliser cette combine...

Se restaurer

A Héraklion, les petits restaurants de cuisine grecque moderne et créative sont nombreux. Les restaurateurs jouent la carte d'une cuisine plus gastronomique et raffinée que celle, copieuse et traditionnelle, des villages de l'intérieur des terres. Il est également très facile d'y manger sur le pouce un souvlaki, un bougatsa ou un feuilleté au fromage. Au croisement des rues Milatou et Meramvelou, vous aurez l'embarras du choix entre plusieurs tavernes, mezzedopolia... Les établissements se ressemblent sensiblement.

Shopping

Des herbes sèches aromatiques, thym, thé des montagnes, origan ou sauge, de l'huile d'olive biologique, de la graviera (plus facile à transporter que la feta), du miel, du café finement moulu à la grecque ou une bouteille de raki. Vous en trouverez en abondance dans les étals du Marché 1866 ou au marché bio sur la place Georgiadi, tous les lundis, mercredis et vendredis. Il s'agit exclusivement de fruits et légumes, de miel. Sur la rue 25 Avgoustou qui descend vers le port s'enchaînent les boutiques de souvenirs qui marchandent des imitations de pièces du musée archéologique, des tapis traditionnels, des *komboloï* (chapelets de perles) et autres icônes orthodoxes, des coquillages, des éponges marines ou des couronnes de pain à motifs floraux. De petites bijouteries artisanales où s'expriment les créateurs locaux se succèdent dans la rue Handakos. Les pierres semi-précieuses y sont beaucoup utilisées, tout comme l'or et l'argent. Leurs bijoux s'inspirent largement des motifs de la Grèce antique. Outre les célèbres marques de vêtements internationales qui se succèdent dans la rue commerçante et piétonne Dedalou, Héraklion affiche un goût certain pour la mode en multipliant les enseignes de jeunes ou de grands créateurs, grecs ou internationaux.

Sortir

La plupart des cafés animés nuit et jour (et très touristiques !) sont concentrés autour de la fontaine Morosini. Le soir, les jeunes Crétois se retrouvent dans les bars branchés de la place Koraï, de la rue Koraï et de la rue Milatou, un petit quartier piéton remis à neuf au-dessus de la place Eleftherias. Les bars se ressemblent tous : très modernes, ouverts sur la rue, ils ont adopté le style *lounge*, lignes simples et couleurs pâles, grandes terrasses à cocktails sur une musique tantôt *ambient*, tantôt plus techno. La jeunesse dorée, parée de tous ses atours, s'y montre et s'y retrouve. On aime, ou on n'aime pas. A éviter pour ceux qui redoutent les bains de foule, les rues sont étroites. La plazza Talos est un nouveau lieu de rendez-vous de la jeunesse d'Héraklion, sur la rue Makariou à l'ouest. Cinémas, discothèques, restaurants, bars, c'est un véritable temple du divertissement. Les discothèques ouvrent généralement leurs portes vers 23h et les ferment à la sortie du dernier client, au petit matin.

Transports

Arriver à Héraklion. L'arrivée se fait par avion ou bateau. Sur le port, les différentes compagnies maritimes ont toutes un guichet, tout comme à l'aéroport avec les compagnies aériennes.

L'aéroport est de taille modeste, malgré la densité du trafic aérien en haute saison : plus de cinq millions de passagers par an ! Un projet de nouvel aéroport est en cours : il sera situé à Kastelli, au sud-est d'Héraklion, et la fin des travaux est prévue en 2023 ! En attendant, l'aéroport actuel s'est offert un petit lifting au printemps 2018. Vous trouverez de nombreux charters entre Athènes et Héraklion, et de nombreuses autres liaisons au quotidien : pour les îles, Thessalonique et Chypre. Les vols directs pour l'international s'arrêtent cependant fin octobre pour ne reprendre que fin avril, pour la pleine saison. Les compagnies Olympic Air, Aegan Airlines et Sky Express disposent d'un comptoir. Bien que les taxis soient assez nombreux pour rallier le centre-ville (17 €, 15 min), vous pouvez aussi prendre le bus (hormis le n° 5) : l'arrêt se situe à la sortie de l'aéroport sur le grand boulevard derrière la file des taxis. Arrêts à la gare routière, devant l'hôtel Astoria Capsis à l'entrée du centre et Ammoudara. Pour se rendre à l'aéroport en bus, le prendre place Eleftherias du côté des remparts (départ toutes les 10 minutes, 20 minutes de trajet ; 1,20 € l'aller si vous achetez le ticket avant de monter dans le bus, sinon 2 €) ou à la gare routière. Acheter son billet dans n'importe quel kiosque à journaux ou aux distributeurs multilingues situés aux différents arrêts.

Tous les jours, plusieurs ferrys accostent et quittent Héraklion en direction de quelques destinations en mer Egée et au-delà. Les tarifs varient selon la saison. Il existe deux types de bateaux, les traditionnels ferrys et les hydroglisseurs, souvent deux fois plus rapides mais aussi deux fois plus chers. Les horaires sont souvent modifiés et changent selon la saison, nous vous conseillons donc de contacter directement les compagnies ou les autorités portuaires. Notez également que certaines agences comme Paleologos proposent des excursions d'une ou deux journées vers l'une des cinq plus belles îles au monde : Santorin.

Se déplacer en bus. De la capitale, il est possible de rayonner facilement dans toute l'île. Les bus urbains desservent tous les quartiers de la ville, la périphérie, l'aéroport, et des sites touristiques comme celui de Cnossos. Des arrêts sont parsemés dans la ville. Deux gares routières desservent les principales villes de l'île. Les horaires changent régulièrement, donc référez-vous au site Internet de KTEL (https://e-ktel.com mais aussi www.ktelherlas.gr/en/) avant de prévoir vos déplacements. Notez qu'en hiver les liaisons sont réduites. La gare routière A dessert l'est et les grandes villes de l'ouest tandis que la gare routière B dessert uniquement le sud de l'île.

Les points d'intérêt étant concentrés dans le centre d'Héraklion, le meilleur moyen de locomotion pour découvrir la ville reste la marche à pied. Vous pouvez aussi opter pour un deux-roues (scooter ou vélo), mais la voiture n'est pas utile en ville. De grands parkings souterrains se situent non loin de la forteresse si besoin. Pour louer une voiture, toutes les grandes agences ont ouvert leur comptoir à l'aéroport d'Héraklion. Elles sont situées dans l'enceinte de l'aéroport ou dans la petite allée qui longe celui-ci et où se trouvent de nombreux stands (Budget, Hertz, Avis, Sixt, etc.). D'autres petites compagnies locales nettement moins chères pour un service également plus rapide disposent de petits bureaux sur les parkings face à l'aéroport. On peut rendre la voiture à n'importe quelle heure au parking en fin de location en déposant les clefs dans une boîte si l'agent est absent. En centre-ville, les loueurs de voitures et motos ne manquent pas, en particulier dans la rue du 25-Août (odos 25-Avgoustou) qui descend de la fontaine Morosini au port.

ARSENAUX VÉNITIENS ★

L'occupation vénitienne en Crète a été affirmée, entre autres, par le modelage architectural des villes importantes ainsi que par l'implantation des éléments visant à la transformation des structures économiques et sociales de l'île. A Héraklion, dans la partie orientale de l'actuel port de pêche de la ville, on peut voir encore aujourd'hui les vestiges des arsenaux vénitiens dans lesquels on fabriquait les galères. Il s'agit d'une construction datant du XVIe siècle, la seule de la ville qui a été conservée jusqu'à nos jours.

BASILIQUE SAINT-MARC - MUNICIPAL ART GALLERY ★

EL. Venizelou Square
✆ +30 2813 409228

En saison, ouvert du lundi à vendredi de 9h à 14h et de 17h à 21h. Le samedi de 17h à 21h. Entrée libre en général.

Construite en 1239 par les Vénitiens et, dédiée à saint Marc patron de Venise, elle fut la première église vénitienne de la Crète. Sous l'occupation ottomane, elle est transformée en mosquée en l'honneur de Defterdar Ahmet Pacha, responsable des finances. En 1956, après des travaux de rénovation, elle retrouve son aspect initial. Aujourd'hui une galerie d'art municipale, elle abrite une exposition permanente sur les fresques byzantines crétoises ainsi que des expositions temporaires.

RÉGION D'HÉRAKLION

© LORNET

L'intérieur de la cathédrale agios Minas.

CATHÉDRALE AGIOS MINAS ✝ ★★

Rue Agiou Mina

La majestueuse cathédrale Agios Minas (Saint-Minas protecteur d'Héraklion) a été construite entre 1862 et 1895 en reconnaissance des habitants envers ce saint qui leur assurait un soutien spirituel sous la domination ottomane. La cathédrale devint l'une des plus grandes de Grèce, conçue par l'architecte Ath. Moussis, qui avait en charge également l'église Agios Titos et la caserne de la place Eleftherias abritant actuellement la préfecture et les tribunaux d'Héraklion. Non loin, Sainte-Catherine, un autre beau bâtiment qui abrite le musée des icônes byzantines.

ÉGLISE SAINT-TITUS - AGIOS TITOS ★★

Place Agios-Titos

Saint Titus, patron de l'île et de l'église, est le premier évêque de Crète. Edifiée en 961 en son honneur, elle eut le destin tourmenté de l'île : au cours du XVIe siècle, les Vénitiens la transformèrent en église catholique, mais lorsque les Ottomans conquirent la ville, elle devint la mosquée Vezir Camii. Détruite par le tremblement de terre de 1856, elle fut reconstruite aussitôt pour redevenir, en 1926, une église orthodoxe dans laquelle on conserve les reliques du saint patron.

FONTAINE BEMBO ★

Place Kornarou

Cette fontaine a été construite entre 1552 et 1554 par le capitaine Gianmatteo Bembo qui fut le premier à apporter l'eau de source à Candia par un aqueduc. On raconte que la statue sans tête, encastrée dans le mur pendant l'occupation turque, était dotée de pouvoirs surnaturels. Au mois de mai, de grandes fêtes religieuses y avaient lieu et servaient de prétexte pour organiser les mouvements de résistance. La place est très agréable, avec des terrasses de café ombragées où l'on se retrouve agréablement pour une petite pause.

FONTAINE MOROSINI ★★

La fontaine a été inaugurée en 1628 par le gouverneur vénitien Francesco Morosini, d'où son nom, mais elle est surtout connue sous le nom de «Fontaine aux Lions», en grec *Liontaria*. L'eau coule en effet par la bouche de quatre lions, symboles de la puissance vénitienne, et les bassins sont décorés de représentations de scènes mythologiques, gravées dans le marbre, où l'on retrouve quelques figures classiques comme des tritons ou des nymphes... Cette fontaine fut la première à apporter l'eau dans la ville d'Héraklion, d'où sa puissance historique actuelle. Malgré son aspect aujourd'hui assez banal, on peut aisément reconnaître que les travaux de sa construction durent être considérables. La grande statue de Poséidon, qui occupait le centre de la fontaine, a été détruite pendant l'occupation turque. La place, sur laquelle débouche la rue 25-Avgoustou, la grande artère piétonne qui descend au port, est un centre culturel et touristique très important d'Héraklion. Mais ne regardez pas qu'en haut les quatre lions, regardez aussi sous la fontaine à travers les quatre hublots hermétiques et éclairés : on y voit les fondations de l'aqueduc vénitien. L'un des lieux emblématiques d'Héraklion en raison de son histoire, la place des Lions (ou E. Venizelou) n'est pas très impressionnante. Il peut être agréable toutefois de déjeuner dans l'une des tavernes de la place où se trouve la fontaine, notamment celles dont les terrasses au premier étage vous offriront une vue agréable sur l'animation ambiante.

FORT VÉNITIEN DE KOULES ★★★

✆ + 30 2810 24355

Du lundi au dimanche, sauf le mardi : 8h à 20h en été. En hiver tous les jours : 8h à 18h30. Ticket : 4 €, réduit : 2 €.

La forteresse avait à l'origine pour nom « Roca al Mare » et « Castello del Mollo ». Les Vénitiens l'avaient élevée avant la construction des nouveaux remparts pour protéger le port des ardeurs de la mer et elle sera consolidée entre 1523 et 1540, pour contrer les menaces d'attaque turque du temps de Soliman le Magnifique. Un lion, symbole de la puissance vénitienne, orne l'extérieur du bâtiment réhabilité, aujourd'hui, en salles d'exposition retracent l'histoire du lieu, notamment à l'aide de films explicatifs bien faits. Très beau panorama et balade agréable.

ÎLE DE DIA ★

Des promenades de quelques heures avec une halte agréable sur l'île proposées par certaines agences.

Selon la mythologie, l'île doit son nom à Dias, autrement dit à Zeus, son créateur. En 1972, le commandant Cousteau et son équipe y ont découvert, suite aux recherches sous-marines, les ruines d'un ancien port et, dans la zone maritime entre Héraklion et Dia, le naufrage du navire français *La Thérèse*, l'unique navire coulé suite à l'explosion de sa poudrière le 24 juin 1669. Le navire, datant du XVIIe siècle, faisait partie de la flotte française envoyée à Candé afin de participer à la lutte d'indépendance des Crétois et libérer la ville du siège ottoman.

MUSÉE DES ICÔNES D'AGIA EKATERINI ★★

Rue Kazani ✆ +30 2810 336316

http://iakm.gr/agia/Page?name=

Ouvert en saison du lundi au samedi de 9h30 à 19h30 et le dimanche de 10h30 à 19h30. Entrée 4 €, réduit 2 €.

Le musée d'art chrétien « Sainte Catherine du Sinaï » est aménagé dans l'église du même nom. Le thème central est l'art religieux en Crète du XIVe au XIXe siècle. Cette ancienne cathédrale du XVe siècle accueille une exposition permanente d'icônes superbes provenant de plusieurs lieux de culte crétois et des exemples, entre autres, de peintures murales, de bois sculpté, et de manuscrits. Visite incontournable pour ceux qui s'intéressent à l'art des icônes et passionnante pour tous.

LOGGIA - HÔTEL DE VILLE

Place Kallergon

Construite en 1628 par F. Morosini, la Loggia, édifice emblématique de la période vénitienne, était le bâtiment où se rassemblaient la noblesse et les autorités de la Candie afin de discuter ou se concerter sur les affaires politiques, économiques et commerciales. Dépourvue de ses fonctions sous la période ottomane et détruite pendant la Seconde Guerre mondiale, elle a été scrupuleusement reconstruite au même endroit. C'est un bâtiment magnifique à visiter au cours d'une balade. A la sortie nord, la petite fontaine Sacredo est restée intacte au fil du temps.

MUSÉE HISTORIQUE ★★

27 rue Sofokli Venizelou

✆ +30 2810 283219

www.historical-museum.gr

En saison, lundi, mercredi et vendredi de 10h à 17h, samedi et dimanche de 11h à 17h. Entrée : 5 €, réduit 3 €.

Situé en bordure du port, ce musée est situé dans un édifice néoclassique classé monument historique. Il propose une visite de la Crète à travers les différentes époques allant du Moyen Âge à l'époque contemporaine (on le visite donc logiquement après le musée archéologique). C'est le musée que nous vous recommandons le plus à Héraklion car il vous permettra de parfaire vos connaissances de l'île et de ses habitants. Il expose également les deux seuls tableaux du Greco en Crète. Nous vous conseillons de suivre la visite de bas en haut.

MUSÉE D'HISTOIRE NATURELLE DE LA CRÈTE

Agiostefaniton 27 ✆ +30 2810 393630

www.nhmc.uoc.gr/el

En saison, ouvert du lundi au vendredi de 9h à 21h et de 10h à 21h le week-end. Entrée : 7,50 €, ticket réduit : 4,50 €.

Un musée extrêmement riche consacré à la faune et la flore crétoises et grecques. Il propose des reconstitutions grandeur nature d'espaces naturels et d'écosystèmes méditerranéens, des fossiles uniques de mammifères, des animaux empaillés alors qu'une partie est consacrée à des animaux vivants. Découvrez aussi le gigantesque Dinotherium, le 3e mammifère terrestre au monde de par sa taille. Enfin, au niveau -2, vivez un tremblement de terre ! Sensations et émotions garanties !

PARC EL GRECO

30 rue Theotokopoulou

Situé en plein centre-ville, ce petit parc est l'un des quelques lieux de verdure d'Héraklion. On y trouve un buste du Greco, assez méconnaissable du fait des détériorations subies. Le parc n'est pas particulièrement beau, mais il est parsemé de bancs et de terrasses où l'on peut prendre le temps de se reposer du rythme de cette ville un peu folle. Au fond, des balançoires feront la joie des petits et des plus grands. Le soir, les bars qui l'entourent s'animent et il fait bon y prendre un verre en compagnie des jeunes Crétois.

MUSÉE ARCHÉOLOGIQUE ★★★

2 rue Xanthoudidou ✆ +30 2810 279000
http://heraklionmuseum.gr
En saison : le lundi et du mercredi jusqu'au dimanche de 8h à 20h. Le mardi de 10h à 20h. Entrée : 12 €. Réduit : 6 €.

Fondé à la fin du XIXe siècle, le musée actuel a été construit entre 1933 et 1952 sur les plans de l'architecte P. Karantinos à l'emplacement des ruines du monastère vénitien de San Francesco, qui fut détruit par un tremblement de terre en 1856 (on aperçoit des restes dans le jardin du musée). Bien plus tard, des travaux d'extension furent entrepris entre 2001 et 2014. Les expositions actuelles couvrent une période chronologique du Néolithique (7000 av J.-C.) à la fin de la période romaine (IIIe siècle de notre ère). Les collections exposées sont les résultats de fouilles anciennes, mais également de plus récentes avec des pièces inédites provenant des sites de Cnossos mais, également, de ceux de Poros, Gouves, Galatas, Malia, Mochlos, Archanes... L'exposition est organisée selon un ordre chronologique et thématique, rendant la visite très facile, comprenant les étapes suivantes :

Au rez-de-chaussée. Face à l'entrée, la première salle comprend les collections provenant de la période néolithique crétoise et la majestueuse période minoenne. C'est ici que sont exposées les pièces les plus marquantes et emblématiques de l'art minoen : disque de Phaistos, déesses aux serpents de Cnossos, pendentif en or des abeilles de Malia, rhyton en forme de tête de taureau de Cnossos, sarcophage d'Agia Triada... À droite dans les halls, face à la boutique du musée et dans une autre salle, des sculptures présentent des œuvres couvrant les périodes archaïque, classique, hellénistique et romaine (soit du VIIe siècle av. J.-C au IIIe siècle de notre ère).

Vitrine 51. Datant très probablement du XVIIe siècle av. J.-C., le disque de Phaistos figure parmi les plus grandes énigmes de l'histoire universelle. Découvert en 1908 par l'archéologue Luigi Pernier, lors des excavations du palais minoen de Phaistos, on ignore encore aujourd'hui le but de sa création vu qu'il reste indéchiffrable. Il s'agit d'une source écrite unique du hiéroglyphe minoen. Il s'agit d'un disque en argile cuite, d'un diamètre de 0,16 m et il est inscrit sur ses deux faces. Le disque datant très probablement du XVIIe siècle av. J.-C., il a, fort heureusement, été découvert intact. On distingue sur ses deux faces 45 symboles qui, suivant un ordre spiroïdal et en allant de l'extérieur vers le centre, se répètent en formant des mots, séparés entre eux avec des lignes verticales gravées sur le support en terre cuite, à l'aide d'un poinçon. Selon les archéologues, les symboles ont été gravés sur le disque à l'aide de sceaux, ce qui permet de considérer ce disque comme étant le premier indice témoignant d'une pratique d'impression sur un support.

Vitrine 54. Sont exposées plusieurs tablettes du linéaire A et B qui donnent des renseignements sur les habitudes alimentaires des Minoens : figues, escargots, poissons, légumes et fruits, peut-être miel, bœuf, moutons et chèvres, constituaient entre autres leur régime alimentaire.

Vitrine 63 : *Le Sauteur du taureau* ou *L'Acrobate de Crète*. Merveilleuse sculpture en ivoire, d'une esthétique exceptionnelle puisque l'artiste a réussi à représenter le sauteur du taureau en rotation complète et libre en trois dimensions. La figurine a été trouvée à Cnossos.

Vitrine 70. On y admire la sculpture en pierre représentant la tête d'un taureau trouvée lors des excavations au Petit Palais de Cnossos (1600-1400 av. J.-C.). Chef-d'œuvre témoignant de la finesse de l'art minoen. Les traits de l'animal sont d'une justesse rare. Il s'agit d'un objet utilisé lors de l'accomplissement d'une libation, comme en témoigne l'ouverture se situant derrière la nuque du taureau et qui aboutit au museau.

Vitrine 83 : Les déesses aux serpents (1600 av. J.-C.). Figurines en faïence découvertes à Cnossos et appartenant aux objets de culte les plus importants du site. Les serpents symbolisent les forces chtoniennes alors que le félin sur la tête de la deuxième déesse (à droite) symbolise la domination sur la vie sauvage. Les seins dévoilés symbolisent la fertilité.

Au premier étage. On trouve ici des fresques minoennes aux riches décors donnant un aperçu des scènes de vie, des rituels et de la nature en ces temps, des objets liés à des rituels religieux trouvés sur des lieux de culte (et notamment dans les grottes), ainsi qu'une série d'objets représentatifs de la Grèce et du monde oriental donnant un aperçu de l'évolution depuis l'époque minoenne jusqu'à l'époque moderne, et des collections des époques grecque et gréco-romaine (soit du XIe siècle avant notre ère au IVe siècle de notre ère).

Salle des fresques. Le Rhytophoros. La fresque, fragment d'un rituel de procession, représente un rhytophoros, autrement dit un personnage tenant un rhyto, objet destiné à porter des libations. Il s'agit d'une œuvre minoenne particulière dans sa création : le visage est doté de ses proportions naturelles (1600-1450 av. J.-C.).

Fresques 148 et 149. Deux fragments provenant du Palais des lys d'Amnissos (1600-1500 av. J.-C.). Ils représentent très probablement un jardin cloîtré. Témoignage exceptionnel de la technique fresco et in cavo (fresque en relief).

La Parisienne (1450-1350/1300 av. J.-C.). Nommée ainsi par l'archéologue Evans à cause du maquillage et des traits assez prononcés du visage de la femme représentée, cette fresque provenant du palais de Cnossos concernerait une prêtresse, selon les spécialistes.

Le Prince aux fleurs de lys ou le prince de Cnossos (1600-1450 av. J.-C.). Représentation emblématique d'une fresque en relief et en dimensions naturelles.

PLACE ELEFTHERIAS

Cette immense place marque l'entrée dans la vieille ville. Elle se situe à proximité du Musée Archéologique, de la Préfecture et de la Porte de Saint-Georges, récemment restaurée et mise en valeur. La place est large et moderne, avec quelques palmiers au centre et une importante circulation tout autour. Lieu de rencontre favori des habitants d'Héraklion, l'activité y est intense jour et nuit. En été plusieurs manifestations culturelles ont lieu sur la place : des concerts et des soirées consacrées à la danse et à la musique traditionnelles crétoises.

REMPARTS VÉNITIENS ★★

Les remparts ceinturant la vieille ville d'Héraklion, vestiges de la période vénitienne, ont été achevés vers la fin du XVIIe siècle alors que pendant plus de 100 ans, les Crétois participèrent à leur édification. C'est grâce aux derniers murs que Candia fut capable de résister au siège des Ottomans durant 20 ans (de 1648 à 1669). Les remparts, très bien conservés, souffrent, à certains endroits, d'un manque d'entretien. On peut visiter, au-dessus du bastion Martinengo, la tombe de l'écrivain Nikos Kazantzakis. La promenade offre de superbes vues sur la ville.

PROFIL DE ZEUS

En regardant vers le sud de la ville, vous verrez qu'un massif montagneux dominé par le mont Yiouchtas est découpé en forme de profil humain. Selon une légende, il s'agit de Zeus qui, se reposant là, s'y serait endormi. Avec une faune riche en oiseaux (44 espèces) et une flore importante, mais pas encore étudiée en détail, sur le mont poussent onze espèces endémiques, dont deux très rares. Tous les ans, le 6 août, une cérémonie religieuse se déroule dans la petite chapelle perchée au-dessus. Vous pourrez y aller depuis Héraklion en passant par Archanès.

RUE DU 25 AOÛT (ODOS 25 AVGOUSTOU) ★

Artère centrale d'Héraklion, cette longue rue piétonne, sur laquelle on rencontre les plus beaux bâtiments de la ville, part du vieux port vénitien et s'enfonce dans la vieille ville jusqu'au marché rue 1866 après la fontaine aux 4 lions. Cette rue est ainsi nommée car le 25 août 1897, les soldats Ottomans ont attaqué la ville et tout saccagé en ces lieux. Rue commerçante, on y apprécie surtout le côté passant qui offre une promenade assez agréable.

RÉGION D'HÉRAKLION

© GEORGIOS TSICHLIS - SHUTTERSTOCK.COM

Remparts Vénitiens.

OFFICE DE TOURISME

Place Nikiforou Foka
✆ +30 2813 409780
www.heraklion.gr/visitor/
Ouvert toute l'année. En saison ouvert du lundi au vendredi de 8h30 à 19h.

L'office de tourisme attaché à la Mairie de la ville d'Héracléion affiche un élan de modernité avec son Infocloud, large écran tactile qui dévoile une mosaïque d'icônes et de mots clés, sa grande carte interactive de la ville (avec version française) accessible sur une table à écran tactile, sa galerie multimédia ou son Disque de Phaistos interactif. On peut aussi s'y informer sur les évènements qui ont lieu en ville ou téléchargez gratuitement des cartes et des trajets proposés. Un grand nombre d'activités est proposé et pour tous les goûts.

PALEOLOGOS

5 rue 25 Avgoustou
✆ +30 2810 346185
www.paleologos.gr
Agence de voyages francophone ouverte toute l'année. Possibilité de réserver en ligne : www.paleologos.gr/

Très bien située en bas de la rue piétonne avant le port et la gare routière, cette agence propose des billets de bateaux toutes destinations, aussi bien pour toutes les autres îles grecques que pour l'international (Italie et Turquie). C'est l'agence la plus sérieuse et la plus spécialisée dans le genre, la plus ancienne aussi ; elle travaille avec toutes les compagnies maritimes. On peut aussi y acheter des billets d'avion pour les îles et pour Athènes. Elle propose des excursions intéressantes comme 1 ou 2 jours à Santorin, en hydroglisseur.

PETASSOS TRAVEL

Kallonadon 3
✆ +30 2810 327222
www.petassostravel.com/fr

Petassos Travel est une agence locale réceptive, francophone, de tourisme alternatif. Un groupe de professionnels s'occupe depuis plus de 20 ans de recevoir des passionnés de la nature, de l'histoire et de la culture crétoises. Ce sont de vrais spécialistes (archéologues, guides de montagne, alpinistes, spéléologues, œnologues, gastronomes...) qui s'investissent dans plusieurs institutions pour la protection de la nature et du développement durable de la Crète. L'agence planifie des voyages sur mesure pour toutes catégories et tout genre de passionnés.

AUTO THE BEST - RENT A CAR

Heraklion Airport
✆ +30 2897 042800
www.thebestcars.gr
A partir de 20 € par jour en saison pour une voiture classe A.

Loueur de voitures depuis 1978, c'est une agence fiable et francophone. Une large gamme de voitures neuves, de toutes les catégories. livraison gratuite aux hôtels, au port et à l'aéroport d'Héraklion. Assurance tous risques sans franchise. Assistance routière 24h/24. Véhicules pour visiter Balos, Elafonissi etc avec une assurance pour les routes à gravier. Aucune carte de crédit pour réserver ou garantie. Contrat en français. Excellent rapport qualité-prix.

BLUE SEA - LOCATION DE VOITURES ET MOTOS

5 rue Kosma-Zotou
✆ +30 2810 241097
www.bluesearentals.com
À partir de 125 € la semaine.

Ce loueur exerce dans toute l'île depuis 1980 : il s'agit d'un loueur historique, entreprise familiale qui se transmet de Yorgos père à Yorgos fils. Ils louent des voitures toutes catégories, neuves et bien équipées, mais aussi des scooters et des motos. Livraison partout sur l'île sur simple demande avec tous les équipements nécessaires (siège supplémentaire pour bébé, casques, porte-bagages…). Très bon rapport qualité-prix. Loueur sérieux, professionnel et disponible.

CARAVEL - LOCATION DE VOITURES

39 25th August str. ✆ +30 2810 300150
https://www.caravel.gr/fr
Assistance routière 24h/24 sur toute l'île. En saison, 20-25 € la journée pour une voiture classe A (locations longues).

Loueur de voitures qui offre de nouveaux modèles à bas prix avec les assurances au choix, pour le véhicule et les passagers. En principe, les assurances sont comprises dans le prix, mais il faut bien les mentionner dans les contrats pour éviter les mauvaises surprises. Retrait et remise du véhicule toute la journée dans la région. Aucune carte de crédit n'est requise pour les réservations en avance. Sans frais d'annulation. Bureaux à l'aéroport d'Héraklion, Stalidas et Hersonissos.

GREENWAYS

✆ +30 28310 72440
www.greenways.gr
Ouvert 7j/7 de 7h30 à 21h30. Comptez 140 € minimum pour une semaine de location d'une voiture classe A.

Cette agence sérieuse possède non seulement un grand nombre d'automobiles à la location allant de la catégorie A au 4x4, mais aussi un grand choix de motos jusqu'aux KTM grosses cylindrées. De plus, Greenways étant également une agence de voyages « hors des sentiers battus », elle peut vous aider à établir un itinéraire pour votre séjour en Crète. L'assurance tous risques est incluse dans le prix de la location, sans participation supplémentaire, tout comme l'option pour un deuxième conducteur et toutes les taxes. Un loueur fiable.

MINOAN LINES

Rue 25-Avgoustou 17
✆ +30 2810 399899
www.minoan.gr
A partir de 46 € le fauteuil, 69 €/lit en cabine, moto : 23 €, voiture : 89 €. Plusieurs départs en haute saison.

Fondée en 1972 à Héraklion, la compagnie figure parmi les leaders dans le secteur du transport de passagers. Le premier voyage reliant Héraklion au Pirée a eu lieu en 1974 à bord du ferry *Minos*. Actuellement, elle dispose d'une flotte importante de navires reliant Héraklion au Pirée mais aussi aux Cyclades (Milos, Ios, Mykonos, Paros et Santorin). Il est également possible de naviguer de La Canée au Pirée. A bord, retrouvez salles de gym, spas, bars, boutiques et restaurants pour votre plus grand confort. Idéal pour les personnes qui voyagent en camping-cars.

BEST WAY LOCATION DE VOITURES

Idomeneos 37 ✆ +30 2810 334334
www.bestwaytravel.gr
Ouvert toute l'année, 7/7 de 9h à 21h. Loueur de voitures, des motos, scooters et vélos. Service de dépannage 24h/24.

Best Way est non seulement un loueur de voitures (avec siège pour enfant, GPS...), motos, scooters et quads dans toute l'île mais aussi un excellent organisateur d'excursions diverses. Ses connaissances et son expertise promettent des expériences inoubliables pour tous. Parmi les expéditions possibles : tournée des vignobles, gorges d'Imbros ou Samaria, Spinalonga, forêt de Rouvas, un jour à Santorin, Jeep et quad safari, Chrissi, Elafonissi, Koufonissi, Knossos...

MOTOR CLUB - LOUEUR ET AGENCE

1 rue 18 Agglon sq ✆ +30 2810 222408
www.motorclub.gr/fr
Agence ouverte 24h/24 et 7j/7. A partir de 45 € en saison pour une voiture classe A. Voitures et motos récentes.

Cette agence est située en centre-ville face au vieux port de pêche depuis 1981. Mais elle délivre et récupère ses voitures à l'aéroport et dans les environs d'Héraklion. Outre sa flotte de 200 véhicules, ce loueur possède également environ 300 deux-roues (de 50 cc à 1 200 cc) et des jeeps. De plus, il y a un département « voyages » pour les billets air-mer-terre, des offres d'excursions en minibus et en moto, ou dans un beau voilier en bois. Réservations de logements également.

TAXI HÉRAKLION

A côté de la gare routière de bus A
✆ +30 695 517 1473
www.herakliontaxi.com
Possibilité de réserver sa course par Internet.

Les taxis grecs ayant une fâcheuse tendance à adapter le montant de la course à la tête du client, les stations de taxis des villes crétoises disposent souvent d'un panneau résumant les tarifs indicatifs des courses pour diverses destinations. Pour l'aéroport, comptez autour de 17 € et 15 minutes de trajet. La compagnie Cretacab opère dans soixante-quinze endroits différents de la Crète et elle est accessible 24h/24 tous les jours de la semaine. C'est une compagnie fiable, assurant des transports confortables. Plusieurs offres sont proposées sur le site.

AUBERGE DE JEUNESSE €

5 rue Vironos
✆ +30 2810 286281
Réception de 7h30 à 1h. Lit en dortoir à partir de 15 € par nuit en saison. Petit déjeuner en supplément. Wifi gratuit.

Avantages non négligeables : l'emplacement dans le centre-ville et un accueil agréable. Autre point positif, l'auberge est l'un des rares endroits où vous êtes presque assuré de trouver une petite place sans avoir réservé. L'ensemble est un peu vieillot et manque un peu d'entretien. Vrai point négatif en été : il n'y a pas de climatisation et il fait une chaleur torride dans les dortoirs. C'est dommage, car les locaux pourraient être agréables s'ils étaient mieux exploités. Dortoirs femmes et hommes séparés. Toujours bon à garder en tête pour les budgets serrés.

EL GRECO HOTEL €

4 rue 1821
✆ +30 28102 81071
www.elgrecohotel.gr
Chambre double entre 55 et 70 € en saison, petit-déjeuner inclus. Ouvert toute l'année.

Hôtel ouvert en 1968 dont les 90 chambres ont toutes été rénovées dernièrement avec douche italienne. Le mobilier y est sans grande prétention mais bien agencé et pratique. Le point fort de cet établissement est sans conteste sa situation : il est idéalement placé dans l'avenue parallèle au marché 1866, à deux pas de la place Venizelou (ou place des Lions, en plein centre). En somme, un hôtel au confort basique mais très pratique et au bon rapport qualité-prix. Ouvert toute l'année. Air conditionné, consigne, Internet sans fil gratuit.

HOTEL PENSION REA €

1 rue Kalimeraki
✆ +30 28102 23638
www.hotelrea.gr
Chambre double à partir de 35 € et à partir de 45 € avec salle de bains privée. Petit déj. en option. Fermé en hiver.

L'une des adresses les moins chères du centre-ville. Petit hôtel familial d'une vingtaine de chambres rénovées en 2015 plutôt dans le style moderne, sans prétention mais bien tenues par des propriétaires chaleureux. Situé non loin du bord de mer, dans une petite rue à l'abri du bruit (un luxe dans cette ville) à deux pas de la rue Handakos avec des restaurants, bars, boutiques... L'hôtel loue lui-même des voitures sous le nom de Ritz Rent a Car pour des tarifs concurrentiels et un service plutôt fiable. Air conditionné, consigne et wi-fi gratuits.

LENA €

10 rue Lahana
✆ +30 2810 223280
www.lena-hotel.gr
En saison, chambre double (salle de bain sur le palier) à partir de 40 € ou à partir de 60 €. Petit déjeuner : 8 €.

Situé dans une petite rue calme non loin du port vénitien, ce petit hôtel à l'excellent rapport qualité-prix affiche souvent complet en saison. Tout beau, tout propre depuis sa rénovation, il propose une quinzaine de chambres claires avec des toilettes et douches sur le palier, ou des chambres avec salle de bains privée. Il dispose également de chambres triples et quadruples. M. Manganas, l'aimable propriétaire, parle un excellent français. Réservation indispensable en saison. Air conditionné ou ventilateur, TV et wifi gratuits.

MARIN DREAM HOTEL €

46 rue Epimenidou
✆ +30 28103 00018
www.marinhotel.gr
Ouvert toute l'année. Entre 55 et 90 € pour une chambre double en fonction de la saison. Petit-déjeuner inclus.

Cet hôtel à taille humaine est idéalement situé à proximité de l'aéroport, du centre, de la gare routière, des taxis et du débarcadère. Confort basique et calme sont garantis... Le petit-déjeuner est servi sur la terrasse du toit, dans le restaurant où l'on peut également commander des plats crétois traditionnels midi et soir, avec une vue formidable sur la mer et le vieux port vénitien. C'est simple mais c'est une bonne adresse de par sa localisation et son prix en haute saison. Parking public voisin. Wifi gratuit dans les chambres.

MIRABELLO €

20 rue Theotokopoulou
✆ +30 2810 285052
www.mirabello-hotel.gr
En saison, comptez à partir de 65 € pour une chambre double.

Ouvert toute l'année, cet hôtel, tout simple, a le mérite d'avoir 25 chambres extrêmement bien situées : dans une rue qui part du parc El Greco en direction de la mer - sa position lui offre un calme particulier. Simple et plutôt confortable, il est tenu par une famille crétoise. Rapport qualité-prix plus que correct pour la haute saison. Demandez une chambre au 4e étage, donnant sur une grande terrasse commune où prendre le soleil. Il y a un parking public très proche de l'hôtel. Pas de petit-déjeuner, mais café. Wifi gratuit.

ATRION HOTEL €€

9 rue Chronaki
✆ +30 2810 246000
www.atrion.gr
Ouvert toute l'année. Chambre double avec petit déjeuner entre 70 et 85 €, selon la saison et la disponibilité.

Situé au cœur d'Héraklion, dans une rue calme à quelques pas du port vénitien et du musée historique. Les chambres sont spacieuses et entièrement équipées (air conditionné, bureau, internet sans fil, TV satellite, téléphone, etc.) avec un balcon privé. Certaines offrent la vue sur la mer et sur le port. Globalement de style classique avec des touches modernes par endroit, l'hôtel possède un nouveau centre de conférence avec toutes les facilités pour les hommes d'affaires. On peut savourer son petit déjeuner dans un jardin charmant.

CASTELLO CITY HOTEL €€

1 rue 62 Martyron
✆ +302810251212
www.castellohotels.com
Chambre double dite Deluxe à partir de 40 €, jusqu'à 80 € selon la saison et la vue. Non fumeur. Parking.

Idéalement situé entre la plage d'Ammoudara (100 m) et le centre (200 m), cet hôtel 4-étoiles s'adresse à tous les publics. Parmi les avantages des lieux, citons le service de conciergerie 24h/24, un bar-lounge et les transferts depuis/vers l'aéroport. Le prix de la nuitée comprend un fantastique petit-déjeuner continental sous forme de buffet servi au restaurant du 5e étage avec vue inoubliable sur la mer et la ville – à apprécier au lever du soleil. Mention spéciale pour les grands balcons et surtout les lits très, très confortables.

GALAXY HÔTEL €€

75 avenue Dimokratias ✆ +30 2810 238812
www.galaxy-hotel.com
La chambre double est à partir de 110 € en saison, petit déjeuner inclus. Offres spéciales sur le site Internet.

À 700 m du musée archéologique et 1 km du port vénitien, ce vieil hôtel de 1978 a été complètement reconstruit et redécoré en style moderne. Les 127 chambres et suites élégantes sont impeccables, offrant tout le confort et la fonctionnalité nécessaires (air conditionné, balcon, bureau, plasma TV satellite, service de chambre 24h/24, coffre-fort, téléphone, etc.). Connexion sans fil. Large piscine, lounge bar, centre de bien-être, gym. Le restaurant à la carte est ouvert également au grand public pour les petits déjeuners, déjeuners et dîners. Parking assuré.

LATO BOUTIQUE HOTEL €€

15 rue Epimenidou
✆ +30 22810 228103
www.lato.gr
Ouvert toute l'année. Chambre double à partir de 100 € en haute saison. Petit-déjeuner inclus. Navette aéroport.

Modernité et grand confort sont les atouts de cet établissement de 79 chambres complètement rénovées en 2012. Il est très bien situé : non loin du port, de la gare routière et du centre-ville, avec quelques rares places de parking. On entend pas mal les avions qui décollent ou atterrissent, mais c'est quasi inévitable dans le centre d'Héraklion. Déco feutrée et épurée, propreté et service impeccables : spa, salle de gym, restaurant sur le toit, bar. Des chambres de toutes les tailles sont disponibles : demandez-en une avec vue sur le port !

OLIVE GREEN HOTEL €€

Meramvellou & Idomeneos
✆ +30 28103 02900
www.olivegreenhotel.com
Ouvert toute l'année. A partir de 110 € la chambre double en saison. Superbe petit déjeuner inclus.

Décoré dans un style contemporain qui s'intègre très bien à la nature crétoise, l'hôtel Olive Green est situé dans un quartier qui bouge. La terrasse de son restaurant donne sur une place verdoyante et calme. La verdure est présente aussi à l'intérieur de l'établissement avec un goût assumé pour la déco minimaliste et épurée. L'ameublement moderne et contemporain avec tous les équipements et ajouts high-tech permet d'apprécier l'élégance et le confort de cet endroit ouvert en mai 2016. Superbe petit déjeuner inclus. Plusieurs offres sur le site. Wifi gratuit.

CAPSIS ASTORIA HOTEL €€€

11 place Eleftherias
✆ +30 2810 343080
www.astoriacapsis.gr
Chambre double à partir de 80 € environ en haute saison, variable selon la catégorie. Petit-déjeuner compris.

Refait à neuf et idéalement situé sur la place Eleftherias à quelques pas du musée archéologique, on repère l'hôtel Astoria Capsis à sa grande réception vitrée affichant les heures aux quatre coins du monde. C'est l'une des adresses les plus luxueuses d'Héraklion, recevant des hôtes de marque. Les 130 chambres climatisées possèdent télévision, minibar, baignoire, et balcon privatif. Le petit-déjeuner est excellent, en buffet. Piscine et bar sur la terrasse. Un classique dans sa catégorie, plutôt pour une nuit car, les prestations n'y sont pas parfaites.

KATALAGARI STUDIOS ET APPARTEMENTS €€

✆ +30 2810 753 350
http://katalagarisuites.com
Comptez une centaine d'euros pour un studio deux personnes. Délicieux petits déjeuners biologiques, en buffet inclus.

Charmants et confortables, les studios, appartements et suites possèdent un balcon avec une vue spectaculaire sur les vignobles, certains ont une grande terrasse privée sur le gazon du jardin. Autour d'une grande piscine fraîche et propre sont servis les dîners en option. La nourriture proposée est biologique et provient de la ferme des propriétaires ; c'est de la cuisine crétoise préparée avec passion. Personnel discret et gentil. C'est un vrai paradis !

RÉGION D'HÉRAKLION

UMAMI €

3 rue Maramvellou
✆ +30 6944 842085
Ouvert tous les jours entre 10h30 et minuit. Comptez entre 4 et 10 € par personne.

Petit restaurant, simple mais agréable, où les tortillas et les salades se préparent sous les yeux du client. Ouvert en 2019, le Umami est une adresse très prisée par les végans, les végétariens et par tous ceux qui aiment la restauration rapide mais de bonne qualité. Tous les plats sont préparés avec des matières premières biologiques provenant des producteurs crétois certifiés. Menu variable selon la saison. Les lasagnes aux aubergines, la tortilla aux champignons, la salade aux lardons de noix de coco sont des vrais délices. A emporter ou à consommer sur place.

HIPPOKAMPOS €

3 rue Sofokli Venizelou
✆ +30 2810 280240
Ouvert tous les jours de 12h30 à 23h30. Comptez autour de 9-13 € le repas.

Chez Hippokampos, vous trouverez des spécialités de poissons et de fruits de mer, à des prix défiant toute concurrence. Nous vous conseillons notamment les incontournables poulpes grillés, toujours un plaisir. Mais les amateurs de cuisine crétoise ne seront pas en reste avec également de bons plats traditionnels. A déguster devant la mer (et malheureusement aussi la route !), et à deux pas du vieux port vénitien. Cette adresse est fréquentée tout autant par les touristes et que par les locaux depuis des années : vous pouvez y aller les yeux fermés.

GERO PLATANOS €

Agiou Titou 3
✆ +30 2810 301854
Ouvert tous les jours en saison, sauf le dimanche, de 10h à 22h. Comptez autour de 15 € par personne.

Sur la place de la jolie église Agios Titos, un peu au calme car en retrait de la très animée rue du 25 Août, la taverne Gero Platanos est parfaite si vous avez envie de manger dans le cœur de la ville, ou, tout simplement, si vous avez envie d'une pause-café, d'une bière fraîche ou d'un verre de raki. Sous les vieux platanes, on y sert les mezzedes et les plats traditionnels de Crète pour des prix corrects. La terrasse ombragée fait un bien fou ! Elle est idéale pour les enfants car ils peuvent jouer en toute sécurité sur la place.

O VRAKAS €

1 rue Marinelli Ioannou
✆ +30 2810 243243
Comptez 15 € le repas, environ, par personne. Plus cher pour les poissons frais. Ouvert 7j/7 de 10h à 2h environ.

Voici une ouzerie toute simple où se mêlent touristes et Crétois pour déguster du poisson, du poulpe grillé, mais aussi des crustacés et des fruits de mer. Tous les plats, au rythme des carafes d'ouzo et de raki, sont d'une excellente qualité ! On mange dehors des plats copieux, sans prétention mais succulents. Parmi les plats, le pilaf aux fruits de mer, les pâtes au homard sont à déguster. L'occasion est idéale d'y savourer du poisson bien frais. Accueil aimable et service tranquille qui ne fait rien regretter du repas. On y retournera les yeux fermés.

HAGIATI €

12 rue Theotokopoulou & Erotokritou
✆ +30 6973 587128
Comptez 15 € par personne. Ouvert lundi-samedi à partir de 12h30, dernier service à 0h30. Réserver en haute saison.

Sur fond doux de *rebetiko*, Hagiati est une taverne au charme indéniable qui irradie dans une rue auparavant un peu morne. Dans un décor qui reprend les codes traditionnels crétois, tout en lierres et en feuilles de vigne, l'atmosphère du lieu sort du lot. Son calme vous permettra mieux qu'ailleurs de vous reposer après une journée à visiter la très animée Héraklion, et vous pourrez profiter d'une tranquillité et d'une intimité sans pareille. En plus, les plats (mezzedes et plats principaux au menu) sont absolument délicieux.

OUZERI TOU TERZAKI €

17 rue L. Marineli
✆ +30 2810 221444
www.terzakhs.gr
Ouvert 7/7, de 10h30 à 1h30 du matin. Fermé le dimanche après-midi. Réservation recommandée. Comptez 15 € par personne.

Fidèle à sa réputation et avec plus de 50 ans d'histoire, cette ouzerie figure parmi les meilleures de la ville selon les locaux et les habitants du quartier. Près du port, il est derrière la rue piétonne dans une ruelle planquée de la vieille ville, face à la minuscule chapelle de Saint-Dimitriou. Les *mezzedes* à petits prix confortent sa réputation, mais le reste est très bien aussi. En cuisine on utilise essentiellement de l'huile d'olive biologique du monastère de Toplou. Demandez au serveur le plat du jour. Classique, traditionnel et très savoureux !

7 THALASSES €€

19 Iraklitou

✆ +30 2810 342945

Ouvert 7j/7 de midi à minuit. Comptez autour de 40 € par personne, plus cher pour le poisson frais au kilo.

Ce restaurant offre une ambiance paisible et fait partie des meilleures restaurants de la ville. Ici, le chef propose des plats raffinés à base de poissons, de fruits de mer et de crustacés. Très prisé par les locaux, les 7 Thalasses est un établissement à découvrir. Optez pour le cabillaud noir, le filet de thon ou les pâtes au crabe. La paella est exquise ainsi que les pâtes au homard. Ne passez pas, non plus, outre la glace à la vanille de Madagascar. Service impeccable. Un peu cher mais le rapport qualité-prix n'est jamais décevant.

APIRI €€

5 rue Agioi Deka & Kayabi

✆ +30 2810 342228

Comptez 30 € par personne pour un repas complet. Cocktails à partir de 8 €.

Apiri est la preuve que la gastronomie crétoise peut évoluer sans perdre son caractère authentique. Ce restaurant-bar qui vient à peine d'ouvrir ses portes a déjà une renommée, bien méritée, qui dépasse la ville d'Héracléion. Situé sur le coin des deux rues piétonnes à proximité de la place Agia Ekaterini, le chef étoilé Stephan Lavrenidis propose des plats débordants de goût et de parfum. Le bar fumé aux aiguilles de pin, le poulpe au paprika servi sur une couche de guacamole, la purée d'aubergine fumée sont à recommander. Grand choix de vins.

ARISMARI & VARSAMO €€

Place du musée historique ✆ +30 2810 300670

www.arismari.gr

Ouvert de midi à minuit tous les jours en saison. Comptez 20 € par personne.

Une des meilleures adresses de la ville. Restaurant de bonne famille qui s'emploie à bien recevoir ses clients midi et soir, face à la mer. Excellente cuisine crétoise cuite au feu de bois d'olivier, dans un cadre élégamment rénové. Différents plats du jour en général de culture biologique. C'est préparé à l'huile d'olive… mais c'est aussi un restaurant de viandes, de salades et de poissons. Les plats traditionnels crétois sont mis à l'honneur, avec de succulents escargots, poulpes et morceaux d'agneau. Prix très abordables. On y retourne, avec plaisir.

DISH - BAR RESTAURANT €€

3 rue Papagiamali

✆ +30 2810 227118

www.dishbar.gr

Ouvert tous les jours en saison de 9h au petit matin, en fonction de la clientèle. Comptez 30 € par personne.

Situé à deux pas de la place Saint-Tite, cet all-day bar est un endroit chaleureux et accueillant. Légumes de saison, salades, viandes et pâtes – directement inspirés de la cuisine méditerranéenne – dominent le menu. On y déjeune, on y dîne, on y boit, on y discute... C'est un endroit moderne et élégant où l'on revient volontiers, car c'est tellement bon de manger des plats créatifs légers au son des musiques actuelles. C'est aussi un joli bar où l'on discute facilement avec des locaux et des voyageurs de passage jusqu'à tard dans la nuit.

LADOKOLLA €€

13 Lochagou Marinelli

✆ +30 2810 256391

De 13h à minuit, sauf le dimanche. Comptez autour de 25 € par personne. Plus cher pour les poissons frais au kilo.

Ladokolla figure parmi les meilleurs restaurants d'Héraklion. Très prisée par les locaux, c'est une adresse encore inconnue des touristes. Or c'est un excellent choix si l'on désire déguster, en plein cœur de la ville, une cuisine raffinée et inspirée de la cuisine traditionnelle, essentiellement à base de poissons, de crustacés et de fruits de mer. Le filet de dorade aux fines herbes et aux légumes, les pâtes au homard, les moules à la vapeur sont à recommander. Le service est remarquable. L'accueil est une agréable surprise !

NEW VENETO RESTAURANT €€

9 rue Epimenidou ✆ +30 2810 223686

Ouvert toute l'année, de 10h à 2h du matin environ, en fonction de la clientèle. Compter autour de 25 € par personne

Ne manquez pas ce restaurant situé à l'étage d'un vieil immeuble ayant l'avantage d'avoir une grande terrasse surplombant le port vénitien. On s'y restaure avec des plats soigneusement préparés avec des aliments frais. Les plats sont simples, savoureux et légers : goûtez une moussaka hors pair ou des *dakos* au fromage moelleux de Hania. Le service est sympa et professionnel. Les desserts sont délicieux. Une belle carte des vins crétois et grecs de grande renommée que l'on peut emporter. Idéal pour les petits-déjeuners, déjeuners, brunchs et dîners.

PARASTIES €€

81 rue Chandakos
✆ +30 2810 225009
https://parastiescrete.gr/

En saison, ouvert tous les jours de midi à 1h du matin. Comptez autour de 30 € par personne.

Un restaurant assez branché qui offre, côté cuisine, des plats de qualité aux portions copieuses. Y sont préparées avec soins des spécialités crétoises et grecques cuites au feu de bois selon la vieille tradition. Poissons frais, pâtes, riz, champignons et légumes grillés, fava, salades diverses, viandes... En dialecte crétois, *parastia* désigne le coin de cuisine où cuisent les aliments de la façon la plus ancienne : avec deux pierres de chaque côté d'un feu de bois, d'où une décoration très rustique et chaleureuse pour ce restaurant qui mérite bien une halte.

PENINTA PENINTA / 50-50 €€

20 rue 1866 ✆ +30 2810 286220
www.peninta-peninta.gr

Ouvert tous les jours, de 9h au dernier client, tard dans la nuit. Comptez 25 € environ par personne.

C'est un excellent endroit pour bien boire et bien manger. On peut y déjeuner dès 12h pour se revigorer avant de partir pour une excursion dans la chaleur. La nourriture est excellente (comme le service) et les prix très raisonnables. Vous mangerez sur des tables de boucher puisque c'était une boucherie auparavant. Si vous ne mangez pas, prenez simplement une tasse de café grec ou un verre d'ouzo, cela vous laissera un agréable souvenir de cette rue du marché. Tard le soir, particulièrement les jeudis, vendredis et samedis, c'est « ambiance DJ ».

PESKESSI €€

6-8 Capetan Haralabi
✆ +30 2810 288887
www.peskesicrete.gr/en/

Ouvert tous les jours entre 13h et 2h. Comptez entre 25 et 40 € par personne pour un repas complet.

Peskessi est établie dans le manoir du Kapetan Polyxigkis, personnage ayant participé au soulèvement contre les Ottomans. La rénovation du bâtiment, en 2014, lui a valu sa place parmi les 10 meilleurs bars-restaurants d'Europe. Dans ses salles en pierre apparente, on peut déguster une cuisine authentique crétoise : il suffit de goûter la salade Peskesi, composée de produits bio provenant de la ferme du propriétaire, pour s'en rendre compte. Optez aussi pour le plat aux escargots *habiba* ou pour les *sindrimades*... La liste est longue, originale et impressionnante.

XALAVRO €€

10 rue Milatou
✆ +30 2810 355146
www.xalavro.gr

Ouvert tous les jours entre 10h et 4h. Comptez entre 20 et 40 € pour un repas. Cocktails entre 7 et 12,50 €.

Ce gastro-pub porte ce nom car il a été établi dans les ruines d'anciens bâtiments. Il figure parmi les meilleurs bars-restaurants de la ville et pour cause. Très huppé, il offre cependant une ambiance appréciable avec des locaux qui y affluent pour déguster ses spécialités, ses cocktails et avoir des moments paisibles qui durent jusqu'au petit matin. Le chef renommé N. Kassotakis propose des brunchs, une cuisine fusion et des snacks qui accompagnent les cocktails originaux. Une excellente adresse aussi bien pour le service que pour la qualité du menu.

HERB'S GARDEN - BRILLANT €€€

15 rue Epimenidou ✆ +30 2810 334971
www.lato.gr

De mai à octobre, Herb's Garden est ouvert de 13h à 0h30. Comptez 24 € par personne. Très bon choix pour un cocktail.

Une excellente adresse pour goûter la cuisine crétoise inventive à partir de début mai à fin octobre. Idéal pour un dîner romantique sur la terrasse du toit dominant le vieux port et les remparts vénitiens. Le chef cuisinier, originaire de Crète, utilise uniquement des produits frais provenant de l'île et les herbes qui poussent sur le toit de l'hôtel (d'où le nom du restaurant). On apprécie la vue panoramique et le service professionnel du personnel. Le menu change régulièrement. Pensez à réserver, surtout pour le dîner en saison.

KOUZEINERI €€€

Agiou Titou & Evropis ✆ +30 2810 346452
www.kouzeineri.com

Du lundi au vendredi de 12h à 0h30. Samedi et dimanche de midi à 0h. Repas complet : entre 25 et 45 € par personne.

Rénové en 2019, de style new-yorkais, le Kouzeineri est le meilleur restaurant de viande en Crète. Même s'il s'adresse principalement aux carnivores invétérés, aux amoureux de steaks moelleux ou aux nostalgiques du porc fermier cuit lentement au feu des bois, quelques plats, non moins réussis, peuvent satisfaire les végétariens également. La carte des entrées chaudes est très riche : dégustez la tarte aux artichauts et les pommes de terre au four et à l'ail... sans passer outre le cheesecake new-yorkais. Personnel professionnel et très conciliant.

'AMAN' THE GARDEN

54 Agiou Titou
✆ +30 2810 288116
www.thegarden.gr
Ouvert de mai en octobre, de 18h à 3h. Comptez autour de 25 € pour un repas. Cocktails à partir de 8 €.

Un jardin bien caché situé en plein cœur d'Héraklion, à l'abri du rythme effréné de la ville. Ce lounge-bar, huppé et à ciel ouvert, est très fréquenté pour ses sushis, ses cocktails et l'ambiance générale. Décoré avec esthétisme, il figure parmi les dix meilleurs bars grecs. Les plats, inspirés de la cuisine japonaise et polynésienne, surprennent agréablement. La liste des vins est excellente, les cocktails rafraîchissants. Lieu de rencontre des jeunes de la ville, on peut y passer des moments très agréables à la belle étoile…

FIX

Aretoussas 2
✆ +30 2810 289023
En saison, ouvert tous les jours de 9h jusque tard le soir, selon la clientèle.

Fix ou Fixáki pour les habitués (le petit Fix), c'est LE bar jeune à la mode chez les Crétois d'origine ou les jeunes Grecs en vacances sur l'île. Situé en plein cœur d'Héraklion avec des tables en terrasse sous les vieux platanes, ce café-bar offre des vrais moments de relaxation. On peut y prendre son temps pour apprécier son café, une bière, un bon petit repas. Des *lives* en tout genre de temps en temps et de la bonne musique, dans une ambiance détendue mais tout de même festive, avec des prix accessibles pour les diverses boissons. On recommande.

HUB CAFE+LOUNGE

21 Kadanoleodos
✆ +30 2810 286550
www.hubcentralcafe.com
Ouvert du lundi au dimanche de 8h à 1h. Cocktails à partir de 8 €.

Si l'on veut avoir un aperçu de la ville actuelle, un détour par cet *all day* café-restaurant en est un excellent moyen. Lieu de rencontre pour les jeunes et les locaux qui aiment discuter sans être empêchés par la musique. Hub café and lounge propose des moments très conviviaux entre amis. Une bonne adresse pour un brunch, un cocktail inventif, ou un bon verre de vin rouge biologique de la compagnie crétoise Gavala. Vous ne risquez pas de le manquer, il déborde de clients qui, verre à la main, font parfois durer la nuit jusqu'à l'aube.

IRIDANOS

Androgeos 8
✆ +30 2810 229303
Ouvert tous les jours en saison, de 9h jusqu'au dernier client. Comptez environ 10 € par personne.

Un café-bar-bistrot historique d'Héraklion. Depuis plus de 25 ans, c'est un lieu de rencontre pour les locaux et les touristes avertis. Ce n'est pas très rare de finir sa soirée en dansant, la bonne ambiance est toujours au rendez-vous. On y trouve une bonne sélection de bières, de cocktails, et d'autres boissons rafraîchissantes. Idéal aussi l'après-midi pour un café ! L'atmosphère rappelle celle des kafeneio d'antan, où la langueur de la fin d'après-midi s'installe avec un peu de musique, des cigarettes à l'intérieur et un alcool de qualité à déguster.

KIRKOR

31 place Eleftheriou Venizelou
✆ +30 2810 242705
Ouvert tous les jours de 6h à 22h. Compter autour de 2,50 € par personne et par portion.

Etabli en 1922 par G. Hosefpian, un immigré arménien qui a connu le même sort que les Grecs venus de l'Asie Mineure après la Grande Catastrophe, cette petite échoppe fait partie de l'histoire de la ville. Hosefpian, alias Kirkor, a amené dans ses bagages la recette de *bougatsa*, ce feuilleté fourré de crème au lait frais, aux œufs et à la semoule, et depuis, de père en fils, Hérakléion se régale de cette friandise. Sucrée ou salée, la bougatsa de chez Kirkor est un délice. M. Vassilis se fera un plaisir de vous en préparer une aux épinards ou au jambon.

QUEEN BOUTIQUE DESSERTS

Au coin d'Agiou Titou & Evropis 13
✆ +30 281520 2119
Ouvert tous les jours, de 8h à 11h de nuit. Comptez entre 8 et 12 € par personne.

Ce nouveau café-pâtisserie est une douceur sucrée, avec ses fauteuils en velours pastel et son ambiance hors du temps. C'est l'une des rares pâtisseries où la viennoiserie est d'une aussi bonne qualité. Tout est préparé avec soin et finesse. On y déguste de délicieux desserts ne manquant pas d'imagination. Avec un prix vraiment dérisoire par pièce, le chef pâtissier nous invite à déguster une grande gamme de ses gâteaux « miniatures » avant de choisir ceux que l'on préfère ! Il est parfait pour une pause goûter en journée. Une adresse qui vaut le détour.

ROUTE 66

26 rue Handakos
✆ +30 2810 221879
Ouvert tous les jours à partir de 10h, jusque tard dans la nuit.

Ambiance *rock'n'roll* garantie dans ce bar qui rend hommage à la fameuse route 66 des bikers et road-trippers américains. Le service est aimable et professionnel, effectué par des patrons chaleureux et on ne regrette pas d'y passer une soirée. Les prix des boissons sont accessibles. En un mot : pas de chichis pour cet établissement bon enfant, une ambiance chaleureuse et aucune mauvaise surprise au niveau des consommations – même si l'ensemble reste prévisible, sans grande innovation. Un bar qui remplit bien sa fonction, sans surprise.

TOULIS

4 rue Tsikirtzi
✆ + 30 2810 285988
Ouvert du lundi au vendredi de 6h à 21h. Le dimanche de 8h à 15h seulement.

Nikos Toulis est arrivé d'Epire en Crète en 1865 et il y a exercé le métier de boulanger. En 1923, la boulangerie s'installe dans la rue Smyrnis, l'actuelle rue Tsikirtzi, et c'est à cette adresse qu'on la trouve encore aujourd'hui. Vassilis Toulis perpétue actuellement la longue tradition familiale veillant sur la qualité de la farine et de l'huile, la seule matière grasse qu'on utilise pour fabriquer les différentes sortes de pain, les petits fours sucrés ou salés, les tartes aux fruits. Tout est cuit dans le four à bois. Une adresse qui vaut le détour.

ANTIQUE SHOP

52 Agiou Titou
✆ +30 2810 240155
Ouvert tous les jours, sauf le dimanche, de 10h à 14h et de 17h30 à 21h.

L'atelier d'iconographie byzantine d'E. Krassagakis est un minuscule musée historique et folklorique de Crète... Antiquaire fervent, un des rares que l'on peut encore rencontrer en Grèce, commissaire-priseur et restaurateur très connu, il a des vrais trésors à proposer. On peut encore y admirer un uniforme de plongée et son scaphandre datant du début du XXe siècle ayant appartenu à un pêcheur d'éponges, des tapis datant du XIXe siècle, des lustres, des tableaux, entre autres. Un certificat d'authenticité vous est délivré. Possibilité de livraison à l'étranger.

CRETAPHON

6 rue 1821
✆ +30 2810 288 758
www.cretaphone.gr/?page=contact
Ouvert tous les jours de 9h à 14h et de 17h à 21h.

La tradition crétoise est dominée par les chants et la musique. Le son de la lyre crétoise et du luth accompagnent les chants et les danses folkloriques depuis fort longtemps. Actuellement les musiciens crétois reprennent un grand nombre de ces chansons et perpétuent la tradition avec des compositions nouvelles. Cretaphon participe à sa manière à la perpétuation et la diffusion de la musique crétoise : on y trouve la plus vaste gamme de CD originaux emballés tout neufs. De la vraie musique traditionnelle crétoise de qualité à partir de deux euros seulement !

ELI'S CERAMIC ART

8 rue Sapoutié
✆ +30 6946 213802
Ouvert tous les jours de 10h à 20h.

Petite boutique de poteries artisanales colorées, mélange des modèles minoens et d'influence orientale. Eli et son mari Nakis y font durer la longue tradition crétoise en matière de céramique. Dans leur petite échoppe on peut trouver des objets uniques, créés par eux-mêmes sur place ou dans leur atelier situé à Agia Galini : des objets usuels ou purement décoratifs, pour se faire plaisir ou à offrir. Les propriétaires, très aimables, sont toujours disponibles pour répondre à toutes les questions concernant leur métier, leur inspiration et leur savoir-faire.

EVA'S WALK

Marinelli Ioannou 2
www.evaswalk.com
Ouvert tous les jours en saison, de 10h à 19h.

Une boutique de produits traditionnels où l'accueil se fait en français. Grande sélection d'huiles d'olive bio ou primées. Vous y trouverez également un important rayon de produits cosmétiques à base d'éléments naturels comme l'huile d'olive. Céramique artisanale, objets sculptés dans du bois d'olivier, vins, plantes aromatiques séchées... Une boutique idéale pour trouver des cadeaux crétois à rapporter de votre séjour. Les produits sont présentés avec goût et les gammes sont suffisamment larges pour que chacun y trouve son bonheur.

MARCHÉ 1866

Odos 1866

Ouvert tous les jours dès l'aube, sauf le dimanche.

Le marché 1866 est un incontournable d'Héraklion, avec ses parfums d'épices et son effervescence quotidienne. Malheureusement, les étalages de souvenirs bon marché commencent à proliférer ainsi que les boutiques de vêtements ou les échoppes de marchands de cuir. Vous y trouverez de nombreux produits typiques, des fruits, des fleurs, de l'huile et des olives, des savons, des épiceries, des boulangeries, un poissonnier, des gyros, une pharmacie, des tavernes... et des denrées crétoises. Poussez jusqu'à la fontaine Membo, on dit que son eau exauce les vœux.

WINE VINTAGE STUDIO

Odos Dimokratias, 93

✆ +30 2810 360633

Ouvert du lundi au samedi de 11h à 21h.

Dans un espace aux courbes contemporaines, suivez les conseils avisés du personnel qui vous orientera vers les meilleures bouteilles de vins et spiritueux de la région et d'ailleurs. Une manière idéale de découvrir les vignobles et traditions viticoles de la Crète, auprès de spécialistes. Des dégustations sont organisées sur place pour vous aider à choisir les bouteilles à votre goût. A consommer (avec modération !) pendant votre séjour, face à la mer ou la montagne ; ou à rapporter de vacances pour se rappeler les saveurs crétoises au retour.

MAYABA STORE

Daidalou, 20

✆ +30 2810 287241

Ouvert du lundi au vendredi entre 9h et 21h, et samedi et dimanche entre 9h et 18h.

Pour ceux qui aiment chiner ou collectionner des objets kitsch ou originaux, Mayaba Store dévoile un univers féerique, accumulation de figurines, poupées de chiffon, bougies, guirlandes lumineuses, maroquineries et autres accessoires, pour la plupart faits main. Une petite caverne d'Ali Baba ! Pour ceux qui cherchent des produits typiques, ce n'est pas ici que vous trouverez votre bonheur, passez votre chemin. Mais les amoureux de brocante et de fripes seront ravis de plonger quelques instants ici, pour eux-mêmes ou pour rapporter un petit cadeau à des proches.

EOS HERAKLION

53 rue Dikeosinis

✆ +30 2810 227609

www.eos-her.gr

Permanence téléphonique en semaine de 20h30 à 22h30.

EOS est l'association des montagnards de la région, composée de passionnés, qui organisent de nombreuses sorties en montagne : randonnées, escalade, canyoning, visites de grottes... L'association joue également un rôle très actif dans la promotion de ce genre d'activités, parfois méconnues par les touristes et les Grecs eux-mêmes. Les membres balisent et entretiennent les chemins, gèrent les refuges, publient des revues... Prenez contact avec les bénévoles et membres de l'association pour organiser vos sorties en montagne et autres activités de pleine nature.

VOURGIALI

3 Place Agias Ekaterinis

✆ +30 2810 334262

Ouvert lundi, mercredi et samedi de 9h à 15h45 et mardi, jeudi et vendredi de 9h à 15h30 et de 17h30 à 21h.

Cette échoppe propose des produits locaux provenant des petits propriétaires. On y trouve de l'huile d'olive vierge première pression, des herbes, du miel au thym, des olives, des pâtes traditionnelles crétoises, des fromages et une très bonne charcuterie du pays. Un des rares commerces où l'on peut trouver du raki cuit et vieilli longtemps dans les tonneaux (48,50 € la bouteille), du raki bio… C'est une excellente adresse vous permettant de trouver une idée cadeau parmi tous les bons produits du terroir ou pour tout simplement vous faire plaisir.

CENTRE VICENZOS CORNAROS

18-20 rue Malikouti

✆ +30 2815 103102

www.texnopolis.net/gnoriste-mas

À deux pas de la place des Lions, deux jolies salles de cinéma, revêtues entièrement de bois, attendent les cinéphiles et les amateurs des bons films classiques, ou des plus récents, de la production cinématographique internationale. Les films sont toujours en version originale en Grèce : très souvent en anglais, mais les bons films français sont également au programme. Les salles de V. Kornaros sont ultra modernes, d'un aménagement intérieur particulier qui rappelle les années du cinéma muet. Les salles accueillent plusieurs manifestations culturelles.

AMMOUDARA

Ammoudara est située à seulement 7 km à l'ouest de la capitale de la Crète, et offre une alternative intéressante, bien que la culture ne soit pas au rendez-vous. La plage de sable (très fréquentée) de ce village en est le principal attrait : cinq drapeaux bleus, plusieurs kilomètres de sable fin doré... Pour en profiter, vous pouvez louer un parasol auprès des nombreux hôtels-clubs qui la bordent. Cependant, un espace public avec parking gratuit est accessible au niveau de l'hôtel Georgia, rue Vagia. Le long de la plage, sur la route principale, on trouve de tout : pharmacies, tavernes, bars, centres de soins, loueurs de voitures, boutiques, supérettes... Les cinq tours que l'on aperçoit au bout de la plage vers Agia Pelagia sont une centrale électrique non polluante. Cette dernière jure sérieusement dans le paysage, mais les Crétois se baignent juste devant avec leurs enfants sans aucune crainte. Elle est inodore et silencieuse.

Se loger

La plupart des hôtels ont leur propre restaurant avec une formule all inclusive. Mais on trouve également plusieurs tavernes simples, mais typiques, sur la route principale, où déguster des spécialités crétoises et partager un raki dans une ambiance chaleureuse.

Transports

Pour se rendre à Ammoudara depuis Héraklion, il faut prendre le bus sur la place Eleftherias ou depuis l'aéroport (ligne n° 6). Les bus passent environ toutes les 20 minutes.

AUTOBEST CENTER - LOCATION DE VOITURES

41 rue K. Mitsotaki
✆ +30 2810 255070
www.autobestcenter.gr/

Ouvert du lundi au vendredi de 8h30 à 20h30 et le samedi de 8h30 à 16h. Fermé le dimanche. Prix variables.

L'agence Autobest se spécialise depuis 25 ans dans le domaine de l'automobile. Elle propose en effet une gamme très vaste de voitures de location à des prix variables et intéressants selon la catégorie. C'est une agence très expérimentée, connue également pour la compétence de ses techniciens. Deux nouvelles succursales viennent s'ajouter à proximité d'Héraklion, une dans la région de Giofyro et l'autre à Gazi. Plusieurs offres sont disponibles sur le site.

GEORGIA HOTEL €

Vagias 10
✆ +30 2810 251006
www.hotel-georgia.gr

Ouvert toute l'année. A partir de 60 € la chambre double en saison. Possibilité de demi-pension.

Adresse familiale, cet établissement composé d'une vingtaine de chambres privilégie une ambiance traditionnelle où le personnel sera d'une hospitalité crétoise classique. Il est possible de louer des vélos en faible nombre donc pensez à réserver à l'avance. Une belle bibliothèque se trouve par ailleurs dans la partie commune. Les chambres sont quant à elles relativement spacieuses, modernes et propres. Côté restauration, le petit déjeuner sous forme de buffet est particulièrement appréciable. Le menu du soir est renouvelé quotidiennement selon l'humeur du chef.

OASIS HOTEL €

Leof. Andrea Papandreou 50 ✆ +30 2810 372700
www.oasishotels.gr

Chambre double à partir de 60 € en saison. Tarifs variables (type de chambre et vue). Petit-déjeuner inclus.

Situé dans la zone côtière au sable doré d'Ammoudara, cet établissement familial à taille humaine est à deux étages. Rénové en 2014 dans un style moderne, il propose des chambres propres, confortables et lumineuses. Toutes les chambres possèdent un mobilier moderne et fonctionnel, un minibar et une salle de bains avec douche ou baignoire. Les balcons donnent sur un beau jardin et une piscine. Un restaurant et un bar rendent le séjour très agréable. Nombreuses options d'excursions, d'activités diverses et de divertissement. Parking. Air conditionné, wifi.

MESOGEIOS CENTRE DE VACANCES ET DE DIALYSE €€

Village de Kalessa à Gazi
✆ +30 2810 371 560
www.mesogeios.gr

Mesogeios est le premier centre de vacances et de dialyse de Grèce disposant d'un matériel et d'équipements de dernière technologie. Il est situé dans la région de Kalessa, dans un joli cadre de verdure, entouré de la montagne de Psiloreitis. Pendant la séance de dialyse, un buffet est offert. Le personnel est francophone, attentionné et serviable. Belle piscine, bar, restaurant et librairie avec livres et magazines en français. Ambulance privée à disposition 24h/24.

AGAPI BEACH RESORT €€€

Andrea Papandreou 76
✆ +30 2810 250502
www.agapibeach.gr
A partir de 115 € en saison pour une chambre double. Petit-déjeuner compris. Piscine. Bar, restaurant. Salle de sport.

Hôtel 4-étoiles, avec de jolies chambres fonctionnelles dans des bungalows, décorées avec goût, quasiment les pieds dans l'eau et à 10 minutes à peine du centre-ville d'Héraklion. Confortable et élégant, cet hôtel de charme dispose d'un personnel aux petits soins. Deux restaurants au choix et une plage privée viendront faciliter le repos recherché. L'hôtel organise plusieurs activités pour les enfants et des spectacles pour toute la famille. Le complexe hôtelier inspiré du « resort » est clairement dynamique. On en apprécie le cadre.

LYKTOS APPARTEMENTS €

Leof. Andrea Papandreou 28
✆ +30 6979 479105
Compter à partir de 55 € pour deux en saison.

Chambres de style traditionnel, très propres et bien équipées, avec balcons. Un petit coin salon très sympathique est aménagé dans chaque chambre, rendant le séjour plus confortable. Toutes les mesures sont prises concernant la sécurité des enfants ainsi que l'accès des personnes handicapées. Toutes les chambres sont climatisées et possèdent des doubles vitrages. Dans un grand jardin avec palmiers, on accède à une belle piscine bien que la plage soit à 150 mètres. Très bon rapport qualité-prix. Accueil adorable. TV, parking, consigne.

TAVERNA MOUSSES €

Andrea Papandreou, 178
✆ +30 2810 257085
Ouvert toute l'année de 11h à 23h55. L'hiver de midi à minuit. Comptez 15 € par personne.

George Mamatzakis était chef dans de grands hôtels (notamment l'Hilton à Athènes) avant d'ouvrir ici, près d'Agapi Beach, son propre restaurant. Il propose des menus intéressants et à la carte : poisson frais, crustacés, spécialités grecques, excellentes grillades... Pas de décor particulier, on y vient pour son ambiance, la qualité des matières premières et le savoir-faire du chef. Le personnel est très attentif et accueillant. Très bon rapport qualité-prix.

AGIA PELAGIA ★

Situé à 25 km à l'ouest d'Héraklion en direction de Rethymnon au bout d'une superbe route de crêtes, ce petit village niché dans une petite baie surmontée de collines s'est transformé au cours des trente dernières années en station balnéaire très touristique. Il constitue un lieu de repos privilégié des habitants de la capitale crétoise grâce, entre autres, à ses superbes (mais trop étroites...) plages de sable fin. C'est une base idéale pour profiter de l'endroit, se reposer, sillonner les alentours notamment le village de Fodele et faire de la plongée. Parfait si vous avez des enfants et souhaitez passer une semaine au bord de l'eau.

TROULIS €

Rue Kalymnou
✆ +30 2810 313638
Studios pour deux en haute saison à partir de 65 €. Petit déjeuner en option. Wifi et parking gratuits.

Il s'agit d'un établissement familial sans prétention qui offre des studios pour deux personnes avec coin kitchenette, une vingtaine d'appartements plus grands pour les familles et un restaurant au bord de l'eau. Vous pourrez profiter de chaises longues gratuites sur la plage. L'ambiance est certes un peu désuète mais on aime assez cet air suranné de petit hôtel de bord de mer. Les amateurs de design ou de recherche esthétique passeront leur chemin. Ici on vient profiter d'un service et d'un établissement sans chichis, et bon marché.

DIOSKOUROI €

Neofitou Pedioti
✆ +30 6972 703400
www.dioskouroi.com
Studio à partir de 50 €, en saison. Petit déjeuner en supplément. A/C. Piscine. Bar, restaurant. Wifi. Navette.

On passe sous un petit moulin pour découvrir ce charmant hôtel familial propre, bien tenu, entouré de verdure et situé à 300 m de la plage principale d'Agia Pelagia. Les six appartements de quatre lits et les quatre studios à deux lits sont sans prétention mais bien agréables. Elles sont toutes équipées d'une kitchenette. Supérette à proximité. Vélos à disposition. Possibilité de long séjour à des prix attractifs. Des cours de grec peuvent être donnés si l'on en fait la demande. Seul bémol : cette oasis se situe dans un quartier pas très attractif.

NYMPHES €

En arrivant d'Héraklion par la route nationale, tournez à gauche au panneau « Agia Pelagia - Lygaria Beach » et prenez la route de montagne pendant 1 km en suivant les panneaux « Nymphes ».

✆ +30 2810 371605 - www.nymphes-apts.gr

Studio à partir de 50 €. Petit déjeuner en supplément. Ouvert d'avril à fin octobre.

Au beau milieu d'un jardin fleuri de 5 000 m², l'établissement offre une vue sur la grande bleue à couper le souffle ! Piscine avec transats, TV, air conditionné, wifi dans tout l'établissement, cuisinette équipée, terrasse, téléphone, coffre-fort, sèche-cheveux... Les chambres et studios sont au calme et il fait frais même en plein été (280 m d'altitude). On peut faire des grillades dans le jardin. Une bouteille de vin et un panier de fruits sont offerts en guise de bienvenue. Des retraites yoga sont également disponibles. Une excellente adresse !

ALEXANDER HOUSE €€

✆ +30 2810 811303

www.alexanderhouse.gr

Chambre double à partir de 90 € en saison, avec petit déjeuner.

Un complexe hôtelier de quelque 80 chambres, agencé autour d'une grande piscine, à 300 m de la plage. Chambres modernes et bien équipées pour celles qui ont été rénovées récemment dans un style contemporain. Les autres restent un peu vieillottes bien que fonctionnelles. Prestations typiques de ce genre d'établissements. Le ménage est fait quotidiennement et les serviettes sont changées tous les deux jours. Possibilité d'un lit supplémentaire pour un enfant jusqu'à 2 ans. Préférez les nouvelles chambres, avec vue sur mer. Restaurant, bar. Gym.

PELAGIA BAY €€

Marikas Kapsi

✆ +30 2810 811653

www.pelagiabay.gr

Ouvert d'avril à novembre. A partir de 80 € la chambre double en saison, avec le petit déjeuner. Demi-pension possible.

Ce complexe hôtelier de cinq bâtiments est pris d'assaut par les tours-opérateurs, notamment d'Europe du Nord. Chaque chambre ou appartement dispose de la climatisation, d'une salle de bains, d'une terrasse ou d'un balcon. Vous y trouverez deux piscines dont une destinée aux enfants, un jardin, une salle de jeux et des bars-restaurants. Possibilités d'excursions, d'activités nautiques et de cours de cuisine chez l'habitant. Des soirées barbecue sont organisées chaque semaine. Wifi dans les parties communes de l'hôtel. Parking gratuit mais limité.

OUT OF THE BLUE CAPSIS ELITE RESORT €€€

✆ +30 2810 811112

www.capsis.com

A partir de 220 € la chambre en saison, petit-déjeuner inclus. Spa. Gym. Restaurant, bar. Courts de tennis.

Complexe hôtelier de type *resort* merveilleusement installé sur une péninsule privée d'Agia Pelagia. Un grand lot de chambres luxueuses, confortables, très bien équipées. Le personnel est disponible dans l'instant et très aimable. Piscines, restaurants huppés, plage privée de sable fin... Tout ce qu'il faut pour favoriser le repos des familles ou des couples en vacances qui recherchent luxe et tranquillité. Beaucoup d'activités pour les petits enfants.

VILLAGE BELLEVUE €€

✆ +30 2810 814 119

www.agia-pelagia-bellevue.com

Ouvert toute l'année. A partir de 80 € selon la saison et le type d'hébergement sans petit déjeuner. A/C en supplément.

Le Village Bellevue est un joli complexe d'appartements et de suites, à un quart d'heure d'Héraklion, offrant une pleine vue sur la baie de Ligaria et d'Aghia Pelagia. Le petit déjeuner est servi dans la taverne du Village où l'on peut, par ailleurs, déguster quotidiennement des bons plats de la cuisine crétoise. Il se compose de six bâtiments indépendants dans lesquels on peut louer des studios ou des appartements de 35 à 55 m² (pour 2 à 4 personnes), qui comprennent tous une kitchenette équipée, une salle de bains, la climatisation, la TV et un balcon.

MYTHOS TAVERNA €

✆ +30 28108 12002

www.mythos-tavern.gr/

Ouvert tous les jours en saison, de midi à minuit. Comptez 15 € par personne environ.

On reconnaît facilement cette taverne familiale car c'est la seule à porter les couleurs de la Grèce avec le drapeau national sur l'enseigne. Elle se situe au beau milieu de la très jolie plage d'Agia Pelagia, au bord de la mer. Les portions y sont bien servies et avec un grand sourire, l'ambiance se montre sympathique et la cuisine bonne, c'est pourquoi les clients reviennent. A la carte, entre autres, riz aux fruits de mer, escargots à la crétoise, salade du pêcheur, soupes diverses, kleftiko d'agneau, côtelettes d'agneau grillées, dorade grillée...

RESTAURANT LE GOURMET €

Sur la plage principale.

✆ +30 2810 811501

www.legourmetagiapelagia.com

Ouvert tous les jours en saison, de midi à minuit. Comptez autour de 20 € par personne. Ouvert d'avril à fin octobre.

Cuisine grecque traditionnelle pour ce restaurant familial qui compte déjà 25 ans, comme on les aime au bord de l'eau. Vous dégusterez des pâtes aux fruits de mer savoureuses, du poulpe ou des calamars grillés au feu de bois, du poisson frais à choisir soi-même dans la vitrine de l'entrée (comme toujours avec le poisson frais, confirmez le prix au kilo avant de commander pour éviter les additions salées), des moules à la vapeur, des côtes d'agneau grillées… Service impeccable, rapide et poli. Kostas et sa famille y veillent depuis des lustres.

ALMYRA SEASIDE FOOD & COCKTAILS €€

Au bout de la plage principale.

✆ +30 2810 811388

almyracrete.gr

Ouvert 7/7, de 9h à tard la nuit pour le bar. Comptez 30 € environ par personne au restaurant. Cocktails autour de 9 €.

Se distinguant des tavernes classiques des environs, ce restaurant offre une cuisine crétoise moderne, dans une ambiance *lounge* et chic avec vue sur la mer bleue. Le restaurant offre des plats de qualité et le beach-bar propose des snacks et petits-déjeuners toute la journée. Décoration contemporaine et musiques tendance sur la plage. Cadre très agréable pour boire un cocktail au bord de la mer. Prix légèrement plus élevés pour ce lieu unique à Agia Pelagia.

MOURAGIO €€

Sur la plage principale

✆ +30 2810 811070

Ouvert en période estivale. Autour de 18 € le repas par personne, plus cher pour les poissons frais.

Mouragio est une taverne de poissons familiale, installée sur la plage d'Agia Pelagia. La mère de la famille est en cuisine tandis que les hommes, Vassilis et Nikos, gèrent avec grande efficacité le service. Les fruits de mer et poissons sont préparés à la perfection, juste saisis et arrosés d'huile d'olive. Des plats grecs typiques et *mezzedes* sont également au menu, nous vous recommandons le gyros de porc ou de poulet. Idéal pour se restaurer ou boire un verre, à toute heure, entre deux plongeons dans l'eau turquoise. Une bonne adresse.

STAY WET DIVING CENTER

Sur la plage de Mononaftis

✆ +30 6944 690 152

www.staywet.gr

Débutants (+8 ans) : journée découverte de 69 € à 79 € (équipement fourni). Certifiés : à partir de 29 €.

Mireille, Freddy et leur fils Yoann gèrent cet incontournable centre de plongée en Crête. Ces chaleureux Bordelais vous accueilleront dans un cadre professionnel et sécurisé pour vous faire découvrir les merveilles sous-marines de la baie d'Agia Pelagia : une grotte aux amphores, des bancs de barracudas juvéniles, ou une tortue. Si vous voulez progresser, le centre propose également des cours pour passer vos différents niveaux. Possibilité également de louer du matériel pour les adultes comme pour les enfants intéressés par la plongée et le monde sous-marin.

EUROPEAN DIVING INSTITUTE

✆ +30 2810 811252

www.eurodiving.net

Un centre francophone pour tous les niveaux. Comptez à partir de 70 € le baptême de plongée.

Un centre de plongée très professionnel et polyglotte vous offre la possibilité de découvrir la richesse sous-marine éblouissante de la Crête. Les excursions sont fréquentes car il y des grottes à visiter et 25 sites de plongée aux alentours d'Agia Pelagia. Si vous réservez sur le site Internet au moins une semaine à l'avance, vous bénéficiez d'une réduction. Le transfert est assuré mais limité à la région entre Fodele et Gouves. Possibilité de plongée au coucher du soleil.

DIVER'S CLUB CRETE

✆ +30 2810 811755

www.diversclub-crete.gr

Ouvert d'avril à octobre.

Excellente situation pour ce club installé depuis 1995 dans la région d'Agia Pelagia : Diver's Club Crète est un centre de plongée très expérimenté dans le domaine de l'enseignement de la plongée sous-marine et de la plongée-loisir. Les plongées sont guidées par des « divemaster » et ne sont jamais à plus de 20 minutes de trajet. Également des promenades en mer ou des balades en PMT (palmes, masque et tuba). Le choix des sites est différent selon le niveau des plongeurs alors que des plongées de nuit sont prévues pour tous les niveaux.

FODELE ★★★

A 30 km à l'ouest d'Héraklion, c'est dans ce village que serait né, en 1541, le grand peintre Domenikos Theotokopoulos, plus connu sous le nom de « El Greco ». Les amateurs de l'artiste, qui fit carrière à Tolède en Espagne et marqua à jamais l'histoire de la peinture, viendront en pèlerinage et les autres pourront y apprécier les paysages qui entourent Fodele dans une vallée d'orangers et de platanes. En effet, c'est là que poussent les meilleures oranges, mandarines et clémentines de l'île. D'ailleurs on y célèbre mi-mars la fête de l'orange durant laquelle les locaux se rassemblent pour exposer et échanger tout type de dérivés dont le raki à l'orange entre autres.

Tourisme

Bien entendu, tout à Fodele rappelle El Greco. Un buste du célèbre peintre est placé sur la place centrale du village avec une plaque de l'université de Tolède datant de 1934. Dans le haut du village, vous pourrez voir la maison où El Greco serait né. Un petit musée dédié à l'artiste se trouve à 15 minutes de marche du village (ouvert tous les jours d'avril à octobre, de 9h à 19h pour 2 €), où l'on peut contempler bien évidemment des copies des œuvres les plus prestigieuses du maître. Non loin de là se trouve la petite mais très importante église byzantine de Panagia du XIe ou du XIIe siècle, de l'Annonciation de la Vierge Marie, avec de belles fresques couvrant de nombreuses surfaces. Une autre petite église au cœur du village : Saint-Georges (Agios Giorgos). La plus grande église est Saint-Michel-des-Anges (Agios Michalis Archeangelos) pour laquelle il faudra marcher un peu plus ou reprendre sa voiture parce que ça monte pendant 8 kilomètres, mais ça vaut le coup.

Transports

En voiture : on y accède par la nouvelle route nationale E75. En venant d'Héraklion sortie Fodele et Achlada après Agia Pelagia. Suivre le panneau en grimpant un peu dans la montagne.

En bus : bus fréquents de/vers Héraklion tous les jours. Attention, tous les bus ne vont pas jusqu'au vieux village de Fodele. Vous serez débarqué sur l'asphalte près de la plage et vous continuerez à pied jusqu'au village.

FODELE FONTANA APPARTEMENT €

A la sortie du village vers la montagne et la forêt sur votre droite. ✆ +30 2810 251758
www.fodelefontana.com

Studio pour deux à partir de 40 € en saison. Appartement de trois chambres à partir de 80 € en saison. Wifi.

Rien d'exceptionnel mais on ne fera pas la fine bouche car c'est le seul logement disponible dans le village. Les studios et appartements sont fonctionnels et propres, à défaut d'être charmants. Toutefois, les chambres sont confortables, lumineuses et elles donnent sur le jardin assez bien entretenu. On y trouve un coin cuisine, un réfrigérateur, une table à manger, une télé. Air conditionné. Wifi gratuit dans les chambres. Parking privé gratuit.

CHEZ KATRIN €

✆ +30 69764 95588

A partir de 80 € en haute saison pour deux avec petits déjeuners et dîners. 50 € par personne en demi-pension.

Petite adresse sans prétention, c'est familial, traditionnel et l'on ne parle aucune langue étrangère. L'établissement est composé de 3 appartements pour cinq personnes maximum et 2 chambres pour trois personnes maximum. Possibilité de demi-pension ou de pension complète. Plage à proximité. Bus au quotidien reliant Héraklion ou Réthymnon. C'est au bord de la route E75, mais les logements sont à l'arrière et donc au calme. C'est un peu cher mais on n'a pas le choix car il n'y a pas grand-chose ici et on est quand même près de la plage.

TAVERNA EL GRECO €

Adelfon Melissidi
✆ +30 20100 3791738

Ouvert tous les jours en saison, de midi au dernier client. Comptez 15 € environ par personne.

Nikos Zervas et sa famille vous accueilleront dans cette taverne au nom du célèbre peintre qui règne ici en maître. La cuisine de Nikos se différencie des autres par sa qualité et le savoir-faire incontestable du propriétaire. Spécialités crétoises au menu mais aussi des plats grecs. Les grillades sont excellentes et bien juteuses. Optez aussi pour les plats traditionnels crétois préparés soigneusement. On se repose volontiers en terrasse et à l'ombre des vieux platanes en dégustant un des plats. Oranges pressées quasi obligatoires.

AMNISSOS

Autrefois cette petite ville, située à 8 km à l'est d'Héraklion, était l'un des trois ports de Cnossos. La rivière Karteros servait à la mise à flot des bateaux minoens. Aujourd'hui, le seul intérêt que l'on trouve à Amnissos est sa plage. Celle de Tombrouk est d'ailleurs un peu moins fréquentée. Ne pas sous-estimer cependant la proximité de l'aéroport et les avions qui survolent les lieux très fréquemment, notamment en haute saison, ce qui perturbe la baignade. D'Héraklion, prendre le bus n°7 au départ de la place Eleftherias, en face du musée archéologique. Le trajet dure environ 20 minutes (acheter son ticket au kiosque à journaux de la place).

CITÉ MINOENNE ★★★

Visite sur rendez-vous : se renseigner au +30 2810 762761 et au +30 2810 279241.
Entrée gratuite.

Il est très probable qu'Amnissos ait été le port de Cnossos à l'époque minoenne. Les archéologues y ont trouvé les traces d'une cité antique dont la villa des fresques ou villa des lys. Les murs étaient autrefois recouverts de fresques blanches et rouges représentant des fleurs de lys, mais aussi d'autres végétaux : iris, menthe ou papyrus. La villa qui date d'environ 1600 ans av. J.-C. a été détruite par un incendie comme le montrent des restes carbonisés d'un pilier. La fresque des lys découverte sur ce site se trouve au musée d'Héraklion.

GROTTE D'EILEITHYIA

Située à 1 km d'Amnissos, en contrebas de la route qui va vers Episcopi (le signe qui l'indique est à moitié effacé). L'accès est fermé par une grille et il faut alors s'enquérir du gardien, pas toujours évident à localiser !

Se visite sur autorisation spéciale de la préfecture d'Héraklion.

Cette grotte est l'une des plus connues de la région d'Héraklion. Elle a servi comme lieu de culte et cela dès l'époque néolithique et jusqu'au Ve siècle apr. J.-C. Son nom est celui de la déesse de l'accouchement et de la fertilité à qui elle était dédiée (Eileithyia était la fille d'Héra et de Zeus). Cette grotte de 65 m de longueur par 12 m de profondeur et 4 m de hauteur renferme des stalactites. Une grande partie d'objets découverts dans cette grotte lors de fouilles archéologiques sont actuellement exposés au Musée archéologique d'Héraklion.

KOKKINI HANI

A l'est de l'aéroport et de la petite station d'Amnissos s'étend le royaume du voyage organisé, des hôtels-clubs et de tous les loisirs récréatifs diurnes et nocturnes de bord de mer ! Les plages sont superbes mais bondées et frangées de constructions pas toujours esthétiques, il faut bien le reconnaître. Si vous aimez ces atmosphères estivales et cosmopolites, la fête et les rencontres, vous serez ravi !

La petite station balnéaire de Kokkini Hani est située à 12 km à l'est d'Héraklion et à 6 km de l'aéroport. Grâce à sa position idéale à mi-chemin entre Héraklion et Hersonissos (13 km), Kokkini Hani est animée même en hiver, car nombreux sont les Grecs qui y viennent le week-end. On trouve les principales prestations touristiques : hôtels, appartements et chambres à louer, quelques bons restaurants, plusieurs pharmacies, des loueurs de voitures, des magasins, des banques, une belle plage au drapeau bleu... Généralement l'atmosphère est décontractée et familiale à Kokkini Hani, contrairement à celle de sa voisine fêtarde à l'est. Dans les années 1960, c'était un village de pêcheurs d'une centaine d'habitants, sans électricité.

Histoire

Le nom actuel de Kokkini Hani signifie « L'auberge du Kokkinis » là où, au XIXe siècle, les agriculteurs et les voyageurs s'arrêtaient pour passer la nuit et prendre un repas. Pendant ce temps, leurs chevaux et leurs ânes se détendaient et se nourrissaient. A cette époque, les voyageurs devaient passer la nuit en dehors des murs d'Héraklion en attendant que les portes de la ville s'ouvrent au lever du jour.

Transports

Les solutions pour atteindre Kokkini Hani depuis la capitale : en voiture par la vieille route nationale direction Hersonissos ou plus rapidement par la nouvelle route nationale dans la même direction. Sont programmés également des bus partant pour l'est en direction de Hersonissos ou Malia relient Héraklion à Kokkini Hani toutes les 30 minutes environ.

SITE ARCHÉOLOGIQUE NIROU HÁNI (LE PALAIS DE NIROU) ★

En venant d'Héraklion prendre l'ancienne route nationale pour Agios Nikolaos. Le site se trouve à droite à l'entrée de Vathiano Kambos (10 km à l'est d'Héraklion), peu après l'hôtel Knosos Beach qui, lui, est situé sur la gauche. ✆ +30 2810 762761

Ouvert de 8h30 à 16h en saison et à 15h30 en hiver, tous les jours sauf le mardi. Entrée libre.

C'est ici que les chercheurs ont trouvé sur 1 000 m² une villa minoenne du XVIe siècle avant notre ère. Les mêmes ne savent toujours pas si c'était une maison de prêtre, un centre pour des rituels religieux, ou une usine d'objets pour les cérémonies. Ont été découverts, entre autres, de nombreux objets votifs tels que des lampes à huile, des cornes de consécration, des doubles haches, des autels, des objets de culte… aujourd'hui exposés au musée archéologique d'Héraklion.

MAX - LOUEUR DE VOITURES

Sur la vieille route principale en face de l'hôtel Ideal. Plutôt à la sortie de la ville en venant d'Héraklion. ✆ +30 28107 63009

www.max-car-rental.com

A partir de 40 €/jour (voiture classe A) en saison. Prix variables selon le véhicule et la durée de location.

Petite agence mais très sérieuse, établie en 1987 à Kokkini Hani, et à Hersonissos également, opérant sur toute la région. L'agence propose plusieurs offres sur le site. Il est conseillé de réserver jusqu'au 1er mai afin de bénéficier d'une remise de l'ordre de 10 %. Siège supplémentaire pour enfant, chauffeur supplémentaire et l'allée et retour vers/depuis l'aéroport, nettoyage du véhicule inclus dans le prix de la location. Kilométrage illimité. Assistance sur les routes 24h/24. Véhicule de remplacement rapide. Assurances multiples au choix.

SUNSET BEACH HOTEL €

Sur la vieille route nationale en plein centre du village.

✆ +30 2810 761553

A partir de 90 € la chambre double en haute saison, sans petit déjeuner. Variant selon la saison et catégorie. Wifi.

Situé à 7 km de l'aéroport, cet établissement sans prétention sera pratique pour accéder rapidement au terminal aéroportuaire, notamment pour les vols et départs matinaux ou les arrivées tardives. Il y a une plage à quelques mètres de l'hôtel, mais également une piscine extérieure et un restaurant à l'arrière du bâtiment. Certaines chambres offrent une vue sur la mer ou le jardin mais toutes sont climatisées. Billard, location de vélos, billetterie, aire de jeux pour enfants… Un hôtel calme et accueillant, rendu attractif par des prix abordables.

IDEAL HOTEL-APPARTEMENTS €

Sur la vieille route principale (pas l'autoroute). Plutôt vers la sortie de la ville lorsqu'on vient d'Héraklion. ✆ +30 2810 761930

www.idealapts.com

Ouvert d'avril à novembre. A partir de 50 € pour un studio double en haute saison. Petit-déjeuner, 7 €. Piscine. Wifi.

Non loin du centre, à 12 km de l'aéroport. Plage à 150 mètres. Comme dans la taverne familiale, ici c'est sans prétention. Les appartements ne sont pas au bord de la route mais à l'arrière avec une piscine, un bar et des chaises longues. On y est logés confortablement pour des prix raisonnables. Tous les appartements possèdent deux chambres, une cuisinette, une salle de bains, un balcon donnant sur la piscine ou le jardin. Les studios sont fonctionnels.

IDEAL TAVERNA €

Sur la vieille route principale (pas l'autoroute), plutôt vers la sortie de la ville en venant d'Héraklion. ✆ +30 2810 761930

Ouvert, en saison uniquement, tous les jours de 8h à minuit. Comptez autour de 18 € par personne.

C'est une taverne traditionnelle familiale sans prétention au sein de l'hôtel du même nom. Elle est située au bord de la route mais on mange bien pour pas cher. Le service est sympa, la carte est en français et il y a du choix pour tous les goûts, fruits de mer et pizzas entre autres. Les pizzas ainsi que les viandes en papillote sont cuites au four à bois. Rien à dire, il faut s'y rendre pour les petits déjeuners, pour les déjeuners, pour les dîners... on y sert toute la journée. En saison, choisissez une table dans la petite cours de la taverne.

TAVERNA TO KYMA €

Sur la vieille route principale à gauche lorsqu'on vient d'Héraklion, presque à l'entrée du village.

✆ +30 2810 762162

Ouvert tous les jours en saison, de midi à minuit. Comptez autour de 18 € par personne.

Taverne traditionnelle familiale qui est surtout et depuis longtemps réputée pour le poisson. Elle propose aussi une carte très variée de mets crétois. Les fritures d'anchois, calamars et crevettes sont conseillées. Le poulpe et les pâtes au homard sont un bon choix également. Le menu peut satisfaire les végétaliens et les végétariens. La vue donne sur la mer et une plage se trouve en contrebas pour ceux qui souhaitent faire bronzette (les chaises longues sont gratuites). Petit-déjeuner. Brunch. Et quelques boissons alcoolisées pour des heures plus tardives.

GOUVES

Composé d'une partie haute et d'une partie basse (Kato Gouves), Gouves est l'un de ces innombrables villages qui se sont développés grâce au tourisme, le long de la côte, et qui s'animent surtout de mai à octobre. Longues plages de sable fin aménagées et complexes hôteliers en bord de mer accueillent les touristes. C'est un excellent point de départ pour rayonner dans la région. Juste à côté, à Gournes (deux noms de villages qui peuvent porter à confusion), se trouvent entre autres le plus grand aquarium de Crète et un parc d'attractions consacré aux dinosaures : des attractions qui feront plaisir aux familles qui voyagent avec des enfants.

DINOSAURIA PARK

Gournes ✆ +30 2810 332089
www.dinosauriapark.com
Ouvert tous les jours de 10h à 17h uniquement en saison. Entrée adulte : 10 €, enfant : 8 €. Jeux pour enfants.

Parc thématique interactif situé à proximité d'Héraklion au village de Gournes. Difficile de louper ce parc en Crète, il est plus indiqué que le site de Cnossos ! Les enfants y trouveront leur bonheur, en admirant plus de 30 maquettes grandeur nature de dinosaures (parmi lesquelles l'impressionnant tyrannosaure !), en participant à des fouilles ou en assistant à une représentation virtuelle du processus de l'incubation d'un œuf de dinosaure ! Une exposition pédagogique vous emmènera au cœur de la Préhistoire avec de nombreuses salles réparties sur 2 500 m².

GROTTE D'AGIA PARASKEVI

Cette grotte fut un lieu de culte sous l'Antiquité et pendant les premiers temps de l'époque chrétienne. Elle est par sa taille l'une des plus importantes de la région d'Héraklion, et même de l'île : plus de 450 m de longueur ! Cette grotte possède plusieurs pièces dont la plus vaste fait 130 m de longueur et 30 m de hauteur. Les stalactites formées au cours des âges évoquent des formes animales ou humaines que l'on ne manquera pas de vous montrer lors de la visite. Il est conseillé de visiter la grotte en étant muni d'une lampe de poche.

CRETAQUARIUM ★

Gournes ✆ +30 2810 337788
www.cretaquarium.gr
Ouvert toute l'année, tous les jours en saison de 9h30 à 19h, Entrée : 10 €. Réduit : 6 €.

Cet aquarium géant ouvert en 2006 présente 2 500 poissons et invertébrés dans une dizaine d'aquariums qui reproduisent leur milieu de vie. On part des plus gros spécimens, avec plusieurs requins impressionnants, des mérous... On passe par des poissons exotiques, des méduses qui dansent devant vos yeux avec leur grâce aquatique. Tout y est, de l'hippocampe à l'étoile de mer. On arrive aux plus petits spécimens, comme les bébés poissons-clowns qui sortent du laboratoire et ne mesurent que quelques millimètres. Les bassins sont assez bien entretenus et les poissons ne sont, en général, pas en manque de place. On apprécie aussi la sensibilisation écologique faite sur la fin, sur la propreté des océans : on y explique le temps que prennent les objets du quotidien pour se biodégrader. C'est pédagogique et donc très bien pour les enfants mais aussi pour les plus grands. C'est une belle activité, entre éducation et loisir, à faire absolument quand on est dans les alentours d'Heraklion. Dans une petite salle interactive, vous pourrez toucher des étoiles de mer et des poissons-pierre. A la pointe de la technologie, Cretaquarium appartient à Thalassocosmos, l'un des plus grands complexes méditerranéens sur la recherche marine. Il y a souvent des petites expositions d'art reliées au sujet du monde maritime, en accès libre, à l'entrée de l'aquarium. De nombreuses informations complètent les différents bassins. Magasin de souvenirs. Snack-bar avec vue imprenable sur la mer. Une bien belle visite, qu'il ne faut louper sous aucun prétexte !

© VLADIMIR1984 - SHUTTERSTOCK.COM

RÉGION D'HÉRAKLION

OK RENT-A-CAR AND MOTOBIKE

Kato Gouves
✆ +30 2897 042396
www.gouvescarrental.com
Ouvert toute l'année de 8h30 à 23h.

Il s'agit d'un loueur francophone dans le centre, situé en face du bowling et à côté du Lato supermarché. Vous reconnaîtrez l'enseigne facilement car ses scooters sont exposés dans l'angle des deux rues. Parmi les services offerts par cet établissement, OK Rent-a-Car and Motobike fait également office d'agence de voyages : le personnel de l'agence vous conseillera pour toutes vos excursions. Les voitures sont délivrées à l'aéroport d'Héraklion ou à votre hôtel, selon votre demande.

CRETA CAMPING €

Le bus en direction d'Agios Nikolaos s'arrête à 2 min du camping. ✆ +30 28970 41400
www.cretacamping.com
En haute saison : adultes 8,50 €, enfants 4 €, voiture 4,50 €. Wifi. Supérette. Snack-bar. Machines à laver et frigo.

Ce vaste camping de 2 hectares est assez ombragé et idéalement situé à proximité de la plage de Kato Gouves. Il dispose de jeux pour les enfants et d'une plage aménagée juste à côté, ce qui en fait une option logement parfaitement adaptée aux familles notamment. Dès que le vent se lève, c'est un bon spot pour les kitesurfeurs qui viennent ici goûter aux flots sous le vent. Le Creta Camping est ouvert du 1er avril au 31 octobre tous les ans et propose ainsi une alternative bon marché pour les petits budgets, même au cœur de la pleine saison.

VILLA MARIE KELLY €

A 200 m de la plage. ✆ +30 28970 42265
www.mariekelly.gr
A partir de 60 € la chambre double en saison, avec un minimum de réservation de trois nuits. Petit-déjeuner non inclus.

En arrivant par bus depuis la route nationale, on descend vers la plage, et l'on trouve Marie Kelly derrière le luxueux complexe Island. Un endroit nullement prétentieux, avec une grande piscine propre. On y trouve des studios pour deux personnes avec coin kitchenette et des appartements calmes avec balcon, plus grands. L'ensemble a été rénové en 2014 donc promet un confort moderne, tout en offrant toujours un très bon prix, même en juillet et août. Wifi, lounge-bar avec écrans plats, grand parking gratuit... L'établissement est ouvert d'avril à fin octobre.

HARA ILIOS VILLAGE €€

✆ +30 2897 042740
https://hara-ilios.gr
La chambre double à partir de 70 € en saison. Piscine, restaurant, bar. Parking gratuit. Navette aéroport.

Les chambres sont toutes spacieuses et bien décorées. Celles de catégories hautes sont les mieux aménagées, très aérées, lumineuses, avec un lit *king size*. La piscine extérieure est très jolie et permet d'alterner avec les joies de la mer. L'hôtel fournit tout un tas de prestations diverses très utiles pour rendre votre séjour plus agréable et surtout plus facile. N'hésitez pas à demander conseil pour vos excursions. Hôtel qui reste calme le soir, contrairement aux *resorts* animés de la côte. Bien équipé, très propre et bon prix.

MAGDA €€

Kato Gouves
✆ +30 2897 042307
www.magdahotel.gr
Ouvert d'avril à octobre. Chambre double à partir de 85 €. Possibilité de demi-pension ou formule all inclusive.

Il s'agit d'un hôtel familial et moderne non loin de la plage de Gouves. De type resort, le Magda Hotel offre tout ce qui est attendu de ce type d'établissement : piscine, salle de gym, discothèque, bar, sauna, bain bouillonnant, animations organisées par le personnel... Les chambres sont simples mais fonctionnelles et confortables. Aucune surprise ici, les habitués des hôtels type resort retrouveront tous les standards habituels. Ceux qui préfèrent une approche un peu plus personnalisée, esthétique ou intime passeront leur chemin.

MARINA HOTEL €€

✆ +30 2897 041112
Ouvert en saison. A partir de 95 € la chambre double. Possibilité de demi-pension. Wifi. Piscine.

Resort de front de mer, avec activités toute la journée pour ceux qui veulent, et très pratique notamment pour ceux qui voyagent avec des enfants. Il y a une piscine où l'on peut trouver la tranquillité. Les chambres sont très propres et confortables. La plage est très propre, avec des transats mis à disposition, et la localisation de l'établissement est idéale : plusieurs bons spots de baignade dans les environs, ainsi que le Cretaquarium et le Dinopark pour distraire les enfants. Beaucoup de restaurants autour mais possibilité de manger aussi dans l'hôtel.

YOUR MEMORIES HOTEL €€

Kato Gouves

✆ +30 2897 041844

www.yourmemorieshotel.com

Studio à partir de 60 € en saison. Appartement pour 4 personnes à partir de 100 €. Petit-déjeuner inclus. Wifi.

Les 13 studios et 11 appartements sont disséminés dans un adorable jardin de 7 000 m². Complètement équipés et joliment meublés, ils possèdent tous une cuisinette bien fournie. Depuis les vérandas ou les balcons, on voit la mer, la montagne, le jardin ou la piscine. Restaurant traditionnel, accès Internet, parking… Ambiance familiale. Stella, la patronne, parle un peu le français. Une bonne adresse pour découvrir toute la Crète, car ici nous sommes à peu près à équidistance des deux bouts de l'île et à 14 km de l'aéroport d'Héraklion.

THE ISLAND €€€

✆ +30 2897 042025

www.theislandhotel.eu

Chambre double avec petit déjeuner à partir de 145 € en haute saison. Demi-pension possible.

Anciennement Pantheon Palace, cet établissement a été complètement reconstruit et redécoré dans un style minimaliste et moderne. Il s'agit aujourd'hui d'un bel établissement de 300 chambres luxueuses, avec salle de gym et piscine. Attention, il y a un dress code pour le dîner : *smart casual*. Un spa est à disposition des clients pour un séjour détente et relaxation. Notez à ce sujet que les enfants de moins de 17 ans ne sont pas acceptés dans l'hôtel pour assurer le calme de tous les adultes en vacances ! Idéal pour une escapade en amoureux, ou pour se ressourcer.

ISLA BY 7 SEAS €€

Kato Gouves

✆ +30 2897 440930

Ouvert tous les jours en saison, de 9h à 5h du matin. Comptez autour de 25 € par personne.

Sur la plage, c'est un endroit incontournable à Kato Gouves. A la fois beach-bar et restaurant, on vient ici pour l'ambiance lounge qui règne toute la journée et qui se transforme en soirée pour devenir plus festive. Au bord d'une plage presque privée où sont disposées de confortables chaises longues, on vient pour petit-déjeuner, faire une pause café, déjeuner à midi… Le coucher du soleil vous invite à un dîner romantique aux environs de 20h. C'est un endroit élégant comme on les aime, proposant une cuisine raffinée légère, à des prix assez raisonnables.

ANISSARAS

Anissaras est une petite péninsule au nord d'Hersonissos, bordée de longues plages de sable fin. Ce n'est pas réellement un village ni une ville, du fait des nombreux et vastes complexes hôteliers qui s'y sont installés. Ce n'est pas ici que vous vivrez au rythme de la Crète profonde, tout est organisé pour combler les désirs d'un certain type de tourisme. Ceux qui recherchent l'authenticité passeront leur chemin. Au programme : bronzette à la plage, sur le bord des piscines, sur les terrasses des cafés, ou excursions aux villages de Koutouloufari, Hersonissos, Piskopiano, au site archéologique de Malia, au Lychnostatis Folk Museum.

ANNA CARS

Sur la plage, près du restaurant Captain.

✆ +30 28970 24945

www.annacars.gr

Voiture classe A à partir de 50 € la journée en saison. Assurance tout risque comprise.

Créé il y a 30 ans, Anna Cars loue des voitures ainsi que des minibus pour les familles. Ces voitures peuvent vous être livrées là où vous le désirez, selon ce qui vous semble le plus pratique, que ce soit à l'aéroport, au port, ou à votre hôtel, à Héraklion ou à Hania, et cela gratuitement. Le nombre de kilomètres est illimité et vous aurez la possibilité d'ajouter un second conducteur gratuitement également. L'assurance est comprise dans le prix (offres promotionnelles sur le site Internet). L'agence est ouverte de mai à octobre, en saison.

OASIS BEACH HOTEL €€

A quelques mètres de la route principale, prendre à gauche à l'arrêt de bus (en direction d'Héraklion), puis tournez à droite et descendez la rue. L'hôtel se situe sur votre droite.

✆ +30 28970 21787 - www.oasisbeach.gr

Chambre double à partir de 95 € en saison. Wifi et parking gratuits. Piscine, restaurant, bar, laverie.

Cet établissement est situé à 250 mètres de la plage d'Anissaras. Dans un endroit calme, cet hôtel familial sera ravi de vous accueillir dans l'une de ses 40 chambres rénovées. L'une des propriétaires parle le français. Les chambres sont confortables et propres avec toutes les prestations standard attendues de la part de ce type d'établissement. Possibilité d'excursions à organiser avec le personnel, très à l'écoute de vos envies. Dîners constitués de spécialités locales mélangées aux classiques internationaux : très variés, plats copieux.

ANISSA BEACH HOTEL €€€

✆ +30 28970 23264
www.anissabeach.com

En saison, chambre double à partir de 145 €. Petit-déjeuner inclus.

Face à la mer, cet hôtel de 310 chambres comporte une piscine intérieure et extérieure, un spa, trois terrains de tennis, un terrain de volley ainsi que des tables de billard et de ping-pong. Divers sports nautiques sont proposés ainsi que des excursions. Les chambres sont propres et spacieuses, mais en saison elles sont un peu chères pour les services et le confort proposés. A noter parmi les autres services proposés : un parking gratuit, un bar et un restaurant. Une option à garder en tête pour les familles car des activités sont organisées pour les enfants.

PARADISE ISLAND VILLAS €€€

✆ +30 28970 22893
www.luxuryvillascrete.com

Villas à partir de 250 € en saison, sans petit-déjeuner (supplément de 10 € par personne). A partir de 3 nuits minimum.

Ce charmant boutique-hôtel comprend 12 villas élégantes, de style méditerranéen et au design chic. Chacune offre un style unique avec accès piscine, ainsi qu'un grand jardin privé avec transats. Deux restaurants : l'un ouvert toute la journée, et l'autre, gourmet, plus chic, vous accueille uniquement pour le dîner avec une cuisine savoureuse et créative. L'hôtel se trouve à flanc de colline tourné vers la mer et les montagnes. Parfait pour se reposer en toute intimité et profiter de la belle plage de sable d'Anissaras, qui est à quelques minutes à pied.

CAPTAIN €€

Beachfront Road
✆ +30 2897 024800

Ouvert tous les jours en saison de 10h à 1h30, dimanche fermeture à minuit. Comptez autour de 18 € par personne.

Dans ce restaurant sur la plage on retrouve les plats classiques des tavernes et snacks de bord de mer. Le gérant et ses serveurs se révèlent très agréables. Petit plus, il est possible d'y louer des chaises longues et parasols pour passer un moment sur la plage face au restaurant, pour quelques euros supplémentaires (6 €). Idéal pour un après-midi de détente, ou pour boire un verre le soir car la nourriture ne vaut pas spécialement le détour en elle-même. Mais on apprécie l'emplacement et la possibilité de casser la croûte pendant une journée plage.

CYCLING CRETA - MOUNTAIN BIKE ADVENTURE

✆ +30 6947 308452
www.cyclingcreta.gr

Ouvert tous les jours, 10h-12h et 17h-19h. Location vélo dès 20 € par jour. Randonnées et visites guidées dès 55 €.

Ce loueur de vélos et agence spécialisée propose des circuits à vélo guidés, dans toute la région. Vous pourrez ainsi découvrir la côte tout autant que l'arrière-pays, selon vos préférences. Au programme : visite de sites culturels, sessions plage, virées dans la nature. Une très bonne alternative pour découvrir la région autrement et participer à la transition vers un tourisme plus vert. Parmi les autres services proposés : vous pourrez louer des vélos à la journée, ou à la semaine.

RÉGION D'HÉRAKLION

© ALEXANDER GEIGER - SHUTTERSTOCK.COM

Anissaras.

HERSONISSOS ★

Hersonissos est l'une de ces villes qui offrent tout aux touristes en abondance : shopping, loisirs, restaurants, sauf le calme et la sérénité, en tout cas en pleine saison au centre-ville. Lieu de vacances, cette ville n'est pas représentative de la Crète et, en été, on y entend plus parler allemand que grec. On peut quand même descendre faire un tour sur le vieux port qui distille malgré tout encore un peu de son charme d'antan. Hersonissos est composée de plusieurs villages situés en bord de mer et dans l'arrière-pays, comme Koutouloufari, Piscopiano, Anissaras, Potamies ou Gonies. Sa population passe de 4 500 habitants en hiver à 50 000 en été ! Hersonissos était autrefois le nom d'une ville minoenne située sur le vieux port. Celle-ci prospéra aux époques romaine et byzantine. Les ruines de l'époque romaine sont visibles sur la butte Kastri où s'élevait une basilique chrétienne. Les restes de l'aqueduc qui alimentait le port en eau sont, quant à eux, visibles au village de Potamies. Après l'occupation vénitienne, le port perdit de son importance et les menaces pirates poussèrent les habitants à se retrancher dans les montagnes alentour. L'Hersonissos d'aujourd'hui vit alors le jour tandis que le port redevint un simple repaire de pêcheurs. Ce dernier se transforma à partir des années 1960 en un lieu de tourisme prospère.

Se loger

Attention, dans cette partie de la Crète (qui possède pourtant l'offre hôtelière la plus large de l'île), les hôtels sont souvent complets, surtout en juillet, août et septembre. Pensez à réserver à l'avance.

Hersonissos et ses environs regorgent de restaurants, notamment en bord de mer, mais ils n'offrent rien de très goûteux ou d'authentique - à quelques exceptions près. Les meilleures options se trouvent en retrait de la côte, en haut dans la montagne à Koutouloufari (Myhos Mezedopoleio), Piskopiano (Restaurant Gallini) et sur la magnifique place du vieux Hersonissos (la taverne Zahos).

Transports

L'arrêt de bus d'Hersonissos se trouve sur la route principale (à quelques minutes à pied de la mer, en remontant) sur la ligne Héraklion-Malia. La ville est desservie dans les deux directions est et ouest, toutes les 15 à 30 min entre 6h et 23h (jusqu'à minuit dans le sens Malia-Héraklion). Attention, la fréquence est réduite le dimanche et en hiver.

© BERNI0004 - SHUTTERSTOCK.COM

Hersonissos.

MUSÉE EN PLEIN AIR DE LYCHNOSTATIS ★

A la sortie de la ville, en direction de Malia, le long de la plage. ✆ +30 28970 23660
www.lychnostatis.gr

Ouvert tous les jours en saison sauf le samedi, de 9h à 14h. Entrée : 6 €. Réduit : 3 et 2 €. Audioguide : 2 €.

Le musée s'est donné pour mission de transmettre la lumière des traditions crétoises. Vous y verrez des ateliers de tissage, des maisons de bergers, des magasins de céramiques, une fabrique d'huile d'olive, un moulin à vent, une distillerie de raki, une chapelle, des jardins aromatiques... Pour finir en beauté, une dégustation de thé ou de tisane dans un petit café qui donne sur la plage voisine. Visite bien organisée et très enrichissante. Un film est diffusé en français.

PANAGIA GOUVERNIOTISSA ★

Demandez les clefs aux habitants que vous croiserez, ils contacteront le gardien de l'église.

Au-dessus du village de Potamies, un ancien monastère aujourd'hui disparu a conservé son katholikon, église principale de l'ensemble monastique. Cette église byzantine cruciforme date du XIVe siècle. A partir de la moitié du XVIe siècle, le monastère connut une véritable apogée : fresques somptueuses et riches icônes vinrent embellir l'église dédiée à la Vierge. Ces icônes précieuses se trouvent aujourd'hui au musée historique d'Héraklion. Sur place, on admire encore aujourd'hui certaines des magnifiques fresques datant du XVIe siècle.

RÉGION D'HÉRAKLION

RUINES DE L'ANCIEN PORT

Durant la période de l'occupation romaine, Hersonissos a connu un développement considérable grâce à son emplacement et la possibilité qu'offrait le front de mer pour y construire un grand port, protégé des ardeurs de la mer et du vent. Il est possible de voir encore aujourd'hui les vestiges de l'ancien port romain d'Hersonissos, lorsque la ville était un centre de commerce important. Preuve de sa richesse à cette époque, une très belle fontaine romaine sur le front de mer, aujourd'hui perdue au milieu des boutiques de souvenirs.

OFFICE DE TOURISME - POINT INFO

Au port près de l'église, dans le bâtiment de la capitainerie.

La région d'Hersonissos possède la plus importante structure touristique de l'île. Vous trouverez de nombreuses et importantes informations sur les alentours au Point Info se situant à côté de la capitainerie au port près de l'église Agios Georgios Sarantaris incrustée dans la roche. Ce Point Info est moderne, il date de 2016, tout comme le discret Point Info d'Héraklion. Dans ces deux lieux, on découvre la région au moyen de différents jeux sur écrans tactiles interactifs géants.

AUTO TRAVEL

20 avenue El.venizelou
✆ +30 28970 22232
www.autotravel.gr

Ouvert tous les jours en saison de 8h à 23h.

Idéalement situé, au premier arrêt de bus près de la station-essence Eko, ce qui est très pratique, voici un loueur sérieux chez qui l'on peut également trouver trois belles villas à louer sur les hauteurs de la ville, au frais. C'est d'autant plus pratique lorsque tous les hôtels affichent complet quasiment 3 mois de l'année. Les véhicules loués sont bien entretenus et les contrats comprennent une assurance tous risques si vous le souhaitez. Livraison et récupération possible dans toute la région, tout comme l'assistance et le dépannage.

CARAVEL - LOCATION DE VOITURES

40 Dimokratias Street ✆ +30 28970 24734
www.caravel.gr

A partir de 20 € par jour en saison pour une voiture de classe A. Assurance tout risque comprise et dépannage 24h/24.

Ouvert toute l'année depuis 1979, Caravel est un loueur de voitures qui offre de nouveaux modèles à bas prix avec toutes les assurances au choix, pour le véhicule et les passagers. En principe, les assurances sont comprises dans le prix, mais il faut bien les mentionner dans les contrats. Retrait et remise du véhicule toute la journée dans toute la région. Aucune carte de crédit n'est requise pour les réservations en avance. Pas de frais d'annulation. Bureaux à Héraklion et à Stalida.

MARI-KRISTIN LOCATION DE VOITURES

179 avenue Venizelou
✆ +30 28970 23514
www.rentacarhersonissos.gr

A partir de 40 € par jour pour une voiture classe A. À partir de 220 € la semaine.

Cette agence de location de voitures est gérée par une famille franco-grecque. Elle propose une large gamme de véhicules toutes catégories ainsi que des modèles récents, en parfait état. Les assurances tout-risque sont incluses dans les prix. Mari-Kristin tient aussi un hôtel et une agence de voyages qui vous propose des excursions dans les gorges de Samaria et sur l'île de Spinalonga, mais aussi des croisières vers l'île de Santorin, entre autres.

MOTOXPERIENCE

25 Rue Dimokratias
✆ +30 2897 023868
www.motoxperiencesafari.gr

Activités possibles en hiver également.

Motoexperience est une société de location reconnue pour son professionnalisme et ses engins mécaniques de haute qualité. Elle a eu la bonne idée de partager sa passion pour les activités hors-piste en Buggy. Le choix des véhicules s'est porté sur le *Can Am Commander* et le *Polaris RZR*, des machines de la toute dernière technologie pour les activités hors-piste. Les sièges confortables et la position de conduite combinés avec la transmission automatique font de ces Buggy des véhicules conviviaux, accessibles à tous les conducteurs. Accueil francophone.

POP MOTORS

2 V. Kornarou
✆ +30 28970 25873
www.popmotors.com

Comptez entre 35 et 40 € par jour pour un scooter en haute saison.

Ici, on loue des deux-roues (motos et scooters) dans un esprit familial et chaleureux. Mais pas de crainte, cette ambiance détendue ne veut pas pour autant dire manque de sérieux : Labros, le patron, reste un professionnel consciencieux auquel on peut faire confiance sans angoisse. Au-delà des motos et scooters, on trouve également des quads, tout aussi bien entretenus. Chez Pop Motors, c'est aussi un petit peu moins cher qu'ailleurs – et le service est meilleur, selon plusieurs locaux... Pas de quoi hésiter, donc, face à ce bon rapport qualité-prix.

HOTEL VELISSARIOS €

184 El. Venizelou
✆ +30 28970 23811
www.velissarioshotel.gr

Chambre double standard à partir de 25 € en saison, sans petit déjeuner. Climatisation en supplément.

L'adresse a connu un rafraîchissement en 2014, ce qui garantit un confort et des prestations modernisés. Il est très difficile de trouver moins cher à prestations égales dans la région : les chambres au calme donnent sur le jardin, réception 24h/24, frigo, air conditionné, nettoyage au quotidien, bar, billard, Internet, plage à 200 mètres et tous les magasins juste à côté... C'est un hôtel traditionnel, propre, tenu par une famille locale d'une gentillesse extrême. Un vrai bon plan ! Réservation obligatoire au cœur de la saison.

ALBATROS SPA & RESORT HÔTEL €€

1 rue Dedalou ✆ +30 28970 22144
www.albatros.gr

En saison, chambre double à partir de 120 € en saison. Petit déjeuner en supplément. Pension complète possible.

Ce grand complexe à 30 m de la plage où règne une ambiance familiale offre toutes les prestations d'un établissement de type *resort* : une grande piscine et une autre plus petite pour les enfants, chaises longues et parasols, animations, bars, restaurants, service en chambre 24h/24. La plupart des chambres sont récentes et modernes et offrent une vue sur la mer, le jardin ou la piscine. Un centre de bien-être propose sauna, massages et soins. Direction francophone et accueil avenant.

ASTERIAS VILLAGE RESORT €€

59 Rue Europis
✆ +30 289 702 4539
www.asteriasvillage.gr

En saison, studio (2 personnes) à partir de 50 €. Petit déjeuner et air conditionné non inclus. Demi-pension possible.

L'hôtel est situé au carrefour de Piskopiano, Koutouloufari et Hersonissos. Dans un grand jardin sont disséminés une dizaine de bâtiments avec au total 90 studios, appartements et maisonnettes. Vous y trouverez tout le confort : tout est neuf et bien tenu. Belle piscine avec vue panoramique sur la mer et sur Hersonissos. Les enfants ont un animateur entre 11h et 19h, et une autre piscine rien que pour eux avec une aire de jeux. On y trouve même une petite église. Peu recommandable aux personnes ayant des difficultés à marcher.

MARI-KRISTIN €€

179 Rue El. Venizelou
✆ +30 28970 22537
www.marikristin.gr

En saison, chambre double à partir de 80 €, petit déjeuner compris. Air conditionné en supplément.

C'est une Franco-Grecque qui tient ce petit hôtel donnant presque sur la plage. Le confort, tout à fait respectable, est équivalent à celui d'un 3-étoiles. Les petits balcons avec vue sur mer sont un plus indéniable. Très appréciable aussi, la piscine avec solarium pour ceux qui souhaitent se reposer de la mer salée et de la foule. Mari-Kristin est aussi une agence de voyages et un loueur de voitures attenant, ce qui est très pratique lorsqu'on souhaite bouger et explorer la Crète. Sur place, on apprécie le bar et le restaurant de poisson.

ABATON ISLAND RESORT & SPA €€€

Themistokleous Ave ✆ +30 28970 26410
https://abaton.gr

En saison, chambre double à partir de 270 € petit-déjeuner inclus. Variant selon la catégorie. Wifi gratuit.

Cet hôtel de luxe a ouvert ses portes en avril 2018. Situé dans un parc spacieux avec vue magnifique sur la mer, il propose un hébergement ultra-élégant avec une remarquable collection de chambres luxueuses, suites et villas et une variété de restaurants qui raviront vos sens. Magnifiquement décorées, toutes les chambres comprennent une terrasse et l'accès à des jardins magnifiquement paysagés. Du bord de mer chic à la piscine élégante, l'accent est mis sur la pureté et la créativité.

VILLA IPPOCAMPI €€€

4 Rue G. Seferis ✆ +30 28970 22316
https://ippocampi.gr

En saison, chambre double à partir de 130 € la nuit. Wifi. Petit déjeuner en option. Pour adultes uniquement.

Loin du bruit, ce petit hôtel de charme, niché dans la verdure, propose sept appartements. Chacun possède un style distinctif avec une décoration soignée, où les tons bleus et blancs se marient agréablement avec beaucoup de détails charmants. Il n'y a pas de télévision, selon la philosophie des gérants. Piscine avec chaises longues entourée d'arbres et d'herbes aromatiques... Kafeneion avec rafraîchissements et mezzedes. Atmosphère relaxante et intimiste : les adultes sont ici pour se relaxer sans les enfants. Un coup de cœur garanti pour cet endroit atypique.

ARTEMIS HOTEL €€

5 Kosti Palama
✆ +30 28970 25570

A partir de 75 € pour une chambre double en saison. Petit-déjeuner compris. Piscine, restaurant, bar.

Un quatre-étoiles, situé tout près des plages, à côté du port d'Hersonissos. L'accueil est particulièrement chaleureux. Les logements rénovés en 2016 sont spacieux et possèdent toutes les facilités dignes de leur catégorie, avec de grands balcons très agréables. On se sent comme à la maison : une adresse où l'on revient volontiers. Petit plus : l'hôtel se trouve sur un site archéologique où a été découverte, pendant la rénovation, une tombe de la période romaine (200 ans avant J.-C.) que l'on peut voir sous un grand hublot éclairé en dessous du restaurant.

DORIAN APARTMENTS €€

81 Eleftheriou Venizelou
✆ +30 69772 31575
http://dorian.gr/

En saison, studios (3-4 personnes) à partir de 115 €. Wifi gratuit.

Modernes, les chambres et studios de cet établissement sont situés en plein centre de Hersonissos, près de la station de bus. Pas de craintes cependant : c'est un endroit calme car donnant sur une cour. Parmi les services proposés, vous bénéficierez d'Internet sans fil gratuit, d'un balcon avec vue sur le jardin et la piscine, de l'air conditionné, et d'une cuisinette équipée. Soit toutes les prestations nécessaires pour offrir un confort basique mais suffisant. Parking, supermarché et plages à 100 mètres sont autant de facilités et d'éléments positifs.

PANDORA VILLAS €€

Rue Anapauseos
✆ +30 28970 22232
https://pandoravillas.com/contact/

À partir de 300 € en saison. Villas pour 6 personnes maximum. Prix variant selon la catégorie.

Trois superbes villas à louer sur les hauteurs d'Hersonissos dans le village de Piskopiano. Magnifique vue surplombant le port et la baie. Piscine, jardin avec palmiers, transats, Internet... Propreté garantie assurée par une famille gréco-allemande sérieuse. Compris dans les prix : climatisation, câble TV, wi-fi gratuit, chauffage central, grand parking. Transfert de l'aéroport et retour gratuit. Avec supplément : cours de grec, massage, cours de cuisine, yoga privé, baby-sitter, nettoyage supplémentaire, menus diététiques spéciaux sur demande.

SORAYA - ΣΟΡΑΥΑ €

185 El. Venizelou, Limin Hersonissos
✆ +30 28970 21070
www.soraya-restaurant.com

Ouvert tous les jours en saison, de 9h jusqu'à environ 1h du matin. Comptez autour de 10 € par personne.

Ne vous fiez pas nécessairement à l'apparence un peu classique de cet établissement depuis la rue, car il y a une belle terrasse à l'arrière, avec vue sur la mer en journée. On peut y prendre un petit-déjeuner copieux avant d'aller à la plage, qui est juste derrière. Au menu également, toute une série de snacks et petits plats agréables pour faire une petite pause déjeuner. Les desserts sont tout aussi bons. Une bonne adresse, pratique à toute heure de la journée. Internet sans fil gratuit et 4 grands écrans TV pour regarder les matchs.

IL CAMINO RESTAURANT €

Agia Paraskevis 101
✆ +30 28970 24432

Ouvert tous les jours en saison de 9h30 jusqu'à tard la nuit. Comptez 18 € par personne environ.

L'enseigne Ristorante Italiano de ce restaurant fait référence aux pizzas cuites au feu de bois d'olivier. Mis à part cela, voici une adresse crétoise comme on les aime, proposant de la cuisine locale traditionnelle. Quant à la décoration, c'est rustique mais qu'importe, voici la plus romantique adresse de la promenade, offrant une belle vue en prime. Optez pour les fameux escargots crétois (*Kochlioi*), offerts à la carte et qui n'ont rien à voir avec les nôtres : l'occasion de découvrir une spécialité crétoise délicieusement préparée.

MYTHOS €

19 Sanoudaki G.

✆ +30 2897 022223

Ouvert tous les jours en saison, de midi à minuit. Comptez autour de 18 € environ par personne.

Voilà une bonne adresse pour manger de véritables mezzedes grecs, faits maison (*mizzithropitaki* avec du fromage ou des épinards, feuilles de vigne *dolmadakia*, boulettes de viande *keftedakia*, *hortopitakia* aux épinards) et diverses collations et salades. L'huile d'olive et le raki sont faits maison, comme pour toute adresse qui se respecte, et les vins des domaines crétois et grecs connus sont au rendez-vous. Et tout cela à bas prix ! Avec sa terrasse ombragée, cet établissement est une brasserie grecque simple et authentique, comme on les aime.

PETALIDA €€

25 rue Martiou

✆ +30 2897 022537

Ouvert 7j/7 en saison, de 11h à 0h (1h du matin le week-end). Comptez autour de 20 € par personne.

Depuis sa terrasse sur le front de mer, on admire le large, et on déguste d'excellents plats de poisson dans un décor où les tons blancs et bleus et le mobilier sont traditionnellement respectés. Fréquenté par une clientèle décontractée qui raffole des produits de la mer, ce restaurant offre aussi quelques plats à base de viande. Très sympathique aussi bien pour déjeuner entre deux plongeons que pour savourer tranquillement un dîner à la lueur des bougies. Une bonne adresse, à l'ambiance détendue et chaleureuse, comme on les aime.

SOKAKI €

10 rue Evanghelistrias

✆ +30 2897 024249

Ouvert tous les jours en saison, de midi à minuit. Comptez autour de 18 € par personne.

Sokaki, en grec, veut dire « ruelle » et pour cause, cette taverne se trouve dans une ruelle perpendiculaire à la plage, à 50 mètres du poste de police. Excellentes spécialités crétoises, préparées dans le respect des traditions familiales. Les plats mijotés sont succulents, les portions copieuses et l'ambiance est celle d'une taverne villageoise. Ne ratez pas la jolie courette ombragée. Prix très raisonnables. Parmi les personnalités qui ont fréquenté cet établissement, on citera l'ancien Premier ministre grec Geórgios Papandréou !

AQUA PLUS WATER PARK

Suivez les (nombreux) panneaux. A 5 km de la sortie au sud de la ville, sur la route de Kastelli.

✆ +30 69440 00044 - www.acquaplus.gr

Ouvert tous les jours de mai à octobre, de 10h à 19h. Entrée : 28 € la journée pour un adulte, 18 € pour un enfant.

Il s'agit d'un parc aquatique, à la manière de l'Aquaboulevard de Paris, mais en plein air et environ cinq fois plus important. Au milieu d'une forêt de parasols et de bikinis serpentent une trentaine de gigantesques tunnels et toboggans d'eau : le Tsunami ou le Kamikaze sont impressionnants, mais les plus petits trouveront aussi leur bonheur. Voilà un endroit où venir en famille ou entre amis, mais certainement pas pour chercher la tranquillité... Vous prendrez là une dose de tourisme extrême qui vous suffira pour le reste de votre séjour !

GALINI RESTAURANT €€

Rue A. Minoti

✆ +30 28970 21 026

www.galini-restaurant.gr

Ouvert tous les jours en saison, de 13h à 2h du matin. Comptez autour de 20 € par personne.

Une ambiance amusante avec ces serveuses et serveurs en tenue grecque antique, mais ce n'est pas pour ça que tout le monde se réunit ici. Sur la table, nappe blanche, bougies et verres en cristal pour déguster de bons plats originaux, le tout arrosé d'un vin blanc local. C'est immanquablement le meilleur restaurant de la région. Depuis 1987, le restaurant familial Galini offre une cuisine crétoise créative, d'inspiration française et italienne, et préparée avec des ingrédients biologiques. Vue panoramique sur le port d'Hersonissos depuis la terrasse.

BUGGY SAFARI

Dimokratias, 25 ✆ +30 28970 23868

www.buggysafari.gr

Groupe 20 personnes max (âge min. 6 ans). 140 € par personne, incluant transfert de/vers l'hôtel, équipement, déjeuner.

Doté de quatre roues motrices, le buggy est spécialement conçu pour le tout-terrain. L'équipe professionnelle vous entraîne hors-piste de façon divertissante, agréable et sécurisée sur un parcours au cours duquel l'on admire des paysages sensationnels à travers des pistes isolées. Vous conduirez dans des gorges et au sommet d'un plateau volcanique à 1 200 mètres avec des pauses fréquentes dans des endroits insolites. C'est Perrine qui sera le guide francophone de cette expédition. Elle vous transmettra son savoir pour que votre parcours soit émouvant et rassurant.

DIVER'S CLUB CRETE

16 Rue 25th March & Papadogiorgi

✆ +30 28970 32570

www.diversclub-crete.gr

Ouvert tous les jours en saison à partir de 9h30 et jusqu'à 22h30. Pour débutants et confirmés.

Dans ce centre de plongée ouvert ici en 2016 (l'autre étant à Agia Pelagia), vous trouverez une gamme entière de matériel de snorkeling et PMT, masques, tubas, palmes pour tous les niveaux. Il y a également des lampes torches, couteaux et outils de plongée, des accessoires ainsi que des idées de cadeaux. Bref, vous trouverez tout le matériel de plongée aux étiquettes prestigieuses (Aqua Lung, Océanic, Coltri Sub...) et vous pourrez réserver vos sorties en mer, formations PADI et autres pour découvrir les fonds marins des environs.

FINIKIA HORSE RIDING TOURS - ÉQUITATION

6 Themistokleous

✆ +30 28970 23555

https://hersonissos-horseriding.com/

45 € pour deux heures d'excursion en montagne et en bord de mer.

C'est le seul centre équestre à Hersonissos. Il propose des balades à la journée ou des sorties guidées de 3 heures, avec déjeuner et navette depuis l'hôtel pour vous éviter de faire le trajet jusqu'au centre. L'occasion de découvrir une partie de la région autrement, en prenant le temps, et en pleine nature, pour participer à la transition vers un tourisme plus vert. Il y a un autre centre équestre dans le même genre dans la ville voisine à Malia.

GOLF

The Crete Golf Club

✆ +30 28970 26000

www.cretegolfclub.com

Ouvert tous les jours 7h30-21h (8h-18h en hiver). 18 trous 95 € en haute saison ; 9 trous 65 €.

Le golf club de Crète, situé aux environ de Hersonissos, dans l'arrière-pays, propose un beau parcours de 18 trous. Chaque année, en octobre, une compétition est organisée et attire de nombreux participants de passage en Crète. Vous trouverez évidemment des instructeurs sur place pour prendre des cours privés. Le club comporte aussi une boutique et un restaurant et propose des tarifs réduits en basse saison, et pour les plus jeunes. Il vous faudra vous munir de chaussures de golf adaptées, bien évidemment : elles sont obligatoires.

STALIDA

Stalida était un grand village entre Hersonissos et Malia, mais il a lui aussi été rattrapé par l'effervescence touristique ! Les hôtels et bars-restaurants y poussent comme des champignons. Sur la plage, vous pourrez louer des kayaks avec fond de verre pour admirer les poissons. Des agences proposent des croisières ou des excursions sur le plateau de Lassithi ou dans les gorges de Samaria. Agréable balade sur la jetée.

Les bus sont très fréquents depuis Héraklion (gare routière A) : ils circulent tous les jours, toutes les 15 à 30 minutes, entre 6h et minuit (axe Héraklion-Malia). Attention, ils sont moins nombreux le dimanche et pendant l'hiver.

CARAVEL - LOCATION DE VOITURES

151 Beach Road

✆ +302897031233

www.caravel.gr

Livraison gratuite aéroport d'Héraklion et hôtels. Prix d'une voiture pour la journée : à partir de 40 €.

Caravel est un loueur de voitures qui offre de nouveaux modèles à bas prix avec toutes les assurances au choix, pour le véhicule et les passagers. En principe, les assurances sont comprises dans le prix, mais il faut bien les mentionner dans les contrats. Retrait et remise du véhicule toute la journée dans toute la région. Aucune carte de crédit n'est requise pour les réservations en avance. Pas de frais d'annulation. Bureaux à Héraklion et Hersonissos.

CRETA SOLARIS €€

✆ +30 28970 31496

www.cretasolaris.gr

En saison, chambre double à partir de 80 €. Offres sur le site.

Creta Solaris est un établissement familial proposant une quinzaine d'appartements pour 2 à 5 personnes à louer à la nuit. Il est possible d'ajouter un lit d'appoint supplémentaire pour les plus petits qui vous accompagnent. Les appartements sont équipés d'une cuisine et d'une salle de bain. Par ailleurs, l'hôtel dispose d'un bar, d'une salle de projection vidéo et du wifi. Les hôtes ont également accès à la piscine et à certains services du complexe Blue Sea situé en face de l'hôtel. Une adresse simple, sans chichis, relativement standard mais confortable.

MALIA ★★

La baie unissant Hersonissos à Malia est la plus fréquentée de toute la Crète. Cependant, Malia, à la différence d'Hersonissos, possède une histoire incarnée par les ruines du palais minoen, l'un des trois grands palais de la Crète avec Cnossos et Phaestos. De la même façon, la vieille ville (piétonne) a conservé un peu de son charme. La nouvelle ville n'est pas différente d'Hersonissos : en été, c'est une destination surtout appréciée des touristes d'Europe du Nord. A Malia, on compte néanmoins de nombreuses plages parmi les plus belles du pays ! Elles se trouvent à Potamos, près du site archéologique. Malia fait partie des lieux les plus anciennement occupés par l'homme en Crète. En effet, dès l'époque néolithique (à partir de 6000 av. J.-C.), des communautés s'y sont installées. Des ruines de maisons préhistoriques (3000 av. J.-C.) puis prépalatiales (2500 av. J.-C.) ont été trouvées sous le palais minoen de Malia dont les premières constructions remontent à 2000 av. J.-C.

Se loger

Attention, ayez à l'esprit qu'une grande partie de Malia est jeune et vit la nuit, donc attention à la musique violente et au bruit des scooters dans la rue qui mène de l'église Agios Nektarios à la plage. Préférez un logement plutôt à l'écart du centre si vous recherchez des nuits calmes. Il y a foule de mauvais restaurants et fast-foods à Malia pour répondre au tourisme de masse d'Europe du Nord, mais si vous vous perdez dans les ruelles de la vieille ville, il existe encore de bonnes tavernes plus traditionnelles.

Sortir

La ville est une avalanche de bars et de clubs qui se succèdent sur les rues menant à la plage. Quant aux noms des enseignes (« Big Ben », « New York », « UK »), ils nous feraient presque oublier que l'on se trouve en Crète ! Les enseignes changent d'une année sur l'autre et au gré des modes. Le mieux est de déambuler dans les ruelles et d'entrer dans les endroits qui ont un air sympathique. La ville n'est pas très grande.

Transports

Malia se trouve sur la route Héraklion-Agios Nikolaos, et tous les bus qui relient ces deux villes (toutes les 30 min en moyenne) s'y arrêtent. Un autre bus part de la plage de Malia et rejoint Héraklion (gare routière A) tous les jours, toutes les 30 min environ, entre 6h30 et 22h.

ÉGLISE DE SAINT-ANTOINE

Avdou est un joli petit village se situant à 40 km d'Héraklion, à l'est et en plein milieu de la vallée de Lagada. A la fin de l'époque byzantine (début du XIVe siècle), on y a construit une petite chapelle dédiée à saint Antoine. Aujourd'hui on peut y observer des fresques uniques, malheureusement assez mal conservées. Réalisées par Emmanuel et Ioannis Fokas, elles sont exceptionnelles car elles sont l'unique exemple de fresques bicolores de Crète. Admirez des scènes des Evangiles dont *La Déposition au tombeau*, *Le Lavement des pieds*, ou *La Cène*.

PLAGE DE POTAMOS ★★

Au sud-est de la ville.

Grande plage de sable fin avec parasol et transat pour 5 €, douche, restauration, masseurs ambulants...

A proximité de Malia, à l'est, se déverse la rivière Potamos aux eaux translucides. L'alluvion, mélangée au sable blanc, couleur ocre beige, a formé la plus belle plage de la région, celle de Potamos. Fort heureusement, quoique organisée, la plage est toutefois épargnée du tourisme de masse grâce au site archéologique avoisinant de Malia et à l'écosystème de la rivière caractérisé site naturel à protéger. La mer de Potamos est cristalline, de couleur turquoise et azur, alors que les lys des sables poussent sur les dunes pour rendre ce paysage plus exotique encore.

MALIA TRAVEL

✆ +30 69442 26363

http://maliatravel.gr

Prix pour une voiture de catégorie A à partir de 35 € par jour en saison. Scooter à partir de 20 € par jour en saison.

Les services de cette agence polyvalente ne s'arrêtent pas à la location simple de voitures, de motos, de scooters ou de quads, car elle propose aussi un safari en ATV dans la montagne. Vous pouvez y participer à condition d'avoir sur vous votre permis de conduire : ça se passe tous les jours de 10h à 16h approximativement. Le forfait comprend le transfert depuis et vers l'hôtel, les taxes et l'assurance, les boissons et la nourriture, les équipements nécessaires et enfin l'essence bien sûr. Accueil sympathique et professionnel.

MALIA HOLIDAYS HOTEL €

4 Mathaiou Zachariadi
✆ +30 28970 31206
www.maliaholidays.gr

Chambre double à partir de 60 € en saison. Petit-déjeuner inclus. Piscine. Wifi. Possibilité de pension et demi-pension.

Voilà un établissement familial situé dans le centre du village, face à l'église Agios Nektarios, qui propose 100 chambres de tailles variées. La déco propose un mélange de pièces rustiques et de design moderne et a un charme indéniable : les sols en pierre nue, le bois et les poutres apparentes donnent à l'endroit un air authentique tout en proposant tout le confort moderne. Ici on ne badine pas avec la propreté, irréprochable. Une adresse particulièrement sympathique et sans prétention. Possibilité de demi-pension, avec buffet de bonne qualité.

MALIATIM APARTMENTS €

11 rue Tsagaraki
✆ +30 28970 31216

De 40 € à 75 € par personne selon la période. Petit déjeuner en option à 7 € par personne. Plage à 400 m.

Ensemble récent d'une vingtaine d'appartements calmes donnant sur une magnifique piscine commune. Michalis, le propriétaire, est toujours aux petits soins et vous indiquera les bons plans de Malia. Sur demande, il prépare de magnifiques plats grecs ou internationaux, et une excellente cuisine crétoise. En été, il organise une fois par semaine autour de sa grande piscine une soirée grillade pour tous les hôtes. Sauna, belle piscine avec hydromassage et bassin pour les enfants... L'hôtel est ouvert en saison, d'avril à octobre.

DIONYSOS €€

Rue Dimokratias n° 74
✆ +30 28970 31475
www.dionisosstudios.com

Chambre double en haute saison autour de 90 € avec petit déjeuner. A/C. Possibilité de demi-pension ou pension complète.

Idéalement placé, Dionisos se trouve dans la rue principale, à seulement 700 mètres de la plage. L'un des trois premiers hôtels de la région, il dispose désormais de chambres entièrement équipées et rénovées en 2018. Spacieuses, avec terrasse ou balcon privé, chaque chambre offre une vue sur la mer, la montagne ou la piscine de l'hôtel où il fait bon se relaxer à l'abri du vent. Toutefois, si vous êtes sensible aux bruits, préférez loger sur cour, à l'arrière. Dans l'élégant restaurant aux nappes blanches œuvre le célèbre chef Kamargianakis Apostolos.

AMMOS BEACH HOTEL €€€

Rue Dimokratias
✆ +30 2897 0 32495
http://ammosbeachhotel.gr/

Comptez plus de 120 € la chambre en pleine saison. Cartes bancaires Visa et MasterCard acceptées.

Le Ammos Beach Hotel est un établissement moderne, offrant des services 5-étoiles. De moyenne taille, il dispose de 80 chambres tout confort, dont une grande partie bénéficie de la vue sur la mer et d'un grand balcon. L'ensemble est idéalement situé sur la plage, et non loin du centre de Malia. Parmi les services attendus de ce type d'établissement, vous aurez accès à une piscine. Également : ascenseur, parking, service 24h/24, air conditionné, wifi... Pas de surprise donc pour un séjour confortable et agréable dans la région.

© CT

Le Palais de Malia est facile à découvrir avec des panneaux francophones.

RÉGION D'HÉRAKLION

© CARON BADKIN - SHUTTERSTOCK.COM

Plage de Potamos.

IKAROS BEACH LUXURY RESORT & SPA €€€

✆ +30 28970 31268
www.ikarosvillage.gr

Chambre double à partir de 190 € en saison. Petit déjeuner compris. Wifi gratuit.

Situé sur une avancée rocheuse sur la côte de Malia, ce complexe hôtelier est construit de plain-pied au bord de la mer, et composé de petits bungalows en pierre. Une architecture moderne conçue dans le respect des lignes et des matériaux traditionnels. L'ensemble est agréable et ressemble plus à un petit village qu'à un hôtel. Les enfants se réjouiront de la piscine à vagues tandis que les adultes se régaleront d'un apéritif face au soleil couchant. Wifi gratuit. Restaurants, bars.

KALYVA €

Potamos Beach
✆ +30 6942 555845

Ouvert en saison 7j/7 de 12h à 22h. Septembre-novembre ouvert de 9h à 18h30. Comptez autour de 18 € par personne.

C'est une petite taverne, la seule près de la magnifique plage de Potamos, à quelque 10 mètres avant le site archéologique. On y sert une bonne cuisine à la grecque. Autant dire que c'est bondé en juillet et en août, alors si vous réussissez à obtenir un bout de table, faites attention à l'addition car une erreur pourrait arriver. En effet, beaucoup de touristes venus admirer le site archéologique sont au courant de l'intérêt du lieu et y viennent pour manger en saison. Hors saison, l'endroit est un bonheur de calme et de gastronomie bonne et franche.

ALEXIS TAVERNA €

A côté de l'église et de la station de taxi.
✆ +30 28970 32254

Ouvert tous les jours en saison, de midi à minuit. Comptez 18 € par personne environ.

Alexis Taverna est une petite taverne familiale sans prétention, comme on en trouve un peu partout en Crète. La cuisine, très simple mais savoureuse, est elle aussi familiale. Il vous faudra goûter l'excellent risotto aux fruits de mer. Il n'y a de toute façon pas de grande restauration dans le village de Malia, il faut se satisfaire d'une cuisine simple, efficace et peu chère – et d'un restaurant où le service est, comme chez Alexis, bien réalisé. Vous y retournerez certainement à plusieurs reprises au cours de votre séjour à Malia.

KALESMA €€

8 Omirou Street
✆ +30 28970 33125

Ouvert tous les soirs en saison. Comptez 20 € par personne.

Cette jolie taverne est lovée, au calme, dans le vieux village de Malia. Ce restaurant de cuisine grecque traditionnelle et de mezzedes distille une ambiance cosy dans un beau décor artisanal. Une adresse un peu à part à Malia, à privilégier en haute saison pour tenter d'éviter les foules et les tavernes médiocres du centre touristique. On aime l'atmosphère chaleureuse et tranquille, la cuisine réussie et sans prétention mais savoureuse. Une bonne adresse, décorée avec goût et agréable, avec tous les fondamentaux d'un bon repas grec.

PALAIS DE MALIA ★★

A 3 km à l'est en direction d'Agios Nikolaos.
✆ +30 28970 31597
En saison, ouvert tous les jours, sauf le mardi, de 8h à 20h. Entrée 6 €, tarif réduit 3 €.

Malia a été construit à la même époque que Cnossos (en 1900 av. J.-C. et reconstruit 200 ans plus tard après un tremblement de terre) et définitivement abandonné vers 1450 av. J.-C. Aucune construction n'a été ajoutée depuis lors. Découvert au début du siècle par l'archéologue grec Joseph Hatzidakis, il a été ensuite fouillé et entièrement mis au jour par l'Ecole française d'archéologie au début des années 1920. C'est ici qu'a été découvert en particulier un pendentif en or avec deux abeilles (symbole de la fertilité et de l'harmonie) qui est exposé au musée archéologique d'Héraklion. Le site en lui-même, bien que moins imposant que Cnossos ou Phaistos, se trouve dans un lieu particulièrement bien choisi entre la montagne et la mer. Selon les archéologues, très probablement à proximité du palais, un port aurait existé pendant la période préhistorique. Nous n'avons aucune trace sur l'ancien nom de la cité. Toutefois, selon la légende, Sarpédon, le frère cadet de Minos, régnait sur Milatos, une cité qui se trouvait au même emplacement que celui du palais de Malia. Sur le site, aucun mur ne subsiste, ce qui donne la possibilité en observant les fondations de comprendre facilement la manière dont était structuré le palais, et procure une impression d'authenticité qui manque un peu sur le site de Cnossos. Il reste à fouiller une partie des alentours dont on pense qu'il s'agissait d'une ville minoenne. Sur votre gauche à l'entrée, une exposition pédagogique permet de comprendre l'historique des fouilles à l'aide de maquettes et de plans très bien faits.

▶ **Le site se compose de deux parties principales :** la résidence royale et un quartier d'habitation qui l'entoure, dans lequel auraient résidé les artisans du palais. On entre dans le palais par une porte orientée à l'ouest (bien que l'entrée principale se situait probablement au nord). Sur la droite, 8 puits à grains sont visibles. Depuis l'entrée, on suit une grande allée dallée sur la gauche menant à la porte nord. Un vestibule à colonnes mène à la cour centrale autour de laquelle s'organisait le palais : édifices administratifs et religieux à l'ouest, magasins à l'est, appartements royaux au nord, auxquels on accède en traversant une petite cour.

▶ **Autour du palais,** les ruines de la ville en cours de fouilles sont surmontées de passerelles que l'on peut emprunter pour avoir une vue d'ensemble des habitations et du plan d'urbanisation. Le site de Malia est beaucoup moins visité que les autres palais de la même époque et cela permet de déambuler tranquillement parmi les ruines. Profitez-en !

THALASSA BAR AND RESTAURANT €€

End road Dimokratias Str
✆ +30 2897 034112
www.thalassabarrestaurant.gr
Ouvert tous les jours de 10h à minuit en saison. Cuisine crétoise et méditerranéenne. Plats à partir de 8 €.

Romantisme assuré avec un coucher de soleil unique dans ce restaurant de poisson installé sur la plage. Très bonne adresse possédant une grande et belle terrasse en bord de mer. On y déjeune et l'on y dîne les pieds dans l'eau, dans un cadre idyllique. Ici on est très loin des brasseries nordiques longeant la rue principale plus haut dans un vacarme ahurissant. L'établissement fait aussi bar à cocktails. On se prélasse en admirant la vue exceptionnelle.

BUGGY SAFARI / MALIA TRAVEL

Nik. Grammatikaki ✆ +30 694 4226363
http://maliatravel.gr/
Tarif : entre 65 et 85 € par personne, inclus le transfert de/vers l'hôtel, assurances, déjeuner et l'équipement.

Peu importe si vous n'avez jamais conduit un buggy avant, les véhicules sont conviviaux, et tout le monde obtiendra des instructions et des conseils détaillés avant de commencer la tournée sur environ 80 km. Le fait d'aller dans les endroits les plus cachés de l'île à la rencontre des locaux rend cette expérience unique. Départ : 10h. Retour à 16h environ. Permis de conduire obligatoire. Passagers : âge minimum 7 ans. Demi-tarif pour les enfants de moins de 10 ans.

QUAD SAFARI / MALIA TRAVEL

Grammatikaki street
✆ +30 694 4226363
www.maliatravel.gr
A partir de 65 € par personne, inclus transfert de/vers l'hôtel, déjeuner, équipement et le carburant.

Excursion en quad : visite de sites culturels, traversée d'une forêt dont le plus ancien chêne de l'île, vieux de 800 ans, visite de l'usine Vasilakis pour mieux connaître la fabrication de l'huile d'olive réputée partout. Pour terminer en beauté, une baignade sur une belle plage dans le village de Sisi. Le trajet hors piste permet de découvrir des endroits pittoresques, avec des pauses dans de superbes paysages. Tous les lieux traversés sont évidemment commentés par un guide.

© IULIA_N - ISTOCKPHOTO.COM

Palais de Cnossos.

CNOSSOS ★★★★

C'est ici que tout a commencé, il y a près de 4 000 ans. Tandis que toute l'Europe vivait encore dans une civilisation protohistorique, les Crétois construisaient déjà des palais magnifiques et hiérarchisaient la société pour rendre le pouvoir total et légitime. La civilisation minoenne a trouvé sa plus belle expression à Cnossos qui était son véritable centre, faisant des autres palais de simples Etats périphériques. Ce n'est qu'au début du XXe siècle que le palais du roi Minos et du Minotaure a été découvert par la civilisation contemporaine. Rencontre de deux mondes et de deux époques. Les Minoens avaient tout inventé, de la pratique religieuse aux techniques agricoles en passant par les organisations politiques, militaires, sociales et le mécénat culturel. Le Britannique Evans a œuvré pour que le site sorte de terre, puis soit partiellement reconstruit. Cette reconstitution, faite avec parfois beaucoup d'imagination, est considérée comme une hérésie par certains historiens et archéologues qui préfèreraient que le site reste en l'état.

Histoire

Les premières traces de vie à Cnossos remontent à 7000 av. J.-C. et témoignent d'une activité néolithique importante en Crète. Pendant plus de 3 000 ans, les premiers habitants du site ont lentement perfectionné les outils en pierre et leur mode de vie, essentiellement tourné vers l'élevage et les cultures. Même s'il ne reste que peu de vestiges des maisons de briques, nous sommes assez bien renseignés sur la vie de ces premiers Crétois qui, peu à peu, acquirent la maîtrise de certains métaux. A partir de 3500 av. J.-C., les habitants de Cnossos entrent dans l'âge du bronze. C'est pendant les 2 500 ans de cette période que Cnossos s'est véritablement imposée comme l'un des centres de la civilisation crétoise. Le premier palais, construit au milieu des maisons, a été édifié entre 3500 et 1900 av. J.-C., au nord-est du site. C'est à cette époque que les Crétois commencèrent à s'établir dans les îles Cyclades, ainsi qu'en Grèce continentale et en Egypte. Construit vers 1900 av. J.-C., l'ancien palais est très peu conservé car c'est sur ses ruines que s'est élevé l'édifice suivant. Doté de 1 300 pièces, il était le centre de toutes les activités politiques, religieuses, commerciales et culturelles de l'Etat qui en dépendait car c'est à cette époque que l'on considère que les trois Etats de Crète (Cnossos, Phaestos et Malia) ont vu le jour. L'ancien palais a été entièrement détruit vers 1700 av. J.-C., sans doute à la suite d'un incendie ou d'un tremblement de terre. Un nouveau palais fut alors édifié sur les ruines du précédent, dont les vestiges nous renseignent sur le mode de vie de façon plus précise encore aujourd'hui. C'est à l'époque de la civilisation minoenne que Cnossos a connu son plus grand rayonnement, et la ville qui entourait le palais compta jusqu'à 15 000 habitants. La légende raconte que, vers 1450 av. J.-C., le volcan de Santorin explosa et que la secousse fut si forte que tous les palais de Crète furent détruits. Sans avoir la certitude que ce drame dans les Cyclades ait eu un lien direct avec la destruction du palais minoen de Cnossos, il faut admettre qu'un tremblement de terre a ravagé le site à cette époque. Certains affirment cependant que Cnossos aurait été détruite à la suite d'un incendie volontaire. En tout état de cause, les Mycéniens prirent le pouvoir, mais le palais fut à nouveau détruit une centaine d'années plus tard, sans doute à la suite d'une bataille.

Par la suite, les activités de Cnossos se sont organisées autour du palais, sans que celui-ci ne soit cependant reconstruit. Ses ruines acquirent un caractère sacré et c'est à cette époque que naquit sans doute le mythe du labyrinthe dans les dédales du site largement endommagé. En 67 av. J.-C., Cnossos devint romaine, mais les envahisseurs apportèrent des perfectionnements techniques comme un grand aqueduc, tout en continuant de respecter le désormais célèbre labyrinthe. Comme le reste de la Crète, Cnossos fut ensuite tour à tour byzantine, arabe, vénitienne puis turque, et devint au fil du temps le petit village oublié de Makrys Tichos tandis que Candie (Héraklion) se développait à seulement quelques kilomètres.Le destin de Cnossos a été complètement bouleversé en 1900 par un archéologue anglais, sir Arthur Evans, qui, pensant découvrir les ruines du palais du roi Minos, mit au jour le site. C'est grâce à lui que le palais minoen fut partiellement reconstitué. Les tablettes d'argile miraculeusement retrouvées sur le site ont permis le déchiffrage de l'écriture linéaire B, composée d'une centaine de signes phonétiques équivalant chacun à une syllabe, et qui serait à l'origine de la langue grecque. Le contenu de ces tablettes relève surtout d'une minutieuse comptabilité de Cnossos sans donner d'autres indications que des chiffres sur la vie du palais.
Le premier à s'intéresser au site de Cnossos fut un Crétois. Minos Kalokairinos, marchand à Héraklion de son état, entama les travaux de fouilles en 1878. Les propriétaires turcs refusèrent de vendre le site aux archéologues du monde entier attirés par la découverte de Kalokairinos. L'Américain Stillman, l'Allemand Schliemann et le Français Joubin échouèrent dans leurs tractations, et ce fut finalement l'Anglais Arthur Evans qui acheta le site avec ses propres fonds, en 1900. Très rapidement les fouilles commencèrent et, en quelques années, Evans mit au jour le palais, puis confia à des collaborateurs la tâche de reconstituer le site du mieux possible. Jusqu'à sa mort, en 1941, Evans œuvra à rendre à Cnossos sa splendeur passée et rédigea une longue synthèse de ses recherches dans son ouvrage de référence en six tomes, *The Palace of Minos at Knossos* (*Le Palais de Minos à Cnossos*) qui constitue l'un des plus importants travaux portant sur la civilisation minoenne. Après sa mort, Anglais et Grecs unirent leurs efforts pour continuer les recherches et la reconstitution du site qui se poursuivent jusqu'à nos jours. Aujourd'hui, la reconstruction d'Evans est contestée par certains archéologues : en voulant trop donner à voir aux visiteurs sur la vie au temps des Minoens, il a parfois succombé

© DZIEWUL - SHUTTERSTOCK.COM

au romantisme de son imagination. Enfin, on se demande même si Cnossos n'était pas un lieu de culte religieux et non la résidence royale de la dynastie minoenne comme on l'a toujours supposé.
Selon la tradition, Dédale, le talentueux architecte, construisit à Cnossos un palais immense et compliqué (appelé aussi labyrinthe) à la demande du roi Minos qui voulait y enfermer le Minotaure, homme à tête de taureau. Ce monstre, qui se nourrissait de chair humaine, était né de l'union de la reine Pasiphaé (la femme du roi Minos lui-même) avec un taureau blanc envoyé par Poséidon. Tous les neuf ans, les Athéniens devaient livrer sept garçons et sept filles pour satisfaire son appétit. Thésée, après avoir séduit Ariane, la fille de Minos, réussit à tuer le Minotaure et sortit du palais en vainqueur grâce au fameux fil d'Ariane qui lui permit de retrouver son chemin dans le labyrinthe.

Transports

Cnossos ne se trouve qu'à 5 km du centre d'Héraklion. Vous pouvez y aller en bus (n° 2) qui part de la gare routière A de 6h à 21h, toutes les 20 minutes, et qui passe dans le centre-ville (place Venizelou). Le ticket coûte 2 € (il faut l'acheter au kiosque avant) et le trajet dure environ 20 minutes. Attention, ces horaires sont valables en été ; en hiver, les liaisons sont réduites.

RÉGION D'HÉRAKLION

GRAND PALAIS ★★★★

Accès à certaines salles limité. En saison, de 8h à 20h. Entrée 15 €. Réduit : 8 €. Vente en ligne : www.etickets.tap.gr

Le palais de Cnossos, centre de pouvoir le plus important de la période minoenne, est un vaste ensemble non fortifié, organisé autour d'une grande cour centrale rectangulaire. Les toits en terrasse étaient soutenus par des colonnades que l'on a voulu médianes afin d'imposer des portes latérales. L'éclairage était assuré par de nombreuses fenêtres et courettes intérieures fonctionnant comme des puits de jour. L'hydraulique était de pointe : un réseau d'égouts drainait l'eau des pluies torrentielles ainsi que les eaux usées. L'eau des sources arrivait jusqu'au palais par une série de salles de bains ou de postes d'eau. Comme il n'y avait pas de foyer fixe, on utilisait, en cas de besoin, des braseros. Le palais a été dressé sur une éminence artificielle, dominant la vallée de Kairatos. Le dénivelé de terrain a été pleinement utilisé par l'architecte de l'époque, avec deux plans : l'aile à l'est est à un niveau inférieur à celui de la cour centrale et du reste de l'édifice. Aujourd'hui, on entre dans le site par la cour ouest.

▶ **Le corridor de la procession** doit son nom aux fresques qui en ornaient les murs. Des centaines de figures de musiciens, porteurs d'offrandes, prêtres et prêtresses composaient la double procession qui convergeait vers une femme, sans doute une déesse, une prêtresse ou la reine du palais. Le corridor débouche sur les propylées où se dressent de gigantesques cornes doubles, comparables à celles de taureaux, symboles de la religion minoenne. De là, un petit escalier va vers la cour centrale tandis qu'un autre conduit à l'étage supérieur.

▶ **C'est dans la cour que vous verrez la salle du trône**, en pierre, reconstituée à l'identique, et son vestibule tout à côté, par lequel on observera la salle du trône. Dans ce vestibule, Evans avait placé la reproduction du trône en bois, à l'endroit où il rencontra un reste de bois calciné. C'est d'ici que vous pourrez apercevoir les très belles fresques de griffons sans ailes qui ornent les murs. Ce sont des reproductions proches des fresques originales qui sont aujourd'hui conservées dans le musée archéologique d'Héraklion. Au centre de la pièce, la vasque de pierre a été découverte dans les alentours par les archéologues. Si Evans avait imaginé que le trône de pierre était celui du roi Minos (et peut-être le plus vieux trône d'Europe), d'autres archéologues y ont vu le trône d'une prêtresse. Face au trône de pierre, un grand bassin accessible par quelques marches servait probablement à se purifier avant les cérémonies.

▶ **Au-dessus se trouvaient les salles des cérémonies**, accessibles par un petit escalier de dix-huit marches. En bas de l'escalier, on accède au sanctuaire principal du palais composé de trois pièces importantes : le vestibule des cryptes à piliers, une pièce qui contient une immense jarre et la chambre du trésor du sanctuaire. C'est ici qu'ont été découverts de très précieux objets comme les déesses aux serpents, aujourd'hui au musée archéologique d'Héraklion et les tablettes d'argile contenant des inscriptions en linéaire B. Dans la partie occidentale de l'édifice étaient construits de vastes magasins où l'on accumulait, dans des immenses jarres, *pithoi*, le stockage des récoltes et les richesses des *minos*.

▶ **De l'autre côté de la cour, dans la partie orientale, se trouvaient les appartements royaux.** A l'entrée de ceux-ci, au-dessus de la porte, vous trouverez la superbe fresque des dauphins, l'original étant également conservé au musée d'Héraklion. Vous remarquerez que les appartements de la reine étaient équipés de systèmes d'évacuation des eaux, constitués de canalisations en argile cuite. C'est un bel exemple de système d'irrigation mis en place sur le site de Cnossos, reflet des prouesses techniques de la civilisation minoenne.

▶ **En remontant vers le nord, vous déboucherez sur le corridor du jeu d'échecs**, puis sur d'autres magasins où étaient stockées d'autres productions. Les bâtiments du nord devaient vraisemblablement servir de logement à la cour et aux domestiques. Dans la partie nord-ouest se trouve le théâtre, séparé du bâtiment du palais qu'Homère évoque en deux vers dans l'*Iliade* (18, 591-2) : «… la place de danse que jadis, dans la vaste Cnossos, l'art de Dédale a bâtie pour Ariane aux belles tresses » !

Vous remarquerez le véritable dédale du palais qui mérite bien son nom de labyrinthe… Mais le palais de Cnossos est-il bien, comme le pensait l'archéologue britannique Evans, le palais du roi Minos ? La splendeur du palais renfermait-elle de sombres histoires qui alimentèrent le mythe ? Si Evans avait imaginé découvrir le palais du roi Minos lorsqu'il entreprit les fouilles de Cnossos, rien ne le confirme pleinement. On se demande encore aujourd'hui si le palais de Cnossos et son incroyable dédale de pièces avait bien inspiré le célèbre mythe du Minotaure.

▶ **Les premières fouilles sur le site de Cnossos** ont été entreprises en 1878 par le Crétois Minos Kalokairinos, commerçant aisé et amateur invétéré d'archéologie, alors que l'île se trouvait encore sous l'occupation ottomane. Les premiers vestiges mis au jour sont ceux de l'aile sud du palais. Se succèdent les tentatives du consul américain W.J. Stillman et de H. Schliemann et celles de l'archéologue français M. Joubin. Tous les efforts se heurtaient à la législation qui empêchait l'expropriation du terrain. Il fallut attendre la libération de la Crète en 1898 afin que le site devienne propriété de l'Etat et que les fouilles systématiques, entrepris par A. Evans, puissent avoir lieu.

MAISONS AUTOUR DU PALAIS ★

Autour du palais de Cnossos, quelques maisons ont fait l'objet de fouilles. La maison des Fresques, au nord-ouest, est célèbre pour ses peintures : *Les Jardins*, *L'Oiseau bleu*, *Les Singes bleus* et *Le Chef des noirs* (les fresques originales sont exposées au musée d'Héraklion). Dans la maison des Bœufs sacrifiés et la maison des Blocs tombés, au sud, ont été mis au jour des objets de sacrifice attestant qu'une des destructions du palais a été causée par un séisme. La maison du Sud-Est, luxueuse, était également décorée de fresques et contenait des objets précieux.

VILLA DE DIONYSOS ★★

Construite à quelques centaines de mètres au nord du site du palais de Cnossos, pendant l'occupation romaine, cette villa est principalement connue pour ses superbes pavements en mosaïque. Parmi eux, celui représentant le dieu Dionysos (seconde moitié du IIe siècle de notre ère), découvert en 1935-1936 lors des fouilles menées par l'archéologue britannique R. W. Hutchinson. Il s'agit d'une mosaïque parfaitement conservée. C'est ici qu'a été découverte une splendide statue d'Hadrien, exposée aujourd'hui au musée archéologique d'Héraklion.

PETIT PALAIS ★

Cet édifice luxueux (XVIIe-XVe s. av. J.-C.) appartenait au palais de Cnossos. On y trouve de grandes pièces de réception et un escalier massif permettant d'accéder à l'étage. Le Petit Palais aurait été aussi un lieu religieux important : un autel y a été découvert ainsi que des salles possédant de précieux objets de culte, tel que le rhyton en forme de taureau exposé au musée d'Héraklion. Cette hypothèse est d'autant plus renforcée par la courte distance qui sépare cet édifice du théâtre de Cnossos : un chemin sacré aurait alors unifié ces deux lieux de culte.

VILLA ROYALE ★

Au nord-ouest du palais de Cnossos se dresse un bâtiment luxueux. On suppose qu'il s'agissait de la demeure d'un membre de l'aristocratie ou de la haute hiérarchie religieuse du XIVe siècle av. J.-C. On y a trouvé un trône en pierre, qui se plaçait de toute évidence dans la niche au bout de ce mégaron. Cette niche était isolée par des marches et des colonnes et communiquait avec l'étage supérieur par le biais d'un puits de jour. Cette disposition particulière laisse à supposer que les lieux où se situait la niche étaient destinés à des cultes.

SANCTUAIRE ET TOMBEAU ROYAL ★

Ce tombeau-sanctuaire, considéré comme le monument le plus important en Crète, a été construit entre 1850 et 1650 av. J.-C., sur deux étages. A l'étage du dessus se trouvait l'autel. Le premier étage abritait, entre autres, un tombeau à voûte et une chambre funéraire rectangulaire. Les urnes funéraires découvertes dans le vestibule du côté sud du premier étage ont permis à Evans de supposer qu'on y avait enterré des victimes du séisme de 1600 av. J.-C.

CARAVAN SÉRAIL ★★

A proximité de la villa royale, ce bâtiment était probablement destiné à héberger ceux qui venaient à Cnossos depuis le sud. C'est à cette conclusion, en tout cas, qu'est arrivé A. Evans et c'est la raison pour laquelle il a donné à cet édifice le nom de l' « Auberge » et de Caravan Sérail (auberge en turc). On y trouve la superbe fresque aux perdrix (une copie est exposée, l'original étant au musée d'Héraklion). A côté de cette salle se situe une autre avec une petite citerne en pierre dans laquelle les voyageurs étaient censés se laver les pieds.

ARCHANES ★★

En continuant la route qui passe par Cnossos, au sud d'Héraklion, on arrive, après une quinzaine de kilomètres, à Archanes. Cette bourgade prospère et animée se situe au milieu d'un bassin où la principale activité est la production d'excellents vins. Ce bassin est surplombé par le mont Giouchas. Il est divisé en deux : Kato Archanes (Archanes du bas) et Pano Archanes (Archanes du haut). Le site de Pano Archanes était déjà prospère à l'époque minoenne. Une bonne demi-journée est nécessaire pour faire le tour des vestiges. De là, vous pourrez visiter la petite ville antique de Vathipetro située à 4 km. Une fête publique (le 6 août) se déroule chaque année au sommet du mont Giouchas qui domine la vallée.

Se loger

Séjourner à Archanes avant ou après la visite de Cnossos est une alternative idéale pour ceux qui souhaitent échapper à Héraklion. Dans cette région vallonnée surnommée Peza (appellation contrôlée) se trouve la plus forte concentration de célèbres vignobles crétois : Lyrarakis, Stilianou, Miliarakis, Tamiolakis, Paterianakis... Une halte s'impose afin de visiter tranquillement quelques caves et de déguster quelques bons verres de vin sur la route de Phaestos-Matala ou celle de Ierapetra. Tavernes et cafés se regroupent autour de la place principale du village.

Transports

D'Héraklion, prenez le bus à la gare routière A (place Eleftherias). Il y a des bus très fréquemment entre 6h30 et 21h. Attention, la fréquentation est moindre le week-end et durant l'hiver.

FOURNI

Tourner à droite après l'université, puis suivre les panneaux (discrets) sur une mauvaise route pendant environ 10 minutes.

Le cimetière est fermé au public jusqu'à nouvel ordre. Se renseigner au moment de votre passage au +30 2810 752712.

C'est le plus grand cimetière ancien jamais découvert en Crète et dans la mer Egée en général. Il date de 2500 av. J.-C. C'est un site remarquable par le nombre considérable des constructions funéraires, des styles architecturaux variés ainsi que par la richesse des objets trouvés lors des excavations. Un nombre important de ces objets-là provient d'Egypte, des Cyclades et de l'Orient, attestant le rôle important que jouait Archanés (Fourni) pendant l'époque minoenne et ses relations commerciales avec le reste du monde connu de l'époque.

LABYRINTH MUSICAL WORKSHOP ★★

Houdetsi

✆ +30 2810 741 027

www.labyrinthmusic.gr/en/

Pour les concerts et les stages organisés, consultez le site.

Cette belle maison ancienne, restaurée, est un centre renommé de rencontres musicales. Le maître des lieux, Ross Daly, irlandais de naissance, joueur de lyre crétoise, mais aussi de saz, de rabab... y organise des rencontres des traditions musicales de la planète. Concerts avec des musiciens du monde entier. La maison abrite un musée des instruments de musique, d'une beauté surprenante. Festival à la mi-août. Stages d'apprentissage et ateliers de fabrication d'instruments traditionnels.

RÉGION D'HÉRAKLION

ANEMOSPILIA

Au nord-ouest d'Archanes, sur le flanc est du mont Iouchtas (811 m).

Fermé au public, accessible sur autorisation préalable des autorités archéologiques : +30 2810 752712.

Temple de la période minoenne. La découverte dans ce temple au début des années 1980, de trois squelettes dont l'un d'un jeune homme avec un poignard planté dans la poitrine, a été l'objet de fortes controverses parmi les spécialistes. Elle semble indiquer en tout cas que les Minoens pratiquaient les sacrifices rituels contredisant partiellement les théories décrivant une société paisible et idéale. Un tremblement de terre (en 1700 av. J.-C.) semble avoir interrompu une cérémonie, ce qui aurait causé la mort des participants et détruit l'édifice.

MUSÉE ARCHÉOLOGIQUE ★

101 rue Labraki

✆ +30 2810 752712

Ouvert tous les jours sauf le mardi, de 8h30 à 14h30. Entrée libre.

Le musée archéologique est abrité dans un petit bâtiment néoclassique dans lequel, jusqu'en 1920, fonctionnait l'école primaire du village. Remarquez, après avoir franchi la grille, la fontaine de la période ottomane, à votre gauche ! L'unique salle accueille une petite collection archéologique mais fort intéressante regroupant des pièces de l'époque minoenne, notamment issues des fouilles du cimetière de Fourni. On y trouve des vases, des bijoux en ivoire, des sculptures, des sarcophages... Commentaires en anglais. A l'accueil, demandez le plan de la ville.

LYRARAKIS

✆ +30 2810 336648
www.lyrarakis.com/en/home
Ouvert d'avril à octobre, du lundi au vendredi de 11h30 à 20h.

La famille Lyrarakis est productrice de vin en Crète depuis 1966 et s'enorgueillit aujourd'hui de nombreux prix et certificats internationaux. Ses vignobles, s'étendant sur 12 hectares, se trouvent dans le village d'Alagni situé à 18 km au sud d'Héraklion. Si vous venez en voiture, prenez la direction de Viannos et suivez les indications. Si vous arrivez en bus, il vous faudra marcher environ 600 mètres car le parking n'est accessible qu'aux voitures. La visite guidée dure 1h30 et doit être réservée à l'avance. Elle comprend : la presse du vin, une promenade dans les vignobles et dans les lieux de fabrication, une dégustation et deux bouteilles de vin en cadeau. La dégustation porte sur cinq sortes de vins différents : Lyrarakis Dafni (le blanc sec, l'appellation considérée comme la plus ancienne encore produite de nos jours), Lyrarakis Cuvée Grande Colline (un blanc sec provenant du cépage vilana) et les rouges Lyrarakis Kotsifali, Last Souper et Kotsifali Syrah. Pendant la dégustation sont offerts le fromage et le *paksimadi* (le pain croustillant traditionnel crétois). Le domaine de Lyrarakis produit douze sortes de vins au total, vous pouvez en acheter sur place moins cher que dans le commerce. Ce sera l'occasion de rapporter un cadeau très local de votre séjour à vos proches et leur faire découvrir les produits de Crète moins connus chez nous. Et, plus égoïstement, ce sera aussi un moyen de vous replonger dans les saveurs vinicoles de vos vacances en Crète, après la fin de votre séjour crétois.

VILLA VATHYPETRO ★

Sortir de la ville par le sud ; après 5 km, suivre le petit panneau sur la droite.
En travaux. Visite possible après rendez-vous : +30 2810 752712

Petit palais minoen, datant de 1580 av. J.-C., où l'on a découvert de nombreux objets donnant de précieux renseignements sur la civilisation minoenne. On y a découvert des pressoirs à huile et à raisin, des métiers à tisser et un four de potier. Le palais était assez vaste, à deux étages et aux murs dépourvus de fresques. On y trouve, aussi, les vestiges de magasins attestant de l'activité commerciale du lieu, ainsi qu'un sanctuaire. Les archéologues en ont déduit que les Minoens puissants disposaient également de lieux religieux dans leurs habitations.

VILLAGE DE THRAPSANO

À 20 km au sud-est d'Archanes.
www.e-thrapsano.gr

Le village de Thrapsano est le centre de l'art céramique de la Crète. La plupart de ses habitants sont des artisans renommés pour leur savoir-faire transmis de père en fils au fil du temps. Pendant la période ottomane, le village s'est énormément développé grâce à la production des objets en céramique et surtout des jarres. Les céramistes d'ici avaient adopté la pratique de *vedema* : les artisans sillonnaient le pays non seulement pour vendre mais également pour fabriquer sur place des objets en argile. Sympathique promenade dans les petites ruelles escarpées.

CRETANPATHS - TOURISME ALTERNATIF

Village de Katalagari ✆ +30 2810 751717
www.cretanpaths.com/

Cretanpaths est une agence de voyage spécialisée dans le tourisme alternatif. Elle propose différents types d'excursions afin d'en apprendre plus sur la Crète autrement. Vous pourrez notamment découvrir la destination en goûtant les spécialités crétoises avec les excursions suivantes : « Food and the city », « Let's cook Crete » ou « Tasting aroma ». C'est une manière aussi de soutenir un tourisme plus vert, plus authentique, loin des offres du tourisme de masse.

KATALAGARI COUNTRY SUITES €€

À 20 minutes de voiture de l'aéroport d'Héraklion.
✆ +30 2810 753350
katalagarisuites.com
Chambre double à partir de 110 € en saison, petit-déjeuner inclus. Wifi gratuit.

Katalagari Country Suites est un site charmant et confortable. Certaines chambres possèdent un balcon avec vue spectaculaire sur les vignobles (surtout au lever du soleil). Autour de la piscine sont servis les dîners : les produits sont bio et proviennent de la ferme des propriétaires ; c'est de la cuisine crétoise préparée avec passion et beaucoup de plantes aromatiques locales. Le personnel est discret et gentil : on n'a pas envie de repartir d'ici car c'est un vrai paradis !

TRULLOS TRADITIONAL HOUSES €€

10 N. Panayiotaki
✆ +30 2810 753153
troullos.gr

Comptez entre 80 et 110 € en saison, selon l'appartement choisi. Petit déjeuner crétois : 12 €.

Ces magnifiques appartements et maisonnettes situés dans le village traditionnel d'Archanes disposent d'une cheminée, de meubles antiques et de plafonds en bois mais aussi de tout le confort auquel peut s'attendre le voyageur moderne. Le petit déjeuner est composé de produits locaux : œufs, fromages, fruits, confiture... De quoi combiner authenticité avec confort : une démarche à soutenir pour permettre une transition vers le tourisme responsable et durable.

BAKALIKO CRETE €

Sur la place principale au centre-ville.
✆ +30 2810 751117
www.bakalikocrete.com

Ouvert tous les jours, toute l'année. On y trouve de tout à tous les prix : des salades, des sandwichs, des tapas...

Sur la place principale, cette épicerie fine offre sa jolie terrasse où l'on peut déguster des spécialités crétoises raffinées et légères, comme les feuilles de vigne au yaourt et à la menthe fraîche (fait avec du boulgour et pas avec du riz). On y vend aussi différents produits locaux et régionaux ; notamment du vin crétois. L'idée est de faire de la cuisine créative avec les ingrédients des fermes voisines, souvent bio : les recettes sont amicalement données sur demande. Si l'envie vous vient, vous pouvez même y prendre des cours de cuisine.

STILIANOU WINERY

Kounavi
✆ +30 6936 430 368
http://stilianouwines.gr/index-1.html

Visite tous les jours de mai à octobre de 11h à 18h, et de novembre à avril de 10h à 15h.

Surplombant le village de Kounavi près de Katalagari, la vigne de Stilianou est étrillée selon les normes biologiques en respectant la nature et la tradition locale crétoise. En réveillant la nature, le soleil crétois augmente la puissance des pousses cultivées sur les vignobles montagneux, qui sont rafraîchis par Eole, le dieu des vents. Les vins Stilianou sont produits dans une nouvelle cave moderne, il s'agit d'une production limitée dont chaque bouteille est numérotée. Une belle idée de cadeau à rapporter dans ses valises.

MYRTIA ★

Même si vous n'êtes pas un passionné des écrits du grand Nikos Kazantzakis, la balade vers Myrtia vaut le détour. Pour les fans de l'auteur crétois par excellence, ce sera un passage obligé. On atteint le village, situé à 25 km au sud d'Héraklion, par une route peu fréquentée qui passe par Skalani et longe par l'est la route principale descendant à Peza. Le musée consacré au créateur du mythique Alexis Zorba se situe sur la place principale près de kafeneia particulièrement agréables où il fait bon s'arrêter boire un verre. Dans les environs, le monastère d'Agarathos, l'un des plus anciens de toute la Crète, vaut également le détour et une visite.

MONASTÈRE D'AGARATHOS

Epar.Od. Karteros

Tenue correcte exigée.

Le monastère, construit aux alentours de 960, a été détruit et reconstruit plusieurs fois. Fondé durant la seconde période byzantine, il est cité comme l'un des plus anciens de Crète. Pendant la période vénitienne, il a joué un rôle éducatif pour les laïcs et pour le clergé destiné aux hauts rangs de la hiérarchie. Les bâtiments actuels sont de l'époque vénitienne (outre les vestiges de l'ancien monastère) et l'église a été édifiée en 1941. Une vingtaine de moines y vivent aujourd'hui, travaillant à la production de vin et d'huile d'olive.

MUSÉE NIKOS KAZANTZAKIS ★

✆ +30 2810 741689
www.kazantzaki.gr

En saison, ouvert 7j/7 de 9h à 17h. Entrée : 5 €. Film et guide du musée en français.

Fondé en 1983, ce musée est une tentative, au travers d'objets personnels, de photos, de costumes, de manuscrits et de films (en français), de retracer l'histoire du personnage controversé en son temps qu'était Nikos Kazantzakis et de corriger l'image de cet écrivain majeur du XXe siècle (*Zorba*, *Rapport au Greco*, *La Dernière tentation du Christ*). Le bâtiment abritant le musée se situe au cœur de son village d'origine : Varvaroi (Myrtia, actuellement). Les amateurs poursuivront la visite au Musée historique d'Héraklion qui consacre une salle entière à l'écrivain.

ZAROS ★

Situé sur les contreforts sud du mont Psiloritis, le village de montagne de Zaros n'en est pas moins réputé pour ses spécialités de poissons : les élevages de truites attirent les gastronomes. Zaros est également connu pour son lac et son eau de source, que vous avez dû être amené à boire car c'est la plus répandue sur l'île. On n'est plus très loin de la côte sud et des sites de Phaestos et d'Agia Triada, tout en profitant de la fraîcheur sereine des montagnes et du superbe panorama. Depuis la capitale, prendre le bus à la gare routière B jusqu'à Mires puis prendre l'un des deux bus quotidiens pour Zaros (gare routière de Mires ✆ +30 28920).

© PECOLD - SHUTTERSTOCK.COM

Monastère près de Zaros.

FERME KAMIHIS ★★

Epar.Od. Gortinas-Kato Zarou
✆ +30 69790 25174
25 € le tour, 20 € pour les enfants.

Les visiteurs sont amenés à vivre la vie des paysans crétois. Tout le monde se rassemble d'abord dans la grande salle commune autour des différents fours de la ferme. Ensuite Mihalis accompagne les enfants parfois sur des ânes pour ramasser des légumes dans le potager, les œufs dans le poulailler. D'autres s'attellent à nourrir les bêtes, et finalement tous se rassemblent pour pétrir la pâte à pain et préparer les tartes crétoises qui seront servies au repas de midi. C'est une activité unique en son genre qui émerveille par son authenticité.

LAC VOTOMOS

A 2 km au-dessus du village.

C'est un petit lac vert artificiel, particulièrement joli et agréable pour sa fraîcheur, au bord duquel se trouvent quelques tavernes traditionnelles. Dommage qu'on ne puisse pas s'y baigner, mais c'est un point de départ pour de nombreuses randonnées, comme celle de deux heures et demie à travers les gorges de Rouvas, à cinq kilomètres au nord. Parmi les tavernes, Limni, où l'on peut se procurer des cartes très explicatives avec des descriptions et des conseils utiles concernant la randonnée dans les gorges de Rouvas. Jeux pour enfants.

GORGES DE ROUVAS ★★

Accès gratuit.

La visite des gorges de Rouvas offre une des plus belles randonnées de Crète. Bien qu'elles soient accessibles toute l'année, le printemps reste la saison idéale pour les visiter. Soumises aux aléas climatiques, la montée des eaux par temps de fortes pluies les rendent plus difficiles d'accès. La nature verdoyante, fleurie au printemps, offre des points d'ombre et des cascades rafraîchissantes. Les gorges s'achèvent sur la magnifique forêt de Rouvas parsemée de chênes, de platanes, de cyprès, de pins…

Au départ de l'agréable lac de Zaros (Votomou). Quatre randonnées sont possibles. Choisissez celle des gorges Agios Nikolaos (appelées aussi de Rouvas). Les autres circuits proposés sont moins intéressants et, de surcroît, moins bien balisés. La randonnée dure environ 3 heures pour la montée et 2 petites heures pour le retour. On marche pendant près de 15 minutes et on rejoint le monastère d'Agios Nikolaos (admirez les fresques du XIVe siècle !). Par la suite, on longe la rivière et au bout d'une demi-heure on rentre véritablement dans les gorges. Les parois sont abruptes, mais on avance assez facilement, au milieu d'un paysage impressionnant et superbe. Le sentier est bien aménagé, avec des escaliers aux endroits les plus difficiles. Nous vous conseillons d'avoir de bonnes chaussures de sport et de bien vous hydrater. A la sortie des gorges (dans la forêt), une aire de pique-nique a été aménagée à l'ombre des arbres. Vous y trouverez également des toilettes et un point d'eau. Idéal pour une pause bien méritée !

MONASTÈRE DE VRONDISSI ★

Au nord-ouest du village de Zaros.

Construit vraisemblablement entre le Xe et le XIIIe siècle, le monastère joua un rôle culturel et artistique important à l'époque de la Renaissance et de la Crète vénitienne. El Greco en personne aurait passé du temps à l'atelier du monastère où officiait le peintre byzantin le plus fameux, M. Damaskinos. L'édifice, restauré, abrite en son cœur une église à deux nefs. Le clocher, séparé du bâtiment principal, présente un style catholique. A l'extérieur, une remarquable fontaine vénitienne (cependant très endommagée) représente Adam et Eve entourés de trois lions.

MUSÉE DU FOLKLORE ET DE LA GÉOLOGIE

Au centre-ville.

✆ +30 694 531 3523

Tarif : 4 €, réduit : 2 €.

Ce petit musée qui se trouve dans une vraie maison traditionnelle crétoise, à côté de l'église du village, Saint-Georges, est ouvert sur demande : demandez Yourgos, vous pouvez vous rapprocher d'un habitant du village ou appeler la taverna Vegera. La première partie du musée est dédiée au folklore : on y retrouve des objets divers d'époque, d'usage quotidien (habits, outils...). La seconde partie abrite près de 350 espèces de pierres différentes, provenant de partout dans le monde.

HÔTEL IDI €

✆ +30 28940 31301

www.idi-hotel.gr

Chambre double à partir de 45 € en saison. Petit déjeuner inclus. CB non acceptée.

Cet hôtel d'une soixantaine de chambres est situé un peu en dehors du village, au milieu des montagnes. Vous aurez peut-être la chance de participer à la récolte des olives ou du miel dans cet endroit. Pour manger dans le village, vous ne pourrez éviter le saumon et la truite locale proposés par tous les restaurants, aux côtés de plats plus classiques de la Crète. Petit déjeuner généreux, avec beaucoup de fait maison. Le cadre est idéal, reposant. Parmi les services proposés : wifi, restaurant, bar, courts de tennis, bibliothèque et piscine.

HÔTEL KERAMOS €

✆ +30 28940 31 352

www.studiokeramos-zaros.gr

Chambre double à partir de 65 € en saison, avec le petit déjeuner (réputé !) de Katerina.

Katerina, la très sympathique et énergique propriétaire, vous loue des studios équipés, d'une propreté soignée et rénovés en 2017. Vous veillerez surtout à ne pas rater son somptueux petit déjeuner, composé de 20 petits pains crétois faits maison, de lait de chèvre, de yaourt, de fruits, de miel, d'une tisane aux herbes du mont Psiloritis et de café. Une adresse agréable à Zaros, conviviale et chaleureuse, qui compense le léger manque de charme des chambres, notamment des salles de bains plutôt basiques mais absolument propres.

MF LUXURY - VILLA MORONI €€

Lieu-dit Moroni ✆ +30 6996 238060

www.mfluxury.gr/

Compter entre 140 et 250 € par nuit en saison. Séjour minimum 4 nuits.

Superbe villa moderne au design contemporain. Barbecue et terrasse extérieure, literie incroyablement confortable, salle de vie lumineuse et cosy, cuisine moderne : tout est fait pour vous assurer un séjour confortable et relaxant. Ce qui tombe bien, puisque la villa est située dans le village de Moroni, ce qui en fait une bonne base de départ pour toutes vos excursions. Pensez à réserver la voiture de location avec l'agence de voitures des propriétaires : Click and Go. Ils proposent des tarifs très avantageux pour ceux qui séjournent chez eux.

TAVERNA VEGERA €

✆ +30 6970579395

www.vegerazaros.gr

Comptez 15 € environ par personne. Ouvert tous les jours de 9h à 23h en saison.

Un accueil chaleureux vous attend dans cette authentique taverne où vous dégusterez les plats du jour proposés par la patronne (pas de menu). Vous ne serez pas déçu et l'addition ravira toutes les bourses ! Une bonne adresse pour changer de la truite locale et goûter les fameux escargots crétois ! Et, en dehors des repas, la taverne se transforme en petit café-ouzerie où l'on se retrouve en journée ou le soir pour partager un verre ou un café et pour discuter des événements de la journée. Une escale agréable si vous êtes de passage dans les parages.

GORTYNE ★★★

À sa manière, ce site est l'équivalent de Cnossos pour une période plus récente de l'histoire crétoise. Fondé probablement à l'époque minoenne, il était sujet de Phaestos, son voisin, à l'époque dorienne et devint un centre commercial important (au VIIIe siècle av. J.-C.) avec un port donnant sur la mer de Libye, Levin (l'actuel Lentas). Il se développa de telle sorte qu'il prit possession de Phaestos au IIIe siècle av. J.-C. (ainsi que de Matala qui en était le port) avant que les Romains (en 69 av. J.-C.) n'en fassent la capitale de la Crète et du Cyrenaica (qui gérait également une partie de l'Egypte et du nord de l'Afrique). Gortyne était alors à son apogée. Saint Paul y envoya un de ses apôtres, saint Tite (ou Titus), pour convertir les Crétois, et c'est ici à Gortyne que le christianisme fit son entrée. Lors de l'invasion sarrasine, au IXe, la ville fut abandonnée. Il reste des ruines disséminées sur une vaste superficie (environ 1 km²), que vous pouvez aisément visiter à pied à partir d'Agia Deka, par exemple.

Transports

Gortyne se trouve sur la route qui va vers Mires et Phaestos, au cœur de la plaine fertile de Messara, juste à la sortie d'Agia Deka. Les bus qui relient Héraklion à Phaestos s'arrêtent devant le site antique de Gortyne, ils circulent entre 7h30 et 15h30. Attention, la cadence est réduite en hiver et les dimanches. Comptez 50 min depuis la capitale par la route nationale n° 97. Nous conseillons un itinéraire bis via Cnossos, Archanes, Peza, Houdesti, un peu plus long (1h10) mais qui permet de concilier ces visites.

CITÉ DE GORTYNE ★★★

✆ +30 28920 31144

En saison, ouvert tous les jours de 8h à 20h. Entrée : 6 €, tarif, réduit : 3 €, gratuit pour les moins de 18 ans.

Vous y trouverez les ruines de la basilique de saint Titus datant du VIIIe siècle, et l'odéon, édifié du temps de l'empereur Trajan (IIe siècle), qui conserve les fameuses Lois de Gortyne découvertes à la fin du XIXe siècle et datant du Ve siècle av. J.-C. Ces tablettes gravées dans la pierre, écrites dans un dorien ancien (dont une partie se trouve au Louvre) ont apporté de précieux renseignements aux historiens concernant le mode de fonctionnement parfaitement codifié et hiérarchisé de la société dorienne. De l'autre côté de la rivière (il faut revenir vers la route) se trouve un théâtre d'où l'on peut monter jusqu'à la citadelle qui offre un magnifique point de vue sur l'ensemble. Au sud de la route, beaucoup d'autres vestiges restent à voir : un amphithéâtre, des bains publics, un praetorium, un nymphaenum, une école de musique, le temple d'Apollon Pythios… Tout cela éparpillé dans la campagne : de quoi vous occuper un moment !

Gortyne est aussi un lieu mythique, puisque sous le platane situé non loin des ruines, Zeus et Europe se sont unis. En effet, charmé par la jeune princesse qui vivait en Phénicie (actuel Liban), le dieu des dieux décida de l'enlever et se transforma en taureau d'une blancheur éclatante. La jeune fille, fascinée par la beauté de l'animal, grimpa sur son dos et Zeus s'envola subitement avant d'atterrir sous les platanes de Gortyne où il reprit sa forme habituelle. Depuis leur rencontre charnelle, les platanes seraient, paraît-il, toujours verts, ne perdant plus jamais leur feuillage.

Site de Gortyne.

AGIA VARVARA

Le village d'Agia Varvara se trouve sur la route qui descend vers Gortyne et la plaine de Messara, à 30 km d'Héraklion. A l'entrée nord du village, près de la chapelle Profitis Elias, un rocher symbolise le centre géographique de l'île : vous êtes ici au cœur même de la Crète, littéralement. A part sa situation géographique unique et un hôtel remarquable qui peut constituer un bon camp de base pour rayonner sur l'île, il y a peu à parier qu'Agia Varvara ne vous retienne pendant votre séjour en Crète. Le village constituera peut-être une petite escale agréable. De Agia Varvara, une route mène vers l'ouest à Zaros à 45 km d'Héraklion par Gergeri.

AGIA DEKA

A proximité du village de Gortyne, cet endroit est un lieu de pèlerinage. Les Crétois viennent y honorer les tombes des dix martyrs qui périrent pour le christianisme vers 250. La petite église située en contrebas du village, qui leur fut dédiée, date du VIe siècle... Les icônes qu'elle contient dépeignent l'exécution des martyrs. La pierre blanche sur laquelle aurait eu lieu le massacre y est également conservée. A proximité du village, vous pourrez également visiter le domaine viticole Zacharioudakis pour découvrir des plaisirs beaucoup moins austères, mais tout autant sacrés ! Dégustations de vins en perspective (à consommer avec modération).

VILLA KERASIA €€

✆ +30 2810 791021
www.villa-kerasia.gr

A partir de 90 € la nuit en saison pour 2 personnes, petit déjeuner inclus. Gratuit pour les enfants de 2 à 6 ans.

Au pied du mont Psiloritis mais avec une vue imprenable sur la région, cette villa est plantée au milieu des vignes et des oliviers. Récemment rénovée à partir d'un ancien corps de ferme datant de 1883, elle en a gardé tout le caractère. L'intérieur a aussi été refait à neuf dans le respect de la tradition, agrémenté d'équipements modernes pour un confort parfait. Le petit déjeuner de Babis, le propriétaire, est un délice ainsi que les repas que l'on peut prendre sur place. De là, de nombreuses balades sont accessibles à pied. Piscine.

DOMAINE ZACHARIOUDAKIS

A la sortie d'Agia Deka, c'est fléché. Poursuivez 3 km après le village d'Ambelouzos.
✆ + 30 28920 96226
www.zacharioudakis.com

Ouvert d'avril à octobre, du lundi au samedi de 10h à 14h. A partir de 15 € la visite guidée avec dégustation de vins.

C'est ici qu'en l'an 2000 le journaliste Stélios Zacharioudakis et sa femme Victoria ont réalisé leur rêve avec plein d'entrain, et ont créé un domaine et un espace de visite qui rendent hommage à la vigne et au vin. Au sommet et en couronne de la colline Orthi Petra, à 500 mètres d'altitude, est planté un vignoble de 30 hectares sur des terroirs qui peuvent faire naître des vins d'excellence, provenant de raisins biologiques. Sur une terre franche, pierreuse, calcaire, inclinée, et en combinaison avec l'altitude, se cultivent des cépages rouges : kotsifali, syrah, cabernet sauvignon, merlot, ainsi que des cépages blancs : vilana, vidiano, malvazia et sauvignon. Le domaine produit actuellement 120 000 bouteilles de vin bio par an, dont l'un des meilleurs vidiano de l'île. Vous pouvez faire une promenade sur 1 800 m dans les vignobles autour de la colline et jouir d'une vue spectaculaire sur la plaine de Messara et les massifs montagneux de Psiloris et d'Asteroussia, ainsi que sur l'île de Gavdos et la mer Libyenne. Vous visiterez les installations et vous apprendrez les méthodes de vinification modernes. La salle de dégustation où se termine la visite guidée est spectaculaire et offre une vue panoramique sur la mer de Libye. De quoi inspirer des vocations en viticulture ! Le domaine propose des expériences gastronomiques de *wine pairing* avec un chef spécialisé dans les plats crétois, notamment les escargots. Avant de prévoir votre visite, vérifiez les horaires sur le site Internet car ils changent régulièrement.

MIRES

Sur la route de Phaestos, Mires est un centre important d'environ 5 000 habitants. Si vous voyagez en bus, soit venant d'Héraklion soit de Rethymnon, il faudra vous y arrêter ne serait-ce que pour prendre une correspondance. C'est un bon endroit pour faire le plein : nombreux magasins autour de l'axe principal, poste, deux banques (avec distributeurs de billets), supermarchés... Rien de particulier à voir ou à faire, mais c'est une ville vivante avec un gros marché le samedi matin. En revanche, aucun intérêt particulier à y séjourner, les lieux sont plutôt bruyants et embouteillés. Si cependant vous êtes coincés, l'hôtel Olympic fera l'affaire.

SAINTE MÉTROPOLE DE GORTYNE ET ARCADIE ✞

A partir du IIe siècle, la sainte Métropole de Gortyne était un centre religieux d'importance, l'une des plus vieilles et estimables de Crète. Durant la conquête arabe, en 824, elle fut démolie et le siège transférée à Héraklion. Elle ne fut réorganisée qu'en 961, après la délivrance. Les apôtres Paul et Tite étaient directement attachés à la métropole, car lors de leur IVe mission, ils étaient à Gortyne pour organiser l'église. Les premiers évêques furent ordonnés par l'apôtre Tite.

CLICK & GO

✆ +30 6998 880 900

www.clickandgo.gr

En saison, voiture classe A à partir de 40 €/jour. Livraison gratuite dans tous les aéroports de l'île.

Une petite équipe dévouée qui fera tout pour un voyage réussi en Crète. Qualité et sécurité des véhicules, annulation gratuite, prix sans frais supplémentaires. Des voitures livrées avec un réservoir plein et un service 24h/24. Les véhicules sont récents, propres et vérifiés avant la livraison. L'assurance est en principe complète sur tous les véhicules, mais nous ne le dirons jamais assez : « vérifiez bien avant de donner votre CB et de signer ». Ici vous trouverez le meilleur forfait de location à des prix compétitifs avec un service amical et professionnel.

PHAESTOS ★★★

Le palais minoen, qui occupe ce site de Phaestos, est le deuxième plus important de Crète après celui de Cnossos : il présente les mêmes caractéristiques architecturales et lui ressemble donc sensiblement. Contrairement à Cnossos, les archéologues n'ont pas ici reconstruit partiellement le palais, se contentant de le dégager du mieux possible. L'emplacement, dominant la plaine de Messara, a été délibérément choisi pour la vue spectaculaire qu'elle offre et tout semble indiquer que l'endroit était agrémenté de cascades, fontaines et jardins luxuriants. L'endroit est moins spectaculaire que Cnossos, mais les amateurs apprécieront peut-être davantage l'authenticité de ce lieu. La beauté et la force de ce site tiennent également au fait que ses abords sont restés complètement vierges de tout complexe touristique, taverne ou café. Ici on contemple juste le palais minoen et la magnificence de la nature. Calme absolu (à moins que vous ne tombiez en même temps qu'un car de touristes car l'endroit est moins visité que Cnossos) !

Transports

De/vers Héraklion, il y a des bus fréquents tous les jours (compter 7,10 €) mais aussi des bus réguliers de/vers Matala et Agia Galini en semaine et en saison également. A noter : moins de bus l'hiver et le dimanche. L'arrêt de bus se trouve devant l'entrée du site archéologique.

© PETER MAERKY - SHUTTERSTOCK.COM

Ancien palais minoen de Phaestos.

PALAIS DE PHAESTOS ★★★

A 63 km au sud-ouest d'Héraklion. Arrêt de bus Ktel juste devant.
✆ +30 28920 42315
En saison, de 8h à 20h. Entrée 8 € ; réduit 4 € ; gratuit pour les -18 ans. Café avec terrasse. Boutique.

Le palais minoen de Phaistos, ouvert à la visite, domine la partie ouest de la plaine de Messaras, la plus grande en superficie et la plus fertile de la Crète. Les fouilles ont dégagé un palais construit sur une citadelle à quatre niveaux. C'est donc ces niveaux successifs qui permettent, encore aujourd'hui, d'admirables effets de perspective au-dessus des oliveraies de la plaine. De nombreux et larges escaliers permettaient l'accès d'un plan à l'autre. Depuis son palais et d'un balcon volontiers orienté vers la mer, le roi de Phaistos pouvait embrasser l'ensemble du paysage tout en surveillant la plaine mais, aussi, les passages vers la mer et les ports de la baie de Messaras, tels que ceux de Matala, Kommos et Kalamaki.

Le palais de Phaistos est d'une structure architecturale remarquable tandis que les éléments essentiels sont les mêmes qu'à Cnossos : chambres ordonnées autour d'une cour où étaient organisés, probablement, des spectacles de tauromachie, salles de réception, appartements privés, ateliers et resserres, magasins. Un escalier sépare la chambre du roi de celle de la reine. Un autre escalier imposant, bien conservé, monte aux propylées. Le premier palais a été construit au début du deuxième millénaire av. J.-C. Détruit, puis restauré, il a dominé la région pendant trois siècles environ. En 1700 av. J.-C, le premier palais de Phaistos est entièrement détruit par un grand incendie. Sur les ruines, on construit un nouveau palais, plus somptueux que celui d'avant. Il sera, lui aussi, détruit vers la deuxième moitié du XVe siècle av. J.-C., connaissant le même destin que les autres centres du pouvoir minoens de la Crète. Les vestiges que l'on visite aujourd'hui sont ceux du second palais. Les quelques ruines du premier palais sont facilement repérables sur le site, car, fragiles, elles sont protégées par des toitures. On y accède par une cour dallée (cour sud). C'est sur le site qu'a été découvert le fameux Disque de Phaistos, datant très probablement du XVIIe siècle av. J.-C. et dont les symboles n'ont pas encore été déchiffrés, rendant ainsi, encore aujourd'hui, une partie considérable du passé historique de la Crète et de la Grèce antique énigmatique (on admire ce disque au Musée archéologique d'Héraklion). C'est également sur ce site que, selon la légende, a régné la dynastie de Rhadamanthe, fils de Zeus et d'Europe, frère cadet de Minos et juge au royaume des morts. Pour une bonne orientation, il est indispensable de se procurer un guide détaillé et explicatif (en anglais) à l'entrée du site.

VORI

Vori se trouve sur la route Agia Galini-Mires, avec des bus fréquents tous les jours dans chacune des directions. A côté d'Agia Triada, ce village ne présente en lui-même pas d'intérêt particulier, mais on y trouve le plus important musée du folklore de Crète et, à ce titre, méritera une visite pour découvrir les traditions passées et/ou tenaces qui font la renommée de la vie crétoise. En effet, l'île est réputée pour la permanence de ses folklores dans la vie contemporaine. Les Crétois sont particulièrement fiers – avec raison ! – de leur héritage patrimonial et matrimonial, passé de génération en génération. Une visite véritablement passionnante.

MUSÉE DE L'ETHNOLOGIE CRÉTOISE ★★

✆ +30 28920 91110
Ouvert en saison 7j/7 entre 8h30 et 15h. Fermé du 1/11 au 30/03. Visite après rdv : +30 28920 91110. 3 € et 1,50 €.

On y découvre 2 500 pièces réparties sur deux étages, retraçant la vie des Crétois depuis le XVe siècle : instruments de musique, métiers à tisser, outils agricoles et artisanaux, etc. Cette visite permet de mieux connaître l'histoire et les coutumes de la Crète, forgées au fil des siècles et des influences successives (minoenne, romaine, arabe, vénitienne, turque). Une partie du musée est également réservée à l'architecture crétoise. Explication en anglais. A ne pas manquer !

ALEKOS TAVERNA €

✆ +30 2892 091094
Ouvert toute l'année, et en saison tous les jours, midi et soir. Comptez autour de 18 € par personne.

Une taverne traditionnelle dans un cadre villageois rustique. Le propriétaire a fait ses études en Belgique et parle très bien français. Il vous fera découvrir une cuisine locale et savoureuse, comme on les aime. Alekos cuisine tout avec son huile d'olive, comme il se doit dans tout établissement qui se respecte en Crète ! Ses escargots, il les ramasse lui-même sous les rochers montagneux des alentours et les prépare avec une pincée d'ail. Le vin en carafe provient du domaine Lylarakls. Une étape gourmande à ne pas rater si vous êtes de passage.

AGIA TRIADA ★★

Le petit site minoen d'Agia Triada est situé à 3 kilomètres à l'ouest de Phaestos. Le palais principal est nettement plus petit que ceux de Cnossos, Phaestos et Malia, mais il suit les mêmes principes architecturaux. Grâce aux objets trouvés sur place, les archéologues ont pu attester qu'il s'agissait d'une résidence royale, sans doute un palais d'été des monarques de Phaestos. Autour du palais ont été mis au jour des vestiges de maisons minoennes. La plupart des objets trouvés, dont de superbes sarcophages, sont aujourd'hui exposés au Musée archéologique d'Héraklion. Pour les amateurs de marche, nous conseillons d'effectuer le trajet Agia Triada-Phaestos à pied afin de se faire une idée de la vie à l'époque, quand les deux sites étaient occupés par une cour minoenne.

Transports

Agia Triada se trouve à proximité de Vori d'où partent des bus pour Mires et Agia Galini, puis vers plusieurs destinations de la région. Par conséquent, il faut plusieurs changements pour venir à Agia Triada, ce qui rend la localité bien plus accessible en voiture. C'est aussi pour cette raison que le site est plus calme que les autres.

KALAMAKI

Kalamaki est un petit village de la Crète centrale, se situant du bord de la mer de Libye, entre Matala et Agia Galini. Il s'agit d'une assez récente commune, fondée autour d'une belle plage de taille moyenne, par les habitants de Kamilari et Agios Ioannis, villages voisins. Par son emplacement géographique, Kalamaki est un village où il fait beau presque toute l'année, avec des journées de 12 heures de soleil durant les mois d'été. Depuis sa plage de sable fin, organisée, on admire un paysage aussi magnifique que sauvage et des couchers de soleil spectaculaires sur les îles de Paximadia. Kalamaki est une destination idéale pour les solitaires !

PITSIDIA ★

A 5 km avant Matala, ce village est beaucoup plus tranquille que sa fourmillante voisine. Ceux qui cherchent le repos et le calme seront enchantés de venir passer quelque temps dans ce charmant village (c'est vrai pour sa partie centrale, les établissements le long de la route de Matala sont moins agréables). Les amateurs de musique traditionnelle crétoise seront ravis également, car Pitsidia attire les musiciens qui se retrouvent parfois sur la pittoresque et circulaire place pour faire apprécier leur passion aux voyageurs. Pitsidia se trouve sur la route qui relie Héraklion à Matala. En saison, plusieurs départs par jour dans chacune des directions.

VILLA ROYALE ★★

A 3 km du site de Phaestos.
Pas de transport en commun.
✆ +30 28920 91564
Visite de 8h30 à 15h30 après rendez-vous : appelez au +30 28920 91564. Entrée : 4 €. Tarifs réduits : 2 €.

Non loin du palais de Phaistos, au bord de la rivière Geropotamos, dans un paysage d'une beauté saisissante, c'est le site le plus important de la Crète centrale. La Villa d'Agia Triada, transformée ultérieurement en palais, est l'un des édifices le plus luxueux que la Crète ait laissés. Ce palais était probablement la résidence estivale de la famille royale de Phaestos (1600-1550 av. J.-C.), mais une autre hypothèse évoque la possibilité d'un centre administratif car de nombreuses tablettes, relevant d'une bureaucratie importante, ont été retrouvées.

Pitsidia.

BODIKOS APPARTEMENTS €€

✆ +30 28920 45029

www.bodikos.com

A partir de 700 € par semaine en haute saison, minimum de réservation d'une semaine.

Cette villa de 130 m^2 est située dans un jardin verdoyant et peut accueillir jusqu'à six adultes et deux enfants. Elle peut aussi être louée séparément, en deux appartements différents. La maison en elle-même n'a rien d'exceptionnel : elle est plutôt simple, mais entièrement équipée, avec machine à laver sur demande, parking, barbecue... S'adresser à la taverne du même nom pour des conseils ou autres précisions concernant votre séjour. Attention : il faut compter 50 € en supplément pour le nettoyage final, à la sortie des lieux.

MF LUXURY - ANASTASIA VILLA €€

Lieu Dit - Sivas, entre Pitsidia et Kamilari

✆ +30 699 623 8060

www.mfluxury.gr/villas/villa-anastasia

2 chambres, jusqu'à 5 adultes, entre 80 et 120 € par nuit. Séjour minimum 4 nuits.

La villa Anastasia est une magnifique maison crétoise, toute de pierre, et pouvant accueillir jusqu'à cinq adultes. Sise dans le pittoresque village de Sivas, elle est très bien située pour visiter le sud de l'île en famille ou entre amis : un camp de base agréable pour toutes vos excursions. C'est typiquement dans ce genre de logement que vous pourrez profiter de la vie à la grecque : confort et détente au programme, au cœur de la vie locale. En deux mots, des vacances *siga, siga* !

PENSION ET TAVERNE BABIS €

✆ +30 28920 45273

www.pension-babis-pitsidia.com

Chambre double à partir de 35 € pour 2 personnes. Formule petit déjeuner et demi-pension possible.

La pension est située à droite de la route principale qui se lance vers Matala, à l'entrée de Pitsidia. On y trouve des chambres avec balcon au premier étage, des appartements en rez-de-jardin avec une terrasse et un appartement de 120 mètres carrés avec deux chambres et une entrée privée. Babis et Doxoula proposent dans leur taverne une cuisine crétoise traditionnelle et internationale, à base d'ingrédients frais et préparés avec soin. L'ensemble est simple mais agréable et le restaurant offre l'ambiance typique des petites tavernes de village.

MIKE'S TAVERNA €

✆ +30 2892 045007

Ouvert tous les jours en saison, de midi à minuit. Comptez autour de 12 € par personne.

Le point de rendez-vous des locaux pour les *souvlaki*, à déguster sur une terrasse bien ombragée dans une rue calme à deux pas de l'agréable place du village. Rien de bien particulier à signaler : on est ici sur du classique de chez classique pour une petite taverne de village. A noter malgré tout : la décoration sobre et épurée, sans le décor rustique et kitsch que l'on retrouve parfois dans ce genre d'établissement. En pleine saison, les places sont chères car la réputation des lieux est largement reconnue. Mais patientez un peu, et vous ne le regretterez pas.

THE MEETING PLACE €

Sur la place principale, à côté de la poste.

✆ +30 28920 45353

Ouvert tous les jours en saison, de midi à minuit. Comptez autour de 15 € le repas.

Comme son nom l'indique, il s'agit d'un véritable lieu de rencontre sur la place centrale du village ! On déguste à l'ombre de la pergola des spécialités grecques (pastitsio, moussaka, tomates farcies), la viande provient de la ferme de Yorgos, le propriétaire. Il organise des concerts de musique crétoise en *live* une fois par semaine, de quoi découvrir cette autre facette traditionnelle de l'île, après la gastronomie et les produits agricoles. Dans les assiettes, vous retrouverez tous les classiques d'une taverne grecque donc pas de surprise de ce côté-là !

HORSEFARM MELANOURI

Vers Matala sur la route principale, tournez à droite face à Alex Zorbas appartements & taverne.

✆ +30 28920 45040

https://melanouri.com/about_us.html

5 € la promenade pour enfants. 25 € pour 1h, 70 € pour 5h de randonnée. Comptez 65 € la nuit dans l'appartement.

Cette famille gréco-allemande a ouvert sa ferme-auberge en 1998 et vous accueille au milieu de ses nombreux animaux dans une ambiance très conviviale et un cadre agréable, un peu à l'écart du village. Elle organise des randonnées équestres : comptez une heure pour une virée sur la plage et cinq heures pour une randonnée jusqu'au monastère d'Odigitrias (pique-nique pour le déjeuner inclus dans le prix). Equipement de sellerie en parfait état. Balades à cheval et avec un âne pour les enfants. Possibilité de séjourner dans la ferme dans un joli appartement.

MATALA ★★★

A 70 km d'Héraklion, ce site était déjà peuplé à l'époque du Néolithique, période durant laquelle des grottes artificielles ont été creusées dans les falaises autour de la plage pour enterrer les morts. Le village connut une certaine animation au cours des années 1960 et 1970, lorsque des hippies et adeptes d'une vie alternative en provenance des quatre coins du monde vinrent s'installer dans les grottes qui surplombent sur la gauche sa grande plage de sable, ainsi que sur les collines et les plages environnantes. Des chanteurs célèbres de l'époque comme Joni Mitchell (qui a immortalisé cette période dans sa chanson *Carey* en 1971), Cat Stevens, Bob Dylan... y ont séjourné quelque temps. Cependant, cette époque de liberté est depuis longtemps révolue. Aujourd'hui, la police interdit de passer la nuit dans ces habitations primitives et Matala s'est développée pour attirer un tourisme plus conventionnel. Elle a conservé pourtant de ce temps-là une allure décontractée où tout rappelle la période hippie, et la plage garde toujours son côté spectaculaire, bordée par ces fameuses grottes-tombeaux s'avançant dans la mer. Par mer calme, on aperçoit au fond de l'eau les restes d'une ancienne cité : Matala était l'un des ports de Phaestos. Au-delà des grottes, des formations rocheuses assez impressionnantes permettent une superbe balade sauvage en bord de mer. La ville est bondée l'été et déserte en hiver. Les hôtels et autres constructions touristiques y ont poussé surtout dans la partie arrière du village. Pour le reste, la vie s'organise autour de l'artère principale, piétonne dès qu'elle pénètre dans le village, où s'enchaînent la plupart des boutiques touristiques avant de s'achever sur un marché à moitié couvert vendant un peu de tout. Les trottoirs de la place principale sont décorés de dessins à connotation (plus ou moins) hippie ! Si vous êtes dans le coin fin juin, profitez du festival de musique, de plus en plus fréquenté (www.matalabeachfestival.org).

Se loger

L'offre hôtelière est satisfaisante à Matala, on y trouve tout genre de logements à tous les prix. Le village grouille de pensions depuis sa plage jusqu'en haut de son artère principale. La majeure partie d'entre elles se situe à proximité de la plage, dans la rue à gauche peu avant l'église. En haute saison, de mi-juin à fin octobre, il est impératif de réserver parce qu'il est très difficile de trouver un lit à Matala voire même à Pitsidia, ce pourquoi les prix montent.

A Matala, les tavernes et les snack-bars se succèdent tout autour de la plage. Ce n'est malheureusement jamais de la très grande cuisine mais il y a quelques très bons restaurants de cuisine locale.

Le village de Matala.

Sortir

Matala est peut-être un petit village, mais l'activité touristique y a développé des bars et des cafés où vous pourrez profiter des soirées d'été en dégustant un alcool crétois, un café frappé ou un cocktail exotique dans une ambiance décontractée de vacances. Grâce au festival de musique qui prend de plus en plus d'importance chaque année autour du 21 juin, les propriétaires de bars reçoivent des groupes de musiciens de tout type et de tous horizons donnant des concerts gratuits improvisés, la majorité des groupes étant des Crétois qui jouent de la musique traditionnelle. Belle ambiance garantie.

Transports

Bus. De/vers Héraklion (durée 2h) : bus fréquents en saison 8,50 €. Pour Agia Galini, changement nécessaire à Mires. Le bus s'arrête sur la place à l'entrée de la ville, près de laquelle se trouve un grand parking. Si vous êtes en voiture, garez-vous ici s'il y a de la place, car ensuite près de la plage c'est payant (2 € la journée). Pour ne pas être dépendant des horaires contraignants des bus et gagner du temps, on peut se déplacer dans la région de Phaestos, en louant une voiture ou un scooter chez Cretan Travellers car on vous y accueille en français.

GROTTES DE MATALA ★

Comptez une demi-heure pour grimper et se balader dans les caves.

Les fameuses grottes de Matala ont été occupées dès l'époque néolithique. Pendant la période romaine et paléochrétienne, on y enterrait les morts en creusant des fosses dans le rocher friable, du bord de la mer. Dans quelques-unes, on a créé des marches, des fenêtres, des petites chambres et même des lits. Cela laisse à supposer que ce lieu a aussi servi pour se loger. Dans les années 1970, les grottes sont devenues célèbres lorsqu'une communauté hippie s'y installa. La balade offre un joli panorama sur la plage et Matala. La nuit, elles sont illuminées.

MONASTÈRE DE LA PANAGHIA HODIGITRIA (ODEGETRIA) ★★

Entrée libre.

A l'est de Matala, à environ 4 km, le monastère du XVIe siècle est très intéressant pour les icônes splendides qu'il renfermait notamment l'icône de la Hodigitria, « Celle qui montre le chemin », peinte par saint Luc l'évangéliste. On dit que non loin du monastère se trouvait une fontaine où se rendaient les aveugles et les personnes souffrant de maladies oculaires pour obtenir la guérison. L'icône la plus connue et encore admirée sur les lieux est celle de l'évangéliste Matthieu.

ARMONIA HOTEL €

© +30 28920 45735

www.armonia-matala.com

Chambre double à partir de 70 € en saison, avec petit déjeuner compris sans A/C. Bar, piscine, parking privé gratuit.

Petit hôtel de charme situé à l'entrée du village, à 1 km de la plage, au milieu des oliviers, vignes, bougainvilliers, jasmins et autres plantes aux senteurs agréables. La vue depuis les balcons fleuris est sans vis-à-vis. Vingt-sept chambres simples dans un style grec traditionnel très propre. Une adorable piscine vous permettra de vous reposer si vous ne voulez pas aller à la plage aux horaires où elle est bondée. A savoir pour les familles voyageant avec des tout-petits : les enfants de moins de 2 ans sont logés gratuitement.

HOTEL ORAMA €

Légèrement avant d'arriver au centre au niveau de la grande tour métallique, tournez à gauche et continuez sur 200 m. © +30 28920 45115

www.hotel-orama.gr

20 chambres. Comptez environ 55 € pour une chambre double avec petit déjeuner en saison. Air conditionné.

L'Hôtel Orama est un établissement familial charmant, composé d'une vingtaine de chambres qui bénéficient toutes d'un accès à la belle piscine. Autour de celle-ci, les clients de l'hôtel se retrouvent au bar et des grillades sont organisées régulièrement. L'ensemble est propre et agréable. Les prestations sont basiques, comme l'équipement, mais c'est un très bon rapport qualité-prix au vu de sa localisation, très proche de la plage (environ 10 minutes à pied). Pratique également : vous n'aurez aucun problème pour vous garer devant l'hôtel, même en pleine saison.

Monastère de la Panaghia Hodigitria (Odegetria).

© ARSTY - ISTOCKPHOTO

La plage de Matala.

NIKOS HOTEL & VILLAS €

✆ +30 28920 45375

www.matala-nikos.com

Chambre double à partir de 45 €, en saison. Villa Muse : à partir de 160 € pour 8 personnes.

Cet établissement est un petit hôtel familial confortable, très mignon et très bien conçu, qui comprend une petite vingtaine de chambres spacieuses. Elles sont toutes joliment meublées, et disposent d'une salle de bains, parfois d'une terrasse privative pour certaines. L'ensemble est situé à quelques pas de la plage. On peut prendre aussi son petit-déjeuner dans le jardin intérieur. Accueil chaleureux par la propriétaire. Cet hôtel est une bonne solution économique et charmante, qui offre un bon rapport qualité-prix d'année en année.

BUNGALOWS ODYSSEAS €

Sur la route principale peu avant d'arriver au centre sur votre gauche.

✆ +30 28920 45383

A partir de 50 € pour une chambre double en saison.

Cet établissement propose plusieurs bungalows traditionnels en pierre, situés dans un grand jardin bien au calme. Chaque bungalow peut accueillir jusqu'à cinq personnes. Cuisinette équipée et balcon pour tous les appartements. Les propriétaires vivent ici toute l'année, ils produisent de l'huile d'olive et du raki servant à cuisiner dans leur taverne Antonio Granos juste à côté. Plage à 300 mètres. En principe, l'établissement est ouvert de mai à novembre. Mais les propriétaires habitant sur place, ils répondent aussi aux demandes spontanées en hiver.

PRINCESS EUROPA HOTEL €

Sur la route principale à 500 mètres du centre et de la plage.

✆ +30 28920 45113

http://princess-europa.gr/el/

A partir de 60 € la chambre double en saison. Air conditionné en supplément.

C'est un hôtel traditionnel sans prétention mais avec une touche artistique à la Matala et une grande piscine agréable dans un vaste jardin, à la pelouse bien entretenue. Les bâtiments sont entourés de vignes, de palmiers, de citronniers... Les chambres sont propres et calmes car elles donnent presque toutes sur la montagne. Elles possèdent toutes un balcon spacieux. Le parking est gratuit, la grande réception prodigue un accueil professionnel et familial. Le petit déjeuner est servi sous forme de buffet, c'est varié et copieux. Piscine.

AKUNA MATATA €

Au fond, au bout de la plage côté est.

✆ +30 694 734 3688

Ouvert de fin avril à mi-octobre pour le petit déjeuner, le déjeuner et le dîner. Comptez autour de 15 € par personne.

Un décor de rêve à la « Pirates des Caraïbes » aussi bien à l'intérieur qu'à l'extérieur pour ce restaurant atypique multicolore. Ici, on se sent décontracté tout de suite en arrivant, la vue est splendide, on mange au bord de l'eau relax. Poissons frais au quotidien que l'on choisit dans la vitrine, mais aussi des plats originaux. On y propose un grand choix d'entrées crétoises, cinq variétés de soupes, des grillades variées, des plats grecs… Sur fond de musique reggae, bien sûr. L'ambiance est tellement représentative de Matala que l'on ne peut pas le manquer.

LIONS PUB €

✆ +30 28920 45759

Comptez autour de 15 € par personne. Ouvert tous les jours en saison, de 11h à minuit.

Une des premières tavernes que vous trouverez à l'entrée de la plage de sable par la gauche, ce qui vous garantit une vue splendide sur les fameuses grottes de jour comme de nuit. Il y a un bar en terrasse panoramique. Goûtez la moussaka locale, le risotto aux seiches ou les spaghettis aux fruits de mer. Quant aux vins, on vous conseille le blanc maison qui est très bon. Dimitris est le patron sympathique qui parle un peu français. Ambiance décontractée. Concerts de musique *live*. Poissons frais au quotidien (attention au prix au kilo !).

PETRA & VOTSALO €

Deux accès : un par la plage juste au beau milieu et l'autre par la rue principale (on descend légèrement dans une ruelle en suivant le panneau).

✆ +30 28920 45361

Ouvert toute l'année, le week-end uniquement en hiver. Comptez 15 € le repas environ par personne. CB acceptées.

Restaurant traditionnel rénové en 2013 qui jouit d'une belle vue sur la mer et les grottes. Spécialités de poissons, bon marché et de bonne qualité (attention, comme toujours pour le poisson frais, vérifiez le prix au kilo et choisissez votre bête avant de commander, pour ne pas avoir de mauvaise surprise au moment de l'addition !). Grande terrasse sur laquelle jouent des groupes de musique *live* de temps en temps. Les lieux sont souvent pleins le soir, en pleine saison, donc nous vous recommandons de réserver pour les grandes tablées.

SCALA €

Situé tout au bout de la plage à gauche, en haut des escaliers. ✆ +30 698 138 8135

www.scala-fish-bar-restaurant.gr

Ouvert tous les jours en saison, de midi à minuit. Comptez autour de 25 € par personne. Belle carte des vins.

Taverne d'habitués spécialisée dans le poisson frais depuis 1984, mais où l'on sert également de bons petits plats mitonnés par la femme et la sœur du patron. Scala propose une cuisine plus soignée qu'ailleurs (et, fait rare, des desserts innovants), dans un décor plus intime, et offre la terrasse panoramique la plus haute de Matala, perchée sur son petit cap et qui ferme la baie à l'ouest. On accède à la mer en contrebas par de petits escaliers. Belle vue et plats du jour de qualité. Réservation quasi obligatoire en pleine saison, mais vous ne le regretterez pas.

TAVERNA ANTONIO GRANOS €

Peu avant l'entrée dans le centre du village sur la gauche.

✆ +30 28920 45383

Ouvert tous les jours en saison. Comptez 15 € par personne. Plus cher pour le prix au kilo du poisson.

Un restaurant traditionnel qui ne paye pas de mine, sans la moindre décoration, mais c'est bon dans l'assiette. Au menu : stifado blanc, agneau en sauce tomate, traditionnels escargots, lapin aux tomates, omelette grecque à la pomme de terre... La spécialité des lieux, c'est la *kakavia* (sorte de bouillabaisse de poisson, avec pommes de terre et oignons), disponible sur commande. Loin de l'agitation, c'est l'un des rares endroits fonctionnant l'hiver car les propriétaires vivent ici toute l'année ; ils produisent de l'huile d'olive et du raki servant à cuisiner.

LENDAS

Pour atteindre Lendas, il faut prendre la route qui part de Gortyne, vers le sud. Ça tourne et ça descend avant d'y arriver. L'ancien Levin (Lebena) se situait après l'actuel village sur la colline vers l'ouest. Il n'en subsiste pas grand-chose : les restes d'un temple avec deux colonnes et une mosaïque datant du IVe siècle avant notre ère. Les sources de Levin étaient réputées curatives (douleurs stomacales), et les Romains venaient profiter de leurs vertus. Les sources ont été fermées il y a quelques années. Il n'y a pas si longtemps, le petit village de pêcheurs qu'était Lendas avec sa petite plage rocheuse au ras des habitations avait un côté intimiste. Il s'est développé un peu n'importe comment pour accueillir les touristes et la première impression quand on arrive n'est pas très bonne, mais finalement l'atmosphère reposante a raison de nous. Si Lendas est populaire, c'est surtout pour sa longue plage de sable (Dytikos ou Diskos) qui se trouve à 1 km plus à l'ouest en direction de Kali Limenes. Là, des touristes installent leurs tentes (nudisme possible). D'autres petites plages se trouvent à l'est. Quelques tavernes, kafeneia et chambres à louer sont disséminées dans le village.

Transports

L'été, quelques bus relient Lendas à Mires, Matala et Agia Galini, les villes importantes les plus proches. Horaires à consulter sur place. Le bus s'arrête sur un parking en terre qui est aussi le bout de la route.

RÉGION D'HÉRAKLION

PLAGES

La plage de Matala est très propre et belle, distinguée par le drapeau bleu (www.blueflag.global).

La plage de sable fin de Matala est organisée et agréable. De taille moyenne, elle est quand même sous la surveillance d'un maître-nageur secouriste car les vagues peuvent être assez hautes et le courant assez fort. Donc ne plaisantez pas et suivez les consignes. On y trouve des parasols et chaises longues payants, un parking payant également, des WC publics, des douches et des cabines pour se changer (gratuits). Mais ce n'est pas la plus belle et elle est surpeuplée en haute saison.

Les autres plages aux alentours sont soit, comme Komos et Kalamaki au nord de Matala, grandes et sauvages, soit plus petites et plus calmes car moins fréquentées et difficilement accessibles comme Agio Faraggo au sud après le parc naturel du même nom. Martsalo est une petite plage isolée au sud après le parc naturel et non loin de Faraggo. Stena Beach à Agios Markos, et, tout près de Stena, celles de Kali Limenes et cinq autres à l'est sont toutes aussi exceptionnelles.

La Red Beach doit son nom à la couleur du sable. Moins fréquentée, cette plage surmontée de falaises est magnifique, surtout au coucher du soleil. La vue sur la baie de Matala et la plage de Kokkinos est superbe lorsqu'on atteint le sommet de la colline qui les sépare. Nudisme. Accès possible uniquement en bateau depuis la plage de Matala ou à pied. Tournez à gauche avant la petite église paroissiale de l'Assomption-de-Sainte-Marie et marchez pendant 20 minutes environ (ça grimpe et ça descend sec). Prévoir des chaussures fermées. Sur place : café et transats.

© TUPUNGATO - SHUTTERSTOCK.COM

LEVIN STUDIOS €

✆ +30 6944612567

http://levin.gr/el/

Chambre double à partir de 35 € en saison.

Vous trouverez des studios pour deux personnes et de petits appartements plus grands pour les familles dans ce charmant établissement de Lendas. L'ensemble est propre et confortable, sans prétention mais agréable. Vous y trouverez une tranquillité parfaite, de petits prix et un séjour loin de tout. Idéal pour déconnecter pendant vos vacances en Crète. N'hésitez pas à faire de cet endroit votre base dans la région : les tarifs sont dégressifs pour les séjours plus longs. L'accueil est chaleureux et convivial et les propriétaires sauront vous conseiller.

STUDIOS GALINI €

✆ +30 28920 95369

http://galini-lentas.com/

Studios à partir de 40 € en saison.

M. Manolis et son épouse Hélène vous accueillent comme si vous étiez leurs hôtes. Des produits provenant de leur propriété vous sont offerts très généreusement. Les studios se situent au sommet de la colline de Ledas, offrant ainsi une pleine vue sur la mer de Libye. Depuis les terrasses privées des studios, bien ombragées, on admire dans un calme très appréciable les couchers de soleil ou les levers de la lune. Les chambres, spacieuses et à la décoration simple, sont d'une propreté remarquable et possèdent tout le confort pour un long séjour idéal.

KAPETANIANA

Situé au sommet du mont Kophinas, à l'ouest, Kapetaniana offre une vue saisissante sur le massif sauvage d'Asteroussia et la mer de Libye. Habité depuis la période minoenne, il devient un centre spirituel important pendant le période chrétienne, ayant attiré par son isolement géographique les ascètes et les moines. En 1744 il sera déserté, gravement touché par la peste. La vie reprend au début du XIXe siècle, lorsque les habitants du village Asfentou de Sfakia s'y installent, chassés par les Ottomans. Son nom est donc dû aux chefs armés issus de ses nouveaux habitants, les Kapetanioi (capitaines), qui se sont battus pour la libération de la Crète.

RÉGION DU LASSITHI

La région du Lassithi, située non loin d'Héraklion à l'est, compte parmi les zones touristiques de la Crète. Visitée par les étrangers, elle représente aussi une destination de choix pour les Grecs. Dotée de plages de sable fin et de criques protégées, elle offre également en son centre des paysages montagneux. Agios Nikolaos représente une attraction particulière, de par l'originalité de la forme de son port relié à un lac très profond au cœur de la ville. Il est l'objet d'une effervescence touristique qui n'a rien entamé de son charme, surtout que la vie locale y est très présente. Les villes de Sitia et Ierapetra sont deux centres urbains modernes et actifs. Ierapetra est d'ailleurs une ville estudiantine réputée. En se dirigeant vers la côte est, de la palmeraie de Vaï à Kato Zakros puis Xerokambos, on aborde des lieux coupés du monde et on goûte aux plaisirs d'une vie presque sauvage.

Moulins sur le plateau de Lassithi.

Région du Lassithi
ANALIPSI
SISI
ANÁLIPSIS
MILATOS
Skinias
Vrouchas
PLAKA
SPINALONGA
MALIA
Vrachasi
ELOÚNDA
Mochos
NEÁPOLI
LA PRESQU'ÎLE DE KOLOKITHA
Limnes
KRASI
Gonie
Zenia
KASTÉLLI
TZERMIADO
AGIOS NIKOLAOS
PSYCHRO
AGIOS GEORGIOS
KRITSÁ
Nipiditos
Katharon
Kroustas
Afrati
Males
Kalamafka
ÁNO VIÁNNOS
Mesi
Pervola
Mithi
Gra Lygia
Kentri
XEROKAMPOS
Sarakinos
Sidonia
MYRTOS
IERÁPETRA
KOUTSOUNARI
AGIA FOTIA
GOURNIA
PACHEIA AMMOS
KAVOUSI
Pseíra
MOCHLOS
ORINÓN
KOUTSOURÁS
MAKRYGIALOS
Kalo Nero
Papadiokambos
Skopi
Maronia
Sykia
Lithines
ARMENI
ZÍROS
SITEÍA
Piskokefalo
PALEKASTRO
Vigla
ITANOS
AGKATHIA
Lagada
ZÁKROS
HAMETOULO
GOUDOURAS
KOUFONISSI
ÍTANOS
VAÏ
Elása
Dragonáda
Gianysáda
10 KM

PAGES

163 ●● RÉGION D'AGIOS NIKOLAOS

La région d'Agios Nikolaos est un concentré de Crète, s'étendant sur quelques kilomètres seulement. De la très charmante Elounda et son port typique à l'orée des montagnes de Kritsa, en passant par les presqu'îles de Spinalonga et Kolokitha, les points d'intérêt ne manquent pas et les journées de visite ne se ressemblent pas. Lovées dans la baie d'Agios Nikolaos, les plages sont bien protégées tandis que l'atmosphère reste authentique et largement dominée par la présence des locaux (ce qui n'est pas le cas partout en Crète !).

163 AGIOS NIKOLAOS ★★★

Agios Nikolaos, bien très touristique, a un charme fou, vous pourrez y séjourner plusieurs jours. Toute la côte au nord et au sud d'Agios Nikolaos est un régal pour les estivants ! Souvent bordées de parasols et de transats et très branchées, elles se succèdent. En cherchant bien, vous en dénicherez pourtant certainement une plus intime, si c'est ce que vous préférez.

176 ELOUNDA ★★★

La petite station balnéaire d'Elounda est très prisée. Dans le cœur des Grecs et des Crétois, elle est synonyme de vacances, plutôt people. Belle et courue, Elounda a cependant su préserver son charme. Les locaux, très accueillants, restent les maîtres à bord.

180 SPINALONGA ★★★

L'île de Spinalonga fut la dernière léproserie d'Europe. Son histoire est racontée avec beaucoup d'émotion et de précisions dans le roman de Victoria Hislop, *L'Ile des oubliés*. À part cela, toute l'île offre une promenade très agréable, le must étant d'en faire le tour à bord d'un caïque pour mieux en apprécier le relief.

189 ●● LE PLATEAU DU LASSITHI - ΟΡΟΠΕΔΙΟ ΛΑΣΙΘΙΟΥ

Situé dans l'arrière-pays d'Agios Nikolaos, à 850 m d'altitude, ce plateau est le plus important de toute la Crète, mais également le plus célèbre. C'est ici, en effet, que s'accumule le plus grand nombre de moulins à vent qui auraient été, selon certains autochtones, près de 10 000 dans les années 1950 et 1960. La célèbre image de ces moulins crétois avec leurs ailes de tissu blanc ne correspond cependant plus à la réalité. On leur préfère aujourd'hui les pompes électriques pour irriguer les champs. Toutefois, s'ils ne sont plus vraiment utilisés, les moulins (dépouillés de leur habit blanc) font toujours partie du saisissant paysage du Lassithi. À partir de Neapolis (qui est l'un des accès du plateau), une vingtaine de kilomètres d'une route sinueuse et pittoresque vous emmènent jusqu'au plateau, vaste plaine ovale entourée de montagnes. On découvre alors, d'en haut, un véritable et impressionnant patchwork de parcelles cultivées, qui s'étend sur pas moins de 72 km² ! Çà et là, on aperçoit les moulins à vent qui ont fait la célébrité de l'endroit. La principale activité ici est rurale : culture de pêches, pommes, céréales, pommes de terre, amandes et tout ce qui peut pousser à cette altitude (entre 850 et 900 m) et sous ce climat.

Ces cultures sont irriguées par l'eau provenant de nappes phréatiques qui se remplissent en automne et au printemps avec l'eau des pluies parfois torrentielles qui descend des montagnes environnantes, inondant la vallée et qui est remontée à l'aide de ces fameux moulins en été quand le sol est sec. La terre y est particulièrement fertile et cultivée depuis l'époque minoenne. Les Romains avaient mis au point un système d'irrigation que les Vénitiens, au XVe siècle, ont nettoyé et amélioré en y installant pour remonter l'eau les moulins à vent que vous voyez encore aujourd'hui.

Le sentier de randonnée européen E4 passe par le plateau. L'idéal, si vous voulez découvrir le plateau, est de passer au moins une nuit dans l'un des 17 villages (Agios Georgios est la meilleure option) et d'en faire le tour à vélo ou de traverser le plateau à pied. Amateurs de randonnées en vélo : les 25 km de circonférence de la vallée sont sans dénivelé important, et sont donc un parcours relativement facile pour découvrir les environs ! Quelle que soit la saison, il peut faire frais là-haut le soir. Prévoir un sweat-shirt ou une petite laine. Une grande fête a lieu le 29 août quand tous les habitants se retrouvent à la chapelle Agios Ioannis avant de festoyer comme il se doit.

KRASSI ★

189 Le village typique de Krassi est le premier où vous vous arrêterez si vous partez d'Hersonissos ou de Malia. En suivant la route sinueuse et après quelques lacets, vous traverserez ce joli village aux ruelles pavées. Un peu plus loin, l'Homo Sapiens Village peut être une halte qui vaut le coup.

189 TZERMIADO

PSYCHRO

190 L'attraction principale est la grotte de Dikti. C'est ici que Zeus aurait grandi, élevé par des nymphes et caché de son père Cronos qui voulait le dévorer. Certains vous diront même que c'est ici que le père des dieux est né ! Cette grotte a également fait l'objet de fouilles archéologiques dont certaines pièces découvertes, datant de la période minoenne, sont exposées au musée d'Héraklion.

AGIOS GEORGIOS

191 Après vous êtes arrêté au frais pour profiter de la vue sur la baie et les moulins, dans les villages traditionnels de Krassi, Tzermiado et Psychro, et visité la grotte de Dikti, dans laquelle serait né Zeus, passez la nuit dans le village typique d'Agios Giorgios, où vous pourrez acheter des jolies broderies artisanales.

192 ●● CÔTE SUD-EST

La côte sud de la Crète orientale était encore déserte il y a quelques années. Certains villages ont su garder leur authenticité, comme le merveilleux site de Xerokambos, d'autres ont subi les aléas du tourisme, mais de manière somme toute légère. Contrairement au nord, c'est encore l'agriculture qui est la principale ressource de cette partie de l'île, et vous pourrez notamment voir de nombreuses cultures sous serres le long des routes. Le sud est donc resté globalement un endroit préservé et il vous faudra être motorisé pour découvrir ses trésors. L'eau y est propre et les couleurs des paysages sont parmi les plus étonnantes de la Crète. Plus sauvage que le reste du pays, la côte sud est un lieu d'espaces et de décors naturels.

IERAPETRA ★

192 Ierapetra est surtout connue pour être le jardin de la Crète. Légumes et fruits poussent ici en grande quantité. Toutefois, dans le dédale de rues désertes, il reste un parfum d'Orient qui rappelle le passé de la ville. On est à Ierapetra déjà plus proche de l'Afrique que de la Grèce continentale, d'autant que le climat est ici le plus chaud de toute l'île.

196 MYRTOS ★★

199 KOUTSOUNARI

AGIOS NIKOLAOS ★★★

Située dans la région de Lassithi, à l'est de la Crète dont elle est la préfecture, la ville d'Agios Nikolaos était encore un village calme et tranquille il y a quelques décennies. Construite sur des collines rocheuses entourant un lac en bord de mer, Agios Nikolaos avait une vocation pour la pêche, avant que les investisseurs ne lui découvrent un potentiel touristique hors du commun dans ce cadre magnifique. Alors, en peu de temps, ce petit port est devenu l'une des destinations touristiques majeures de Crète. Pourtant, Agios Nikolaos a conservé tout son charme, sans doute parce que le site est effectivement exceptionnel : une escapade dans ce petit port brillant la nuit au creux de sa baie est l'un des incontournables d'un séjour en Crète. A citer dans ses attraits : le lac Voulismeni cerclé de petites falaises au cœur de la ville, la plage de Kitroplatia bordée de tavernes et de cafés, les excursions sur l'île de Spinalonga ou au village traditionnel de Kritsa... La petite ville tranquille étant devenue un pôle d'attractions connu dans le monde entier, les prix y sont globalement plus élevés que dans les autres villes de Crète. Agios Nikolaos possède de bons restaurants, dans un décor romantique, et de nombreux bars où festoyer à mesure que l'on entre dans la nuit. Par ailleurs, elle est habitée par les Crétois toute l'année, contrairement à maints autres sites de l'île, et reste donc animée en basse saison, même si bon nombre d'adresses sont fermées. Si vous souhaitez éviter la foule en été (les pensions et les hôtels sont par ailleurs souvent complets en haute saison), mieux vaut trouver un lieu de villégiature à quelques dizaines de kilomètres, dans un endroit plus calme et meilleur marché.

Histoire

Sur le site d'Agios Nikolaos, les archéologues n'ont pas découvert de vestiges particulièrement anciens en dehors des restes d'un petit port datant de l'époque d'Alexandre le Grand et relié aux cités voisines d'Elounda, Driros ou Milatos. Il était le port de la cité de Lato (près de Kritsa). A l'emplacement de l'actuelle préfecture s'élevait autrefois une forteresse vénitienne. Cette place forte, du nom de Mirabello (belle vue), assurait la protection du petit port alors existant. Il ne reste rien de cette forteresse aujourd'hui, mais son nom est devenu celui de tout le golfe. Les Turcs avaient changé le nom de Mirabello en Mandraki, mais la ville avait perdu l'essentiel de son activité avant le retour des Crétois qui lui donnèrent le nom d'Agios Nikolaos (Saint-Nicolas). Alors a commencé, lentement, l'essor de la petite ville qui s'est très fortement accéléré à partir des années 1960 avec le tourisme. Aujourd'hui, Agios Nikolaos est l'un des endroits les plus célèbres de Crète.

Shopping

La ville d'Agios Nikolaos est réputée pour ses bijouteries que l'on compte par dizaines dans les rues touristiques. Le marché (alimentaire et de souvenirs) vous attend aussi tous les mercredis matin à partir de 7h30 dans une rue derrière le lac.

Tourisme

L'office de tourisme est situé au 21A Atki Koundourou, au bord du petit canal qui relie le lac au port, juste en face du petit pont. Vous trouverez ici de nombreuses informations générales et précises sur les points d'intérêt d'Agios Nikolaos et les excursions à faire dans la région, ainsi que sur les hôtels de la ville, les horaires de bateau, etc. Bon accueil et horaires étendus.

Transports

- **Ferry.** Il faut rejoindre Héraklion pour tout départ en ferry (ou Sitia pour Karpathos et Rhodes).
- **Avion.** Depuis l'aéroport de Sitia (1h20 de route vers l'est), des compagnies aériennes comme Olympic Air (www.olympicair.com) et Sky Express (www.skyexpress.gr) proposent des vols nationaux.
- **Voiture.** Les bureaux de location de voitures sont nombreux. Les tarifs pratiqués sont sensiblement les mêmes dans les différentes agences qui se succèdent, pour la grande majorité, sur la route du bord de mer, rue Koundourou, et dans la rue (piétonne) du 28-Octovriou. Nous vous conseillons de laisser votre voiture sur le parking situé en contrebas de la ville, au bord de la route près du port à ferry, car le relief rend la circulation automobile (et même l'orientation) difficile.
- **Taxi.** Vous trouverez des stations de taxis qui peuvent vous emmener dans les villages avoisinants sur la place Venizelou ou en bordure du lac.
- **Bus.** Les bus desservent toutes les villes et presque tous les villages. La gare de bus se trouve en dehors du centre-ville : prendre l'avenue Paleologou et, au croisement avec l'avenue Epimenidou, tourner à gauche en laissant l'hôpital sur la droite. La station de bus se trouve juste en contrebas de la rue qui descend sur la droite.
- **À pied.** Pour aller d'un quartier à un autre, même s'ils paraissent proches sur la carte, il vous faudra redescendre au vieux port pour remonter de l'autre côté de la ville.

ÉGLISE AGIOS NIKOLAOS ★

Située au nord de la ville, sur une petite péninsule.

✆ +30 28410 23801

Visite sur demande.

C'est cette petite église dédiée à saint Nicolas, édifiée entre le VIIe et le IXe siècle, qui a donné son nom à la ville. L'église est un exemple caractéristique de l'architecture byzantine et, plus précisément, du style néo-paléochrétien. Son dôme a su conserver quelques fragments des peintures originelles de la période iconoclaste, composées de formes géométriques et végétales. Elles ont été majoritairement recouvertes par des fresques du XIVe siècle qui présentent des figures de saints et abordent le thème de l'Annonciation.

LAC VOULISMENI ★★

Situé au centre de la ville, il mesure 64 m de profondeur. Selon la légende, Artémis et Athéna s'y lavaient les cheveux alors que certains des habitants de la ville vous diront qu'il n'a pas de fond… En 1867, le gouverneur local et de religion chrétienne, le Pacha Kostas Adossidis, construisit un canal pour le relier à la mer proche de quelques mètres. Aujourd'hui, c'est une petite mer intérieure aux eaux toujours bleues. La nuit tombée, elles se reflètent sur la petite falaise qui l'entoure. De très nombreux restaurants se sont installés au bord du lac.

ÉGLISE PANAGIA VREFOTROFOS ★

Rue Kiprou

✆ +30 2841 032236

Cette église en pierre aux dimensions modestes, dédiée à Panagia Vrefotrofos (Vierge Nourrice), se situe au cœur de la ville. Si l'église a été édifiée au XIIe siècle, c'est durant l'occupation vénitienne que son intérieur fut décoré de fresques particulièrement intéressantes, témoignage de la peinture murale des XIIIe et XIVe siècles. À l'intérieur de l'édifice, vous pouvez également observer la tombe d'un noble vénitien accompagnée d'une inscription en latin datée de 1602.

MUSÉE ARCHÉOLOGIQUE

74 rue Palaiologou

✆ +30 2841 024943

En travaux depuis 2014. La réouverture annoncée pour l'été 2022 a été repoussée jusqu'à nouvel ordre.

Ce musée archéologique est l'un des plus intéressants de toute la Crète, tant par ses collections que par son organisation. Malheureusement, il est fermé depuis quelques années pour rénovation et les travaux ont pris énormément de retard : il faut espérer que 2022 voit enfin la réouverture de ses portes. Les salles présentent des collections d'objets minoens essentiellement trouvés dans la région (statuettes, vases dont celui de la déesse de Mirtos) et une superbe collection de sarcophages minoens. Certains objets, plus récents y sont également exposés.

L'activité touristique se concentre autour du lac d'Agios Nikolaos.

RÉGION DU LASSITHI

© AUTHOR'S IMAGE

Quais du lac.

MUSÉE D'ART POPULAIRE

41 Rue Palaiologou
✆ +30 2841 025093

Ouvert de mai en octobre et du mardi au dimanche de 10h à 14h30 et de 18h à 20h. Entrée 3 €.

Nous vous conseillons vivement de vous rendre dans ce petit musée, dans lequel vous pourrez découvrir la vie de la ville avant qu'elle ne devienne une destination touristique privilégiée. Vous comprendrez alors comment un petit port paisible est devenu en quelques années un lieu de vacances connu dans le monde entier. A l'aide de nombreuses photos et d'outils ou d'œuvres d'art, ce musée montre ce qu'était autrefois la vie à Agios Nikolaos. C'est une bonne démarche avant de commencer la découverte de la ville. On déplore le manque d'explications sur place.

PLAGE D'AKTI NEARCHOU

La plage est très proche du centre de la ville d'Agios Nikolaos, c'est la raison pour laquelle elle regorge d'infrastructures urbaines, de restaurants, tavernes et de bars. En saison, elle déborde de monde. Il faut donc s'y prendre de bonne heure pour trouver une place libre sous un parasol. Toutefois, par sa situation, la plage est un excellent endroit pour pratiquer les sports aquatiques en toute sécurité. Lorsqu'on est en séjour à Agios Nikolaos, prendre un repas ou un verre dans un de ces établissements qui bordent la plage est toujours une bonne idée.

PLACE EL. VENIZELOU

Place de la Liberté/Venizelou

En remontant du port la rue de 28-Octovriou, vous passerez devant la place El. Venizélou, également connue sous le nom « place Eleftherias » (place de la Liberté). Cette belle place, point de rencontre des locaux, a en son centre un petit jardin et un monument aux morts. C'est le point de repère géographique de la ville d'Agios Nicolaos. Elle réunit autour d'elle toutes les activités, aussi bien administratives que commerciales et touristiques, de la ville tout en restant relativement calme. La cathédrale Agia Triada (sainte Trinité) s'y élève.

PLAGE D'ALMYROS

La meilleure et la plus longue plage, à seulement 2,5 km du centre d'Agios Nikolaos. Son nom est dû à la rivière Almyros qui se jette dans cette plage et dont le delta est une zone protégée. La plage est sableuse tandis que les eaux sont transparentes et pas très profondes, ce qui réjouit les enfants. C'est une plage organisée disposant d'une cantine pour ceux qui veulent se rafraîchir ou grignoter sous leurs parasols. Plusieurs sports nautiques sont proposés. Sur la partie ouest de la plage, on trouve des chambres à louer et des petits hôtels.

PLAGE D'AMMOS

Bateaux à pédales et jet-skis à la location. Ski nautique.

Très proche de la plage de Kitroplateia, la plage d'Ammos, est située au nord d'Agios Nikolaos et juste après le port de plaisance. Alors, si vous disposez d'un petit bateau ou d'un voilier, vous pouvez lors d'une escale, vous rafraîchir dans les eaux cristallines de cette plage. Elle très bien aménagée, très propre et dispose de nombreuses infrastructures (piscine pour enfants, minigolf, terrains de jeux, bars et restaurants) qui la rendent accessible à tous. Seul défaut, sa situation la rend très populaire, et donc souvent bondée.

PLAGE DE GARGADOROS

Plage assez calme et peu fréquentée, en dehors des pensionnaires des hôtels proches. La mairie de la ville d'Agios Nikolaos a très récemment aménagé cette plage très propre et a planté des tamaris afin de la rendre plus agréable. Les riverains ont pris le relais en rajoutant quelques tamaris supplémentaires. Tout est mis en œuvre par les habitants pour que cette plage retrouve son charme d'antan et qu'elle ne devienne pas privée. En attendant, c'est une plage où l'on peut passer des moments paisibles et profiter de la mer tout en étant à proximité du centre-ville.

PLAGE D'AMMOUDARA

Située à 4 km du centre d'Agios Nikolaos, cette petite plage pittoresque aux eaux cristallines, est la solution idéale lorsqu'on veut se rafraîchir pas très loin de la ville. Elle se trouve au pied d'une petite colline verte et pas encore complètement envahie par des établissements touristiques. C'est une plage organisée qui pendant les week-ends déborde de monde. En bordure de la mer, vous y trouverez grand nombre de tavernes et des cafés, si vous voulez vous rafraîchir, prendre un repas entre deux baignades ou, tout simplement, y trouver un logement.

PLAGE DE HAVANIA

La plage de Havania se trouve dans la banlieue nord d'Agios Nikolaos et en direction d'Elounda. C'est une petite plage de sable, aux eaux transparentes. Elle fait partie de toutes ces jolies plages à proximité du centre-ville qui sont organisées, ce qui laisse peu de places pour s'y rafraîchir sous son propre parasol. En juillet et en août, elle est remplie de monde et cela pendant toute la journée. Une petite cantine propose des boissons rafraîchissantes et des snacks. Sinon on trouve quelques tavernes à deux pas de la plage et en bordure de la route.

PLAGE D'AMMOUDI

Lorsqu'on se trouve à Agios Nikolaos on peut aborder cette jolie plage à pied ! C'est une plage sableuse et très propre même si elle se trouve presque au cœur de la ville et qu'elle attire en saison les estivants en grand nombre. Plage organisée et pleinement protégée par les vents, elle offre la possibilité d'y exercer plein de sports nautiques ou de passer des moments très agréables en bordure de la mer. Plusieurs tavernes et bars, à quelques mètres du sable, sont très prisés par les locaux, surtout aux heures les plus tardives !

PLAGE DE KITROPLATEIA

Bien avant que l'on construise le port à Agios Nikolaos, les bateaux accostaient à cette plage et certains parmi eux repartaient chargés de citrus (*kitro* en grec). Ainsi la plage doit le premier composant de son nom à cet agrume et le second à la place (*plateia*) avoisinante. On arrive sur cette plage située en plein centre de la ville à pied et en prenant la route M. Sfakianaki qui démarre après le petit pont de la ville. Elle est aujourd'hui très propre et bien aménagée, entourée de nombreuses terrasses de cafés et restaurants, avec des hôtels à proximité.

VIEUX PORT ★★

Par son charme et sa situation, c'est le véritable centre de la ville. Protégé par les îles d'Agion Panton, servant de remparts naturels aussi bien contre les envahisseurs que contre les vents qui peuvent être puissants, pendant la période vénitienne 25 galères pouvaient y accoster, ce qui était considérable pour cette époque-là. Il est tout petit et entouré de jolies maisons, abritant pour la plupart hôtels et restaurants. La nuit, les lumières des bateaux lui donnent un aspect féerique et romantique, et c'est alors le meilleur moment pour venir s'y promener.

BYRON TRAVEL - LOCATION DE VOITURES - EXCURSIONS

A l'entrée de la ville sur la droite avant d'arriver au pont.
✆ +30 28410 24452
https://byrontravel.com/
En saison, à partir de 40 € par jour pour la location d'une voiture classe A.

Implantée depuis 1971 sur Agios Nikolaos, Byron Travel propose une billetterie air/mer/terre toutes compagnies confondues. Vous pouvez également vous y adresser afin de réserver dans la région un hébergement toutes catégories et dans tous les styles. L'agence organise des excursions pour individuels et/ou groupes. En outre, elle propose un service très fiable de location de voitures. Très bon rapport qualité-prix. Assurance comprise. Assistance 24h/24.

PLORA TRAVEL

24 rue 28-Octovriou
✆ +30 28410 25868
Propose diverses excursions dans toute la région.

Un bureau très professionnel et donc très efficace. Il représente toutes les grandes compagnies aériennes, dont Air France, et maritimes, aussi bien grecques qu'internationales. Très fiable et flexible, Plora Travel vous propose toujours de bons vols et trajets maritimes au meilleur prix. En saison, l'agence propose plusieurs excursions intéressantes dans la région du Lassithi. Elle est située dans le même bureau que Clubcars Rental et ainsi vous avez en même temps la possibilité, si vous désirez louer un véhicule, d'avoir toutes les informations nécessaires.

LIVAS - LOCATION DE VOITURES / EXCURSIONS

Istron
✆ +30 2841061460
www.livasrentacarcrete.com/contact.php
Agence francophone.

© LIVAS

Loueur sérieux depuis 1978. Son atout principal : toute la famille parle bien français. Les véhicules de toutes sortes (quatre et deux roues) sont neufs et parfaitement entretenus. L'agence assure une livraison et une récupération rapides partout dans l'île 24h/24 et 7j/7. Assurance sur toute l'île sans franchise ! Unique : ils proposent à la location une Lancia Fulvia et une Mini Cooper de 1982. Tarifs très compétitifs. Réservation en ligne sécurisée et simplifiée.

LITTLE TRAIN TOURS

12 Rue Themistokleous
✆ +30 28410 25420
http://littletraintours.gr/index.html
Départ toutes les heures entre 10h et 18h. Excursion de 35 min : 9 € par adulte, de 3 à 6 € par enfant.

Trois types d'excursions proposées : la première excursion (35 minutes) part toutes les heures du port pour une promenade dans la ville et en bord de mer ; la deuxième conduit en haut de la montagne de Lenika pour une visite panoramique (70 min) avec au nord le village d'Elounda et au sud la baie de Mirabello ; la troisième excursion vous conduit sur la montagne Kastellos et au village traditionnel de Kritsa. Cette balade de quatre heures vous permet d'apprécier la cuisine crétoise et de visiter le célèbre monument byzantin Panagia Kara et ses fresques uniques.

RÉGION DU LASSITHI

NOSTOS CRUISE

30 Roussou Koundourou

✆ +30 28410 22819

www.nostoscruises.com

Départs 7j/7 à 12h30 du port d'Aghios Nikolaos et retour à 17h. A partir de 16 € par adulte, selon l'excursion.

Nostos propose plusieurs excursions à la journée, notamment pour découvrir l'île fortifiée de Spinalonga ou combinée avec la visite d'Elounda. Plusieurs sorties en mer dans la baie de Mirabello autour de la pêche sont proposées. Mention spéciale pour la croisière qui combine la fameuse île de Spinalonga avec un barbecue dans la baie turquoise de Kolokytha : pendant votre baignade, le personnel prépare une bonne grillade à déguster tranquillement ! Possibilité d'une croisière privée à la carte de 10h à 16h pour les groupes d'une dizaine de personnes.

LA MARINA - PORT DE PLAISANCE

✆ +30 28410 82384

www.marinaofagiosnikolaos.gr

Ouvert toute l'année. A partir de 9 € par jour et 90 € par mois pour un petit voilier (-de 5,50 m) en haute saison.

Une jolie marina, sur la côte Nearchou, bien protégée et à 100 mètres seulement du centre-ville. Elle a une capacité de 255 bateaux. Bien aménagée et conforme à toutes les réglementations internationales, elle offre tous les services aux vacanciers : eau, électricité, toilettes, douche, accès gratuit au wifi. Elle est surveillée 24h/24. A deux pas de la plage Ammos, elle offre la possibilité de se relaxer davantage lors du séjour. Réservations en ligne.

SAFARI CRETE EXPERIENCE

Istron, Kalo Chorio

✆ +30 2841 061060

https://safaricrete.gr

L'agence propose des excursions et des itinéraires spéciaux dans une Crète épargnée du tourisme de masse. On part donc en exploration de l'arrière-pays et on se ressource en parcourant la nature vierge. Des destinations incontournables au départ d'Agios Nikolaos, Ierapetra, Héraklion, telles que Cnossos, Chrissi Island, Spinalonga, la cave de Zeus, les monastères, sont au programme. Plusieurs itinéraires thématiques sont prévus : visite aux meilleurs vignobles crétois avec dégustation sur place, entre autres. Devis à la carte sur demande. Accueil francophone.

MOTOR HOLIDAYS

30 Rue Akti Koundourou

✆ +30 28410 24411

www.motorholidays.gr

Voiture de classe A à partir de 35 €/jour et moto à partir de 20 € en saison. Loue également buggys, quads et scooters.

Cette petite agence est située sur la très fréquentée côte Koundourou, tout près du centre-ville. Elle propose des locations de voitures, de motos, de quads et de buggys. Les prix sont abordables et ils diminuent selon la saison et avec la durée de la location. Grand avantage, la possibilité de louer une moto pour une durée d'un mois pour des prix intéressants. L'agence dispose de plusieurs motos, de voitures de toutes catégories, le stock est fréquemment renouvelé. La livraison aux aéroports d'Héraklion ou de Sitia, ou jusqu'à votre hôtel, est gratuite.

CLUBCARS

Dans la rue piétonne 28-Octovriou, face à l'hôtel du Lac. ✆ +30 28410 25868

www.clubcars.net

A partir de 50 € par jour pour une voiture classe A en saison. Prix par jour dégressifs selon durée de location.

Une agence professionnelle accueillante et particulièrement agréable. Livraison et récupération à l'aéroport d'Héraklion et plusieurs bureaux en Crète : Héraklion (Ammoudara), Rethymnon, Hania et Agios Nikolaos. Les véhicules proposés sont : 4x4 avec toit ouvrant et voitures de catégorie A, B, C et D (fourgonnette). En haute saison, il est conseillé de réserver vraiment à l'avance afin d'avoir la possibilité de louer une voiture de la catégorie souhaitée. Un forfait est toutefois à prévoir pour les livraisons et les locations nocturnes.

HOTEL DU LAC €

17 Rue 28 Oktovriou

✆ +30 28410 22711

www.dulachotel.gr

Chambre double à partir de 50 €. Petit déjeuner non compris ; il peut être pris au Café-restaurant du Lac, juste à côté.

L'Hôtel du Lac est le plus branché de la ville pour sa situation au bord du lac Voulismeni. Entièrement rénové en 2014, il propose 24 chambres doubles, plutôt petites, au décor assez minimaliste mais d'un assez bon goût. Toutes les chambres sont parfaitement bien équipées : air conditionné, salle de bains, TV, téléphone, coffre-fort et wifi, et, surtout, balcon offrant une pleine vue sur le lac et une bonne partie de la ville d'Agios Nikolaos. C'est un bon choix pour ceux qui veulent s'offrir une nuit au bord du lac… L'hôtel reste ouvert toute l'année.

PENSION MARY €

13 rue Evans

✆ +30 28410 23760

Chambre double à partir de 40 € en saison. Petit déjeuner 5 € par personne. Climatisation.

Une vraie petite pension tenue par Maria, une femme attachante parlant un peu anglais (et quelques mots de français) et qui vous invitera sûrement à boire un café sur sa terrasse, d'où elle regarde infatigablement les flots bleus. Les chambres sont simples, parfois très petites, mais possèdent toutes une salle de bains et, celles du toit, une grande terrasse. Au premier étage, une cuisine collective est à la disposition des hôtes. Enfin, un petit appartement est également à louer au rez-de-chaussée. A deux pas du port et de la plage.

PERLA APPARTEMENTS €

4 Rue Salaminos

✆ +30 69747 24985

www.apartments-perla.gr

Studios à partir de 60 € en haute saison pour deux personnes. Wifi.

Ces studios, situés à deux pas du centre-ville, sont vraiment basiques mais clairs et confortables. On se croirait dans de petites chambres d'étudiant, car le propriétaire a tiré le meilleur parti de chaque espace disponible. Toutefois, on est récompensé grâce à la superbe vue sur la jolie baie de Mirabello et une partie de la ville d'Agios Nikolaos que l'on peut admirer de notre canapé ou assis sur le balcon Toutes les chambres disposent d'un balcon, d'une TV satellite, de l'air conditionné et d'un frigo. Wifi gratuit dans les chambres. Ouvert toute l'année.

ARTEMIS BEACH HÔTEL €€

Havania

✆ +30 28410 22065

www.artemisbeach-crete.com

Entre 55 et 120 € pour deux personnes en saison, selon la catégorie choisie. Petit déjeuner en buffet de qualité inclus.

Petit hôtel familial de 18 chambres sur la route vers Elounda et à 2 km d'Agios Nikolaos. Un endroit reposant, au calme, tout près de la mer, sur la baie de Mirabello. Une belle et grande piscine est à disposition, ainsi que des chaises et des parasols sur la plage de Havania. A/C, wifi, accès à la cuisine commune. Parking gratuit car une voiture est conseillée sinon il y a un arrêt de bus à moins de 100 mètres. Nino, le propriétaire, apporte tous les matins du pain frais à ses résidents pour agrémenter le buffet riche et varié du petit déjeuner.

MIRABELLO SEA HOUSE & PEARL STUDIO €

6th km Old National Road Agios Nikolaos – Sitia

✆ +306942983202

www.las-als.com

Prix très raisonnables, varient en fonction de la saison. Se renseigner auprès de l'hôte pour une réservation directe.

© MIRABELLO SEA HOUSE

Ces locations caractérisent l'hospitalité crétoise : d'abord par l'accueil que vous réserve Magdalini, et ensuite par le mode de vie qu'ils représentent. Tout équipés, les logements vous permettront de vivre comme des Crétois et d'explorer les alentours d'Agios Nikolaos en autonomie totale. Sans oublier la vue imprenable sur le golfe de Mirabello où vous pourrez profiter des splendides levers et couchers de soleil dans le calme et la tranquillité. Pour les voyageurs indépendants.

MANTRAKI HOTEL APARTMENTS €€

Kapetan Tavla 1

✆ +30 28410 28880

www.mantraki.gr

Appartements à partir de 60 € en haute saison. Prix variables selon la vue. Coffre-fort. TV. Wifi. A/C.

Cet hôtel, situé dans un quartier calme d'Agios Nikolaos, proche du centre-ville, à seulement 80 mètres de la plage et rénové en 2018, propose des appartements spacieux (2 à 4 personnes). Tous les appartements disposent d'un balcon avec vue (certains sur la mer). Vous pourrez profiter de soirées musicales grecques inoubliables et d'une atmosphère familiale douce. Idéal pour des vacances en famille sûres, relaxantes et amusantes. Remises spéciales offertes en cas de réservation directe.

NAIADES ALMIROS RIVER HOTEL €€

✆ +30 28410 28771

www.naiadesalmirosriverhotel.com

Chambre double à partir de 50 €, avec petit déjeuner et jusqu'à 70 € en haute saison. Excellent restaurant.

Petit hôtel familial de 19 chambres (doubles, triples, quadruples et suites pour 3 à 4 personnes), traditionnel mais rénové, situé à côté de la magnifique plage d'Almiros, aux abords de la pittoresque rivière Almiros, riche en beauté et offrant une eau de montagne fraîche et propre. Bel emplacement, atmosphère détendue, amicale et associée à l'hospitalité crétoise traditionnelle des petits hôtels. Piscine, wifi, frigo, air conditionné... Super endroit !

SGOUROS HÔTEL €€

3 Rue N. Pagalou

✆ +30 28410 28931

www.sgourosgrouphotels.com

Chambre double à partir de 62 € en saison, petit déjeuner inclus.

A seulement 200 mètres du centre-ville et face à la plage municipale de Kitroplatia, cet hôtel agréable propose des chambres confortables. Elles sont toutes bien entretenues et très bien équipées. Offrant un confort feutré, elles disposent d'un réfrigérateur, d'une salle de bains, d'un sèche-cheveux, d'un coffre-fort, d'une télévision et de la climatisation. Les parties communes sont également modernes et gaies. Au rez-de-chaussée et dans un espace aménagé, on peut avoir gratuitement accès à Internet. Le café de l'hôtel offre une vue imprenable sur la mer.

NAIADES MARINA HOTEL €€

7 Rue Anapafseos

✆ +30 2841 027151

www.naiadesmarina.gr

A partir de 65 € pour une chambre double classique et à partir de 90 € en saison. Offres sur le site.

Hôtel de charme situé dans le quartier de la marina, à seulement quelques pas de la plage Ammos. Surplombant la baie de Mirabello, il permet d'assister à de magnifiques levers et couchers de soleil. Les chambres, confortables et relaxantes, sont dotées de lits luxueux 5 étoiles, de salles de bains privatives et de balcons. Quelques-unes des facilités : piscine, mini-spa, sauna, bar sur le toit. Un nouvel hôtel qui mérite ses belles étoiles. TV murale « smart », réfrigérateur, coffre-fort, sèche-cheveux, articles de toilette, A/C, chauffage central en hiver. Wifi.

HOTEL THALASSA VILLAS €€€

Thessi Nissi ✆ +302841090200

https://www.thalassavillas.gr/

Pensez à réserver tôt dans l'année, les villas partent vite. Réduction sur les réservations directes. Petit déj inclus.

Appartenant au St Nicolas Bay, les Thalassa Villas sont 8 splendides maisons perchées au-dessus de la baie de Mirabello. Conçues pour recevoir des familles, des groupes d'amis ou des couples en recherche d'intimité, chacune d'entre elles propose un style différent inspiré d'une divinité grecque ou par la nature. Les 8 ont en commun de splendides terrasses avec vue sur la mer avec piscine, et un accès aux services de l'hôtel comme le Poseidon Spa et les restaurants. Au final, des hébergements grandioses qui rendront votre séjour particulièrement inoubliable !

PALAZZO APPARTEMENTS €€

Akti Pagalou & Tselepi 18-Kitroplateia

✆ +30 28410 25080

www.palazzo-apartments.gr

Ouvert d'avril à fin octobre. Chambre double à partir de 90 € en saison. Petit déjeuner et wifi compris.

Cet établissement propose 10 appartements très confortables situés à 10 m de la mer, l'un des meilleurs emplacements de la ville. Le propriétaire a voulu conserver, entre autres, le carrelage d'origine qui confère au lieu un style rétro. Le petit déjeuner est très riche (jambon, fromages, croissants, fruits, pâtisseries différentes faites maison), servi dans un salon reposant, clair, avec de grandes fenêtres et une vue magnifique. Les appartements sont spacieux, très bien équipés, propres et clairs, et huit ont une terrasse donnant sur la mer.

MINOS BEACH ART HÔTEL €€€

Akti Ilia Sotirchou

✆ +30 28410 22345

www.minosbeach.com

Chambre double à partir de 370 € avec petit déjeuner, en haute saison. Demi-pension possible. Offres sur le site.

Au bout d'un cap verdoyant et entouré des eaux bleues de la baie de Mirabello, cet hôtel 5-étoiles est décoré de nombreuses œuvres d'art d'artistes contemporains qui s'y réunissent à l'occasion de symposiums. On dort au choix dans des chambres situées dans l'édifice principal, dans des bungalows plus ou moins proches de la mer ou dans des villas possédant une piscine particulière. Piscine immense dans un parc. Cet ensemble hôtelier, avec ses restaurants, est considéré comme l'une des plus luxueuses adresses de la région, et même de toute la Crète.

HOTEL APPART KASTRO €

23 rue Lasthenous
✆ +30 28410 24918
Ouvert de mai à fin octobre. Studio pour deux à partir de 65 €, en saison. Petit déjeuner en option. A/C, wifi gratuit.

Meilleur emplacement avec vue époustouflante sur le port de la ville d'Agios Nikolaos. Un haut bâtiment ocre très facilement reconnaissable au vieux port. Attention, il y a deux entrées : la principale avec réception à l'arrière au bout d'une petite rue sans issue et, mieux encore, par le café-restaurant en ascenseur. Les studios sont très propres et authentiques. On y apprécie également les efforts de Yorgos, le propriétaire, pour parler français ! Quant à sa femme Anna, elle fait des crêpes fabuleuses au restaurant du rez-de-chaussée !

MIRABELLA APARTMENTS €€

Sur la route vers Elounda et sur la plage même d'Havania. ✆ +30 28410 83282
www.mirabella.gr
A partir de 50 € le studio pour deux personnes sans le petit déjeuner en saison. Parking gratuit. Wifi. Vélos. A/C.

En bord de mer, juste derrière la plage d'Havania, les appartements et les studios Mirabella se situent dans un bel endroit fleuri et bien au calme. Tous les logements offrent une vue imprenable sur la baie alors que les balcons et les jardinets donnent sur une grande piscine propre avec bain à remous. Les chambres sont bien équipées, avec cuisine. Dans une petite cour à l'arrière : hamac, billard, ou tennis de table... A proximité : supérette et arrêt de bus pour aller en quelques minutes à Elounda, Plaka ou Agios Nikolaos. Accueil en parfait français.

ACHINOS €

Plage Ammoudi
✆ +30 2841 090505
https://achinoscrete.gr/
Ouvert de 9h à 1h. Compter autour de 25 € par personne.

Petit resto charmant avec terrasse ombragée les pieds dans l'eau sur la plage d'Ammoudi (pas très loin du centre-ville). Ici règne une belle atmosphère entre bar et restaurant gastronomique. Une annexe du fameux restaurant Ble Katsoralakia où l'on déguste aussi bien des fruits de mer qu'une salade, mais aussi de succulents mezzés traditionnels et quelques recettes inventives. Une excellente adresse pour un dîner très agréable entre amis avec une ambiance typiquement grecque. La carte est très variées et les prix sont raisonnables.

ST. NICOLAS BAY RESORT HOTEL & VILLAS €€€

Thessi Nissi
✆ +30 28410 90200
www.stnicolasbay.gr
Chambre double avec vue sur la mer à partir de 300 € en demi-pension. Suite de luxe à partir de 400 € en demi-pension.

Situé entre les villes d'Agios Nikolaos et d'Elounda, le St. Nicolas Bay est un luxueux boutique-hôtel doté de chambres et de suites avec piscines privées surplombant la baie de Mirabello. C'est une véritable oasis d'élégance et de raffinement avec une qualité de haut-niveau. La mer omniprésente s'invite jusqu'à votre terrasse privée. Plusieurs restaurants, 2 bars, un kafeneion, un spa et un gymnase viennent compléter l'offre exceptionnelle de cet hôtel.

© STNICOLASBAY

© STNICOLASBAY

AVLI TAVERNA €

12 rue Prigipos Georgiou
✆ +30 2841 082479
Ouvert tous les jours de midi à minuit en saison. Comptez autour de 15 € le repas par personne.

Dans une petite rue parallèle à la Paleologou, un joli petit jardin sous les figuiers et les citronniers abrite cette taverne-ouzerie familiale où l'on peut manger pour un prix raisonnable une cuisine crétoise typique et d'excellente qualité. Une adresse surtout appréciée des locaux même hors saison. Le secret c'est les ingrédients qui proviennent de la ferme montagnarde du propriétaire. Un vrai bol d'air, simple et sans prétention, mais tellement authentique de sincérité. Le raki et l'huile d'olive proviennent aussi de la même ferme.

CRETA EMBASSY RESTAURANT €

4 & 5 Rue Ioannou Kondilaki
✆ +30 2841 083153
www.cretaembassy.com
Ouvert toute l'année. Prix très raisonnables.

© CRETA EMBASSY

A 50 m du port se trouve depuis 1984 une petite taverne préservée et sympathique au jardin joyeusement coloré. En cuisine, Shona et Dimitris préparent avec soin des plats grecs et crétois authentiques. Le soir, le BBQ s'agite au grand bonheur des clients qui se régaleront des grillades de viandes et de poissons frais. On recommande le porc au four au miel et à la moutarde et le poulpe grillé au vin. L'atmosphère est détendue, loin du flot des touristes, avec une musique locale ou internationale relaxante. Menu en français avec une explication sur les vins.

FAROS RESTAURANT €

Rue P. N. Pagalou 5
✆ +30 2841 083168
Ouvert tous les jours en saison, de midi à minuit. Comptez 20 € par personne.

Faros Restaurant offre une bonne cuisine crétoise préparée selon les recettes traditionnelles et elle est servie depuis plus de 30 ans. Vous y trouverez aussi quelques spécialités internationales, des pizzas, entre autres. Mais les locaux et les visiteurs avertis y viennent surtout pour l'agneau, la spécialité du restaurant, et le poisson frais grillé au charbon de bois. C'est une adresse familiale et aux prix très abordables et où l'on mange littéralement les pieds dans l'eau. Idéal pour les familles car il y a des jeux pour enfants et la plage est juste à côté.

KIMZU SEA LOUNGE RESTAURANT, BAR, PLAGE €

Anapafseos 44
✆ +30 2841 090544
Ouvert en saison, tôt pour les petits déjeuners jusque tard pour un cocktail.

Installés confortablement dans des fauteuils donnant sur la mer et le port d'Agios Nikolaos au loin, on peut y déjeuner, dîner, juste boire un verre, ou simplement se détendre sur un matelas dans l'herbe et du grand parc apaisant sans voitures tout en étant bercé par une agréable musique moderne. Un endroit unique à Agios Nikolaos caché à l'arrière de la ville avec une ambiance lounge à tester les yeux fermés. Propreté impeccable partout. Très belle plage de sable fin doré.

OLGA TAVERNA €

Bus Agios Nikolaos - Elounda.
✆ +30 28410 23289
Ouverte midi et soir, fermée en hiver. Compter 15-20 € par personne.

Olga était le prénom de la grand-mère décédée ayant laissé, en 1977, le soin à son fils Stathis de faire perdurer ici (dans ce musée) les traditions culinaires crétoises qu'elle avait servies avec succès dans ses plus belles années. Actuellement, son fils et la fille de ce dernier œuvrent en salle, avec le sourire, pendant que maman officie en cuisine pour notre bonheur. Les plats sont préparés avec grand soin et avec des matières premières d'une qualité irréprochable. De plus, la vue est tout simplement splendide depuis la terrasse ombragée aux senteurs locales.

PITA TOU RIGA & KARNAGIO €

Konstantinou Paleologou 24
✆ +30 2841 025968
Ouvert tous les jours en saison de midi à minuit. Comptez 15 € par personne environ.

Rôtisserie spécialisée dans la fameuse pita fourrée à la viande (brochettes de poulet ou de porc ou gyros) avec une grande et agréable terrasse multicolore au Karnagio Bar, situé juste en face. L'établissement est très fréquenté par les jeunes Grecs surtout le soir tard. Excellente situation face au lac. On y trouve également de belles portions de poisson frais d'Elounda, des fruits de mer, des mezzes variés sur un fond de musique traditionnelle crétoise. Ici aussi, on s'inspire bel et bien de la philosophie de l'île. Ambiance décontractée.

RAVAISSI €

41 Konstantinou Paleologou
✆ +30 28410 26799
Ouvert tous les jours de 13h à minuit. Comptez 20 € par personne environ.

Un nouveau restaurant qui s'est installé juste en face du musée Archéologique, pour le bonheur de tous. On y déguste une délicieuse cuisine traditionnelle crétoise : escargots au romarin, agneau fondant… Parmi les plats qui font des ravages : les seiches mijotées à l'encre et aux aromates, le *dakos* au fromage frais du pays, les feuilles de vigne farcies accompagnées d'un yoghourt crémeux… C'est très bien présenté et tout donne envie. On est bien loin de la taverne touristique. Tout est bon et de qualité. Certains soirs, concerts de musique. Une bien bonne adresse.

PELAGOS FISH TAVERNA €€

10 rue Stratigou Koraka
✆ +30 2841 082019
Ouvert tous les jours en saison, de midi à minuit. Comptez autour de 20 € par personne.

© PELAGOS

Devant l'église Saint-Georges, on repère cette taverne de charme : ambiance tamisée dans une maison ancienne avec un très joli jardin ombragé et un espace intérieur décoré avec soin. Les bougainvilliers, les palmiers et un grand nombre de pots de fleurs rendent les soirées encore plus estivales. On vient y manger du poisson frais que l'on étale sur le joli petit caïque posé devant l'entrée. Plusieurs plats inspirés de la cuisine gréco-crétoise y sont également proposés ainsi que des mets et des salades variés. Parfait pour un dîner romantique.

ZYGOS URBAN GARDEN €

1 rue Ethnikis Antistasseos
✆ +30 2841 082009
Ouvert toute l'année de 9h à minuit. Compter autour de 10 € par personne.

Dans une atmosphère relaxante, cet *all day* café-restaurant est l'endroit idéal pour se retrouver entre amis ou pour passer des moments agréables, loin des circuits envahis par les touristes et le bruit de la ville. Le brunch, composé du pain fait maison, est une référence, les plats sont succulents. Parmi les spécialités figurent les pâtes aux carottes avec champignons et morceaux de poulet poêlés à l'huile de truffe blanche, avec thym frais et un peu d'ail, le tout servi avec du fromage local râpé. Les prix sont imbattables et le personnel est très accueillant.

DIKTAMOS RESTAURANT €€

Ligne de bus régulière.
✆ +30 697 203 3476
Compter autour de 18 € par personne.

Dans ce restaurant, on sert des plats typiquement crétois aromatisés aux multiples herbes de l'île. Les serveurs sont professionnels et vous conseilleront très bien, tant sur le choix des vins que sur les plats raffinés. On y propose ainsi de la viande rôtie au feu de bois cuisant lentement sous vos yeux. On recouvre d'une cloche certains plats pour les garder au chaud mais, surtout, pour qu'à l'intérieur cuisent des plantes qui vont, grâce à leur fumet, donner un arôme et une saveur uniques à la viande. Ne pas manquer cette expérience, à conseiller fortement.

KRIKRI €€

Prendre le bus qui va vers Elounda/Plaka. Arrêt après l'hôtel Minos Beach.

✆ +30 2841 023915

Ouvert midi et soir. Compter autour de 20 € par personne. Consulter la carte pour le prix au kilo de poisson frais.

Etabli en 1978, Kri Kri est un restaurant de cuisine grecque proposant d'excellentes grillades (optez surtout pour les côtelettes d'agneau grillées au feu de bois), du poisson frais et des *mezzedes* variés d'excellente qualité. Depuis sa terrasse bien spacieuse et bien ombragée, offrant une vue panoramique sur la baie pittoresque d'Ormos, on peut déguster, entre autres, de l'espadon grillé servi avec des légumes à la vapeur et à la sauce citronnée, avec 500 ml de cidre à la framboise et aux myrtilles. Demandez conseil pour les vins locaux. Service impeccable.

ZYGOS TAVERNA €€

Bus en direction d'Ierapetra. Au bord de la route sur la droite.

✆ +302841061389

Ouvert toute l'année de 11h à minuit. Compter autour de 25 € par personne pour un repas.

Cuisine crétoise traditionnelle de père en fils depuis 1930. Parmi les plats les plus demandés, l'agneau au four avec des pommes de terre, le *gamopilafo* (pilaf accompagné d'agneau : le plat typique que l'on sert aux mariages en Crète)… La taverne est également recommandée pour ses grillades. En saison, tous les samedis, à partir de 20h, commence la soirée crétoise avec danses traditionnelles rythmées par les sons de la lyre et du luth. La taverne est un vrai musée folklorique où l'on peut par ailleurs acheter des produits locaux à emporter. Très bonne adresse.

MAISTRALI RESTAURANT €€

✆ +30 2841 028814

Ouvert midi et soir. Fermé en hiver. Comptez 25 € pour deux avec le vin.

Une excellente ouzerie aux bonnes spécialités crétoises, grecques et méditerranéennes. Fruits de mer et poissons, choix végétaliens, plats sans gluten. Service décontracté mais professionnel, qui plus est très sympathique. Excellente vue au coucher du soleil les pieds dans l'eau, confortablement installé. Belles portions. Nous recommandons, entre autres, les moules au vin blanc et à l'ail, la purée de pois (fava), les crevettes à la sauce tomate et au fromage de brebis, le porc poêlé au miel, l'agneau aux artichauts sauvages...

BLE KATSAROLAKIA €€€

8 Akti Iosif Koundourou

✆ +30 2841 021955

www.blekatsarolakia.gr

Ouvert tous les jours midi et soir. Compter moins de 15 € par personne.

Les gens qui viennent ici ne désirent goûter que de la cuisine authentique : poisson, fava, tomates et poivrons farcis au riz, moussaka, produits laitiers et légumes locaux… C'est bien tout ça que le chef (primé) et propriétaire Alexandre Zaharias propose. Une excellente cuisine crétoise créative composée entre autres de *haloumi* grillé accompagné de légumes au pesto, de calmars grillés avec crème d'aubergine, de la morue sauce à l'ail... On savoure tout ça dans le jardin ou sur le balcon avec une vue unique sur la ville et le beau lac.

PIATO €€

5 MinoOs

✆ +30 2841 023173

Ouvert tous les jours de midi à minuit. Comptez entre 20 € et 40 par personne. Mention spéciale pour la carte des vins.

Surplombant le magnifique golfe de Mirabello, sur la plage Ammoudi d'une eau bleue cristalline, vous trouverez le restaurant Piato. Venez vous y régaler d'une cuisine unique et créative préparée avec grand soin et minutieusement surveillée par le propriétaire, un sommelier bardé de diplômes. Avec un accueil chaleureux digne des Crétois, l'établissement est apprécié et fréquenté par un grand nombre de locaux ayant opté pour une cuisine gastronomique. Pensez à réserver car l'établissement s'est fait un nom. Hospitalité et gourmandise sont au rendez-vous.

LA BOUILLABAISSE €€€

Restaurant de l'hôtel Minos Beach.

✆ +30 28410 22345

Ouvert de mai à mi-octobre pour le dîner (service de 20h à 23h). A partir de 25 € par personne.

La Bouillabaisse, célèbre depuis 1970, est le restaurant étoilé du Minos Beach Art Hôtel. Le restaurant est très renommé pour sa cuisine méditerranéenne et fine, avec une mention spéciale pour la rôtisserie et le poisson frais dans l'un des hôtels les plus chics de Crète. Vous prendrez plaisir à choisir parmi plusieurs plats crétois traditionnels et des spécialités gourmandes variées. Le cadre est particulièrement plaisant : les tables sont installées face à la mer, sous les pins. Les plats sont rejoints par une carte de vins exceptionnelle.

MIGOMIS €€€

20 Rue N.Plastira
✆ +30 2841 024353
www.migomis.com/gr_restaurant.html
Ouvert d'avril en saison, midi et soir. Plats de 15 à 60 €. Réservation quasi obligatoire.

Lové dans la falaise et surplombant le lac du pittoresque Agios Nikolaos, Migomis s'est installé dans un édifice historique de la fin du XIXe siècle. La vue époustouflante sur le lac est d'autant plus enchanteresse le soir, lorsque les lumières de la ville se reflètent dans les eaux profondes du lac. Ici, on dîne au son délicat du piano à queue...La cuisine n'est pas traditionnelle, mais internationale. Notez que l'addition est plutôt salée comparée à la plupart des restaurants crétois, mais la vue et l'atmosphère sont particulièrement agréables.

ALEXANDROS ROOF GARDEN BAR

Rue Kondilaki
✆ +30 2841 024309
Ouvert tous les jours en saison, de 20h à 5h. Happy hour jusqu'à 22h30. Wifi.

Levez-les yeux : sur une terrasse donnant pleine vue sur le lac et la mer, en haut d'un immeuble, d'où s'échappent des décibels de musique et des rires en cascade, se trouve ce bar à cocktails noyé dans la végétation. Il est sans aucun doute le bar le plus animé de la ville. Plus d'une centaine de cocktails y sont proposés, ainsi qu'une gamme très variée d'autres boissons. On ne s'étonnera pas que jeunes et vieux choisissent ce bar pour danser ensemble jusqu'à 5 heures du matin !

GIOMA MEZE €€

10-12 Rue Dionisiou Solomou
✆ +30 2841 102056
www.giomameze.com
Ouvert toute l'année, midi et soir en saison. Compter entre 15 et 40 € par personne. Pensez à réserver en avance.

© GIOMA MEZE

Outre l'emplacement superbe, il s'agit d'un vrai restaurant de gourmands à la recherche d'explosions de saveurs pour le palais. On y sert des spécialités locales, certes revisitées et allégées, mais la tradition est respectée et le goût y est rehaussé. Optez pour le poulpe grillé ou le thon mariné, entre autres… Le sommelier propose des accords mets-vins ainsi que d'excellents breuvages de petits producteurs aux cépages locaux. Superbe adresse, vivement recommandée. L'accueil est très attentionné et les serveurs vous donneront de bons conseils.

CAFÉ DU LAC

17 rue 28-Oktovriou
✆ +30 2841 026837
Ouvert tous les jours de 8h45 à 3h.

Au Café du Lac, on vient profiter de la quiétude du lieu et admirer la vue sur le lac Voulismeni. Le matin, on peut y prendre son café ou le petit déjeuner. Plus tard dans la journée, une restauration rapide et des snacks de très bonne qualité sont proposés. Très agréable pour prendre un verre de bon vin accompagné d'un plateau de fromages. Ce lieu est idéal pour siroter un cocktail, sur de la musique toujours tranquille. Les prix sont plus élevés qu'ailleurs, mais la vue et l'ambiance vous récompenseront. Bonne adresse pour les amoureux.

FYSALIDA

Kostantinou Palaiologou 1
✆ +30 2841 025006
Ouvert tous les jours en saison, de 11h à minuit.

Ce nouveau bar à vin, très stylé, a ouvert dans le centre de la ville et on s'y régale de vins subtils, à la fois crétois et internationaux. Il y a plus de 80 étiquettes proposées chez ce caviste. En journée, on peut également y boire le café et faire une pause petit-déjeuner. Si vous souhaitez accompagner votre verre de vin de bons petits plats, la carte est créative, très néo-bistrot, mêlant traditions grecques et approche moderne. La qualité des matières premières est irréprochable. L'ambiance est très agréable et calme. Personnel accueillant et professionnel.

MOLO CAFE-BAR

6 Iosif Koundourou
✆ +30 2841 026250
www.molo.gr
Ouvert tous les jours en saison, de 8h au dernier client.

Un grand *lounge* café et bar, très prisé, avec de larges baies vitrées d'où l'on peut admirer une partie de la jolie baie de Mirabello et, surtout, le port de la ville d'Agios Nikolaos, et des banquettes vert anis, dans une ambiance plutôt jeune et moderne. Les salles à l'intérieur, climatisées, sont très confortables et spacieuses. Ouvert du matin jusqu'à tard le soir, on y vient pour prendre un café, un snack, une bière ou un verre de vin… On y vient aussi pour déguster un cocktail et danser le soir avec des DJ de différents styles. Personnel accueillant.

PELAGOS

Hôtel Minos Beach
✆ +30 2841 024376
www.divecrete.com
A partir de 45 € la plongée (60 € avec l'ensemble de l'équipement), 80 € la plongée de nuit et 80 € le baptême.

Ce centre de plongée sous-marine, créé en 1987, se situe au cœur de l'Hôtel Minos Beach. Outre les cours de plongée, le très réputé centre Pelagos propose aussi du matériel de sports nautiques à la location : voile, planche à voile, ski nautique, etc. Pour ceux qui aiment être plus aventuriers, le centre propose également des sorties « donut » et « banana », ainsi que des sorties en mer en bateau à moteur vers Mochlos, l'île de Spinalonga ou la baie de Mirabello. Des locations de bateaux sans permis à la journée sont également proposées.

REGGAE VIBES - FESTIVAL DE MUSIQUE

Il a lieu tous les ans entre fin juillet et début août.

Le festival de musique Reggae Vibes a eu lieu pour la première fois en 2007 sur la plage d'Almyros. Depuis, c'est une institution et un évènement musical unique pour les fans de musique reggae et dub, non seulement en Crète, mais aussi dans le reste de la Grèce. Il a lieu tous les ans unissant de nombreux groupes d'une renommée mondiale. Avec un succès de plus en plus grandissant, le festival contribue, à sa manière, au développement culturel et touristique de la région du Lassithi.

ELOUNDA ★★★

Elounda se situe à 10 km au nord d'Agios Nikolaos, face à la presqu'île de Spinalonga à laquelle elle est reliée par un petit pont. C'est une station chic, qui attire les stars ainsi que les conférences internationales, et possède quelques-unes des plus chères unités hôtelières de Grèce. Toutefois, on n'y sent pas de snobisme outrancier, et le petit port garde un charme évident. L'origine de son nom est préhellénique et l'ancienne Olonda (Olous) était bâtie sur l'isthme qui relie l'actuelle Elounda à la presqu'île. Olous était le port de Lato. Il a été submergé à la suite d'un tremblement de terre et se trouve actuellement sous les eaux. La ville s'étire au fond du golfe, avec comme centre névralgique une place centrale qui donne sur le petit port de pêche. On y trouve des agences de voyage qui proposent des excursions en bateau vers l'île de Spinalonga. Un peu avant d'arriver, en venant d'Agios Nikolaos, sur la droite se trouvent les restes d'installations de production de sel construites par les Vénitiens.

Se loger

Les prix sont généralement plus élevés à Elounda qu'ailleurs. Souvent on vous propose des petits studios tout équipés plutôt que de simples chambres et les prix baissent si vous séjournez au moins trois jours.

Transports

Les bus vers Agios Nikolaos passent via Ellinika et Havania. Bus fréquents entre 7h30 et 21h20.

© GEORGIOS TSICHLIS - SHUTETRSTOCK.COM

Elounda.

RÉGION DU LASSITHI

ÎLE DE SPINALONGA ★★

Des bateaux partent toutes les demi-heures entre 9h et 17h depuis Elounda. 8 € l'entrée et 12 € pour la traversée.

L'île de Spinalonga, surnommée « L'île des oubliés » par Victoria Hislop dans son roman du même nom, arbore une impressionnante forteresse vénitienne surplombant la mer. Initialement nommée Calydon, l'île a été fortifiée pour la première fois durant la période hellénistique. Aujourd'hui, l'île est désertée, sauf par les touristes qui viennent découvrir ce site chargé d'histoire. En saison, des bateaux partent toutes les demi-heures depuis le petit port d'Elounda alors qu'un grand nombre de croisières vers l'île est assuré par les agences touristiques.

SALINES D'ELOUNDA

Tout près de la vieille ville d'Olous se situent les anciennes salines d'Elounda qui fonctionnèrent du XVe siècle au début des années 1970. Construites par les Vénitiens, elles permirent au XVIe siècle de fournir en sel de table la république de Venise qui venait de perdre Chypre (principale productrice de sel), tombée aux mains des Turcs. Ces derniers, une fois la Crète conquise (1669), poursuivirent l'exploitation des salines. La Grèce en reprit possession dès 1929, et la population locale continua à produire librement du sel selon des méthodes artisanales.

ELOUNDA BOAT

Port principal

✆ +30 6974 385854

http://spinalongaboat.gr

12 € l'aller-retour par personne. L'entrée dans la forteresse : 8 € supplémentaires.

Elounda Boat est une association de 37 bateaux de différentes tailles, traditionnels et modernes, stationnés dans le vieux port de pêche d'Elounda. Ils proposent depuis 1970 des voyages pour l'île historique de Spinalonga, mais aussi, des excursions sur le thème de la pêche comprenant des moments pour pêcher et des moments pour nager (boissons gazeuses fournies). Sont proposées, également, des mini-croisières de 10h à 14h comprenant une visite à l'île de Spinalonga, un arrêt à la plage de sable de Kolokitha et une visite de la ville d'Olous.

EAGLE - LOCATION DE VOITURES

✆ +30 28410 42161

eloundarentacar.com

Comptez à partir de 180 € la semaine pour une voiture de classe A.

Agence très dynamique et professionnelle qui propose des voitures classiques. Prix très corrects, même avec une assurance tout risque, sans franchise, et assistance 24h/24 dans toute la Crète. Possibilité de réserver en ligne, sur leur site en français. Loueur sérieux et fiable depuis 1994. La livraison aux hôtels et à l'aéroport d'Héraklion est gratuite pour la location d'une semaine minimum. Kilométrage illimité. Très bons commentaires sur les réseaux sociaux.

ELOUNDA HAPPY TRAVEL

136 Rue Andrea Papandreou

✆ +30 69726 00567

www.eloundahappytravel.gr

Cette agence organise à la carte des excursions dans toute la Crète. Au programme : le site archéologique de Cnossos, Spinalonga, l'île de Chrissi et de Gramvousa, la plage de Balos, les gorges de Samaria, le Plateau de Lassithi, Elafonissi, les gorges de Sarakina, entre autres. Par ailleurs, l'agence propose des voitures de toutes catégories à louer ainsi qu'un excellent choix d'hébergements. Une journée au parc aquatique Elounda Water and Fun Club est également organisée (piscines, gym, spa, minigolf, activités pour enfants, bar, restaurants…).

ARISTEA HOTEL €

À l'entrée de la ville, peu avant le port.

✆ +30 2841 041300

www.aristeahotel.gr

A partir de 50 € la chambre double en saison, petit déjeuner compris.

Les 33 chambres de cet hôtel familial sont simples et sans prétention. Toutefois, elles sont très propres, offrant pleine vue sur la mer et elles sont bien équipées. Elles comprennent une douche, des WC privatifs, un sèche-cheveux, l'air conditionné, la télévision, le téléphone. Ascenseur. On y trouve également un très bon restaurant au rez-de-chaussée, au bord de l'eau. Situation très avantageuse : l'hôtel est situé près du port, des magasins et de la plage. Rapport qualité-prix imbattable dans cette région prisée par les touristes du monde entier !

KRINI HOTEL €€

L. Papandreou
✆ +30 2841 041662
www.eloundakrinihotel.com
Chambre double à partir de 90 € la nuit, sans petit déjeuner. Piscine. Restaurant. Navette aéroport. Wifi, A/C.

Il est situé à seulement 200 mètres de la plage d'Elounda et à 10 minutes à pied du port. Ses 38 chambres climatisées comprennent une salle de bains privative avec douche, un réfrigérateur et un balcon donnant sur la mer ou sur les montagnes ainsi que sur la piscine. D'une propreté irréprochable, les chambres sont toutes bien équipées. Petit déjeuner sous forme de buffet, varié et délicieux. Restaurant servant des spécialités grecques et internationales. Boissons, café et collations au bar de la piscine. Personnel très au contact, accueillant et disponible.

ELOUNDA GARDEN SUITES €€€

Dimokratias Av.
✆ +30 2841 041662
www.eloundagardensuites.com
Les tarifs sont variables et communiqués sur demande. Compter entre 100 et 200 € la chambre, selon période et catégorie.

L'hôtel Elounda Garden Suites est situé en bordure de la mer, à 100 mètres du centre-ville, bien au calme. Certaines chambres offrent une vue panoramique sur les eaux cristallines de la mer Egée et l'île de Spinalonga alors que d'autres s'ouvrent sur une terrasse meublée offrant une vue sur la montagne. L'hôtel propose aussi bien des chambres doubles que des suites d'un grand luxe prévues pour un couple ou pour des familles. Le personnel est aux petits soins, gentil et efficace. Propre, spacieux, au calme... Rapport qualité-prix imbattable !

ELOUNDA GULF VILLAS & SUITES €€€

Mesa Pigadakia Schisma Elounda
✆ +30 2810 227721
www.eloundavillas.com
A partir de 340 € pour une suite en saison. Petit-déjeuner inclus. Wifi gratuit. Offres sur le site.

Un endroit particulièrement chic et romantique qui pourrait être idéal pour une lune de miel tout comme pour des vacances de rêve. Cela commence par un personnel accueillant à la réception. Ensuite, on s'installe dans une suite élégante d'où nous découvrons une vue panoramique sur le golfe. Vient le temps de l'apéro au bar avant de visiter les deux restaurants et choisir entre un repas léger ou un dîner de classe supérieure afin de méditer sur les activités du lendemain !

ELOUNDA SEA VIEW VILLAS €€

✆ +30 28410 41823
www.eloundaseaviewvillas.gr
Compter à partir de 250 € en haute saison.

Elounda Sea View Villas est un groupe de trois villas : Paul, Bart et Théo. Ce sont des maisonnettes sur deux niveaux avec piscine privée et tout ce dont on a besoin. Elles se situent sur un emplacement unique d'Elounda, offrant pleine vue sur la baie de Mirabello. Théo et Bart peuvent accueillir jusqu'à 6 personnes et Paul, composée de trois chambres, peut accueillir jusqu'à 8 personnes. Parfaites pour des vacances en famille ou des vacances de groupe. Petit plus : on peut utiliser toutes les facilités d'Elounda Water Park Residence (www.eloundaresidence.gr).

ELOUNDA WATER PARK RESIDENCE €€€

Rue Emmanouil Pouli
✆ +30 2841041823
www.eloundaresidence.gr
Fermé de novembre à mars.

Niché sur une colline à environ 15 minutes de marche du village, ce joli complexe de vacances offre une vue magnifique sur la mer. Appartements de 2 à 4 personnes. Réception 24h/24. Ici les activités ne manquent pas entre le tennis, le minigolf, le spa, la salle de gym... A disposition également : bars, restaurant, supérette, piscine à l'eau de mer, parc aquatique et de nombreux jeux pour les enfants. Idéal pour les familles avec enfants. Pour plus d'infos, visitez le site.

VILLA ELOUNDA €€€

✆ +30 6974 818045
www.villaelounda.com
De 150 à 250 € la nuit selon la saison et le nombre de chambres doubles dans la villa (3 ou 4). Piscine.

A disposition, trois magnifiques villas luxueuses sur les hauteurs d'Elounda. Villa Senses & Pelagos : cuisine entièrement équipée, grande salle de bains, chambre à coucher. Au premier étage, deux chambres à coucher, salle de bains avec bain bouillonnant, grande terrasse avec vue sur la mer. Villa Sapphire : 250 m² pour 8 personnes, sauna extérieur, piscine privée entre autres. Services multiples à domicile, grande piscine, vue splendide, Internet sans fil, bain bouillonnant, *home cinema*... : le grand jeu. Elles sont modernes, spacieuses et bien équipées.

VILLA PANORAMA €€€

Sur la route nationale entre Elounda et Agios Nikolaos, à environ 1 km de la plage et 2 km du centre d'Elounda.
✆ +30 694 830 4379
A partir de 275 € par nuit, minimum de trois nuits obligatoire. Jusqu'à 12 personnes.

La Villa Panorama peut accueillir jusqu'à 12 personnes, et se trouve à environ 1 km de la plage et à 3 km du centre d'Elounda. De style contemporain avec des prestations de luxe, la villa (250 m²) dispose d'une piscine privée de 40 m² avec une terrasse donnant sur la mer. Elle est équipée de la climatisation, d'une télévision par satellite à écran plat et d'un lecteur DVD. Elle comprend aussi un lave-linge ainsi qu'une cuisine avec cuisinière, réfrigérateur et coin repas. La salle de bains est dotée d'une baignoire, d'un sèche-cheveux... Restaurants à proximité.

ERGOSPASIO €€

5 rue Akti Oloundos
✆ +30 2841 042082
Comptez de 20 à 50 € par personne. Consultez la carte pour le prix au kilo du poisson.

Situé dans une belle maison en pierre, le restaurant bénéficie d'une magnifique vue sur la mer et sur les montagnes. Tenu par Dimitri et Kostas, il est chaleureux, et propose à la carte une sélection de poissons frais et fruits de mer. Une cuisine maison préparée au jour le jour avec des produits locaux qui ravira ceux venus chercher l'authenticité des saveurs crétoises, grecques et méditerranéennes. A déguster : l'*apaki* (saucisse crétoise fumée marinée au vinaigre), le risotto au safran, les pâtes aux crevettes et moules, l'agneau au romarin et à la feta...

POULIS FISH TAVERNA €

Akti Olountos
✆ +30 2841 041451
Ouvert tous les jours en saison, de 10h30 à 23h. Comptez autour de 20 € par personne.

La terrasse de cet établissement, situé à 2 minutes de l'hôtel Aristea, est quasiment dressée sur l'eau. La salle hivernale du restaurant est logée dans l'un des plus anciens bâtiments du village, ce qui donne au lieu un cachet authentique recherché. La cuisine est traditionnelle, notamment les spécialités de poisson frais, qui sont réputées : le plateau de poissons variés, la salade de crustacés et de fruits de mer, le ragoût d'agneau, le ragoût de veau aux légumes, les gambas grillées... figurent parmi les plats préférés. Tarifs très raisonnables.

THE FERRYMAN €€

Sur le front de mer
✆ + 30 2841 041230
Ouvert tous les jours en saison, midi et soir. Comptez autour de 25-40 € par personne. Le poisson est vendu au kilo.

Un restaurant dont le menu est signé par le fameux chef Yannis Baxevanis. Gastronomique, avec sa terrasse au bord de l'eau, c'est l'adresse la plus chic de la ville, mais aussi celle qui propose la cuisine la plus raffinée. Poissons et fruits de mer sont mis à l'honneur. Cuisine traditionnelle aussi : dégustez les courgettes frites, l'agneau aux fines herbes, les pois chiches... Une adresse particulièrement recommandée. Accueil hospitalier, prix abordables, ambiance romantique. Tout y est ! L'établissement a accueilli le tournage de la série *Who pays the Ferryman ?*

TAVERNA LEONIDAS €

Akti Vritomartis
✆ +30 2841 042371
Ouvert tous les jours de mars à octobre à partir de 11h30. Plats principaux de 9 à 22 € par personne.

Très sympathique, cette petite taverne familiale de décor traditionnel aux tons vert pastel est installée sur le port. Les plats simples mais de qualité sont bien servis. Poisson frais au quotidien exposé dans la vitrine : les daurades, les loups de mer et les langoustes sont tous délicieux. Mention spéciale : le plateau de mezzés pour 2 personnes à tomber par terre ! Dégustez, entre autres, le *kleftiko* (agneau fondant au four), la seiche grillée, l'espadon grillé, les tomates et poivrons farcis au riz... Très bon rapport qualité-prix et accueil chaleureux.

KALIDON (RESTAURANT FLOTTANT) €€

Akti Olountos
✆ +30 2841 042148
Ouvert tous les jours en saison, de 10h à 23h. Comptez autour de 25 € par personne pour un repas complet.

Le restaurant Kalidon se trouve au bord de la mer, près du petit port d'Elounda. Sur une plateforme flottante, vous pouvez goûter aux plats traditionnels grecs mais également à la cuisine internationale arrangée au goût local. Une grande variété de poissons frais est toujours dans le menu du jour. L'accueil est réellement sympathique, en plus de l'originalité du restaurant sur l'eau. En revanche, pour des plats typiques, on paie un peu plus cher qu'ailleurs.

RÉGION DU LASSITHI

MARILENA €€

Sur la route en direction de Plaka, face au parking qui donne sur le port.

✆ +30 28410 41322

www.marilenarestaurant.gr

Ouvert tous les jours de 11h à 23h d'avril à fin octobre. Comptez autour de 30 € par personne.

Un restaurant traditionnel depuis 30 ans. Leurs *mezzedes* (mets) sont de véritables chefs-d'œuvre, par le goût, la présentation et la qualité des matières premières : fava, tzatziki, salade d'aubergine, fromage grillé, salade de haricots blancs secs, salade de betteraves, feuilletés, beignets de fromage, *taramossalata* (purée aux œufs de cabillaud), feuilles de vignes farcies... Le restaurant est grand, joliment aménagé dans le style traditionnel grec, et doté d'un jardin d'oliviers avec des vignes. Le menu est en français et le service impeccable.

MEGARO €€

✆ +30 2841 042220

www.megaro-restaurant.gr

Ouvert tous les jours en saison de 11h à 23h30. Comptez autour de 20 € par personne.

Cette taverne a ouvert ses portes dans le premier édifice construit à Elounda en 1906. C'est une taverne familiale située sur la place de la ville, au bord de la mer. Les locaux racontent avec une certaine fierté que Victoria Hislop, auteur de *L'Ile des oubliés* dont l'intrigue se situe sur l'île de Spinalonga, s'y serait attablée. Un restaurant de plats de poisson, de crustacés, de fruits de mer bien frais et de spécialités grecques, copieusement et généreusement servies. La taverne affiche une carte variée de vins des régions de la Crète et de la Grèce.

VRITOMARTES €€

✆ +30 2841 041325

www.vritomartes.gr

Ouvert en saison, tous les jours de 8h à 23h. Comptez 25 € par personne environ.

Vritomartes est un autre restaurant de spécialités crétoises et de poissons, en plein cœur du port puisqu'il est situé littéralement sur l'eau ! Ouvert du 25 mars à fin octobre, cet établissement est également accessible par la mer. Convoité par les touristes pour le calme et la magnifique vue qu'il procure, il est conseillé de réserver en haute saison. Vous pourrez profiter de soirées musicales grecques et crétoises et d'une atmosphère calme et douce. Dégustez les coquillages et surtout les *gyalisterés*, un coquillage que l'on trouve en Grèce et en Crète.

SPINALONGA ★★★

La presqu'île, qui s'étire du nord au sud en face de Plaka et d'Elounda, est séparée de la côte par le canal de Poros. Ce sont les troupes d'occupation française qui ont creusé ce dernier à la fin du XIXe siècle. Face à Plaka, une puissante et superbe forteresse vénitienne, construite en 1579, protège l'accès du golfe. Malgré d'immenses efforts, les Turcs ne parvinrent jamais à l'occuper, et ce n'est que par traité que la forteresse tomba sous la domination de l'Empire ottoman en 1715, soit cinquante ans après le reste de la Crète. Redevenue crétoise en 1903 (par un curieux retournement de l'histoire, quelques familles turques y trouvèrent refuge par peur des représailles des chrétiens...), l'île de Spinalonga (qui fut surnommée alors l'île des Pleurs) devint, après le rattachement à la Grèce et jusqu'en 1957, une léproserie aux conditions humaines et sanitaires particulièrement lamentables.

Malgré des conditions de vie plus que difficiles, les lépreux de Spinalonga développèrent une résistance inouïe. Tous tentèrent peu à peu de redonner vie à l'île malgré leur isolement. C'est ainsi qu'ils ont exploité les systèmes d'irrigation mis en place par les Vénitiens, cultivé la terre, planté des vergers, construit des tavernes... Les historiens ont également révélé la naissance d'une vingtaine d'enfants sur Spinalonga et même quelques mariages. Dans les années 1930, on fait venir l'électricité sur l'île et on y construit un nouvel hôpital. Ce n'est qu'en 1957 que la léproserie ferme ses portes.

Elle peut aujourd'hui être visitée (à partir d'Agios Nikolaos ou plus aisément d'Elounda ou de Plaka). Dans le cimetière de l'île, occupé exclusivement par des lépreux, vous verrez que ces malheureux avaient droit à des traitements différents : ceux qui touchaient une pension gouvernementale ont une stèle, ceux qui ont eu leur enterrement payé par la famille sont inhumés directement dans le sol et ceux qui n'avaient pas de revenus reposent dans la fosse commune.

Tourisme

Pour vous rendre sur l'île de Spinalonga, vous avez trois solutions : partir d'Agios Nikolaos, de Plaka ou d'Elounda. Dans tous les cas, prévoyez des chapeaux car le soleil tape fort et il y a peu d'ombre. Comptez 8 € pour entrer sur le site de la forteresse qui est ouvert de 8h à 18h (gratuit pour les moins de 18 ans). Une petite supérette sur place permet d'acheter boissons et snacks mais vous ne serez pas les seuls à vous y rendre.

PRESQU'ÎLE DE KOLOKITHA ET SA PLAGE

Cette presqu'île au relief escarpé commence après les ruines d'Olous. On peut marcher jusqu'à la plage de pierre et de sable très agréable, mais de préférence avant l'heure du repas où les trois gros bateaux de l'excursion vers l'île de Spinalonga s'arrêtent (mais leurs moteurs tournent encore) pour faire les grillades et servir le pique-nique. Il faut quand même compter une petite heure à pied. On peut aussi s'arrêter dans l'une des jolies criques sur la droite au début du chemin. En voiture, on prend la piste de droite après la cité d'Olous et on continue 15 min avant d'arriver à un petit parking en terre. Ensuite, descente à pied (20 min environ).

PLAKA ★

Ce village fondé en 1800 est la capitale de Milos. Construit sur un plateau, d'où son nom (*plaka* signifie plat), le village se développe à l'extérieur des murs du kastro en surplomb, devenu bien trop étriqué pour accueillir l'ensemble des villageois. Il s'étend sur les versants de la colline, joignant les villages de Plakes, de Triovassalos, de Pera Triovassalos et de Tripiti et dominant superbement la mer Egée qui s'ouvre vers l'ouest. D'un cachet typiquement cycladique, ses maisons blanches enserrent la colline que ses ruelles pavées escaladent jusqu'au kastro. La citadelle a été construite par les Vénitiens au XIIIe siècle et il n'en reste que quelques ruines.

TO PEFKO (THE PINE TREE) €

Sur la rue menant à la jetée.
✆ +30 28410 44032
Ouvert de 9h à la fin de la nuit (2-3 h du matin en saison !) Prix très raisonnables.

© TO PEFKO

Ce petit café traditionnel offre l'occasion de patienter agréablement en attendant le ferry dans une ambiance typiquement crétoise. On y propose de délicieux petits déjeuners, des *mezzedes* (mets), des gaufres, des gâteaux faits maison et de nombreux types de boissons. En face de la jetée, la terrasse offre une vue plongeante sur l'île de Spinalonga. Le tout à l'ombre d'un vieux pin majestueux, *to pefko* en grec, qui a donné son nom à l'établissement. Le soir, on peut profiter d'un succulent *rakomelo*, un mélange typique de raki et de miel.

RÉGION DU LASSITHI

© GATSI - ISTOCKPHOTO.COM

Île de Spinalongua.

TAVERNA SPINALONGA €

Le long de la jetée, à hauteur de l'église (côté plage).
✆ +30 28410 41804

Comptez autour de 20 € par personne pour un excellent repas sans le vin. Ouvert toute l'année, de 9h à 23h.

© TAVERNA SPINALONGA

L'une des tavernes qui bordent la mer, offrant pleine vue sur l'îlot fortifié de Spinalonga. Elle est très renommée pour le poisson frais et les crustacés : pâtes aux crevettes et aux fruits de mer, poulpe ou crevettes grillées sont à la carte, entre autres. On peut également y déguster de bons plats de la cuisine crétoise. L'ambiance est familiale et assez sympathique. Si vous optez pour le poisson frais, consultez la carte et surtout demandez le prix au kilo. Elle propose aussi des chambres et des appartements à louer à un prix très honorable (à partir de 30 €).

BATEAU POUR L'ÎLE DE SPINALONGA

✆ +30 2841 041 804

10 € par personne l'aller-retour. Accueil francophone (demandez Nadine la Toulousaine).

Bordant la mer, la taverne Spinalonga, située dans le pittoresque village de Plaka, offre une pleine vue sur cet îlot fortifié du même nom ! En sortant de table, ou, tout simplement, en franchissant le seuil de l'établissement, on s'adresse à Nadine (la Toulousaine) pour s'offrir une belle balade aller-retour et très bon marché sur un petit bateau de pêche jusqu'à cette célèbre île Spinalonga. Le tour de l'île est également envisageable. À négocier selon le nombre de passagers.

HOTEL ARISTEA €

L'arrêt de bus est à seulement 50 mètres de l'hôtel. ✆ +30 2841 041 300
http://aristea-elounda.hotelscrete.net

Compter pour une chambre double 40 € en basse saison et 65 € en haute saison. Petit déjeuner en option.

Aristea est un petit hôtel simple et paisible de 31 chambres. Bâti en 1975, il a été le premier hôtel du village. Le bâtiment de l'hôtel est construit sur trois étages et dispose d'un ascenseur. Toutes les chambres se composent d'un petit couloir, d'une chambre à coucher, d'une salle de bains et d'un balcon ou d'une terrasse, avec un climatiseur, une télévision, un réfrigérateur, un sèche-cheveux et un téléphone. Au rez-de-chaussée se trouve la salle pour le petit-déjeuner et la réception, ouverte 24h/24. Plage publique à seulement 200 mètres de l'hôtel.

© CATHERINE FAUCHEUX

Des poulpes sèchent au soleil.

STELLA MARE €

Dans le centre.
✆ +30 28410 41814
En saison, à partir de 45 € pour un studio (2 à 3 personnes). À partir de 55 € pour un appartement (2 à 4 personnes).

Cet établissement propose des appartements décorés dans le style du pays. Ils sont fonctionnels, confortables, très propres et bien équipés, bref, ils ont été conçus pour vous rendre service. L'accueil est familial, très hospitalier, touchant. Tous les studios et les appartements sont climatisés et disposent d'une petite cuisine équipée, d'un réfrigérateur, d'une télévision et d'un coffre-fort. Le parking est gratuit. Wifi gratuit. Consigne bagages. Bon choix économique dans un village agréable, romantique en soirée. Etablissement calme et non-fumeur.

TAVERNA GIORGOS GIOVANNIS €

✆ +30 28410 41353
www.giorgos-plaka.gr
Ouvert tous les jours jusqu'à minuit. À partir de 15 € par personne sans le vin et le pourboire.

Cette taverne, située au bord de l'eau et face à l'île de Spinalonga, vous invite à déguster du poisson très frais. Le propriétaire de cette taverne possède également la taverne Megaro d'Elounda. Le poisson provient donc des mêmes filets, lancés par les bateaux familiaux. Entre deux plats, il suffit de descendre quelques marches pour vous baigner dans une mer transparente. Addition un peu salée, mais cela le vaut largement car les plats sont réellement de qualité, et assez copieux.

MARIA'S TAVERNA €

Rue principale
✆ +30 28410 42115
Ouvert midi et soir. Comptez autour de 20 € par personne.

© TAVERNA MARIA'S

La plus vieille taverne de Plaka ! Les plats et le nom de l'établissement viennent de Maria, la grand-mère des actuels gérants. Si la cuisine se montre traditionnelle, crétoise, savoureuse et très bien présentée, la déco, elle, est moderne et met en avant une belle architecture. Le poisson au four servi avec des légumes est un plat simple et traditionnel que nous vous recommandons chaudement car il a le goût de la bonne cuisine de famille. Et à la fin, essayez donc le dessert surprise de Maria, c'est délicieux ! Bon service.

CAPTAIN NICOLAS €€

✆ +30 28410 41838
Ouvert tous les jours de 11h à 23h en saison. Comptez 20 € par personne environ.

Une taverne familiale et très renommée, se situant au port de Plaka. Elle sert toute l'année d'excellents poissons frais et vous y rencontrerez beaucoup de locaux, ce qui est toujours un signe de qualité et d'authenticité. C'est l'endroit idéal pour déguster un homard à la grecque digne de ce nom ! Excellentes fritures d'anchois et des calamars bien grillés assaisonnés à l'huile d'olive et à l'origan, salades fraîches, entre autres. Comme toujours avec le poisson frais, demandez le prix avant de commander car l'addition monte vite.

THALASSA RESTAURANT €€

Situé au bord de la mer face à l'île Spinalonga.
✆ +30 28410 42671
Comptez autour de 25 € par personne.

Thalassa n'est pas une taverne traditionnelle, c'est un vrai restaurant avec des spécialités régionales plus élaborées, aux goûts plus fins, plus actuels, en somme un restaurant gastronomique. Bien sûr, cela reste toujours crétois mais amélioré au goût du jour. Côté prix, ce n'est pas franchement plus cher qu'ailleurs, alors autant essayer... Un peu plus cher pour les poissons, crustacés et fruits de mer, mais cela est très correct dans l'ensemble. On est récompensé par le service, l'accueil, et par la vue imprenable sur une mer magnifique !

NEAPOLIS

Au milieu de l'axe Malia-Agios Nikolaos, Neapolis est l'un des points d'accès possible pour rejoindre le plateau du Lassithi. Peu de gens s'y arrêtent. C'est pourtant une halte agréable pour prendre un verre sur la grande et verte place centrale ou visiter les quelques sites d'intérêt, mais nous ne vous recommandons pas forcément d'y séjourner. Anciennement appelé Kares, Neapolis a été reconstruit pour s'appeler Neachori, puis Neapolis. C'est ici qu'est né Petros Philargos en 1340 qui devint pape à Rome sous le nom d'Alexandre V. Neapolis occupait auparavant le rôle de capitale du Lassithi. A 2 kilomètres de là se trouve le site de Driros.

MUSÉE FOLKLORIQUE

Place El. Venizelou
✆ +30 6973 966424
https://pleam.gr/contact/
En juillet et août de 10h à 16h. Fermé le lundi. Le reste de l'année sur rendez-vous : +30 6973 966424. Entrée libre.

Le musée folklorique du petit village de Néapolis a été créé grâce à la volonté des locaux de sauvegarder toutes ces traces pouvant témoigner de la vie traditionnelle dans la Crète d'antan. Ainsi, ce joli petit musée retrace l'histoire des habitants et leurs traditions à travers des objets, des tissus, des photos et des techniques agricoles. Tenu par des bénévoles très actifs, les visites peuvent être organisées sur rendez-vous. M. G. Mavroidis et Mme M. Kostaki se feront un grand plaisir de vous faire visiter le musée et de vous servir de guides.

SITE DE DRIROS ★

A 2 km à l'est de Neapolis, sur la montagne Kadistos.

© JMF-CRETE - SHUTTERSTOCK.COM

Il ne reste pas grand-chose de l'ancien Driros. Les vestiges les plus anciens datent du VIIIe siècle av. J.-C. Des fouilles ont commencé en 1917 après la découverte, cinquante ans plus tôt par des fermiers, d'une pierre gravée sur les quatre côtés (le serment de deux jeunes hommes manifestant leur soutien à Driros). La pierre a été transportée par les Turcs à Istanbul où elle se trouve actuellement. Quelques statuettes en bronze datant du VIIe siècle av. J.-C. ont été découvertes ici ainsi que les ruines du temple d'Apollon Delphinos, l'objet de votre visite.

VASSILAKIS ESTATE - PRESSOIR À OLIVES / MUSÉE

Après la station-essence EKO, à gauche vers le stade de foot de Neapoli. ✆ +30 28410 33653
www.vassilakisestate.gr
Ouvert du 1er avril au 31 octobre de 9h à 19h. Visites guidées gratuites, de 45 à 60 minutes, toutes les demi-heures.

Une visite guidée gratuite et gratifiante durant laquelle nous découvrons un authentique moulin à huile d'olive de 1865. Cette longue tradition de l'huile d'olive conduit la famille Vassilakis à soutenir en permanence l'agriculture locale et à produire de l'huile d'olive extra vierge et biologique dans le respect de l'environnement, exportée dans 23 pays. Dégustation de différentes huiles récompensées par 11 prix internationaux de qualité. Possibilité d'achat.

HÔTEL NEAPOLIS €

16 Place Evangelistrias
✆ +30 28410 33967
www.neapolis-hotel.gr
Ouvert toute l'année. Chambre double à partir de 45 € en saison. Tarifs dégressifs. Petit déjeuner non inclus.

Cet hôtel, situé au centre de Neapolis, propose 12 grandes chambres doubles, rénovées en 2002, climatisées, claires et bien entretenues. Toutes les chambres disposent d'une TV satellite, d'un réfrigérateur, du chauffage central pour les jours d'hiver, du téléphone, d'une salle de bains privative et d'un balcon. L'hôtel dispose également, au rez-de-chaussée, d'un bar, d'un café et d'un espace dans lequel on peut prendre le petit déjeuner. En prime, un accueil familial et très chaleureux. L'hôtel se situe à proximité du très intéressant musée folklorique du village.

MILATOS

A 26 kilomètres d'Agios Nikolaos en direction d'Héraklion, Milatos n'attire pas les foules avec sa plage de galets, bien que située qu'à quelques kilomètres de la populaire Malia.

Histoire

La légende raconte qu'une partie de ses habitants emmenés par Sarpidon, le frère du roi Minos, ont fondé Milet en Turquie (certaines découvertes identifiées comme étant minoennes ont été faites là-bas, accréditant cette thèse). Milatos est également citée par Homère comme étant l'une des villes crétoises ayant envoyé des troupes d'hommes à Troie.

La ville aujourd'hui

La ville a conservé son nom minoen et se situe à l'intérieur des terres (à environ 1,5 km de la mer) avec une nouvelle ville en front de mer où l'on trouve quelques tavernes, supérettes et cafés. Milatos vit surtout de la culture de l'olive : plus de 100 tonnes d'olives sont ainsi récoltées chaque année. Vous pouvez visiter deux églises (Agios Fanourios et Agios Constantinos) où quelques découvertes de l'époque minoenne ont été faites. Les ruines de l'ancienne Milatos sont toutefois quasi inexistantes : on visite la ville pour manger du bon poisson frais et non pas pour son histoire antique… Enfin sachez que la plupart des restaurants proposent des chambres. Attention, l'été, il peut être difficile de se loger à Milatos.

GROTTE DE MILATOS

A 3 km à l'est du village (suivre les panneaux).

Constituée de cavernes profondes : une torche est nécessaire.

Le site est connu pour la tragédie de février 1823 : environ 2 000 femmes et enfants et 150 hommes armés s'y réfugièrent pour échapper à Hassan Pacha et ses troupes ottomanes. Un siège d'une quinzaine de jours s'ensuivit. Les Ottomans promettent alors de laisser la vie sauve s'ils les villageois se rendent. A leur sortie, tous les hommes furent massacrés, et seuls certains enfants et certaines femmes eurent la vie sauve pour être vendus en esclavage. Chaque année, une fête a lieu à la chapelle située à l'entrée de la grotte pour honorer les victimes.

TAVERNE & STUDIOS SOCRATE €

✆ +30 6987 485868

www.socrates-rooms.gr

Pour la taverne comptez 15 € par personne. Studios à partir de 50 € en saison. Wifi gratuit.

Voici une taverne traditionnelle qui propose quelques chambres à louer face à une jolie plage de galets. Confort basique mais neuf et pratique avec balcon. La terrasse est spacieuse, bien ombragée et donne sur la mer. Tout est propre et la carte correspond bien à ce type d'établissement : les poissons sont bien frais et bien grillés et les matières premières sont de bonne qualité également. Assis sur la terrasse, on admire de magnifiques couchers de soleil en buvant du raki !

SISI

Situé à quelques kilomètres plus loin vers l'ouest, Sisi est constitué d'une partie haute, à 2 kilomètres de la mer, et d'un village côtier, nommé Paralia Sissi (Sissi plage) où se trouve l'essentiel pour passer quelques heures sympathiques, voire plus : des tavernes, un petit port, des endroits charmants où se baigner (notamment une petite baie vers l'est du village en direction du camping) et tout cela dans une atmosphère calme, loin des foules. C'est un village agréable où séjourner, bien plus typique que le front de mer de Malia, non loin de là.

PALM BAY €

✆ +30 28410 71607

www.palmbay-sisi.gr

Chambre double à partir de 65 € en saison.

A l'abri d'une large palmeraie, Palm Bay est un havre de paix. Les chambres, simplement meublées mais spacieuses, possèdent toutes un balcon ou une terrasse où l'on s'installe à l'ombre à moins que l'on préfère les bords de la piscine ou les hamacs du jardin. Il s'agit d'un complexe agréable disposant d'un restaurant et d'un bar. Une petite plage aux eaux cristallines est juste en face de l'hôtel alors que l'arrêt de bus le plus proche, donnant accès aux transports permettant de rejoindre les centres urbains et balnéaires, est à 200 m. Frigo. TV. Coffre-fort.

CASTELLO VILLAGE RESORT €€

À l'est du village vers les plages.
✆ + 30 28410 71367
www.castellovillage.com/
Chambre double à partir de 76 €, suite avec chambre à coucher pour 2 personnes à partir de 184 €. Petit déjeuner inclus.

On est vraiment bien accueillis au Castello Village Resort avec sourire et dévouement. Dans ce complexe familial 4-étoiles, entièrement rénové en 2018, les vacances se font tranquilles. Avec ses riches jardins, ses vues panoramiques sur la mer et son imposant décor de montagne, c'est une base idéale, en bord de la mer, pour explorer l'île. On y trouve 147 chambres et suites, 2 piscines près desquelles on sert les petits déjeuners et dîner (buffet). Des bars, des restaurants, une aire de jeux pour enfants, des divertissements variés nuit et jour pour tous les âges.

CASTELLO BOUTIQUE RESORT & SPA €€€

A l'est du village vers les plages.
✆ + 30 28410 71367
www.castellovillage.com/
Tarifs à la carte sur demande. Globalement la chambre double est à partir de 145 € avec petit déjeuner.

Castello Boutique Resort & Spa est un hôtel de luxe 5-étoiles membre du label « Small Luxury Hotels of the World ». Cet hôtel primé est un complexe qui propose aux adultes des options d'hébergements de luxe avec piscines privées et spa. Les élégantes Suites Maisonnettes possèdent deux étages avec vue sur piscine. Les Suites « Penthouse », avec bain à remous extérieur offre une vue panoramique sur le paysage. Connexion Internet haut débit gratuite.

GRECOTEL MELI PALACE €€€

✆ +30 28410 71502
www.melipalace.com
A partir de 200 € la chambre double en haute saison, formule all inclusive. Piscine. Navette aéroport. A/C. Parking.

Cet hôtel de type *resort* propose des séjours all inclusive. Il est propre, avec des chambres assez spacieuses et bien entretenues (bien qu'inégales). Le personnel est aimable et à l'écoute de vos envies, il vous aidera à réaliser chacune des excursions de votre choix. Avec sa petite plage privée et les prestations internes, on est sûr d'y passer un moment très relaxant, même en famille. Plusieurs activités sportives sont proposées : tennis, basket, football (5x5), water-polo… Avec supplément : planche à voile, ski nautique, tennis, entre autres. Wifi.

KASTELLI

Kastelli est un petit village pittoresque et qui figure parmi les plus anciens de la région du Lassithi. Habité depuis 1400 de notre ère, il doit son nom à *Castellum* qui, en latin, signifie petite forteresse. Depuis quelques années, les habitants ont pris la décision de le faire sortir de l'abandon. Ainsi, les jardins ont à nouveau fleuri, les ruelles aussi, plusieurs maisons ont été restaurées, de façades repeintes en ocre… Une visite qui vaut le détour pour découvrir les rythmes doux d'un village traditionnel, accueillant et actif. Une jolie route, ombragée par des eucalyptus, lie Kastelli au village voisin de Fourni. Une belle promenade !

KRITSA ★

Situé à une dizaine de kilomètres au sud-ouest d'Agios Nikolaos, à 600 m d'altitude, Kritsa est devenu l'une des destinations préférées des tour-opérateurs. L'endroit est particulièrement photogénique avec ses habitations avec terrasses construites à flanc de collines, des magasins colorés vendant de l'artisanat (principalement tissages, broderies, cuirs à des prix un peu plus bas qu'Agios Nikolaos), des vieux Grecs à la terrasse des cafés (habillés de manière traditionnelle pour certains) et une ambiance crétoise détendue si vous vous arrangez pour éviter les moments où les bus débarquent.
Une rue étroite traverse le village où se trouvent la plupart des boutiques. Deux parkings : l'un en bas du village, l'autre en haut. Une poste se situe dans la partie inférieure, ainsi qu'un distributeur automatique de billets. Le reste consiste en de petits cafés, quelques tavernes et des boutiques de nappes brodées et autres objets d'artisanat. Malgré la présence des groupes organisés, Kritsa conserve son charme et est un bon endroit où séjourner, si vous cherchez à éviter Agios Nikolaos. La nature environnante est une bonne raison de s'y attarder. On pourra ainsi explorer la gorge de Kritsa, à la sortie du village : elle s'étend, spectaculaire, sur 4 km de long, et ne fait parfois qu'à peine 1,50 m de large. Autrement, le village fait l'objet d'une agréable et riche excursion d'une journée avec des sites qui valent le détour. Les bus KTEL assurent des liaisons régulières de/vers Agios Nikolaos de 7h à 20h.

ÉGLISE DE PANAGIA KERA ★★

A 1 km avant d'arriver à Kritsa, sur la droite.

✆ +30 28410 51806

Ouvert tous les jours de 8h30 à 15h30 en saison. Fermé le mardi. Entrée 2 €, réduit 1 €. Photographies interdites.

C'est l'une des églises byzantines les plus visitées, surtout pour la qualité des fresques qui ornent ses murs et qui ont été restaurées récemment. Si l'église date du XIIIe siècle, les fresques, quant à elles, furent principalement réalisées entre les XIVe et XVIIe siècles, alors que les premières traces iconographiques datent, elles aussi, du XIIIe siècle. L'église est divisée en trois nefs parallèles dédiées chacune à un personnage religieux ou à un évènement biblique. Par ordre et en venant de l'entrée : sainte Anne, la dormition de la Vierge et enfin saint Antoine l'Ermite. Ces deux dernières communiquent par une petite porte. Voilà l'occasion de découvrir l'art byzantin dans son expression la plus accomplie. La première restauration date de 1722 et on la doit à la famille Managgari. En 1732 l'icône représentant la Vierge, œuvre d'artiste inconnu, a remplacé l'originale, volée en 1498, pendant l'occupation vénitienne par un commerçant grec et amenée plus tard à l'église Saint-Alphonse à Rome.

▸ **Fresques à observer :** *La Cène*, XIIIe siècle. Les saints *Eugenios*, *Mardarios*, *Orestes* et *Anempodistos*, milieu du XIVe siècle. *L'Eau de l'épreuve*, première moitié du XIXe siècle. *L'Arrivée à Bethléem*, première moitié du XIVe siècle. Scène du *Paradis, l'ange, la Vierge, Isaac, Abraham et Jacob*, milieu du XIVe siècle. Les fondateurs, *Georgios Mazizanis, sa femme et son enfant*, milieu du XIVe siècle. *Le Paradis, Le Larron juste, la Vierge, Isaac, Abraham et Jacob*, XIIIe siècle. *Sainte Anne tenant la Vierge, Saint André*, XIIIe siècle.

LATO ★★

A 3 km de Kritsa (suivre les indications à partir du village).
✆ +30 28410 22462
Ouvert tous les jours en saison (avril-fin octobre) de 8h30 à 15h30, sauf le mardi. Entrée 3 €, réduit 2 €.

Lato, cité-Etat fondée par les Doriens au sommet d'une petite colline qui domine la campagne, figure parmi les plus puissantes cités de la Crète post-minoenne. Toutefois, suite aux fouilles archéologiques, plusieurs indices attestent le développement de la ville de Lato pendant la période minoenne bien que le site que l'on peut visiter aujourd'hui (entre 1500 et 67 av. J.-C), était, effectivement, établi par les Doriens. La cité occupait une place privilégiée et stratégique car, par sa situation, elle contrôlait le passage entre la partie centrale et occidentale de l'île. Son nom Lato, en dialecte dorien, correspond à celui de Léto qui a eu deux enfants avec Zeus : Artémis et Apollon. Des pièces à l'effigie d'Eileithyia (la déesse minoenne protectrice de l'accouchement) ont été découvertes ici. Les fouilles archéologiques (qui ont débuté à la fin des années 1960 avec l'Ecole française) ont également permis de mettre au jour à Lato un ancien théâtre, ainsi que plusieurs temples, des maisons et des sanctuaires attestant de l'importance de cette ville à l'époque de son rayonnement au VIIe siècle av. J.-C. L'ensemble est un joli mélange de post-minoen et de pré-hellénique. Près de l'*agora* (le marché) se trouvent une grande citerne – très probablement la citerne publique – et le *prytanéion* (le centre administratif de la cité), où était allumé un foyer jour et nuit en l'honneur de la déesse Hestia. Le site vaut également le détour pour la vue sans obstacles qu'il offre en direction de l'est de la Crète et du golfe de Mirabello.

© AUTHOR'S IMAGE

PLATEAU DE KATHARO 📷 ★

A 16 km à l'est de Kritsa et difficilement accessible car la route est assez mauvaise.

Ce plateau qui culmine à 1 150 m d'altitude est inhabité, et l'on jouit en y montant d'une superbe vue sur la mer et la baie d'Agios Nikolaos. Les trois tavernes installées sur le plateau ouvrent à la période de la transhumance, quand les bergers remontent leur troupeau pour l'été (de mai à octobre). Le meilleur moment pour y venir est incontestablement le premier week-end après le 15 août car une grande fête paysanne dédiée aux bergers y est célébrée. Le reste du temps, cette escapade dans la montagne vous apportera sa dose de fraîcheur et de paix.

ARGYRO 🛏 €

Située en bas, à l'entrée du village.
✆ +30 28410 51174
www.argyrorooms.com
Chambre double à partir de 40 € en saison. Petit déjeuner en supplément. Demi-pension ou pension complète possibles.

Cette jolie pension propose 12 chambres charmantes, certaines simples et économiques, d'autres un peu plus confortables et contemporaines. Toutes les chambres sont climatisées, très propres, décorées avec goût, et offrent une vue sur les montagnes du pittoresque village de Kritsa ou sur le jardin. Elles disposent d'une salle de bains privative avec douche. Dehors, dans le joli jardin, on déguste les recettes de nos hôtes, préparées avec les produits biologiques locaux. Argyro offre un très bon rapport qualité-prix. Une agréable adresse.

ARISTIDIS 🍴 €

Sur la place principale
✆ +30 28410 51967
Ouvert tous les jours en saison, de 9h à 23h. Comptez autour de 18 € par personne.

C'est un charmant couple qui vous accueille dans ce petit restaurant situé sur la place principale du joli village de Kritsa. On y sert des plats traditionnels grecs : souvlaki, viande mixte, boulettes de viande frites, feuilletés au fromage, brochette… le tout accompagné de dakos (pain grillé avec tomates, feta, origan et huile d'olive de Kritsa). Ne partez pas sans goûter la salade aux feuilles de vigne farcies préparée par la maman du patron. On peut y prendre, également, un petit déjeuner. Les produits en cuisine et le vin sont faits maison. Menu en français.

KRASSI ★

Le décor est planté : un lavoir, une jolie église, des boutiques d'artisanat et des tavernes qui surplombent la côte. Ici, il fait déjà plus frais et vous pouvez faire une pause au calme dans une des tavernes comme Krasopsichia qui propose des cours de cuisine traditionnelle façon grand-mère. En continuant 2 km sur la route du plateau, vous tomberez sur l'Homo Sapiens Village : la vue est impressionnante sur les baies de Malia et même d'Héraklion, et la reconstitution plutôt réussie des moulins à vent est photogénique, mais il n'y a rien de typique ici. Vous trouverez en tout cas un musée, un café avec la climatisation et le wifi, et surtout une énorme boutique de souvenirs.

MADE IN CRÈTE ★

Krassi Pediados ✆ +30 697 562 6830
www.madeincrete.com
Visite guidée à partir de 100 € par personne.

Mireille et Pierre, un couple de Belges francophones, passionnés par la Crète où ils se sont installés il y a plus de dix ans, proposent des journées thématiques de découverte de la Crète authentique (groupes de 8 personnes au maximum avec mini-van tout confort et un guide francophone) :

- **Route gourmande, découverte des vins et du terroir :** Une escapade gourmande dans les vignobles crétois, à la rencontre des viticulteurs pour y déguster une sélection fournie (de 12 à 15 vins) issue des cépages locaux. Dégustation accompagnée de fromages, olives, et petits pains rassis.

Rendez-vous dans un domaine oléicole familial pour une visite commentée, ponctuée par des dégustations ! Choix très particulier des restaurants pour les haltes afin de goûter à une cuisine traditionnelle de haute qualité ou une cuisine crétoise plus créative.

- **Excursion « Traditions et cuisine crétoise de Krassi » :** Visite du charmant village traditionnel de Krassi. Promenade en sentier de montagne à la découverte des plantes aromatiques, rencontre avec un berger pour découvrir les procédés traditionnels de fabrication de fromages tels que le Kefalotiri ou le Graviera (avec dégustation). Rencontre avec des villageoises pour apprendre à cuisiner ensemble, dans un coin privé d'un restaurant, quelques mots typiquement crétois. Repas dans une taverne locale avec menu à la carte, avec, bien sûr, la joie de goûter aux mets préparés ensemble. Visite du *kazani* (l'alambic public du village qui sert encore à distiller le fameux *raki*), le *kafeneio*, l'église ancienne...

TAVERNE KRASSOPSICHIA - KRASSOPSYXIA €

Au centre.
✆ +30 28970 53914
Ouvert en saison tous les jours de 10h à 23h environ. Compter autour de 18 € par personne.

Très prisée par les locaux et les visiteurs, on y vient pour déguster les saveurs authentiques des matières premières d'une grande qualité : les grillades, les salades, les beignets accompagnés de glace à la vanille... et, bien sûr, le poulet en sauce, un plat unique. Ici, au centre du village perdu dans la nature, on donne des cours de cuisine traditionnelle en français : contactez les voisins Mireille ou Pierre au +30 697 562 6830 ou +30 697 99 12034

TZERMIADO

Avec un peu moins de 1 500 habitants, Tzermiado est le village le plus important du plateau du Lassithi, même s'il n'est pas le plus beau. Sa physionomie est basique : une place et une rue principale avec des boutiques vendant des broderies et autres articles artisanaux (de qualité généralement moyenne), que vous avez des chances de trouver à des prix plus bas dans les autres villages. Quoi qu'il en soit, n'hésitez pas à marchander et à résister à la première offre. Sur place, kafeneia, tavernas et quelques options pour passer la nuit ou faire une pause dans la journée.

GROTTE TRAPEZA ★

A l'entrée du village sur la droite (suivre les panneaux).
N'oubliez pas votre lampe de poche !

La plus ancienne grotte de Crète, aussi appelée grotte Kronio, où les Anglais Evans et Pendlebury ont découvert, lors de fouilles commencées en 1936, différents objets et tombes prouvant qu'elle était habitée au Néolithique. C'est là qu'habitaient les premiers Crétois de l'âge de pierre ! D'autres objets provenant d'époques postérieures ont également été découverts ici : des idoles en faïence recouvertes de feuilles d'or, des statuettes en ivoire... Selon une légende, au fond de la grotte se trouverait une truie avec ses porcelets, en or, gardés par un dragon...

KRONIO CAFÉ TAVERNE €

Centre du village ✆ +30 28440 22375
http://kronio.eu/
Ouvert tous les jours en saison, de 9h à 23h. Comptez autour de 18 € par personne.

Une adresse francophone où Vassilis et Christine vous serviront une cuisine familiale et vous parleront avec passion des belles montagnes qui les entourent. Un des meilleurs restaurants du village. Si vous avez un gros appétit, optez pour le menu gastronomique pour découvrir plein de spécialités crétoises. Parmi les plats proposés : fleurs de courgettes farcies au riz, artichauts au fenouil, agneau aux herbes fines… On y trouve également des produits locaux à rapporter : miel, huile d'olive, vin… Bibliothèque avec des livres en français et des cartes routières.

PSYCHRO

Prononcer « Psikro ». Le village a été bâti au XVe siècle. Mais, évidemment, ce n'est pas la raison pour laquelle des milliers de touristes traversent le village chaque année, ni pour les boutiques d'artisanat et de souvenirs, ni pour l'air vivifiant des montagnes. Mais pour Zeus qui l'a échappé belle grâce à un caillou, des moutons et à la grotte de Dikti. Rappelons les faits : Ouranos (le Ciel) et Gaia (la Terre) eurent sept enfants, les Titans. Le plus jeune d'entre eux, Cronos, épousa Rhéa, sa sœur. Gaia prévint son fils que l'un de ses enfants usurperait son pouvoir. Que fit Cronos ? Solution radicale : il avala chaque nouveau-né que lui amena Rhéa… Après que Cronos eut englouti cinq de ses propres enfants, Gaia, qui trouvait sans doute que la plaisanterie avait assez duré, remplaça le sixième enfant (Zeus) par une pierre enrobée de chiffons… C'est sans doute pour se faire une opinion personnelle sur les lieux et cette histoire que des milliers de touristes viennent visiter la grotte chaque année, même si la grotte en soi n'a rien d'extraordinaire.

Transports

Le bus qui relie Héraklion au plateau du Lassithi s'arrête à Psychro. La liaison n'est pas forcément assurée en hiver, mieux vaut se renseigner auprès de la compagnie Ktel. Pas de service le dimanche. Infos téléphoniques 24h/24 au +30 2810 245020 ou sur le site web : www.ktelherlas.gr

Pour accéder à la fameuse grotte depuis le parking, il faut marcher un bon quart d'heure en suivant le chemin de pierre qui monte.

GROTTE DE DIKTI ★

Accès à partir du parking payant (4 €).
✆ +30 28410 22462
Ouvert tous les jours de 8h à 20h en saison. Comptez 30 min à pied depuis le parking (payant). Entrée : 6 €. Café.

© ANDREAS WOLOCHOW - SHUTTERSTOCK.COM

La grotte a été partiellement fouillée en 1886 par les archéologues J. Chatzidakis et F. Halbherr et, en 1897, par A. Evans. Toutefois, les fouilles systématiques et à grande échelle commencent en 1896 par des archéologues britanniques, sous la direction de David Hogarth. Les découvertes effectuées (qui se trouvent au musée d'Héraklion) indiquent que la grotte a été un endroit de culte à partir de l'époque pré-palatiale (2800-2300 av. J.-C.) jusqu'au début de notre ère. Tout ça sur 2 200 m^{2} avec stalactites et stalagmites. Prévoir de bonnes chaussures.

RESTAURANT STAVROS €

✆ +30 2844 031453
Ouvert tous les jours en saison, de 10h à 23h. Comptez autour de 15 € par personne.

Psychro a souffert des tours organisés qui ne font plus que traverser à toute allure le village… Mais si vous avez décidé de louer une voiture pour visiter le plateau du Lassithi à votre rythme, nous vous conseillons de déjeuner ou de dîner à la taverne de Stavros. La cuisine est simple et familiale et les produits utilisés proviennent de la ferme des propriétaires. Les plats sont savoureux : agneau sauce citron et aux fines herbes, moelleux et délicieux, grillades, salades et mets divers, entre autres. Agréable mezzanine, service gentil et efficace.

AGIOS GEORGIOS

Situé au sud du plateau du Lassithi entre Tzermiado et Psychro. Le petit village d'Agios Georgios est le deuxième plus important du plateau avec ses 550 habitants. Comme partout ici, ses habitants vivent essentiellement de l'agriculture (vigne, fruits, pommes de terre) et du tourisme. Avec ses quelques pensions, ce village est sûrement l'option la plus sympa si vous souhaitez passer la nuit sur le plateau du Lassithi. Moins commercial et donc plus calme, il vous réservera un accueil plus authentique, d'autant que peu de touristes décident de passer la nuit ici. Pourtant ses habitants sont très hospitaliers et ne vous le feront pas regretter.

HOTEL MARIA €

✆ +30 28410 42115

Comptez à partir de 50 € la chambre double en saison. Dans une rue perpendiculaire à la rue principale.

L'hôtel Maria se trouve dans une rue perpendiculaire à la rue principale du village d'Agios Georgios. Il propose des chambres à louer, bien équipées, très propres, un peu rustiques et sans prétention. L'accueil est familial et chaleureux. Wifi gratuit. Parking gratuit à proximité. Chambres non-fumeurs. Par ailleurs, Maria, la propriétaire des lieux, propose également sa cuisine savoureuse à la taverne située sur la route principale du village. On peut y déguster de bons repas à base de cuisine traditionnelle crétoise et grecque.

LASINTHOS ECO-PARK

✆ +30 28440 89100

www.lasinthos.gr

Hébergement à partir de 110 € la nuit en saison. Restaurants. Cafés. Boutiques.

C'est une halte obligatoire chez tous les tour-opérateurs ! Il s'agit d'un petit concentré de la Crète : église, artisans, petit zoo, boutiques de souvenirs, restaurants. En visite guidée, le curieux peut être initié à la cuisine crétoise : observation du processus de la confection des zestes de fruits confits, du miel, du vin ou du raki, ainsi que du processus du séchage des plantes aromatiques. Il peut également apprendre à façonner des poteries et à utiliser le brocheur. Tout est très artificiel ici : si vous avez envie d'authenticité, passez votre chemin.

TAVERNA DIAS €

✆ +30 28440 31207

Ouvert tous les jours en été. Fermé pendant les mois d'hiver. Comptez 15 € par personne environ.

C'est une taverne familiale où l'on sert une cuisine typiquement crétoise, ainsi que quelques plats de la cuisine grecque en général et même des pizzas ! Dans son établissement, où règnent les photos de la famille en nombre impressionnant, Niki, la propriétaire, entourée très souvent de son mari, prépare les plats du jour avec générosité et bonne humeur. Installez-vous sur le trottoir ombragé, juste avant l'entrée, et dégustez les spécialités faites maison, les mets et les salades préparés avec les produits locaux. Accueil particulièrement sympathique.

MUSÉE DES ARTS ET TRADITIONS POPULAIRES

✆ +30 6948501457

Ouvert tous les jours d'avril à octobre, de 9h à 16h. Entrée : 2 €. En hiver sur rendez-vous : au +30 6971 560204.

Vous y découvrirez essentiellement des outils agricoles et des objets ayant appartenu à la vie quotidienne des gens de la région. Le musée s'abrite dans une ancienne maison paysanne datant du XIXe siècle, habitée pendant de longs siècles. Cette dernière a été conservée telle quelle avec son lit, son four à pain, son pressoir, sa cave… Instructif. Une deuxième salle en contrebas expose quelques peintures et surtout des photographies de la vie de l'écrivain Nikos Kazantzakis

VILAETI €

Agios Konstantinos

✆ +30 2844 031983

www.vilaeti.gr

Séjour 2 nuits minimum. A partir de 50 € pour deux en été, petit déjeuner compris. Haute saison en hiver. Restaurant.

Tourisme rural. En parfaite harmonie avec son environnement et les traditions du Plateau du Lassithi, Vilaeti vous accueille dans une bâtisse chaleureuse, construite en pierre et bois. On s'y sent comme dans un cocon. Très prisés en hiver, le café et le restaurant vous invitent à des dégustations de produits du terroir dans un cadre paisible. Goûtez le tendre agneau grillé au feu de cheminée sur son lit de pommes de terre… Ou encore les traditionnels *glika tou koutaliou*, délicieux fruits confits au sirop accompagnés d'un café grec.

IERAPETRA ★

À 14 km de la côte nord et à une trentaine de kilomètres d'Agios Nikolaos, Ierapetra a longtemps été considérée comme le jardin de la Crète. Une multitude de serres à légumes (*thermokipos*, littéralement « jardin chaud ») plastifiées s'est immiscée dans le paysage depuis les années 1960. Cette lumineuse idée de produire des légumes et des fruits (tomates, concombres, bananes, melons, courgettes...) en hiver pour approvisionner les marchés occidentaux, les Crétois la doivent à un Hollandais qui a choisi Ierapetra à cause de la douceur de son climat en hiver (20 °C de moyenne annuelle) pour faire ses expérimentations. Du succès de cette tentative est né un puissant lobby agricole qui a pendant longtemps bloqué tout développement touristique, fermant même l'office de tourisme à la fin des années 1980 pour ne jamais le rouvrir. Aujourd'hui, les choses sont un peu différentes. Pour l'heure, la ville n'est pas très attractive : elle paraît toujours un peu déserte et manque de charme. Pourtant, la promenade le long de la mer garnie de boutiques et de restaurants, prise d'assaut par les vacanciers grecs en été, confère à la ville une certaine animation estivale. Près du vieux fort vénitien, la vieille ville avec ses rues étroites dallées de pierres constitue cependant un intérêt certain. On pourra aussi profiter de ses deux plages au pavillon bleu, ou encore prendre le ferry pour l'île de Chrissi, connue pour ses plages de sable blanc. Pendant l'été se tient à Ierapetra le Kyrvia, un festival comprenant divers événements culturels et musicaux, des projections de films, des pièces de théâtre et des ventes et démonstrations de produits artisanaux. Tout cela s'achevant la nuit tombée dans les ruelles de la vieille ville avec moult raki... Des fêtes traditionnelles ont également lieu dans les villages alentour à cette période.

Histoire

Bien que tout suggère en regardant une carte qu'il y ait eu un site minoen à Ierapetra ou dans les environs, aucun vestige de site n'y a jusqu'à présent été découvert. Appelé Kyrva, puis Pytna et Kamiros (une inscription mentionnant les Kamiris – Doriens originaires de Rhodes – a été découverte ici), la ville s'est finalement appelée Hierapytna. Elle fut alors pendant plusieurs siècles particulièrement prospère et l'un des bastions des Doriens, face aux Etéocrétois, puis des envahisseurs romains. Ce fut la dernière ville à succomber en 66 av. J.-C. Les Romains en firent un port important en liaison avec leurs visées en Egypte. La suite de l'histoire d'Ierapetra n'offre rien de remarquable à part l'anecdotique passage, le temps d'une nuit, de Napoléon en juin 1798 lors de son expédition en Egypte.

Se restaurer

Toute l'animation et la plupart des tavernes se trouvent en bord de mer, et certaines réservent de bonnes surprises. Près de la forteresse, vous trouverez plutôt des ouzeries où vous pourrez boire en mangeant des mezzedes. Ce sont les endroits les plus typiques et les moins chers. Ierapetra est une ville étudiante, donc hiver comme été les soirées y sont animées. Dans la rue parallèle au front de mer, Michali Kothri, vous trouverez également quelques bonnes options, comme le café-bar To Dipla avec sa déco déjantée et son ambiance agréable.

FORTERESSE VÉNITIENNE DE KALES ★

Ouvert tous les jours, sauf le lundi de 9h à 15h. Entrée libre. Actuellement en travaux de restauration.

© ANNE-SOPHIE LAMOTTE

Construite au XIIIe siècle, sur le modèle de celles d'Héraklion ou de Réthymnon, puis rénovée en 1626, la forteresse d'Ierapetra domine le port dont elle gardait autrefois l'entrée. En 1508, le fort s'effondra à la suite d'un tremblement de terre, tuant 300 hommes de garnison. Le nom *Kalés,* sous lequel ce fort est connu, est en fait une dérivation du mot *Koulés* qui en turc signifie « la tour ». Depuis 2020, Kalés est en cours de restauration et les visites sont suspendues.

RÉGION DU LASSITHI

Le port d'Ierapetra.

MAISON DE NAPOLÉON

Kato Mera, 9

En juin 1798, sur le chemin de l'Egypte, Bonaparte s'arrêta pour une nuit dans une maison d'Ierapetra, située à Kato Mera. Le lendemain, les propriétaires trouvent le petit mot suivant : « Si vous voulez savoir qui était votre hôte, sachez que je suis Napoléon Bonaparte » ! Curiosité locale, cette maison existe toujours aujourd'hui. Des historiens y ont cherché des traces du passage du célèbre conquérant, en vain. De taille modeste, elle ne se visite pas et n'est plus habitée. Toutefois, elle offre un exemple intéressant de l'habitat vénitien à Ierapetra.

MOSQUÉE [TZAMI] ET SON MINARET

Au centre d'une charmante petite place se trouve une fontaine ottomane associée à une petite mosquée qui sert aujourd'hui de lieu de concerts et autres spectacles. La mosquée a été construite, selon les inscriptions que l'on distingue à l'entrée et sur une médaille [côté sud], en 1891 et 1892. Le minaret a été détruit partiellement lors du séisme de 1953. La fontaine, une *sebil,* servait donc à la purification des fidèles avant leur entrée dans le lieu de leur culte.

MUSÉE ARCHÉOLOGIQUE

2 rue Adrianou

✆ +30 28420 28721

En saison, ouvert du lundi au dimanche de 8h30 à 16h, fermé le mardi. Entrée : 2 €. Actuellement fermé pour travaux.

Le musée est abrité dans l'ancienne Ecole Ottomane de Commerce. Il rassemble des objets intéressants datant de la période minoenne jusqu'aux périodes romaine et hellénistique. Il offre malheureusement très peu d'explications, et les visiteurs y seront un peu perdus. Cependant, on y admire certaines pièces spéciales, dont une superbe statue de Perséphone, trouvée dans un champ, et un impressionnant sarcophage [1450 -1400 av. J.-C.] trouvé dans la région d'Episkopi, recouvert de représentations de scènes de la vie quotidienne rurale.

SOUTH CRETE TOURS

Lasthenous, 36

✆ +30 28420 22892

https://southcrete.gr

Ouvert toute l'année, de 9h à 21h en saison et de 10h à 14h le reste de l'année. Fermé le week-end.

Cette agence, qui compte déjà 40 ans d'expérience professionnelle, se situe à Ierapetra et Sitia, et opère principalement dans l'est de la Crète. Elle organise plusieurs excursions ainsi que des tours thématiques [histoire/culture, croisières, notamment vers l'île de Chrissi, découverte de la nature crétoise, safaris, entre autres]. Agence très fiable et très professionnelle, elle propose, également, des locations de logements dans la région, des transferts à destination et en provenance des aéroports d'Héraklion et de Sitia ainsi que des locations de voitures.

ÎLE DE CHRISSI [OU GAIDOURONISSI] ★★

A environ 15 km au sud d'Ierapetra.

Des bateaux partent du port d'Ierapetra : adulte 25 € l'aller-retour, enfant de moins de 12 ans 12 €.

Cette petite île, entourée de la mer Libyenne, est parfois appelée l'île aux Anes ou l'île d'Or. La légende raconte que lorsque les Ottomans furent chassés de la ville, ils pillèrent tout ce qu'ils purent avant de prendre la mer, mais les Crétois les pourchassèrent et ils furent contraints de jeter à la mer leur butin afin de délester leurs navires dans les environs de l'île et de finalement s'échapper. L'île doit son nom *Chryssi* [dorée] à ses plages dorées et sablonneuses où se mélangent, à certains endroits, de nombreux coquillages dont tout le monde ramène, malheureusement, une poignée chez soi… Avec une altitude moyenne de 10 m, elle est pratiquement plate [point culminant 31 m à Kefala], avec des formations rocheuses volcaniques colorées, couverte de sable et de fossiles aquatiques. Cette ligne de terre posée dans la mer [c'est ainsi qu'on la voit depuis la côte] fait 5 km de longueur, pour une largeur moyenne de 1 km. Elle abrite une forêt naturelle de cèdres, bicentenaires pour certains d'entre eux, atteignant une hauteur de 7 m. Uniques en leur genre et très rares en Grèce, ils poussent sur les dunes occupant la partie centrale de l'île. Certaines de leurs racines tortueuses sont devenues aériennes, le vent ayant balayé le sable. Un site datant du Minoen récent est également présent, prouvant que Chrissi était habitée à cette époque [au lieu-dit Spilio dans le nord-ouest de l'île], près de la chapelle Agios Nikolaos. Vous pouvez pousser un peu plus loin jusqu'au cap Mouri où se trouve un phare. L'eau y est naturellement cristalline. Beaucoup de groupes organisés y passent en été, mais il y a une plage plus calme sur la côte nord avec une petite taverne et, une fois le dernier ferry parti à 17h, l'île retrouve son calme.

Il est possible de dormir à l'ombre des cèdres à condition de respecter l'environnement : le site naturel est protégé par décret européen [quelques espèces animales et végétales endémiques peuplent l'île]. En arrivant, poursuivre vers l'est ou le nord de l'île pour trouver des plages moins fréquentées. Prévoir de l'eau et des victuailles, ainsi que des protections contre le soleil car l'ombre est quasi absente sur l'île de Chrissi. Pour se restaurer, vous trouverez deux tavernes : l'une à l'arrivée du ferry, et l'autre, toute petite, sur la côte nord de Chrissi, légèrement à l'est. Sur la plage principale envahie de touristes, des parasols et transats hors de prix sont proposés à la location [15 € tout de même].

NEFELI, PROMENADE EN BATEAU ★★

Port de pêche de Ierapetra, derrière le fort vénitien.

www.nefeliboat.com

Visite guidée en mer de mai à fin octobre. Comptez environ 60 € par adulte et 30 € par enfant jusqu'à 12 ans.

Croisières tranquilles vers l'île de Chrissi ou bien au bord de la côte sud-est de la Crète sur un navire traditionnel en bois pour 8 à 20 personnes maxi. Boissons et repas traditionnels inclus. Le propriétaire-capitaine Kostas parle très bien le français pour avoir vécu en France durant des années. Visite de petites criques uniquement accessibles par bateau. Baignades dans les eaux claires et limpides. Kostas partagera avec passion et amour ses secrets sur sa Crète à lui.

CRETE CARS

43 Rue Filitheou A ✆ +30 28420 25834

www.cretecars.com

En saison, comptez à partir de 200 € la semaine pour une voiture classe B, assurances et kilométrage illimité compris.

150 voitures à votre disposition à prix compétitifs. Livraison des voitures aux aéroports d'Héraklion et de Hania. Pour une location à long terme, la livraison est possible sur toute l'île. Un bureau efficace et professionnel reconnu par l'office du tourisme hellénique. Le prix comprend : kilométrage illimité, taxes locales, assurance tout risque ou dommages au tiers collision, assurance personnelle accident, assurance contre le vol, frais de livraison à l'aéroport et/ou à l'hôtel, maintenance, réparations, voiture de remplacement en cas de panne, carte routière.

YIOTIS MOTO

1 Rue Metaxaki

✆ +30 28425 01490

http://yiotisrentacar.gr

Ouvert tous les jours de 8h à 16h. VTT et vélos à 15 €, motos et scooters à partir de 25 €, 4x4 à partir de 50 €.

L'agence est spécialisée dans la location de scooters, vélos, VTT et propose 70 voitures [récentes et de modèles différents] depuis 1997. Vous pourrez également y trouver des voitures toutes catégories à la journée ou à la semaine. Pour la location de scooters et de motos, il faut disposer d'un permis de conduire européen ou international depuis un an au moins, alors que pour la location de voitures il faut avoir plus que 25 ans. L'agence propose également ses *Yotis Taxis*, si vous voulez visiter la Crète sans vous fatiguer ! Possibilité de réserver en ligne.

CORAL BOUTIQUE HOTEL €

19 Place Eleftherias
✆ +30 28420 20444
www.coralhotelcrete.gr
Ouvert toute l'année. À partir de 55 € la chambre double en saison.

En plein centre-ville, l'ancien Hôtel Ersi a été racheté et intégralement rénové. Les chambres sont maintenant à la fois modernes, confortables et lumineuses, joliment décorées, et offrent, pour la plupart, une vue sur la mer. Toutes ont un balcon. Seul bémol, les environs sont un peu bruyants. Les propriétaires proposent également des appartements en bord de plage, également intégralement rénovés et à peu près au même tarif. Un très bon rapport qualité-prix. TV satellite, mini-frigo, climatisation, douche privative, sèche-cheveux, coffre-fort. Offres sur le site.

HOTEL ZAFIRI €

Stratigou Samouil 32
✆ +30 28410 51089
Ouvert toute l'année. Comptez 50 € la chambre double en saison.

A environ 50 mètres de la plage Katoparalia, cet hôtel propose 13 chambres sans prétention et sans petit déjeuner mais propres et assez agréables. Ne vous étonnez pas si vous ne trouvez personne à l'accueil : il faut aller à la taverne Konaki (+30 699 708 3954) juste devant l'entrée de l'établissement, c'est le même propriétaire ! C'est dans cette taverne que l'on peut prendre ses petits déjeuners (à partir de 9h) ou ses repas si l'on aime la cuisine méditerranéenne, les poissons et les crustacés frais ! Chaises longues gratuites sur le sable pour la clientèle.

POPY APARTMENTS €

27 rue Kazantzakis
✆ +30 28420 24289
Studio pour 2 personnes, 50 à 65 € en haute saison. Ne prend pas la CB.

Bien tenus, quelques appartements (de 2 à 4 personnes) aussi propres que calmes, dans une petite rue près de la gare routière (suivre les panneaux) et à seulement 400 m de la plage. Ils possèdent : l'air conditionné, une salle de bains privative, un sèche-cheveux, une petite cuisine équipée avec frigo, une TV, un petit salon et pour certains un balcon. Wifi gratuit dans les appartements. Accueil chaleureux. Les propriétaires préfèrent les séjours de plusieurs nuits, surtout en haute saison. Navette aéroport gratuite. Parking gratuit. Animaux acceptés.

ASTRON BOUTIQUE HOTEL €€

56 Rue Ouranias Papaioannou & Michail Kothri
✆ +30 28420 25114
www.hotelastron.com
Ouvert toute l'année. À partir de 65 € la double en saison, petit déjeuner compris. Accès pour PMR.

Un bel hôtel sur le front de mer dont l'intérieur vient d'être remis au goût du jour. Les 66 chambres et suites, modernes et toutes neuves, contemporaines et minimalistes, sont très confortables et parfaitement équipées. Certaines offrent une vue splendide sur la mer. Ambiance reposante, qu'on pourrait même qualifier de luxueuse. Le petit déjeuner composé de produits locaux est gigantesque, il est servi sous forme de buffet où l'on se sert à volonté. Wi-Fi gratuit dans tout l'établissement et salle de conférence à disposition pour les bosseurs assidus.

DOROVINIS COUNTRY HOUSES €€

A 12 km d'Ierapetra. ✆ +30 21060 00259
www.cretan-countryhouses.com
A partir de 100 € par jour en saison. Capacité : 2 adultes et 2 enfants. Réservation de 2 nuits minimum, 3 en hiver.

Tourisme rural. Perchées au-dessus d'Ierapetra, surplombant la mer Libyenne, ces maisons traditionnelles, ayant chacune un caractère et un décor différents, ont un incroyable cachet. Les propriétaires se sont donné comme règle n° 1 le total respect de l'architecture locale, jusque dans les moindres détails. Même le mobilier est choisi pièce par pièce et chaque chambre est empreinte d'une élégance désuète. TV satellite, wifi gratuit, cuisine entièrement équipée, ligne téléphonique directe, salle de bains, air conditionné... : le confort est absolu.

KONAKI TAVERNA €

32 rue Stratigou Samouil
✆ +30 28420 24422
Ouvert toute l'année, midi et soir. Comptez entre 15 et 20 € par personne. Petit déjeuner à partir de 9h.

Il s'agit sans doute de la plus ancienne taverne de la ville. Bien entendu on y sert des spécialités traditionnelles crétoises cuisinées à l'huile d'olive de la région parmi lesquelles du poisson frais grillé, les fameux escargots au romarin, du lapin, des moules à la sauce tomate et au fromage de brebis... C'est une affaire de famille avec Maman en cuisine, le fiston en salle et son frère qui gère l'hôtel Zafira se situant juste derrière la taverne, où l'on peut se loger toute l'année. Les chaises longues sont gratuites pour les clients du restaurant et de l'hôtel.

LEVANTE FISH TAVERNA €

38 rue Stratigou Samouil
✆ +30 28420 80585
En saison, à partir de 11h. Compter 18 € par personne environ. Plus cher pour le prix au kilo des poissons frais.

Au port, sur le front de mer dans la vieille ville, cette taverne a été créée en 1936 par la famille Frangiadaki. Elle est tenue par Nikos, francophone, qui prépare, avec des produits biologiques provenant de sa ferme, une cuisine traditionnelle à des prix raisonnables. Autrement, les spécialités sont les fleurs de courgettes farcies, les escargots en sauce tomate au romarin, le poulpe grillé de bonne qualité, la seiche au vin, les keftés, ou l'espadon. Le poisson frais est apporté quotidiennement par ses copains pêcheurs d'Ierapetra. Carte en français. Wifi.

KRITIKA EDESMATA

N. Foka & Koraka
✆ +30 284230 0407
Ouvert tous les jours de 6h30 à 22h.

Ce petit café-pâtisserie permet une pause gourmande idéale à Ierapetra. Vous y trouverez une grande gamme de gâteaux traditionnels fourrés aux noix et aux amandes, imbibés dans un sirop léger, de spécialités sucrées crétoises telles que les *kalitsounia,* de biscuits de toutes sortes… Tout est fait maison et dans un cadre contemporain. Une belle combinaison et un lieu charmant où l'on aime prendre un peu de temps autour d'une sucrerie et d'un café. On y sert également des salades de fruits, des snacks, des jus de fruits frais… A emporter ou à consommer sur place.

PALLAS BIJOUTERIE

12 place Eleftherias
✆ +30 28420 27255
Ouvert tous les jours de 10h à 15h puis de 17h à 22h30.

Située en plein cœur d'Ierapetra, cette bijouterie tenue par Sonia, une Crétoise très accueillante, est l'adresse à vous conseiller si vous êtes à la recherche de bijoux typiques de la joaillerie byzantine ou moderne. Un grand nombre de bijoux artisanaux, en or, en argent ou avec des pierres précieuses, saura vous plaire par leur originalité à des prix plutôt accessibles. Dans la boutique on trouve également des répliques d'icônes byzantines faites à la main. N'hésitez pas à franchir la porte de la boutique, il y en a pour tous les portefeuilles !

MYRTOS ★★

Situé à une quinzaine de kilomètres à l'ouest d'Ierapetra, Myrtos a su résister jusqu'à présent aux sirènes du développement touristique organisé. Même au plus fort de l'été, il reste de l'espace. Les 600 habitants de ce charmant petit village tout blanc maintiennent leur environnement dans un état impeccable. Ils continuent d'ailleurs à vivre principalement de l'agriculture et de la pêche. Les maisons fraîchement badigeonnées à la chaux et fleuries, les petites ruelles qui descendent vers le front de mer où un passage ombragé longe la plage de galets avec sa rangée de kafeneia et de tavernes, les pieds dans l'eau : tout cela donne une impression intime, avec une atmosphère réellement relaxante. Le voyageur d'une nuit pourra très bien se retrouver à rester bien plus longtemps que prévu... Prolonger la nuit dans l'un des cafés ou tavernes du bord de mer, en écoutant de la musique et en partageant un verre, ou s'étendre sur la plage toute proche pour méditer sous le ciel étoilé : voilà certaines des activités qui vous attendent. Parfois des concerts de musique crétoise sont donnés sur la plage l'été : guettez les affiches. Toute l'animation de Myrtos s'organise autour de la plage et du front de mer où s'enchaînent les petites terrasses de restaurants. La plage de galets est petite, mais dans les environs on accède à d'autres plages plus agréables. Juste avant d'arriver dans le village depuis Ierapetra, deux sites archéologiques importants offrent une visite passionnante. A noter : des liaisons en bus vers Ierapetra toutes les 30 minutes environ, en saison.

Petite rue aux couleurs typiques de la Grèce, ici à Myrtos.

PLAGES

Les belles plages de Myrtos, aux eaux limpides avec un sable gris, ont attiré des fans du monde entier. Plusieurs belles plages le long du chemin côtier qui va jusqu'à Tertsa à 6 kilomètres où se trouve là aussi une superbe plage et de quoi vous restaurer et vous désaltérer. Ceux qui s'intéressent à l'archéologie auront l'occasion de voir le site archéologique à Fournos Korifi (3,5 km à l'est), une ferme minoenne à Pyrgos (à l'ouest de Myrtos) et les ruines des thermes romains avec de beaux sols en mosaïque situées à Agios Antonios (à l'ouest).

SITE DE FOURNOS KORIFI ★

Entrée libre. L'accès se fait de la route principale, par un chemin sur la droite.

Ce site se trouve sur une colline avant d'arriver à Myrtos, à environ 2 km à l'est du village. Il s'agit de ruines de la période minoenne (environ 2 500 ans av. J.-C.) constituées d'un village en pierre d'une centaine de maisons éparpillées sur la colline. Ici ont été découverts différents objets qui sont exposés au musée d'Agios Nikolaos : des outils en pierre et en cuivre, des ustensiles en céramique, et surtout une figurine en argile, la « déesse de Pirgos ». Un feu, en 2200 av. J.-C., a détruit de manière inexpliquée le village qui n'a jamais été reconstruit.

SITE DE PIRGOS ★

Entrée libre.

Il s'agit d'une villa minoenne détruite par un incendie en 2200 av. J.-C. et occupée à nouveau jusqu'en 1450 av. J.-C. De la matière volcanique a été trouvée parmi les décombres, appuyant la thèse selon laquelle la destruction des sites minoens serait due à l'éruption du volcan de Santorin. En descendant, vers la gauche, se trouvent la plus grande citerne de l'époque minoenne (env. 1900 av. J.-C.) jamais découverte en Crète et les restes d'un chemin pavé de la période prépalatiale qui mène à une sorte de cimetière. Superbe vue sur la baie !

SUNBUDGET

Situé au milieu du village

✆ +30 28420 51530

www.sunbudget.net/car_rental

L'accueil est parfaitement francophone dans cette agence qui gère les locations de voitures en passant par l'agence Crete Cars de Ierapetra toute l'année, via Internet. Le prix de la location comprend : assistance routière 24h/24, assurance tous risques sans franchise, livraison gratuite à l'aéroport et aux hôtels, kilométrage illimité, deuxième chauffeur gratuit, entre autres. L'agence propose également des studios, des chambres et des villas à louer, et peut vous donner de bons conseils en matière d'excursions dans les environs !

ALEIKOS PANORAMA €

✆ +30 69327 35224

www.mertiza.com

D'avril à mai. A partir de 360 € la semaine pour deux personnes en saison.

La vue et le calme sont les principales raisons de venir ici. Situé sur une colline à la sortie du village, c'est un endroit moderne mais sans prétention, même plutôt décontracté. Les habitations, d'une superficie de 55 m² chacune, sont très bien équipées avec terrasse privée. Elles comprennent : un côté cuisine avec four micro-ondes et petit frigo, salle à manger, chambre à coucher climatisée et salle de bains. Nettoyage tous les 4 jours. Possibilité de petits-déjeuners avec supplément. La jolie plage de Myrtos se trouve à 250 m.

BIG BLUE APARTMENTS €

En haut, au bout du village, au-dessus de la plage de Myrtos.

✆ +30 28420 51094

www.big-blue.gr

Ouvert d'avril (Pâques) à novembre. Appartements avec cuisine de 65 à 98 € en saison.

Ce sont désormais Nikos et Stelios qui gèrent cet établissement comprenant 5 appartements décorés avec goût et faisant chacun référence à des éléments essentiels de la Crête. Chaque appartement dispose d'une splendide terrasse panoramique ayant une vue plongeante sur la mer. Les salles de bains sont entièrement rénovées. Les chambres disposent d'une cuisine bien équipée, de la climatisation, de la TV et du wifi gratuit. En bas, dans le petit jardin, barbecue et fraîcheur. Accueil adorable par les gérants. Prix intéressants sur la durée.

RÉGION DU LASSITHI

Petite rue près de la plage de Myrtos.

VILLA MERTIZA €

✆ +30 28420 51208

www.mertiza.com

A partir de 380 € la semaine en saison, pour 2-3 personnes. Jusqu'à 7 personnes. Petit déjeuner en supplémentt.

14 appartements et 8 studios ont été aménagés avec goût et gaieté dans cet ensemble hôtelier de facture récente et sans prétention (lits boxspring et rangements). Confort moderne et petites attentions en font un endroit agréable pour passer quelques jours de vacances, profitant pleinement de la mer et du soleil. Au centre de l'établissement, un patio fleuri où l'on s'installe pour avoir de la fraîcheur en étant à l'ombre. On peut également profiter de la piscine des voisins. Les personnes qui voyagent seules bénéficient d'une réduction de 20 % sur les studios.

KASTRO STUDIOS & APPARTEMENTS €

✆ +30 28420 51444

www.kastromyrtos.gr

Chambre double à partir de 70 € en haute saison. Réception de 9h à 21h. Variant selon la catégorie et la saison.

Un petit complexe familial comprenant des studios, des maisonnettes, et des appartements de toutes les tailles. L'endroit traditionnel se révèle fort sympathique, bien au calme, dans un jardin de 2 000 m² planté de palmiers, de citronniers et d'orangers avec une belle piscine. Quatre des appartements bien équipés sont conçus pour accueillir des personnes à mobilité réduite. Internet sans fil, TV satellite, coffre-fort, air conditionné… Bar, bain bouillonnant à 150 m de la mer.

MYRTO TAVERNA €

✆ +30 2842 051104

Ouvert tous les jours en saison, de 10h à 23h. Comptez environ 18 € par personne.

Offrant une pleine vue sur la mer et surplombant la plage de Myrtos, cette taverne vous accueille sur sa terrasse ombragée pour profiter de la cuisine méditerranéenne et crétoise de qualité, préparée au jour le jour ! Le choix de mets et de plats est très large. Tout est cuisiné avec des produits locaux : salades, tomates farcies, aubergines au four, feuilles de vignes farcies, moussaka… entre autres. La taverne propose également du poisson frais et des crustacés ainsi qu'une variété de grillades. Le propriétaire de la taverne possède aussi un hôtel du même nom.

TAVERNA THALASSA €

Des panneaux l'indiquent à l'entrée du village.

✆ +30 28420 51301

Ouvert tous les jours en saison, de 10h à 23h. Comptez 18 € par personne environ. Plus cher pour les poissons frais.

Restaurant de poissons au bord de l'eau dans lequel on se régale d'une carte crétoise comme on l' aime : en hors-d'œuvre craquez pour les feuilles de vigne farcies, le fromage frit, la salade d'aubergines…, pour les plats faits maison (agneau aux artichauts, ragoût de lapin, légumes farcis, moussaka…) ou encore pour les salades aux légumes frais et une délicieuse viande grillée. Le tout s'apprécie avec des vins locaux, un raki familial ou une bière pression. Seule l'huile d'olive familiale est utilisée. Chaises longues sur la plage gratuites pour les clients.

KOUTSOUNARI

A l'est de Ierapetra, la route côtière suit pendant près de 5 kilomètres la Long Beach (longue plage de sable souvent balayée par les vents). De Koutsounari à Agia Fotia, pas grand-chose à signaler : la côte s'est développée de façon plus ou moins réussie pour accueillir les touristes façon côte nord. L'intérêt de cette zone réside donc principalement dans l'arrière-pays : en allant, par exemple, de Koutsounari vers Agia Ioannis. Le massif du mont Thriptis offre l'opportunité de superbes randonnées au milieu d'une nature encore intacte. A noter, un peu avant d'arriver au village de Koutsounari, se trouve le seul camping de la région.

DRIVERS CLUB

En face de l'hôtel Sunshine-Kalimera
✆ +30 28420 25583
www.drivers-club.com.gr
Voiture de catégorie A à partir de 40 € la journée et 210 € la semaine selon la saison.

Cette agence de location de voitures existe depuis 1987. Située à Ierapetra, elle dessert la région du Lassithi et celle d'Héraklion. Livraison gratuite aux aéroports et ports de Sitia et d'Héraklion ainsi qu'aux hôtels (la liste des hôtels desservis figure sur le site de l'agence) Sinon, le prix de la location comprend : assurance tous risques sans franchise, remplacement du véhicule en cas d'accident, plusieurs chauffeurs, siège bébé, assistance routière, kilométrage illimité. Appelez sur le portable (+30 698 56 80 754 - WhatsApp), surtout hors saison.

CAMPING KOUTSOUNARI €

A 6 km d'Ierapetra, à proximité de la plage.
✆ +30 28420 61213
www.camping-koutsounari.gr
En saison, séjour adulte : 7,50 €, séjour enfant : 3,50 €, voiture : 5 €, caravane : 6 €, tente : 5 à 5,50 €. Wifi.

À seulement 6,5 km du centre-ville de Ierapetra. Les emplacements sont ombragés et les sanitaires propres. Possibilité de louer des studios et des petites cabanes en bois en bord de mer. Le camping est au bord d'une gigantesque plage de sable gris volcanique, mais l'eau de la mer est d'une propreté « grand bleu » cristalline. Ici on ne manque pas de place, c'est pourquoi on se croirait presque seul par moments sur cette belle plage. Au restaurant Koralli, autour de la piscine, on y sert très gentiment des saveurs de la cuisine grecque à des prix raisonnables.

HÔTEL PORTO BELISSARIO €€

✆ +30 28420 90190
www.belissario.com
Chambre double avec petit déjeuner à partir de 90 € en saison. Chambre familiale et demi-pension disponibles.

Situé à 12 km d'Ierapetra, entre le village de Ferma et de vastes champs d'oliviers, cet hôtel familial est plongé dans la verdure et dans une tranquillité apaisante. Il possède une trentaine de chambres : la majorité ont vue sur la mer et certaines d'entre elles ont été récemment rénovées. L'hôtel dispose d'une piscine et d'une grande terrasse où vous pouvez prendre votre petit déjeuner au calme. Une jolie plage au bout d'un petit chemin est en bas de l'hôtel. Une adresse idéale pour explorer le très joli massif Thripti (1 476 m).

ELENI'S APARTEMENTS €€

✆ +30 28420 61379
Ouvert en saison. A partir de 50 € en saison. Petit déjeuner non inclus.

Situé à quelques minutes à pied de la Longue Beach, la belle plage à proximité de Koutsounari, cet établissement propose 12 appartements aménagés avec soin. Ils sont simples mais tout confort et sont parfaits pour une famille ou un couple, même pour un long séjour. Les appartements disposent d'une cuisine équipée, d'un réfrigérateur et de la climatisation. Un bar au bord d'une piscine sympathique avec une grande terrasse ombragée où l'on peut prendre son café ou une boisson fraîche entre deux plongées. Transats. Wifi gratuit. Parking. Animaux acceptés.

KOUTSOUNARI TRADITIONAL COTTAGES €€

Rue Agios Ioannis
✆ +30 28420 61815
https://www.traditionalcottages.gr/
7 maisonnettes. Ouvert d'avril à octobre. A partir de 120 € par jour pour 2 personnes en saison. Wifi gratuit.

Belle adresse de tourisme rural inspirée par le projet d'Eleni Nakou, reprise par les parents de Madala et gérée aujourd'hui par l'adorable Ioanna. Découvrez une adresse créative et alternative : les authentiques maisons traditionnelles en pierre, dont l'intérieur est peint à la chaux, vous accueillent pour un séjour authentique. Parfaitement rénovées, à l'aide de matériel écologique, les maisons sont équipées et décorées avec goût, et l'on s'y sent vite chez soi.

NAKOU VILLAGE €€

✆ +30 28420 61815

18 appartements. Ouvert d'avril à octobre. A partir de 80 € par jour pour 2-4 personnes. Snack-bar et wifi gratuit.

Très bonne adresse pour les amateurs de tourisme rural. Sur les hauteurs de Koutsounari, voici un petit village formé de minuscules maisonnettes modernes et confortables avec vue magnifique sur la mer Libyenne en contrebas. Les appartements sont très clairs et disposent tous d'une terrasse aménagée. La piscine est très agréable (adultes et enfants séparés) entourée de végétation. En juillet et en août, on peut prendre des repas légers au bar de la piscine. Idéal pour des séjours à la semaine ou au mois, hors saison, à prix réduit.

PELAGOS RESTAURANT €€

Sur la plage Faropoula.

✆ +30 28420 61263

http://corivabeach.gr

Ouvert tous les jours en saison de 10h à minuit. Comptez 25 € environ par personne.

Cuisine crétoise, grecque et internationale exécutée avec créativité par un chef formé en France. Dans un cadre idéal juste au bord de l'eau, sur la plage, on déguste des mets savoureux et raffinés. Avec un accueil extrêmement chaleureux et sincère, le restaurant propose un menu varié et original. C'est de la cuisine moderne de haut niveau préparée à partir de produits locaux de la meilleure qualité. Constantina Voulgaris Kontesopoulou qui officie en cuisine a reçu les meilleurs prix culinaires du pays. L'ensemble est très abordable pour la qualité proposée.

AGIA FOTIA

Situé à environ 10 km d'Ierapetra dans la baie du même nom, Agia Fotia est un village très agréable, situé en contrebas de la route. Quelques options d'hébergement et de restauration, ainsi qu'une jolie plage et un environnement sylvestre agréable. Les randonneurs pourront rejoindre la côte nord en environ 5 ou 6 heures de marche par Vassiliki, à 3 km au sud de l'axe Agios Nikolaos-Sitia. La randonnée passe à mi-chemin par Agios Ioannis où l'on trouve un café. Le chemin monte jusque-là (Agios Ioannis se trouve à 500 m d'altitude). La suite est à découvert : un chapeau vous sera utile pour l'occasion. Une autre option consiste à descendre vers Episkopi.

KOUTSOURAS

La route longe une côte rocheuse (où l'on trouve quelques petites baies hospitalières) jusqu'à Mavros Kalimbos puis Koutsouras. Les serres plombent un peu le paysage. Quelques chambres à louer si vous décidez de vous y arrêter. Deux kilomètres avant le village, le point d'intérêt est la gorge d'Orino, que l'on appelait avant la Gorge des Papillons rouges. En effet, on trouvait des multitudes de papillons écarlates tout au long de cette longue vallée de 3,5 km reliant les villages de Koutsouras et d'Orino. Mais un incendie a dévasté l'endroit en 1993 et malgré la reconstitution progressive de l'environnement on n'en observe que quelques-uns au printemps.

KALYVITIS €€

✆ +30 6908 967343

www.kalyvitis.com

Ouvert d'avril à octobre. Séjour de 3 nuits minimum. A partir de 85 € pour deux, en haute saison. Climatisation : 5 €.

Tourisme rural. Situé dans la partie sud-est de la Crète, ce couple franco-hollandais producteur de miel et d'huile d'olive propose la location de cabanes en pierre au milieu des oliviers. Aménagées pour vivre quasiment en plein air, vous pourrez profiter du séjour pour vous initier à l'apiculture, à la fabrication de l'or vert ou partir en excursion parmi les multiples possibilités qu'offre l'île. A proximité des établissements se trouve Koutsouras où les visiteurs peuvent faire leurs provisions ou se régaler dans une des tavernes de ce joli petit village.

KALLIOTZINA €

✆ +30 28430 51207

tavernakalliotzina.gr

En saison, ouvert tous les jours de midi à minuit. Comptez autour de 15 € par personne.

Cette taverne familiale semble tout droit sortie d'un film des années 1960. Il faut dire qu'elle a ouvert en 1953, et depuis elle régale ses clients de la même bonne chère traditionnelle. A l'ombre des grands tamaris, face à la mer, vous pourrez déguster une cuisine de grand-mère : du veau mijoté dans une sauce tomate, de la chèvre rôtie avec des artichauts (en saison), du lapin en sauce, des escargots au romarin… et des mets variés (goûtez les fleurs de courgettes farcies au riz). Rien que du traditionnel, cuisiné du jour. Délicieux !

ORINO

Un village de montagne particulièrement rustique situé à 1 000 m d'altitude que vous pouvez atteindre par une randonnée au départ de Koutsouras, en passant par la gorge d'Orino, anciennement connue sous le nom de Vallée des Papillons rouges ou en voiture par une route de 10 km qui traverse des paysages particulièrement bucoliques. Le sentier de randonnée E4 passe par Orino et son tracé, vers l'ouest ou vers l'est, peut vous donner de bonnes idées d'excursions. A Orino même, il n'y a pas grand-chose : c'est un village isolé où vous pourrez vous désaltérer au kafeneio. Au village d'Orino, on trouve l'une des rivières les plus escarpées de la Crète qui traverse la place principale du village et pénètre dans le canyon. Elle prend sa source au sommet du plateau Abelia et dévale les pentes des monts Thripti et Papouri. Descendre le canyon le long de son lit par un chemin balisé durant quatre heures nécessite un équipement professionnel. Au printemps, la rivière forme des cascades incroyables avec des étangs et une dernière partie étonnamment belle. Les trois dernières cascades à Peristerion sont parmi les plus impressionnantes de Crète. La rivière continue à couler vers le bas à travers la vallée, se diluant dans le sable de la plage de Koutsouras. On peut aussi remonter vers Dafni en passant par Chrysopigi. Ce sont 11 km supplémentaires que l'on peut faire toute l'année en trois heures et demie de marche.

MAKRIGIALOS ★★

A l'endroit où la route côtière s'enfonce dans l'intérieur des terres en direction de Sitia, Makrigialos-et-Analipsis est une station balnéaire en plein essor. Elle se distingue par sa belle et longue plage de sable fin. Un petit port et un centre-ville offrent les commodités usuelles : distributeurs automatiques de billets et poste. La plage d'Analipsis se sépare de la grande route par une rangée serrée d'hôtels, de studios à louer, de cafés et restaurants qui donnent directement sur la plage. A visiter dans la région : une villa de l'époque minoenne, une de l'époque romaine et, dans les environs, à 9 km à l'est vers Goudouras, le monastère Kapsa.

GORGES DE PEFKOI

Cette randonnée peut être circulaire en passant par les villages d'Agios Stephanos et de Pefkoi (5 heures de marche). La randonnée dans les gorges de Pefkoi se fait à travers une forêt de pins, de platanes et de bosquets. Sur la côté ouest de la gorge, une abondante source d'eau offre l'occasion de se rafraîchir et de remplir en même temps ses bouteilles avec une eau d'excellente qualité. A la sortie des gorges on tombe sur le village Pissokamino et, un peu plus bas, sur Aspros Potamos où l'on rencontre Volakas tou Sarkinou (le roc du Sarrasin).

HAMETOULO

Hametoulo est un petit village pittoresque, entièrement bâti en pierre, inhabité presque, se situe dans une belle vallée débordant de serres, d'oliveraies et d'arbres fruitiers et à mi-chemin entre Xerokampos et Ziros. Par sa situation, il est aujourd'hui très prisé par les investisseurs européens : quelques maisons sont déjà rénovées et servent comme des maisons secondaires. Toutefois, la petite chapelle, dédiée à saint Georges, avec son autel en bois, l'ancienne source qui approvisionnait autrefois tout le village en eau, ainsi que quelques maisons en cours de reconstruction laissent croire que le village peut à nouveau renaître de ses ruines.

ÎLE DE KOUFONISSI ★

L'aller-retour coûte entre 23 et 25 € par adulte (11 et 12 € pour les moins de 12 ans).

A ne pas confondre avec l'île des Petites Cyclades de l'Est qui porte le même nom. La Koufonissi dont on parle ici est située au large de Goudouras, et on la rejoint depuis le port de Makri Gialos. Cette île, que les archéologues surnomment « la petite Délos », était habitée pendant la période post-byzantine et très probablement pendant l'époque minoenne. Koufonissi dispose d'une superbe plage située près des ruines d'un théâtre romain. C'est aussi là que vivaient ces escargots utilisés à l'époque pour teindre en pourpre les toges des empereurs romains.

MONASTÈRE DE KAPSA ★

Ouvert tous les jours de 6h30 à 12h30 et de 15h30 à 19h. Tenue correcte exigée.

Très beau monastère du XVe siècle, perché sur une falaise dominant la mer de Libye au bord des spectaculaires gorges de Perivolakas. On peut le visiter, mais il est toujours occupé par des moines. C'est un endroit idéal pour un pique-nique. De très belles icônes ornent les murs et retracent la vie de saint Jean-Baptiste, le saint patron. Fondé à l'époque vénitienne, il a été une première fois détruit par des pirates turcs à la fin du XVe siècle et reconstruit. La plupart des bâtiments actuels ont été reconstruits au XIXe siècle, par un ermite nommé Yerontoiannis.

VILLA PLORI €€

✆ +30 28430 51079

www.villaplori.gr

A partir de 60 € pour deux personnes, en saison. A réserver en avance !

Une excellente adresse à Makrigialos, à 30 km de Sitia et Ierapetra ! Ces petits studios sont charmants de l'extérieur comme de l'intérieur. Couleur sable au volets verts, entourés d'un brin de végétation, ils donnent d'un côté sur la route, de l'autre directement sur la plage. Parfaitement aménagés, vous disposerez en plus d'un balcon ou d'une terrasse ombragée face à la mer et de tout le confort nécessaire à votre séjour. Les studios sont climatisés. Kitchenette, réfrigérateur et salle de bains avec douche. Wifi gratuit, parking, animaux acceptés.

ASPROS POTAMOS €

Asprospotamos

✆ +30 28430 51694

www.asprospotamos.gr

En haute saison, chambre double ou studio simple pour deux à partir de 55 €.

Voilà un établissement réellement authentique : de petites maisons traditionnelles sont accrochées à flanc de coteau. Cet ancien hameau est abandonné depuis que la région ne vit plus exclusivement de l'agriculture pastorale. L'ensemble a été restauré dans un souci écologique et de maintien des traditions locales : les amateurs de retour aux sources seront ravis d'apprendre qu'il n'y a pas d'électricité dans les chambres et qu'on s'éclaire à la bougie. Pour autant le confort est au rendez-vous. L'ensemble est magnifique, et d'un calme absolu.

CHRYSSI AKTI €

Face à la mer sur la plage

✆ +30 28430 51296

Ouvert tous les jours de 10h à 23h en été. Comptez autour de 18 € par personne.

Cette taverne classique de bord de mer, Chryssi Akti ou Golden Beach, établie en 1983, sert une cuisine locale correcte sur une terrasse bien ombragée par quelques vieux tamaris, au bord de la mer. Il s'agit d'un établissement soigné où l'on sert aussi bien des spécialités crétoises que des plats internationaux. Les salades sont copieuses (salade grecque, salade au thon et à l'avocat, entre autres). Au menu : poulpe grillé ou à la sauce vinaigrette, veau à la sauce tomate et aux petits oignons, moussaka... et, bien sûr, poisson frais grillé au feu de bois.

Monastère de Kapsa.

GOUDOURAS

Après Kalo Nero et Moni Kapsa, on découvre de loin un village de bord de mer qui monte jusqu'au pied de falaises rocheuses, entouré de serres. Nous sommes là aussi au royaume de la culture forcée des tomates. Mais il semble que les habitants aient décidé de prendre soin de leur ville. Une plage de galets longe le village qui ne possède aucune infrastructure touristique, hormis une taverne locale, quelques *kafeneia* et une supérette. En face du cap Goudouras qui clôt la baie, on aperçoit l'île de Koufonissi. Il est de plus en plus rare de s'arranger avec les pêcheurs pour se rendre sur place. Pour cela, mieux vaut se rendre au port de Makrigialos.

SITE DE PRESSÓS [PRAISOS] ★

✆ +30 28430 23917

Fermé en hiver. En saison, entrée libre.

Sur le site, il ne reste que 2 acropoles, des fortifications et les ruines d'une maison du IIIe siècle av. J.-C. C'est ici qu'ont été retrouvés différents objets en terre cuite dont des tablettes rappelant celles du linéaire A. Pressós a été fondée probablement par les Etéocrétois (peuple autochtone préhellénique) aux alentours de 1400 av. J.-C. Elle fut définitivement rasée par son rival Ierapytina (l'actuel Ierapetra) au milieu du IIe siècle av. J.-C. Une balade qui vaut le détour.

ZIROS

Après Goudouras, la route qui longe la côte et s'enfonce dans les terres jusqu'au gros village rural de Ziros s'étend au pied de falaises. Avant d'y arriver, d'impératifs « No photography ! » vous indiquent qu'une base militaire a élu domicile dans le coin : l'OTAN y a installé une base d'observation pour tout l'est de la Méditerranée. Si vous levez les yeux sur la route, vous apercevrez sûrement son immense dôme qui ressemble à un observatoire. Circulez ! Malgré les apparences et si vous souhaitez vous plonger ne serait-ce qu'une soirée dans l'atmosphère de la Crète rurale d'aujourd'hui, le village mérite une halte, quand en début de soirée la place principale et ses *kafeneia* s'animent. Sinon…

Qu'y a-t-il à faire à Ziros ? Visiter la chapelle Agia Paraskevi datant du XVIe siècle dans un premier temps, elle vaut le coup d'œil. Vous pouvez également vous balader dans les ruelles du centre-ville qui montent depuis la rue principale, ou approcher les quelques dizaines de moulins à vent (similaires à ceux du plateau du Lassithi). Ou tout simplement faire une halte dans un des *kafeneia*, vous ravitailler dans une épicerie, acheter de l'huile d'olive de la région (celle de Ziros est particulièrement appréciée pour son goût des Crétois) ou découvrir, en saison, la sultanine (un raisin de table qui sert aussi à faire des raisins secs) qui est une autre spécialité du village. Pour dormir, vous trouverez quelques chambres simples et confortables à louer dans le village.

XEROKAMPOS ★

A 20 km de Ziros, la route passe à mi-chemin par Hametoulo. Une mention spéciale pour ce superbe petit village traditionnel véritablement accroché à la montagne. Au-delà, la route descend en lacets, offrant des vues splendides sur la mer jusqu'à Xerokampos. On peut aussi y accéder depuis Zakros et la côte nord-est. On longe dans les derniers kilomètres de profondes gorges avant de déboucher sur une vaste plaine adossée à la montagne et cultivée principalement d'oliviers. C'est l'endroit idéal pour ceux qui cherchent le calme. On trouve à Xerokampos une superbe plage au sable nacré et d'autres, plus au sud, dans des petites anses insérées entre les rochers. Xerokampos dispose par ailleurs d'un petit site minoen non encore fouillé (Ambelos) près de la chapelle au sud de la plage, et d'une grotte en plein milieu de la montagne pour vous dégourdir les jambes. Il y a aussi quelques épiceries pour se ravitailler.

Se loger

Le camping n'est pas autorisé quoi qu'il soit possible en vous éloignant vers les anses du sud sans rien dire à personne… et en laissant l'endroit aussi – voire plus – propre qu'à votre arrivée. En ce qui concerne les pensions, il en existe une bonne dizaine entre le bord de mer et le village situé en retrait. La plupart proposent des studios tout équipés. Cependant, ils sont souvent pris d'assaut en saison : essayez de réserver avant votre venue !

CAVALI APPARTMENTS €

✆ +30 28430 26315

www.cavali-apts.gr

Ouvert toute l'année. En haute saison : chambre double à partir de 60 € et à partir de 600 €/mois pour une villa.

Des studios et appartements de 2 chambres modernes et propres, à quelques minutes de la plage Ambelos, pouvant accueillir jusqu'à 5 personnes. Le patron Manolis a commencé à construire ce petit ensemble en 1998 et il a achevé les travaux en 2008. Les appartements proposés offrent une pleine vue sur la mer et possèdent tout ce dont peut avoir besoin une famille pendant un long séjour balnéaire. A l'arrivée : quelques jus de fruits, de l'eau minérale, des fruits frais et une bouteille de raki offerts par le propriétaire. Excellent rapport qualité-prix.

EOLOS APPARTEMENTS €

A la sortie du village en allant vers Ziros.

✆ +30 28430 26197

http://aeolus-studios.gr/location.html

Comptez de 35 à 60 € environ pour un studio de deux personnes selon la période.

Des studios modernes et tout équipés, offrant une pleine vue sur la mer Libyenne et situés face à la plage exotique de Mazida Ammos, et la plus grande du village de Xerokampos. Accueil très sympathique par le propriétaire des lieux qui tient aussi une épicerie à l'accueil. Les studios ont été entièrement rénovés en 2009 et ils se situent à seulement 150 m de la plage. Ils possèdent tous l'air conditionné, une kitchenette équipée, un réfrigérateur, une TV, le wifi gratuit. Les couchers du soleil vus depuis les balcons resteront inoubliables.

LITHOS HOUSES €€

✆ +30 28430 26729

www.lithoshouses.gr

Ouvert toute l'année. A partir de 120 €, en haute saison et selon le type d'hébergement, sans le petit déjeuner.

Tourisme rural. De très belles demeures traditionnelles, parfaitement rénovées, dans le respect de l'architecture locale. Le bois se marie à la pierre taillée et aux tissus traditionnels pour un ensemble très convivial. Les meubles sont modernes et fonctionnels, particulièrement dans les coins cuisines mais on y retrouve quelques beaux meubles datant du XIXe siècle également. Vous avez le choix entre quatre maisonnettes qui peuvent accueillir de 2 à 5 personnes pour une nuit ou plusieurs. TV satellite, wifi et VTT gratuits. Plage à proximité.

VILLA OSTRIA €

✆ +30 28430 26775

www.ostria-xerocambos.gr

Ouvert du 1er avril au 31 octobre. Studio pour deux personnes à partir de 45 € en saison.

Entourée d'oliviers et offrant une pleine vue sur la mer de Libye, Ostria est une villa composée de 6 studios meublés, simples mais confortables, et bien équipés, permettant un long séjour dans la région. Les studios peuvent accueillir 2, 3 et 4 personnes. Tous les studios possèdent une salle de bains, un coin cuisine et un grand balcon. Les studios pour 4 personnes disposent d'une chambre à coucher supplémentaire. Barbecue et four à bois communs dans le jardin où plusieurs soirées sont organisées par les gérants de l'établissement. Parking et wifi gratuits.

DOLPHIN €

Sur la plage

✆ +30 2843 022102

Ouvert tous les jours en saison, de midi à minuit. Comptez environ 15 € par personne.

Cette jolie taverne, ombragée par de grands tamaris et située à deux pas de la mer, est le domaine de Mme Eleni. Elle y prépare au jour le jour des plats traditionnels, cuisinés comme à la maison, avec les produits provenant de son potager. Parmi les plats à ne pas rater, l'agneau des hauteurs de Ziros, fondant, la succulente kakavia (la soupe de poissons) ou les escargots à la sauce tomate et aux oignons. Le poisson frais et les crustacés, grillés ou mijotés dans différentes sauces, sont d'une excellente qualité. Au menu : grillades et mets variés, également.

TAVERNA AKROGIALI €€

Plage principale

✆ +30 28430 26777

Ouvert toute la journée en été, jusqu'à fin septembre. Comptez autour de 18 € par personne, le repas.

Akrogiali en grec signifie « le bord de la mer ». Nikos et Despoina Zervaki, les gérants de cette taverne, proposent une cuisine traditionnelle sur la terrasse ombragée par un immense tamaris à quelques mètres seulement du bord de la mer. Les plats sont préparés avec soin et avec des produits locaux. Parmi les plats à ne pas rater, les fleurs de courgette farcies au riz, les escargots ou les fritures de petits poissons. Les grillades au feu de bois de poissons frais (plus chers au kilo) et de viande sont très bonnes. Les mets et les salades sont également au menu.

PACHIA AMMOS

En retournant sur la route principale en contrebas, et avant de rejoindre Pachia Ammos, deux sites minoens se présentent : la cité antique de Gournia découverte en 1901, à peu près en même temps que Cnossos, et le site de Vassilikis à 3 km au sud en direction d'Ierapetra.

Transports

Pachia Ammos se trouve sur la ligne qui relie Agios Nikolaos à Ierapetra. Un bus passe environ toutes les 2 heures en saison. Sur les lignes Agios Nikolaos-Sitia et Ierapetra-Héraklion, les bus quotidiens sont très fréquents.

CITÉ ANTIQUE DE GOURNIA (GOURNIA MINOIKI POLI) ★★

A 2 km à l'ouest de Pachy Ammos. Accès à partir de Gournia en bus.On rejoint le site de Gournia en quittant Agios Nikolaos vers le sud, en direction de Sitia et Ierapetra (la bifurcation se trouve à environ 20 km).

✆ +30 28420 93028

Ouvert tous les jours en saison (d'avril à fin octobre) de 8h à 16h. Fermé le mardi. Entrée 3 €, réduit 2 €.

La cité antique de Gournia a été découverte en 1901, à peu près en même temps que Cnossos. Son état de conservation est assez correct (d'où le surnom « la Pompée crétoise minoenne ») puisque l'on peut déambuler entre les ruelles et monter jusqu'au palais minoen qui surplombe une colline. Le site, situé à proximité de l'isthme d'Ierapetra, est superbe et domine la baie de Mirabello. Au fond, à gauche, on aperçoit Agios Nikolaos.

Il est probable que l'ancienne cité allait jusqu'à la mer. Les nombreux objets trouvés sur place attestent que Gournia fut une ville importante, sans doute un gros centre économique et social dans la région en particulier aux alentours de 1500 av. J.-C. Ce sont les ruines que l'on voit aujourd'hui : le palais (où siégeait l'archonte local) dominant une cité aux nombreux artisans, une place relativement large devait servir de marché. La cité a été définitivement abandonnée en 1200 av. J.-C.

La situation de Gournia en faisait certainement un lieu exceptionnel, à seulement 12 km de la côte sud, à l'endroit le plus étroit entre les deux côtes. Il est donc probable qu'une route ait alors relié Gournia, au nord, à Ierapetra, au sud, pour assurer des liaisons entre les deux mers. Peu fréquenté, ce site est très évocateur. Nous vous conseillons de vous y rendre tôt le matin pour une belle lumière et pas trop de soleil. Le soir, à l'heure du coucher du soleil, la vision de ce site depuis la route qui monte vers l'est est tout simplement magique.

SITE DE VASSILIKI ★

Situé à 3 km au sud de la jonction qui va vers Ierapetra.

L'entrée est gratuite, il n'y a qu'à pousser la barrière qui est habituellement toujours ouverte.

Site minoen de l'époque prépalatiale (entre 2600 et 2200 av. J.-C.) dont les ruines en elles-mêmes ne sont pas impressionnantes (or l'endroit est tellement attractif au printemps) : deux maisons principales entourées d'habitations plus petites. L'une d'elle, la *Maison rouge* est construite de telle sorte que les quatre coins sont orientés aux quatre points cardinaux. Ici ont été découvertes des céramiques aux motifs noirs sur fonds d'ocre rouge et orange, exposées aux musées d'Héraklion et d'Agios Nikolaos. Le site a été détruit en 2200 av. J.-C. par un incendie.

ISTRON BAY HÔTEL €€

A 900 m du village d'Istron (tout proche de Gournia) et 13 km d'Agios Nikolaos.

✆ +30 28410 61303 - www.istronbay.gr

Chambres doubles à partir de 90 € en saison, petit déjeuner inclus. Parking gratuit. Massage. Wifi payant.

Si vous souhaitez passer vos vacances au calme et avec toutes les commodités sur place, cet hôtel sera un bon choix. Lieu d'inspiration pour un grand nombre de poètes et d'artistes en général, grâce à son emplacement idyllique, niché dans la pittoresque baie de Mirabello, cet établissement est presque les pieds dans l'eau sur la plage. Il dispose de 114 chambres et 27 bungalows avec pleine vue sur la mer ainsi que d'une plage privée réservée aux clients de l'hôtel. Restaurant, piscine, salle de jeux, salon de coiffure, etc. Accueil chaleureux. Adresse recommandée.

KAVOUSSI

Sur la route qui relie Agios Nikolaos à Sitia, ce village est un excellent point de départ pour des randonnées dans les belles montagnes environnantes. A la sortie du village, en direction de Sitia, un circuit est proposé qui passe par un très vieil olivier, une ferme de l'époque minoenne et une gorge. Attention : dénivelé important. On peut, sinon, décider de se rapprocher de la côte où vous attendent de très belles plages ou bien partir vers les sommets dans les terres. Une plage assez agréable se situe en contrebas : Tholos. C'est une petite baie couverte de galets accessible en voiture. La taverne pension du même nom loue des chambres bon marché.

MOCHLOS

Seul endroit attractif sur la route montagneuse des contreforts nord du mont Orno (environ 1 300 m), Mochlos attire les voyageurs qui cherchent un endroit de villégiature calme et familial - qu'on atteint après 6 km de virages ininterrompus. Ce petit village organisé autour de la petite anse que forme sa minuscule plage (dévorée par les eaux à marée haute) a un côté intime. Cinq ou six tavernes ont disposé leur terrasse au-dessus des flots où se balancent quelques bateaux de pêcheurs. A l'arrière du front de mer, quelques chambres à louer dans les maisons particulières ou de petites résidences construites à cet effet. Depuis la petite plage, on peut gagner à la nage, par temps calme, la petite île du même nom qui lui fait face avec un site minoen mineur (2500 av. J.-C. – les fouilles sont toujours en cours). L'île, auparavant un petit isthme, était donc rattachée à la côte et Mochlos était un petit port naturel qui n'a cessé d'être exploité depuis 3000 av. J.-C. ! Attention, les courants peuvent être forts à certains endroits sur les 200 m qui relient l'île à la côte. Pas mal de randonneurs utilisent Mochlos comme camp de base.

Histoire

Les premières traces de présence humaine remontent vers 3650 avant notre ère. Les ruines de l'île de Mochlos ont commencé à être fouillées en 1908 par l'archéologue américain Richard Seager. Il a découvert qu'à l'époque prépalatiale (de 3000 à 2000 av. J.-C.), l'île comportait un cimetière. Les restes d'une ville minoenne, établie de 1700 à 1500 av. J.-C. sur son versant ouest, ont été retrouvés de part et d'autre de la chapelle Agios Nikolaos. Quant au village de Mochlos lui-même, il aurait abrité dans sa partie arrière des ateliers d'artisans et un cimetière aux mêmes époques.

Se loger

De nombreuses pensions ont ouvert le long de la mer, dans la rue qui descend le long du village et dans les rues parallèles au front de mer. Les tavernes au-dessus de la plage proposent le même type de cuisine familiale bon marché et réservent de très bonnes surprises. Les terrasses dominent les flots.

Transports

Il n'y a pas de bus à Mochlos, il faut descendre à Sfaka en venant de Sitia, puis marcher 6 km ou faire du stop. En arrivant d'Agios Nikolaos, demandez au chauffeur de vous arrêter en haut de la route qui descend à Mochlos, qui se situe 4 km plus bas. Bref, mieux vaut être motorisé !

Mochlos.

ANNE LEBRUN

✆ +30 697 6313506
www.kastelas.com

Les tarifs varient selon le parcours : comptez 15 à 25 € environ la randonnée à la journée.

Une guide botaniste francophone, Anne Lebrun, propose des balades accessibles à tous à la découverte de la flore, de la faune et des coutumes rurales de l'île ayant comme point de départ le joli village de Mochlos. Possibilité d'organiser des circuits sur plusieurs jours. Plusieurs pistes à découvrir sont proposées selon vos goûts et préférences. Son mari, Yannis Petrakis, propose des balades et raids à moto. Pour la contacter, vous pouvez aussi vous rendre à la taverne Sofia sur le port, puisque le patron Geogres Petrakis est son beau-frère.

MOCHLOS MARE €

✆ +30 28430 94005
www.mochlos-mare.com

A partir de 50 € pour 2 personnes l'appartement avec 1 chambre et avec 2 chambres de 60 à 80 €. Ne prend pas la CB.

Un petit coin de paradis, situé dans le petit village de pêcheurs qu'est Mochlos, à 35 km de la ville d'Agios Nikolaos. Cette maison blanche recouverte de bougainvillées offre 4 petits appartements, très simples, pour 2 à 6 personnes avec balcons, salles de bains entièrement rénovées en 2015, climatisation et kitchenettes équipées. Certains ont vue sur mer. Au rez-de-chaussée, vous aurez la possibilité de faire un barbecue sur la terrasse. Seul inconvénient, les cartes bancaires ne sont pas acceptées. Wifi et parking privé gratuits.

SOFIA €

✆ +30 2843 094554

www.mochlos.eu/ou-dormir/

A partir de 45 € la chambre double en saison. Petits appartements également disponibles. L'hôtel ne prend pas la CB.

Sofia et Giorgos sont les gérants de cette jolie petite pension, propre, bien tenue et bon marché. Elle se situe au bord de la mer, au cœur du village de Mochlos, Les chambres disposent de l'air conditionné et certaines jouissent d'une belle vue sur la mer. Egalement des appartements et des studios à louer. Vous pourrez avoir des informations sur les activités d'Anne Lebrun (botaniste et organisatrice de randonnées) et prendre contact avec elle à la taverne du même nom, qui se situe juste au-dessus de la plage. Attention, cette taverne est fermée en hiver.

MOHLOS VILLAS €€€

Face à la mer, au-dessus du port.

✆ +30 6979 791368

http://mohlosvillas.com

A partir de 220 € par jour la villa pour 4 personnes, en saison.

Grand luxe et simplicité pour ceux qui préfèrent un séjour paisible, épargné du tourisme de masse. L'ensemble hôtelier Mohlos Villas est composé de 3 belles villas (Alkestis, Kalypso et Mousses) et propose des services et un confort correspondant à tous vos besoins. Chaque villa possède sa propre piscine et sa terrasse. Toutes les trois ont la possibilité d'accueillir jusqu'à 9 personnes. Construites en pierre et ciment, l'intérieur est chaleureux, élégant et très confortable. Les musiciens profiteront du studio d'enregistrement.

BOGAZI €

✆ +30 28430 94200

En été, ouvert tous les jours de midi à minuit. Comptez autour de 18 € par personne.

C'est la taverne située tout au bout du port. Depuis sa terrasse ombragée, on a une vue sur la baie de Mochlos. Dans un cadre assez agréable, tous les classiques de la taverne typique crétoise sont au rendez-vous : plusieurs plats du jour crétois, du poisson frais, grillé au feu de bois, des fruits de mer, des crustacés, des salades, des fritures de petits poissons, de calmars ou de crevettes, des salades et des mets variés. Les propriétaires de la taverne proposent également des studios et des appartements à la location, indépendants, se situant sur le port.

DIMITRIS TAVERN €

✆ +30 694 536 7035

Ouvert 7/7 à partir de 8h30 en saison. Autour de 15 € par personne. Consulter la carte pour le prix au kilo du poisson.

Un établissement qui fait parler de lui depuis quelques années. Pourtant, cette minuscule taverne qui fait l'angle, derrière le Bogatsi, n'a pas la vue sur le port - mais on lui pardonne rapidement. On aime sa petite terrasse, en bleu et blanc, où il fait bon s'asseoir pour un mezze, un café ou une crêpe. Dimitris a fait ses classes de chef en Suisse avant de s'installer à Mochlos, et sa femme française s'occupe de l'accueil. Cuisine impeccable, savoureuse et surprenante, pour des prix corrects. Hospitalité, découverte culinaire et ambiance authentique.

KAVOURIA €

Sur le port

✆ +30 28430 94204

Ouvert tous les jours en saison, de 10h à 23h. Comptez autour de 20 € par personne.

Sur la terrasse en bois au-dessus des flots, la patronne de la taverne épluche au petit matin ses légumes entourée des habitués qui viennent prendre le café. Si vous préférez les produits de la mer, Spyros, le patron de la taverne qui parle un peu le français, vous propose du poisson frais (plus chers), des crustacés et des fruits de mer. Laissez-vous tenter par les rougets grillés, à la chair fine et goûteuse. Au menu, de la cuisine crétoise, également, préparée au jour le jour et avec les matières premières locales. Accueil chaleureux et service impeccable.

TA KOCHILIA €

Sur le port

✆ +30 28430 94432

En saison, ouvert tout les jours de midi à minuit. Comptez autour de 15 € par personne.

Installée sur le port depuis 1910, cette taverne semble avoir un petit quelque chose en plus que ses voisines. Récemment rénovée, elle offre depuis la grande terrasse ombragée une pleine vue sur l'ancien port et la plage. Récompensée pour sa cuisine traditionnelle par l'Académie grecque du goût, on se lance les yeux fermés pour commander. Le service est très sympathique. En dehors des repas, c'est l'une des seules adresses du port où l'on vous sert un véritable expresso ! De surcroît, ils proposent deux studios : de 40 à 70 €, selon la taille et la saison.

SITIA ★★★

Sitia, avec ses 13 000 habitants, est la plus grande ville à l'est de la Crète. Lovée dans une région vivant essentiellement de la production d'huile d'olive et de vin (l'un des plus réputés de l'île), elle est bâtie en amphithéâtre autour d'une jolie baie. L'atmosphère y est beaucoup plus calme que dans les autres grandes villes de l'île, et plus authentique parce que peu affectée par le tourisme. Dotée d'une université, elle est peuplée toute l'année. L'activité y est concentrée dans le quartier du port dans la vieille ville, autour de la place Polytechniou. Vers le sud, la longue et agréable plage de sable, en contrebas de la route, n'est jamais bondée, même en saison. Avant d'être Sitia, la cité antique d'Itia s'élevait à cet emplacement et il y avait autrefois, comme dans les autres ports importants de l'île, une forteresse vénitienne détruite aujourd'hui. Il est néanmoins agréable de se promener dans ses rues pentues et le long de son port où l'animation bat son plein. La volta (promenade), pratique héritée du temps de l'occupation vénitienne, y est vivace : toute la ville se retrouve en soirée le long de la promenade plantée de palmiers, surtout les dimanches. Un marché aux fruits et légumes ainsi qu'aux vêtements se tient en été, le mardi matin, derrière la gare routière. Idéal pour se ravitailler en produits frais ou s'acheter un maillot de bain. Ce n'est pas à Sitia que vous trouverez des petites adresses de charme. Comme d'habitude dans les stations balnéaires, vous avez le choix entre les restaurants du front de mer.

Histoire

L'emplacement d'Eteia (Itis ou Itia), l'ancien Sitia, a été localisé à 1 km du centre sur une colline. Sitia était le port de Pressos. La plupart des anciens ports de l'est de la Crète se trouvent actuellement sous les eaux : les tremblements de terre dus aux mouvements des plaques tectoniques ont surélevé l'ouest de l'île et immergé l'est. Peu de traces historiques des temps helléniques et romains subsistent, et le port ne s'est réellement développé que pendant la période de l'occupation vénitienne (Sitia s'appelait alors La Sitia) avec la construction d'un fort et de murs d'enceinte, dont quelques fragments sont visibles aujourd'hui. Vicenzos Cornaros, l'auteur de *Erotokritos*, y est né.

Transports

- **Ferrys.** Depuis le port de Sitia, des ferrys desservent Héraklion, Santorin, Karpathos, Kassos, Milos, Rhodes et Le Pirée. Tous les ferrys quittant Sitia passent par Héraklion (ou en viennent).
- **Avion.** Au départ de l'aéroport de Sitia, vous pouvez rejoindre Athènes, Karpathos, Kassos ou Rhodes. Aegean Airlines, Olympic Air et Sky Express assurent les liaisons. L'aéroport ne se trouve qu'à un bon kilomètre de la ville mais il faut s'y rendre en taxi ou pour les plus courageux à pied car il n'y a aucun bus !
- **Voiture.** Des agences de location se trouvent rue Papandreou, près du port.
- **Bus.** La station est située rue Panagouli, à 10 minutes à pied du centre vers le sud. La ville est très bien connectée sur le réseau KTEL. Sitia-Agios Nikolaos-Héraklion : en saison, bus quotidiens fréquents, même le week-end, entre 5h30 et 19h30.

FORTERESSE DE KAZARMA

Ouvert tous les jours, sauf le mardi, de 8h30 à 15h30 en saison. Entrée 3 €.

Ce fort vénitien en ruine est aujourd'hui utilisé comme théâtre de plein air. En y montant, il fait bon flâner dans les ruelles étroites et pentues de la minuscule vieille ville de Sitia, reliées par des escaliers en pierre usée. Les bougainvillées se déversent des maisons, et on a presque l'impression de pénétrer chez les habitants en se hasardant dans ces ruelles. La forteresse n'offre pas réellement d'ombre, donc préférez les heures plus fraîches du matin. La vue depuis la forteresse est magnifique sur les alentours et la baie.

MUSÉE ARCHÉOLOGIQUE ★

A la sortie de la ville, sur la route en direction de Iérapetra.
✆ +30 28430 23917

Ouvert en saison du lundi au dimanche de 8h30 à 15h30. Fermé le mardi. Entrée : 3 €, réduit : 2 €.

Dans ce grand bâtiment moderne, vous trouverez d'intéressants objets de la civilisation minoenne.

Ceux qui auront déjà visité le musée d'Héraklion seront déçus par la comparaison, mais les passionnés apprécieront la visite de ces vestiges qui viennent pour la plus grande partie du site de Kato Zakros, le quatrième des palais minoens de l'île. On peut y voir le seul pressoir à raisin de cette époque ainsi que la statuette en bronze et en ivoire provenant du site minoen de Palaikastro. D'autres pièces témoignent des époques préhistoriques et romaines.

MUSÉE D'ART FOLKLORIQUE

26 Rue Kapetan Sifi
✆ +30 28430 22541
Ouvert tous les jours en saison, de 10h à 14h. Entrée : 2 €.

Fondé en 1975, le musée d'art folklorique de Sitia est abrité dans une jolie maison de style néoclassique de la ville. Tous les objets, datant du XIXe et du début du XXe siècle, sont fabriqués par les artisans de la région. Parmi les articles exposés se trouvent des icônes, des outils et des meubles, des broderies, des tissus, des vêtements et des objets plus personnels. On y admire, entre autres, les cadres des miroirs en bois sculpté, les *goulohtaria*, des verres en céramique à usage religieux ou les habits des seigneurs de la ville d'autrefois…

NÉCROPOLE D'AGIA FOTIA ★

Ce cimetière de 252 tombes, datant des débuts de la période minoenne, est le plus important découvert à ce jour. La majorité des tombes, dont des tombes d'enfants, sont des tumulus souterrains. Une tombe primitive à tholos (tombe à chambre et à coupole) a été également retrouvée sur le site. Le mobilier funéraire découvert ici est impressionnant : 1 800 objets, en très bon état, dont deux talismans en plomb, un sceau représentant un scarabée, précieux témoignage des relations entre la Crète et l'Égypte, quelques figurines, des outils en bronze, etc.

MINOAN TOURS - LOUEUR DE VOITURES

18 Rue K.Karamanli
✆ +30 28430 29655
Comptez à partir de 210 € la semaine pour une voiture de classe A, en saison. Assurances comprises.

Michael Anagnostakis, l'agréable propriétaire de cette compagnie très fiable, opère sur toute la région du Lassithi en louant peu de voitures mais des voitures neuves. Ses véhicules proviennent du marché français et italien. Livraison et ramassage aux hôtels. Dans les prix sont compris l'assurance, le kilométrage illimité et les taxes. Assistance routière. Siège pour bébé et enfant et cartes routières gratuits. Livraison et retrait des véhicules à l'aéroport de Sitia et d'Héraklion.

ITANOS €

Sur le port
✆ +30 28430 22900
www.itanoshotel.com
Ouvert toute l'année. A partir de 55 € la chambre double en saison, petit déjeuner buffet compris.

Hôtel ouvert toute l'année, situé sur le front de mer, avec terrasse et jardin sur le toit, et cafétéria intérieure pour la période hivernale. La majeure partie des chambres climatisées jouissent d'une jolie vue sur le port ou sur la ville de Sitia. Buffet à l'américaine pour le petit déjeuner. Rien de particulièrement charmant mais bon emplacement et chambres confortables. Salle de bains privative, wifi, TV satellite, réfrigérateur, coffre-fort. L'hôtel a également un petit jardin et un parking à proximité. Taverne et café juste devant l'hôtel.

Promenade à Sitia.

ODYSSÉE €

À 4 km de Sitia.
✆ +30 28430 22204
Studios à partir de 50 € en saison. Gîtes à partir de 70 €. Trois nuits minimum. Petit-déjeuner en supplément.

Un agréable ensemble de vacances tenu par Denise et Jean-Louis, un couple de Français vivant en Crète depuis plus de 20 ans. Au milieu des oliviers, des bougainvilliers et des citronniers, à 500 mètres seulement au-dessus de la mer, cette étape de charme avec piscine garantit un repos absolu avec d'adorables petites maisonnettes cachées sous la végétation. Les studios (2 à 3 personnes) disposent d'une kitchenette équipée, d'une salle de bains, d'une terrasse. Les maisonnettes, équipées, disposent également d'un jardin privatif avec table et chaises. Wifi.

SITIA BAY HOTEL APARTMENTS €€

Patriarhou Vartholomaiou 27 / Tritis Septemvriou 8
✆ +30 28430 24800
www.sitiabay.com
Studio pour deux personnes avec vue sur la mer à partir de 75 € en saison. Petit déjeuner en supplément.

A quelques minutes à pied du centre-ville, sur une plage de sable, l'hôtel offre les studios et appartements probablement les plus agréables et confortables de la ville. Ils donnent sur la mer et disposent de climatisation, grand lit, cuisine entièrement équipée, TV, accès Internet et balcon. Petite salle de gym, sauna, parking et espace pour les enfants. Très belle vue depuis la terrasse qui se trouve sur le toit de l'hôtel. Parking privé gratuit.

LASSION GOLDEN BAY HOTEL & RESORT €€

Agia Fotia
✆ +30 28430 28950
www.lgb.gr
Ouvert d'avril à fin octobre. Comptez 75 € la chambre double en saison. Wifi dans les parties communes. Parking.

Un petit complexe situé à Agia Fotia, et à seulement 4 km de Sitia, propose 8 chambres et 20 bungalows ou appartements, avec balcon privatif donnant sur la mer ou sur les jardins de l'établissement. Ils possèdent tout l'équipement nécessaire. La décoration est simple, mais on note un effort certain. On apprécie le calme et la piscine d'eau de mer entourée de transats et d'un petit bar. Taverne sur place. Terrain de tennis, terrain de basket. Tranquillité assurée.

DA GIORGIO €

14 rue Karamanli
✆ +30 28430 25500
Ouvert tous les jours en été de 11h à minuit. Comptez autour de 18 € par personne.

Restaurant de cuisine gréco-crétoise et pizzeria sur le port se situant entre l'hôtel Elysée et l'hôtel Flisvos près de l'eau pour admirer les petits bateaux de pêcheurs. Terrasse agréable, propre et ombragée donnant sur un petit parterre fleuri et le petit port. Il n'empêche qu'ici la cuisine est traditionnelle : le lapin est une spécialité du propriétaire depuis vingt ans. Il y a 5 à 6 plats du jour en été dont certains plats de poissons, d'escargots... Le tiramisu frais fait maison est systématiquement offert toute l'année. Accueil chaleureux.

ROUSSA VILLAGE €€

Village de Roussa
✆ +30 28430 29214
www.roussa-village.gr
A partir de 115 € pour 2 personnes en saison. Tarifs dégressifs pour les longs séjours. Internet. AC.

Accroché à la colline de Roussa Ekklissia, ce bâtiment en pierre ressemble à une petite forteresse orientale. Il se compose de 4 appartements de charme dont 2 maisonnettes. Les appartements sont entièrement équipés et possèdent tous des terrasses. Les maisonnettes sont plus spacieuses et disposent de bains à remous en lieu et place des baignoires. Deux piscines, une de chaque côté de la maison. La splendide vue donne sur la mer au loin et sur la ville, encore plus loin. Pour séjourner ici, vous êtes obligé de louer une voiture ou une moto.

RAKADIKO OINODION €

Venizelou 157
✆ +30 28430 26166
En saison, ouvert tous les jours de midi à minuit. Comptez autour de 18 € par personne.

Cet établissement est un *rakadiko,* soit un endroit où l'on boit du raki que l'on accompagne de *mezzedes* (de mets) et autres petits plats à partager pour absorber l'alcool qui coule à flots. Mais attention, ici la cuisine n'a rien à envier à la boisson. Vous mangerez certains des meilleurs plats du port : poulpe accompagné de fava et d'oignons caramélisés, anchois maison, moules et crustacés à la vapeur et au vin blanc, salade de betteraves aux noix et au fromage frais, entre autres. C'est du traditionnel, préparé avec imagination, et c'est très savoureux.

TAVERNE OUZERIE ME-RAKI €

151 rue E.Venizelou ✆ +30 28430 23460

Ouvert tous les jours en saison, de midi à minuit. Comptez autour de 15 € par personne pour des mets à partager.

L'adresse, toujours animée, est fréquentée par de nombreux Crétois de tous les âges. Avec sa terrasse sur la promenade de Sitia, Me-raki est l'adresse sympa pour déguster des *mezzedes* (des mets) grecs fraîchement cuisinés, ainsi que du délicieux raki maison : risotto aux fruits de mer ou aux crevettes et au safran, pâtes aux crevettes à la sauce tomate, grillades délicieuses, salades variées, beignets de courgettes, fromage salé frit (*saganaki*), tzatziki, plateau de viandes grillées… La décoration en bleu et blanc est simple mais originale.

ZORBAS RESTAURANT €

66 rue Eleftheriou-Venizelou

✆ +30 28430 22689

Ouvert tous les jours en saison, de midi à minuit. Comptez autour de 15 € par personne.

Tout près du port, dans cette taverne dont le propriétaire est pêcheur, vous pouvez avoir du poisson frais mais aussi d'autres plats traditionnels à tout moment. Si vous préférez les plats mijotés, optez pour le *giouvetsi*, (viande cuite lentement au four avec des pâtes grecques qui ressemblent à du riz) ou les délicieuses feuilles de vignes farcies... Le vin blanc, provenant du monastère de Toplou et servi frais, est recommandé. Tous les soirs, la spécialité proposée est le méchoui : fondant ! Service amical et efficace. Très bon rapport qualité-prix.

HIONA €€

✆ +30 28430 61228

www.hiona.gr

Ouvert uniquement en saison midi et soir. Dernier service à 22h environ. Comptez autour de 20 € par personne.

A 20 km de Sitia, au bord de la plage paisible de Hionas, se trouve une des plus renommées tavernes de la région. La taverne Hiona est connue pour la qualité de ses poissons frais, de fruits de mer et de crustacés. Les pâtes au homard, le risotto aux fruits de mer et à l'encre de seiche figurent parmi les spécialités proposées. On peut également se régaler avec des grillades de viande et d'autres plats de cuisine traditionnelle. La gérante est très aimable et très accueillante. Il est recommandé de réserver en saison. Demandez le prix au kilo des poissons frais.

VAÏ ★★★

Vaï est un immanquable de l'île, présent sur toutes les brochures touristiques. Il faut dire qu'il s'agit d'une véritable oasis à 30 kilomètres à l'est de Sitia. La plus vaste et sans doute la plus belle palmeraie de toute l'Europe s'étend jusqu'au bord de l'eau et d'une superbe plage de sable fin. L'image de Vaï est célèbre, et tous ceux qui se sont renseignés sur la Crète avant de venir en ont entendu parler. A part la plage, son parking et quelques tavernes, Vaï est désert, il n'y a pas d'hôtel ou de camping aux alentours. Prévoyez quelques ravitaillements si vous souhaitez y passer la journée même s'il y a une taverne sur la plage et une autre quelques minutes avant d'y arriver. Pour dormir, le village de Palekastro, distant de 8 kilomètres, vous dépannera agréablement.

Histoire

Selon la légende, les noyaux de dattes que jetaient les commerçants phéniciens furent à l'origine de cette oasis de plus de 5 000 palmiers. Une autre interprétation, plus plausible, attribue l'implantation de palmiers aux troupes arabes qui, en 824, y ont débarqué. Gros mangeurs de dattes, il n'est pas impossible qu'ils aient tenté de créer des palmeraies en Crète pour leurs besoins personnels !

Transports

Environ trois bus quotidiens font l'aller-retour entre Sitia et Vaï en saison (comptez alors une heure de trajet).

© GATSI - ISTOCKPHOTO.COM

La plage de Vaï.

ITANOS ★

✆ +30 28410 25115

En été, ouvert tous les jours sauf lundi, de 8h à 15h. Entrée : 3 €. Fermé le mardi.

A la pointe nord-est de l'île, à 2 km au nord de Vaï, se trouve un site archéologique datant des débuts de l'ère chrétienne sur une petite colline surplombant la mer, superbe au coucher du soleil. Pendant les périodes hellénistique et romaine, Itanos était une cité opulente et figurait parmi les plus puissantes de la Crète. Cela était dû au commerce maritime et aux exportations du verre fabriqué en grande quantité dans les ateliers locaux, des éponges et de la pourpre. L'endroit propose également trois très belles plages où les touristes sont assez rares...

MONASTÈRE DE TOPLOU ★★

A 15 km à l'est de Sitia et à 8 km de Vai, sur la route en direction de la plage.

✆ +30 28430 61226

En été, ouvert tous les jours de 9h à 13h et de 14h à 18h. Entrée : 3 € (gratuit pour les citoyens grecs).

Le monastère de Toplou ou d'Akrotiriani, édifié comme une forteresse, peut être visité et offre aux yeux curieux de superbes icônes ainsi que des fresques dont certaines datent du XIVe siècle. Son nom Toplou est d'origine turque et signifie « armé d'un canon ». Il a été reconstruit au XVe siècle, sous l'occupation vénitienne sur les ruines d'un ancien temple ou monastère. Les cellules sont construites sur trois étages alors que la petite église à deux nefs est dédiée à la Vierge et à saint Jean le Théologien. Les amoureux d'icônes et d'art byzantin ne pourront passer à côté. On y admire, entre autres, les icônes du retable datant du XVIIIe siècle. Monastère riche et puissant, Toplou a amassé des trésors aujourd'hui présentés au public. Autre caractéristique plus originale, c'est à Toplou que vous verrez la plus importante collection d'armes de toute la Crète, de la lutte pour l'indépendance de 1821 à la Seconde Guerre mondiale. L'explication est que ce monastère a une tradition de résistance et a, à plusieurs reprises, abrité des partisans. Les moines de Toplou élaborent à leurs heures perdues l'une des meilleures huiles d'olive (biologique de surcroît) de Crète, ainsi que du vin également très bon et du raki. Vous pouvez d'ailleurs jeter un coup d'œil au chai abrité dans un bâtiment proche du monastère. Enfin, le minuscule bar-snack du monastère situé à l'entrée sert en spécialité une excellente omelette aux asperges sauvages (récoltées en saison puis congelées). Ne vous privez pas de la goûter !

METOHI VAÏ TAVERNE TRADITIONNELLE €

A 700 m de la plage de Vaï. ✆ +30 28430 61071

www.metohi-vai.gr

Etablissement agrotouristique. Ouvert tous les jours en été de 11h à 23h. Comptez autour de 18 € par personne.

Sur la route de Vaï, à 700 m avant la plage, se trouve ce restaurant de cuisine crétoise. C'est un vieux bâtiment datant de 1709, dans lequel vivaient les familles des bergers du monastère de Toplou. Reconstruit sans perdre son authenticité, on y prépare une cuisine traditionnelle. Goûtez le *Xigalo*, cette crème de fromage aigre servie avec des feuilles de vignes farcies... Sans oublier l'agneau mitonné dans une marmite en céramique, aux pommes de terre, aubergines et fromage.

RESTAURANT CAFE PALM BEACH €

Sur la plage de Vai.

✆ +30 28430 61129

www.vai-restaurant.gr

Ouvert tous les jours en saison de 12h à 19h. Comptez autour de 15 € par personne.

Ce café-bar sur la plage, les pieds dans l'eau à l'ombre des palmiers, est particulièrement agréable et accueillant. Snacks et salades, poisson frais, plats crétois traditionnels... mais aussi jus de fruits, boissons frais, café, bières… A l'étage, la terrasse du restaurant propose des menus de fruits de mer et de spécialités crétoises et grecques pour un déjeuner plus complet. Les ingrédients (ainsi que le vin) proviennent du monastère Toplou, réputé pour son agriculture biologique.

BOUTIQUE DU MONASTÈRE DE TOPLOU

✆ +30 28430 61226

www.cretanbeaches.com

En été, ouvert tous les jours de 9h à 13h et de 14h à 18h.

Les frères du monastère Toplou fabriquent l'un des meilleurs vins de l'île (le blanc en particulier). On peut l'acheter dans certains supermarchés ainsi qu'à la boutique du monastère. Ne manquez pas de visiter le chai où il est vinifié, les moines sont équipés d'installations hautement modernes ! Leur raki et leur huile d'olive biologique constituent également des produits d'excellente qualité. La région de Sitia est en effet l'une des zones vinicoles les plus importantes de Crète.

PLAGE DE MARIDATI

A 2 km au sud de Vai, elle est indiquée par un panneau sur la route principale.

Sur une gravure de 1618, on mentionne la petite baie de Maridati car très probablement les bateaux vénitiens avaient l'habitude d'y accoster pour s'approvisionner en eau ! Il s'agit d'une très jolie crique avec une plage de petits galets et un peu de sable blanc au bord de l'eau et une mer couleur azur. Quelques tamaris sont le seul abri pour vous protéger du soleil ! Elle se trouve à proximité de Palekastro et d'habitude elle n'attire pas trop de monde, d'où son charme supplémentaire. On peut y passer toute la journée.Taverne au bord de l'eau.

PLAGE DE VAÏ

Parking : 3 €. Chaise longue et parasol : 15 €. La baignade est surveillée de 10h30 à 17h30. Café, snack, et taverne.

Située à 30 km de Sitia, à l'est, la plage de Vaï est vraiment saisissante. Célèbre et magnifique, la longue plage sableuse est bordée d'une incroyable et vaste palmeraie naturelle, unique en Europe. Sous ces quelque 5 000 palmiers qui entourent la plage, on s'abrite avec plaisir entre deux baignades. L'eau est translucide, le sable est clair et les rochers sont ocre beige. Chaises longues et parasols (payants et hors de prix) sont disposés sur une partie de la plage. De nombreuses activités nautiques et sportives sont également proposées sur la plage.

WATER SPORTS NATURA

Sur la plage de Vaï
✆ +30 28430 61 070
http://naturawatersports.gr

Installé sur la gauche de la plage de Vaï depuis 1992, ce club de sports nautiques garantit votre divertissement et votre sécurité. Il figure parmi les meilleurs clubs nautiques de la Crète et pour cause. Une équipe de professionnels expérimentés se cache derrière la grande liste de jeux et sports aquatiques proposés : jet-ski, ski nautique, bouée ou banane tractée, canapé flottant, crazy octapus, flyboard, planche à voile, entre autres. Les cours de la planche à voile commencent début mai. Plusieurs offres sont proposées sur le site.

ITANOS

Itanos (officiellement Erimoupolis) fait partie de la municipalité de Sitia. C'est ici que dans l'antiquité s'est développée la toute puissante ville d'Itanos, dont les vestiges s'éparpillent sur toute la région. Juste à côté du site archéologique, on trouve les trois jolies baies d'Erimoupolis. La route arrive jusqu'à la plage du milieu. Après avoir traversé le site de l'ancienne Itanos, on tombe sur la première plage, au sud : elle n'est pas organisée, le sable est blanc et les eaux sont limpides et calmes. On la reconnait grâce aux palmiers naturels qui poussent autour du marais. Au nord, s'étend la plage la plus longue et la plus prisée.

PALEKASTRO ★★

À 19 km à l'est de Sitia et à 9 km au sud de Vaï, ce village est devenu une véritable petite station balnéaire de la région. La plage la plus proche est pourtant distante de plus de 2 km. Palekastro est organisé autour de la place centrale et de l'église : des rues partent de là en étoile (celles qui descendent vont vers la mer). Autrefois s'élevait ici une cité minoenne, mais il n'en reste plus grand-chose. De nombreux Grecs viennent se reposer ici et apportent à Palekastro une atmosphère à la fois touristique et authentique. En tout cas, il s'agit d'un excellent point de départ pour explorer les merveilles de la région (Vaï, Moni Toplou et Zakros ne sont pas très loin), quel que soit votre moyen de transport. Palekastro est un petit village organisé autour de la place centrale : les habitants s'y retrouvent aux quelques terrasses encadrant l'église. Parfois, en été, des bals sont organisés le dimanche, c'est l'occasion d'une grande fête.

Balade

A 1 kilomètre en direction de la mer et de la plage de sable de Chiona, Agathia est un village tranquille qui possède de surcroît une bonne taverne. Quelques autres plages autour, dont celle de Kouremenos au nord, s'avèrent particulièrement engageantes.

Transports

Une ligne de bus relie la ville de Sitia à Palekastro. En été, environ trois allers-retours en semaine, pas de service le week-end.

MUSÉE DU FOLKLORE

A 5 minutes à pied de la place : prendre la rue de l'office de tourisme (route de Sitia), le musée est dans la rue partant à gauche juste avant la station-essence. ✆ +30 69743 50180

Ouvert tous les jours de mai en octobre, de 10h30 à 13h30 et de 17h à 19h. Entrée : 2 €.

Le musée du folklore consiste en une belle maison crétoise traditionnelle restaurée en 1989 et réaménagée comme au temps de l'occupation ottomane. Le mode de vie, retracé dans ce musée à travers les objets exposés, fut définitivement abandonné dans les années 1960 avec l'exode rural et l'ouverture au tourisme. Vous pourrez observer dans la chambre, le salon ou la cuisine, les objets authentiques de la vie quotidienne d'autrefois ainsi que les meubles, les tapisseries et quelques pièces de l'art populaire crétois. Une visite qui vaut le détour.

RUINES DE LA CITÉ MINOENNE DE ROUSSOLAKOS ★

Au bord de la plage de Chiona, à 2 km du village de Palekastro. ✆ +30 28410 22462

Ouvert tous les jours en saison de 8h à 15h, sauf le mardi. Entrée libre.

Coincé entre les champs d'oliviers et la jolie plage de Hiona, le site de Roussolakos révèle les fondations d'une ancienne ville minoenne qui aurait rayonné sur la région à la période post-minoenne (environ 1700 av. J.-C.), mais dont certaines tombes retrouvées attestent d'une occupation humaine lors des première et deuxième périodes minoennes. Le site a peut-être été abandonné puis réinvesti. D'après les ossements, la taille approximative des Minoens a pu être établie : 1,60 m pour les hommes et 1,50 m pour les femmes.

Le plan de la cité se décline en une artère centrale d'où partent 4 rues perpendiculaires, divisant la ville en 9 secteurs. Les façades des maisons bordant la route centrale étaient plus imposantes que sur les autres rues. Les pièces importantes retrouvées à Roussolakos sont, à côté des sempiternelles amphores ou lampes à huile, un pressoir à raisin, et surtout une assiette gravée de l'hymne à Zeus Dictéen. Cet hymne à la paix et à la vie, qui repose désormais au Musée archéologique d'Héraklion, serait peut-être le premier hymne dédié à un dieu de toute l'Antiquité. Enfin, une superbe statuette en or et en ivoire, visible au musée de Sitia, représentant un dieu ou un athlète a été également excavée sur le site.

A Roussolakos, la vie a soudainement disparu avec l'éruption du volcan de Santorin (vers 1645 av. J.-C.). Les recherches se poursuivent et certaines présagent qu'une « radiographie du site » laisserait apparaître le cinquième palais minoen de Crète.

ELIA STUDIO €

✆ +30 28430 61001

www.eliastudios.com

Comptez 45 € un studio pour deux en saison et 5 € par personne pour le petit déjeuner. Tarifs dégressifs.

De jolis appartements de 25 m^2 environ, dans des maisonnettes de taille moyenne, confortablement aménagés pour accueillir jusqu'à 4 personnes. Ils sont situés sur la colline, avec vue sur la mer (au loin). La piscine est bien agréable pour profiter de la vue. Tous les appartements sont climatisés et possèdent une petite cuisine équipée, un réfrigérateur, une salle de bains privative avec sèche-cheveux et un ou deux balcons. L'établissement, situé au milieu des oliveraies, est plein de fleurs, rendant le séjour très agréable. Chaises longues au bord de la piscine.

EVA HAUS (LA MAISON D'EVA) €

✆ +30 28430 61388

A partir de 35 € pour 2 personnes, sans le petit-déjeuner.

Cette petite auberge est tenue par une sympathique Allemande, Eva, qui parle un français parfait. L'établissement est situé à 200 m du centre de Palekastro et à côté du musée folklorique de la ville. Il propose 2 petits studios et 3 chambres doubles, simples mais très propres et fonctionnels. Les chambres disposent d'un frigo et d'une salle de bains privative. Wifi gratuit, TV satellite. Parking privé à disposition. Café ou thé offert par la propriétaire !

HIONA HOLIDAY HOTEL €€

✆ +30 28430 29 623

www.hionaholiday.gr

Chambre double à partir de 65 € en saison. Petit déjeuner compris. Tarifs dégressifs.

Cet hôtel d'une trentaine de chambres est situé à la sortie du village et à 2 km des grandes plages de sable de Kouremenos, à 1 km de la plage de Hiona et à 6 km de la plage de Vaï ! Les chambres, modernes, claires et très propres, disposent d'une salle de bains, de l'air conditionné, du téléphone, d'un frigo, d'un balcon et du wifi gratuit. Ambiance chaleureuse et familiale grâce à sa taille moyenne et sa piscine. L'accueil est en français. Les propriétaires possèdent également des studios à louer sur la plage de Hiona, propres et confortables. Une bonne adresse.

© PETER MAERKY - SHUTTERSTOCK.COM

Ruines de la Cité Minoenne de Roussolakos.

ESPERIDES STONE HOUSES €

À 300 m de la plage de Kouremenos, sur les hauteurs. ✆ +30 28430 61433

Studio pour deux personnes à partir de 80 € en saison. Maisonnette pour 3 à 4 personnes disponible. Accueil francophone.

C'est un groupe de 5 maisonnettes, en pierre et en bois, construites il y a 10 ans et décorées avec goût (4 maisonnettes pour 4 personnes et 1 studio en rez-de-chaussée, également pour 4, avec accès pour personnes à mobilité réduite). Toutes offrent une vue splendide sur la mer et la baie de Kouremenos et elles sont entièrement équipées. Situées au cœur d'une plantation d'oliviers, dans un jardin botanique, les terrasses privées des maisonnettes et la grande piscine offrent un sentiment unique de calme. Enfants bienvenus ! Service de blanchisserie sur demande.

TAVERNE ELENA €

A côté de l'office du tourisme, dans la rue principale

✆ +30 28430 61234

Ouvert toute l'année. En saison, ouvert de 11h à minuit. Comptez autour de 15 € par personne.

Elena et sa sœur ont pris le relais de leurs parents dans la taverne familiale ! Elles se partagent les jours à la cuisine pour offrir à leurs hôtes ces mêmes recettes traditionnelles qu'elles préparent à leurs petits-enfants : haricots verts à la sauce tomate, tomates et poivrons farcis au riz, feuilles de vignes farcies, salade de betteraves, côtelettes d'agneau grillées au feu de bois… Plusieurs plats à base de crustacés et poisson frais au menu également. La terrasse couverte est appréciable, pour ne rien perdre de ce qui se passe sur la place du village.

FREAK WINDSURF

✆ +30 69792 53861

www.freak-surf.com

Ouvert de mai en novembre. Leçons : environ 60 € les 2 heures pour les débutants, 160 € les 8 heures, matériel inclus.

Un spot recommandé par les windsurfeurs du monde entier : location de matériel neuf, leçons auprès de moniteurs francophones et bonne ambiance. L'endroit créé en 2004 par Hannes et Davina, respectivement d'origines autrichienne et anglaise, est fréquenté par de nombreux adeptes venus d'Europe et d'ailleurs. Des soirées sont organisées fréquemment dans le centre pour un moment de convivialité. Le centre propose des séances de yoga, sur la plage, adressées aussi bien aux débutants qu'aux… yogis ! Escalades et tours en VTT sont également organisés.

AGATHIA

Agathia, ou *Ta Agathia,* est une petite agglomération pittoresque, à 35 m d'altitude, accrochée contre une petite butte. Une fois au village, on longe la ruelle qui passe devant la petite église jusqu'au premier croisement. On emprunte, ensuite, le chemin direction nord-ouest et on arrive dans une oliveraie. Avec quelques jardins sur la droite, on aboutit au site archéologique de Roussolakos, situé à quelques mètres avant le joli port et la plage de Hiona. Si vous voulez vous aventurer davantage, continuez direction sud et vous arrivez devant quelques criques où vous pouvez apprécier une baignade dans un calme absolu. Attention au vent !

ZAKROS

Entre Palekastro et Zakros (17 km), la route est très pittoresque avec, à certains endroits, des ocres rouges lumineux. Zakros est comme de nombreux villages, divisé en deux : Ano Zakros en haut et Kato Zakros en bas, séparés par moins de 8 km. Zakros doit sa renommée à sa vallée et au site minoen du même nom situé dans une superbe baie avec une belle plage. En saison, les nombreux cars de touristes venant d'Ierapetra, de Sitia ou d'Agios Nikolaos traversent sans s'arrêter Ano Zakros pour le Zakros d'en bas. L'endroit est saisissant et très reposant. Il s'agit d'une longue plage, bordée de tavernes, cafés, boutiques et chambres à louer et rien d'autre. Attention, les chambres et restaurants de Kato Zakros ferment de novembre à mars. Toutes les facilités (épicerie, office de tourisme, poste, essence…) se trouvent en haut. Prévoyez de l'argent liquide, car il n'y a pas de distributeur automatique à Zakros. Et de nombreux établissements ne prennent pas la carte bleue ! Une très belle randonnée joint les deux parties, avec la fin du sentier de randonnée européen E4 : c'est la vallée de la Mort. Le site de Zakros est protégé, cela empêche le développement d'infrastructures hôtelières dans un périmètre défini. L'huile d'olive de Zakros est renommée.

Transports

Tous les bus qui vont à Kato Zakros passent par Ano Zakros. Attention, en hiver, les bus descendent rarement jusqu'à Kato Zakros (tout est fermé). Pratique, il existe une ligne KTEL qui dessert Sitia-Palekastro-Zakros environ 3 fois par semaine en saison.

GROTTE DE PELEKITA

A une bonne heure de marche en partant de Kato Zakros et en suivant un chemin côtier se trouve la grotte de Pelekita ou « du Figuier ». La grotte, également accessible en bateau, d'une longueur de 310 mètres, compte parmi les plus grandes de Grèce. L'intérieur, composé de salles assez hautes, est impressionnant. Les rochers, les piliers blancs, les stalagmites qui, dans la troisième salle, s'élèvent à une hauteur d'environ 10 mètres, le lac que l'on admire avant la sortie et les étonnantes formations géologiques composent un canevas d'une grande beauté.

PLAGE DE KATO ZAKROS

A l'opposé des stations balnéaires bruyantes, la plage de Kato Zakros préserve son charme unique grâce à la beauté captivante d'un paysage aride mais serein, dominé par un calme appréciable et une mer propre aux eaux cristallines. C'est ici que s'achève le sentier européen de randonnée E4, et c'est ici que les Minoens ont choisi de fonder l'un des plus puissants palais de Crète ! Sur la plage, on trouve quelques parasols au niveau des tavernes, mais il vaut mieux s'installer sous les tamaris qui, par ailleurs, poussent là où la plage devient sableuse !

SITE MINOEN DU PALAIS DE ZAKROS ★★★

Ouvert tous les jours de 8h30 à 18h en saison. Entrée : 6 €.

Le site a été fouillé dans les années 1960 par des archéologues grecs. Les connaissances accumulées depuis près d'un siècle sur les Minoens ont donné de précieuses informations quant à la disposition des bâtiments. Une partie du site est actuellement sous l'eau : l'extrémité de l'île s'est inclinée depuis l'époque minoenne. Comme la plupart des palais crétois, le palais de Zakros a été construit initialement aux alentours de 1900 av. J.-C. Ce que vous découvrez aujourd'hui date de 1600 av. J.-C. La superficie du site est d'environ 10 000 m². Il était la résidence de la famille royale mais également le centre administratif et religieux pour l'ensemble de la région. De très nombreux objets ont été découverts ici (environ 10 000) qui se trouvent principalement aux musées d'Héraklion et de Sitia. En particulier un trésor religieux minoen intact, avec notamment des objets de rituel et, au fond d'un puits, des bols contenant des olives intactes, comme si elles avaient été fraîchement cueillies, datant de 3 500 ans ! De nombreuses tablettes en argile non encore déchiffrées, ainsi qu'une tête de taureau en pierre et un magnifique vase en cristal de roche (musée d'Héraklion). De Zakros, des produits locaux (bois de construction et artisanat) étaient exportés vers l'Egypte et le Moyen-Orient tandis que des pierres semi-précieuses, des métaux précieux et de l'ivoire étaient importés. Comme la totalité des sites crétois, la vie s'est arrêtée à Zakros en 1450 av. J.-C.

VALLÉE DE LA MORT ★★★

Randonnée de 7,5 km (1h30).

Rien de particulièrement difficile pour trouver le début de la marche : suivre les flèches depuis le village, descendre la route indiquée pendant 15 minutes en passant devant des maisons entourées de leur potager, avant que les oliviers ne prennent le relais. Une piste en roche rose part alors sur la gauche, c'est le sentier E4 qui s'enfonce dans les oliviers. La première demi-heure de marche se fait dans ce paysage vallonné d'oliveraies, de lauriers roses et même de quelques palmiers. Puis on quitte progressivement la plaine pour s'enfoncer dans une large vallée surplombée par d'immenses falaises érodées où se dessinent des ombres noires et circulaires : les grottes. Ces grottes sont des tombeaux creusés dans les rochers qui ont servi à inhumer les morts à différentes époques depuis les Minoens. C'est la présence des tombeaux qui a valu à cette vallée son appellation de « to faraggi ton nekron » (le canyon des morts) !

Dans le dernier tronçon des gorges, un petit panneau sur une paroi rocheuse indique un château minoen (*minoan castle*). Attention, cette marche est très difficile (il s'agit presque d'escalade) et surtout il y fait une chaleur d'enfer. On doit grimper en plein soleil sur des roches coupantes pendant une bonne heure (aller-retour), pour arriver sur un grand tas de pierres qui domine la mer : les ruines du château minoen. Rien à voir, sinon la vue sur la mer. Prévoir beaucoup d'eau. Une fois les gorges passées, l'espace s'élargit et on débouche en amont de Kato Zakros, près du site minoen.

Une alternative à cette marche, qui ne dure qu'une heure : continuer la route après Ano Zakros sur 2 km. Vous verrez sur votre gauche un parking et un panneau indiquant « Dead's Valley ». Vous pouvez aussi demander au bus de s'arrêter là, si vous n'avez pas la facilité d'une voiture de location. La marche est particulièrement attractive au printemps quand tout est fleuri : thym, lauriers roses et autres arbres à essence. Les abeilles qui bourdonnent autour de tout ce nectar, les chèvres et moutons accrochés aux falaises qui, le soir venu, redescendent tous seuls de leur perchoir pour dormir dans le lit de la rivière… On peut sentir dans ces gorges toute la nature de la Crète. Au printemps, vous aurez des chances d'effectuer la marche seul. Si vous ne souhaitez pas vous retrouver à la queue, partez très tôt et observez la nature se lever.

Au niveau de l'entrée des gorges de Kato Zakros, il est possible de louer des équipements d'escalade pour petits et grands. Ce service est proposé par la municipalité d'Itanos.

ATHENA ROOMS €

✆ +30 28430 26893

www.kato-zakros.gr/ el/athena.php

Comptez à partir de 50 € avec petit déjeuner pour deux personnes, en saison. Wifi. AC.

Ces chambres sont superbement situées sur les hauteurs de Kato Zakros, tout au bout de la baie, avec la mer et les tavernes en contrebas. On rejoint la plage par un petit chemin de pierre en quelques minutes. Charmantes avec du bois au plafond et de la pierre locale sur les murs, les chambres offrent une vue sur mer, mais elles sont en plein vent lorsqu'il se met à souffler ! Elles disposent d'un balcon ombragé et meublé, d'une salle de bains, du matériel pour préparer du café ou du thé (bouilloire, cafetière, etc), d'un frigo, d'un sèche-cheveux. Wifi, parking.

YIANNIS RETREAT €

✆ +30 28430 25726

https://katozakros-rooms.com/fr/

Studios pour 2 personnes de 40 à 60 € en saison, petit déjeuner inclus.

Des petits studios, en rez-de-jardin, en pierre, rénovés, entièrement équipés, et dont les façades fleuries croulent sous les bougainvilliers... A l'intérieur, les matériaux en bois et pierre donnent le ton, respectant le précieux héritage de l'habitat traditionnel. Les couvre-lits, les rideaux, en ocre, beige et blanc, fabriqués par des artisans crétois, le mobilier : tout est choisi avec goût et finesse. Yiannis et Katerina, les propriétaires, ont pensé à tout pour rendre le séjour de leurs hôtes le plus agréable possible. Un ravissement !

CORAL ROOMS €€

✆ +30 28430 26896

www.kato-zakros.gr/ el/coral.php

Chambre double entre 40 € et 50 € en saison, selon disponibilité, avec petit déjeuner. Wifi. AC.

Au bout de la plage, un petit escalier de pierre et de terre mène à ces chambres de standing très honorable. Elles sont lumineuses, propres et disposent chacune d'une grande terrasse donnant sur la mer de la Crète du sud ou sur les montagnes. Elles disposent également d'une salle de bains, d'un sèche-cheveux, d'un frigo, de l'air conditionné et d'une TV. Plusieurs activités sportives sont proposées. Sur la plage, chaises longues et parasols sont disponibles gratuitement pour les clients. Le petit déjeuner est servi à la taverne Akrogiali, à 50 m des logements.

AKROGIALI €

✆ +30 28430 26893

www.kato-zakros.gr

Ouvert toute la journée en été. Comptez autour de 15 € par personne.

Akrogiali est la plus ancienne taverne de la région de Kato Zakros. Fondée en 1898, elle a été reprise en 1991 par Nikos et son épouse Tania. Depuis ils proposent des repas crétois à base de produits de la région (viande, fromage, légumes) et de bons poissons et crustacés. A 5 mètres de la plage, quasiment les pieds dans l'eau, vous dégusterez à l'Akrogiali (qui signifie « au bout de la mer ») des bons plats soigneusement préparés. Le patron, Nikos, parle français. Il possède également les résidences Athéna et Coral où vous pourrez séjourner.

NIKOS PLATANAKIS - KATO ZAKROS BAY TAVERN €

Sur la plage à droite en arrivant au village, face à la mer.

✆ +30 28430 26887

Ouvert en été, toute la journée. Comptez autour de 15 € par personne.

Taverne familiale appartenant à Nikos Platanakis. On y prépare une cuisine traditionnelle, élaborée avec les légumes fondants du jardin. Le patron, vous fera goûter les meilleurs *paximadi* de la région, faits maison. Le fils, très charmant et qui parle un excellent français, vous fera peut-être visiter les cuisines afin que les femmes qui y officient vous soulèvent le couvercle de toutes les marmites du jour : haricots verts à la sauce tomate, ragoût d'agneau ou de lapin....

NAPOLÉON €€

Ano Zakros

✆ +30 28430 93152

Ouvert toute l'année. Tous les jours midi et soir l'été. En hiver ouvert à partir de 17h. Comptez 20 € par personne.

Napoléon est le restaurant incontournable de Zakros et le plus ancien de la ville. Le patron propose au jour le jour les plats traditionnels crétois, avec une préférence pour le ragoût d'agneau ou de lapin. Les grillades sont juteuses (optez pour les côtelettes d'agneau), la viande est toujours d'une excellente qualité. Tout est préparé à base de produits locaux provenant des vergers et potagers du village. Pour varier, il prépare aussi de bonnes pizzas mais il vaut mieux rester fidèle aux plats de la cuisine traditionnelle.

RÉGION D'HANIA

La région de Hania, à l'ouest de la Crète, offre un environnement susceptible de satisfaire les envies les plus diverses. La côte ouest, à partir de Kastelli-Kissamou, est dominée par de vastes oliveraies. Epargnée par le tourisme excessif, la zone possède des plages merveilleuses telles que la péninsule de Gramvoussa, les baies de Falassarna, d'Elafonissi ou le lagon de Balos. Au centre, le massif des Lefka Ori culmine à 2 400 m. Omniprésent dans le paysage et creusé de gorges spectaculaires telle celle de Samaria, il plonge presque à pic dans la mer de Libye. La région sud bénéficie de petites stations balnéaires, tranquilles et belles. De Palaiohora à Hora Sfakion, l'accès se fait aussi par la mer et le relief limite toute expansion. Plus au sud encore, face à l'Afrique, se tient l'île de Gavdos, d'un charme étrange à l'écart de tout.

© THANASIS FOUKAS - SHUTTERSTOCK.COM

Région d'Hania.
Péninsule de Gramvoussa
RODOPOS
KOLYMBARI ★
Kalydonía
Kaliviani
FALASSARNA ★★★
KÍSSAMOS ★
NOPIGIA
GRAMVOUSÁ
PLATANOS
Zachariana
PLATANIAS
MÁLEME ★
Mothiana
Rokka
VOUKOLIES
Deliana
HANIA - LA CANÉE ★★★★
AGI APOSTOLOI
THERISSO ★
Perivolia
AGIA
Koufos
ALIKIANÓS
SKINÉS
FOURNÉS
DIKTYNNA
SOUDA ★
APTERA ★★
Malaxa
KALYVES
ALMYRIDA ★
Tsivaras
Stavros
Péninsule d'Akrotiri
Chordaki
AKROTIRI ★
Pazinos
Sfinari
Melissia
Pappadiana
Meskla
LAKKI
VÁMOS ★
Ramni
Milones
Prases
Plokamiana
Elos
GEORGIOUPOLI
VRISSES
KANDANOS
AYÍA IRÍNI ★★
OMALOS
Skafi
Lac de Kournas
Chrisoskalitissa
SFAKIÁ
Seliniotikos Gyros
KEFALI ★
RODOVANI
AZOGYRES ★★
Prodromi
Moní
KOUSTOGERAKO
GORGES DE SAMARIA ★★★★
AMMOUDARI ★★★
Argyroupoli
ELAFONISI ★★★
GIALOS ★★
ANIDRI
SOÚGIA ★★
Imbros
Agios Ioannis
PALEOCHORA ★★★
AGIA ROUMELI ★★
ANÓPOLIS ★
Vers ÎLE DE GAVDOS ★★★
CHÓRA SFAKÍON
LOUTRO ★★
FRANGOKÁSTELLON ★
10 KM

PAGES

274 ## ●● CÔTE OUEST

Très prisée des touristes pour ses magnifiques plages, la côte ouest de la Crète reste en grande partie une zone sauvage, aux paysages intacts. Impossible ici de longer tranquillement la mer en voiture, il faut être soit bien chaussé pour y accéder ou s'aventurer sur les nombreuses pistes qui relient la route principale aux plages à l'eau incroyablement transparente. En saison, les sites grandioses de Balos, Falassarna et Elafonissi sont très visités et quelque peu gâchés par l'affluence touristique. Ils restent somptueux, mais nous vous recommandons de vous y rendre tôt le matin ou tard en fin de journée pour profiter de la magie des lieux. Le soleil couchant dans ces paysages uniques est une expérience que vous n'oublierez pas de sitôt.

274 ### GRAMVOUSSA ★★★

FALASSARNA ★★★

276 La plage de Falassarna, à l'extrémité ouest de la Crète, au pied d'une colline, étend des eaux turquoise parsemées de rochers. Certains passent tout l'été dans leur tente à contempler l'horizon depuis ce petit paradis naturel.

278 ### KEFALI ★

ELAFONISSI ★★★

279 Les eaux transparentes de la presqu'île d'Elafonissi sont connues au-delà de la Crète. Cette plage du sud-ouest de l'île n'est pas sans rappeler un lagon. Un air de bout du monde. On peut s'y arrêter une journée, deux maximum.

280 ## ●● CENTRE

Le centre de la région de Hania est une zone extrêmement montagneuse, dominée par les montagnes de Lefka Ori. On passe parfois difficilement d'un village à l'autre et il est souvent nécessaire de revenir vers Hania pour prendre une autre route vers le sud. Les chemins de randonnée sont nombreux et magnifiques, notamment les gorges de Samaria, très prisées des touristes.

280 ### AGIA

280 ### FOURNES

281 ### ALIKIANOS

282 ### OMALOS

282 ### LAKKI

© ZAKHAR MARUNOV

La plage d'Elafonissi.

PAGES

© AUTHOR'S IMAGE

Mosquée des Janissaires.

HANIA - LA CANÉE ★★★★

Avec un peu plus de 50 000 habitants, La Canée ou Hania (à prononcer kha-nia, avec une sorte de h aspiré) est aujourd'hui la deuxième ville de l'île après Héraklion. Si un aéroport, situé à une quinzaine de kilomètres au nord-est, dessert de nombreuses destinations, et si les touristes sont en été nettement plus nombreux que les locaux et les étudiants qui font vivre la ville toute l'année, Hania n'en a pas moins conservé sa splendeur.

Le centre historique s'articule autour du vieux port, dominé par son phare emblématique. La vieille ville est cernée de fortifications et présente un dédale de petites rues bordées de maisons d'époques variées. En effet, si la période vénitienne a plus particulièrement marqué l'architecture, Hania a été continuellement occupée pendant près de 5 000 ans : de l'antique cité minoenne de Kydonia jusqu'à aujourd'hui, Hania offre donc un patrimoine d'une richesse incomparable. L'occupation turque a laissé quelques traces qui ajoutent un brin d'exotisme à la ville. On se promène parmi ces strates successives d'histoire comme dans un livre vivant. En effet, la ville ne se limite pas à son patrimoine et Hania vibre encore aujourd'hui. De nouvelles générations ont investi les lieux, ouvrant cafés et restaurants qui participent à dynamiser la ville contemporaine.

Tout ici paraît plus calme qu'à Héraklion, plus serein même. Par rapport à Réthymnon, vénitienne elle aussi, Hania paraît plus aérée. D'importants travaux de restauration au cours de ces dernières décennies ont embelli la ville, qui était déjà sans doute l'une des plus belles de Crète et de Grèce. Nous vous conseillons de vous y promener le matin au lever du soleil car vous retrouverez l'ambiance d'autrefois, avant que n'ouvrent les boutiques de souvenirs. N'hésitez pas à vous perdre au fil des rues et à explorer les quartiers un peu plus excentrés mais aux identités marquées : à l'ouest de la vieille ville, la station balnéaire familiale de la plage Nea Chora ; à l'est, la baie de Koum Kapi avec ses nombreux cafés de bord de mer et, plus loin, le quartier XIXe siècle de Halepa.

Histoire

A l'origine, la cité antique de Kydonia s'élevait dans le quartier actuel de Kastelli situé sur la colline, à l'est du port vénitien. Les recherches archéologiques ont mis en évidence les ruines d'une importante cité minoenne : la ville du roi Kydon aurait été fondée autour de 3000 av. J.-C. et son nom est inscrit sur l'une des tablettes du linéaire B découverte à Cnossos. A partir de 1967, l'équipe d'archéologues suédois et grecs qui a conduit les fouilles dans Kastelli a découvert une centaine de tablettes de linéaire B, un grand nombre de jarres et de céramiques (place Sainte-Catherine et rue Canevaro notamment). En 1450 av. J.-C., suite à l'éruption supposée d'un volcan à Santorin, Kydonia a été détruite par un incendie, puis reconstruite. Kydonia (qui signifie « coing » ou « cognassier ») semble ensuite avoir été prospère pendant une longue période.

En 69 av. J.-C., les Romains lui déclarèrent la guerre. Malgré une défense héroïque, la ville tomba aux mains des assaillants mais continua de prospérer sous cette domination. Ils bâtirent une acropole sur la colline de Kastelli et c'est à cette époque que la ville s'étendit réellement comme en témoignent certaines mosaïques découvertes près de la cathédrale.

Au début de l'ère chrétienne, elle fut (jusqu'au IXe siècle) le siège d'un évêché. Entre 821 et 961, la ville tomba aux mains des Arabes avant de devenir byzantine. Les nouveaux maîtres de Kydonia construisirent alors une première forteresse. Une période de déclin s'ensuivit jusqu'à ce que les Vénitiens s'intéressent à la ville. Après le siège de Constantinople par les Latins (en 1204), la Crète fut cédée à Bonifacio Marques Momferato qui la revendit aux Vénitiens. Pendant ce temps, le Génois Erico Piscatori, comte de Malte, prit Kydonia et fortifia l'acropole de Kastelli. Les Vénitiens durent batailler ferme pour le déloger.

Sous l'occupation vénitienne, la ville (qu'ils appelèrent La Canée) s'agrandit et devint un centre économique et politique important entretenant des liens privilégiés avec Venise. Au milieu du XVIe siècle, la ville fut fortifiée une nouvelle fois et de nouveaux bâtiments publics et privés, existant encore de nos jours, furent érigés.

En 1537, le pirate Barberousse opéra un raid sur La Canée qu'il pilla sans scrupules. En 1645, au terme d'un siège de deux mois, ce fut au tour des Turcs de prendre possession de la ville. La ville garda les mêmes structures, bientôt agrémentées d'une touche ottomane, et devint le siège d'un pacha, représentant de la Grande Porte (entre 1645 et 1830, La Canée a été gouvernée par 197 pachas). Les églises furent transformées en mosquées.

En 1821, avant le début de la révolution, La Canée comptait 10 600 habitants, dont 8 000 Turcs et 2 600 chrétiens. La période d'occupation ottomane fut, à l'image de toute la Crète, sombre pour La Canée qui connut alors un déclin sans précédent. Quand fut proclamée l'indépendance de la Crète en 1897, les grandes puissances de l'époque, la Grande-Bretagne, la France, la Russie et l'Italie (le Grand Pouvoir), garantirent leur autonomie aux Crétois face à l'Empire ottoman. Hania fut dès lors nommée capitale de la Crète, bientôt rattachée à la Grèce. Pendant l'occupation allemande, à partir de 1941, Hania fut témoin de nombreux combats entre envahisseurs et partisans et fut même bombardée lors de la bataille de Crète.

Depuis les années 1960, comme le reste de l'île, Hania s'est tournée vers l'activité touristique, avec succès. En 1971, elle perdit son statut de capitale au profit d'Héraklion. La ville s'est étendue et est devenue un centre économique prospère avec les avantages et les inconvénients de ce type de développement mais le patrimoine a fort heureusement été préservé. La vieille ville s'est notamment refait une beauté en rénovant le quartier historique autour du vieux port.

Quartiers

Kastelli. Il s'agit du plus vieux quartier de Hania, là où s'établirent les premiers Minoens. C'est d'ailleurs ici, à l'intérieur des premières fortifications de la ville, que vous verrez les excavations en cours, autour des fouilles gréco-suédoises. Construit sur une petite colline coincée entre les deux ports, le quartier de Kastelli est beaucoup plus calme que le reste de la vieille ville, et également plus authentique. Nous vous conseillons d'y faire un tour en fin d'après-midi, lorsque les plus âgés s'installent dehors pour prendre un peu le frais : c'est un quartier qui reste résidentiel encore aujourd'hui. Les rues sont ici moins charmantes, car elles furent très largement endommagées au cours de la Seconde Guerre mondiale par des bombardements allemands. Autour du quartier, on admirera les vestiges des fortifications byzantines.

Le port vénitien. Le vieux port, ou port vénitien, s'étend tout le long de la vieille ville. A l'origine, l'activité portuaire était surtout concentrée entre la place Sintrivani, aussi appelée place Venizelos, et le phare qui garde jalousement l'entrée de la cité. C'est là que l'on admire encore les anciens docks vénitiens, les douanes, l'arsenal et la mosquée Giali Camici. Aujourd'hui, à l'exception d'une petite marina de plaisance, le port n'est plus utilisé par les bateaux commerciaux qui ont été redirigés sur le port de Souda, à 6 km du centre. En revanche, terrasses de restaurants et cafés ont envahi les lieux.

Quartier Ovriaki. Au sud du port, autour des rues Halidon et Skridlof, c'est l'ancien quartier juif. On y trouve notamment la fameuse rue du Cuir (odos Skridlof). C'est une rue où exerçaient les artisans du cuir. Aujourd'hui, tout ce quartier est le plus touristique de la vieille ville : les artisans ont fait place aux boutiques de souvenirs largement *Made in China*. Vous apercevrez encore içi et là quelques boutiques qui valent le coup. À vous d'avoir l'œil ! C'est également ici que vous trouverez certains des musées intéressants de la vieille ville, dont le musée archéologique, en face de la cathédrale.

Quartier Topanas. À l'ouest, entourant une partie du vieux port, le quartier Topanas dégage plus de calme et un charme certain. Les ruelles y sont très étroites et réservent toutes des merveilles architecturales de l'époque vénitienne ou des maisons turques en bois. On y trouve une multitude de petits restaurants qui, le plus souvent, font joyeusement déborder leurs terrasses. Nous vous conseillons de vous y promener le matin de bonne heure, lorsque les bars sont encore fermés et que les ruelles sont désertes. Vous pourrez alors sentir l'atmosphère de la vieille ville telle qu'elle était autrefois.

le phare de La Canée.

Splanzia. Derrière Kastelli, entre les murs byzantins et le marché couvert, l'ancien quartier turc de Splanzia s'articule autour de la place du même nom, aussi appelée place 1821. Là, des platanes géants offrent de l'ombre sur le parvis de l'église Saint-Nicolas qui fut la mosquée principale de Hania pendant la période ottomane. C'est un quartier réellement charmant, fait de multiples ruelles cachées, et qui est très apprécié de la jeunesse branchée de la ville. Vous y trouverez de nombreux restaurants, cafés et boutiques où tous se retrouvent en soirée.

Au-delà de la vieille ville. A l'est du vieux port, la large baie de Kom Kapi s'ouvre le long du quai Akti Miaouli. Là, une petite plage accueille quelques baigneurs mais on y vient surtout pour ses nombreux cafés au bord de l'eau. En poursuivant toujours vers l'est, on rejoint la ville du XIXe siècle. C'est dans la petite anse de Tabakaria que se trouvaient les tanneries de la ville. Aujourd'hui, ces anciennes fabriques dégagent une forme de mélancolie. En quittant la côte, on entre dans le quartier de Halepa, dominé par l'héritage d'Eleuthère Venizelos. On visitera quelques sites d'intérêt, comme le musée Venizelos, et on découvrira un quartier agréable, loin des foules touristiques.

A l'ouest du vieux port, on rejoint le petit port de pêche de Nea Chora avec sa large plage de sable. C'est une petite station balnéaire appréciée des familles où l'on pourra nager et se restaurer face à la mer. Elle annonce les grandes stations de la côte ouest mais garde son côté désuet et touchant. Pratique pour aller prendre l'eau à 10 minutes à pied du port.

Se loger

Ville touristique oblige, ce ne sont pas les hôtels qui manquent à Hania... d'autant que de nouvelles adresses ouvrent chaque année, donc la concurrence est rude. Les adresses de charme, voire de luxe, type boutique-hôtel, s'enchaînent et offrent un confort moderne dans des cadres paradisiaques, souvent des bâtiments historiques magnifiquement restaurés. Les hébergements peu chers du style pension ou chambre chez l'habitant se font plus rares. Ces petites auberges se trouvent surtout du côté du quartier de Topanas et sauront charmer les petits budgets. Il faudra faire quelques concessions au confort ceci dit. Enfin, pour les adeptes du camping, le plus proche se trouve à Agi Apostoloi, à 4 km à l'ouest en suivant le front de mer. En haute saison, les hôtels sont rapidement complets, donc nous vous conseillons de vous y prendre à l'avance.

Se restaurer

Les restaurants sont très nombreux à Hania, et on peut parfois avoir du mal à choisir devant l'offre pléthorique de la vieille ville. Les terrasses situées directement sur le port sont très touristiques mais la vue y est magique et quelques rares perles s'y cachent. Hormis le port, les ruelles de la vieille ville recèlent de restaurants au cadre incroyable : dans les ruines de maisons, de bains turcs ou sur une petite placette entourée de maisons vénitiennes, vous aurez l'embarras du choix... Une chose est sûre : vous mangerez bien durant votre séjour à Hania. La place 1866, encore appelée place des Taxis, est le coin des souvlaki. Il y évolue toujours une foule de Crétois pressés qui mangent sur le pouce dans les différentes boulangeries et souvlakeria du coin, ce qui est bon signe sur la qualité de la viande servie.

Shopping

De multiples boutiques de souvenirs, bijoux, produits alimentaires et de beauté crétois (à base d'huile d'olive) ont ouvert dans les ruelles de la vieille ville. Le marché couvert en est aussi rempli. On y trouve des objets pratiques et modernes (lunettes, chapeaux, tee-shirts, foulards...) et seulement quelques produits réellement authentiques. Faites attention lors de vos achats... La large rue Tsouderon réunit les enseignes internationales de prêt-à-porter.

Plus traditionnel, on trouve dans la rue des Bottiers (odos Stivanadika ou Skrydlof) et la rue des Couteliers (odos Sifakia) des objets en cuir de très belle facture (ceintures, sacs et les fameuses bottes et sandales crétoises !) et des couteaux artisanaux. Egalement de nombreuses bijouteries arborant des collections faites main et de beaux tissus traditionnels ainsi que des tapis.

Sortir

Vous verrez un nombre incalculable de terrasses où boire un verre ou un café en ville, en particulier dans le centre historique. Hania est très animée, de jour comme de nuit, notamment en été. Suivant le principe de saisonnalité qui régit la Crète, il existe des lieux d'animation spécifiques pour l'été et pour l'hiver et la majorité des établissements estivaux ferment hors saison. Pour être sûr de ne pas vous tromper et éviter les déceptions, demandez conseil aux jeunes Crétois. Dans la vieille ville, le port est longé de terrasses touristiques mais vous y trouverez quelques cafés-bars agréables où se retrouvent aussi les locaux. Toutes les ruelles du centre historique cachent de petits établissements pour faire une pause en journée ou boire un verre le soir : au gré de vos promenades, vous tomberez sur de petits bijoux insoupçonnés. Actuellement, Splanzia et le sud-est du vieux port semblent concentrer la jeunesse et les bars pour sortir en soirée. Vous trouverez for-

cément votre bonheur le long de la rue Kallergon (plutôt mainstream, jeune), sur la place Aghios Nikolaos (plutôt décontractée, entre vieux Haniotes jouant au tavli en journée et étudiants joyeux en soirée) ou autour de la rue Hatzimichaili Daliani (plutôt branchée, trendy).
Vous ne manquerez pas d'options non plus dans les quartiers plus excentrés. Ainsi, les fronts de mer de Nea Chora, à l'ouest, ou de Kom Kapi, à l'est, regorgent de cafés-bars et de terrasses agréables. Ambiance plus familiale mais également plus locale pour ces établissements de bord de mer.

Tourisme

L'office de tourisme - Info Point se trouve à Milonagiani,53, non loin de la gare routière et de la place 1866 (✆ +30 28213 416656 - www.chaniatourism.com). Vous trouverez des plans de la ville et de la région, ainsi que les horaires de bus et de bateau, et quelques brochures. Accueil en français.
Vous trouverez des agences, qui se valent toutes, principalement dans la rue Halidon qui remonte du port en direction de la place Venizelou. La plupart des agences de voyages proposent des prestations identiques au départ de Hania : excursions pour les gorges de Samaria, les plages d'Elafonissi, des safaris Jeep et des soirées crétoises à des prix similaires. Egalement des croisières de trois jours pour l'île de Santorin. Sur le port, de nombreux bateaux proposent des excursions de quelques heures à une journée. Plusieurs formules : rencontre avec des dauphins nageant au large, découverte des plus belles plages des environs, rencontre avec les chèvres sauvages (kri-kri) de l'île Theodorou ou découverte des fonds marins dans une embarcation au plancher transparent.
Hania est un musée à ciel ouvert, fait de strates successives d'histoire et de patrimoine. Ici, chaque ruelle et chaque maison ancienne recèlent des trésors qui font le bonheur du visiteur. Promenez-vous simplement dans les rues de la vieille ville et appréciez l'atmosphère. Le quartier historique se divise en plusieurs petits quartiers que l'on découvre au fur et à mesure. Une fois que vous vous serez bien imprégné de la ville, de son ambiance, et de son charme, attaquez-vous aux quelques musées du centre, très attractifs et toujours adaptés aux visites en famille.
Les plages ne sont pas le point fort de Hania, ce qui n'est pas si étonnant : vous êtes ici en ville. Il faut sortir de la ville fortifiée pour rejoindre la longue plage familiale de Nea Hora, à 10 minutes à pied vers l'ouest. Elle annonce les grandes stations balnéaires de Platanias, Agios Apostoloi et Chryssi Akti : des bus fréquents longent la côte et vous pourrez choisir de descendre où bon vous semblera. Agioi Apostoloi est une petite plage ombragée particulièrement tranquille. Sinon, la plage d'Agia Marina à 10 km de la ville est aussi un bon plan, mais plus animée et touristique. Demandez au chauffeur de faire halte ou suivez la foule. Autre possibilité en restant en ville : la baie de Kom Kapi, à l'est de la cité. La plage est vraiment petite, à l'extrémité orientale de la baie, mais l'eau est claire et c'est une possibilité rafraîchissante les jours de grosse chaleur.

Transports

En avion : L'aéroport de Hania est situé sur la péninsule d'Akrotiri, à environ 30 minutes du centre en bus (attention, service irrégulier), taxi ou voiture. Il est desservi par des vols quotidiens depuis Athènes et par des vols internationaux, notamment en saison.

En ferry : Malgré son statut d'ancienne capitale et de deuxième ville de l'île, Hania n'est pas très bien connectée en ferry. Seul Le Pirée est desservi, et pour voguer vers les îles grecques, il faudra rallier d'abord le port d'Héraklion, beaucoup plus actif. En revanche, il y a au moins un ferry par jour entre Hania et Athènes et cela vous coûtera toujours le même prix, que vous réserviez des mois à l'avance ou le jour même : autour de 40 € pour un siège en classe économique. Le port de Souda est situé à environ 20 minutes du centre historique en voiture, taxi ou bus.

En bus : La gare routière est située à l'angle des rues Kidonias et Kelaidi. Le réseau est moderne et des bus desservent pratiquement chaque village plusieurs fois par jour de 5h le matin à minuit, voire plus tard selon les endroits et la période. Pour découvrir les quartiers un peu excentrés, des bus urbains sillonnent la ville moderne. Vous pourrez également vous rendre au port de Souda et dans la péninsule d'Akrotiri en bus. Pour aller au-delà de la ville, des cars desservent Réthymnon, Héraklion et toute la préfecture de Hania.

A pied : La vieille ville de Hania se découvre à pied. Le centre historique est largement piétonnier et nous vous déconseillons de vous embarrasser d'une voiture.

En taxi : Les taxis se prennent à la gare routière, sur la place Sofokli Venizelou ou sur la place 1866, ainsi que sur la place Eleftherias devant la préfecture (ville nouvelle). Sinon, ils arrivent très rapidement sur simple appel.

En voiture : Pour quitter le centre historique et la ville, vous trouverez de nombreuses agences de location de voitures, locales ou internationales, qui se valent, dans la rue Halidon. Quelques places de parking gratuites sont situées aux abords de la vieille ville, notamment vers l'ouest et Nea Chora.

ARCHIVES HISTORIQUES DE CRÈTE

Sfakianaki, 20

✆ +30 28210 52606

Entrée libre du lundi au vendredi de 9h à 14h.

Les Archives Historiques de Crète ont été fondées en 1920. C'est la meilleure adresse de toute l'île si vous cherchez à vous documenter sur l'histoire de la Crète et de ses habitants, car vous aurez accès, que vous soyez visiteur ou chercheur, à une quantité de documents très appréciable, dont de nombreuses photographies. Elles sont les plus riches de Grèce, après les Archives générales de l'Etat. Evidemment tout, ou presque, est en langue grecque.

MUSÉE MARITIME DE CRÈTE ★

Akti Koundourioti ✆ +30 28210 91875

http://mar-mus-crete.gr/

Ouvert, en saison, du lundi au samedi de 9h à 17h et de 9h à 16h en hiver. Entrée : 3 €, réduit : 2,50 €.

Ce musée propose un long parcours dans l'histoire maritime de la Crète, depuis l'âge du bronze jusqu'à la Seconde Guerre mondiale. Les batailles navales de 1821 pour l'indépendance et celle de 1941 contre les Allemands sont particulièrement bien documentées. Il est également question de marine marchande, de coquillages, et de traditions... Enfin, le pont de pilotage d'un des destroyers grecs est reconstitué, et chacun peut s'essayer à la manœuvre ! Très attractif et instructif. Une annexe du musée est située dans les docks Neoria Moro, à l'autre extrémité du port.

COLLECTION BYZANTINE

78 rue Theotokopoulou

✆ +30 28210 96046

Ouvert du lundi au dimanche de 8h à 20h, en saison. Fermé le mardi. Entrée : 3 €.

Nichées derrière la forteresse Firkas, au sud de la ville, dans le monastère vénitien San Salvatore, établi par des moines franciscains du XVe au XVIIe siècle, se trouvent des collections des pièces d'art de l'époque byzantine et post-byzantine. L'exposition permanente comporte les objets retrouvés lors des fouilles archéologiques ainsi que des donations. Il s'agit de pièces représentatives de l'évolution historique de la Crète du sud : des mosaïques, des inscriptions funéraires, des peintures et icônes, des sculptures, des céramiques, des pièces de monnaie...

JARDIN PUBLIC - ZOO

Le long des rues Tzanakaki et Dimokratias.

Ouvert tous les jours, du lever au coucher du soleil. Entrée libre. Café. Jeux pour enfants. Cinéma en plein air.

En 1870, le pacha de Hania, Reouf, décide de doter la ville d'un jardin public afin de lui donner un air cosmopolite selon le modèle occidental. C'est ainsi que plusieurs arbres à feuilles persistantes y ont été plantés et que ce jardin garde encore aujourd'hui son charme. En 1924 commencent les travaux de la construction de l'Horloge de la ville et qui durent jusqu'en 1927. C'est un endroit agréable pour une pause en journée, à l'ombre des arbres centenaires, tout en s'arrêtant au café pour boire un verre. Un petit zoo se trouve également dans ce jardin.

FORTERESSE FIRKAS ★

Akti Kountourioti

Entrée via le musée de la Marine.

Edifice vénitien, la forteresse Firkas constitue un magnifique point de vue sur le reste du port. Elle conserve le nom que lui avaient donné les Ottomans : *firka* signifie baraquement en turc. Impressionnante, quartier général des forces armées, elle gardait jalousement l'entrée au port avant d'être transformée en stockage de munitions et baraques pour soldats. On y voit les vestiges de canons, de murs d'enceinte et de cellules. Le 1er décembre 1913, le drapeau grec y fut hissé marquant l'union de la Crète à la Grèce. Elle abrite aujourd'hui le Musée de la Marine.

MUSÉE ARCHÉOLOGIQUE ★★

28 Halidon

✆ +30 28210 90334

L'ouverture du nouveau Musée Archéologique de Hania est prévue au printemps 2022. Consultez le site du musée.

Le Musée Archéologique de Hania emménage dans sa nouvelle adresse (quartier de Halepa) et dans un bâtiment neuf et moderne dont l'ouverture pour le public est officiellement annoncée pour le printemps 2021. Vous y trouverez des vestiges préhistoriques et antiques découverts dans la région, allant du Néolithique et de l'âge du bronze pour les pièces les plus anciennes (poteries, vases) en passant par la civilisation minoenne (tablettes de linéaire A et B, bijoux, magnifiques gravures sur dents d'hippopotame) et jusqu'à la période romaine (statuaire, mosaïques).

MAISON MUSÉE D'ELEFTHERIOS VENIZELOS ★★

Place Elena-Venizelou
✆ +30 28210 56008
venizelos-foundation.gr
En saison, ouvert du lundi au samedi 11h-17h30.
Entrée : 4 €, réduit : 2 €.

La fondation Eleftherios Venizelos a restauré intégralement la maison du grand homme politique crétois pour en faire un musée, et un centre de recherches également. Son objectif principal est de promouvoir, aussi bien au niveau national qu'européen, les recherches et les études concernant la vie et le rôle politique d'El. Venizelos mais, aussi, celles concernant l'histoire moderne grecque. La fondation, située dans le quartier bourgeois de Halepa, est abritée dans le manoir familial. C'est, en effet, le père de Venizelos qui a fait construire cette villa au début des années 1870, de retour d'exil sur l'île de Syros. L'immense carrière politique et diplomatique de Venizelos est détaillée dans ce musée passionnant pour qui s'intéresse à l'histoire de la Grèce moderne. On y découvre l'homme politique évidemment, mais également l'homme de lettres et le père de famille. Tout cela est retracé dans la maison familiale, restaurée, où l'on admirera du mobilier d'origine ainsi qu'une partie de la librairie qui a survécu aux bombardements allemands pendant la Seconde Guerre mondiale. Pendant l'occupation allemande, l'armée réquisitionne la villa des Venizelos pour en faire le quartier général et un bar : une des salles du rez-de-chaussée porte encore les traces des fresques grotesques qui habillaient le débit de boissons. A l'exception de cette occupation, la maison est toujours restée propriété des Venizelos, jusqu'à ce qu'elle soit léguée à l'Etat.

SALIS, LE BATEAU NOIR

Voici un personnage admiré des Crétois ! Salis était un descendant des esclaves noirs qui transitaient par La Canée suite à l'annexion égyptienne du XIXe siècle. Né en 1884 à La Canée de parents anglais et soudanais, rien ne prédestinait cet homme à être accepté par une communauté grecque plutôt réfractaire à l'étranger. De sa naissance à sa mort en 1967, il est pourtant devenu l'un des personnages les plus célèbres de La Canée. Nombreuses sont les légendes qui courent à propos de Salis le Bateau noir, mais celle qui revient la plus souvent c'est qu'il aurait gagné à la loterie. Plutôt que s'installer dans les quartiers riches de la ville, il serait resté vivre à Koum Kapi, le quartier des pauvres Halikoutes, entendez par la des porteurs et des esclaves africains. Sa bonne humeur, sa voix chaleureuse lorsqu'il travaillait sur le port et ses actions charitables l'ont peu à peu rendu célèbre. A cette époque où la dot existait encore, c'est lui qui la payait lorsque la famille des jeunes promises de son quartier ne pouvait se l'offrir. Il aidait les orphelins et les pauvres, et bien que riche il vivait modestement. Cet homme aimé de tous reçu trois ans après sa mort un hommage symbolique très important de la part des habitants de La Canée. Bien que musulman, la communauté organisa une cagnotte pour que ses restes soit déplacés au sein du Cimetière chrétien de Saint Lucas, où un monument fut érigé pour Salis le charitable, le généreux et le bienveillant.

© AERIAL-MOTION - SHUTTERSTOCK.COM

Forteresse Firkas.

NEORIA MORO ★

A l'est du port, avant d'emprunter la jetée qui mène au phare. ✆ +30 28210 91875
www.mar-mus-crete.gr
Ouvert de mi-avril à octobre, du lundi au samedi de 9h à 17h. Fermé le dimanche. Entrée 3 €, réduit 2,50 €.

A l'extrémité orientale du port vénitien se trouve le dock construit en 1607 abritant l'annexe du Musée de la Marine. Vous y verrez de nombreuses maquettes de bateaux typiques de la région. Une section est dédiée à la construction navale dans l'Antiquité. Vous découvrirez la fidèle reconstitution d'un bateau minoen (1500 avant J.-C.) réalisée avec l'aide de l'institut Naudomo. Seuls des matériaux et outils authentiques ont été utilisés. Le bateau a été mis à l'eau en décembre 2003 et a transporté la flamme olympique de La Canée jusqu'au Pirée en 2004 pour les J.O.

PORT VÉNITIEN ★★★

Une visite à Hania commencera et finira par une promenade le long du vieux port. La carte postale est là : délicates demeures ocre, bâtiments maritimes imposants et vestiges des différents occupants qui ont marqué la ville.

▶ **D'ouest en est, on passe d'abord de la forteresse Firkas** (voir plus haut) jusqu'à la **fontaine ottomane** de la place Venizelos. C'est sur ce bout de quai que se concentrent les villas des anciens négociants et marchands de la ville.

▶ **En poursuivant, on passe devant la mosquée Giali Camici** (XVIIe siècle), la seule de l'époque qui nous soit parvenue et qui donne une touche d'orientalisme à l'ensemble. Plus loin encore, on découvre les docks et arsenaux vénitiens.

▶ **D'abord, admirez le Grand Arsenal** (1585) auquel les Ottomans avaient rajouté un étage dans les années 1870. Aujourd'hui, des expositions gratuites s'y tiennent tout l'été. Au-delà de la place Katehaki, admirez ce qu'il reste des 16 **docks vénitiens** construits entre 1467 et 1599 pour abriter la flotte en hiver. Quelques années plus tard, le général Moro ordonna la construction de docks supplémentaires et imposants : les **Neoria Moro** (voir plus haut).

▶ **Enfin, le port est fermé par la jetée que domine le phare égyptien**. Construit à la fin du XVIe siècle par les Vénitiens, il fut rénové dans les années 1830-1840 par Mehmet Ali, régent d'Egypte, d'où son nom. Culminant à plus de 20 m, c'est l'emblème de la vieille ville. Venez y attendre le coucher du soleil, vous aurez alors une vue magnifique sur tout le vieux port à votre gauche, et le large à votre droite.

SYNAGOGUE ETZ HAYYIM ★★

Parados Kondylaki
✆ +30 2821 086286
http://etz-hayyim-hania.org/el/
En saison, ouvert du lundi au jeudi de 11h à 16h et le vendredi jusqu'à 15h. Entrée libre, donations bienvenues.

La petite synagogue de Hania est dissimulée dans une impasse derrière la très touristique rue Kondilaki. Elle est ouverte à la visite et nous vous conseillons fortement de passer la porte et d'entrer dans la minuscule cour intérieure pour découvrir l'histoire des juifs de Crète. L'entrée est gratuite et les visiteurs sont les bienvenus : il y aura toujours quelqu'un pour vous faire une visite guidée en anglais ou répondre à vos questions, donc n'oubliez pas de laisser une petite pièce pour l'entretien et la rénovation de ce lieu historique.

La communauté juive de Crète, de tradition romaniote, l'une des plus anciennes d'Europe, s'installe sur l'île à la période hellénistique, autour du IIIe siècle av. J.-C. Relativement isolée des autres diasporas juives, la communauté crétoise se développe malgré les occupants qui envahissent successivement l'île. Le sort des juifs de Hania et de Crète change grandement, et pour le mieux, à la faveur de l'occupation ottomane qui supprime les lois spéciales et les ghettos imposés par les Vénitiens avant eux. Au XVIIe siècle, l'administration turque lègue une ancienne église vénitienne du XIVe siècle aux juifs de Hania. Ils y fondent leur synagogue, celle que l'on visite aujourd'hui. Repérez les traces de l'église gothique d'origine, notamment les arcs en ogive dans ce lieu de culte qui, exceptionnellement, ne sépare pas les hommes des femmes.

Avec l'arrivée des Ottomans, la communauté n'est plus restreinte dans ses activités commerciales et peut enfin se développer. Au XVIIIe siècle, on compte environ 2 000 juifs et 8 synagogues en Crète mais les siècles qui suivent voient la population chuter drastiquement jusqu'à l'occupation allemande de 1940. A l'arrivée des nazis, il ne reste plus que 400 juifs à Hania. Seules 10 familles survivront. Le 21 mai 1944, l'ordre est donné d'arrêter tous les juifs haniotes afin d'être déportés. Le 9 juin, les 276 juifs arrêtés sont embarqués sur le Tanaïs qui part pour Le Pirée, direction Auschwitz. En chemin, la flotte britannique torpille le navire, le méprenant pour un bâtiment militaire allemand. Il n'y a aucun survivant. A la fin de la guerre, les quelques familles restantes se convertissent toutes au christianisme ou abandonnent leur foi : la communauté juive de Hania s'éteint complètement. La synagogue est abandonnée et laissée en ruine, et le toit s'effondre en 1995. C'est à cette époque qu'une campagne de reconstruction et de revitalisation est lancée depuis Athènes. Les fonds nécessaires sont collectés et la synagogue est rouverte en 1999.

© THE WORLD IN HDR - SHUTTERSTOCK.COM

Port Vénitien.

EXODUS TRAVEL

Kydonias 72
✆ +30 28210 36368
www.exodustravel.gr
Ouvert du lundi au samedi de 9h à 21h et le dimanche de 10h à 14h et de 17h à 21h.

En plein cœur de Hania, cette agence de voyage propose des excursions à la journée, notamment à la plage d'Elafonissi ou dans les gorges de Samaria, à petits prix (on fait même des économies par rapport aux transports en commun). Les tours sont intéressants, renseignés, et les bus de déplacement sont propres et climatisés. Parfait pour les familles avec des enfants ou les seniors, avec une prise en charge sérieuse. C'est une bonne adresse parmi la pléthore d'offres que renferme la ville touristique, même si vous ne sortirez pas vraiment des sentiers battus.

CHANIA CRUISES

Sur le port, au niveau du café Remezzo
✆ +30 6947 842602
www.chaniacruises.gr
Départ 7j/7, selon la météo. Croisière 1h30 : 10 € ; 3h 20 €. Croisière privée 200 € pour Maro, 300 € pour Irini.

Embarquez pour une croisière sur l'*Irini* ou le *Maro*, bateau traditionnel grec utilisé pour le tournage de *The Two Faces of January* (2014) avec Viggo Mortensen et Kirsten Dunst ! Au programme : découverte d'animaux sauvages sur l'île de Theodorou : vous pourrez voir des tortues et les fameuses chèvres sauvages appelées *kri-kri*. Baignade dans les eaux cristallines autour de l'île de Lazaretta. Les amateurs de snorkeling (équipement fourni sans supplément) pourront découvrir l'épave d'un avion allemand abattu durant la Seconde Guerre mondiale.

CHANIA SIGHTSEEING TOURS

84 rue Kidonias ✆ +30 28210 99970
Départs de 10h à 16h45, toutes les 40 min. Ouvert toute l'année. Billet : 15 € adulte, 10 € enfant (valable 24h).

Profitez d'un bus rouge à deux étages pour visiter la ville. 12 arrêts sont prévus à travers le centre et les sites historiques des environs (place 1866, marché couvert, parc botanique, tombeaux de la famille Venizelou, etc.). Le voyage dure 80 minutes en tout, mais il est possible de descendre à un arrêt pour visiter le site et remonter ensuite dans le bus suivant. Sur le concept développé un peu partout dans le monde du « hop-and-go » : le billet est valable pendant 24h, ce qui vous laisse le temps d'étaler vos visites selon vos envies.

ANEK LINES

Place Sofokli Venizelou
✆ +30 28210 27500
www.anek.gr
Ouvert du lundi au vendredi de 9h à 21h30 et samedi de 9h à 17h.

Fondée en 1967, à La Canée et par des actionnaires crétois ayant comme objectif principal la liaison en toute sécurité entre leur île et Le Pirée, cette compagnie maritime est l'une des plus grandes compagnies grecques. ANEK Lines possède actuellement une flotte de neuf ferries. Une à deux liaisons par jour sont assurées en été entre Hania et Le Pirée, il y a moins de bateaux le reste de l'année. Comptez environ 9 heures de trajet. Les traversées sont en partenariat avec Blue Star Ferries. La compagnie assure aussi une ligne entre Héraklion et Le Pirée.

EUROPRENT - LOUEUR DE VOITURES

87 Halidon
✆ +30 28210 27810
www.europrent.gr

Agence francophone. De 35 € à 110 € par jour en haute saison, selon la catégorie.

Agence francophone ouverte toute l'année. Loue des voitures sur toute la Crète (aéroports, hôtels, ports...). Propose un large choix de véhicules de modèles récents. Assistance 24h/24 dans toute l'île. Pour les tarifs, consultez le site Internet, ils diffèrent selon la saison et il y a de bonnes promos. Réservation sans frais. Bureau également à l'aéroport d'Hania, à l'aéroport d'Héraklion, à Réthymnon rue Ari Velouchioti n° 23, et dans la rue principale d'Agia Marina (Hania).

MINOAN LINES

✆ +30 2810 399899
www.minoan.gr

Fondée en 1972 à Héraklion, Minoan Lines est aujourd'hui une des plus grandes compagnies maritimes en Europe. Le 5 juillet 1974, le ferry emblématique *F/B Minos* effectue sa première traversée entre le port d'Héraklion et Le Pirée. Depuis 2008, la compagnie fait partie du groupe Grimaldi alors que sa flotte de 8 navires, ferries et high speed ferries, assure les liaisons entre la Crète et Le Pirée mais également entre la Grèce et l'Italie. La compagnie assure des liaisons quotidiennes entre Hania et Le Pirée. Comptez environ 6h30 pour la traversée.

TIME CAR RENTAL

Kato Daratso
✆ +30 28210 32080
www.timecar.gr

En saison, petite voiture de location à partir de 60 €/jour, assurance comprise.

Ce loueur, très professionnel, dispose de voitures de qualité et en bon état. Le parc est renouvelé régulièrement. Le prix inclut l'assurance tout risque, notamment contre le vol. Seule exception : vous ne serez pas couvert sur les pistes, hors des routes asphaltées, si vous n'avez pas pris de 4x4, à savoir pour ceux qui souhaiteraient se rendre à Balos. L'agence ne dispose pas de bureaux dans le centre de Hania mais répond au téléphone 24h/24, et aux mails. Les voitures sont livrées partout dans Hania, au port, à l'aéroport. Un service sérieux et de qualité.

ELIA PALAZZO HOTEL €

54 rue Theotokopoulou
✆ +30 28215 04684
www.eliahotels.com

En saison, chambre double de 60 à 100 €, petit déjeuner inclus.

Il s'agit d'une vieille maison de style vénitien qui a été transformée en petit hôtel charmant dans le quartier Topanas. Les 10 chambres de Elia Palazzo Hotel, certaines standards, d'autres de catégorie supérieure, sont confortables et très agréables. Décorées dans des tons pastel et colorés, elles offrent un bon rapport qualité-prix. Petit plus appréciable : vous aurez une vue magnifique sur les toits. Une bonne adresse qui saura répondre aux besoins des budgets les plus serrés, parfois un peu en peine de trouver quelque chose d'abordable dans le centre.

ELIA PORTOU ROOMS €

Portou 34
✆ +30 2821504684
www.eliahotels.com

45-80 € la chambre, avec ou sans balcon. Tarifs selon période et catégorie. Petit-déjeuner non compris. Cuisine commune.

Deux chambres très bien situées, dans le cœur de la ville mais assez à l'écart du bruit pour profiter du calme la nuit afin de se reposer. Vous n'échapperez pas au son des cigales, drôlement fort, ainsi qu'à la musique de la taverne d'à côté. Mais cela reste un bon plan. Confortables, et bien équipées, ces chambres offrent un bon rapport qualité-prix, sachant qu'il y a en plus une cuisine commune pour faire des économies sur les repas. Attention : la réception n'est pas accolée aux chambres, il faut marcher environ 200 mètres. Elle est ouverte 24 heures sur 24.

EL GRECO €

47-49 rue Theotokopoulou
✆ +30 28210 90432
www.elgrecohotel.eu

Ouvert toute l'année. Chambre double avec salle de bains 50-90 €. Petit déjeuner inclus. A/C, wifi, réfrigérateur.

Un hôtel sans grand charme mais qui offre un bon rapport qualité-prix et des chambres confortables, à proximité du vieux port, dans une rue charmante. Vous pourrez profiter de la superbe terrasse sur le toit où l'on peut boire un verre en admirant la vieille ville et le port. L'accueil est également très sympathique. Le propriétaire possède aussi l'agence de location de voiture en face et propose des tarifs intéressants à ses clients donc n'hésitez pas à lui demander une bonne offre pour vos excursions en voiture hors de la ville.

MADAME BASSIA ROOMS €

45-51 rue Betolo
✆ +30 28215 02750
www.mmebassia.gr

Ouvert toute l'année. De 30 à 85 € (en juillet et août) et de 25 à 45 € hors saison pour une chambre double.

Sept chambres à la décoration crétoise (tissage, objets folkloriques…) disposant de salles de bains impeccables, air conditionné, parquet et double vitrage dans cette petite rue quelque peu agitée. Vous serez accueilli par Nectarios, le neveu de Mme Bassia, qui tient aussi une boutique de produits traditionnels crétois (Ambrosia) et de cosmétiques naturels. Il accueille les Français avec chaleur et bonhomie. Le petit déjeuner n'est pas servi, mais vous pouvez vous confectionner un thé ou un café dans la cuisinette. Excellent rapport qualité/prix.

NOSTOS €

42-46 rue Zampeliou
✆ +30 28210 94743
www.nostos-hotel.com

Chambre double 75-150 €, selon la saison et la catégorie. Petit déjeuner inclus.

Dans cette demeure vieille de 600 ans située dans le quartier Topanas, les chambres et les petits studios sont impeccables, tout en gardant une touche de tradition crétoise. Ce petit établissement familial offre ainsi un bon rapport qualité-prix au cœur de la vieille ville. Sur le toit, on peut contempler, d'une agréable terrasse, la ville et le port vénitien. Excellent accueil, avec un petit café au rez-de-chaussée. Une autre de ces adresses agréables qui essaiment les ruelles du vieux centre à retenir pour des séjours successifs.

PENSION EVA €

A l'angle des rues Theophanous et Zampeliou
✆ +30 28210 76706
www.eva-pension.gr

Ouvert toute l'année. Chambre double entre 40 et 60 € sans petit déjeuner. Wifi. Air conditionné.

Sur les hauteurs du port vénitien, dans le joli quartier Topanas, la pension Eva vous accueille dans une bâtisse rénovée du XVIIe siècle. Décorées de meubles et objets anciens, les chambres sont gaies, accueillantes et confortables. Les salles de bains sont simples mais très propres. La terrasse sur le toit, fleurie et joliment aménagée, offre une vue imprenable sur la ville et le port, toujours appréciable. La pension Eva est une bonne adresse à petit prix, qui propose son petit-déjeuner en supplément du prix de la chambre.

PENSION NORA €

60 rue Theotokopoulou
✆ +30 28210 72265
www.pension-nora.com

Chambre double à partir de 35 € selon la saison. Wifi.

Dans une vieille maison ottomane en bois pleine de charme, vous trouverez de grandes chambres décorées à l'ancienne, climatisées avec salle de bains, coin cuisine et même balcon pour certaines. Il n'y a pas de petit déjeuner servi mais du café et du thé sont à votre disposition dans la cuisine commune. Le propriétaire, fort sympathique, propose également un studio avec kitchenette, une bonne option pour limiter les coûts pendant un séjour à Hania. Une option très simple mais aux prix pratiquement imbattables dans le centre-ville.

PENSION THERESA €

8 rue Aggelou
✆ +30 28210 92798
www.pensiontheresa.gr

Ouvert toute l'année. Comptez 60-90 € la chambre double avec air conditionné et wifi. Petit déjeuner compris.

Voici une adresse typique des pensions de Topanas, un peu vieillotte et très kitsch. Des objets chinés, d'incroyables meubles de toutes les époques donnent une âme à cet endroit hors du commun où il ne faudra pas être trop regardant sur le confort. Sur le toit, la terrasse fleurie et ombragée donne sur le port et la mosquée. Quel beau cadre pour prendre son petit déjeuner à préparer soi-même dans la cuisine commune (à disposition gratuitement). Attention : l'escalier est raide et les rues alentour peuvent être un peu agitées, donc les nuits un peu bruyantes !

ALEXIS HOTEL €€

Kallergidon 99
✆ +30 28210 93733
www.hotelalexis.gr

Chambre double à partir de 65 €, selon la vue et la saison. Petit déjeuner inclus. Wifi gratuit partout.

Du haut de sa colline, l'hôtel Alexis offre une vue magnifique sur la mer et sur la ville. Theo et ses sœurs ont quitté le Canada pour reprendre la direction de l'hôtel, ouvert il y a plus de 20 ans par leurs parents. Les 26 chambres, rénovées, sont simples mais confortables, avec salle de bains spacieuse. Au rez-de-chaussée, le restaurant Theodossi a gagné ses lettres de noblesse proposant une cuisine crétoise traditionnelle aux saveurs… canadiennes, restes d'une vie passée à Vancouver. On vous conseille vivement les chambres avec vue sur la plage et la ville.

AMPHORA HOTEL €€

20 impasse Theokopoulou
✆ +30 282 10 93224
www.amphora.gr
Comptez de 95 à 130 € la double en haute saison. Suite de 110 à 150 €. Petit déjeuner : 10 €.

Demeure historique construite au XIVe siècle sous influence vénitienne et turque. Cet endroit a tout pour séduire avec sa vue sur la mer. Les chambres sont toutes différentes et sont décorées avec du mobilier ancien. Elles possèdent chacune une salle de bain privée et certaines ont un balcon privé, l'air climatisé et même une cuisinette. Les petits-déjeuners préparés soigneusement sont délicieux (confiture maison et jus d'orange pressé). Préférez les chambres aux étages supérieurs pour éviter le bruit des restaurants en contrebas. Wifi.

DOMA HÔTEL €€

124 avenue Eleftherios Venizelos
✆ +30 28210 51772
www.hotel-doma.gr
20 chambres doubles (100-170 €, petit déjeuner compris) et 4 suites pour 2 à 5 personnes. Accueil francophone. Wifi.

Dans le quartier de Halepa, cet hôtel sur la mer est réputé pour son ambiance surannée et chaleureuse. Il s'agissait du consulat austro-hongrois au XIXe siècle. Le style néoclassique lui confère une élégance d'antan que l'on retrouve dans les petits salons du rez-de-chaussée qui ouvrent sur un joli jardin avec fontaine. C'est un établissement idéal pour passer des moments tranquilles, loin des foules touristiques et comme hors du temps. Le petit déjeuner crétois est servi dans une belle salle vitrée du dernier étage donnant sur la mer, comme le dîner.

FORTINO BOUTIQUE HOTEL €€

Radamanthous 10 ✆ +30 28210 52455
www.hotel-fortino.gr/fr/
Chambre double entre 90 et 190 €, minimum de 2 nuits.

Dans une rue calme, bien placé dans le cœur de la vieille ville, l'hôtel bénéficie d'avantages incomparables. Les chambres sont très charmantes, à la fois modernes et bien redécorées dans les beaux murs anciens de pierre. Elles sont bien équipées, avec cuisine, et bénéficient en plus d'une terrasse. Vous trouverez aussi des suites ou des appartements en duplex, sur deux niveaux. Sur le toit, quelques transats sont disposés afin de profiter d'un bain de soleil à défaut d'avoir une piscine ! Idéal aussi pour prendre un moment tranquille dans la nuit.

J&G SUITES €€

41 rue Kallinikou Sarpaki
✆ +30 28210 56377
www.jgsuites-crete.gr
Suites de 2 à 3 personnes de 90 à 190 € la nuit, selon la saison et la catégorie. Climatisation. Wifi.

Une impressionnante façade de bois et de pierres, tout en hauteur, mélange d'influences turques et vénitiennes pour cet hôtel très design, récemment rénové. Les belles suites et les appartements – certains avec mezzanine en duplex – sont tous décorés avec un goût parfait, et l'accent est mis sur les matières nobles : bois, pierre, etc. Les différentes options proposées sont spacieuses, claires avec de belles hauteurs sous plafond et confortables au-delà de simplement esthétiques. La boulangerie juste à côté est très pratique pour le petit déjeuner.

KORES BOUTIQUE HOTEL €€

Douka 11 ✆ +30 694 589 4598
koresvillas.com
Appartements entre 120 et 180 € la nuit pour 4 personnes.

Deux maisons au choix, nommées Aspasia et Ekaterini, sont à louer à la journée – vous pouvez en consulter les photographies sur le site Internet de Kores Boutique-Hotel. Chacune offre un grand nombre de facilités et d'équipements, et un confort moderne avec leurs espaces rénovés. L'ensemble est très cosy et lumineux, tout en étant toujours pratique, dans un style qui mélange modernité et tradition. La conception des lieux est soignée et les familles ou groupes d'amis trouveront ici un bon rapport qualité-prix par rapport à la gamme hôtelière équivalente.

PANDORA SUITES €€

29 rue Lithinon
✆ +30 28210 43588
www.pandorahotel.gr
Ouvert toute l'année. 8 chambres doubles et 3 suites jusqu'à 4 personnes de 95 à 155 €. Petit déjeuner compris. Wifi.

Cette maison XVIIe s., rénovée et transformée en hôtel, est située sur la colline de Kastelli. Vous serez ainsi à la fois en plein cœur du centre historique mais dans le calme du plus vieux quartier de la ville. Les chambres sont claires et élégamment aménagées avec une kitchenette, un réfrigérateur, une TV et l'air conditionné. Certaines ont une mezzanine ou un grand balcon. Le petit déjeuner est servi sur la terrasse sur le toit, avec une superbe vue sur le vieux port. Le patio au rez-de-chaussée apporte un brin de fraîcheur où se réfugier en plein après-midi.

PORTO VENEZIANO €€€

Akti Enoseos

✆ +30 28210 27100

www.portoveneziano.gr

Ouvert toute l'année. Chambre double à partir de 150 € selon la saison. Parking. Wifi.Bar

C'est en 1974 que le père de Ioannis, tailleur de profession, ouvre l'un des établissements hôteliers phares de Hania. Le bombardement nazi durant la Seconde Guerre mondiale avait laissé cette partie de la ville portuaire dans un piteux état. L'hôtel aujourd'hui reconstruit et rénové entièrement propose un niveau de prestation équivalent à un 4-étoiles. La plupart des chambres disposent d'un balcon qui donne sur la jetée de Hania et son célèbre phare. C'est d'autant plus agréable de séjourner ici que la mer y est omniprésente.

CASA DELFINO HOTEL & SPA €€€

9 Theofanous
✆ +30 28210 87400
www.casadelfino.com
Chambre double de 150 à 350 €, petit-déjeuner inclus. Wifi gratuit. Spa.

© CASA DELFINO

Au calme dans Topanas, Casa Delfino marie luxe et sobriété, professionnalisme et convivialité, héritage et modernité. Cet établissement ravissant raconte une histoire de famille. Celle de l'armateur génois, Giovanni Delfino, qui s'installe au milieu du XIXe s. dans une belle demeure vénitienne du XVIIe s. Puis celle de la famille Markantonakis qui possède l'hôtel depuis six générations et a rénové les lieux dans le respect de son histoire. Tout est d'un goût parfait et d'un confort absolu. Le bar sur le toit offre une vue sur la vieille ville et le port.

ALCANEA BOUTIQUE HOTEL €€€

2 rue Aggelou
✆ +30 28210 75370
www.ariahotels.gr/en/alcanea-hotel
Chambre double de 120 à 250 € selon la catégorie et la vue, petit déjeuner inclus. Chambre jusqu'à 4 personnes.

Très bel établissement du groupe Aria Hotels. Vieille bâtisse vénitienne, l'hôtel est superbement situé sur le vieux port, à côté de la forteresse Firkas. De la terrasse, la vue sur la mer est imprenable et fantastique au petit déjeuner. Les chambres, à hauts plafonds, ont été décorées avec soin, et dans le respect des traditions et des influences de la ville. Parquet, tapis et vieux objets agrémentent ces grands espaces. Le petit déjeuner est copieux et de qualité : goûtez la traditionnelle pita au fromage et miel, un régal servi tiède.

CASA LEONE €€€

18 rue Theotokopoulou ✆ +30 282 107 6762
www.casa-leone.com
Ouvert toute l'année. Prix d'une nuit : de 95 à 180 € selon période et catégorie. Wifi. Air conditionné.

Passé le patio, on entre dans ce luxueux hôtel de la vieille ville, dans une ruelle du quartier Topanas. Le décor est particulièrement recherché : un bâtiment de 600 ans d'âge parfaitement rénové dans le goût de l'époque vénitienne. La suite comprend un lit à baldaquin et une terrasse ouvrant sur le vieux port. D'autres chambres offrent également une belle vue sur la mer. Le service est professionnel et agréable. La mignonne cour intérieure reste fraîche, même en plein cœur de l'été, ce qui est toujours agréable lorsqu'on revient d'une journée de visites.

DOMUS RENIER €€€

41 Akti Kountourioti & Moschon Street
✆ +30 28210 88806
www.domusrenier.gr
Chambre double entre 180 et 250 €, petit-déjeuner inclus. Wifi.

Cette villa Renaissance était la demeure des nobles Renier, une des plus grandes familles vénitiennes installées à La Canée au cours du XVIIe siècle. Aujourd'hui transformée en hôtel de luxe, avec tout juste neuf chambres et suites, c'est un vrai privilège que de séjourner dans cette maison historique. L'établissement, presque caché dans une ruelle du quartier Topanas, offre des chambres tout confort dont la plupart bénéficient de la vue sur le vieux port. Une destination historique et intime, à l'image de la vieille ville de Hania.

MONASTERY ESTATE €€€

Parodos 4i Kallinikou Sarpaki 40
✆ +30 28210 52184
www.monasteryestate.com
Suite à partir de 180 €, comptez 260 € en moyenne selon catégorie. Petit-déjeuner. Wifi.

Cet établissement, ancienne maison vénitienne du XVIe siècle, a tout récemment ouvert après une longue période de rénovation. Les travaux de transformation ont révélé des fondations antiques du Ier siècle après J.-C. que les propriétaires ont eu l'intelligence de mettre en valeur : ne manquez pas de regarder sous vos pieds dans le hall. Le résultat est parfaitement réussi et le patrimoine historique a été préservé sans rien enlever en termes de confort et de modernité. Les chambres, spacieuses et lumineuses, brillent par leur design contemporain.

SAMARIA HOTEL €€€

Kidonias 69
✆ +30 28210 38600
www.samariahotel.gr/

A partir de 150 € la nuit pour une chambre, le prix augmente selon période et catégorie. Bar. Piscine. Salle de gym.

Un grand hôtel haut de gamme dans le centre de Chania, tout proche de la vieille ville à pied, dans une rue relativement calme. A quelques mètres de la station centrale de bus. Il dispose de toutes les facilités qui rendront commode votre séjour. Autour du bar, on peut profiter d'un livre mis à votre disposition dans la bibliothèque de l'hôtel. Les chambres standards sont très convenables, bien décorées et propres – mais il y a aussi de très belles suites, plus luxueuses, aérées, lumineuses et modernes. La plupart des chambres disposent d'une petite terrasse.

VILLA ANDROMEDA €€€

150 avenue Eleftheriou-Venizelou
✆ +30 28210 28300
www.villandromeda.gr

Chambre double de 190 à 250 € la nuit, petit déjeuner compris.

Face à la mer, dans le quartier XIXe siècle de Halepa, la Villa Andromeda est un lieu historique. En effet, il s'agit de l'ancien consulat allemand. Elle a été construite dans le style néoclassique adopté par les personnalités et institutions prestigieuses à l'époque. Luxueux en toute simplicité, le lieu irradie de charme et de tranquillité. Parmi les atouts notables, on listera la piscine, la terrasse et le jardin. L'établissement offre une vue incroyable sur la baie de Kom Kapi et la mer, à tout juste 15 minutes à pied du centre historique. On respire.

BOUGATSA IORDANIS €

24 rue Apokoronou
✆ +30 28210 88855
http://iordanis.gr/shops.html

Ouvert du lundi au samedi 6h-14h30 et dimanche 6h-13h30.

A cette adresse, les délicieux et traditionnels feuilletés fourrés au fromage frais, saupoudrés ou non de sucre sont une référence. Depuis 1924, Iordanis s'est refait une beauté. Fini les tables en formica, la salle est désormais ultramoderne et très confortable avec sa baie vitrée sur la rue. La recette des *bougatsa* classiques est toujours la même, mêlant le croustillant de la pâte et le fondant du fromage, le salé et le sucré. A moins que vous ne préfériez la version crème. Leur réputation n'est plus à faire depuis deux ou trois générations !

KYDON HOTEL €€

Sofokli Venizelou square
& Tzanakaki, 2
✆ +30 28210 52280
www.kydonhotel.com

Chambre double 97-202 €, selon période et catégorie. Petit déjeuner buffet compris. Possibilité de demi-pension 25 €.

Bien situé en face du marché principal et à quelques pas de la vieille ville, cet hôtel de standing supérieur est sans reproche. Entièrement rénovées, les 114 chambres du style moderne offrent tout le confort d'un 4-étoiles. Les suites peuvent accueillir 4 adultes + 2 enfants. Parking privé gratuit avec valet. Le rapport qualité-prix nous paraît donc justifié pour La Canée. Mention spéciale pour le restaurant Square qui sert une excellente cuisine internationale et grecque toute la journée, même dans les chambres. Vélos gratuits selon disponibilité.

© KYDON HOTEL

© KYDON HOTEL

RÉGION D'HANIA

ESTRELLA €

20 Akti Miaouli
✆ +30 28210 08336
estrella.gr
Ouvert tous les jours de 8h à 23h. Comptez autour de 15 € par personne. Accessible aux PMR.

© ESTRELLA

Devant la petite plage de Kom Kapi, à l'est de la vieille ville, Estrella est un café-restaurant agréable où se retrouvent les jeunes familles branchées de Hania pour bruncher le week-end. En effet, on aime ses jus frais pressés, ses options véganes ou végétariennes, sa *street food* du monde entier et sa déco moderne. Ambiance décontractée et conviviale : on prend son temps entre amis pour boire le café ou déjeuner. Vous trouverez ici la Hania contemporaine, avec des populations jeunes qui vivent à l'année dans la ville, loin de la cité touristique.

OASIS €

4 Voloudakidon
Lundi, mercredi et samedi de 9h à 16h. Mardi, jeudi et vendredi de 9h à 22h.

Installé depuis plus de 50 ans à la même adresse, à quelques pas du marché central de la ville, Oasis est le spot du *street food* à Hania. Établissement incontournable, il garde encore bien protégé le secret de l'assaisonnement et la marinade qui rendent les viandes aussi juteuses et savoureuses. Enveloppés d'une *pitta* grillée ou sous forme de sandwich (le pain utilisé, l'autre clé de la réussite !), les gyros sont accompagnés d'une sauce au yoghourt, de tomates finement coupées, d'oignon, le tout saupoudré de paprika doux… A déguster absolument !

TO KOUTOUROUKI €

8 Parodos Potie
✆ +30 2821 501990
Ouvert tous les jours de midi jusque tard le soir. Comptez autour de 12 € par personne.

Adresse tenue par des jeunes gens alternatifs, ce *mezzedopoleio* est une excellente surprise. On n'y vient pas pour faire un long repas confortablement installé mais pour se retrouver entre amis, le soir, autour d'une carafe de raki et de quelques plats à partager, les fameux *mezze*. La cuisine est crétoise, traditionnelle, à base d'ingrédients bio pour la plupart. Le matin et en journée, on peut également y faire une pause pour boire le café et grignoter une tarte sucrée ou salée. Ambiance conviviale et décontractée pour ce lieu joyeux et un brin loufoque.

CHRYSOSTOMOS €

Croisement rues Defkalionos et Ikarou.
✆ +30 2821 057035
www.chrisostomos.gr
Ouvert tous les jours en saison de 18h à minuit environ. Comptez autour de 20 € par personne.

C'est une institution de la ville, un peu en retrait des terrasses touristiques du port. On y mange une cuisine traditionnelle et familiale. Fromages crétois et viandes crétoises sont mis à l'honneur dans le menu. Il s'agit de l'une des meilleures adresses du coin pour découvrir la gastronomie locale, sans oublier que le rapport qualité-prix y est imbattable ! A ne pas rater donc. L'ambiance est particulièrement sympathique car les lieux sont fréquentés par les locaux, et non pas uniquement par les touristes. Soirée joviale et animée en perspective.

ELLOTIA TAVERNA €

1st Parodos Portou 6
✆ +30 28210 87146
Ouvert d'avril à octobre tous les jours 12h-minuit et le dimanche de 18h à minuit. Compter entre 15 et 30 € le repas.

Pas facile à trouver mais l'endroit vaut le coup ! Bonne réputation depuis plusieurs années, c'est une affaire familiale authentique et loin de la foule : maman est en cuisine, fiston en salle et tout le monde dans une cour à l'ombre d'un superbe figuier. Les spécialités sont crétoises et internationales mais toute la réputation de la maison est faite autour de l'agneau et du porc au four à la tomate, feta et champignons, arrosé de sauce au vin blanc. Le soir c'est une atmosphère sympathique avec lumière tamisée et musique douce.

KOUZINA EPE €

25 rue Daskalogianni
✆ +30 28210 42391
En saison, ouvert du lundi au samedi, de midi à 19h30, et fermé le dimanche. Comptez 15 € par personne.

Cet établissement ouvert uniquement en journée fait l'unanimité auprès des locaux comme des touristes depuis plusieurs années. Et pour cause, on y propose des plats cuisinés maison, à la fois traditionnels et raffinés. Peu gras et très digestes, ils donnent la part belle aux épices et saveurs délicates. Les propriétaires sont jeunes et ont choisi un décor résolument moderne, voire branché. Service rapide et très professionnel. On choisit ce que l'on veut manger en soulevant les couvercles des marmites fumantes, comme autrefois !

KRITAMON €

Kondilaki 38-40
✆ +30 2821 111427
Ouvert tous les jours en saison, de midi à minuit. Comptez 15 € environ pour un repas.

Un beau restaurant, dans une cour qui offre un cadre agréable pour un repas tranquille – un peu à l'écart de l'affluence touristique alentour. On y mange bien tous les classiques grecs et crétois et pour pas très cher finalement. Le service est idéal, à la fois aimable et professionnel, on ne pourrait rêver mieux. De très bons vins à la carte également. Et un petit dessert est offert en fin de repas, comme souvent en Grèce – même si ça n'est pas forcément le cas dans les établissements les plus touristiques du centre de Hania.

MEZZEDOPOLEIO HALEPA €

Agias Kiriakis 44
✆ +30 28210 44255
En saison, ouvert tous les jours de midi à minuit. Comptez entre 10 et 25 € par personne.

Les plus curieux d'entre vous feront l'effort d'aller jusqu'au minuscule port de pêche de Halepa où le temps semble s'être arrêté, comme dans un village d'antan. Là, face à la mer et loin, bien loin des foules touristiques, vous pourrez vous attabler à ce charmant *mezzedopoleio* spécialisé dans les produits de la mer. C'est simple mais c'est si bon que nous ne pouvons que vous conseiller de venir jusqu'ici. Commandez un plat de petites fritures de poisson à partager, arrosez l'ensemble de raki ou d'un vin blanc frais et écoutez passer le temps.

MOUTOUPAKI TAVERN €

Portou 60
✆ +30 28210 94196
Ouvert tous les jours en saison, de midi à minuit. Comptez environ 15 € par personne.

On vient ici un peu par hasard, lorsqu'on cherche à éviter les rabatteurs et l'affluence touristique de la vieille ville. Dans le coude d'une petite rue calme du haut de la cité, ce restaurant a installé ses tables, au frais. La cuisine est inspirée de vieilles recettes de grand-mère, crétoises avant tout. On est accueilli avec l'ouzo et à la fin du repas un gâteau est offert, souvent accompagné d'un raki. La famille est propriétaire de vignes et propose un vin de leur propre production. L'ambiance est conviviale et familiale.

TAVERN STRATA €

Portou 54
✆ +30 2821 093830
Ouvert tous les jours en été de midi à minuit. Menu dégustation pour deux personnes : 37 €. Accessible aux PMR.

© STRATA

On vient ici surtout pour la minuscule rue pavée et fleurie du haut de la vieille ville qui abrite quelques restaurants. Celui-ci est tout au bout. Les spécialités culinaires grecques et crétoises tiennent le haut de la carte. Le service est attentionné et l'on dîne dans la fraîcheur et le calme. L'ambiance est très conviviale, orchestrée par la famille Valaris avec la mère en cuisine. Vous êtes accueilli avec l'ouzo et à la fin du repas des fruits sont offerts. Les prix sont très corrects. La famille, propriétaire de vignes, propose le vin de sa production.

RÉGION D'HANIA

PERPERAS €

6 Kapsokalivon
✆ +30 2810 50057
En saison, ouvert tous les jours midi et soir. Comptez autour de 15 € par personne.

Le propriétaire de ce mezzedopoleio, originaire de la Macédoine (« perperas » signifie papillon en Grèce du Nord) ayant succombé aux charmes de la Crète, s'est installé depuis quelque temps à Hania et fait partager son amour de la cuisine avec ses clients. Dans son établissement, un peu en retrait des flux touristiques, on déguste des très bons petits plats et mets crétois et traditionnels grecs, préparés au jour le jour. Installez-vous sous les muriers et dégustez, entre autres, le meilleur raki de Hania. Quelques soirées avec de la musique live, sans micro !

TAMAM €

Zampeliou 49
✆ +30 28210 96080
www.tamamrestaurant.com
Ouvert tous les jours en saison, de midi à minuit. Comptez 18 € environ par personne.

On y trouve une cuisine qui marie les influences gastronomiques de Hania, au fil de son histoire. Ainsi, vous goûterez à des spécialités turques, juives, smyrniotes, crétoises ou encore arabes. Tout se mélange et se retrouve pour créer une gastronomie typiquement haniote et donc cosmopolite. Optez pour les quelques tables en terrasse pour prendre le frais en soirée mais pendant les chaudes journées, préférez la salle en contrebas, installée dans les anciens bains du quartier et bien fraîche. La petite salle du bar en face propose une ambiance plus contemporaine.

PLATEIA - ΠΛΑΤΕΙΑ €

Sourmeli 32-34
✆ +30 28210 40846
Ouvert du 15 mars au 15 novembre, jusqu'à tard le soir. Menus à 10 € et 15 €.

Depuis 1982, on y sert d'excellents assortiments de *mezzedes* crétois. C'est la grande spécialité de la maison en plus du poisson frais servi toute la journée face à la mer. Sont proposés aussi des viandes, des spécialités crétoises et grecques, des brochettes d'agneau grillé, des escargots... Mention spéciale pour le porc accompagné de champignons grillés et fromage Graviera. Le tout nappé d'une sauce au beurre et persil (la portion est très bien servie au point de régaler deux personnes). Idéal pour contempler les bateaux sur la grande terrasse climatisée.

TO ADESPOTO €

A l'angle des rues Sifaka et Melhisedek
✆ +30 28210 51582
www.adespotochania.gr
Ouvert tous les jours de mi-mai à mi-octobre midi et soir. Comptez environ 18 € par personne. Musique live le soir.

To Adespoto signifie littéralement « chez le vagabond ». Situé dans un magnifique jardin, c'est un endroit très romantique qui marie la pierre, le bois, le foisonnement des plantes, des fleurs et le son des guitares. Ici se rassemblent les meilleurs musiciens de la région pour jouer avec enthousiasme de la musique acoustique improvisée. Pour accompagner la musique *live*, dégustez des plats végétariens, des plats du jour grecs et crétois avec un bon vin local. Tout est frais et l'ambiance est chaleureuse, pour une soirée réussie.

STELIOS €

Au coin d'Akti Enosseos et Glafkou
✆ +30 2821 054240
Ouvert tous les jours, de midi à minuit. Comptez autour de 18 € par personne.

Cette taverne de poissons n'a rien de spécial, a priori. Installée au bout du port, sur un coin de rue vers le Neoria Moro, la terrasse n'attire par forcément le client. Pourtant, c'est l'une des adresses les plus appréciées des locaux pour manger du poisson frais sur le port. Des groupes d'amis s'y retrouvent pour partager des assiettes de sardines grillées ou des petites fritures de poisson et restent des heures en enchaînant bières et raki. Ça tombe bien, il ne faut pas se presser ici : le service est lent, comme hors du temps touristique, et tant mieux !

TO STACHI €

5 Epimenidou & Defkaliona
✆ +30 2810 42589
Ouvert en saison, midi et soir. Comptez entre 15 et 18 € par personne.

Le Stachi est une taverne familiale où l'on suit le régime crétois d'antan, lorsque la viande se faisait rare sur la table. Le plus grand nombre des matières premières provient du potager bio de Stelios Michelakis, le propriétaire, et c'est lui qui fait tous les jours le pain avec sa propre levure. Etablissement sans chichis mais déjà très renommé de par la qualité des plats proposés : ragoût de champignons, fleurs des courgettes farcies, yoghourt fait maison, chaussons aux herbes... Menu variant selon la saison. Très bon rapport qualité-prix. Végans. Végétariens.

AKROGIALI €€

Akti Papanikoli 19
✆ +30 2821 073110
Comptez 20-25 € par personne. Ouvert tous les jours en saison, de 11h à minuit.

Cet établissement est une taverne en front de mer, située dans le quartier de Nea Chora. On y est au calme pour apprécier un coucher de soleil en début de soirée, tout en buvant un bon verre de raki ou d'ouzo, à accompagner d'une ou deux commande(s) de fruits de mer ou poisson. On peut aussi y savourer quelques autres spécialités grecques ou crétoises, dont un petit nombre sont exclusivement végétariennes réalisées avec des légumes très frais et goûteux. Pour exemple, leur *bougasta* est un vrai délice ! Le service est agréable.

VENETO €

8 - 10 rue Zampeliou
✆ +30 28210 93527
www.venetorestaurant.gr
Ouvert 7j/7, en saison, de 12h à 0h. Comptez environ 18 € par personne, pour un repas complet. Fermé certains dimanches.

© VENETO

Dans la petite cour fermée, couverte de vignes, on sert des spécialités de viandes à l'italienne comme des *scalopine*, des pâtes, du poisson grillé frais au quotidien, de délicieuses pizzas cuites au four traditionnel et plusieurs formules alléchantes (du midi ou du soir). Il y a aussi une salle cosy au décor feutré avec des tables aux nappes blanches et un service tout aussi soigné. Idéal pour un dîner gourmet romantique. Le service est soigné et la cave à vin raffinée. Demandez les conseils de M. André qui vient de Napoli et parle français couramment.

BOHEME €€

Halidon 26-28 ✆ +30 2821 095955
https://boheme-chania.gr/
En saison, ouvert tous les jours de 9h à 4h. Comptez 20-25 € par personne à la carte, autour de 10 € pour le brunch.

Bohême est situé dans une belle cour ombragée, au calme. Le restaurant propose une cuisine sans prétention mais raffinée, préparée à partir de bons produits de qualité. On y mange très bien et l'ambiance se fait langoureuse les chauds après-midi d'été. On voudrait rester des heures dans ce si joli cadre, et c'est d'ailleurs ce que l'on vous recommande de faire puisque ce restaurant fait aussi office de café en journée et de bar en soirée. Une bonne excuse pour y rester plus que de raison. Une fois la nuit tombée, un peu de musique accompagne ce bon moment.

GLOSSITSES €€

Akti Enosseos 4
✆ +30 2821 059074
Ouvert tous les jours en saison, de midi à minuit. Comptez 20 € par personne. Réservation conseillée pour le dîner.

Parmi l'alignement de restaurants touristiques sur le port, Glossitses fait figure d'exception. Certes, il est fréquenté par les touristes comme tout restaurant sur le port, mais les locaux le recommandent également, ce qui évidemment est un signe qui ne trompe pas ! Du côté des entrepôts, cette taverne de poissons cultive une approche moderne et moins traditionnelle que ses concurrents. Une bonne adresse pour regarder les passants, tout en étant regardé, en se délectant de poisson frais (vérifiez les prix au kilo, comme toujours !).

MATZENTA KUZINA DEL SOL €€

27 Polirrinias & Elirou ✆ +30 69724 06469
http://matzentakuzinadelsol.gr/
Ouvert tous les jours de 18h à 0h30. Le dimanche ouvert à midi également. Comptez entre 25 et 30 € par personne.

Au menu de ce restaurant « de fusion » qui trouve son inspiration au Mexique et en Crète, on déguste des plats revisités, soigneusement préparés par le chef renommé D. Malandrekis selon les pratiques traditionnelles mexicaines. Ce restaurant a ouvert ses portes en 2021 avec pour ambition de créer un lieu unique à Hania : pari gagné, le Matzenta figure déjà parmi les meilleurs restaurants de la ville. On y savoure, entre autres, de délicieux tacos ou des viandes cuisinées au barbacoa dans une feuille de bananier. Le cocktail Margarita est vraiment à déguster !

MESOSTRATO TAVERNA €€

31 Zambeliou
✆ +30 2821 072873

Ouvert de mi-mai à mi-octobre, tous les jours de midi à 2h du matin. Comptez 20 € par personne.

Cette taverne est située dans les murs d'une ruine du XVIe siècle, sous des arbres accueillants et frais. Le toit effondré de la Venezia Loggia n'a jamais été reconstruit et on mange aujourd'hui à ciel ouvert. En journée, le restaurant constitue une pause agréable, à l'ombre des arbres, tandis que le soir on vient écouter de la musique traditionnelle *live* en dégustant de bons plats accompagnés d'une bière crétoise ou d'un verre de vin maison. Un établissement et une ambiance bon enfant, pour un agréable moment culinaire à Hania.

RESTAURANT PORTO VENEZIANO €€

Akti Enoseos ✆ +30 28210 27100
https://portoveneziano.gr/fr/alacarte/

Prix raisonnables, comptez entre 15 et 20 € par pers. Ouvert midi et soir toute l'année. Tables sur le port de Hania.

Au pied de l'hôtel du même nom, le restaurant Porto Veneziano est une nouvelle adresse prometteuse en ville. D'abord par son emplacement unique, au bord du quai et donnant une vue sur tout le port de Hania. Ensuite par le service, sincèrement amical et attentionné. Enfin par les plats qui, s'ils rentrent pour la plupart dans les grands classiques de la restauration hôtelière, se permettent des échappées savoureuses vers les spécialités locales. Une cuisine type fusion sans excès.

PLATANOS DE SPLATZIA €€

Place 1821 ✆ +30 2821 058930
https://platanossplantzia.gr/

Ouvert toute l'année de 10h à 1h. Comptez entre 30 et 35 € pour un repas complet.

Au cœur de la Platzia historique, ce bistrot chic propose un menu simple et raffiné dans un décor élégant et décontracté à la fois. Le chef revisite les grands classiques de la cuisine internationale et méditerranéenne et a déjà séduit les locaux et ceux qui sont en quête d'une cuisine authentique et gastronomique. Idéal pour les inconditionnels des grands vins et mets délicats également. Sinon, on peut s'installer paisiblement sous l'ancien platane et déguster son café ou cocktail. L'établissement propose des brunchs, des snacks et des desserts variés.

SALIS €€

3 Akti Enosseos
✆ +30 2821 043700
www.salischania.com

Ouvert tous les jours de 11 h à minuit, brunch servi jusqu'à 13h. Compter environ 20-30 € par personne.

Une cuisine gastronomique de haut vol, généreuse et gourmande, et revisitant avec intelligence des classiques crétois et internationaux. Le menu s'adapte mais vous y trouverez des inconditionnels que nous ne pouvons que vous recommander chaudement : tarama revisité à l'avocat, *pasticio* déconstruit à la truffe, pintade sauce orange et estragon ou encore loup de mer en paupiette. Tout, absolument tout, est excellent. Pas étonnant si l'on s'arrête sur la personnalité du propriétaire des lieux, un épicurien méticuleux et passionné.

PORTES €€

Akti Papanikoli 1
✆ +30 2821 076261

Ouvert tous les jours en saison, de midi à minuit. Comptez 15-20 € par personne.

En surplomb du petit port de pêche de Nea Chora, Portes est une très bonne adresse pour qui veut déguster une cuisine faite à partir de produits frais, dans un cadre agréable. Loin de l'agitation du centre historique, on redécouvre les classiques de la cuisine grecque, préparés avec soin et dans un souci de qualité avant tout. Le service est agréable et chaleureux, et les couchers du soleil rajoutent à l'attrait des lieux. N'hésitez pas, c'est une adresse qui est très appréciée des résidents du quartier, qu'il s'agisse de locaux ou de touristes habitués.

TO MARIDAKI €€

33 Daskalogianni
✆ +30 2821 008880
www.tomaridaki.gr

Ouvert tous les jours sauf le dimanche, de midi à minuit. Comptez 20 € par personne. PMR.

Dans cette taverne de poissons, moderne et lumineuse, dégustez d'excellents produits de la mer en provenance du marché. Le menu change tous les jours, selon la pêche du jour, bien évidemment : une garantie de fraîcheur. Les poissons sont très bien préparés et, accompagnés d'un verre de vin blanc maison, que demander de plus ? Au menu également, quelques recettes traditionnelles à base de viande. Ambiance très agréable et service attentionné. Très bon rapport qualité-prix pour cette adresse de Splanzia, appréciée des Haniotes.

WELL OF THE TURK €€

1 rue Kalinikou Sarpaki
✆ +30 28210 54547
welloftheturk.gr
En saison, ouvert tous les soirs à partir de 18h.
Comptez autour de 20 € par personne.

Dans le quartier de Splanzia, l'ancien quartier turc de Hania, voici un endroit singulier qui saura vous surprendre à la fois pour la qualité et l'originalité de la cuisine proposée, mais également par l'architecture des lieux. L'intérieur est celui d'une vieille maison turque, dotée d'un puits, d'où le nom de cet établissement. La cuisine qu'on y concocte, toujours réussie, allie les chaudes saveurs de la Turquie, du Maghreb et de la Grèce. On peut aussi manger sur la terrasse s'étalant dans la fraîcheur de ce quartier intime et authentique.

2 LUX

8 rue Salpidonos
✆ +30 28210 52515
Ouvert toute l'année, de 11h à tard dans la nuit.

Ce café, bar, club est l'un des rares établissements qui restent ouvert toute l'année. Les Haniotes y viennent donc volontiers depuis 1984. L'endroit est charmant et les soirées sont variées, entre concerts *live* et *DJ sets* de tous styles. Il y en a vraiment pour tous les goûts donc vérifiez la programmation du soir ou laissez-vous surprendre par la proposition du jour ! En journée, le café est bien agréable : on s'y installe le temps d'une petite pause entre deux visites, pour siroter un café froid en attendant que les chaleurs tombent.

ALCANEA CAFE AND WINE BAR

2 rue Aggelou
✆ +30 28210 75370
Ouvert tous les jours en saison jusqu'à 0h.

Un peu à l'écart des foules, le café de l'Hôtel Alcanea vous propose de faire une agréable pause en journée, avec de quoi casser la croûte si l'envie se présente. Le soir, on sirotera un verre de vin parmi la sélection de la cave, en profitant de la vue sur le vieux port. Le service est aimable, la nourriture est bonne et fraîche, et vous trouverez dans la carte des vins quelques-uns des meilleures bouteilles de Grèce et de Crète. De quoi couronner une belle journée de visites.

THALASSINO AGERI €€

35 Vivilaki
✆ +30 2821 051136
www.thalasino-ageri.gr
En saison, ouvert 7j/7 à partir de 18h.
Comptez 20-30 € par personne. Plus cher pour le prix au kilo de poisson frais.

© THALASSINO

Dans le quartier de Halepa, le bord de mer de Tabakaria concentre les anciennes tanneries de la ville. C'est un coin particulièrement pittoresque qui vaut réellement le détour. Ce très bon restaurant de poisson a investi une partie des lieux et étale ses tables quasiment les pieds dans l'eau. On est comme hors du temps, notamment lorsque le soleil se couche dans ce cadre unique. Au-delà de ce décor, le poisson est frais et délicieusement cuisiné. Cette adresse très courue des Haniotes se remplit vite en saison : nous vous recommandons de réserver.

ASSOTOS YIOS

2 Akti Miaouli
✆ +30 2810 50203
Ouvert tous les jours de 9h à 2h.

Café-bistrot très agréable se situant sur la promenade de Akti Miaouli, au Koum Kapi. Fréquenté par les jeunes et les moins jeunes Haniotes et les étudiants, l'ambiance est à la bonne humeur et elle devient vite festive aux heures plus tardives. Il propose des mets et des plats succulents et de très bonne qualité, à des prix très compétitifs. Très souvent, le week-end, des groupes des jeunes musiciens et chanteurs s'y produisent pour le plus grand plaisir des clients. En saison, c'est idéal pour une pause entre deux visites, ou pour un repas au bord de la mer.

TO MONASTERI TOU KAROLOU

22 Chatzimichali Daliani
✆ +30 6974 556106
Ouvert en saison, tous les soirs.

Un bar sympathique logé dans l'ancien monastère de Karolos, où l'on va pour profiter du charmant jardin intérieur, de ses fraîches arcades en pierre et de sa population jeune et branchée. Très agréable pendant les longues soirées d'été. Les cocktails sont préparés avec goût et sérieux, de quoi étancher la soif des joyeux noctambules qui se retrouvent là. L'établissement propose également de nombreux événements culturels très variés et n'oublie jamais les enfants (spectacles de marionnettes, théâtre...). Vous trouverez le programme sur Internet.

ARGALOOM

19 Karaoli kai Dimitriou
✆ +30 28210 45260
Ouvert tous les jours en saison de 10h et jusqu'à tard en saison.

L'Argaloom est une véritable caverne d'Ali Baba pour les amoureux du vintage. La boutique propose une large sélection de vêtements et accessoires originaux : vous trouverez ici de quoi satisfaire vos envies, pour ceux qui aiment fouiller à la recherche de la pièce unique à rapporter des vacances. Les prix sont avantageux, ce qui est toujours appréciable, notamment pour faire un petit cadeau. Une bonne adresse alternative dans le cœur de la vieille ville de Hania, qui change des autres boutiques plus classiques des alentours.

WOODSTOCK

Akti Papanikoli 2
✆ +30 28210 95772
Ouvert tous les jours 8h30-1h30 en saison. Comptez environ 10 € pour manger.

Ce café-bar bénéficie d'un emplacement idéal dans le quartier de Néa Chora. Le personnel est sympathique et disponible pour converser agréablement, mais le service reste professionnel. On y vient pour le café en journée, ou pour prendre un cocktail face au soleil couchant le soir. Les cuisines proposent une carte moderne, avec un bon choix de hamburgers et quelques options végétariennes. On y trouve également de quoi bruncher le matin. Une bonne adresse pour quitter la frénésie touristique de la vieille ville et prendre son temps face à la mer.

BIJOUTERIE EMMANUEL

69 rue Halidon
✆ +30 28210 44295
Ouvert tous les jours de 10h à 22h et le dimanche à partir de 11h.

Cette bijouterie familiale, tenue par des artisans bijoutiers de père en fils, est située dans la rue la plus passante de la vieille ville. Vous trouverez ici des bijoux au style authentique, inspiré de l'époque minoenne, et des objets d'art riches en symboles de la mythologie grecque. Vous trouverez également toutes sortes de montres et de souvenirs de l'île, de quoi dénicher forcément un cadeau pour vous ou vos proches, à rapporter de vacances. Le personnel est francophone, et les prix restent raisonnables pour des objets de qualité.

ALEXANDRA MANOUSAKIS ART

9 Potié
✆ +30 28210 20000
www.alexandramanousakis.com/about

A travers ses céramiques et peintures aux couleurs vibrantes, Alexandra a réussi un pari que peu d'artistes iliens auraient osé : allier le traditionnel symbolisme crétois à une vision moderne de l'art. Ses œuvres sont les témoins esthétiques de l'inspiration qu'elle a su trouver en revenant à Vatolakkos, le village de ses ancêtres. Avant de visiter sa vitrine, gardez à l'esprit que les joyeuses poteries aux motifs courbés d'Alexandra sont fabriquées sur l'île, en suivant des processus de fabrication qu'utilisaient ses ancêtres les Minoens 3 000 ans auparavant.

MARCHÉ COUVERT ★

Place Sofokli Venizelou
Ouvert de 7h à 14h les lundis, mercredis et samedis, et jusqu'à 21h les mardis, jeudis et vendredis.

Le marché couvert de Hania a été construit en 1911 et inauguré par Elefterios Venizelos en personne en 1913, à l'occasion des manifestations qui ont eu lieu cette année-là pour célébrer le rattachement de la Crète à la Grèce. Le marché mérite amplement une visite, même s'il a quelque peu perdu de son charme avec l'installation de nombreuses boutiques pour touristes. Vous pourrez tout de même y acheter du poisson, du fromage, des épices, et des souvenirs crétois. Il y fait frais, ce qui est agréable pour déjeuner ou déambuler.

© OLGALNGS - SHUTTERSTOCK.COM

Marché Couvert.

MOUNT ATHOS

12 rue Kondilaki
✆ +30 28210 83051
https://mount-athos.net/
CB acceptées.

Vous trouverez ici des icônes confectionnées de manière artisanale, qui reprennent les traditions classiques de l'art byzantin, telles qu'elles sont maintenues et transmises par les grands maîtres en la matière, notamment les moines du Mont Athos (ce qui explique le nom de cette boutique). Rapporter une icône de style byzantin peut constituer un magnifique cadeau pour des proches, ou un beau souvenir pour soi, mais il faut noter que ce n'est pas un achat bon marché, ce qui est tout à fait justifié par le savoir-faire et les matériaux nécessaires à cet art.

SKALIDAKIS

8 rue Karaoli Dimitriou
✆ +30 28210 98827
www.cretanknives.gr
Ouvert tous les jours sauf dimanche de 9h à 15 et nocturne jusqu'à 21h mardi, jeudi et vendredi.

Grande variété de couteaux crétois faits main. Les couteaux, signe de bravoure, figurent parmi les éléments qui ornent les costumes traditionnels des hommes. La plupart des couteaux ont une forme raffinée : leur gaine peut être en bois, en corne d'animal ou encore en argent. Le choix de ces matériaux marquait un statut social traditionnellement. Pénétrer dans une coutellerie offre aussi l'occasion d'admirer de près un produit authentique et artisanal crétois qui mérite de figurer dans la liste des souvenirs que l'on veut garder de son séjour en Crète.

ROKA CARPETS

61 rue Zampeliou
✆ +30 28210 74736
http://roka-carpets.com/
Ouvert tous les jours sauf le dimanche de 11h à 21h.

Cette bien belle boutique de tapis est située dans la jolie rue Zampeliou, nichée au cœur du quartier Topanas, dans la vieille ville. Dans l'espace réduit, sombre et envahi de tapisseries, vous pourrez encore admirer des métiers à tisser en service. La qualité est au rendez-vous, mais attention, ce n'est pas un achat pour toutes les bourses : les plus grandes tentures peuvent atteindre les 500 €, ce qui demeure bien en-deçà de ce que vous pourriez trouver d'équivalent de retour de vacances. Prévoyez un peu de place dans vos bagages pour vous laisser tenter.

AL HAMMAM - TRADITIONAL BATHS

14 place Eleftheriou Venizelou
✆ +30 28210 59005
alhammam.gr
Ouvert tous les jours de 11h à 22h. Hammam à partir de 25 €. Autres soins et massages également disponibles.

Au cœur du vieux port vénitien, vous pourrez vous offrir une pause détente et beauté dans cet authentique hammam turc ! Un passage obligé dans cette ville marquée par les traditions et l'architecture ottomanes mais aussi arabes et vénitiennes. Tables de massage sur le toit du bâtiment, avec vue le soir sur la mer et la ville illuminée. Possibilité d'offrir des cartes cadeaux. Toutes sortes de massages et de traitements soins/détente sont proposés.

RÉGION D'HANIA

BLUE ADVENTURES DIVING

61 Daskalogianni
+30 28210 40608
http://blueadventures.gr

Débutants découverte, plongée 60 €. Certifiés avec équipement complet, plongée 60 €. Formation niveau Dive Master.

Créé en 1993, ce centre PADI 5-étoiles pour les plongeurs débutants et expérimentés est situé dans le quartier de Nea Hora et dispose de bureaux dans le vieux port vénitien. Les instructeurs de différentes nationalités privilégient la sécurité. Les excursions se font à bord de leur bateau récent de 25 m. Il permet aux familles et amis d'accompagner les plongeurs. Les marques Mares, Cress, Sherwood, Scubapro sont vendues en boutique à des prix intéressants. Le centre est ouvert en saison, du mois d'avril au mois d'octobre, selon les années.

GUIDE DE MONTAGNE

85 Halidon str
+30 693 2417040
www.cycling.gr

Tarifs à la carte sur demande.

Vangelis Stavrolakis est un guide de montagne expérimenté. Installé à Hania, il est disponible toute l'année pour une randonnée pédestre en montagne par la route E4, un tour en VTT sur les hauteurs des Montagnes Blanches, ou pour accompagner un groupe débutant découvrir les gorges d'Agia Irini. Il fournit les équipements nécessaires à ces activités. Les plus expérimentés pourront se lancer dans des randonnées pouvant atteindre 2 452 m au pic de Pachnes ou bien admirer la plus belle vue de Crète du pic Timios Stavros à 2 456 m sur Psiloritis ou la montagne Ida.

EOS HANIA

90 rue Tzanakaki
+30 28210 44647
www.eoshanion.gr/en

Appelez pour les horaires d'ouverture, variables selon la présence des bénévoles.

EOS est l'association des montagnards passionnés de la région, qui organisent de nombreuses sorties en montagne : randonnées, escalade, canyoning, visites de grottes... L'association joue également un rôle très actif dans la promotion de ce genre d'activités, parfois méconnues par les touristes et les Grecs eux-mêmes. Les membres balisent et entretiennent les chemins, gèrent les refuges, publient des revues... N'hésitez pas à demander conseil aux bénévoles et membres de l'association pour toutes vos excursions de plein air dans les montagnes de la région.

HELLAS BIKE

+30 28210 60858
http://hellasbike.net/rentals.html

Location de vélo 13 à 23 € la journée, prix dégressifs à la semaine. Livraison possible sur demande jusqu'à Kolymbari.

Visitez la Crète à vélo, grâce à Hellas Bike, et soutenez l'effort global pour un tourisme plus vert, plus durable et plus responsable. Divers circuits sont soigneusement élaborés en fonction de votre niveau (très facile, facile, medium, difficile) et sillonnent la partie ouest de la Crète, du nord au sud. Linda et Thanasis, les responsables de l'agence, mettent à votre disposition VTT, casque, pompe, set de réparation et antivol. Très pratique : ils vous livreront tout l'équipement sur votre lieu de vacances, entre Hania et Kolymbari.

FLAKATORAS CERAMIC

Zambeliou 19
+30 698 090 9010

Pour les tarifs et un programme à la carte, contactez directement l'atelier par mail ou par téléphone.

Apprenez l'art de la poterie dans l'atelier de fabrication Flakatoras, au milieu d'une impressionnante collection de céramiques en tout genre. Lors du premier cours d'une heure et demie, on vous enseignera les bases à la roue. Appelez ou passez directement pour réserver une matinée mémorable en famille ou entre amis ! Une manière intéressante et participative de découvrir un art typique de l'île, qui remonte à la nuit des temps crétois, et de perpétuer un savoir-faire unique auprès des générations futures et de nouveaux publics.

PARC AQUATIQUE LIMNOUPOLIS

A 6 km au sud-est d'Hania, près de Varipetro.
+30 28210 33246
www.limnoupolis.gr

Ouvert de mai à octobre, de 10h à 18h. Entrée adulte 25 €, enfant (4-12 ans) 18 €. Entrée piscine uniquement 16 €.

Le parc aquatique Limnoupolis constituera une excursion rigolote pour les plus jeunes et les familles, hors du centre-ville. Situé à 6 km de Hania, il offre le lot habituel de toboggans et bouées géantes, pour une après-midi en famille. Bel éventail de sensations fortes dans les toboggans et les tunnels. Et les prix sont corrects, avec des réductions pour les entrées après 15h et pour les enfants. Des bus partent de la station centrale de Hania pour y aller.

RÉGION D'HANIA

SOUDA

Souda est une base navale d'importance stratégique pour la flotte grecque et l'Otan. Hors saison, des compagnies maritimes, notamment celles qui évoluent sur la côte sud en été, viennent y hiverner leurs bateaux. C'est ici qu'on prend le ferry vers Le Pirée. L'arrêt du bus à Hania qui fait la navette avec le port toutes les 30 minutes environ se trouve en face du marché couvert, autour du square contigu au port. Un kilomètre avant d'arriver à Souda en venant de Hania se trouve un cimetière militaire où des soldats anglais, australiens et néo-zélandais sont enterrés.

Histoire

Du XVe au XVIIe siècle, la baie était un repaire de pirates. Deux petites îles, Souda et Paleosouda, à l'entrée du golfe, servent de brise-lames naturels. Sur la plus grande d'entre elles (Souda), les Vénitiens ont construit un fort qu'ils ont réussi à défendre en 1715 des assaillants turcs. Egalement sur cette île, une chapelle consacrée à Agios Nikolaos, patron des marins. En 1903 (le 23 avril, jour de la Saint Georges), la chapelle devait être rebaptisée en hommage au roi Georges Ier qui venait d'être assassiné à Thessalonique. Mais le bateau amenant les gens pour la consécration chavira. On attribua l'incident à la colère de saint Nicolas, et la chapelle ne fut pas renommée.

CIMETIÈRE MILITAIRE

Un cimetière militaire parfaitement entretenu, dans la baie de Souda, dans un cadre bucolique et tranquille, dont la sérénité rare est propice au recueillement historique ou à une flânerie en fin d'après-midi. Le cimetière est l'œuvre de l'architecte Louis de Soissons. Les tombes des soldats, du Commonwealth, morts au combat lors de la Seconde Guerre mondiale en Crète, sont toutes largement fleuries. Malheureusement, presque la moitié de ces soldats n'a pu être identifiée. Vous y trouverez des informations sur les batailles menées en Crète pendant cette période.

AKROTIRI ★

La péninsule d'Akrotiri, bordée de falaises creusées de grottes anciennes, est intéressante pour les édifices religieux qu'elle abrite et pour ses quelques plages de sable fin qui vous permettront d'échapper à l'activité mouvementée de Hania. Vous y trouverez notamment de jolies petites baies (Kalatas et Tersanas par exemple) et un dédale de routes goudronnées que vous pourrez explorer.

Venizelos et son fils Sophocles sont enterrés près de la chapelle Profitis Ilias, d'où l'on a un magnifique point de vue sur Hania. Pour les Grecs, c'est un endroit sacré où ils viennent en pèlerinage. Deux monastères intéressants, celui d'Agia Triada (1612) et celui de Gouverneto valent également une visite. Dans le premier, très beau avec ses teintes roses et orange, on trouve un musée ecclésiastique avec des icônes de l'époque byzantine peintes par Scordilis et une riche bibliothèque. Le second, Kiras ton Agelon (sœur des anges), appelé Gouverneto, est situé plus au nord et mérite également qu'on s'y arrête.

Au nord, Stavros possède une jolie plage de sable dans un décor un peu curieux. Bordée vers l'est par une avancée rocheuse qui lui confère une atmosphère dramatique, c'est sur cette plage qu'a été tournée la scène finale de *Zorba le Grec*, adaptation cinématographique du célèbre roman de Kazantzakis, réalisée par Cacoyannis Les plages du nord-ouest sont les plus belles de la péninsule mais malheureusement pâtissent du passage régulier des avions : l'aéroport de La Canée se situe à proximité. C'est bien dommage mais vous pourrez vous rendre sur les plages du sud-est qui sont épargnées. En effet, les petites plages de Seitan Limani ou Marathi ne sont pas sur les routes aériennes mais, conséquence naturelle, elles sont très visitées en saison et peuvent très vite être bondées.

Mieux vaut être motorisé pour s'y rendre, car la péninsule n'est que peu desservie par les bus.

Se restaurer

Stavros et Kounoupidiana concentrent les tavernes du coin. Mais il ne faut pas vous attendre à de véritables découvertes gastronomiques ! La taverne Bourakis sera une bonne option à Kounoupidiana, et à Stavros on optera pour la taverne Zorbas, un peu en retrait du bord de mer, à l'ombre de grands arbres sur une petite place, ou pour la taverne Thanasis pour sa vue splendide, sur une petite plage d'eau cristalline, au calme.

MONASTÈRE D'AGIA TRIADA ★★

A 2 km au nord de l'aéroport.

✆ +30 2821 063572

Ouvert tous les jours de 8h à environ 19h l'été, et l'hiver de 8h à 14h et de 16h au coucher du soleil. Entrée : 2,50 €.

© EMILY GOODWIN - SHUTTERSTOCK.COM

Célèbre dans toute la Crète et au-delà, ce monastère fortifié de style vénitien du XVIIe siècle est un magnifique témoignage de l'architecture Renaissance crétoise. L'église principale impose sa belle symétrie au centre de l'ensemble, flanqué de deux petites chapelles. On y admire les fresques superbes qui entourent l'autel. Il existe également dans ce monastère aux superbes teintes orangées un petit musée où sont exposées de superbes icônes datant de la construction du site. La boutique du monastère vend aussi de l'huile d'olive et un excellent vin blanc local.

MONASTÈRE DE GOUVERNETO ★

✆ +30 2821 063319

Fermé mercredi et vendredi. De 9h à 12h et de 17h à 19h. Samedi et dimanche de 9h à 11h et de 17h à 20h. Entrée 2,50 €.

A quelques kilomètres au nord d'Agia Triada s'élève cet autre monastère, coincé entre les rochers au bord de la mer. Initialement construit au XIe siècle, des rajouts ont été effectués au XVIe siècle. Gouverneto, détruit dans un incendie (1765), est reconstruit et détruit à nouveau en 1821 par les Ottomans qui massacrèrent tous les moines. Depuis, le bâtiment a été restauré. Un petit musée retrace l'histoire de ce lieu et les œuvres qui y ont été entreposées. C'est un site de production d'huile d'olive. La route qui mène au monastère permet une belle balade.

MONASTÈRE KATHOLIKO ★

Au nord de Gouverneto, un sentier vous mène (en environ une demi-heure de marche) au cœur d'un ravin jusqu'au monastère.

✆ +30 2821 063319

Ce monastère, à 20 kilomètres de Hania, abandonné par les moines au XVIIe siècle au profit de celui de Gouverneto, est adossé aux parois de la gorge d'Avlaki. On y accède à pied par un chemin impressionnant, pavé et dallé par les moines eux-mêmes : il lie le monastère de Gouverneto à Katholiko et se termine de manière sensationnelle au bord de la mer et au petit port, qui servait autrefois au monastère.

Le monastère, fondé au XIe siècle par saint Jean l'Ermite, dit également l'Etranger, est cité comme étant le plus ancien de Crète. Au XVIIe siècle, sous la direction de Jérémie Tsagkaroglou et grâce aux dessins empruntés à l'architecte Sebastiano Serlio, l'ensemble a été transformé et c'est sous cet aspect-là que l'on visite aujourd'hui.

Des ermites menaient leur vie ascétique dans les cellules qui se trouvent dans la cour et alentour. Avant d'arriver au monastère se trouve une grotte décorée par des stalactites et qui, selon la légende, fut occupée par saint Jean l'Ermite avant sa mort.

En face de l'entrée, un réservoir naturel d'eau a des vertus, paraît-il, exceptionnelles et devait probablement servir pour des baptêmes. Il est possible de rentrer dans la grotte mais, à certains endroits, le passage est difficile. L'endroit devait servir, selon des fouilles effectuées, de lieu de culte à l'époque minoenne. Emportez une lampe électrique si vous souhaitez voir à quoi tout cela ressemble. Tous les ans, le 7 octobre, jour de sa fête, des centaines de pèlerins viennent là pour une cérémonie précédée d'une procession.

LEMON TREE VILLAS €€

Rue Arkadiou

✆ +30 28210 66808

www.lemontreevillas.gr

Les tarifs varient selon la saison et le nombre de personnes. Comptez 150 à 250 € par jour.

Lemon Tree Villas proposent un cadre idéal pour ceux qui cherchent du repos et du calme, dans un coin un peu perdu on pourrait même dire. Les huit villas disposent chacune d'une piscine, d'une cuisine complètement équipée, de deux salles de bains avec bain à remous, du nécessaire pour être autonome (lave-linge et sèche-linge), et surtout d'un jardin privé qui offre de magnifiques fruits et légumes, laissés à disposition. Accueil francophone par Alma qui vous offrira un séjour chaleureux, avec des plats grecs faits maison à la clef.

ZORBAS BEACH VILLAGE €€

Plage de Stavros
✆ + 30 28210 39011
www.hotel-zorbas.gr
La nuit entre 70 et 140 € selon période et catégorie. Cartes de crédit acceptées.

Zorbas Beach Village est situé près de la plage de Stavros qui est devenue connue en 1964 grâce au film *Zorba le Grec* avec Anthony Quinn. C'est un grand complexe d'une cinquantaine d'appartements et studios en bord de mer. Sa position privilégiée offre une vue imprenable sur la mer et un accès direct à la plage de sable fin. La mer cristalline, la bonne cuisine faite maison, ainsi qu'un hébergement confortable rendent le séjour bien agréable. Ce grand espace fleuri convient parfaitement aux familles avec enfants car les aires de jeux ne manquent pas.

THERISSO

À 16 km au sud-ouest de Hania, en prenant par Perivola, à une altitude de 500 m. La route traverse les gorges de Therisso jusqu'au pied des Lefka Ori (les Montagnes Blanches) après des plantations d'orangers et de mandariniers. Elles sont également appelées les gorges de Venizelos par les Crétois. La mère du fondateur de la Grèce moderne y est en effet née et c'est de là que la rébellion de 1905 est partie : Venizelos alors ministre de la Justice du gouvernement local crétois y écrivit sa résolution après une dispute avec le prince Georges, représentant du Grand Pouvoir en Crète, quatre ans plus tôt : « Nous, étant rassemblés en un meeting tenu à Therisso de Kydonia, nous, Crétois, en ce 10 mars 1905, déclarons devant Dieu et les hommes, notre union politique avec le royaume de Grèce à l'intérieur d'un Etat indivisible, libre et constitutionnel. » Un musée se tient dans la petite maison qui servait de quartier général à Elefthérios Venizelos avec quelques reliques de ces temps héroïques.

Se restaurer

Il y a peu d'options pour se restaurer dans la région, mais nous vous notons ici une adresse excellente et parfaitement authentique, à l'entrée du village, dans la première maison de pierre sur la droite : chez To Meterizi, la patronne propose un ou deux plats cuisinés par jour, tout le reste, d'une grande fraîcheur, se grille à la demande.

© GKORDUS - SHUTTERSTOCK.COM

Les gorges de Therisso.

ÉGLISE SOTIRAS CHRISTOS

Meskla est un village verdoyant, à 21 kilomètres au sud-ouest de Hania, où l'on peut visiter l'ancienne chapelle dédiée à la Transformation du Christ. Ne ratez pas les fresques peintes en 1303 par Théodoros Daniel et Michael Veneris, assez endommagées par le temps mais demeurant un magnifique témoignage d'art byzantin. Tous les ans, le 14 août, une grande fête dédiée à la Dormition de la Vierge, la seconde église du village, est organisée sur la place : c'est l'occasion de visiter la petite chapelle et de participer à une fête traditionnelle très réussie.

RÉGION D'HANIA

MUSÉE HISTORIQUE ET FOLKLORIQUE

✆ +30 2821051555
En juillet et août, ouvert en semaine de 12h à 13h30 et de 19h à 20h30, le week-end de 11h30 à 13h30. Entrée libre.

Le musée, hébergé dans la maison qu'occupaient le futur Premier ministre grec, Elefthérios Venizélos et les révolutionnaires crétois de 1905, présente une série d'objets et de documents relatant cette époque. Pas très loin, le Musée de la Résistance sous l'occupation nazie. Venizélos s'est rendu célèbre pour son opposition au prince Georges sur la question de l'Enossis, l'union de la Crète avec la Grèce. Il fut un artisan fervent de la modernisation de l'Etat grec.

AGI APOSTOLOI

Agi Apostoloi est une très jolie baie à l'ouest de Hania, où s'est formée, au creux d'une côte rocheuse, une belle plage de sable fin. Connue des locaux et beaucoup moins des touristes, elle conserve son authenticité et sa relative tranquillité en saison. Quelques tavernes et petits hôtels se sont installés aux alentours. De part et d'autres de la plage, des balades à pied ou à vélo sont possibles, à travers des sentiers côtiers. Pour s'y rendre, prendre n'importe quel bus Hania–Kalamaki et descendre à l'arrêt n° 21 (achetez vos billets à la station centrale, sur la place 1866 de Hania ou dans un kiosque avant de monter dans le bus).

PLAGES ★★

Plages au drapeau bleu (www.blueflag.global).

De très jolies petites plages de sable fin nichées au fond d'une baie profonde et encerclées de côtes rocheuses. Sur la droite, la petite forêt de pins, tamariniers et eucalyptus offre quelques places à l'ombre pour poser sa serviette. Une douche et deux paillotes (Notis Beach Place) faisant office de beach bars complètent le tableau : de quoi se ressourcer loin de la ville et du chaos ! Ces plages bénéficient du label Pavillon Bleu qui atteste de leur propreté et de la démarche durable et responsable des infrastructures touristiques (www.blueflag.global).

IOLKOS HOTEL €

Foti Antara

✆ +30 28210 32356

www.iolkos-hotel.gr

Studio entre 50 et 95 €, selon la saison et la catégorie. Wifi.

L'hôtel, composé de 9 studios et de 3 appartements, est plutôt moderne et confortable, avec des logements possédant air conditionné, TV, cuisinette équipée, coffre-fort... Il est situé à Kato Daratso, dans une zone résidentielle calme, à 5 km à l'ouest de la ville de Hania. La vue depuis les balcons donne sur la baie d'Agii Apostoli où se trouvent quelques magnifiques plages dotées du drapeau bleu et d'une eau couleur émeraude. A peine plus haut sur la route, on trouve tout ce qu'il faut : supérette, restaurants, loueurs de voitures et de scooters, boulangeries…

HOTEL ELOTIA €€

✆ +30 28210 32651

www.hotelelotia.com

55-80 € la chambre double avec petit déjeuner. Tarifs dégressifs. Possibilité de demi-pension. Wifi gratuit.

Des petites chambres avec balcon et frigo dans ce complexe hôtelier tout neuf, doté d'une petite piscine. Les petits déjeuners se prennent en terrasse, sur le toit, et l'hôtel est l'un des rares à ne pas être en bord de route à Agi Apostoloi, ce qui apporte un avantage certain en termes de quiétude. Attention cependant, il est situé à proximité du camping. Son véritable atout est qu'il se trouve à deux pas de la plage. Moderne mais sans grand charme, l'adresse offre un confort très correct, et un bon rapport qualité-prix pour les budgets les plus serrés.

AMMOS HOTEL €€€

Irakli Avgoula

✆ +30 28210 33003

www.ammoshotel.com

Ouvert d'avril à octobre. Chambre double 150-350 € en haute saison. Petit-déjeuner en supplément. Wifi. Piscine.

Certes, ce n'est pas donné, mais cet hôtel de luxe est l'un des plus beaux de Crète et de la région de Hania. Les pieds dans l'eau, sur une jolie plage de sable (d'où son nom, *ammos*, qui désigne le sable en grec), cet hôtel joue la carte de la décontraction et du design. Ici on nage dans le luxe mais un luxe convivial et chaleureux. Tout est d'un goût parfait, mené d'une main de maître par Nikos Tsepetis. Inutile de rajouter que le confort est parfait et qu'on aimerait y rester des jours et des jours, jusqu'à la fin des temps.

SORTA APARTMENTS €

✆ +30 28210 31746

www.sorta-apartments.gr

Comptez 60 € la chambre double, à partir de 70 € en été. 10 € la personne supplémentaire. Piscine et jardin.

Excellent rapport qualité-prix pour ces petits appartements bien équipés, entourés d'un jardin agréable, et qui bénéficient de petites terrasses ombragées et d'une piscine commune. Très pratiques pour les familles avec enfants, ils sont tout confort et aménagés avec tout ce dont on peut avoir besoin en vacances. L'ensemble est simple mais rénové récemment et agréable : on apprécie les équipements modernisés et la sobriété des lieux. La petite piscine sera un plus pour les plus jeunes, et pour ceux qui recherchent une alternative à la plage.

APTERA ★★

En quittant Hania (environ 10 km) et en longeant la côte est en direction de Georgioupolis, les ruines d'Aptera sont sur votre route. L'emplacement du site, sur un promontoire plat dominant la baie de Souda, a été choisi pour des raisons stratégiques. En effet, la cité contrôlait ainsi l'entrée de la baie et surveillait l'activité des ports antiques de Minoa (Marathi actuelle) et Kissamos (Kalami actuelle). Aujourd'hui, on monte à Aptera par une jolie route qui traverse le village moderne avant de se hisser jusqu'au site archéologique.

Aujourd'hui, on se promène sur un site magnifique entre mer et montagne. Le plateau fertile d'Aptera est toujours couvert d'oliviers, élément appréciable pour les visites en plein été. L'hiver, le site est dominé par les neiges immaculées des Montagnes Blanches. Quelle que soit la saison, c'est un lieu naturel merveilleux. Les amateurs de ruines antiques se réjouiront des citernes romaines largement conservées et réellement impressionnantes avec leurs trois arches. Elles alimentaient les bains dont il reste quelques éléments. On admirera également le théâtre avec sa vue sur les Lefki Ora, les restes d'un mur d'enceinte long de 4 km et un temple dorique du Ve siècle.

Au XIe siècle, le monastère de Saint-Jean-le-Théologien, propriété du monastère de l'île de Patmos, est fondé au centre du site. Aujourd'hui, il abrite un centre d'information très complet sur l'histoire d'Aptera. Avant l'arrivée sur le site archéologique, une bifurcation mène à la forteresse ottomane construite en 1872, à un moment où la population crétoise était en permanente insurrection. Ne manquez pas de vous y rendre : elle offre la plus belle vue sur la baie de Souda, le fort Izzedine juste en contrebas et la péninsule d'Akrotiri.

Histoire

Aptera a été fondée au VIIIe siècle av. J.-C. et a continuellement été habitée jusqu'au IXe siècle de notre ère. Son apogée commence au IVe siècle av. J.-C. : elle s'impose alors comme l'une des principales cités-Etats de l'ouest de la Crète et s'allie à Knossos dans les guerres qui déchirent l'île pour la domination crétoise. Son développement s'accélère à nouveau sous l'occupation romaine, aux Ier et IIe siècles apr. J.-C., comme en témoignent les nombreux vestiges sur le site actuel.

Mais le tremblement de terre de 365 qui détruit largement la ville marque le début d'un déclin inexorable. L'abandon de la cité d'Aptera sera précipité par un autre séisme au VIIe siècle puis par l'invasion arabe au IXe siècle. Les fouilles sont toujours en cours et de nombreuses équipes d'archéologues s'y sont succédé depuis la fin du XIXe siècle.

Tourisme

- **Informations pratiques :** ouvert de 8h30 à 18h en saison tous les jours sauf le mardi. Entrée : 2 €, billet combiné avec les musées archéologiques de Hania et de Kissamos et la collection byzantine de Hania : 6 €.
- **Il n'y a aucun transport public pour y accéder.** Il faudra donc louer une voiture ou un scooter pour y arriver ou alors prendre un taxi (un peu plus de 20 € depuis le centre de Hania). Parking sur place.
- **Aucune buvette** ou snack sur le site : prévoyez de l'eau avant d'arriver.

RÉGION D'HANIA

Aptera.

KALYVES

Kalyves, qu'on atteint en quittant la route nationale à Kalami, est une station balnéaire populaire et malheureusement de moins en moins attrayante parce que très construite et visitée. Son nom (*kalyves* veut dire « hutte », « cabane ») proviendrait du fait qu'à la fin du IXe siècle des Arabes auraient accosté à cet endroit et auraient construit leurs cabanes sur la plage. Non loin du village se tenait une forteresse vénitienne Apicorno, qui a laissé son nom à la région appelée aujourd'hui Apokoronas. La partie la plus intéressante de la plage de sable se trouve tout au bout vers l'est après le centre, juste avant un petit port. Pourtant, et comme souvent sur la côte nord de la région de Hania, il suffit de quitter la mer pour découvrir un arrière-pays préservé, fertile et largement rural. Vous y découvrirez l'authentique cœur agricole de la région. Partez donc à la découverte des villages alentour et vivez à un rythme ralenti dans les petits kafeneia et sur les placettes endormies : Armeni, l'incroyable et minuscule Maheri, Stylos... Une seule condition pour prendre ces petites routes de campagne : être motorisé !

Se restaurer

Les tavernes et cafés bordent le front de mer, supérettes et boutiques sont concentrées sur la rue principale. Depuis quelques années, la station balnéaire est envahie par un tourisme de type resort, pas forcément dans la conservation de l'atmosphère crétoise. Elle est très appréciée des vacanciers en provenance d'Europe du Nord.

KALYVES BEACH HOTEL €€

Sur le front de mer
✆ +30 28250 31285
www.seacretehotels.com
Chambre double à partir de 100 € en saison, petit-déjeuner inclus.

Un grand complexe qui longe le bras de mer que l'on traverse grâce à un charmant petit pont. Ce grand resort se situe en plein cœur du village traditionnel de Kalyves. Il dispose de tout le confort et propose des chambres et studios entièrement équipés donnant sur la mer ou sur la montagne. Idéal pour les familles. Jeux pour enfants, bar de plage, grande piscine avec transats confortables... Accueil francophone et wifi gratuit dans les parties communes et les chambres. Air conditionné. Possibilité de demi-pension. Plusieurs activités sont organisées.

KAMARES €€

Village de Maheri
✆ +30 28250 41111
http://kamares-houses.gr
Studio à partir de 120 €, villa à p. de 165 €, 250 € avec piscine. 4 nuits min. Petit-déjeuner inclus. Table d'hôtes.

Kostas et Roula (francophone) ont passé 20 ans à rénover des maisons traditionnelles du village de Maheri, adossé à des formations rocheuses et donnant sur une plaine fertile. Le résultat est magnifique : la bâtisse principale, ancienne maison vénitienne transformée plus tard par les Ottomans, offre des studios et appartements, des jardins, une piscine en terrasse. L'ensemble est fait dans le respect de l'environnement, des traditions et du bon goût. Le petit déjeuner est désormais fait sur demande, toujours avec des produits du potager. Accueil très chaleureux.

FLISVOS

✆ +30 28250 31100
www.flisvos.com
En saison : voiture à partir de 149 € la semaine, scooter à partir de 130 € et vélo à partir de 55 €.

Agence fiable, installée depuis 1990, qui propose des véhicules de location à des prix compétitifs. Du deux-roues au minibus pour 9 personnes, en passant par les cabriolets, 4x4 ou VTT, on peut tout louer depuis son domicile. Accueil personnalisé à l'aéroport, formalités réduites et voitures en parfait état. Assistance et dépannage sur toute l'île 24h/24. Livraison et retrait aux hôtels, aux ports et aux aéroports. Plusieurs offres sur le site. Des succursales de cette agence se situent également à Kalyves, Almyrida, Kavro, Réthymnon et Héraklion.

TZITZIKAS €

Village d'Armeni
✆ +30 28250 41144
www.tzitzikas.com
Ouvert tous les jours en saison. Comptez 15 € par personne environ.

Prenez la petite route en face de l'église sur la place d'Armeni et vous arriverez à cette taverne située dans un site enchanteur. Pendant les chaudes journées d'été, on apprécie l'ombre des platanes centenaires et la fraîcheur des ruisseaux alentour. Ici, tout est histoire de qualité : les produits sont locaux et issus de l'agriculture biologique. Tout est frais, préparé maison et délicieux. On prend son temps, autour d'un bon plat ou d'un café et on contemple le temps qui passe. A noter : de la musique live programmée certains soirs.

ALMYRIDA ★

À 5 km après Kalyves vers l'est, le village d'Almyrida a longtemps été moins touristique que la station balnéaire voisine et l'on pouvait profiter de sa longue plage de sable tranquillement. Mais ces dernières années, les hôtels et établissements touristiques se construisent à vitesse grand V… Les ruines d'une basilique paléochrétienne du VIe siècle valent un détour à l'entrée du village, notamment pour ses sols en mosaïque. Vous trouverez une rangée de tavernes le long de la plage, dont la taverne Dimitrios qui concocte ses plats à partir de produits de la ferme des propriétaires. Nous vous conseillons de poursuivre vers l'est et la péninsule d'Apokronas où des villages tranquilles et quelques criques aux eaux claires sont moins visités. A Plaka, à quelques minutes d'Almyrida, de vieux Grecs devisent en jouant du komboloï sous des eucalyptus dans un kafeneion, se remémorant peut-être les jours où la quiétude du village avait été troublée par le tournage de *Zorba le Grec* de Cacoyannis. Un peu plus loin, en contrebas de Kokino Horio, vous trouverez la petite plage de Vraskou. En poursuivant vers le cap Drapanos et son phare historique, des grottes donnent sur la mer dont la cave aux éléphants. Découverte il y a environ 20 ans, elle renferme des stalactites orangées (présence de fer). On y a surtout trouvé des os d'éléphants datant d'il y a 50 000 ou 60 000 ans, une espèce endémique disparue qui aurait peuplé la Crète avant qu'elle ne se détache de l'Asie Mineure. On y accède en plongée ou en excursion organisée uniquement.

ALMYRIDA RESIDENCE €€

Almyrida Apokoronou
✆ +30 28250 32284
https://almyridaresort.com/hotels/
En haute saison, chambre double de 125 à 159 €. Petit déjeuner compris. Offres sur le site.

Grand complexe hôtelier, au design contemporain, un peu incongru ici mais proposant tout le confort de ce type d'hébergement : piscines intérieure et extérieure, bain à remous, massages, sauna, gym, bowling… Les chambres doubles disposent d'un petit frigo, d'une TV, d'une salle de bains avec sèche-cheveux, d'un coffre-fort, d'une radio, d'un téléphone et d'un balcon donnant sur la mer (plus chères) ou sur la montagne. L'établissement se situe au bord de la plage et il fonctionne surtout avec des agences de voyages. Accueil professionnel. Wifi.

ALMYRIDA SUMMER SPORTS

Almyrida Apokoronou ✆ +30 28250 33100
https://almyridasummersports.com/en
Ouvert en saison, tous les jours de 10h à 18h. Prix compétitifs.

L'ASS se trouve à Almyrida, un ancien village de pêcheurs très connu pour sa plage et ses excellentes tavernes traditionnelles. La structure propose à la location des kayaks simples et doubles, des paddles, des planches à voile et des catamarans (hobbie cat 16). L'ASS décline son offre en locations individuelles, cours particuliers et propose même de rejoindre des groupes pour des activités encadrées. Gage de qualité : l'ASS est partenaire de l'UCPA et tous les moniteurs sont diplômés d'Etat. Pratique, l'un d'entre eux, Franck, est français.

Paysage magnifique vers Almyrida.

VAMOS ★

En 1995 s'est constituée une association pour restaurer les vieilles maisons du village et s'ouvrir à un tourisme conscient de l'environnement et des traditions locales. Une dizaine de locaux ont procédé à la rénovation de leur maison selon les règles de l'art traditionnel, elles sont repérables grâce à leur pancarte bleue et se situent pour la plupart à droite après l'église, en montant. Un ancien pensionnat de jeunes filles a ainsi été transformé en petit hôtel. L'association propose également aux touristes d'apprendre à cuisiner ou à danser crétois. Des cours de peinture ou de céramique sous la direction d'artistes locaux sont aussi dispensés. Qui plus est, Vamos organise un festival de musique populaire au mois d'août.

Pour de l'authentique pur, rendez-vous à Gavalochori, pour son délicieux restaurant et sa coopérative de femmes qui vendent de magnifiques *kapanelli* (dentelles), ou à Aspro, entre Almyrida et Vamos, un village qui ravira ceux qui ont en tête les clichés du village grec traditionnel… En bref, explorez les villages de la péninsule d'Apokoronas si le tourisme de masse purement balnéaire n'est pas votre tasse de thé.

Tourisme

Le petit office de tourisme de Vamos saura vous renseigner sur les excursions à faire dans le coin, mais aussi sur les locations de jolies villas traditionnelles, les cours de cuisine crétoise, les festivités culturelles... Brochures en français.

Transports

Pour découvrir les attraits de la région, au-delà des resorts de la côte, il vous faudra être motorisé.

MUSÉE FOLKLORIQUE

Village de Gavalochori
✆ +30 28250 23222
En saison, ouvert du lundi au samedi : 9h à 19h. Le dimanche : 11h à 18h. Entrée : 2 €, gratuit pour les -12 ans.

Un musée très bien entretenu offrant au visiteur l'occasion de connaître la vie traditionnelle de la région. Dans une ancienne maison à deux étages, restaurée et bien aménagée, on découvre les techniques artisanales du travail de la soie, de la céramique, du cuir, de la taille de la pierre et du bois. On y voit également un atelier de tissage, une chambre à coucher, une cuisine d'antan, l'autel sculpté d'une petite chapelle. Dans la partie historique du musée, on peut voir des armes à feu, des sabres, des peintures, des pièces de monnaie et des médailles.

PLAGE

Village de Ombrosgialos

Cette très jolie petite plage, non organisée, se situe au cap Drépanon, entre les villages de Kefalas et Palailoni. Voici une crique entourée de falaises fréquentée essentiellement par les locaux. Il n'y a pas de plage mais des accès directs à la mer, transparente à l'eau bleue. À côté se trouve la taverne Octopus Bay, où l'on peut manger à la bonne franquette le poisson ou l'oursin pêché le matin même. La vue y est splendide ! Un spot idéal pour le snorkeling. Il est également possible d'y aller en bateau au départ du port de Georgoupouli.

La plage d'Ombrosgalios est un paradis isolé et méconnu des touristes.

GAVALIANO CAFÉ €

Rue principale, à côté du monument aux morts
✆ +30 6974 162 507
En saison, ouvert tous les jours, selon la clientèle. Comptez autour de 10 € par personne.
Voilà une adresse qui mérite de faire un détour tant les plats (tout est fait maison au jour le jour) sont savoureux ! La serveuse se fera un plaisir de vous expliquer les spécialités du jour. Parmi elles : des saucisses de la région, le ragoût de lapin, les fleurs de courgettes farcies accompagnées d'un yoghourt onctueux, les salades... Même le cadre est appréciable : la terrasse est ombragée d'un arbre majestueux, noyée dans le chant des grillons... Vous pouvez aussi opter pour la salle à l'intérieur de l'établissement et ses pistolets aux murs.

I STERNA TOU BLOUMOSIFI €€

✆ +30 2825 083220
www.vamosvillage.gr
Ouvert tous les jours en saison. Comptez autour de 15 € le repas.
C'est la taverne de l'association de Vamos, datant de 1905 ! Dans la pièce principale du bâtiment se trouvait une citerne, utilisée encore aujourd'hui pour garder les boissons au frais ! Vous y goûterez les spécialités locales cuites au feu de bois : ragoûts, coq au vin accompagné de pâtes faites maison, escargots, seiches à la sauce tomate et au fenouil... Une grande variété de fromages locaux et de vins vous est également proposée. Très fréquentée par des artistes, l'ambiance devient facilement festive... Des concerts y sont organisés certains soirs d'été.

COOPÉRATIVE DES FEMMES

Village de Gavalochori
✆ +30 28250 22038
Horaires variables selon l'affluence. Renseignez-vous au café de Gavalochori.
Vous cherchez à ramener un beau cadeau de votre voyage en Crète ? Vous trouverez dans cette boutique de magnifiques *kopanelli* (dentelles) confectionnées par les femmes du village dans la plus pure tradition crétoise. Il s'agit d'une technique de tissage dont l'origine se perd dans le temps. La dentelle est tissée à l'aide d'une dizaine de bâtons en bois que l'on pose verticalement sur un petit métier à tisser. Le dessin de la dentelle est posé sur le *koussouni*, terme qui très probablement est un dérivé du mot français « coussin ».

VRYSES

Sur la route Hania-Réthymnon (il faut quitter la route nationale un peu avant), cette petite ville est agréable pour sa douceur de vivre et la qualité de ses petits bars à l'ombre des platanes, à la confluence des rivières Voutakas et Vrisanos qui procurent une fraîcheur bienvenue en été. Vous pourrez admirer un pont de l'époque hellénistique, comme perdu dans un environnement très bucolique. Il a été détruit puis reconstruit avec des ajouts pendant la période vénitienne puis ottomane. Près de ce pont se trouvent les restes d'un moulin (aujourd'hui devenu un bar) et une éolienne qui sert à monter l'eau. Vrisses est, encore de nos jours, réputée pour son yaourt de brebis (vous pouvez en demander, avec du miel, dans l'un des kafeneia ou en acheter directement dans l'une des supérettes). C'est le passage obligé pour se rendre à Hora Sfakion et la côte sud : quand il fait chaud, c'est un bon endroit pour boire un verre ou pour s'approvisionner. Les différents commerces se trouvent sur l'axe principal de la ville : un distributeur automatique de billets, une station-essence, la poste et une boulangerie avec d'excellentes *paximadia*, nécessaires à la confection des délicieux *dakos*.

Transports

Vrisses se trouve sur la ligne de bus Hania-Réthymnon. Il est donc possible de s'arrêter là quelques heures et de poursuivre ensuite vers l'une de ces destinations ou vers Hora Sfakion. Arrêt en centre-ville (près du monument commémorant l'indépendance crétoise). Pour se garer en voiture, un grand parking près du centre (prendre une petite rue contiguë à la banque) s'avère bien pratique.

VIGNOBLE DOURAKIS

✆ +30 6945 540 696
www.dourakiswinery.gr
Dégustation simple (60 min) : 10 €. Repas dégustation (simple) : 22 €. Leçons de cuisine (3h) : 60 €.
Près de Vrisses, à Alikambos, en direction d'Hora Sfakion, vous pouvez faire une halte œnologique sur les terres du viticulteur Andreas Dourakis. Dans un environnement naturel d'exception offrant une vue sur les magnifiques montagnes d'Apokoronas, le propriétaire a construit avec amour, de ses propres mains, ce domaine tout en pierre qui est devenu la fierté de la famille en 30 ans. Il produit d'excellents vins et vous pourrez en déguster certains au domaine. Des sessions de dégustation sont également proposées en accompagnement d'un repas ou d'un pique-nique.

TAVERNA KOURTSA €€

✆ +30 2825 051 925

Ouvert toute l'année. En été, tous les soirs. En hiver, seulement le w-end. À partir de 15-20 € par personne, le repas.

Une taverne succulente, à l'intérieur des terres, dans le village de Vafes que l'on atteint en empruntant de toutes petites routes de campagne sinueuses. Mais l'effort en vaut la chandelle ! Ici le temps s'arrête et on se sent au fin fond de la Crète. Vous mangerez, au calme, dans la cour en pierre d'un ancien monastère récemment restauré. Au menu : champignons frais de la région, antikristo (morceaux d'agneau cuits lentement autour d'une braise), tzatziki préparé avec le yoghourt local, etc. Vin de la région en pichet et raki à boire avec modération !

GEORGIOUPOLIS

Situé à 5 km de Vamos sur la route qui relie Réthymnon à Hania, cet ancien petit port de pêche s'est récemment ouvert au tourisme en proposant des plages de sable qui s'étendent vers l'est sur près de 10 km. Le développement de Georgioupolis s'est accéléré ces dernières années : les hôtels ont poussé peu harmonieusement au bord de la plage, y installant leurs transats et parasols (payants !), et la clientèle, essentiellement originaire du nord de l'Europe y reste le plus souvent une semaine en famille. Georgioupolis, un peu saturé de tourisme par rapport à sa taille modeste, perd une bonne partie de son cachet en juillet et en août… La place principale, autour de la fontaine, accueille d'ailleurs moult restaurants, supérettes et boutiques de souvenirs.

Se loger

Aucun problème pour se loger à Georgioupolis, en hiver comme en été. De nombreux établissements dans toutes les catégories et pour tous les budgets. La plupart des restaurants se trouvent autour de la place centrale.

Tourisme

Il y a quelques belles randonnées vers Vrisses, Vamos ou l'intérieur des terres. L'été, un petit train vous amène jusqu'au plaisant lac de Kournas, où l'on peut se baigner et faire du bateau à pédales, mais aussi jusqu'au village de Lappa et ses cascades. Bien pratique si vous ne voulez pas louer de véhicule !

ETHON - LOCATION DE VÉHICULES

Sur la place principale.

✆ +30 28250 61432

www.ethon.gr

Prix sur demande. Tarifs dégressifs selon la durée de location, la période et la catégorie.

Cette agence peut s'enorgueillir de vingt ans d'expérience. Elle est ouverte à partir de la mi-mars jusqu'au 1er novembre. Elle propose des voitures à la location mais également des vélos, des scooters et des motos, et offre tout un programme d'excursions à la carte, dans toute la Crète mais aussi à Santorin ! Comme toujours, pensez à demander si l'assurance de la voiture est comprise dans la note afin d'éviter tout malentendu. A noter également : service aux ports et aux aéroports.

HÔTEL DROSSIA €

A 70 m en contrebas de la place principale.

✆ +30 28250 61326

http://hoteldrosia.com

Ouvert d'avril à octobre. Chambre double à partir de 30 €, avec air conditionné mais sans petit déjeuner.

Cette petite pension se trouve dans le village de Georgioupolis, à proximité de la plage et à 4,5 km du lac de Kournias. Il s'agit d'un établissement familial, calme et très propre. Excellent rapport qualité-prix pour cette pension tenue avec rigueur par Maria et son mari. Les chambres sont climatisées, assez confortables et équipées d'une salle de bains privative, d'un frigo, d'une bouilloire, d'une télévision et d'un balcon donnant sur la rivière Almyros ou sur le village. C'est simple et sans rien de superflu, mais bon marché.

PARADISE TAVERNA & APARTMENTS €

✆ +30 28250 61313

Studio à partir de 40 € en saison et appartement à partir de 60 € en saison. Comptez 15 € le repas par personne.

En plein centre-ville, non loin de la rivière, ce petit hôtel simple propose des chambres, studios et appartements rénovés, disséminés dans deux maisons très confortables. Cette petite taverne est très abordable avec une cour spacieuse et bien entretenue proposant des plats inspirés de la cuisine crétoise et grecque. Parmi les plats : la moussaka, l'agneau aux légumes et fromage au four (*kleftiko*), le ragoût de veau ou de lapin, tomates et poivrons farcis au riz et aux aromates, etc.

L'église de Georgioupolis.

© CT

ZORBAS HOTEL €

A 50 m de la place principale en direction de la plage. ✆ +30 28250 61381

www.zorbashotel.gr/el/

Studio pour 2 à partir de 48 €, appartement familial à partir de 65 €, petit déjeuner compris. Piscine. Restaurant.

L'hôtel Zorbas possède un restaurant crétois et une terrasse avec bar au bord de la piscine. Situé dans une petite ruelle de Georgioupolis, l'hôtel propose des studios de 30 m² et des appartements de 40 m², confortables et propres, dotés d'une salle de bains, de la climatisation, d'une kitchenette, d'une télévision, d'un balcon meublé et d'une connexion Internet. Un bon rapport qualité-prix, d'autant plus que l'accueil est des plus agréables et efficaces. Le buffet du petit déjeuner est bien varié en salé comme en sucré. Il est conseillé de réserver en avance.

ORPHEAS BOUTIQUE BEACH RESORT €€

Sur la plage de Kourna

✆ +30 28250 61218

www.orpheas-resort.gr

Chambre double à partir de 130 €, avec demi-pension. Wifi. Adultes uniquement.

Bien au calme à 4 km de Georgioupolis se trouve ce resort un peu kitsch sur la longue plage de sable fin de Kourna. C'est un endroit romantique qui convient aux amoureux en quête de tranquillité et d'espace : ici pas d'enfants ! Rien ne manque : bar, restaurant avec terrasse, piscines, parasols et chaises longues sur la plage... Chaque chambre double est d'un style différent et dispose d'un balcon spacieux donnant sur la mer ou d'une terrasse privée donnant sur le jardin.

CRETAN MANSION €€€

Dramia ✆ +30 28410 41662

www.cretanmansion.com

A partir de 350 € par nuit en haute saison, réservation de 2 nuits minimum exigée. Wifi. Parking privé. Piscine.

Située dans le village de Dramia à proximité du village touristique de Kavros, et à 500 m de la plage de sable de Georgioupolis, cette maison de vacances peut accueillir jusqu'à 15 personnes. Il s'agit d'une villa moderne, construite en 2006, proposant cinq chambres à coucher doubles avec salles de bains privatives. Répartie sur plusieurs niveaux, elle offre tout le confort nécessaire à des vacances réussies, un beau jardin avec piscine et transats, des cuisines intégralement équipées et de l'espace ! Moderne et agréable, c'est une option à considérer à plusieurs.

MYTHOS TAVERNA €

Sur la place principale.

✆ +30 2825 061798

Ouvert tous les jours en saison, de 9h à 23h30. Comptez autour de 18 € par personne.

Sur la place centrale de la ville, une taverne somme toute classique, avec une large variété de choix parmi la cuisine grecque et crétoise habituelle faite maison : ragoûts, grillades, brochettes, feuilles de vignes farcies au riz et aux aromates, *dakos*, moussaka, etc. Quelques plats internationaux aussi. Accueil et service sympathiques. Terrasse agréable ombragée par des mûriers. L'établissement propose un menu végétarien et même végan ainsi que des plats sans gluten. La taverne sert également des petits déjeuners et des brunchs.

SIRTAKI TAVERNA €

Dans une petite rue à quelques pas de la place principale.

✆ +30 28250 61382

En saison, ouvert tous les jours de midi à minuit. Comptez autour de 15 € par personne.

Petite taverne familiale authentique (blanc et bleu dans le style cycladique) proposant de la cuisine crétoise faite maison et du poisson frais sur une terrasse ombragée avec vue sur le petit port de Georgioupolis. Plats classiques, attendus dans ce genre de taverne, mais qui ne déçoivent pas : bonnes grillades, saucisses crétoises, calamars grillés, spaghettis sauce tomate, brochettes de poisson, de crevettes, de viande et de poulet, etc. Des mets variés et goûteux. Portions copieuses. Souvent des soirées musicales improvisées.

TITO'S

Place principale

✆ +30 28250 61379

Petit déjeuner autour de 7 €. Pizza : 6 - 9 €. Cocktail de 4 à 7 €.

Tito's se situe en plein cœur de Georgioupolis, juste à côté de la place centrale de la ville. C'est l'endroit incontournable une fois la fraîcheur revenue : les touristes mais aussi les locaux mettent leur plus jolie tenue et viennent y boire l'apéritif avant d'aller au restaurant. Sous les ventilateurs, très appréciables lors des journées chaudes de l'été, les banquettes s'avèrent bien agréables pour refaire le monde. L'établissement propose entre autres de bons cocktails. Terrasse très prisée les soirs de compétition sportive face aux grands écrans.

LAC DE KOURNAS

C'est le seul lac naturel de toute la Crète : il est alimenté par les neiges des Montagnes Blanches qui fondent en été ainsi que par deux sources. On y verra un nombre impressionnant d'anguilles et, paraît-il, des tortues. La baignade est autorisée et c'est agréable de nager dans ce beau lac entouré de montagnes. Lorsqu'il y a un peu de brouillard au sommet des monts environnants, l'ambiance semble presque irréelle et on se croirait dans un décor de film fantastique ou à la David Lynch. C'est un bel endroit, qu'importe la météo, et qui reste encore assez préservé. On peut louer des bateaux à pédale pour de plaisantes promenades sur ses eaux ou faire du kayak. Ambiance bon enfant et désuète assurée.

Tourisme

- Infos pratiques : Le lac est ouvert tous les jours jusqu'à la tombée de la nuit. Sur place des cabines de plage, la location de pédalos avec ombrelle et toboggan (7 € pour deux personnes et 12 € pour quatre personnes), canoë (4 €).
- Des tavernes (transats et parasols gratuits pour les consommateurs) longent le lac, elles sont toutes très sympathiques pour déjeuner. Et des magasins de souvenirs complètent l'offre.

Transports

On accède au lac par une petite route, à 4 km au sud-est de Georgioupolis. Se garer un peu avant le lac, sur les parkings au bord de la route, et marcher pour éviter le trafic et les parkings payants.

PLATANIAS

En vous dirigeant vers l'ouest depuis Hania, vous longerez la côte touristique jusqu'à la station balnéaire de Platanias. Si vous empruntez l'ancienne route Hania-Kissamos et que vous laissez la route nationale derrière vous, vous traverserez un continuum de supérettes, petits hôtels et cafés sans grand intérêt. Le tourisme de masse est bel et bien passé par là. D'ailleurs, à Platanias, la plupart des chambres et appartements sont réservés par des voyagistes et des groupes d'Europe du Nord (pensez à réserver !).

Alors pourquoi s'y arrêter, nous direz-vous ? Pour l'intérieur des terres qui est, en revanche, superbe. En quittant l'axe principal vers le sud, on se retrouve en à peine cinq minutes en pleine campagne, au milieu des oliviers et des orangers, loin de l'activité balnéaire. Ceux qui s'arrêteront à Platanias le feront sûrement le soir après une journée de visite, pour profiter de ses soirées animées mais aussi, puisque vous voilà prévenu, pour profiter des environs le lendemain.

Tourisme

De Platanias, vous pouvez partir en excursion jusqu'à l'île de Thodorou, où évoluent les fameuses kri-kri (les chèvres sauvages crétoises !) en toute liberté. Profitez-en pour explorer les eaux particulièrement cristallines du coin. Pour cette sortie en bateau, comptez environ 20 € par adulte et 10 € par enfant.

CENTRE ÉQUESTRE ZORAÎDAS

✆ +30 28250 61745

www.zoraidas-horseriding.com

Pour les plus de 6 ans, comptez 15 € les 30 minutes, 25 € l'heure. Tour du lac 40 € les deux heures.

Si vous avez envie d'une activité en plein air conviviale qui associe l'amusement, l'apprentissage et le respect de l'environnement tout en profitant de la superbe ambiance autour du lac de Kournas et de ses alentours, le club Zoraïda propose des vacances équestres et des jolies balades pour tout le monde ! Pour les niveaux intermédiaires, des sorties à la carte sur une demi-journée ou plusieurs jours, sur la plage ou dans les hauteurs. Une activité agréable, bien organisée, et une belle façon de découvrir la région avec Kristi, qui parle français.

CASTLE SUITES €

✆ +30 28210 68583

www.castle-suites.gr

A partir de 75 € la chambre double. Piscines. Kitchenette dans les chambres. Restaurant.

Un hôtel resort, qui s'est agrandi au fil des années pour devenir un véritable petit village avec trois piscines et toutes les facilités d'un grand complexe : billards, mini-spa, supérette, restaurant, bar, aire de jeux pour enfants, deux piscines pour les enfants, salle de gym. Les chambres possèdent une kitchenette où il est possible de préparer des repas simples et le petit déjeuner. La grande majorité des chambres donnent sur les jardins. Apprécié des touristes charter provenant surtout du nord de l'Europe. Distributeur automatique de billets.

METOHI GEORGILA €€

Pyrgos Psilonerou
✆ +30 28210 62257
www.metohigeorgila.com
Villa de 100 à 170 € la nuit, selon l'option choisie. Piscine, jardin, jeux pour enfants.

Cette résidence, constituée d'un majestueux bâtiment principal et d'annexes en pierre, est un véritable havre de paix. Cinq villas et appartements y ont été aménagés, dans un style authentique et élégant. L'endroit a conservé un charme d'antan tout en assurant un confort moderne exemplaire, avec tous les équipements nécessaires. Entre Platanias et Maleme, dans le joli village de Metohi, vous y serez loin de la folie touristique, tout en restant à proximité de la mer. Certaines villas peuvent accueillir jusqu'à 6 personnes. Très bon rapport qualité-prix.

MYLOS TOU KERATA €

Route Hania-Kastelli (kilomètre 11).
✆ +30 28210 68578
www.mylos-tou-kerata.gr
Ouvert tous les jours en saison, de 18h à minuit. Comptez autour de 18 € par personne.

Il s'agit d'une des plus vieilles taverne de Crète, installée dans un vieux moulin vénitien datant du XIVe siècle que l'on peut encore aujourd'hui admirer dans la cour de l'établissement, verdoyante et ombragée par des arbres centenaires pour la majorité d'entre eux. Ce restaurant, très prisé, propose une excellente cuisine traditionnelle et méditerranéenne. Tous les plats sont préparés à base des produits locaux et d'huile d'olive. Plusieurs vins proposés proviennent des vignobles crétois. Il est conseillé de réserver en haute saison.

MYLOS CLUB

✆ +30 6955 239810
www.myloschania.com
En été, ouvert du mardi au samedi de minuit à 8h. Entrée payante qui inclut une boisson.

Immense boîte de nuit, située à Platanias, à proximité de la plage et qui fait le bonheur des clubbeurs depuis 25 ans. Sûrement le club le plus connu de Crète mais tenez-vous correctement : le personnel et les videurs n'en peuvent plus des touristes qui boivent trop et se comportent mal. Il s'agit d'une boîte de nuit très fréquentée par les locaux et très animée. Si vous vous montrez respectueux, il ne devrait pas y avoir de problème à l'entrée. En journée, il y a également un beach bar qui loue des transats et des parasols sur la plage.

MALEME ★

Situé à 20 kilomètres à l'ouest de Hania, sur la route qui conduit à Kastelli-Kissamos, Maleme est le premier endroit en venant de Hania où vous pourriez avoir envie de vous arrêter. Pas pour ses plages qui sont, somme toute, quelconques mais par curiosité pour un événement qui reste omniprésent dans la mémoire des Crétois et qui a eu lieu en mai 1941 : la bataille de Crète dont l'enjeu principal, pour les Allemands, était la prise de l'aéroport de Maleme.
À la sortie de Maleme en venant de Hania, sur la gauche, une petite cahute signale l'entrée du cimetière allemand qui monte vers la colline 107. Une carte détaille la progression de la bataille. Au sommet, une terrasse offre une vue sur la baie et la piste d'atterrissage, objet de la convoitise des troupes allemandes. Même s'il ne fonctionne plus, l'aéroport est toujours situé en zone militaire ; en principe, les photos sont interdites. Des avions sont exposés sur la piste, et vous pouvez demander au soldat en faction la permission d'aller y jeter un coup d'œil.
À proximité du cimetière, on peut également visiter une tombe de l'époque minoenne (3000-1200 av. J.-C.), découverte en 1966 au cours de fouilles archéologiques. Avec ses murs de 4 mètres de hauteur, son toit pyramidal et son entrée surmontée d'un large linteau, ce site funéraire ancien est impressionnant.
Enfin, n'hésitez pas à quitter la côte pour découvrir les petits villages de l'arrière-pays. Ici, on vit au rythme de la culture de l'olive et des vignes. C'est une magnifique région agricole encore préservée qui s'offre au visiteur curieux. Empruntez les routes de campagne, laissez la côte et les touristes derrière vous et faites l'école buissonnière, vous ne le regretterez pas !

Histoire

Churchill pensait que la Crète serait l'endroit idéal pour regrouper les forces britanniques (et néo-zélandaises) lors de l'inexorable avancée des Allemands dans la péninsule des Balkans au printemps 1941. Pendant un temps, les Alliés continrent avec succès les tentatives allemandes d'accoster en Crète. Mais le 20 mai 1941, le ciel s'obscurcit de milliers de parachutistes nazis. L'enjeu : Hill 107 (la colline 107) dont la position permettait de garantir la sécurité de l'aéroport militaire de Maleme. Les troupes alliées et les Crétois offrirent une résistance acharnée comme en témoignent les chiffres : 6 581 Allemands tués pour 2 000 hommes parmi les troupes alliées. Cependant, une mauvaise communication entre les Alliés aboutit à l'évacuation de Hill 107 qui fut aussitôt prise par les Allemands. Ils purent ensuite, en toute sécurité, faire atterrir leurs avions. Le commandement allié n'eut d'autre recours que d'ordonner l'évacuation, ce qu'ils firent par une marche forcée à travers les Lefka Ori jusqu'à la côte sud où les attendaient des embarcations qui les amenèrent en Egypte, à Alexandrie. Cette fuite ne fut possible que grâce à la résistance d'un bataillon grec qui défendit un endroit stratégique pendant deux jours. La suite est sombre pour les Crétois qui durent faire face aux représailles allemandes, mais cette répression aveugle eut pour effet de renforcer la résistance locale.

CHARMA - LA BIÈRE CRÉTOISE ★

Zounaki Platanias
✆ +30 28240 31002
www.cretanbeer.gr

Ouvert à la visite d'avril à novembre, 7j/7 de 11h à 17h. Visite guidée d'une heure (en anglais) et dégustation : 7 €.

Charma est une bière locale qui se boit fraîche, sans filtre, ni conservateurs et additifs. Elle existe en blonde « lager type », en noire, en pâle et en blanche, en saison. On y utilise des techniques écologiques : électricité solaire, recyclage des résidus en production, géothermie. On visite la distillerie qui se situe à Zounaki, un village à 8 km au sud de Maleme. On y goûte et achète une excellente bière locale. Une idée d'excursion, une demi-journée de bonheur !

SARRIS HOUSE €€

Xirokambi
✆ +30 28210 73944
http://sarris-house.gr/

Ouvert toute l'année. Comptez de 130 à 200 € en haute saison, selon le nombre de personnes (de 4 à 9 personnes).

Tourisme rural. Une vieille bâtisse traditionnelle, réhabilitée dans le respect de son environnement. Jusqu'à 9 personnes peuvent vivre dans cette jolie maison et profiter d'une grande cuisine tout équipée, d'un coin salon avec cheminée, d'une piscine. En contrebas, vue sur la mer à 180 degrés : la plage de Pirgos Psilonerou est à moins de 5 km. Un bel établissement pour découvrir les villages de l'arrière-pays, au calme dans les vignes et les oliviers. Vous pourrez explorer toute la région de Hania jusqu'à la côte sud en voiture depuis cette base sereine.

KOLYMBARI ★

Au-delà de Maleme, la route traverse Tavronitis qui reste un village rural. Un peu plus loin, Kolymbari est le premier endroit sur la côte, depuis Hania, qui mérite réellement un arrêt important. Cette petite station, située à l'entrée de la belle péninsule de Rodopos, a un certain charme et est populaire parmi les Crétois qui viennent notamment pour ses tavernes où sont servis d'excellents poissons, fraîchement pêchés. Elle abrite l'École de poterie d'art traditionnel crétois.

Se loger

Pour faire l'expérience de ces beaux villages ruraux, nous vous conseillons d'opter pour un hébergement dans l'arrière-pays, un peu en retrait de la côte, Kolymbari est une bonne option. Cela constituera par ailleurs une base idéale pour découvrir l'ensemble des sites incontournables de la région de Hania. En effet, vous êtes ici à équidistance de Hania (25 minutes en voiture) et de la somptueuse côte nord-ouest (péninsules de Rodopos et Gramvoussa, Falassarna). De même, les sites du sud (Elafonissi, gorges de Samaria, Paleochora) sont accessibles en environ 1h30 et peuvent donc faire l'objet d'excursions à la journée. A considérer, à condition d'être motorisé évidemment.

Tourisme

Au nord de Kolymbari se trouvent le monastère de Gonia et le siège de l'Académie orthodoxe de Crète tandis que le sud cache de petits villages agricoles, des hectares d'oliveraies et une vie rurale paisible et belle. Ici, tout tourne autour de l'olive qui couvre la quasi-totalité des paysages et emploie encore une majorité de la population. Ainsi, ne ratez pas l'olivier du village d'Ano Vouves : il aurait entre 3 700 et 4 000 ans, une datation précise étant difficile à établir. Ce sera également l'occasion de découvrir ce petit village typique, où la vie tourne au ralenti autour du petit café central qui fait aussi office de taverne et d'échoppe. A côté de l'olivier, on visite un petit musée dédié à la culture de l'olive, centre de la vie locale.

ACADÉMIE ORTHODOXE DE CRÈTE

A côté du monastère de Gonia.
✆ +30 28240 22500
www.oac.gr

Il s'agit d'une institution importante de l'Eglise orthodoxe grecque où se déroulent de nombreux colloques et séminaires liés à l'Eglise. L'endroit possède également une bibliothèque créée en 1965 sous l'égide du patriarche de Constantinople, des logements pour les chercheurs, un musée sur la flore de Crète, et un jardin botanique ouvert au public. Le musée sur la flore comporte 6 000 espèces crétoises offertes en 2003 par le professeur français de botanique Jacques Zaffran.

DOMAINE KARAVITAKIS

Pontikiana
✆ +30 28240 23381
www.karavitakiswines.com
Visites guidées tous les jours, sur réservation (1h) : 7 €, gratuit pour les moins de 16 ans.

La région de Kolymbari est réputée pour ses oliviers et ses vignes. Le domaine Karavitakis, situé au petit village de Pontikiana, produit certains des meilleurs vins de la région depuis près de 80 ans et dans une propriété de 150 ha environ. Venez donc visiter les vignes sur les hauteurs de Kolymbari, entre mer et oliveraies, et découvrez le visage agricole et viticole de cette région. Dégustation à la clef et possibilité d'acheter des bouteilles, évidemment. On peut visiter l'établissement sans rendez-vous mais il vaut mieux réserver en haute saison.

TERRA CRETA ★

✆ +30 28240 83340
www.terracreta.gr
Visites guidées tous les jours, sauf le dimanche, sur réservation (1h) : 7 €. Dégustations et séminaire (3h30) : 89 €.

Cette fabrique d'huile d'olive s'est installée dans la région de Kolymbari il y a une dizaine d'années pour produire une des meilleures huiles de Grèce. C'est aujourd'hui une huile d'AOP. Vous pourrez participer à des visites guidées d'une heure reprenant le mode de fabrication d'huile d'olive et vous repartirez avec une bouteille, bien évidemment ! Pour les fervents amateurs, des sessions de dégustation sont également proposées et, au-delà de la visite guidée de la fabrique, vous enseigneront tout ce qu'il y a à savoir sur l'huile d'olive.

MONASTÈRE DE GONIA ★

A 1 km au nord du village, en direction d'Afrata. ✆ +30 28240 22281
Sauf samedi matin, de 8h à 12h30 et de 16h à 20h, en saison. Appelez pour vérifier les horaires. Entrée : 2 €.

Le monastère que l'on admire aujourd'hui date du XVIIe siècle, bien qu'il ait été fondé dès le IXe siècle à Menies, au nord de la péninsule de Rodopos. Le site originel fut abandonné au fil des siècles après avoir subi de nombreuses incursions pirates. Les moines s'installèrent à l'entrée de la péninsule au XIIIe siècle, sur un site mieux protégé (aujourd'hui le cimetière du monastère). La construction de l'ensemble commence en 1618 et s'achève en 1634, date inscrite sur le dôme du monastère. L'histoire de ce monastère dédié à la Vierge des Anges est marquée par de nombreuses destruction (1645 et 1652), notamment dues aux Ottomans (1822, 1841 et 1867). Depuis la terrasse qui donne sur la mer (très belle vue), on observe encore un témoignage de ces attaques : un boulet de canon, encastré dans la façade et tiré par un navire de la flotte turque. De 1942 et jusqu'à la libération de la Crète, les occupants allemands ont transformé le monastère en camp militaire.

Le monastère renfermait autrefois une bibliothèque unique, constituée de nombreux exemplaires originaux, mais elle fut entièrement détruite dans un mystérieux incendie. Comme dans la plupart des autres monastères de l'île, vous trouverez ici une belle collection d'icônes byzantines (XVIIe et XVIIIe siècles) dans le petit musée aménagé à gauche de l'église centrale. Parmi ces icônes, les œuvres de Parthénios, D. Sgouros, représentatives de l'école crétoise. La cérémonie annuelle du monastère a lieu le 15 août. En contrebas, cachée des regards, une petite plage de sable.

ELIA HÔTEL €€

Ano Vouves

✆ +30 28240 83056

www.elia-crete.com.gr

Chambre double de 118 à 158 € en saison, selon la catégorie. Petit-déjeuner inclus. Wifi. Piscine. Spa. Table d'hôtes.

Cette adresse de tourisme rural a fait ses preuves depuis bien longtemps. Jo, la gérante depuis 12 ans, met les petits plats dans les grands pour ses clients. Un terrain luxuriant, une vue sur les collines d'oliviers et la montagne d'une part, sur la mer et la côte d'autre part, des chambres confortables au charme rustique, un calme et une sérénité absolus, la possibilité de dîner tous les soirs sur place (cuisine traditionnelle succulente) ou encore de se faire masser dans le petit spa du jardin. L'olivier d'Ano Vouves est situé à quelques minutes à pied.

SPILIA VILLAGE €€

Spilia

✆ +30 2824 083300

www.spiliavillage.gr

Chambre double entre 100 et 150 € en saison, petit-déjeuner inclus. Wifi.

Dans le village agricole de Spilia, cet établissement de charme propose des chambres doubles et des petites villas dans un jardin arboré, à la végétation riche. Tous les produits que vous dégusterez au petit-déjeuner ou à la taverne Halara qui dépend de l'hôtel sont cultivés sur place. La réception de l'établissement est abritée dans un ancien moulin à huile alors que le nouveau bâtiment est construit sur la base d'une architecture d'antan. Chambres confortables, piscine et services spa contribuent à un séjour détente, loin de l'agitation balnéaire.

EDEM €

✆ +30 697 554 9629

Ouvert tous les jours en été, de 11h à minuit. Comptez 15 € par personne.

Cette taverne classique, installée en bord de plage dans le village de Kolymbari à proximité du port, offre du très bon poisson avec vue sur la mer. Les plateaux de fritures variées de petits poissons (anchois) et crustacés et fruits de mer (moules, crevettes roses, poulpes, calmars) ou de viandes variées grillées sont un très bon choix pour un repas à deux. Très bonnes salades également, fraîchement coupées et aux portions généreuses. Plusieurs mets et plats à la base de la cuisine traditionnelle crétoise, très réussis. Bonne adresse.

TA PLATANIA TIS SPILIAS €

Village de Spilia

✆ +30 2824 023863

ta-platania-tis-spilias.business.site/

Ouvert tous les jours en été, de 17h à 1h et le dimanche, ouvert entre midi et 1h. Comptez 15 € par personne.

A l'ombre de platanes plusieurs fois centenaires, cette taverne du village de Spilia propose une cuisine typiquement crétoise, succulente, préparée avec des ingrédients de qualité. Parfois bondée lors de grandes fêtes ou de mariages, ce sera l'occasion d'entrer en contact avec la vie locale. Parmi les plats à déguster : aubergines au four, gratinées, à la sauce tomate et au fromage, côtelettes d'agneau grillées, frites (faites maison), porc au vin, courgettes frites, boulettes de viande, agneau au four, etc. Une très bonne adresse !

ARGENTINA €€

Sur le petit port

✆ +30 28240 22243

Ouvert toute l'année, de midi à 23h. Comptez 20-30 € par personne. Plus cher pour le prix au kilo des poissons frais.

Ce restaurant de poissons est apprécié des locaux depuis une trentaine d'années : la qualité et la fraîcheur de la pêche ne se sont jamais démenties. On ne s'attend à rien de moins, sachant que la taverne fait aussi office de poissonnerie où l'on pourra acheter la pêche du jour. Toujours est-il que si cela fait 30 ans qu'on se presse pour déguster poissons et produits de la mer dans ce restaurant familial, et depuis quelques années la qualité est encore montée en gamme. Le fils a repris les fourneaux et s'essaie à une cuisine plus créative, très réussie.

BIOLEA

Village d'Astrikas

✆ + 30 28240 23281

www.biolea.gr

Du lundi au samedi de 10h à 17h. Visite guidée (1h) du domaine gratuite. Séminaire/dégustation (1h30) : 55 €. Boutique.

La famille Dimitriadis cultive l'olive et produit de l'huile depuis 6 générations. Aujourd'hui, elle nous entraîne à travers son vaste domaine pour découvrir la culture et la production d'olives et d'huile d'olive biologique. La visite démarre du moulin, elle est suivie de la projection d'un documentaire et d'une dégustation. La procédure de la fabrication a lieu dans les locaux familiaux se situant au village d'Astrika. Accueil chaleureux, visite intéressante et huile d'olive délicieuse, le tout dans le respect des traditions crétoises et de l'environnement.

NOPIGIA

En débouchant sur la large baie de Kissamos, on tombe d'abord sur le petit village de Nopigia, à 5 kilomètres à l'est de la dernière étape sur la côte nord. On y réside pour son calme, son agréable plage et ses options d'hébergement bon marché, dont le camping, ou un peu plus confort, comme les résidences agréables d'Azur Beach Villas (www.azurebeach.gr - +30 28210 47005) ou Flisvos Villas (www.flisvos-villas.gr - +30 28220 31275). Toutes ces options d'hébergement présentent l'avantage d'être quasiment les pieds dans l'eau, ce qui est parfait pour un séjour en famille notamment. On verra également sa jolie église byzantine Agios Pandeleimonas.

CAMPING NOPIGIA €

A l'est du village de Nopigia, sur la plage
✆ +30 28220 31111
www.campingnopigia.com
7 € par personne, 4 € par tente et 3,50 € la voiture. Piscine. Taverne. Supérette. Tentes aménagées à partir de 25 €.

Situé dans un petit bois, en bord de mer, ce camping est une excellente surprise. Le propriétaire Alex a aménagé une vingtaine de grandes tentes avec sommiers, matelas, table, chaises, ustensiles de cuisine, frigo et courant électrique pour que vous y arriviez les mains presque vides comme à l'hôtel. Très ombragées, les places sont assez espacées et permettent une relative intimité. De l'autre côté, on peut y dresser sa tente personnelle. La grande piscine est ultra propre et engageante, entourée de chaises longues et d'arbres, avec vue sur mer.

BLE LOUNGE BAR

Sur le front de mer
✆ +30 2822 032004
En saison, ouvert tous les jours de 9h au dernier client.

Un beach bar qui dépoussière un peu la vie ronronnante de Nopigia. Le décor est planté : une petite plage, des chaises longues, des parasols, une pelouse bien agréable, des fleurs, quelques hamacs, des canapés et un bar en plein air... Moderne et très bien aménagé, le Ble Lounge Bar offre un moment de tranquillité et de luxe au bout du monde. On peut y manger une cuisine simple (grillades) tout au long de la journée, mais on vous recommande cet endroit surtout le matin pour déguster un petit déjeuner crétois avec vue sur la mer.

KISSAMOS ★

A 48 km à l'ouest de Hania, Kissamos marque la fin de la route nationale. C'est une ville de 15 000 habitants construite sur le site du port de l'ancienne Polirrinia. Pendant la période hellénistique, les Romains ont développé une cité nouvelle avec toutes les caractéristiques d'une ville romaine : amphithéâtre, villas... Le musée archéologique qui a ouvert ses portes sur la place de Kissamos est plaisant et très intéressant. Il retrace l'histoire antique de la région et constitue une excellente raison de s'arrêter dans la ville. Bien plus tard, les Vénitiens y ont construit un castello, qui a donné son nom à la ville. Aujourd'hui, on parle plus volontiers de Kissamos mais quelques anciens se réfèrent toujours à Kastelli-Kissamos lorsqu'ils parlent du chef-lieu de la région. Le ferry qui vient de Cythère et du Péloponnèse dépose ici quelques touristes qui en général se dirigent ensuite vers d'autres coins de l'île. En effet, Kissamos constitue un excellent point de départ pour quelques belles excursions dans la région. La ville est notamment la porte d'entrée à la somptueuse péninsule de Gramvoussa. Des bateaux d'excursion partent de son port pour faire le tour de la péninsule jusqu'au lagon de Balos en une journée. Elle garde aussi l'accès à un magnifique arrière-pays où l'on visitera des gorges impressionnantes ou encore les ruines de l'antique Polirrinia.
La large baie de Kissamos est magnifique, les plages de sable sont grandes et belles et relativement peu colonisées par les touristes. Entre le port des ferrys et le centre-ville, le minuscule port de pêche vaut un arrêt, notamment pour déjeuner dans l'une des tavernes au bord de l'eau. Le cœur de la ville se situe autour de la Platia Kastellou, au nord de l'axe principal qui traverse la ville : quelques tavernes et kafeneia autour d'une fontaine, près d'un periptero. La rue principale est animée et bordée de petites boutiques, et c'est là que se situent les banques et la poste. La capacité d'hébergement est encore supérieure à la demande, même en haute saison. Sur la place principale, vous pourrez prendre un café, par exemple à l'Aeras, le plus sympathique avec sa terrasse ombragée à côté de la fontaine (bien qu'un peu touristique). Une très bonne boulangerie à l'ancienne se situe dans la petite rue qui part de la place vers l'est. Les restaurants, quant à eux, se situent essentiellement le long de la mer.

Transports

Les bus KTEL font la liaison tous les jours régulièrement entre Kissamos et Hania à l'est, ainsi que vers Falassarna, à l'ouest. Pour louer une voiture, l'agence Kissamos Rent a Car (www.kissamosrentacar.com) de la famille

Cheretakis propose un service professionnel et une large gamme de voitures pour découvrir les environs. Le port de Kastelli-Kissamos est situé à 4 km au nord-ouest de la ville. Il assure la liaison avec certaines destinations comme les îles de Kithira et Antikithira, et les ports de Gythio (au sud du Péloponnèse) et du Pirée. C'est la compagnie Avlemon qui assure les traversées. Des excursions à la journée sur la péninsule de Gramvoussa et la plage de Balos sont organisées au départ du port de Kissamos.

MUSÉE ARCHÉOLOGIQUE ★★

Sur la place du village
✆ +30 28220 83308
Ouvert tous les jours, sauf le mardi, de 8h30 à 18h en saison. Entrée : 4 €, réduit 2 €.

Dans un plaisant édifice vénitien entièrement restauré, ce musée passionnant a ouvert ses portes en 2006. Sur deux vastes étages, il retrace l'histoire ancienne de la région de Kissamos, de l'époque préhistorique jusqu'à l'Antiquité tardive, en passant par la période minoenne et couvrant largement l'époque hellénistique et romaine, l'apogée de la cité. Les expositions suivent l'ordre chronologique alors qu'une présentation virtuelle, basée sur des données scientifiques concernant le séisme de 365 av. J.-C. qui a touché la Crète et mis en ruine la région et la cité antique de Kissamos, est mise à la disposition des visiteurs.

Le rez-de-chaussée revient, entre autres, sur la cité minoenne de Nopigeia en salle 1, les deux cités défensives de Polirrinia (ville fortifiée de bergers, chasseurs et guerriers de montagne) et Falassarna (cité portuaire armée) en salle 2. La plupart des trésors archéologiques datent pourtant de la période hellénistique et romaine (salles 2 et 3), qui correspond à une période faste et de fort développement pour la ville de Kissamos. Vases funéraires, pièces de monnaie, fragments de poteries, statues hellénistiques sont présentés et richement expliqués. Les salles du premier étage sont consacrées à l'histoire de la ville de Kissamos en particulier et présentent des trouvailles magnifiques, notamment de somptueuses mosaïques datant des IIe et IIIe siècles et retrouvées sous la place de la ville : la première figure les quatre saisons et Horace, la seconde dépeint un rituel dionysiaque.

STRATA TOURS

Place Tzanakaki
✆ +30 28220 24249
www.stratatours.com
Tarifs à la carte selon les services demandés. Ouvert de 9h à 22h.

© STRATATOURS

Une agence authentique et fiable dont les clients francophones sortent toujours ravis, qui programme des excursions thématiques à la journée. Des guides expérimentés organisent des randonnées en petits groupes dans les alentours de Kissamos et dans les gorges de Samaria, Sirikari et Deliana. Au fil des ans, Strata Tours a étoffé son offre : cours de cuisine, visite de villages, rencontre avec les habitants, dégustation de vins et de raki, safaris en Jeep jusqu'aux sommets crétois, etc. Cette agence propose également une excursion en bus 4x4 pour Balos.

PLAGES ★

Gratuit, seuls les chaises longues et les parasols sont payants à moins de consommer dans l'un des bars de plage.

Mavros Molos, la plage centrale et organisée de Kissamos, aux eaux peu profondes, de sable, et la plage mondaine de Kastelli, Telonio, de galets, offrent des eaux transparentes, garanties par le Drapeau bleu. La plage de Telonio, bondée de monde en haute saison, est toutefois dépourvue de chaises longues et de parasols. La plage de Livadia, plage de sable, très vaste, où l'on accède par un chemin de terre, est, malgré tout, une belle plage aux eaux limpides. Sinon, à proximité de la ville, les plages somptueuses de Balos et Falassarna sont des incontournables.

GORGES DE TOPOLIA ★★

Le village de Topolia marque le début de la gorge du même nom. D'une largeur de 1,5 km, les parois verticales atteignent 300 m de hauteur par endroits avec d'innombrables grottes. Explorateurs, à vos torches ! Après un tunnel, avant Koutsamatados, sur la droite, se trouve la grotte d'Agia Sofia, aux impressionnantes stalactites et stalagmites, habitée, déjà, à l'époque néolithique (6 000 ans av. J.-C.). Une petite chapelle dédiée à Agia Sofia est insérée dans la grotte. De l'entrée, on a une vue superbe sur les gorges. De magnifiques points de vue depuis la route.

POLIRRINIA ★

Entrée libre.

La cité antique de Polirrinia connut son apogée pendant la période romaine (jusqu'au IVe siècle apr. J.-C. environ), lorsqu'elle rayonna sur tout l'ouest de la Crète, au détriment de sa rivale Kydonia, l'actuelle ville de Hania, avec qui elle lutta constamment pour obtenir le pouvoir dans la région. Riche de ses deux ports à Falassarna et Kissamos qui commerçaient avec des contrées lointaines, de sa position stratégique sur une colline protégée et de sa bonne entente avec Rome, elle devint une cité incontournable en Crète. Les Romains y construisirent un aqueduc, des citernes et une forteresse dont il reste une tour aujourd'hui. Mais l'histoire de Polirinnia remonte à bien plus loin. La fondation de la cité remonte à l'époque postminoenne lorsqu'elle faisait partie d'une fédération de cités crétoises sous la houlette de Cnossos. Son nom signifie « beaucoup d'agneaux » et les habitants vivaient sûrement de l'élevage. A la fin de son apogée, Polirrinia aurait souffert d'un manque d'eau et le port de Kissamos aurait pris le dessus en tant que position stratégique. Progressivement, la cité fut abandonnée, bien que les fortifications aient été renforcées à la période byzantine. Aujourd'hui, en se promenant dans ses ruines, on admire surtout le panorama splendide sur la baie de Kissamos.

A une dizaine de kilomètres, au sud, on rejoint les gorges très accessibles de Sirikari, aussi appelées les gorges de Polirrinia. Le sentier est faisable par tous. Comptez entre 2h30 et 3h si vous marchez avec des enfants, et environ 11 km.

THE CELLAR RESTAURANT €

Sur le front de mer

✆ +30 28220 23700

www.stratatours.com

Ouvert 7j/7 en saison de 8h au dernier client. Comptez autour de 18 € par personne.

© THECELLAR

Cette taverne familiale, installée au bord de l'eau, propose de nombreuses spécialités de la mer. Abritée depuis 1992 dans une vieille maison en pierre, elle propose des poissons pêchés le jour même dans la baie de Kissamos et en mer libyenne par des pêcheurs amis de la famille. Les ingrédients se font frais également du côté des viandes, car ces dernières proviennent directement des élevages des bergers et des fermiers vivant au-dessus de la baie. Le service y est affable et la terrasse est agréable. Demandez la carte pour le prix au kilo des poissons frais.

SAINTE MÉTROPOLE DE KISSAMOS ET SELINOS ✝

Au centre du village.

La première mention du diocèse de Kissamos apparaît au cours du Concile de Sardique en 343 et il arriva à se maintenir jusqu'à l'occupation vénitienne qui interdit la pratique orthodoxe. Elle fut rétablie en 1645 puis survécut à la période ottomane. Kissamos se leva contre les Ottomans en 1821 : en représailles, l'évêque Melhisedek et le diacre Kallinikos furent pendus. En 1962, l'évêché fut promu au rang de Sainte-Métropole ; le siège administratif religieux est à Kissamos.

BALOS TRAVEL

131 Iroon Polytechniou

✆ +30 28220 22900

www.balos-travel.com

Agence d'information touristique généraliste qui organise des excursions en bateau pour Gramvoussa et Balos. Organise aussi des visites guidées pour les gorges de Samaria, la plage d'Elaffonissi et Cnossos. Ici, on peut aussi louer des bicyclettes et participer aux excursions à vélo. Point fort, l'agrotourisme : visites de vieux villages comme Metochi, balades dans les fermes, cours de cuisine et initiation aux spécialités crétoises locales. L'agence propose des logements chez l'habitant ou en hôtel traditionnel. Vente de billets (air/mer/terre).

CRETAN DAILY CRUISES

Port de Kissamos
✆ +30 28220 22888
www.cretandailycruises.com
En saison, départ tous les jours à 10h40 et retour à Kissamos à 18h. Billet (Balos-Gramvoussa) : 25 €.

Cretan Daily Cruises, agence très fiable, organise depuis 1995 des croisières tous les jours vers l'île de Gramvoussa et le lagon Balos (sur la côte ouest). Au départ du port de Kissamos, c'est un itinéraire à couper le souffle, parmi les plus beaux paysages maritimes de Crète et de Grèce. On peut s'y baigner et bénéficier d'explications sur ces phénomènes géologiques uniques autant que sur les événements historiques qui ont marqué la zone. Le forfait à la journée inclut un déjeuner léger. L'agence opère également à Lassithi (Chrissi Daily Cruises).

AUTO-MOTO FUN

Place Tzanakaki
✆ +30 28220 23440
https://rentacarkissamos.com/
Voiture de location à partir de 155 € la semaine. Vélo de 5 à 10 € par jour.

Petite agence familiale qui loue des voitures, vélos, motos, située juste à côté de la station de bus. Très grand nombre de vélos, parfait pour les groupes. Pour vous rendre à Balos en voiture depuis Kissamos, il vous faudra louer un 4x4, non pas à cause de la route qui reste praticable si l'on conduit doucement avec une petite voiture, mais parce que les assurances ne couvrent pas les dommages subis sur les pistes non asphaltées. Livraison et récupération à l'aéroport de Hania et Héraklion. Assurance 24h/24 pour toutes les régions. Assurance tous risques.

GALINI BEACH HOTEL €

Sur la plage près du stade.
✆ +30 28220 23288
www.galinibeach.com
Entre 60 € et 100 € la nuit en saison, selon la catégorie (chambres, appartements). Petit-déjeuner en supplément.

Un bâtiment calme et moderne où l'on est accueilli avec le sourire. Les chambres sont confortables et propres, avec de grands balcons pour les chambres « privilège ». On prend son petit déjeuner au bord de la mer, quasiment sur la plage. Le centre du village est à 5 minutes à pied et le musée à 10 minutes, mais pour ceux qui n'aiment pas marcher, il y a la possibilité de louer un vélo. Coin Internet avec ordinateur, parking gratuit, wifi gratuit jusqu'à la plage où attendent des chaises longues et des parasols sans supplément.

HOTEL KISSAMOS €

172 Iroon Polytechniou
✆ +30 28220 22861
www.hotelkissamos.com
Ouvert toute l'année. Comptez 40-65 € selon la chambre en saison, avec petit déjeuner.

24 chambres réparties sur trois étages constituent cet hôtel familial. Les chambres sont nettoyées quotidiennement, climatisées, et disposent d'un réfrigérateur, d'une salle de bains privative avec douche, sèche-cheveux, d'un coffre-fort et d'un balcon. On apprécie la piscine et le jardin. Proche de tous les commerces, du centre-ville et du bus, c'est un établissement traditionnel, très agréable et idéal pour les familles. Le petit déjeuner buffet est bien servi et de bonne qualité. Possibilité de réservation des billets (avion/bateau).

MARIA BEACH €

Plage Mavros Malos
✆ +30 28220 22610
www.mariabeach.gr
Ouvert d'avril à novembre. Chambre de 50 à 100 €, selon période et catégorie. Petit déjeuner en supplément.

Sur la plage de Mavros Malons, ce joli établissement propose des chambres agréables, notamment celles qui bénéficient d'une terrasse donnant sur la mer. En bas, une terrasse couverte s'ouvre sur la plage pour les petits déjeuners avec un snack-bar opérationnel toute la journée. Délicieux restaurant ouvert de midi à minuit. Arrêt de bus juste derrière, parking, pharmacie, supérette… Idéal pour quelques jours de détente à la plage, en couple ou en famille. Endroit discret et particulièrement accueillant ; le plein d'ondes positives !

REVEKKA ROOMS B&B €

Sur la plage Telonio, derrière la taverne Cellar.
✆ +30 28220 24213
www.kissamia.gr
Ouvert de mars à novembre. Comptez 40-80 € pour une chambre double en saison. Petit déjeuner inclus à la taverne Cellar.

Établissement situé à une dizaine de mètres de la plage du très touristique village de Telonio et à 150 mètres du centre-ville de Kissamos. Petit hôtel à l'atmosphère familiale, presque intime. Les chambres proposées sont sommaires mais propres et confortables. Elles sont climatisées et possèdent toutes un balcon donnant sur la ville, une kitchenette (chambres pour 5 personnes uniquement), un réfrigérateur, une salle de bains avec douche, sèche-cheveux. TV. Wifi. Fer et planche à repasser disponibles. Bonne adresse pour un séjour économique dans la région.

SUNNY BAY HOTEL €

Entre la plage Livadia et Telonio.
✆ +30 28220 83062
www.sunnybayhotel.com
Ouvert en saison. Chambre double à partir de 47 € en basse saison et peut monter jusqu'à 180 €.

Ce complexe hôtelier moderne se situe à dix minutes du centre-ville de Kissamos. Il s'agit d'un établissement récent doté de trois-étoiles avec piscine, bar et restaurant où sont servis de délicieux petits déjeuners type régime crétois et internationaux. Chambres climatisées, spacieuses et propres. Elles possèdent un balcon, un minibar, un coffre-fort, un canapé-lit supplémentaire, une salle de bains pourvue d'un sèche-cheveux et d'articles de toilette. Situé à même la plage. Piscine et une autre pour les enfants. Parking et wifi gratuits.

MARINA'S HOUSE €

56 Iroon Polytechniou
✆ +30 2310 698 960
Maison de 60 € à 100 € en saison, selon le nombre de personnes.

Marina's House est bien située, en centre-ville. Il s'agit d'une maison composée de trois chambres à coucher, d'un salon, d'une cuisine... le tout sur 140 m² et qui peut accueillir jusqu'à 6 personnes. Elle dispose d'une grande terrasse donnant sur un jardin de citronniers. Cette maison de vacances possède tout l'équipement nécessaire à un séjour parfaitement autonome. L'ensemble est très agréable et surtout d'une propreté remarquable. Incontestablement un bon plan pour les familles qui veulent rester quelques jours sur place.

PIXIDA RESTAURANT €

✆ +30 28220 22850
Ouvert toute l'année, et en saison tous les jours de 11h à minuit. Comptez autour de 18 € par personne.

Dans un cadre plus raffiné et moderne que les tavernes que l'on retrouve sur les endroits envahis par les touristes, vous goûterez à des plats savoureux pour des prix raisonnables. Sur la terrasse au bord de l'eau, le personnel, souriant et multilingue, se presse pour offrir le meilleur service et le meilleur poisson. Parmi les plats : les spaghettis aux crevettes et aux fruits de mer, les beignets aux courgettes, les grillades, etc. Pâtisseries faites maison. Signe de qualité : les locaux préfèrent attendre une table et faire la queue plutôt que d'aller ailleurs.

RESTAURANT MARIA BEACH €

Sur la plage Mavros chez Maria Beach.
✆ +30 28220 22610
www.mariabeach.gr
Ouvert tous les jours en saison, de 8h à minuit. Comptez autour de 15 € par personne. Plus cher pour le poisson frais.

Il s'agit du restaurant de Maria Beach Hôtel, se situant au bord de la plage. Sur la terrasse ombragée, surplombant la plage de sable et donnant pleine vue sur la mer, on déguste des plats à la base de produits de la mer et de poisson frais. Le restaurant propose également des spécialités méditerranéennes traditionnelles et des grillades savoureuses. Gâteaux faits maison. Carte de vins variée. Propose aussi des plats du jour à déguster midi et soir sur la plage, bercé par les vagues. Il est conseillé de réserver en haute saison.

O GEROS TSENKAS €€

Port de pêche
✆ +30 28220 22195
Ouvert tous les jours en saison, de 11h à 23h. Comptez autour de 25 € par personne. Poisson frais au kilo : plus cher.

Une excellente adresse, isolée et calme, se situant sur le vieux port de Kissamos. La petite terrasse est en bordure de l'eau et de ses bateaux de pêche amarrés. Le poisson y est extra frais et les calamars ou les « soupiés » farcis (seiches farcies) sont à tomber ! La salade grecque est fraîche et largement garnie. Le service est familial, avec la grand-mère aux fourneaux et la fille en salle, tandis que la petite-fille s'amuse avec les enfants de passage et les nombreux chats, par l'odeur alléchés. Une jolie et agréable parenthèse.

KISAMOS DIVING CENTER - CENTRE DE PLONGÉE

Sur l'avenue principale
✆ +30 28220 24248
www.kisamosdivingcenter.gr
Ouvert toute l'année. Sortie en snorkelling : 45 €. Sortie de plongée à partir de 50 €.

Depuis 1995, l'école de plongée de Kissamos, une de premières installées à Hania, très professionnelle, propose des formations PADI, Dan Europe..., en toute sécurité et pour tous les niveaux. Les débutants commencent dans le petit port de pêche à côté. Activités toute l'année sur demande. Propose également un magasin pour le matériel et les équipements. Points de plongée : 70 miles depuis les baies de Kissamos et Hania jusqu'à Paleohora en passant par Elafonissi, Livadia, etc.

GRAMVOUSSA ★★★

La péninsule sauvage de Gramvoussa s'élance vers la mer et pointe vers le nord, au-delà de Kissamos. Elle est coiffée de l'île du même nom, au large, et abrite certains des plus beaux sites de Crète voire de Grèce, notamment la plage turquoise de Balos. Si vous rêvez d'un lagon paradisiaque, ne cherchez plus. Deux options s'offrent à vous pour découvrir ce trésor naturel : une piste un peu difficile et interdite aux voitures de location hors 4x4, une randonnée de trois heures sans ombre et un peu ardue mais très gratifiante ou une croisière à la journée au départ du port de Kissamos. Les trois options offrent des avantages et des inconvénients, à vous de voir ce que vous préférez. A noter, si vous vous rendez sur la péninsule en voiture ou à pied, vous pourrez relier Balos et les criques sauvages à l'heure de votre choix et ainsi éviter les foules et les bateaux qui ruinent le paysage en haute saison. Vous aurez ainsi une tout autre vision de ces lieux vierges et préservés. L'inconvénient : vous raterez l'île de Gramvoussa au nord et des paysages maritimes spectaculaires en chemin. Notamment dans la baie de Kissamos, la grotte Tarsanas, particulièrement impressionnante : d'une hauteur de 100 m, on pense qu'elle servait d'arsenal dans l'Antiquité. Dans les environs se trouverait en effet une cité antique, l'ancienne Agneion.
Le petit village de Kaliviani garde l'entrée de la péninsule. Avec sa placette et son kafeneion, il mérite le détour. Vous y trouverez quelques chambres à louer et de quoi faire une agréable pause déjeuner ou dîner pour ceux qui souhaiteraient séjourner sur la presqu'île, au-delà d'une simple excursion à la journée. Sinon, direction Balos et l'île de Gramvoussa aussi tôt ou aussi tard que possible pour s'y retrouver seul.

Transports

Si vous décidez d'aller à la plage de Balos par la piste, il faut compter 45 minutes et mieux vaut louer un 4x4 pour limiter les risques de crevaison. Les assurances des voitures de tourisme ne vous couvriront pas en cas de pépin. En traversant la péninsule dans sa longueur, on apprécie le paysage de terres ocres contrastant avec la mer bleue. Après avoir payé un droit de passage de 1 € par adulte, on laisse sa voiture au bout de la piste, devant un café. On poursuit à pied la descente (une vingtaine de minutes) jusqu'à la plage. Le spectacle est de toute beauté vu d'en-haut. L'autre solution est de prendre un bateau depuis Kissamos (autour de 27 € par personne).

ILE DE GRAMVOUSSA ★★★

Le fort de Gramvoussa, situé sur l'île du même nom, a été construit par les Vénitiens en 1584, pour contrôler le passage sur les mers environnantes. Endroit stratégique à l'entrée des eaux crétoises, il a une longue histoire et est passé entre de nombreuses mains : Vénitiens, Turcs (à partir de 1692), révolutionnaires crétois (1825), pirates s'y sont succédé. Les pirates auraient, paraît-il, amassé une fortune considérable qui reste à découvrir. Des amateurs ?... Sur l'île vit une riche faune avicole d'environ 100 espèces et la tortue *Caretta caretta* s'y nourrit.

PLAGE DE BALOS ★★★

Accès au site 2 € par personne.

Situé au nord-ouest de la péninsule de Gramvoussa, la plage de Balos offre à ses visiteurs une magnifique étendue de sable blanc bordée d'eaux turquoise translucides. Aux abords de la plage, l'eau peu profonde et chaude forme un magnifique lagon naturel. Au-delà des rochers, les eaux plus profondes et plus froides renferment des richesses naturelles préservées. On peut y faire du snorkeling. Plébiscité par de nombreux touristes, il est vrai que sa grande colline rocheuse entourée de sable blanc et d'eau cristalline en ferait rêver plus d'un ! Dépaysement assuré !

OLIVE TREE APARTMENTS €

Village de Kaliviani
✆ +30 28220 22092
Studio pour 2 de 40 à 90 €, selon la saison et la vue. Appartement pour 4 de 50 à 100 €. Wifi. Tarifs dégressifs.

Il s'agit d'un établissement récent proposant des logements modernes et confortables. Cinq appartements, un studio spacieux avec salle de bains et petite cuisine équipée sont situés au milieu des oliviers de ce petit village. Tous disposent de piscine, air conditionné, TV, sèche-cheveux, terrasse privée avec vue sur mer ou montagnes. Les prix sont raisonnables. La position est idéale pour ceux qui ont l'intention d'explorer la région environnante, les merveilleuses plages de Falassarna et Balos ainsi que l'ensemble de la péninsule de Gramvoussa.

VILLA PATRIKO & KATOÏ STUDIO €€

Village de Kaliviani
✆ +30 69775 75080
www.villapatriko.com
Location à la semaine. Villa Patriko (6 pers.) à partir de 2 000 €. Studio Katoi (3 pers.) à partir de 560 €.

La très belle maison de famille Patriko peut accueillir jusqu'à 10 personnes dans le plus grand confort. Il s'agit d'une ancienne maison traditionnelle, entièrement rénovée et réaménagée en 2014. Idéal pour des vacances à plusieurs. A côté, aménagé sous la roche, le petit studio Katoi, qui fut autrefois le cellier de la maison, est absolument charmant et dépaysant, tout en étant doté de tous les équipements modernes (mais pas d'accès à la piscine).

GRAMVOUSSA RESTAURANT €

Village de Kaliviani ✆ +30 28220 22707
http://gramvousarestaurant.com
Ouvert tous les jours en saison, de midi au dernier client. Comptez 20-25 € par personne.

Dans le village de Kaliviani, voici une trouvaille gastronomique dont nous sommes ravis. Ici, tous les produits sont frais et préparés avec attention. Cuisine rustique et authentique, mais également recherchée pour ce très bon établissement. Parmi les plats : porc *ofto* (au four, au vin et à l'ail), veau osso buco, jambonneau de porc cuit lentement sur des branches des vignes, poulet à la sauge, coq au vin, tomates et légumes farcies au riz… Dégustez également les salades et les mets, préparés au jour le jour. Une étape agréable sur la péninsule.

BALOS BUS

Kissamos - Balos Beach
✆ +30 28220 24249
Plusieurs départs et retours entre Kissamos et Balos/jour : 15 € A/R. Se renseigner auprès de l'agence Strata tours.

© BALOS BUS

Balos Bus vous emmène pour une somme modique directement à l'une des plus belles plages d'Europe, celle de Balos. Vous pourrez profiter de la péninsule de Gramvousa et de ses splendides paysages sans vous soucier de l'état de la piste qui y mène et des potentiels dégâts qu'elle occasionnerait sur votre véhicule de location. Dans un véhicule climatisé avec un guide (parfois francophone), c'est aussi un moyen sympathique d'en apprendre plus sur la culture locale, et de découvrir d'autres activités typiques et traditionnelles via l'agence Strata Tours.

© ANNA LURYE

Lagon de Balos, sur la péninsule de Gramvoussa.

FALASSARNA ★★★

À Platanos, à 53 km de Hania, il faut tourner vers la mer (c'est indiqué) et prendre la route qui descend en lacets. Le point de vue sur la baie de Falassarna et, plus loin au nord, sur la péninsule de Gramvoussa, est remarquable. Il n'y a pas de village de Falassarna à proprement parler : quelques groupes de maisons, tavernes et serres de culture qui ruinent un peu le paysage vu d'en-haut, il faut l'avouer. La plage de sable est superbe, pour ceux qui recherchent les ardeurs du soleil, car elle s'étend à perte de vue, longue et large, et ne présente pas un seul arbre à l'horizon. Un véritable désert ! Aménagée de chaises longues et de parasols en rangs d'oignons, que vous louez à partir de 8 €. Des tavernes et cafés se sont progressivement installés sur cette plage encore vierge il y a quelques années. On espère que les constructions ne se développeront pas outre mesure car le site est beaucoup plus impressionnant hors saison, lorsque la plage est débarrassée de ses infrastructures touristiques. Elle retrouve alors toute sa beauté naturelle. Mais ceux qui s'y rendront en saison seront quand même touchés par la grâce de ce site unique. En été, les vagues se font puissantes et la plage est surveillée. Des cours de surf pour débutants sont également organisés pour profiter des vagues. La partie la plus intéressante se situe vers le nord, au niveau de la petite chapelle insérée dans le rocher, où coule une fontaine généreuse. C'est là que vous verrez le site antique de Falassarna, magnifique dans la lumière de fin de journée. En saison, quelques bus KTEL opèrent la liaison Hania-Falassarna, ainsi que Kissamos-Falassarna.

Se loger

La zone de Falassarna est protégée et on ne peut plus y construire à outrance. La plupart des établissements que vous y trouverez sont légèrement en retrait de la plage ou en surplomb. Tous offrent des vues splendides sur la baie et le coucher du soleil. La majorité font à la fois taverne et chambres simples mais vous n'aurez pas besoin de plus ici. Sinon, il est toujours envisageable de planter sa tente vers les grottes ou plus au nord de la plage : en saison, certains s'y installent pour quelques semaines, mais les places sont chères.

CITÉ ANTIQUE ★★

Au nord de la plage, après le parking à hauteur du Sunset, continuer la route sur 1,5 km.
✆ +30 28210 44418
Visite sur rendez-vous. Appelez préalablement au +30 28210 44418 ou au +30 28210 94487.

Falassarné, nymphe et héroïne crétoise, a emprunté son nom à cette cité se situant sur le cap de Gramvoussa. Les fouilles de la cité antique de Falassarna ont mis au jour un ancien port, une partie de la ville, ainsi que la nécropole. Fondée au VIe siècle av. J.-C. par les Doriens, la cité connaît son apogée aux IVe et IIIe siècles avant notre ère. C'est alors que la cité-Etat est fortifiée d'épaisses murailles et qu'un port est aménagé sur le site d'un lagon. Falassarna devient un port commercial important, échangeant sur les routes de la Méditerranée, avec les Phéniciens notamment. Le déclin se fait progressif au cours des siècles suivants, avec les guerres incessantes que se mènent les cités-Etats crétoises. Falassarna devient bientôt un repaire de pirates, ce qui provoque l'ire de Rome : les Romains débarquent en 69 av. J.-C. pour fermer le port. Falassarna se maintient tant bien que mal jusqu'au gigantesque séisme de 365. Tout l'ouest de la Crète monte alors de près d'une dizaine de mètres, ce qui a pour effet de tirer le port hors de l'eau. Ceci marque la fin définitive de la cité antique. La visite vaut le coup, en particulier en fin de journée, quand le soleil est bas. Le paysage alentour offre un panorama magnifique : oliveraies sur la montagne creusée de grottes et curieuses formations rocheuses blanches avançant vers la mer. En chemin, vous verrez un trône antique, probablement dédié aux maîtres de la mer : Poséidon pour les Grecs et Astarte pour les Phéniciens (déesse protectrice des marins).

FALASSARNA CRUISE PETALIDA

Sur le petit port
✆ +30 698 0241820
http://visitfalassarna.com
En saison mardi, jeudi et dimanche. Départ à 12h, retour à 18h. 27 € adulte, 13,50 € enfant.

Le bateau *Petalida* accueille jusqu'à 60 personnes et propose, au départ du port de Falassarna, des croisières découverte. Première croisière : le lagon de Balos où vous profiterez d'une longue halte pour vous baigner dans ses eaux transparentes. Seconde croisière : le lagon de Balos avant de repartir vers l'île de Gramvoussa, au large de la péninsule du même nom. Longue halte sur l'île de Gramvoussa pour visiter le site et se baigner. Le bateau dispose d'un bar et de W.C.

La plage de Falassarna.
© STANCIUC - ISTOCKPHOTO

CAPTAIN NIKOLAS TAVERNA & ROOMS €

Sur le petit port

✆ +30 28220 41269

Chambre double à partir de 50 €. Taverne ouverte tous les jours en saison de 9h à 23h30. Comptez 20 € par personne.

Au sud de la plage principale, cette taverne de poissons sert de délicieux produits de la mer depuis plus de 25 ans. On continue à s'y régaler d'un poisson frais bien préparé, les pieds dans le sable. L'établissement offre aussi quelques chambres et studios pour ceux qui voudraient séjourner quelques jours. Confort simple et propreté, vous y serez au calme. Accueil amical. Un bon rapport qualité-prix.Il est conseillé de consulter la carte pour le prix au kilo des poissons.

SUNSET HOTEL & RESTAURANT €

✆ +30 693 775 9961

www.sunset.com.gr/contact/

Chambre double à partir de 50 € en saison. Wifi. Restaurant ouvert 7j/7 en saison. Comptez 15 € par personne environ.

Hôtel très bien situé et bon restaurant au-dessus de la plage, avec des tables à l'ombre des arbres : plats du jour à choisir en cuisine. Belle vue. Les chambres (5 chambres pour 3 personnes et 8 chambres doubles) avec salle de bains sont confortables (air conditionné en option), choisir celles face à la mer. Elles possèdent une kitchenette équipée, un réfrigérateur, une salle de bains avec douche. Réservation conseillée en haute saison, l'hôtel fait généralement le plein tout l'été.

TAVERNA ADAM & APARTMENTS €

✆ +30 28220 41551

www.adam-apartments.gr

Chambre double à partir de 50 € en saison. Taverne ouverte 7j/7 en saison, de midi à minuit. Comptez 15 € par personne.

En surplomb de la plage, la taverne Adam propose également 8 chambres doubles (possibilité pour une troisième personne) avec vue sur mer. Les chambres, climatisées, disposent d'une terrasse donnant sur la mer, un réfrigérateur, une salle de bains avec douche. L'établissement propose aussi de jolis petits appartements équipés. L'environnement est fleuri et les chambres soignées. La taverne quant à elle sert de bons plats classiques crétois et grecs sur la grande terrasse ombragée.

PLAYA PARAISO

Big Beach

✆ +30 6944 326129

En saison, ouvert tous les jours de 9h au dernier client. Comptez 15 € par repas.

Ce beach bar moderne et branché est situé en plein centre de la plage principale de Falassarna. Ambiance lounge avec bar sur la plage, heureusement en retrait de la mer, et restaurant offrant snacks et plats internationaux assez réussis : salades (portions généreuses), burgers, pizzas, etc. Possibilité de se faire servir pour un petit supplément sur la plage directement : les transats et parasols sont loués à 8 € par jour et par personne. Toujours appréciable pour se détendre en sirotant son café glacé ou son cocktail exotique face au soleil couchant.

KEFALI ★

De Sfinari à Kefali, la route serpente en hauteur le long de la côte. La vue est superbe, la végétation changeante, avec une succession de petits villages accrochés à flanc de montagne, comme du village de Kambos par exemple, littéralement accroché à la falaise qui domine la mer. En contrebas, de longues et difficiles routes rejoignent la mer. Les petites plages que vous y trouverez sont sans attrait particulier (hormis qu'elles sont la plupart du temps désertes) et ventées. A priori donc elles ne valent pas le laborieux déplacement. Kefali, avant d'arriver au croisement de la route qui descend sur Elafonissi, est un village typiquement crétois perché sur la montagne d'où l'on a une magnifique vue sur la vallée en direction d'Elafonissi. C'est l'endroit idéal pour s'arrêter, prendre un pot ou pour passer une nuit. Quelques épiceries et kafeneia sur place. La plupart des maisons ont été construites à l'époque vénitienne, de même que la petite chapelle Sotiros Christu à ne pas manquer, située dans le cimetière, qui propose de belles fresques du XIVe siècle.

Tourisme

Pour descendre vers le sud de la Crète et changer d'atmosphère, il existe trois itinéraires principaux selon votre destination. Mais vous pouvez aussi choisir de vous égarer en prenant des routes de traverse… Du nord au sud, sur à peine 50 km, la végétation et les paysages changent fréquemment et c'est un enchantement visuel et olfactif, notamment au printemps.

ELAFONISSI ★★★

Elafonissi est au bout de la route, au bout du monde, à la pointe sud-ouest de la Crète, et c'est l'une des plages les plus photographiées de l'île (on comprend pourquoi). Un site naturel exceptionnel que les tour-opérateurs ont malheureusement repéré : en saison, le site est envahi ! La presqu'île est particulièrement attrayante avec sa plage de sable aux reflets roses dus à des particules de nacre (en voie de disparition cependant). L'eau turquoise et la plage de sable blanc font immanquablement penser à un lagon polynésien. La plage est organisée : des paillotes proposent des boissons, glaces, pâtisseries sucrées et en-cas salés, bières, et des chaises longues avec parasols (10 € la journée), des cabines pour se changer, des toilettes... Tentez d'y aller tôt le matin ou tard en fin de journée pour y trouver un peu de tranquillité en haute saison.

Se loger

Ici on vient uniquement pour une journée ou deux, ce pourquoi l'offre hôtelière reste pauvre même si ce site naturel connaît beaucoup de succès. On peut trouver des logements mais ils sont éparpillés parmi une ou deux supérettes, quelques tavernes et puis c'est tout. Il n'y a rien d'autre, donc on ne conseille pas de s'y attarder, surtout qu'ailleurs les plages ne sont pas si laides. Aux alentours, quelques chambres à louer et quelques tavernes dans des bâtiments récents. Pas tellement de charme, mais magnifiques couchers de soleil. Si vous êtes motorisé, plusieurs routes pittoresques vous permettent de découvrir des villages alentour qui n'ont pas été touchés par l'évolution touristique de ces dernières années et qui ont gardé toute leur authenticité. Citons par exemple : Voutas, Sarakina (au nord-ouest), Kakodiki, Kalamos, Spaniakos, Kadros (au nord) ou Asfendiles, Prodromi (au nord-est).

Transports

En juillet, août et septembre, si vous êtes en voiture, on vous conseille d'arriver ici très tôt le matin afin d'éviter les embouteillages et de repartir après les autres en ayant admiré le coucher du soleil. Les petites routes étroites qui traversent les villages ne sont pas adaptées au trafic incessant des autocars touristiques qui vont et viennent tout au long de la journée.

- **Par la route au nord :** on repartira d'Elafonissi après une journée de baignade et de repos, vers 18h, pour rejoindre Falassarna et Kissamos. Au village de Vathi, prendre à gauche vers Kefali pour longer la côte et traverser des villages typiques non-touristiques et admirer des paysages fabuleux qui n'ont rien à envier à la caldera de Santorin. Le village de Sfinari est parfait pour une pause-café. Ce voyage le long de la côte, d'1h20 environ, permet d'admirer, à ce moment-là, le coucher du soleil. Il dure une vingtaine de minutes de plus que par l'intérieur des terres mais cela vaux vraiment le coup. Ce sont des petites routes de campagne avec beaucoup de virages, alors conduisez prudemment car le danger ce n'est pas les kri-kri mais les pierres tombées des montagnes ou les trous dans l'asphalte.
- **Par la route au sud :** on rejoint la côte (Paleohora, Soudia...) par Vathi en direction de Kissamos à l'intérieur des terres après avoir traversé le fort sympathique village de Elos. Quelques kilomètres plus loin, bifurquez vers Strovles et traversez quelques villages pour arriver à Paleochora en 1h environ soit une cinquantaine de kilomètres.
- **En bateau :** des liaisons aller-retour relient Elafonissi à Paleochora au quotidien. Départs de Paleochora à 10h et retour d'Elafonissi à 16h.
- **A pied :** en longeant la côte en suivant l'itinéraire côtier E4 (6h) en passant par le cap Krios et Koundouras. Aucune difficulté particulière et le sentier qui suit une succession de criques et de petits caps offre des paysages superbes. Une mauvaise route grimpe à partir d'Elafonissi et permet de rejoindre Paleohora par la montagne.
- **En bus :** au départ d'Elafonissi, il rejoint Paleohora tous les jours en été (www.e-ktel.com). Départ de Hania, tous les jours, de la place 1866 à 9h. Retour à 17h. Comptez 2h10 de trajet.

MONASTÈRE DE CHRISSOSKALITISSA ✝ ★

Environ 6 km au nord d'Elafonissi.
✆ +30 28220 61261
En saison, ouvert tous les jours de 9h à 19h.
Entrée 2 €.

Datant du XIIe siècle, il est voué à la Vierge Chrissoskalitissa (escalier d'or). Selon une belle légende, l'une des 90 marches de l'escalier descendant vers la mer serait en or, mais seuls les cœurs purs et lavés de tout péché peuvent la voir. La célébration annuelle a lieu le 15 août. Admirez le retable et l'autel doré de l'église, ainsi que les deux musées d'icônes des XVIe et XIXe siècles. Ce monastère fut utilisé comme prison par les Allemands pendant la Seconde Guerre mondiale.

RÉGION D'HANIA

AGIA

Si vous voulez vous échapper quelques heures de l'activité urbaine de Hania, vous pouvez vous rendre à Agia (à environ 10 km au sud-ouest de Hania, en direction d'Omalos) où se trouve un petit lac avec un kafeneion et taverne, idéal pour l'observation des oiseaux. Il existe des bus réguliers de et vers Hania, pour éviter la voiture. L'origine du nom de ce village est sans doute arabique (aia = eaux). Et de fait, le coin regorge de sources. Pendant la seconde période byzantine, le diocèse de Kydonia (Hania) a été transféré à Agia pour des raisons de sécurité et l'église (dédiée à la Vierge) a été construite alors sur les ruines d'un ancien temple.

APIRATHES €€

Village de Zourva (25 km de Hania)
✆ +30 28210 67147
www.apirathes-zourva.gr
De 70 à 150 € pour deux personnes en saison.

Tourisme rural. Maison à l'allure typique, construite en pierre, dans l'impressionnant village de montagne de Zourva que l'on atteint en suivant la petite route qui part de Fournes, en passant par Meskla. Trois maisonnettes ont été aménagées avec goût disposant d'une terrasse spacieuse offrant pleine vue sur les verdoyantes montagnes. Les logements sont très agréables et très confortables, possédant cheminée, cuisine et salon, pour 2 à 4 personnes. Autour ce ne sont que montagnes, forêts, végétation et chemins de randonnées !

FOURNES

Si vous avez choisi de monter vers le plateau d'Omalos, le dernier village dans la plaine est Fournes qu'on atteint en suivant le cours de la rivière Platanias (ou Keritis, c'est selon) et qui est un centre de production agricole relativement important, avec une coopérative. Si vous entreprenez une randonnée, c'est l'endroit où s'arrêter pour vous approvisionner. L'église de l'Ascension de la Vierge a été bâtie avec des pierres d'un temple de l'époque hellénique (Panclemos Aphrodite) et, si vous n'avez que ça à faire pour vous dégourdir les jambes, il existe, paraît-il, dans les environs les restes de murs « cyclopéens » datant du IVe siècle.

RESTAURANT DU JARDIN BOTANIQUE €€

Botanical Garden and Park
www.botanical-park.com/restaurant
Ouvert tous les jours de 10h à 18h. Comptez entre 4 et 7 € l'entrée, plat principal entre 6,50 et 13 €.

Ici sont servis des produits venant du jardin botanique et la cuisine est inspirée de la diète crétoise. Ainsi on peut déguster des plats végétariens originaux avec des herbes aromatiques locales et des fruits de saison. On y donne également des cours de cuisine crétoise, et l'on assiste, tous les lundis à 19h dans l'amphithéâtre du jardin, à des soirées traditionnelles. Sur place, une jolie petite boutique avec plein de livres et de produits dérivés des plantes aromatiques du jardin.

RÉGION D'HANIA

Fournes.

JARDIN ET PARC BOTANIQUE ★

Après Fournès ✆ +30 697 686 0573
www.botanical-park.gr
Ouvert 7j/7 en saison, de 9h jusqu'au coucher du soleil. Entrée : 6 €, réduite : 4 €. De 12 à 18 ans : 5 €.

Ce parc botanique est l'aboutissement d'une vision, celle de son créateur : Petros Marinakis. En 2003 un incendie ravage les collines de Fournes et brûle près de 2 000 oliviers. Heurté par ce désastre écologique, Petros Marinakis se lance alors dans un projet de reconstruction des parcelles touchées et veut créer un havre de paix végétal. Le parc botanique ouvre en 2010 et c'est un véritable succès. Des centaines d'espèces d'arbres fruitiers et de végétaux de toutes sortes et de tous les horizons (de Crète mais aussi d'Afrique, d'Australie…) côtoient des paons et des animaux sauvages sur une surface de 200 000 m^2. Le visiteur est amené à découvrir cet écosystème totalement autonome à travers un sentier traversant trois zones climatiques (tropicale, méditerranéenne et alpine). Le parc est probablement le seul en Europe à avoir réussi à rassembler une telle variété d'essences en un même endroit, le tout sans utiliser de pesticides. Le chemin est balisé, la balade splendide (comptez entre 1 et 2 heures), et le tour se finit généralement par un délicieux repas au restaurant du parc, où tout est cuisiné avec des produits locaux et des légumes issus du jardin. Tous les lundis à 19h, dans l'amphithéâtre du jardin, ont lieu des soirées traditionnelles : un très beau spectacle dînatoire avec musique acoustique et danse crétoise costumée. Avec le ticket d'entrée est offerte une bouteille d'un-demi litre d'eau. A noter une très sympathique boutique de souvenirs sur place vendant livres et plantes aromatiques.

© ALEX VUCKOVIC

ALIKIANOS

Située à 13 km de Hania, Alikianos est une grosse bourgade au centre d'une région productrice d'oranges et de citrons. Poste, station-services, tavernes et kafeneia sont présentes au village, mais vous n'y trouverez pas ou peu de chambres à louer. Alikianos est dans une plaine traversée par la rivière Keritis (anciennement Lardanos et qui s'appelle Platanos en aval). Un peu avant d'y arriver, avant de quitter la route qui monte vers le plateau d'Omalos, le bâtiment surmonté d'antennes que vous apercevez est une ancienne ferme transformée pendant la guerre en prison par les Allemands : le coin a été rebaptisé à l'occasion « la vallée de la Prison ».

Histoire

Alikianos n'a pas toujours eu l'aspect paisible qu'il arbore aujourd'hui. Le drame des Noces crétoises qui a mis fin à la révolte de Kandanoleon s'est déroulé ici. En effet, au XVIe siècle, l'ouest de la Crète se souleva contre les Vénitiens et élut à sa tête Georges Kandanoleon qui s'installa à Mescla, non loin de là. Pour asseoir son autorité, un mariage fut arrangé entre son fils et la fille d'un notable vénitien, Da Molin (Damolino). Il vint à Alikianos avec plusieurs centaines de ses partisans, le mariage eut lieu dans l'église Saint-Georges (qui a été construite en 1243 et qui possède des peintures datant de 1430 de Paul Provatas) suivi d'un festin abondamment arrosé. Vers minuit, quand tout le monde était fin saoul et endormi, Damolino ordonna à ses 2 000 soldats de massacrer tous les rebelles.

MANOUSAKIS WINERY 📷

VATOLAKKOS
✆ +30 28210 78787
https://www.manousakiswinery.com/visit
Ouvert du 1er avril au 31 octobre de 8h à 17h. Le reste de l'année sur réservation. Concerts en été.

C'est en 1993 que Ted Manousakis planta les premières vignes sur les flancs de son domaine des Lefka Ori. Le choix de ces montagnes qui surplombent le petit village de Vatolakkos n'est pas anodin. Désormais, c'est sa fille qui est en charge des 150 000 bouteilles de syrah, grenache, mourvèdre et roussanne qui sortent chaque année de cette exploitation viticole que vous pourrez visiter. Du processus de production à la dégustation, vous pourrez également profiter sur place d'un restaurant proposant du wine pairing et des concerts estivaux.

RÉGION D'HANIA

OMALOS

De Lakki à Omalos, le paysage est dépourvu d'habitations et ça grimpe. Un peu avant d'arriver au village, après la passe de Neratzopetra située à 1 200 m d'altitude, on découvre le plateau d'Omalos, un cercle irrégulier d'une largeur d'environ 4 km. Le petit village se perche à une altitude de 1 080 m. Il se résume à quelques vieilles maisons et une chapelle entourée d'hôtels et de tavernes qui jurent un peu dans le paysage. Omalos et son plateau appartiennent entièrement aux chèvres, moutons et bergers. Ils restent là au frais pendant toute la belle saison avant de descendre vers la côte dans des endroits comme Lissos pendant la période hivernale. En hiver, tout est désert et recouvert de neige. Quelques hôtels et tavernes servent des petits déjeuners pour les marcheurs pendant la haute saison.

Balade

En effet, en été, Omalos peut être la base de départ pour de superbes excursions vers le mont Gigilos ou le mont Prachnes ou même traverser jusqu'à Sougia d'un côté par Koustogerakos, ou de l'autre par Sfakia. Enfin, depuis le plateau d'Omalos débute la plus fameuse randonnée de Crète : la descente des gorges de Samaria. Le départ des gorges est exactement 4 km plus loin, à Xyloskalo. Si vous dormez à Omalos, demandez à votre hôte de vous y emmener gratuitement.

Se loger

On peut loger à Omalos et profiter de la fraîcheur matinale afin de descendre les célèbres gorges avant la foule ou emprunter les autres sentiers E4, les tarifs sont sensiblement les mêmes (en saison, comptez environ 45 € pour une chambre double et 10 € pour le dîner). Les hôtels et tavernes ne sont pas nombreux. Tentez votre chance chez Neos Omalos (le premier à droite), ou à l'hôtel Exari en face de Neos Omalos. Un peu plus loin sur la droite se trouve Manolis Kazalaki le Grec (το ελλινικο Καςαλακι) : une taverne fort sympathique proposant des logements dans des bungalows en pierre et en bois selon la tradition montagnarde, juste avant l'entrée de la gorge. Sinon, le must serait le refuge à 1 680 mètres, il faut compter 1h45 de grimpette pour l'atteindre par le sentier E4. Le restaurant Xyloskalo est perché à quelques mètres au-dessus de l'entrée de la gorge, il est ouvert seulement en été. On peut se garer juste devant, il offre une vue panoramique tout aussi époustouflante. A Xyloskalo, on peut aussi trouver des maisonnettes traditionnelles en pierre et en bois nommées « Samaria Village » : tél. +30 28210 67237.

Transports

- **En voiture :** La route jusqu'à l'entrée des gorges a été refaite à neuf en 2014. Elle est désormais large, balisée, sans trous, avec des aires de repos, mais toujours autant de virages, quelques cailloux et des kri-kri par-ci par-là. Vous pouvez laisser votre voiture de location au parking et revenir la chercher un autre jour, ou demander au loueur de la récupérer mais cela représente un coût certain.
- **A pied :** depuis Agia Roumeli : 5 à 7 heures, depuis Agia Irini-Sougia : 6-7 heures et Omalos-Koustogerako-Sougia : 8 heures.
- **En bus :** plusieurs allers-retours par jour de Hania, Paleohora et Sougia vers Omalos, environ 1h de route.

KALLERGI €

✆ +30 6976 585 849

www.kallergi.co

Ouvert tous les jours en saison. Sinon, le week-end uniquement. 30 € la nuit en dortoir, avec petit-déjeuner et dîner.

Gîte de montagne géré par l'EOS (club de montagne grec) avec une capacité de 50 personnes maximum. Fréquenté surtout par des alpinistes. Compter 1 heure 45 de marche pour l'atteindre : ça monte, et le point de vue du gîte est tout à fait remarquable, perché qu'il est comme un nid d'aigle à 1 677 m. Le départ du sentier se situe au point de départ des gorges de Samaria à Xiloskala, près du parking. Téléphoner auparavant pour connaître les disponibilités. L'hiver : Christos Paterakis ✆ +30 69734 00077. L'été : Christoforos Baladimas ✆ +30 69765 85849.

LAKKI

Situé sur le versant nord des Lefka Ori (Montagnes blanches), à 500 m d'altitude, Lakki doit son nom aux puits (lakkoi) creusés par les premiers habitants de l'endroit. Selon la tradition, le village a été fondé par des rebelles originaires de la région de Sfakia. En 1866, les habitants n'ont pas hésité une seconde à détruire eux-mêmes leurs maisons pour humilier les soldats turcs qui étaient sur le point de prendre le village ! Quelques chambres bon marché à louer (dormir là au lieu de dormir à Omalos n'est pas une mauvaise option). Au printemps, Lakki est un endroit agréable pour séjourner et randonner aux alentours, au milieu de paysages fleuris.

GORGES DE SAMARIA ★★★★

Situées dans l'un des endroits les plus sauvages de toute la Crète, au cœur des Montagnes Blanches, les gorges de Samaria sont certainement le site naturel le plus extraordinaire de toute l'île. Ce sont les gorges les plus profondes d'Europe (16 km), qui serpentent dans un cadre grandiose, protégé depuis 1962 par un parc naturel national (à l'origine créé pour la sauvegarde du kri-kri). La largeur maximale des gorges est de 150 m et le passage minimum de 2,50 m, aux portes.
Pendant la saison estivale, l'affluence y est particulièrement importante. Elles ne sont ouvertes généralement que de mai à octobre, mais tout dépend du temps. Les petits malins viennent la veille et dorment dans des sacs de couchage près de l'entrée pour partir les premiers et profiter réellement de la beauté de ce site exceptionnel, en solo (sinon, au plus fort de l'été, jusqu'à 2 000 personnes par jour font la rando... parfois à la queue leu-leu). De nombreuses agences proposent des excursions organisées : il faut compter environ 25 € pour un départ depuis Hania (mais aussi de la plupart des endroits de la Crète), sans le ticket d'entrée aux gorges ni celui du bateau à Agia Roumeli... Il revient donc au même prix de prendre le bus public matinal de Hania, Sougia ou Paleohora, et de descendre les gorges de manière à atteindre la plage d'Agia Roumeli avant 16h. A cette heure, les ferrys repartent soit vers Hora Sfakion, soit vers Paleohora. Cependant, faire le trajet avec un guide peut aussi être intéressant, si vous n'êtes pas très sûr de vous ou que votre condition physique n'est pas au top de sa forme... Car la descente des gorges n'est pas si aisée et nécessite un minimum d'équipement. Enfin, l'intérêt principal de l'excursion organisée est que l'agence prend en charge vos sacs que vous récupérez en fin de parcours. Autrement, comme il est impossible de faire la marche avec un gros sac à dos, vous devrez le laisser à votre point de départ (Hania, Paleohora ou Sougia) et le récupérer le soir (ou un autre jour) à Paleohora ou Sougia, accessibles en bateau, et au plus tôt le lendemain pour Hania. Bref, si vous manquez de temps, l'agence peut simplifier votre logistique...

Tourisme

Pratique. Ouvert du 1er mai au 15 octobre entre 7h et 19h. L'accès est parfois autorisé de façon exceptionnelle en avril. Entrée : 5 € (gratuit pour les enfants de moins de 15 ans, tarif réduit pour les étudiants). De 4h au coucher du soleil (les horaires sont susceptibles de varier www.samaria.gr). Les visiteurs ne sont pas autorisés à rester dans les gorges la nuit. Garder le ticket pour la sortie.

© DZIEWUL

Les Gorges de Samaria.

Quelques recommandations. Si cette excursion ne présente pas de difficulté particulière, nous mettons tout de même en garde ceux qui n'ont pas l'habitude de la marche ou qui emmènent de jeunes enfants, c'est une promenade de longue haleine qui peut s'avérer pénible pour les non-marcheurs. Il faut entre 6 et 8 heures pour atteindre Agia Roumeli au départ d'Omalos, selon votre condition physique et les pauses que vous effectuez sur le chemin.
Nous vous rappelons que la traversée des gorges est longue, de 16 km à travers un sentier rocailleux (13 km le long des gorges, plus 3 km à plat pour rejoindre la plage), et que le minimum est de porter des chaussures adaptées : c'est-à-dire de bonnes baskets à semelles cramponnées ou encore mieux des chaussures de randonnée. Vous trouverez tout au long de la descente des sources d'eau fraîche : n'emportez qu'une petite bouteille d'eau que vous remplirez plusieurs fois lors de la marche. En revanche, pensez à apporter de la nourriture pour la journée (sandwichs, biscuits, fruits frais et secs). Emportez de la crème solaire, un chapeau et un petit pull si vous partez à l'aube. Il est interdit d'allumer un feu et de camper ou de chasser dans les gorges, sous peine de fortes amendes. Fumeurs : s'abstenir.
À 1 km du départ, des gardes peuvent vous ramener au point de départ à dos d'âne si pour une raison ou une autre vous ne vous sentez pas de continuer la traversée. Par la suite, dans le village abandonné de Samaria, à mi-chemin, vous trouverez un téléphone ainsi qu'un poste de garde où vous pourrez vous adresser en cas de problème (un médecin doit y être présent pendant les heures d'ouverture), avec toilettes et aire de pique-nique. En cas d'urgence, appelez le 112.

RÉGION D'HANIA

Des poubelles vidées chaque jour, ainsi que quelques toilettes ponctuent le trajet. Une ultime recommandation : vérifiez l'état du temps sur la côte sud pour savoir si vous trouverez un ferry à Agia Roumeli pour vous rapatrier, le mauvais temps forçant parfois à interrompre le trafic maritime.

Conseil : si vous commencez la marche avant 7h30 ou à partir de midi (après le flot de la matinée), vous aurez la chance d'éviter la foule et de profiter mieux du paysage vraiment magnifique. Si vous partez en milieu de journée cependant, vous dormirez à Agia Roumeli (ce qui n'est pas une mauvaise idée) et devrez patienter pour reprendre le bateau.

Le Samaria Run a lieu tous les ans au mois de mai. La participation est de 15 € et l'inscription peut se faire en ligne sur le site du club des montagnards de Hania : www.eoshanion.gr. Ce trail réunit chaque année plus de 250 coureurs, hommes et femmes.

Transports

L'entrée des gorges se situe à 4 km d'Omalos à Xyloskalo (qui signifie « escalier en bois »). Si vous dormez à Omalos, les hôtels proposent tous de vous amener à l'entrée des gorges dans leur véhicule.

Voiture. La route jusqu'à l'entrée des gorges a été refaite à neuf en 2014. Elle est désormais large, balisée, sans trous, avec des aires de repos mais toujours autant de virages, quelques cailloux et des kri-kri par-ci par-là. Vous pouvez laisser votre voiture de location au parking et revenir la chercher un autre jour, ou bien demander au loueur de la récupérer mais cela représente un coût certain.

Bus. Des bus desservent Omalos depuis Hania, Paleohora et Sougia tous les matins en saison. Le bus attend ensuite l'arrivée du bateau à Sougia pour partir vers Hania à 18h. Hors saison, pas de bus, vous êtes contraint de passer par une agence.

Taxi. Si vous avez loupé le bus du matin à Hania, ou que vous êtes plusieurs, vous pouvez vous rendre à Omalos en taxi pour 60 € environ.

Bateau. A Agia Roumeli, en bas des gorges, des bateaux partent pour Sougia à 17h30 (45 min de traversée et 11 €), Paleohora à 17h30 (1h30 de traversée et 17,20 €) et Hora Skafion (à 8h30, 11h30 et 17h30, 1h de traversée et 12,50 €). Les horaires sont changeants (www.anendyk.gr).

RANDONNÉES ☛ ★★★

Au départ d'Omalos et du plateau du même nom, la randonnée commence par un long escalier serpentant entre les arbres et conduisant en bas de la gorge. Après 2 km de marche, le dénivelé atteint déjà 800 m, se trouve la chapelle d'Agios Nikolaos entourée de cyprès impressionnants par leur taille (près de 7 m de circonférence). La nature a été préservée du fait de sa difficulté d'accès : vous croiserez peut-être certaines espèces en voie d'extinction et protégées (vautours, aigles, kri-kri) dans un paysage de pins et de fleurs sauvages. La partie suivante est plus douce et traverse une gorge assez large qui conduit au village de Samaria et qui, à 7 km du point de départ, marque la moitié du trajet. Juste après se trouve la chapelle Sainte-Marie-l'Égyptienne qui a donné son nom aux gorges. À partir de là, le paysage est plus rocailleux et sauvage, le sentier passe et repasse par le lit de la rivière, avec des parois verticales spectaculaires qui se resserrent progressivement pour aboutir, comme une porte de sortie inespérée aux Portes de Fer (Sideroportes) larges d'à peine 3 m. À cet endroit, à 12 km du point de départ, les parois verticales font 600 m de hauteur. Une fois ces portes passées, les gorges s'élargissent jusqu'à la sortie. Le sentier continue jusqu'au vieux village d'Agia Roumeli où se trouvent des buvettes vendant des boissons hors de prix. Il vous restera à parcourir environ 2 km en terrain découvert avant d'atteindre la côte, les tavernes et cafés d'Agia Roumeli où les boissons fraîches coulent à flots. Bain de mer recommandé ! La manière facile de visiter les gorges, moins sensationnelle, est celle qui consiste à partir d'Agia Roumeli et de remonter jusqu'aux Portes de Fer.

Autres randonnées. Jusqu'au sommet du Pachnes, le plus haut sommet de Crète après le mont Psiloritis (2 453 m contre 2 457 m). Pour les plus téméraires, il existe une randonnée de 2 jours jusqu'à Anopolis ou Hora Sfakion avec un bivouac possible au gîte de Kastivelis (renseignements : EOS à Hania ou à Kallergi), pour les plus sportifs la montée vers le mont Gingilos (2 080 m) à partir du Tourist Lodge (de 2h30 à 3h jusqu'au sommet) : un peu d'escalade mais rien de dramatique, suivre les signes rouges. De là-haut, vous avez plus de chance d'observer des espèces sauvages de volatiles que des quadrupèdes. Enfin, la longue randonnée d'Omalos à Koustagerakos par le défilé de Saint-Théodore, en 9h (elle suit l'un des chemins E4), est superbe.

Ou encore la marche d'Omalos à Agia Irini par l'autre chemin E4, à faire en 5h ou 6h.

Randonnée dans les gorges de Samaria.

AGIA IRINI ★★

Dans la région, la châtaigne est reine. Un peu avant d'arriver à Agia Irini, une route, sur la gauche, rejoint Omalos avec quelques superbes points de vue. A partir d'Agia Irini, la route descend graduellement vers la mer et Sougia. A la sortie d'Agia Irini, à Epanochori, c'est le début des gorges d'Irini, superbes et beaucoup moins fréquentées que celles de Samaria. La meilleure solution est de prendre le bus de 7h qui part de Sougia et descendre à Epanochori où un petit déjeuner est servi à la taverne de O. Saradakis. Faites le plein d'eau (rare dans les gorges). Vous pouvez aussi choisir de partir d'Agia Irini et gagner 2 km de marche.

MAISON D'HÔTES ERIKI €€

A 17 km de Sougia.
✆ +30 2823 051000
www.eriki.eu
Chambre double à partir de 50 € en haute saison, 4 nuits min. Tarifs dégressifs pour longs séjours.

Accueil charmant en français par la propriétaire Marie-Noëlle Protopapadaki. La grande maison se dresse à flanc de colline et propose trois studios de 40 m² tout équipés. Ils possèdent d'une terrasse privée offrant une saisissante vue panoramique sur l'impressionnante vallée et la mer de Libye. Et si l'extérieur ne paie pas de mine, les studios sont charmants, propres, offrant tout confort nécessaire pour un séjour en plein cœur de la nature. Idéal pour les amateurs de randonnée : le parcours des gorges d'Agia Irini commence à 500 m.

GORGES D'IRINI

Entrée : 2 €. Dernière entrée à 14h. Comptez 4h de marche entre Epanochori et Sougia.

Moins longues (7,5 km), moins connues et courues que les gorges de Samaria, ces gorges ont pourtant un charme certain avec une végétation florissante, surtout au printemps, des formations géologiques étonnantes et des grottes profondes qui ont servi dans l'histoire à cacher femmes, enfants et rebelles pendant l'occupation ottomane. Dans certains coins ombragés pousse l'herbe des dieux, la célèbre *diktamon*. La randonnée est facile mais, une fois sorti des gorges, il y a encore une marche de 4 km à effectuer en terrain plat jusqu'à Sougia et sa plage (sans ombre).

RODOVANI

La route serpente à flanc de collines avec une vue panoramique des Lefka Ori, vers l'est, jusqu'à Rodovani, village réputé pour son miel depuis des temps très anciens : sur le site d'Eliros (situé à la sortie du village sur la droite quand on descend vers Sougia) ont été découvertes des pièces gravées d'abeilles. Eliros était un centre particulièrement important à l'époque romaine. De nos jours : circulez… il n'y a rien de spécial à voir. Pour d'authentiques pierres d'époque, rendez-vous plutôt à Lissos. Rodovani est un village rural avec un kafeneion au croisement de la route qui va vers Temenia, Kandanos ou vers Paleohora par Azogires.

KOUSTOGARAKOS

Ce petit village de montagne se situe sur les contreforts des Montagnes Blanches dans un cadre semi-montagneux et champêtre. Koustogarakos a une longue histoire de résistance aux différentes occupations et, pendant la dernière guerre, Manolis, l'un des membres de la famille Paterakis, résident du village, participa à l'enlèvement du général Kreipe. Selon le professeur Panagiotakis, le peintre El Greco (Domenico Thetokopoulos) ne serait pas né à Fodele mais ici. Il s'appuie sur une inscription mentionnant une Maria Thetokopoulos à l'intérieur de la chapelle byzantine Agios Giorgos située après le square. A l'entrée du village, après le mémorial et l'école, on trouve une taverne.

VOUKOLIES

A mi-chemin entre Kastelli-Kissamos et Hania, le gros bourg rural de Voukolies n'a pas de cachet particulier : on le traverse juste sans s'y arrêter. Mais une halte au square central où se trouve un periptero, dans l'un des kafeneia, permet d'apprécier la vie du village à certaines heures de la journée. Un marché s'y tient tous les samedis depuis l'occupation turque. L'eau de la fontaine Nebra est, paraît-il, curative pour les maux d'estomac. Ensuite, la route grimpe et serpente dans les collines aux paysages changeants en passant par les villages de Dromoneros, Mesavlia et Floria d'où l'on peut partir découvrir la luxuriante vallée de Sassalos ou la gorge de Mesavlia.

KANDANOS

Situé au cœur d'une large vallée couverte d'oliviers, à 58 km de Hania, le gros village de Kandanos qu'on découvre d'en haut, dominé par l'imposante église Agia Analipsi (l'Ascension), a eu une histoire tourmentée et est un symbole de la résistance crétoise aux différentes invasions. Son nom signifie « ville de victoire » et a une origine préhellénique.

Histoire

A un endroit appelé Barbarossa (ou Patela), au sommet de la colline, près des restes d'une petite chapelle (Agia Irini), il y a les ruines de murs et de tombes qui prouvent l'ancienneté de l'endroit. La colline a été coupée en deux par un tremblement de terre. De nombreux notables vénitiens s'y sont installés, s'y sont islamisés et sont devenus les janissaires de Selino, à la sinistre réputation. Pendant l'occupation turque, Kandanos était un centre important avec ses propres autorités administratives et militaires et le siège du préfet (Kaimakis). Au moment de la bataille de Crète, en mai 1941, après la prise de l'aéroport de Maleme par les Allemands, des résistants crétois tendirent une embuscade à un détachement motorisé et tuèrent 25 soldats nazis. En représailles, les Allemands saccagèrent la ville, la brûlèrent complètement et tuèrent 180 habitants de Kandanos. Une copie de l'inscription originale en grec et en allemand écrite par les troupes nazies a été préservée dans la place où se trouve le mémorial : « Ici était Kandanos, détruite en représailles du meurtre de 25 soldats allemands » alors que l'inscription originale est gardée dans une salle de la mairie. C'est pour cette raison que Kandanos n'a pas le charme de certains vieux villages : toutes les constructions sont récentes.

La ville aujourd'hui

De nos jours, la ville de Kandanos a perdu de son importance au profit de Paleohora, notamment, et la presque totalité des voitures la traversent sans s'arrêter. Mais c'est un endroit tranquille et les collines environnantes, couvertes d'oliviers particulièrement prolifiques (250 kg d'huile par arbre), méritent quelques balades. Station-service à la sortie en direction de Hania, poste, supérettes… Et aussi quelques kafeneia et tavernes sur l'axe principal.

ANISSARAKI

Sur la route qui grimpe vers Temenia (où se trouve la société du même nom qui traite l'eau de source locale), un peu avant d'arriver au petit hameau d'Anisaraki, sur la gauche en montant, un sentier mène à la chapelle d'Agios Giorgos (le signe en grec n'est pas évident à trouver). Et un peu avant d'arriver à la chapelle, sur la droite, vous verrez un olivier qui est probablement l'un des plus anciens de Crète. Impressionnant ! Cadre particulièrement bucolique. Un panneau explicatif, devant l'olivier, donne quelques informations intéressantes sur cet arbre.

TEMENIA

Situé au sud de Kandanos,
en direction de Paleohora.

Temenia est un joli petit village, à une altitude de 700 mètres, se situant à 62 km de Hania, sur la route de Kandanos-Anissaraki-Babakado. Le village, aux limites du site minoen d'Yrtakina, était habité depuis l'Antiquité, comme l'attestent les découverts récentes, lors des fouilles archéologiques. Réputé pour la qualité des eaux de ses sources naturelles, le développement du village Temenia est principalement dû à l'installation de la compagnie portant le même nom qui se spécialise dans la confection de sodas exploitant les sources du village.

RÉGION D'HANIA

I PLATEIA €

✆ +30 2823 022210
www.platia.kandanos.gr

Ouvert tous les jours de 8h à 1h. Comptez autour de 15 € par personne.

Entre Palaiochora et Hania, cette taverne doit sa renommée, bien méritée, à l'esprit d'hospitalité et d'organisation de Samantha, la gérante. Installez-vous sous les platanes de la place de Kandanos et dégustez une cuisine crétoise, digne de ce nom : le tsigariasto (brebis au citron et au thym), les escargots sautés (bourbouristoi) au romarin et vinaigre, les fleurs de courgettes farcies au riz, le yoghourt fait maison, les aubergines au four, le pâté croûte (kreatopitta) aux trois fromages, etc. Les portions sont généreuses. Excellent rapport qualité-prix.

CAFE KODEKAKIS

A la sortie de Kandanos vers Hania.
© +30 2823 022182
Ouvert tous les jours de 9h à 2h. 2,80 € la part de galaktompoureko. Boule de glace 1,50 €.

L'établissement doit sa renommée à sa spécialité, le fameux galaktoboureko (feuilleté fourré à la crème pâtissière et imbibé d'un léger sirop parfumé à la vanille, à la cannelle et au citron). Le succès de la recette, qui se transmet de père en fils, est dû au lait frais des brebis et des chèvres de la région. On peut également y déguster des glaces et des gâteaux faits maison. Récemment rénovée, la pâtisserie est un lieu de rencontre des locaux et de tous les voyageurs qui traversent la ville de Kandanos. Le détour sera bien récompensé.

AMOUDARI ★★★

Le village d'Amoudari, le plus important du plateau d'Askifou, a été le théâtre de combats sanglants entre Turcs et Sfakiotes en 1821. Pendant la dernière guerre, les troupes alliées et grecques ont dû batailler ferme au même endroit pour protéger leurs arrières lorsqu'elles tentaient de joindre Hora Sfakion pour y être évacuées. Un musée militaire avec des reliques de la dernière guerre est ouvert sporadiquement (suivre les signes). Une supérette, quelques taverna-kafeneia, une poste et quelques chambres à louer (domatia) très bon marché.

À quelques kilomètres au sud d'Amoudari, le petit village d'Imbros est principalement fréquenté par ceux qui viennent parcourir les gorges du même nom. On y trouve de quoi s'approvisionner et quelques tavernes et kafeneia. La route continue en longeant la montagne, en hauteur, avec quelques superbes points de vue sur les gorges en contrebas avant d'entreprendre la longue descente en d'interminables lacets vers Hora Sfakion qu'on aperçoit qu'au dernier moment, vers l'ouest, dans l'un des derniers virages. Quelques endroits sur le bas-côté où s'arrêter pour admirer le paysage : la plaine qui s'étend vers l'est, jusqu'à Frangokastello avec quelques villages accrochés au bas des montagnes, l'île de Gavdos, plein sud, à quelque 20 miles nautiques (40 km), que l'on distingue plus au moins selon le temps, et les contreforts rocheux des Lefka Ori vers l'ouest.

GORGES D'IMBROS ★★★

Deux entrées sont indiquées : l'une dans le village et l'autre à la sortie (elle fait gagner 1 km de marche).
Ouvert toute l'année. Entrée des gorges : 2,50 €. 8 km jusqu'à Komitades, à la sortie sud des gorges.

Avec un dénivelé de 650 m, les gorges d'Imbros sont un peu à l'est des gorges de Samaria et sont tout aussi spectaculaires que celles-ci, ayant en outre l'immense avantage d'être peu fréquentées et de ne présenter aucune difficulté particulière. Les gorges serpentent sur à peu près 8 km. Les chemins sont très praticables, même pour les enfants et il n'y a pas besoin d'équipement particulier. La balade dure entre 1h30 et 3h. A l'endroit le plus resserré, il y a moins de deux mètres entre des parois verticales hautes de 300 m ! Le sentier est bien marqué et débute à la sortie sud d'Imbros, à 750 mètres d'altitude, en direction d'Hora Sfakion et Komytades. Le printemps, le chemin est bordé par les orchidées naissantes, en grand nombre. Il suit le lit de la rivière au milieu de cyprès, d'amandiers, de lauriers-roses tout en longeant des cascades de rochers et de nombreuses grottes. Vous pouvez aussi traverser les gorges à partir de Komitades. Au bord de la route, de nombreux panneaux vous y invitent. Mais ça monte, au lieu de descendre. De la fin des gorges à Hora Skafion, comptez une petite heure de marche. C'est spectaculaire et, en plus, c'est ouvert toute l'année. En hiver, cependant, faites attention car la pluie pourrait corser la randonnée. Selon la légende, on doit le nom des gorges à deux frères, bannis de l'île turque Imbros. Il est aussi intéressant de savoir que ce fut en suivant le chemin de ces gorges que beaucoup de soldats britanniques furent évacués en 1941, quand l'Allemagne nazie gagna la bataille de Crète.

FRANGOKASTELLO ★

Situé à équidistance entre Plakias à l'ouest et Hora Sfakion à l'est, Frangokastello n'est pas réellement un village, mais plutôt un hameau. Aucun centre fédérateur : la route conduit directement au château en passant devant une succession de chambres à louer, de petits supermarchés et de tavernes le long d'une vaste plage de sable extraordinaire (surtout juste en dessous du château). Pas de banque, de laverie, de distributeur ni de poste. Autant dire que c'est le calme absolu lorsque la vague de touristes venant photographier le château est repartie. On y arrive en voiture par la route principale qui relie Hora Sfakion et Plakias.

MARIA STUDIOS €

En face du château.
✆ +30 28250 92159
Compter de 35 à 60 € le studio pour deux personnes avec kitchenette. Appartement de deux chambres : autour de 65 €. A/C.

Studios, chambres et appartements spacieux, très propres, très calmes et entièrement équipés. L'accueil est bien aimable. Vous pouvez facilement vous ravitailler dans une petite supérette à côté et faire des déjeuners à votre guise dans votre cuisinette. Grand balcon privé donnant sur un jardin sans vis-à-vis ou sur mer. Parking gratuit juste devant l'établissement. Accès direct sur une des plus belles plages de l'île. Si vous souhaitez passer des vacances tranquilles au calme durant au moins une semaine, c'est là qu'il faut venir.

CHÂTEAU ★

Ouvert d'avril à novembre, jusqu'à septembre de 9h à 20h. Actuellement : travaux de restauration.

Construit en 1371 par les Vénitiens pour surveiller la côte sud de l'île, ce château, qui paraît de loin intact, est en fait une forteresse complètement vide dont il subsiste uniquement les remparts et les tours de guet à chaque angle. En 1828, pendant la guerre d'indépendance, les Turcs assiégèrent ce château où s'étaient réfugiés des partisans sous le commandement de Hadji-Michaelis Dalianis qui, malgré l'avis des autres chefs de Sfakia et le manque de vivres, décida de rester sur place. Les Turcs, commandés par Mustafa avec 8 000 hommes et 300 cavaliers, arrivèrent le 15 mai et perdirent près de 600 hommes dans la bataille. Les 385 hommes retranchés furent massacrés et enterrés dans le sable. Le retour de Mustafa vers Hania fut dramatique. Il perdit de nombreux hommes lors d'embuscades tendues par le Sfakiote. Il avançait en brûlant les forêts et à Chalara, près d'Agios Antonios, 1 000 de ses hommes trouvèrent la mort. On raconte que tous les ans, le 17 mai, jour anniversaire du massacre, les esprits se lèvent et se mettent en rang pour défiler devant le château au petit matin et entretenir le souvenir. Tous les ans fin mai-début juin, un étrange phénomène optique sous certaines conditions atmosphériques se produit, appelé « drosoulites » : on croit voir passer les cavaliers et les soldats crétois, avec Dalianis en tête, se dirigeant vers le château. Il paraît même, selon des témoignages, que pendant l'Occupation les soldats allemands ont tiré avec leurs fusils contre ces ombres étranges !

Forteresse de Frangokastello.

MONACHUS MONACHUS €€

A 300 mètres du château et de la plage.
✆ +30 28250 92222
http://monachus-monachus.gr/
Accueil francophone. Ouvert du 1er juin à fin septembre. Chambre double et studios pour deux personnes de 50 à 60 €.

Des appartements simples et assez sommaires mais propres, équipés, confortables et pratiques, à environ 300 mètres du château de Frangokastello, de la plus belle plage de la région et d'une supérette. Piscine de 125 m² (qui ressemble plus à un bassin pour les enfants) et snack-bar. Le parking se trouve dans la propriété juste devant les bâtiments entourés de verdure et bien entretenus. Rien aux alentours, sans vis-à-vis, bien au calme. Les balcons sont à l'abri du vent et offrent une vue sur la forteresse, la plage et les montagnes.

BABIS & POPI €

Du château continuez vers Hora Sfakia pendant 200 mètres et c'est à gauche près d'une supérette. ✆ +30 28250 92092 - http://babis-popi.com/
En saison : chambre double 30-35 €. Studios (2 personnes) : 50 €. Taverne 7j/7, de 12h à 0h. Comptez 15 € par personne.

Une taverne toute simple, située depuis 40 ans presque sur la plage. Babis & Popi propose une cuisine traditionnelle, crétoise et grecque, du poisson frais, une variété de plats préparés au jour le jour avec les légumes du jardin et d'autres matières premières du coin. Grande terrasse au frais sous les vignes. Les fils des propriétaires louent également quelques chambres et studios, bien équipés, possédant une terrasse-courette, ombragée et privée. Simples et sans chichis, climatisés, ils donnent sur la plage. Ils sont pratiques, propres et confortables.

MILOS RESTAURANT & STUDIOS €

Du château, continuez vers Hora Sfakia et c'est à 300 mètres sur la gauche face à la supérette.
✆ +30 28250 92162 - www.milos-sfakia.com
Taverne, 7j/7 en saison, de midi à minuit. Comptez 15 € par personne. Chambre double 35-45 €. Appartements : 50-70 €.

Une taverne, la plus ancienne de Frangokastello, posée au bord de l'eau : la mer et la plage font tout le décor. L'endroit est idéal pour admirer, depuis la terrasse, les magnifiques couchers du soleil. La carte est variée, on trouve un peu de tout. Bondé en juillet et en août, l'endroit est hautement touristique car il n'y a pas tellement de choix autour du célèbre château. Vous pourrez également séjourner dans les chambres et studios à louer qui ont été rénovés avec goût.

GAVDOS ★★★

Surface de 30 km² (Gavdopoula 2,5 km²). Situé à 32 milles nautiques au sud-est de Paleohora (entre 3h30 et 4h de traversée), à 22 milles nautiques au sud de Hora Sfakion (2h30 de traversée), et à seulement 170 milles nautiques des côtes africaines en face de la Libye, Gavdos était le point le plus au sud de l'Europe communautaire avant que Chypre ne rentre dans l'Europe des 25. Une chaise en bois de 3 m de hauteur scellée au bout du cap Tripiti tourné vers le nord le symbolise. L'atmosphère est particulière sur Gavdos. On sent là, plus qu'ailleurs, la proximité de l'Afrique et un contact direct avec des éléments naturels vierges de toute pollution. Une donnée importante à prendre en compte : mieux vaut se laisser de la marge quand on décide d'aller à Gavdos car on peut très facilement rester bloqué plusieurs jours. Bref, si pour une raison ou pour une autre vous voulez vous déconnecter de la frénésie ambiante, Gavdos est l'endroit qu'il vous faut…

La population permanente officielle de l'île se situe entre 50 et 60 habitants mais il est fréquent que les pêcheurs italiens, de passage en hiver par exemple, soient intégrés dans les chiffres. Les infrastructures touristiques sont embryonnaires : l'île ne s'est ouverte au tourisme que depuis peu, de manière quelque peu anarchique avec des constructions temporaires à tendance définitive tout à fait illégales. Tributaires du coût du transport pour l'approvisionnement en nourriture et en gasoil notamment, les habitants essaient tant bien que mal de s'en sortir. Mais les mois d'hiver sont longs, et la plupart de ceux qui restent sur l'île ont tendance à se noyer dans le psicoudia… Du nord-est au sud-ouest, le relief monte graduellement jusqu'à environ 400 m avant de descendre abruptement dans la mer Libyenne. Au nord et à l'est, le paysage est relativement verdoyant alors que, dans certaines parties de l'île, il est presque lunaire : les chèvres et l'abandon progressif de toute culture provoquent une érosion des sols irréversible. Une espèce rare de genévriers (le genévrier de Phénicie), remarquable par sa taille, qu'on trouve principalement dans le nord-ouest de l'île, tente de survivre grâce au programme européen Natura 2000 qui a inclus Gavdos dans son programme de protection. Karave, le port de l'île, se situe à l'est. En fait, juste une jetée avec un kafeneion et quelques chambres à louer. La capitale Kastri ressemble plus à un hameau et se trouve au centre de l'île. A part Sarakiniko qui s'est développé ces dernières années, les autres endroits (Vatsiana, Ambelos et Korfos) ressemblent plus à des lieux-dits

Plages.

à moitié désertés. En été, la population augmente sensiblement avec l'arrivée des touristes qui, pour beaucoup, pratiquent le camping sauvage et s'installent parfois pendant plusieurs mois dans des abris de fortune ou sous les arbres à proximité de la mer. Les autres se partagent entre Sarakiniko et Korfos. Les routes sont pour la plupart des pistes, quelques kilomètres seulement sont goudronnés, ce qui explique l'état général et l'apparence poussiéreuse des véhicules. Il existe un bus qui va de Karave à Agianis par Sarakiniko et ne fonctionne que lors des arrivées et des départs de bateaux. Sinon, les gens qui proposent des chambres peuvent vous amener avec leurs véhicules (pick-up, tracteur ou minibus) gratuitement si vous louez une chambre chez eux. Il y a une épicerie à Sarakiniko qui fait aussi kafeneion (souvent en rupture de stock) et une autre mieux approvisionnée avant Agianis. Mais en règle générale, si vous choisissez de rester quelques jours, achetez ce dont vous pourriez avoir besoin à Paleohora ou à Hora Sfakion. Ce sera de toute façon moins cher.

Histoire

Des fouilles ont révélé que l'île était habitée à l'âge de pierre (des objets fabriqués en silex y ont été découverts). Pas grand-chose de l'époque minoenne, à part quelques ruines sur Gavdopoula. Mais il y a un grand nombre de tombes situées près de la plage de Lavrakas qui pourraient dater de cette époque. Creusées à travers une couche de calcaire dur jusqu'à la terre meuble, elles forment des grottes où se trouvent des pièces de 4 m x 6 m auxquelles on accède par quelques marches. Elles n'ont fait l'objet d'aucune préservation et sont maintenant remplies de sable et peu à peu recouvertes par les dunes. Les tombes ont probablement été ouvertes à l'époque romaine. Plus tard, les Romains se sont installés et ont construit un port, également à Lavrakas, qui se trouve aujourd'hui sous les eaux, à 3 m de profondeur. Une statue sans tête a été découverte, près de là, par l'archéologue britannique Spratt (aux alentours de 1850) ; elle se trouve au British Museum de Londres. Saint Paul, en l'an 64, y a fait naufrage alors qu'il était emmené à Rome pour y être jugé.

Pendant la période arabe et byzantine (de 824 à environ 1200), l'île était un repaire de pirates. Soit les habitants de Gavdos ont été vendus comme esclaves, soit ils se sont réfugiés dans la région de Sfakia. Le port de Lavrakas a été abandonné, et un nouveau lieu d'ancrage a été choisi qui est l'actuelle baie de Sarakiniko. Les Vénitiens (qui l'ont appelée alors Gozzo) ne se sont pas particulièrement intéressés à l'île et ce sont les Turcs qui ont finalement résolu le problème des pirates. En 1881, date du premier recensement, Gavdos comptait 417 habitants, tous chrétiens. En 1880, une compagnie française construisit un phare (qui vient d'être rénové) sur les hauteurs dont la lumière se voyait à 40 milles nautiques. L'île ne devint une communauté indépendante qu'en 1925. Pendant les années 1930 et la dictature de Metaxas, communistes et opposants au régime étaient envoyés sur Gavdos. Ils ont construit une maison qui se trouve sur le côté est de la plage de Sarakiniko. Ensuite, c'est l'histoire du dépeuplement progressif de l'île. Certains se sont installés à Paleohora et ont fondé le quartier Gaviotika, en dessous du fort. En marge de l'histoire, selon les Gavdiotes, l'île serait l'île de Calypso, où Ulysse aurait été gardé prisonnier par la nymphe pendant six ans.

Pratique

Attention, prévoyez assez de monnaie avant de partir : il n'y a pas de distributeur de billets sur l'île. La meilleure chance « d'intercepter » le courrier est de se trouver à l'arrivée du bateau (*post boat*). Mettre du courrier dans la boîte aux lettres à Sarakiniko et penser que la lettre a une chance d'arriver est totalement illusoire.

Côté santé, un médecin est présent sur l'île, à Kastri, et peut soigner l'indispensable, notamment les piqûres de scorpions qui peuplent l'île. Vérifiez bien chaussures et vêtements le matin au réveil lorsque vous vous habillez. En cas de piqûre, demandez à n'importe quel établissement de joindre le médecin. Pour les gros bobos, l'hôpital de Hania envoie un hélicoptère de l'armée.

Se loger

Le camping sauvage (et nudiste) est largement pratiqué, en particulier sur les plages d'Agianis et de Lavrakas, au nord et dans la vallée ombragée de Korfos (certains parlent d'en faire un camping payant…). Sinon, quelques chambres à Karave, Sarakiniko et Korfos.

Se restaurer

Toutes les tavernes font café ou bar et la plupart proposent des chambres à louer. Certaines font parfois office de boutique et vendent l'essentiel (pain, cigarettes, yoghourt…). Le bar Xaroto est le seul à rester ouvert tard dans la nuit, jusqu'au matin s'il y a des clients. Cet établissement à l'ambiance unique se situe entre Karave et Sarakiniko, au milieu de nulle part… La cuisine proposée dans les différentes tavernes n'a rien d'extraordinaire, à part le poisson qui est moins cher qu'en Crète et que vous pouvez consommer sans modération.

Transports

Si le temps le permet, les liaisons en direction de Paleohora via Sougia et Agia Roumeli ont lieu les lundis et mercredis vers 14h. Celles pour Hora Sfakion les mardis et vendredis à 14h (compter 2 heures de traversée). Attention, consultez le site car les horaires changent selon les saisons : www.anendyk.gr.

Vous trouverez sur l'île des personnes pour vous louer une (vieille) voiture, mais nous vous conseillons de venir avec un véhicule ou un deux-roues. Ce sera plus sûr… Des bus circulent aussi en saison.

CHAPELLES

Il y en a seize sur l'île. Elles n'ont rien de particulièrement remarquable mais sont situées pour la plupart dans de superbes endroits. Celle d'Agios Giorgos, pas très loin de Lavrakas, se trouve à l'emplacement d'un ancien village romain, avec une source, des bassins et des canalisations creusés dans le roc. La chapelle dédiée à saint Jean, datant de l'an 900, se situant à Agios Giannis (saint Jean), atteste l'importance de ce lieu ; c'était un archevêché pendant la période paléochrétienne, puisque le village comptait plus de 8 000 habitants.

PHARE ★

C'est le point culminant de l'île. Construit en 1880 par la Compagnie française des phares ottomans, il était à l'époque le deuxième phare le plus puissant du monde. Se situant à une altitude de 360 m, sa lumière couvrait une distance de 42 miles. Toutefois, à la moindre brume, le phare devenait complètement inefficace. Rénové récemment, on lui a adjoint un café et une boutique de souvenirs dans un style architectural qui peut donner matière à controverse. Il n'empêche qu'il est très agréable de prendre un petit verre face au soleil couchant dans ce site unique.

GAVDOS PANORAMA TAVERNA & ROOMS €

Plage de Korfos
✆ +30 28230 42166
gavdos-panorama.gr
40-50 € la chambre double. Petit déjeuner en supplément. Taverne ouverte tous les jours en été.

Giorgos et Maria proposent des chambres très simples mais propres, parlent anglais et sont particulièrement chaleureux (3 chambres pour 2 personnes, 2 pour 3 personnes et 1 pour 4). La taverne en surplomb de la mer est l'endroit idéal pour se restaurer en regardant l'horizon sans fin. Giorgos est également pêcheur et les gens affluent pour déguster ses poissons frais (à partir de 30 € le kg). Il est conseillé de réserver avant le mois de mai pour avoir une chambre l'été.

Phare.

PLAGES ★★

Gavdos offre aux visiteurs une beauté sauvage, des eaux bleues cristallines, des levers de soleil de rêve, des couchers de soleil enchanteurs, des plages séduisantes et des cèdres qui poussent au bord même de la mer. Le secret des vacances inoubliables à Gavdos est d'avoir pris la décision de ne rien faire d'autre que d'apprécier le paysage et surtout de profiter pleinement de la mer. Vous n'aurez que l'embarras du choix parmi de superbes plages. La plupart sont désertes et ouvertes au nudisme. Parmi les plages isolées, celle de Potamos : on accède à cette plage de sable rougeâtre bordant une mer cristalline, couleur émeraude, par taxi de mer, au départ du port de Karévé. La plage aux cèdres de Sarakiniko, la plus prisée, à 1,5 km de Karévé, au sable blond, éblouissant sous le soleil, aux eaux peu profondes, turquoise, est l'une des plus belles plages de Grèce. La plage de Trypiti, le point le plus au sud de Grèce et d'Europe, est à quelques kilomètres seulement des côtes de la Libye. La plage Daiana située dans la région d'Aspés, accessible uniquement en bateau, aux petits galets blancs bordant une mer translucide, turquoise, est un petit paradis sur terre. La plage de Korfos, de galets, est l'une des plus calmes, aux eaux translucides. Sans oublier celles d'Agiannis, Lavrakas au nord, Pirgos à l'ouest et Karameles (galets) au sud. A proximité des plages, excepté celles où l'on accède que par la mer, on trouve des bars, des tavernes et des supérettes pour s'approvisionner ou pour se rafraîchir entre deux baignades.

SARAKINIKO TAVERNA & ROOMS €

Plage de Sarakiniko
✆ +30 28230 41103

Chambres doubles entre 35 et 40 € en saison. Taverne ouverte tous les jours en saison, comptez 15 € par personne.

Gerti et Manolis vous accueillent dans cette taverne de bord de plage où l'on vient déguster poissons frais, crustacés et autres classiques de la cuisine grecque, les pieds dans le sable. La taverne fait également office de *kafeneion* pour prendre le petit-déjeuner ou faire une pause café au cours d'une journée de plage à Sarakiniko. Quelques chambres ont été aménagées dans de petites maisons de pierre, un peu en retrait de la plage. Simples mais agréables.

SFAKIA

Ce petit port, inséré dans une sorte de cirque naturel, est cerné par les contreforts des Lefka Ori (Montagnes Blanches) qui plongent, abruptes, dans la mer de Libye. Hora Sfakion, peuplé aujourd'hui d'environ 220 habitants vivant ici à l'année, est le cœur d'une région qui maintient une forte tradition historique de résistance aux différentes occupations vénitiennes, turques… Un esprit sfakiote perdure, très proche de celui des Corses, vendettas comprises… Le village en lui-même, vaut le coup de s'y arrêter ne serait-ce que pour attendre le bateau qui dessert la côte sud jusqu'à Paleohora au lieu de faire le tour des montagnes Lefka Ori. On peut aussi en faire une base de quelques jours pour sillonner la région, car l'endroit est calme en soirée. Il n'y a rien d'autre à faire que de s'asseoir à la terrasse d'un café, seule animation quand le ferry amène les touristes d'Agia Roumeli après leur descente des gorges de Samaria. Mais ils ne s'arrêtent pas : ils rejoignent au pas de charge les nombreux cars de voyagistes qui les attendent. Ensuite, Hora Sfakion retrouve son calme. Le long du port, une rangée de cafés et de tavernes, supérettes, une excellente boulangerie (Votzakis) dans la rue à l'arrière, parallèle au port, des journaux internationaux, des boutiques de souvenirs…

Même si le village en lui-même n'a que peu à offrir (on en a vite fait le tour), Hora Sfakion peut être votre camp de base pour explorer la région et les villages du plateau de Sfakia, véritable maquis à la mode corse, ou les gorges d'Imbros. Les amateurs de randonnée peuvent crapahuter dans les environs. Vrisi, la plage à l'ouest du village, a le mérite d'exister et vous pourrez y louer des canoës. Mais en marchant 20 minutes sur la route d'Anopolis, il y a une autre belle plage (Iligas), avec des grottes dans lesquelles on peut s'abriter du soleil. Entre Iligas et Hora Sfakion se trouve la fameuse grotte de Daskalogianis (« Giannis le professeur »), dans laquelle il se cacha pour échapper à la traque des Turcs. Demandez aux habitants de quelle grotte il s'agit, car plusieurs se suivent… Pour les fans de plongée, un centre est installé au bout du port, sur la gauche.

Transports

- **Stationnement.** Il est très difficile de se garer dans ce petit village. Vous trouverez des places de stationnement gratuit avant la gare routière, sinon le centre est payant.
- **Bus.** L'arrêt de bus se trouve entre le parking automobile et le parking des cars, à l'entrée du village (remonter la rue principale). Il faut effectuer un changement de

bus à Vrisses (un bus par heure) pour Hania, Héraklion et Réthymnon. Pour accéder aux gorges d'Aradéna, il y a un bus par jour pour Anopolis à 9h.

Ferry. De Hora Sfakíon, on repart en bateau vers Loutro, Agia Roumeli, Sougia et Paleohora (horaires et tarifs sur www.anendyk.gr). Attention, pour embarquer sa voiture dans le ferry et éviter de contourner la montagne, il n'y a que deux départs : 10h30 et 13h. Les autres sont des plus petits bateaux dans lesquels on n'embarque pas de véhicules. En saison, 2 ou 3 bateaux par semaine font la traversée vers l'île de Gavdos, départ vers 8h30. Attention, la traversée dépend grandement de la météo. Prévoir donc un délai assez large pour le retour.

ALONIA GUESTHOUSE €

Village d'Agios Ioannis
✆ +30 693 87 92 695
www.alonia.gr
Ouvert toute l'année. Chambre double 35 € la première nuit et 30 € les nuits suivantes.

Il s'agit d'un vieux manoir entièrement restauré et réaménagé, se situant dans une propriété verdoyante. Idéal aussi bien pour des vacances estivales qu'hivernales. Cinq chambres toutes simples mais agréables. Une grande cuisine est mise à disposition pour préparer les repas et s'y restaurer. Le propriétaire cuisine aussi parfois et tout le monde mange ensemble. Convivialité et bon accueil assurés. Pour les groupes de randonneurs, il existe un dortoir, qui sera ouvert sur demande. Antonis, le propriétaire, possède également une taverna dans le village.

ANOPOLIS ★

Anopolis est en quelque sorte le cœur de l'esprit de la résistance sfakiote. Vous avez de fortes chances d'y rencontrer plusieurs anciens, habillés de manière traditionnelle, appuyés sur leur katsouna (bâton de berger), et jouant du komboloï dans un kafeneion. Daskalogiannis, figure de légende et l'un des symboles de cet esprit de révolte et de fierté particulier aux Crétois, y est né. Sa statue est en plein milieu de la place du village. En dehors de ça, Anopolis est un village tranquille avec quelques kafeneia et quelques options pour y passer la nuit. La petite église d'Agia Katerini, non loin de là, est tout à fait pittoresque, accrochée au sommet de sa colline qui domine la Grande Bleue. De là part un chemin pour Loutro (environ 1h30) et la route continue jusqu'à Livaniana et Agia Ioannis, lieu de naissance d'une autre personnalité de la région, le milliardaire Paul Vardinogiannis (1926-1984), qui n'avait pas oublié ses origines et a financé un pont en acier traversant une gorge spectaculaire dans le but de désenclaver le petit village. À noter que la fête de la graviera (fromage de brebis) a lieu tous les ans autour du 20 août, la musique commence en début de soirée, et que la fête du village se tient le 27 octobre.

Transports

Pour se rendre à Anopolis, au nord-ouest de Hora Sfakion, mieux vaut avoir votre moyen de transport. On l'atteint par 12 km d'une route qui grimpe sur le plateau en d'interminables lacets.

LOUTRO ★★

Entre Hora Skafion et Agia Roumeli, Loutro est le seul port naturel de la côte. Le village s'étale en arc de cercle le long de la mer, niché au pied des montagnes, en une succession d'hôtels, de tavernes et de bars. L'atmosphère est calme, sans voitures : le seul accès est maritime. Les autres possibilités pour venir ici sont le sentier côtier qui va vers l'ouest à Agia Roumeli et le sentier escarpé qui monte vers le plateau et le village d'Anapolis.

La quiétude du lieu n'est donc troublée que quand le ferry remplit l'espace du port, plusieurs fois par jour - ce qui est impressionnant. Le reste du temps, on se croirait presque au bout du monde, là où le temps n'existe plus. C'est tellement petit, coincé entre la mer et la montagne, que Loutro peut paraître étouffant si l'on ne se pose pas pour dormir : en effet, tout l'espace du bord de l'eau est occupé par les terrasses des tavernes et autres hôtels.

Vous pouvez louer des transats, des parasols et des kayaks sur la plage, mais vous serez plus au calme en allant plus vers l'est et l'ouest.

Se loger

Chambres à louer, hôtels, pensions et tavernes s'alignent sur le port et sont tous plus ou moins équivalents : chambres claires et calmes, avec salle de bains, vue sur la mer, et accès à un bout de plage pour certains. Loutro est rarement bondé (à part au plus fort de l'été) quoique de plus en plus de tour-opérateurs réservent une bonne partie de la capacité de l'hébergement du village.

Se restaurer

Pour une grillade, quittez le bord de mer en vous enfonçant dans la ruelle qui part derrière et suivez les panneaux Strata : on y sert uniquement de la viande locale (chèvre, agneau, porc, etc.) dans un cadre naturel tout à fait plaisant. Si une envie de douceurs vous prend, les deux premières adresses en sortant du bateau disposent d'une vitrine de gâteaux d'inspirations orientale et occidentale, de bonne facture.

Transports

En ferry, avec la compagnie Anendyk (www.anendyk.gr) : la liaison Loutro–Hora Skafion est assurée par plusieurs départs tous les jours en saison (durée : 20 minutes) et la liaison Loutro–Agia Roumeli par 3 départs tous les jours en saison

© LUPU ROBERT CIPRIAN - SHUTTERSTOCK.COM

Village côtier de Loutro.

LOUTRO BAY ROOMS €

Au-dessus du premier magasin de cartes postales.

✆ +30 28250 91370

Ouvert d'avril à fin octobre. Compter de 45 à 60 € la chambre double. Wifi.

Situé à quelques pas du port de Loutro, cet établissement familial propose des chambres récemment restaurées donnant depuis leur terrasse pleine vue sur la mer. Il s'agit de chambres d'un confort moderne et d'une décoration simple, sans charme particulier mais très propres. Les chambres sont climatisées ou elles possèdent un ventilateur de plafond. Elles possèdent également une salle de bains privative avec douche et un petit réfrigérateur. Sur la terrasse, transats, fauteuils et une petite table. Terrasse commune et une petite aire destinée aux enfants.

PORTO LOUTRO €€

Juste au-dessus du débarcadère pour Porto Loutro II «On the Hill». Sur la plage du village pour Porto Loutro I «On the Beach».

✆ +30 28250 91433 - www.hotelportoloutro.com

A partir de 65 € la chambre double en saison. Petit déjeuner et air conditionné compris. Les CB ne sont pas acceptées.

Deux édifices blancs s'élèvent sur le village de Loutro. L'un (Porto Loutro II) est situé en surplomb du débarcadère et à deux pas de la mer tandis que l'autre (Porto Loutro I) est situé en contrebas, directement sur la plage. Les chambres tout confort (air conditionné, balcon, salle de bains en marbre, coffre-fort) du premier font face à la petite plage. En haut, depuis les balcons, la vue est en revanche réellement plongeante. Les téléphones mobiles sont formellement interdits dans les bars de l'établissement afin de préserver le calme des clients !

ILIOS - APPARTEMENTS À LOUER €

✆ +30 28250 91160

www.iliosloutro.gr

45 € pour deux personnes en avril et mai, 50 € en mai et juin, 55 € en juillet et octobre, 60 € en août et septembre.

Etablissement familial, établi à Loutro Sfakion, depuis 1979. Ilios propose un hébergement dans deux bâtiments, avec de spacieux appartements, rénovés et très propres, en front de mer, dotés de balcons privés ou communs, donnant sur le cadre magique de mer de Libye. Les chambres, alliance bien réussie entre le moderne et le traditionnel, sont bien équipées et disposent d'une climatisation, d'une salle de bain avec douche, d'un réfrigérateur et d'une télévision.

ILIOS TAVERNA €

✆ +30 28250 91160

https://www.iliosloutro.gr

Comptez environ 20 € par personne. Consulter la carte pour le prix au kilo du poisson. Accueil francophone.

Le meilleur restaurant de poisson du village à des prix modérés et avec vue. Sur une grande terrasse très agréable tout au bord de l'eau, on peut choisir les poissons et les spécialités locales en vitrine. Tout est très bon, les plats sont généreux, le service un peu lent mais vraiment sympathique, le serveur parlant français prend le temps de détailler chacun des plats. Cela permet de contempler les bateaux et l'eau cristalline turquoise en passant un très bon moment. En plus des poissons, on y sert des fruits de mer et des mets variés.

AGIA ROUMELI ★★

Agia Roumeli est la porte de sortie des gorges de Samaria. Aucun autre accès que la mer ou le sentier de randonnée E4 qui passe par là pour l'atteindre. Dans la journée, le village attend paisiblement l'arrivée des premiers randonneurs, à bout de souffle, qui remplissent petit à petit les nombreux bars et tavernes jusqu'au départ des ferries vers Hora Sfakion, Sougia et Paleohora. Une fois ces hordes fatiguées parties, Agia Roumeli replonge dans sa tranquillité, pour ne pas dire sa léthargie. Les habitants de l'ancienne Agia Roumeli l'ont quittée en 1954 quand la rivière en crue a détruit la plupart des maisons. Le nouveau village a été peu à peu reconstruit plus près du front de mer. La seule curiosité à visiter au sein du village même est la chapelle byzantine d'Agios Pavlos, où, dit-on, saint Paul est venu accoster durant son périple.

Une option intéressante est de dormir à Agia Roumeli, de profiter de son atmosphère calme avec cette impression d'être soudainement isolé du monde avant de remonter les gorges de Samaria au lieu de les descendre. Cela offre l'avantage notamment de profiter pratiquement en solo de la partie la plus belle des gorges, vers le haut.

Se loger

De nombreux établissements font taverne et chambres à louer. Il existe aussi de petits hôtels classiques. Ils ne sont pas toujours complets. Donc promenez-vous dans le village et choisissez en fonction de vos critères. Les prix sont les mêmes et les établissements sont bien entretenus.

Transports

- **Des ferrys** de la compagnie Anendyk (www.anendyk.gr) partent vers Hora Sfakion (1h) et Loutro (45 min) tous les jours (plusieurs départs en saison), vers Sougia et Paleohora (tous les jours en saison, départ à 17h30) et vers l'île de Gavdos (départ les lundis et mercredis à 9h). Mais les départs dépendent des aléas de la météo.
- **En dehors du bateau**, il n'existe pas d'autre moyen de transport à Agia Roumeli hormis vos petits pieds et, si vous souhaitez retourner à Omalos, vous devrez traverser les gorges en sens inverse ou prendre le sentier côtier (E4) vers Loutro d'un côté, ou Sougia de l'autre. Dans les différentes villes desservies par bateau, des bus partent vers Hania (www.e-ktcl.com).

BASILIQUE PALÉOCHRÉTIENNE ✝ ★

A la sortie des gorges, à droite sur les hauteurs, presque dans le village.

Avec un toit en bois et trois nefs, cette basilique, a été construite sur les vestiges d'une église plus ancienne. Très probablement, pendant l'Antiquité, sur le même emplacement se trouvait le temple dédié à Artémis ou à Apollon. Sur l'espace du chœur se trouve une église à nef unique, à toit en voûte, avec des peintures murales du XVe siècle plus du tout en bon état, mais toujours visibles. On peut admirer un sol en mosaïque datant du VIe siècle avec des formes géométriques.

RUINES DU CHÂTEAU TURC ★

A une heure de grimpette par un sentier encore visible.

A environ 400 m d'altitude, les ruines de cette forteresse ottomane dominent le village et la baie. On arrive à la forteresse (Koulés) en prenant le chemin qui part de l'église byzantine Panagia (dédiée à la Vierge Marie). Il ne reste plus que quelques murs d'enceinte d'un ou deux mètres de haut, mais d'ici la vue sur le village, la mer de Libye et les îles de Gavdos et Gavdopoula, est superbe. La couleur ocre de la pierre de taille sur le fond bleu de la mer donne un ensemble admirable. Cela vaut le coup de venir pique-niquer ici à moins d'une heure de marche.

TAVERNA ROUSIOS €

À droite en sortant du bateau, tout au bout vers les gorges de Samaria.

✆ +30 28250 91373

Ouvert de 9h à minuit en saison. À partir de 6 € pour un bon petit déjeuner. Plat principal à partir de 9 €.

La ferme de Rousios se trouve en altitude sur le plateau de Sfakia à l'entrée de Samaria. C'est de là que proviennent tous les ingrédients servis dans sa taverne entre autres le miel au thym. Certains de ses produits sont en vente à la taverne. C'est une table typique de spécialités crétoises avec une grande terrasse ombragée, le décor est rustique et il y règne une atmosphère très décontractée. Grillades aux feux de bois d'oliviers, plats traditionnels, poissons… Il n'y a que l'embarras du choix. Wifi gratuit. Rousios propose également des chambres à louer.

RÉGION D'HANIA

SOUGIA ★★

Le village de Sougia est encore épargné par le tourisme de masse. Rien de particulièrement spectaculaire, mais la baie est superbe avec une longue plage de galets et une eau cristalline. C'est l'un de ces endroits sur la côte sud où il fait bon se relaxer pendant quelques jours pour recharger ses batteries.

Dans le village de Sougia, deux night-clubs à ciel ouvert : l'Alabama dans le lit de la rivière et le Fortuna à l'entrée de la ville quand on vient de Hania. En allant vers l'est de la baie, pendant la saison, les tentes fleurissent (le camping sauvage propre est toléré) sous une végétation éparse. C'est aussi le coin des nudistes.

Balade

En dehors du farniente et de la baignade (faire attention quand le vent souffle du nord, il se forme des ressacs qui rendent difficile le retour à terre), Sougia est le point de départ d'excursions sympas avec l'arrivée des gorges d'Agia Irini. Mais il existe aussi d'autres balades avec le sentier E4 : jusqu'à Koustogerako, un village de montagne sur les flancs des Lefka Ori ; à 7 kilomètres de Sougia ; ou, en suivant l'E4 en direction d'Agia Roumeli, la chapelle Profitis Ilias que l'on aperçoit de Sougia sur un promontoire rocheux vers l'est. Des buts d'excursion très agréables ! La vue sur la baie de Sougia est fantastique…

Histoire

A l'époque romaine et au début de l'époque byzantine, l'ancienne Lissos, à l'ouest de la ville, était le port de la cité d'Eliros, aujourd'hui disparue. L'église byzantine que l'on découvre de nos jours sur le site archéologique a été construite sur les ruines d'une autre plus ancienne. Elle possédait de superbes fresques (datant du XIVe siècle) dont on admire encore quelques vestiges.

Transports

- **Ferrys de la compagnie Anendyk (www.anendyk.gr)** : pour Paleohora, départ tous les jours en saison à 18h10 ; pour Agia Roumeli, départ à 9h tous les jours (sauf mardi et vendredi, départ à 7h40) ; pour l'île de Gavdos, départs deux fois par semaine en saison (lundi et mercredi à 9h), un bateau venant de Paleohora fait une halte à Sougia avant de rallier Gavdos (2h de route). Idem au retour. C'est changeant, donc renseignez-vous avant le départ.
- **Bus KTEL :** pour Hania, plusieurs départs tous les jours ; pour Paleohora, à part le bateau, le bus reste une option (avec changement à Rodovani) ; pour Omalos (gorges de Samaria), plusieurs départs sont programmés tous les jours en saison.

© PAUL COWAN - SHUTTERSTOCK.COM

Sougia.

CITÉ ANTIQUE DE LISSOS ★★

Balade facile : 1h30 de marche à partir de l'extrémité ouest du village. Autre option : 10 minutes en bateau-taxi.

Une belle visite culturelle avant de vous rendre à la plage d'AgiOs Kirikos. Lissos était le port de l'ancien Eliros (époque dorienne). C'était l'une des rares cités de Crète à frapper des pièces d'or, avec un dauphin gravé d'un côté et l'inscription « lission » de l'autre. Les recherches archéologiques entreprises en 1958 ont mis au jour de nombreuses statues à taille humaine (sans tête) dont on en retrouve une partie au Musée archéologique de Hania. Une curiosité a aussi été excavée : un bracelet en or en forme de serpent portant l'inscription gravée « acklak ». Le serpent a une importance particulière dans la religion ancienne grecque : dans le temple d'Asclépios (sur la gauche en arrivant) datant de la période hellénistique étaient gardés des serpents vivants pour symboliser l'esprit thérapeutique des dieux. C'est pourquoi le serpent est devenu l'emblème de la médecine. Lissos était un centre d'hydrothérapie important et l'eau de sa source était réputée pour avoir des pouvoirs de guérison. Encore de nos jours, les bergers descendent du plateau d'Omalos pour hiberner à Lissos quand les neiges ont recouvert les Lefka Ori (les Montagnes Blanches). Un superbe fragment de la mosaïque datant de la période romaine a été découvert lors des fouilles archéologiques dans le temple d'Asclépios. Egalement à voir, sur le flanc ouest de la colline, des tombes de la même époque et deux petites chapelles dont l'une près de la plage a été en partie construite avec des pierres gravées datant de l'époque dorienne.

PENSION LISSOS €

Face à la rivière à l'opposé de l'arrivée d es bateaux.

✆ +30 28230 51244

Ouvert d'avril à octobre. Chambre double à partir de 40 € en saison, selon catégorie et vue. Wifi.

Jolie maison de village, typique des années 1970, située à 50 mètres de la plage de Lissos, recouverte de fleurs et d'arbres dans laquelle se trouvent des chambres grandes et des studios simples, climatisés, sans charme particulier mais fonctionnels et pratiques. Les chambres doubles disposent d'un réfrigérateur, d'un petit coin cuisine pour certaines, d'une petite armoire, d'une salle de bains avec douche et d'un balcon avec vue sur la mer ou sur les montagnes. Ce n'est pas du grand luxe mais le rapport qualité-prix est assez correct.

ARHONDIKO STUDIOS €€

✆ +30 28230 51200

Chambre double de 45 à 55 € en saison. Appartement de 65 à 80 €. Wifi.

Kirkos et Eleni, couple gréco-hollandais, vous accueillent dans leurs studios tout simples, agréablement aménagés et spacieux, en plein village, à quelques mètres de la plage. Malgré l'âge récent des studios, ils ont essayé de leur donner une touche traditionnelle, très réussie. Vue sur la montagne, le village et la mer. Les chambres sont climatisées, confortables et très propres. Elles disposent d'une kitchenette entièrement équipée, d'un réfrigérateur, d'une salle de bains avec douche et d'un agréable balcon. Les logements sont nettoyés quotidiennement.

KYMA €

Au bord de la plage.

✆ +30 28230 51688

Ouvert 7j/7 en saison, de midi à minuit. Comptez autour de 18 € par personne. Plus cher pour le prix au kilo du poisson.

Grande terrasse, ombragée, à deux pas de la mer, avec des tables bien disposées pour que l'on s'y installe à notre aise ! Taverne traditionnelle renommée pour ses spécialités de poisson du jour. La famille Paterakis a ses propres bateaux de pêche ; vous choisirez (selon la saison) du sargos, des barbournia (mulet rouge), de l'espadon, des dorades, mais aussi des calamars, des crevettes, du homard, du poulpe… selon les prises de la journée. Sinon, mets, salades, viandes grillées ou plats de pâtes et quelques plats traditionnels du jour. Bon rapport qualité-prix.

TAVERNA ANCHORAGE €

✆ +30 28230 51487

Ouvert tous les jours en saison, de midi à minuit. Comptez 15 € le repas.

Très bonne taverne traditionnelle se situant au bord de la route qui conduit à la plage de Sougia, à quelques minutes de la mer à pied. Terrasse sympathique ombragée par les vignes et les arbres, à deux niveaux, bien aménagée, très agréable. On y vient pour ses plats crétois à la casserole à petits prix. La spécialité : les plats à base de chèvre sauvage. Consultez la carte pour les plats du jour, bien préparés. Bon rapport qualité-prix. On y revient ! Loue également quelques chambres (à partir de 30 € pour deux personnes), de mars à mi-novembre.

Baie de Lissos.

PALEOHORA ★★★

Située sur la côte sud à environ 70 km de Hania, la petite ville de Paleohora s'étend au milieu d'une péninsule qui se termine vers le sud avec un promontoire sur lequel a été construit vers 1275 par les Vénitiens un château, le Selino Kastelli. Ce château a donné son nom, Selino, au district de Paleohora, même s'il a été détruit en 1539 par le pirate Barberousse. Aujourd'hui, il n'en reste que quelques ruines perchées au-dessus de Paleohora, d'où le point de vue est remarquable : vers l'ouest s'étend la longue plage de sable (Sandy Beach – Pachia Ammos), vers l'est une autre plage de galets (Pebble Beach – Chalikia) et au loin les contreforts montagneux des Lefka Ori, avec le cap Flomes (également appelé cap Crocodile à cause de sa forme). Au sud du village, un port a été construit dans l'optique de devenir une marina pour plaisanciers. Or peu de voiliers sillonnent ces eaux particulièrement inhospitalières : il y a très peu d'abris sur toute la côte sud de la Crète et le meltemi du nord ou le sirocco du sud peuvent être particulièrement violents. En-dessous du château, côté est, s'étend le quartier Gaviotika construit au début du XXe siècle par les habitants de l'île de Gavdos venus se réfugier sur le continent. On voit encore quelques-unes de ces maisons sommaires en se promenant au hasard des étroites ruelles du quartier. Lors de la dernière guerre, Paleohora a été occupée par les Allemands en raison de sa position stratégique, en face de la Libye, pour soutenir les visées de Rommel en Afrique. Dans les années 1960 et 1970, Paleohora a été en quelque sorte redécouverte par des voyageurs du monde et des hippies de différentes nationalités. La ville, qui n'était alors qu'un petit village avec quelques tavernes, s'est peu à peu développée pour accueillir un tourisme plus conventionnel. C'est l'un des rares endroits qui fonctionne (quoique au ralenti) toute l'année et où une communauté d'étrangers vit, ou passe les mois d'hiver, pour apprécier le rythme de vie crétois et la douceur du climat.

Tourisme

L'office de tourisme est situé dans un tout petit bâtiment blanc à l'angle de la promenade face à la mer, vous y trouverez des plans de la ville et des environs, une multitude d'infos sur les excursions.

Transports

- **Voiture.** Pour repasser vers l'est en voiture, sans prendre le bateau jusqu'à Hora Skafion, il vous faudra contourner les Montagnes Blanches et les plateaux centraux de la région : il faudra compter environ 2h30 de route en passant par le nord et les villages de Kandanos et Maleme, puis sur la grande route nationale E75 et la 90 pour redescendre après Kalyves vers Armeni, Vryses et Imbros. Soit 140 km au total.
- **Ferrys** de la compagnie Anendyk (www.anendyk.gr) : Paleohora-Sougia-Agia Roumeli-Hora Skafion à 8h30 tous les jours ; Paleohora-Sougia-Agia Roumeli-Gavdos (4h de voyage) le lundi et le mercredi à 8h30.
- **Bus KTEL** : Paleohora-Hania - plusieurs départs tous les jours ; Paleohora-Agia Irini-Omalos (pour voir les gorges de Samaria) - départs tous les jours, le bus passe par Sougia et Agia Irini ; Paleohora-Elafonissi - un bus par jour en saison. Trajet 1h30 environ.

PLAGES ★

De l'autre côté de la péninsule, à l'est, une jolie plage de galets, Chalikia. Les plages d'Anidri sont à environ 30 minutes à pied (Yaniskari) vers l'est après le camping, l'une est en partie réservée aux nudistes ; la plage de sable de Grammeno à Gialos, celle de Krios un peu plus loin… Pachia Ammos, la plage de Palaiochora côté ouest, connue pour ses couchers du soleil, est dotée du drapeau bleu (eau propre, cristalline) et est organisée (chaises longues, toilettes, cabines, douche, snack-bar, etc.). Elle est vaste et l'on ne se marche pas dessus.

SABINE TRAVEL

Rue Venizelou
✆ +30 28230 42105
http://sabinetravel.gr

Une agence de voyages qui propose des excursions (gorges de Samaria, d'Agia Irini et d'Anidri, Balos et Gramvoussa, visite au village d'Azogyres, site de Lissos, etc.), des hébergements (village d'Azogires et Paleohora), des tickets pour les sorties en bateau, bus ou taxi ! Sabine Travel, en collaboration avec Hermes Rent a Car, est également une agence de location de voitures et deux-roues (scooteurs, motos, bicyclettes). Les véhicules proposés sont de qualité et en bon état. Le prix inclut l'assurance tout risque et l'assistance routière.

RANDONNÉES AVEC PSARAKIS TRAVEL

✆ +30 2823 041 128
http://psarakistravel.gr/
Billets pour les bateaux à deux euros moins cher que la concurrence et surtout à des horaires moins contraignants.

Sorties quotidiennes en mer au programme : vers l'île de Gavdos ; à Kedrodassos, magnifique plage remplie de genévriers et de dunes de sable ; à Sougia, petit village paradisiaque ; à Ag. Roumeli, à la sortie des gorges de Samaria ; à Elafonissi, plage exotique formée d'îlots de sable aux eaux turquoise peu profondes et au sable fin, blanc et rose à plusieurs endroits… Les sorties dépendent de la météo. Prix variables selon la saison et le nombre de personnes.

NOTOS RENTAL

Au milieu de la rue Venizelou.
✆ +30 6976 436044
http://notoscar.gr/
Voiture dès 135 € la semaine, 20 €/jour pour un scooter. Vélo 5 €/jour, vélos électriques dès 15 €. Prix régressifs.

Ce loueur, très professionnel, dispose de voitures, motos et bicyclettes de qualité et en bon état, renouvelés régulièrement. L'agence est établie à Paleohora, en plein centre-ville, depuis 1992. Livraison et récupération à l'aéroport d'Hania et d'Héraklion. Le prix inclut l'assurance tout risque, l'assistance routière 24h/24 pour toutes les régions de la Crète, une carte routière, le lavage de la voiture… et une bouteille d'huile d'olive provenant des oliveraies du propriétaire ! Cette agence propose aussi des excursions et loue des villas à 5 km de Paleohora.

PAL BEACH HOTEL €€

Au bout de la plage Pachia Ammos vers la forteresse
✆ +30 28230 41512
http://palbeach.gr/
Chambre double en haute saison à partir de 80 € ; chambre éco (sans balcon) à partir de 55 €. Petit-déjeuner inclus.

© PALBEACH

Ce charmant hôtel situé à 10 m de la plage dispose de 60 chambres avec balcon donnant pleine vue sur la plage de Paleohora, Pahia Ammos. Elles sont bien équipées et confortables. Les quatre suites ont en plus une magnifique vue face à la mer et en fin de journée au coucher du soleil. Très pratique, devant l'hôtel se trouve un snack-bar avec une terrasse ombragée pour les petites faims. L'accueil est francophone, même le manager Polydoros parle couramment le français. Des chaises longues à prix réduit (3 €) vous attendent sur la plage.

CAMPING PALEOCHORA €

A 2 km de la ville vers l'est, sur la plage de galets.
✆ +30 28230 41120
http://campingpaleochora.gr
Ouvert d'avril à octobre. Adulte 6 €, enfant 3,50 €. Tente 4 à 5 €. Voiture 3 €. Supplément électricité 3,50 €. Taverne.

Un camping bien aménagé avec des jeux pour enfants et la mer et sa longue plage de galets juste en face. Les tentes sont placées sous les oliviers, les platanes et quelques eucalyptus. Les douches et les toilettes sont propres et nettoyées très régulièrement. Une taverne simple propose de quoi se restaurer au petit-déjeuner et toute la journée et en soirée pour le déjeuner et le dîner. A éviter si vous voulez être au calme, avec la proximité d'une discothèque (qui, fort heureusement, n'est ouverte qu'en haute saison, en juillet et août).

LISSOS €

Rue Venizelou
✆ +30 28230 41122
http://lissos-hotel.gr/en/
Chambres doubles à partir de 45 € et studios pour 2 personnes à partir de 55 € en haute saison. Accueil en français.

Ce petit hôtel familial dispose de 7 studios et 3 chambres doubles ainsi que 4 studios dans une annexe à 2 minutes du bâtiment principal. Les chambres de derrière donnent sur un coquet jardin. La femme de Manolis, une Française, vous réservera un accueil charmant. Tous les logements proposés sont climatisés et bien équipés. Les chambres doubles disposent d'un mini-réfrigérateur, d'une bouilloire, d'une salle de bains privative avec douche (sèche-cheveux) et d'une terrasse ou d'un balcon. Parking public à proximité. Wifi. Ménage quotidien.

ARIS HOTEL €€

Au pied de la forteresse.
✆ +30 28230 41502
www.arishotel.gr
Ouvert toute l'année. Chambre double à partir de 75 € en saison. Petit-déjeuner inclus.

Petit hôtel de 25 chambres rénové. L'hôtel Aris est tenu depuis 1988 par les Liatakis, dont l'artiste Kostas qui expose son travail dans les chambres. Une décoration réussie qui confère à l'hôtel un confort certain où l'on se sent bien. Les facilités essentielles sont au rendez-vous : bar, parking, wifi, service de nettoyage au quotidien, bouilloire avec café et thé à disposition, air conditionné, frigo, terrasse ou balcon... Des vélos sont également mis à disposition gratuitement. Possibilité de se faire masser. Cours de yoga. L'ensemble est propre et agréable.

CARAVELLA APARTMENTS €€

A 100 m de la plage Pachia Ammos.
✆ +30 28230 41131
www.caravella.gr
A partir de 98 € pour un appartement deux personnes en saison. Wifi.

Ces 6 appartements, à 100 mètres de la plage Pachia Ammos, ultra modernes et confortables ont pour atout majeur leur emplacement avec vue panoramique sur la mer et le village. Tous comprennent une terrasse spacieuse, une grande cuisine moderne entièrement équipée, un salon, une salle de bains pourvue d'un sèche-cheveux, un coffre-fort. TV. L'établissement propose également un espace balnéo. Nettoyage au quotidien, connexion Internet sans fil et parking inclus dans le prix. Le lieu idéal pour passer ses vacances à Paleohora, en surplomb de la plage.

VILLAS MARISE, EUROPA ET CANDIA €€

✆ +30 28230 83018
www.villamarise.com
Appartement : 200 € pour 2 personnes et 300 € pour les familles (jusqu'à 6 pers). Petit déjeuner inclus à Villa Marise.

Trois bâtiments de deux étages dans un jardin d'oliviers sur la plage ! Vous pouvez louer des logements pour 1 à 6 personnes. Les appartements, élégants, propres, calmes et confortables, ont une vue sur la mer. Entourés d'arbres, de palmiers et de gazon, ils ont un balcon ombragé, bien agréable. Piscine et bar sur la plage, chaises longues gratuites à la piscine. Accès Internet sans fil à la réception. Petits-déjeuners riches en buffet au bar Jetee Beach Bar sur la plage même.

LIBYAN PRINCESS €€€

Main Street
✆ +30 28230 42230
www.libyanprincess.gr
A partir de 90 € la chambre double en saison. Petit déjeuner inclus. Parking gratuit. Piscine, bar-restaurant.

Probablement le plus bel hôtel du sud-ouest crétois. Dès l'arrivée on peut se rendre compte de la délicate harmonie qui règne partout ici. Les 34 suites luxueuses, spacieuses et minimalistes invitent au calme et au repos après les longues marches qu'offre cette partie de la côte. Le petit déjeuner crétois est délicieux, et change quotidiennement. L'hôtel dispose également d'un service de spa, d'un gymnase, et d'une boutique proposant des produits locaux. Dernier atout, le jardin intérieur et sa piscine moderne, pour finir en beauté un séjour des plus relaxant.

ANTHEA €€

✆ +30 28230 41594
http://anthea-paleochora.gr/
Des chambres, des studios et des appartements à partir de 45 € pour deux en saison.

Anthea propose des chambres, des studios et des appartements standards mais très propres et vastes. Tous les logements sont climatisés et disposent d'une kitchenette bien équipée, d'un réfrigérateur, d'une salle de bains avec douche ou baignoire pourvue d'un sèche-cheveux. Les balcons présentent également l'avantage d'être spacieux et dotés de table et chaises. Une courette très bien entretenue, assez agréable et fleurie permet de se rafraîchir. L'endroit est calme. Parking privé gratuit. Etablissement non-fumeur. On parle français.

MARGARITA €

✆ +30 28230 41092
https://paleochoramargarita.gr/
A partir de 50 € la chambre double en saison. Egalement studios et appartements.

Etablissement familial, ultra-basique mais les chambres et les studios proposés sont assez pratiques, propres et bien agencés, à défaut d'être charmants. Le centre-ville, les restaurants, bars et supermarchés se situent à 10-15 min à pied et la plage est à 60 mètres de l'hôtel. Les studios sont climatisés et disposent d'un balcon donnant sur une jolie courette pavée de pierres, d'une kitchenette équipée avec un réfrigérateur et d'une salle de bains avec douche pourvue d'un sèche-cheveux. TV. Wifi gratuit dans les logements. Parking à proximité.

NEAPOLIS APPARTEMENTS €

Plage de Pachia Ammos
✆ +30 28230 41134
www.neapolis-apartments.gr
A partir de 60 € pour deux personnes, en saison. Tarifs personnalisés sur demande.

Il s'agit d'un établissement familial très bien tenu et très propre. Les logements proposés sont situés face à la plage de Paleohora, Pachia Ammos. Il y a 6 appartements (avec deux chambres et une cuisine équipée) et 8 chambres doubles, climatisées, toutes spacieuses et confortables avec balcon et certaines d'entre elles avec vue sur la mer. Les chambres doubles disposent d'une salle de bains privative avec douche (serviettes de bain), d'un frigo et donnent sur le jardin. Personnes supplémentaires possibles. Le parking est gratuit, comme le wifi.

RELAX STUDIOS ET APPARTEMENTS €€

À la plage de sable.
✆ +30 6976436044
www.paleochorahotel.gr
Haute saison : studio pour deux personnes à partir de 70 €. Grande piscine. Plage de sable fin à 10 mètres.

Petits bâtiments, éparpillés en pleine verdure autour d'une grande piscine, face à Pachia Ammos et à quelques mètres de toutes les commodités pour réussir son séjour (centre de soins, banque, poste, pharmacie, agence pour les excursions, loueur de voitures et de vélo, musée et station de bus). On y trouve des hébergements confortables, propres et bien équipés. L'hospitalité et le bon service sont les impératifs de cette maison fréquentée par de nombreux habitués.

VILLA PALAIOCHORA €€€

Au bout de la plage Pachia Ammos
✆ +30 28230 41134
www.villapalaiochora.com
Prix sur demande. Ils varient selon la période et le nombre de personnes.

Villa en front de mer, entièrement rénovée en 2016. Spacieuse avec vue sur la mer et la montagne, elle a été conçue dans un style minimaliste avec des meubles exclusifs, afin de fournir une atmosphère apaisante à ses clients. Ses 100 m² permettent de profiter d'un salon spacieux, d'une salle à manger, et d'une terrasse de 100 m² avec vue sur la mer. Il y a également trois chambres séparées climatisées, une salle de bain commune et une salle de bain privée dans une chambre avec bain à remous. La plage de Pachia Ammos étend son sable fin devant la terrasse.

GALAXY €

Sur la plage Est au milieu. A droite du port en marchant ou à gauche du débarcadère en sortant du bateau.
✆ +30 28230 41059 - www.chaniagalaxy.com
En saison, ouvert tous les jours pour le déjeuner et le dîner. Comptez autour de 18 € par personne.

© GALAXY

Grigoris et son fils Yiannis se vantent depuis 1980 d'avoir le meilleur poisson de la région. Il faut dire qu'ils appartiennent à une famille de pêcheurs qui aime cuisiner différentes spécialités crétoises en plus du « poisson roi », toujours frais. Au menu, grande variété de mets et de plats traditionnels. Le restaurant se situe au milieu de la promenade de Paléo et offre une vue directe sur la mer Libyenne. On resterait bien assis à contempler les vagues tout en savourant les fruits de la mer. Consultez la carte pour le prix au kilo des poissons frais.

METHEXIS €

✆ +30 28230 41431
Ouvert tous les jours en saison, de 12h30 à 23h30. Comptez autour de 20 € le repas.

Cette taverne est bien située, un peu à l'écart de la ville, à quelques mètres de la mer, sur la péninsule à l'est. On ne peut pas la rater : un petit caïque se trouve devant l'entrée de l'établissement ! On y sert de la cuisine traditionnelle grecque et crétoise, du poisson frais (selon l'arrivage). Les plats sont préparés au jour le jour. Parmi les spécialités : le kleftiko (agneau aux légumes et au fromage au four), le poulpe au vin, les beignets au fromage, le homard grillé, les sardines… Vous pourrez digérer sur la petite plage aménagée en face.

RÉGION D'HANIA

BAR À VINS MONIKA'S GARDEN

Strovlon
✆ +30 28 23 04 11 50
http://hotelpolydoros.gr/el/
En saison, ouvert tous les jours de 17h à 1h.

© PALBEACH

Au rez-de-chaussée de l'hôtel Polydoros, un établissement familial aménagé avec goût, situé au centre de Paleohora entre les plages Pachia Ammos et Chalikia. Dans un beau jardin en plein air, le bar à vin de cet hôtel propose plus de 40 vins crétois différents au verre. Un endroit pour déguster certains des meilleurs vins de Crète, avant son dîner ou plus tard dans la soirée, loin de la vie animée et touristique de Paleohora, dans une atmosphère très agréable et relaxante.

CARAVELLA €€

À côté du débarcadère au port.
✆ +30 28230 41131
www.caravella.gr
Ouvert tous les soirs en saison. Comptez 20-35 € le repas, par personne.

Voilà un bon restaurant de poisson et de mezze, qui surplombe la mer de sa devanture bleue et blanche. Deux frères sont les fiers propriétaires des lieux, avec raison : le poisson y est toujours frais car ils le pêchent avec leur propre bateau au large de Paleohora depuis des lustres (en témoignent les photos familiales dans l'arrière-salle). On va choisir soi-même son poisson dans la cuisine parmi d'autres spécialités dont des plats végétariens. Demandez le prix au kilo pour ne pas avoir de surprise au moment de la note : le poisson frais est toujours plus cher !

THIRD EYE €€

✆ +30 28230 41234
https://thirdeye-paleochora.com
Ouvert tous les jours en saison, midi et soir. Comptez 15 € le repas. Le menu change régulièrement, fraîcheur garantie !

Restaurant végétarien. Ouvert en 1990 par les parents de Luke, c'est aujourd'hui une affaire familiale : des fourneaux au service. Par conviction le restaurant s'est orienté vers la cuisine végétarienne. Les plats sont d'inspiration grecque, indienne et orientale. Le menu change tous les jours mais parmi les plats à déguster vous aurez peut-être la chance d'essayer les huîtres marinées aux champignons, le sushi cake au tofu mariné avec des algues, les lasagnes à la sauce pesto et au fromage de chèvre, la crème brûlée aux pistaches, etc. Ambiance chaleureuse.

AGIOS BAR

Rue Venizelou
✆ +30 28230 41258
www.agiosbar.gr
Ouvert toute l'année, tous les jours de 7h jusqu'au petit matin.

L'un des bars du centre où l'on peut prendre son petit déjeuner le matin, son café l'après-midi, et son cocktail le soir. C'est l'un des plus sympas et huppés de la ville, avec sa déco boisée, sa musique lounge et sa clientèle mixte de Grecs et de touristes. On y sert également des snacks, et de quoi grignoter. L'Agios Bar a gagné en 2020 le prix du meilleur cocktail de Crète ! C'est un lieu de rencontre, un endroit social et joyeux au centre du village, avec une très bonne qualité de services et des liqueurs de bonne facture.

CAFÉ YANNIS' PLACE

Rue Venizelou
✆ +30 28230 41396
Ouvert tous les jours en saison, de 9h au dernier client.

Ce bar bleu, se situant au centre-ville de Paleohora, dans une des ruelles les plus fréquentées et animées de la ville, est ouvert toute l'année avec le virevoltant Nikos. A emporter ou à consommer sur place, installé autour des tables disposées devant l'établissement, on déguste son café, un jus de fruits frais, une bière, un cocktail, quelques snacks ou salades. C'est là qu'il faut venir si vous voulez vous mélanger avec les locaux et voir les courses de Formule 1 ou les matchs de football de vos clubs préférés. Toujours convivial.

JETÉE BEACH BAR

Plage de Pachia Ammos
✆ +30 28230 41162
Ouvert toute la journée de 8h jusqu'à 2h du matin en pleine saison. Happy hour juste avant le coucher du soleil.
Tables et chaises dressées sur la plage à l'ombre des tamariniers, un peu en retrait de la mer. Un endroit très agréable et calme où se réfugier pour laisser s'écouler les heures trop chaudes de l'après-midi. On y sert, également, des salades, des snacks, quelques repas légers… La liste des cocktails est riche : si vous ne trouvez pas votre bonheur, adressez-vous aux serveurs si vous désirez un cocktail sur mesure avec les ingrédients de votre choix. Idéal pour se rafraîchir entre deux baignades. Ambiance décontractée. Un bon choix !

AZOGIRES ★★

Un village rural typique, situé en altitude, au milieu de champs d'oliviers plusieurs fois centenaires. Une petite rivière descend en cascades sous de grands arbres où il est particulièrement agréable de se tremper au plus fort de la chaleur. Deux grottes (Charakas et Soures), le monastère des 99 Saints et son musée, un platane qui ne perd jamais ses feuilles, et deux kafeneia-tavernas au centre du village (en rivalité depuis… plus personne ne sait). La fête du village a lieu le 7 octobre avec musique et danse dans les deux kafeneia après une cérémonie à l'église. De belles balades peuvent être réalisées dans les environs par des chemins muletiers.

GROTTE ZOURES

Elle se trouve à l'ouest du village, en hauteur (335 m).
Des échelles métalliques permettent d'y descendre. Lampe de poche indispensable.
La grotte de Zoures ainsi que celle de Charakas se trouvent au village d'Azogires et sont toutes les deux étroitement liées à la vie religieuse de la région. Celle de Zoures est située à une altitude de 535 mètres au nord-sud du village. Trois longs escaliers en fer forgé donnent accès à cette grotte, assez profonde, abyssale et rocheuse où l'on peut voir une source et des stalactites. Au fond de la grotte, une petite chapelle dédiée aux 99 saints Pères du dogme orthodoxe qui selon l'Eglise grecque y avaient trouvé refuge au XIXe siècle.

MONASTÈRE DES 99 SAINTS ★★

Un endroit superbe. Au début du XIVe siècle, saint Jean l'Ermite partit d'Egypte avec 36 autres moines pour prêcher la bonne parole au Moyen-Orient. Là, ils se retrouvèrent à 99 en plus de saint Jean et embarquèrent à Chypre. Ils firent naufrage près de Gavdos où ils restèrent 24 jours et oublièrent de réveiller saint Jean l'Ermite quand ils partirent. Il rejoignit la Crète et les autres saints qui, après avoir accosté près de Paleohora, trouvèrent dans un premier temps refuge dans la grotte de Charakas. C'est à partir de cette grotte qu'a été bâti le monastère.

RÉGION D'HANIA

Monastère des 99 Saints.

ALPHA KAFENΕΙΟΝ

✆ +30 28230 41620

http://azogires-alpha.blogspot.com

Ouvert tous les jours en saison.

Accueil chaleureux par Lucky qui aime raconter l'histoire du village. Dans ce café traditionnel, on peut boire et danser, au son de musiques grecques ou, parfois, de rock'n'roll. Et surtout, on aime entendre toutes les petites anecdotes ! Le café fournit, si nécessaire, des lampes de poche pour visiter les grottes. Plusieurs personnalités de la musique soul et blues fréquentent le village d'Azogires et ce café. En 2017, le titre du citoyen d'honneur a été attribué au musicien de blues Archi Lee Cooper par la municipalité du village…

ANIDRI

Anidri se situe à 6 kilomètres au nord-est de Paleohora, après le camping. Le chemin peut très bien se faire à pied. Il traverse des gorges et des champs d'oliviers. Vous pouvez vous arrêter au kafeneion du village, faire un tour à la chapelle construite sur une colline près du village (à 20 minutes de marche) et descendre vers la plage d'Anidri par les gorges du même nom (45 minutes) ou choisir de vous rendre au village d'Azogires par un sentier à flanc de colline (environ 1h30). La plupart des maisons ont été achetées par des étrangers, en majorité des Allemands.

STO SCHOLEIO €

Dans l'ancienne école du village.

✆ +30 28230 83001

En saison, ouvert tous les jours de midi à 23h30. Comptez 15 € par personne.

Cette taverne installée dans l'ancienne école du village offre un cadre très agréable avec sa terrasse ombragée par de nombreux arbres, dont un grand olivier. En plus, il y a une belle vue plongeante, au-delà des gorges d'Anidri, vers la mer de Libye. Boissons et restauration traditionnelles, saveurs authentiques au rendez-vous. Parmi les plats : *kreatopitta* (pâté en croûte à la viande et aux fromages de chèvre et de brebis, spécialité de la région, succulent), lapin sauce au citron, fleurs de courgettes farcies… Une bonne adresse.

GIALOS

Gialos, à 5 kilomètres à l'ouest de Paleohora, s'est développé depuis une dizaine d'années autour des *thermokipoi*, des serres de tomates où de nombreux immigrés viennent travailler à la journée. Il n'y a pas si longtemps, le seul accès pour s'y rendre n'était qu'un mauvais chemin de terre qu'empruntaient des pick-up et des vieux Grecs sur leurs ânes. Aujourd'hui le village s'est développé. Un supermarché et une station-essence se trouvent même au centre du village.

Se loger

A noter, quelques chambres à louer et des hôtels dans des bâtiments récents s'étirent pour la plupart le long de la route entre Paleohora et Koundouras. Sans oublier, pour les plus petits budgets, le camping sur la plage de Grammeno, à l'ombre de genévriers.

Tourisme

La région compte des plages agréables. La presqu'île de Grammeno avec ses deux plages de sable est toujours une alternative agréable quand les plages de Paleohora sont bondées. Plus loin encore, la plage de Krios, sur laquelle débouche le sentier E4, a des allures de bout du monde. Sur chaque plage, en saison, on trouve des *kantina* qui vendent des boissons et de quoi grignoter un petit morceau.

Transports

Cinq bus par jour de Paleohora (durée 10 minutes).

CAMPING GRAMMENO €

Plage de Grammeno

✆ +30 28230 42125

www.grammenocamping.gr

Tarifs journaliers : adulte 7 €, enfant 3,50 €, voiture 2,50 €, caravane 7 €, petite tente en location 7 €.

Un camping à 4 km du centre de Paleochora, ouvert toute l'année, sur la jolie plage de Grammeno offrant pleine vue sur la forêt de cèdres, âgée de 150 ans ! Des réductions sont possibles aussi pour les familles de trois enfants et plus, ainsi que hors saison. Il y a un restaurant-taverne qui sert de la cuisine crétoise classique, un beach-bar, des parasols et des transats gratuits sur la plage et une petite aire de jeux pour les enfants. L'ensemble est agréable et bon enfant. Plusieurs activités sont proposées : sorties en bateau, randonnées, etc.

RÉGION DE RETHYMNON

La région de Réthymnon, d'une superficie de 1 496 km², est la plus montagneuse de l'île avec le massif du mont Ida (Psiloritis), point culminant de la Crète, le massif du Kédros au sud-ouest et, au nord, les monts de Talos. De collines et quelques plaines verdoyantes bordent la côte nord. Le cadre naturel offre l'occasion aux amateurs de randonnées de quoi assouvir leur passion. De rares stations balnéaires (Bali au nord, Agia Galini et Plakias au sud) et quelques magnifiques plages de sable fin isolées, à découvrir au sud, ponctuent les côtes de la mer crétoise et libyenne. Hormis la visite de Réthymnon, dont le quartier historique vénitien distille un charme certain, le principal attrait réside dans la découverte d'une Crète rurale et pittoresque : c'est à Anogia, ou dans les villages de la vallée d'Amari, sur le mont Ida ou près des sources d'Argiroupolis que bat le cœur de la Crète profonde.

Région de Rethymnon
RÉTHYMNON
Vers ARMENI
GERANI
Gallos
Xiro Chorio
Dramia
Mouri
Episkopi
Roussospiti
Kato Valsamonero
Koufi
Patima
Kaloniktis
LE MONT PSILOR
Monopari
ARGYROUPOLI
Se
Moundros
Koumi
Geni
ASI GONIA
Miriokefala
Karin
Alones
Agios Vasilios
Kali Sikia
Koxare
Dariviana
Sellia
Ano Rodakino
MYRTHIOS
MARIOU
PLAKIÁS
Asomatos
SOUDA
Drimiskos
Lefkogia
Kerames
PREVELI
AGIA FOTEIN
LIGRES
5 KM

PÁNORMOS ★★
BALI ★★
Roumeli
Achlades
Vlichada
Vers ANOGIA ★★
Kampos Adelianos
ROULÁS ★
Skouloufia
Damavolos
Mesi
MARGARITES
Keramota
Ano Tripodo
MONASTÈRE D'ARKADI ★★
Charkia
Voleones
THRÓNOS ★
Apostoli
Kalogeros
Patsos
MONI ASOMATON
MERONAS
LE MONT PSILORITIS (IDA) ★★★★
AMARI
★★
Gerakari
Lambiotes
Kissos
Ano Meros
Kouroutes
Kendrochori
Kria Vrysi
Lochria
Orne
Melambes
Triopetra
Pano Saktouria
Mandres
Klima
AGIOS PAVLOS ★
AGIA GALINI ★★

PAGES

●● RETHYMNON ET ENVIRONS - ΝΟΜΟΣ ΡΕΘΥΜΝΗΣ

PAGES

338 ## ●● VALLÉE D'AMARI - AMAPI

À 25 km au sud de Rethymnon, la vallée d'Amari est un de ces lieux en dehors du temps, réservé à ceux qui savent apprécier un mode de vie simple et authentique. Ici, pas de ruines archéologiques ou d'infrastructures touristiques. Les paysages au printemps et en automne sont superbes. La nature, le calme et une sorte de sérénité : c'est tout ce que vous trouverez à Amari. Un luxe par les temps qui courent… L'idéal pour ceux qui y sont sensibles est de rester là deux jours et de parcourir la vallée à pied. On arrive dans la vallée d'Amari en prenant la route qui part de Perivolia, à 3 km à l'est de Rethymnon en direction de Prassies (le point de départ de la route est de l'autre côté de l'autoroute quand on vient de Rethymnon). Sur une crête, Agia Fotini, situé juste après Apostoli, marque le début de la vallée. De là, on a un point de vue sur son ensemble, avec le mont Psiloritis en toile de fond jusqu'à Fourfouras. Avec une voiture, il est possible de faire un tour circulaire (environ 40 km) et de revenir à Rethymnon ou par Fourfouras, rejoindre la côte sud à Agia Galini ou encore, par Gerakari, de traverser par la route en asphalte jusqu'à Spili. Le sentier de randonnée E4 traverse la vallée d'Amari venant de Spili et, par Amari, grimpe jusqu'au sommet du mont Psiloritis, avant de rejoindre Anogia. Une vingtaine de villages accrochés à flanc de colline offrent des atmosphères différentes toujours dans des panoramas remarquables.

339 ## ●● CÔTE SUD

Abrupte par endroits, désertique ou couverte de végétation selon ses replis, la côte sud est un paradis pour marcheurs et amoureux de la nature. Seuls les petits ports de pêche devenus pour certains de célèbres villages touristiques offrent un peu de civilisation et le confort d'un bon repas. Zone grandiose et sauvage, entre mer et soleil.

345 **PREVELI ★★★**

Situé à 38 kilomètres au sud de Rethymnon, le monastère de Preveli surplombe la mer et offre un panorama à couper le souffle. Son histoire est émaillée d'anecdotes pendant l'occupation allemande. A ne pas manquer.

350 **AGIA GALINI ★★**

Agia Galini, plus agitée et touristique que bien des stations de la région, baigne dans la mer Libyenne, coincée entre deux montagnes. Elle a su conservé son aspect authentique de village malgré son succès. Attention, beaucoup d'hébergements sont accessibles par des escaliers difficiles.

RETHYMNON ★★★

Avec un peu plus de 35 000 habitants, Réthymnon est la troisième ville de Crète. Située à mi-chemin entre Héraklion et Hania, cette ville est, comme toute la côte nord de l'île, submergée par les touristes l'été. Cependant, le chef-lieu de la préfecture a su préserver un certain charme et un côté provincial, grâce à son vieux centre et ses ruelles piétonnes très animées.

Le quartier historique, entre le port vénitien et l'imposante forteresse, avec ses ruelles et ses maisons vénitiennes et ottomanes, ses petites places, ses minarets et ses fontaines, offre un cadre très agréable de promenade. Tous les points d'intérêt sont concentrés dans le cœur historique de la ville délimité par les rues Dimakopoulou et Gerakari et la place Iroon. La principale artère de ce quartier est la rue commerçante Arkadiou. Côté nature, la ville de Réthymnon a également la chance de posséder en son centre une longue plage de sable (13 km) qui part du port vers l'est en direction de Perivolia et qui n'est jamais complètement bondée, même au plus fort de l'été. L'eau de mer y est, bien entendu, moins propre que dans les petites criques isolées, mais la plage présente l'avantage d'être surveillée. Le nombre de cafés, tavernes et disco-bars, qui s'alignent le long du front de mer de Réthymnon, est impressionnant…

Balade

Les amateurs de randonnée sont gâtés : le sentier de randonnée européen E4 sillonne une nature sauvage et des paysages à couper le souffle. Renseignements (en anglais, en allemand et en grec seulement pour le moment) : www.e4nar.gr

Histoire

Le cimetière minoen témoigne de l'activité de Réthymnon, alors appelée Rithymna, sous l'Antiquité. Cette ville était un port important de Crète, mais l'époque byzantine vit un ralentissement de son activité. Avec l'occupation vénitienne, Réthymnon devint le lieu de passage obligatoire entre Héraklion et La Canée (Hania). La ville se développa avec frénésie, les Vénitiens la dotant de ses remparts, de sa citadelle (Fortezza), de ses fontaines, d'une grande horloge solaire et du plan de sa vieille ville (une rue principale d'où partent des ruelles menant aux églises). Alors que les remparts furent précocement détruits en 1538 par le pirate Haïredin Barberousse, l'invasion ottomane de septembre 1646 mit un terme définitif à cette période de croissance et de prospérité. Des mosquées avec minarets furent alors érigées et les Turcs adornèrent leurs maisons bourgeoises de balcons en encorbellement en bois, modifiant le visage de la ville. Au cours des siècles suivants, Réthymnon fut oubliée de tous, mais une partie de la population se rebella lors de la lutte pour l'indépendance contre les Ottomans. Remise de ses plaies, cette ville s'est, depuis les années 1960, tout comme le reste de la côte nord, tournée vers le tourisme avec succès. On peut aujourd'hui apprécier les traces architecturales du passage des différents peuples dans la ville, qui lui confèrent un caractère unique et mettent le visiteur en contact direct avec l'histoire de la Crète.

Se loger

Il y en a pour tous les budgets dans le centre-ville de Réthymnon. La plupart des établissements dans la vieille ville sont d'anciennes demeures vénitiennes ou ottomanes rénovées et sont des adresses charmantes. Certains préféreront le bord de mer, qui abrite à la fois les adresses les plus onéreuses et les options les moins chères (camping).

Se restaurer

Le long de la plage de Réthymnon, vous verrez une file ininterrompue de commerces en tout genre et des restaurants. Ces derniers n'attendent que vous, au point que cela en devient désagréable. En effet, devant chaque restaurant, un rabatteur interpelle les passants. Un conseil : évitez de les regarder, c'est le meilleur moyen de les dissuader de vous alpaguer. Cet empressement de leur part n'est en outre pas un gage de qualité, et les gastronomes préféreront s'installer ailleurs ! Les restaurants du port vénitien sont chers et fréquentés exclusivement par les touristes. La cuisine y est plus soignée que le long de la plage, mais on s'y sent vite à l'étroit et un peu étouffé par l'affluence touristique. Pour plus de tranquillité et de fraîcheur, enfoncez-vous dans les ruelles du quartier historique à la recherche des petites adresses débordant de charme. Au pied de la citadelle, entre les bars branchés, quelques adresses proposent une cuisine créative et/ou de qualité. Quelques snacks à souvlaki pour les budgets serrés se trouvent tout au long de la rue Arkadiou.

Sortir

Peut-être est-ce dû à la présence de l'université, mais toujours est-il que la ville de Réthymnon est très jeune et les endroits où faire la fête sont nombreux, même hors saison. Sur le port, les bars les plus branchés se trouvent vers la forteresse et sont essentiellement fréquentés par les Grecs. Les endroits plus cosmopolites se succèdent devant la mer, le long de l'avenue Venizelou et de la rue Arkadiou. Une petite rue qui ne meurt jamais la nuit, même en hiver, grâce à l'infatigable énergie des étudiants, est celle qui longe le conservatoire (mosquée Nerantzès) en plein cœur de la vieille ville. Un autre quartier estudiantin plus branché se situe sur la petite place Plastira juste au-dessus du port où nombre de bars étalent leurs terrasses. Derrière le port, vous verrez plusieurs ruelles où se trouvent des discothèques.

Tourisme

Il existe plusieurs points d'information dans le centre-ville de Réthymnon. Vous en trouverez un très pratique sur le vieux port, à l'extrémité ouest, au niveau de la place Plastira. L'office de tourisme officiel se tient à la sortie du débarcadère du nouveau port. C'est le premier endroit où il faut venir en arrivant dans la ville. Les agences de voyage sont très nombreuses dans la ville et proposent des prestations sensiblement équivalentes : billets d'avion, excursions aux gorges de Samaria, à Santorin, etc.

Transports

Il n'existe pas d'aéroport à Réthymnon. Le plus proche est celui de Hania, à 55 km. Il y a peu de bus directs qui s'y rendent, le mieux est donc d'emprunter un bus de la ligne KTEL Réthymnon-Hania (départs toutes les heures) puis prendre un bus de la ville de Hania. Comptez 75 km pour rejoindre l'aéroport d'Héraklion. Contrairement aux autres grandes villes de la côte nord, Réthymnon ne dispose pas d'un port capable d'accueillir un trafic important de ferries. Toutefois, depuis le 29 juillet 2019, la liaison Réthymnon-Le Pirée est à nouveau assurée par la compagnie Sea Speed Ferries, tous les lundis, mercredis et vendredis. La gare routière est située sur l'avenue Leof. Emmanouil Kefalogianni. Réthymnon est la troisième ville de l'île et se trouve sur la ligne principale entre Héraklion et Hania, de ce fait elle profite de nombreux départs pour différentes destinations, même vers les plus petits villages. En hiver certaines liaisons peuvent être supprimées ou réduites. Un bus relie toutes les villes de la périphérie situées le long de la longue plage au centre-ville de Réthymnon.

Voiture. Plusieurs parkings payants dans la rue Melissinou, qui conduit au centre-ville, sinon tentez votre chance en longeant le front de mer vers l'ouest pour des places gratuites. On trouve les taxis sur l'avenue Eleftherias Venizelou (place Iroon), place des 4 Martiron et au parc municipal.

ATELIER SIRAGAS

38 rue Varda Kalergi
✆ +30 28310 23010
www.siragas.gr

C'est un gentil personnage et un artisan passionné, Nikos Siragas, qui propose de faire la visite de son atelier ainsi que de la galerie où il expose ses créations en bois. De très beaux objets artistiques ou utilitaires et même des bijoux y sont vendus. La plus grande partie d'objets fabriqués sont en bois d'olivier. Il propose également de prendre des cours dans son atelier de quelques jours ou tout simplement de vous faire suivre le processus de création de telles pièces. Découvrez ces créations originales ! Une vente en ligne est également proposée.

FONTAINE RIMONDI ★

Rue Thessalonikis

© AUTHOR'S IMAGE

Cette fontaine, construite en 1626, porte le nom d'Alvise Rimondi, le gouverneur vénitien de Réthymnon. Elle couvrait une grande partie des besoins des habitants de la ville en eau potable. Par une série de canalisations, découvertes lors de travaux récents, l'eau arrivait en ville depuis la colline Evligia, au sud. Aujourd'hui, on admire ses trois colonnes corinthiennes surmontées d'inscriptions latines et les têtes de lion – symbole de Venise – d'où jaillit l'eau. Selon l'ancienne légende, celui qui boit cette eau ne sera jamais vieux !

FORTERESSE VÉNITIENNE ★★

Ouvert tous les jours de 8h30 à 19h15, spectacles dans le théâtre en plein air le soir en été.

Au nord de la ville, la forteresse vénitienne domine d'un œil bienveillant la ville de Réthymnon. Elle est bâtie sur le site de l'acropole de l'ancienne cité de Rithymna et le temple dédié à la déesse Artémis Roccaia. En hauteur et face à la mer, la forteresse connue sous le nom de *La Fortezza* offre sur la ville un panorama magnifique, digne des plus belles cartes postales. Les travaux de construction ont donc commencé en 1573 par les Vénitiens (sous la direction de Pallavicini et les plans de l'architecte Sanmicheli), sur la colline de Palaiokastro, au sud de la ville actuelle, et ont été achevés aux environs de 1580. L'édifice a été conçu et réalisé afin de protéger l'entrée du port de Réthymnon, suite à une attaque de pirates l'année précédente. Réthymnon avait été choisie comme un refuge par les Vénitiens, et c'est pourquoi ils avaient bâti ce petit port à mi-chemin entre Hania et Héraklion – de fait, la ville nouvelle avait besoin de fortifications. On y trouve à l'intérieur une église (Agios Theodoros), une chapelle (Sainte-Catherine), une mosquée (du sultan Ibrahim), des anciens cachots et quelques autres bâtisses (sûrement les bâtiments administratifs et les résidences) au charme déroutant. C'est seulement après la Seconde Guerre mondiale d'ailleurs que tous ses habitants sont partis des maisons de résidence à l'intérieur des fortifications et ont habité le cœur de la ville actuelle de Rethymnon. Son histoire est donc dense et riche, mais malheureusement le site manque un peu d'informations sur place et certainement d'entretien. Les fortifications extérieures sont en parfait état aujourd'hui et un travail de restauration des monuments intérieurs a été entamé sur le site depuis le début des années 1990. La visite des vestiges et du site peut durer facilement plus d'une heure.

Cette forteresse typique, dans le style de celle d'Héraklion, offre une belle balade à tous ceux qui cherchent la fraîcheur des murs épais en fin de journée, mais aussi un beau point de vue sur la vieille ville. Dans les chaudes journées d'été, attention : il n'y a quasiment pas d'ombre et le soleil tape ! On l'apprécie donc surtout en matinée quand il ne fait pas encore chaud, et en début de soirée estivale lorsque le soleil se couche (les portes fermant juste après).

A l'entrée de la forteresse, on tombe rapidement sur le théâtre Erofili, théâtre de plein air qui accueille régulièrement des spectacles - notamment l'été avec le festival Renaissance où l'on joue des pièces de théâtre, classiques ou pour les enfants (www.rethymno.gr).

GRANDE PORTE [PORTA GUORA]

La Grande Porte (Porta Guora), marquait l'entrée principale de la cité vénitienne. Elle a été construite entre 1540 et 1580, selon les ordres du gouverneur de l'époque, Jacopo Guoro. On l'ouvrait à l'aube et, la nuit tombant, la porte se refermait pour protéger la ville. Elle était en bois revêtu d'une surface métallique ; elle mesurait 6 m de haut et 3,1 m de large. En 1670, on a construit à côté d'elle une mosquée dédiée à la Validé Sultane, la mère du Sultan Ibrahim.

LOGGIA ★

Angle des rues Arkadiou et Paleologou

Ce superbe bâtiment a été édifié au milieu du XVIe siècle par les occupants vénitiens. Les nobles de Réthymnon s'y retrouvaient pour discuter des affaires publiques et économiques de la ville et assurer ainsi leur contrôle sur la région. Pendant la période ottomane, la loggia fut transformée en mosquée et coiffée d'un minaret. Au début du XXe siècle, elle servit pendant plusieurs années de bâtiment au Musée archéologique, transféré ailleurs depuis. Aujourd'hui la loggia abrite une boutique qui propose des copies de trésors archéologiques.

MOSQUÉE NERANTZES ★

Sur la place Titou-Petichaki.

© ARKANTO - SHUTTERSTOCK.COM

La mosquée Neratzés, connue également sous le nom de la mosquée du pacha Gazi Hussein, est pour les jeunes Réthymniotes le Conservatoire ! Il s'agit d'une ancienne église vénitienne construite au XVe siècle, transformée en mosquée par les Ottomans deux siècles plus tard. On y découvre la cohabitation de deux styles ayant chacun laissé leur empreinte sur cet édifice, un des plus importants de la ville. Le minaret date de la fin du XIXe siècle, juste avant que la Crète n'accède à l'indépendance. Aujourd'hui, elle abrite donc le conservatoire de la ville.

MOSQUÉE KARA MUSSA PACHA

A l'angle des rues Victor-Hugo (Viktoros Ougo en grec) et Arkadiou

Ne se visite pas.

Cette mosquée doit très probablement son nom au commandant de la flotte ottomane, Kara Mussa Pacha, qui, en 1646, a attaqué et par la suite occupé Réthymnon. Elle est entourée d'un beau petit jardin. Son architecture extérieure est particulièrement intéressante : elle reflète la double histoire du lieu. Originellement construit par les Vénitiens, le monastère Sainte Barbara fut transformé en mosquée par les Ottomans : les ogives Renaissance de la façade rappellent l'occupant vénitien tandis que les dômes sont un héritage de la période turque du pacha.

MUSÉE ARCHÉOLOGIQUE

Temporairement rue Agios Fragiskos, dans la basilique du même nom ✆ +30 28310 27506

Ouvert du mardi au dimanche de 10h à 18h en saison et de 8h à 15h sinon. Entrée : 2 €, réduit : 1 €. Fermé le lundi.

La collection du musée archéologique rassemble les résultats des fouilles de la région, à la manière des musées d'Héraklion ou de Hania. On découvre que les sites de la région de Réthymnon étaient nombreux et superbes. Le département des Antiquités romaines est particulièrement important. Vous admirerez également une belle collection de sarcophages aux décors peints étonnamment bien conservés. Depuis quelques années, le musée principal est fermé pour travaux et une partie des collections a été transférée dans la basilique Saint-François, dans la vieille ville.

RÉGION DE RETHYMNON

MUSÉE D'ART CONTEMPORAIN DE CRÈTE

Mesologhiou 32 ✆ +30 28310 52530
www.rca.gr

En saison, ouvert du mardi au vendredi de 9h à 14h et de 19h à 21h. De 10h à 15h le week-end. 3 €, réduit 1,50 €.

Ce petit musée, dédié à l'art contemporain, discrètement logé au cœur de la vieille ville, est né de la fusion entre la galerie municipale dédiée au peintre réthymniote Lefteris Kanakakis (inaugurée en 1992), le centre d'art contemporain (fondé en 1995) et une ancienne usine à savon, de la seconde moitié du XXe siècle, transformée en espace d'exposition. La collection permanente rassemble des artistes grecs et internationaux et des expositions temporaires y sont organisées.

MUSÉE HISTORIQUE ET D'ART POPULAIRE

28-30 rue Bernardou
✆ +30 28310 23398

Ouvert tous les jours sauf dimanche, de 9h30 à 14h30. Entrée : 3 €, réduit : 1,50 €.

Beau musée présentant les arts populaires de la région, essentiellement la vie paysanne et les métiers qui s'y rattachaient, avec également une belle collection de costumes traditionnels. Au premier étage ont été reconstituées des échoppes crétoises : coiffeur, pharmacie, un petit kafeneío... Au second étage, une vaste salle met à l'honneur l'art du textile avec de beaux tapis, de fines broderies et la reconstitution d'un salon privé exposant de belles pièces tissées à la main.

PLAGE CENTRALE

Avenues Eleftheriou et Sofokli Venizelou

Au pied de la vieille ville, se dresse une longue plage de sable qui s'étend sur plusieurs kilomètres et fait le bonheur de tous. Centre touristique, la plage est très fréquentée, mais heureusement elle est assez grande. Préférez celle qui se situe entre le port vénitien et la jetée. La partie est, avec beaucoup de restaurants, de parasols et de transats, est la plus développée. Plus on s'éloigne, plus on est seul. Mais soyez prudent : de nombreux accidents, dus au courant, ont eu lieu par le passé. Quand le drapeau est rouge, la baignade est interdite !

PLAGES EN DEHORS DU CENTRE ★

En quittant Réthymnon, sortez de la nationale au premier panneau Gerani, un peu avant le village, et vous verrez une plage rocheuse – avec une petite taverne de poissons – pas « bondée » mais fréquentée, car l'endroit vaut le coup. Tout le long de la baie d'Almiros, après Gerani, le long de la nationale, avec ses palmiers, ses étendues de sable, et ses vagues, est aussi un spot agréable pour se baigner et profiter de l'une des tavernes du coin, voire des bars en soirée.

THE HAPPY WALKER

56 rue Tompazi
✆ +30 28310 52920
www.happywalker.nl

Agence ouverte tous les jours de 10h à 14h. Chaque randonnée coûte 32 €. Déjeuner végétarien avec vin à 12 €.

Depuis 25 ans, The Happy Walker vous invite à vivre des expériences inoubliables à travers les magnifiques paysages de la Crète. Cette petite agence, très fiable, organise des marches d'une journée, avec une pause déjeuner dans une taverne typique (repas non inclus). Elle est spécialisée dans la randonnée et la découverte de la Crète profonde. Elle propose des excursions en petits groupes, encadrées par un guide expérimenté qui parle plusieurs langues. Le transport aller-retour du lieu de résidence au départ de la randonnée est pris en charge par l'agence.

COOL HOLIDAYS

I. Melissinou 2 et Messolongiou 26
✆ +30 697 685 3983
www.coolholidays.gr

Une agence qui organise des excursions intéressantes dans la région en autobus (Samaria, Knossos, Imbros, Gramvoussa, Elafonissi...), en bateau (Santorini, Balos...) ou par le petit train (Arkadi, Eleftherna...). Activités : équitation, plongée sous-marine, en apnée, de pêche, parc aquatique... L'agence vend des billets pour les ferries et les avions et propose des transferts aéroport/hôtel. On y propose des hébergements chez l'habitant et dans des hôtels classiques toutes catégories. Location de voitures. Le directeur Achilleas parle un français parfait.

E-BIKE CYCLING TOURS

Panepistimiou 1
✆ +30 28313 01983
www.ebikesrethymno.com
Ouvert tous les jours, sauf le dimanche, de 8h30 à 12h30 et de 18h à 21h. Location de vélos : journée à partir de 10 €.

Des visites guidées en vélo qui vous surprendront ! Une très belle et innovante façon d'explorer l'île à travers ses balades sur trois routes différentes ; traversez les gorges de Myli, celles de Patsos, ou bien roulez vers le monastère d'Arkadi. Les tours font autour de 6 heures de balade, et varient entre 22 km et 44 km. La balade inclut la visite de sites historiques sur le chemin, des passages dans des endroits naturels splendides, un bon repas de cuisine crétoise traditionnelle au milieu et des arrêts pour observer la faune et la flore de l'île.

ECO TRIPS AND EVENTS ★★

El. Venizelou 39
✆ +30 28310 50055
www.ecoevents.gr
Tarifs selon l'excursion choisie.

Une association qui coordonne des activités, des tours et des évènements dans la branche de l'écotourisme. En plus, c'est une véritable valorisation du patrimoine naturel et culturel crétois. On rencontre des gens et leurs modes de vie, authentiques et locaux. Quelques éco-trips : tours dans le district de Rethymnon, dans celui d'Héraklion, dans celui d'Agios Nikolaos, mais aussi des cours de cuisine crétoise, des dégustation d'huiles d'olive et de vins, de la pêche sur un bateau, de la navigation, des safaris, et le tour spécial « Soyez crétois pour une nuit ».

GREENWAYS

Rethymno Beach Road ✆ +30 28310 72440
www.greenways.gr
Ouvert 7j/7 de 7h30 à 21h30. 70 € par jour en saison pour une voiture classe A. Livraison et récupération aux aéroports.

Cette agence sérieuse possède non seulement un grand nombre d'automobiles à la location allant de la catégorie A au 4x4, mais, aussi, un grand choix de motos jusqu'aux KTM grosses cylindrées. L'agence peut vous apporter votre véhicule où que vous soyez sur l'île et vous n'aurez qu'à laisser votre véhicule à l'aéroport avant de reprendre l'avion. De plus, étant également une agence de voyages « hors des sentiers battus », elle peut vous aider à établir un itinéraire pour votre séjour en Crète. Assistance technique de 8h à 22h tous les jours partout en Crète.

ARKADI - LOCATION DE VOITURES, MOTOS & SQUADS

Sof. Venizelou 22 & G. Papandreou
✆ +30 28310 29134
www.arkadi-rental.com
Environ 40 € par jour en fonction de la saison et du type de véhicule. Promotion sur les locations de longue durée.

Quads, motos, décapotables et voitures conventionnelles sont à votre disposition dans cette agence reconnue de Réthymnon. La compagnie familiale Arkadi, représentée par le sympathique Antonios, assure un service personnalisé pour vous accompagner dans votre découverte de l'île. Les véhicules sont neufs et peuvent être récupérés directement à l'aéroport sans attente ni queue. Une agence sérieuse donc, avec un grand choix de véhicule et une assistance 24h/24 et 7j/7 sur toute l'île.

© ARKADI

© ARKADI

RÉGION DE RETHYMNON

PENY RENT A CAR

143, rue Machis-Kritis
✆ +30 28310 54445
www.peny.gr

Kia Picanto à partir de 120 € par semaine. Tarifs dégressifs pour une location sur plusieurs jours.

Agence francophone, installée depuis 22 ans, à quelques kilomètres de la ville, à Platanias. Le service comprend, entre autres, la livraison et la récupération sur toute l'île. Contrats en français, assistance routière 24h/24. L'avantage de cette agence est l'assurance tout risque et sans franchise incluse dans le prix. L'âge minimum requis est de 25 ans ou de 21 ans pour les détenteurs d'une carte de crédit. L'agence Peny organise également des excursions dans les Gorges de Samaria, à Elafonissi, et des croisières d'une journée.

CAMPING ELIZABETH €

84 rue Ionias ✆ +30 28310 28694
www.camping-elizabeth.net

Tente à partir de 12 € par personne. Possibilité de louer des tentes, des caravanes ou des bungalows. Tarifs dégressifs.

Le propriétaire de ce camping, Pandeléon Fraguiadakis, a pas mal voyagé en Europe et en famille et c'est ainsi qu'il a connu la vie des campeurs ! Le camping Elizabeth, c'est un endroit verdoyant au bord d'une plage très agréable de sable fin et qui propose un séjour confortable. On y trouve des douches propres (l'eau chaude coule en permanence), une taverne (en été seulement) et des emplacements à peu près ombragés, le tout au bord de l'eau. Le prix comprend la location de mobilier de jardin. Plusieurs activités y sont proposées : randonnées, VTT, équitation…

HOTEL BYZANTINE €

26 rue Vosporou
✆ +30 28310 55609
www.hotelbyzantine.com

Chambre double de 73 à 85 € en saison. Petit déjeuner compris. Café. Wifi. Air conditionné.

Petite pension située dans une ancienne maison de pierre et de bois à la façade ocre orangé, à deux pas de la Porta Guora. On n'y trouve que 8 chambres doubles avec salle de bains qui par leur cachet nous font voyager en des époques révolues. Confort honorable. Au rez-de-chaussée, dans la grande salle en pierre donnant sur un petit patio, se tient un bar. N'hésitez surtout pas à pousser la haute porte de cette maison, ne serait-ce que pour boire un verre ou la visiter. Accueil chaleureux et francophone. Parking disponible à 30 mètres, très pratique.

PENSION CASTELLO €

10 rue Karaoli et Dimitriou
✆ +30 28310 23570
www.castello-rethymno.gr

Ouvert toute l'année. Comptez autour de 65 € pour une chambre double en pleine saison, petit déjeuner compris.

Située à côté de la cathédrale et à proximité de la plage municipale, cette ancienne et superbe maison ottomane et vénitienne est une pension qui offre tout le confort nécessaire. Les chambres sont climatisées, simples mais spacieuses. Elles disposent d'un réfrigérateur, d'une salle de bains privée avec douche. Coffre-fort, TV, balcon. Ménage tous les jours. On apprécie tout particulièrement l'ombre de sa courette fleurie et tranquille. Wifi. Deux vélos sont à disposition des clients ! Accueil très chaleureux par Yiannis qui vous fournira des conseils pratiques.

RENT ROOMS THE SEA FRONT €

159 rue Arkadiou
✆ +30 28310 24533
www.rethymnoatcrete.com/seafront.htm

Ouvert toute l'année. Chambre double de 35 à 65 €, triple de 45 à 70 €, en saison. Sans petit déjeuner.

Dans la rue Arkadiou, piétonne en été, une adresse simple et bien tenue, étonnamment calme. Certaines chambres donnent sur la mer, tandis que d'autres n'ont pas de balcon : demandez à choisir. Les 10 chambres disposent d'une salle de bains, d'un téléphone et d'un réfrigérateur, air conditionné, Internet. Les studios sont équipés d'une cuisine en plus. Le gérant possède également des studios sur la plage et d'autres en plein centre-ville. Il est par ailleurs le propriétaire de l'agence de voyages Ellotia Tours, se situant également rue Arkadiou.

ROOMS ATELIER €

25 rue Chimaras
✆ +30 28310 24440

Ouvert toute l'année. Compter de 45 à 55 € la chambre double en saison, avec salle de bains, cuisine et air conditionné.

En plein cœur du vieux Réthymnon (en haut, près de la forteresse vénitienne,) et à 10 minutes à pied de la plage municipale, cet établissement est situé au-dessus d'un atelier de peinture et de céramique. Il s'agit d'une vieille maison rénovée et transformée en petit hôtel ne manquant pas de charme. Optez pour les chambres avec un balcon donnant sur la vieille ville. S'adresser à l'atelier et appeler, en cas d'absence, le numéro de portable affiché sur la vitrine. Il est conseillé de réserver car il y a, malheureusement, peu de chambres disponibles !

AVLI LOUNGE APARTMENTS €€

Xanthoudidou 22 & Radamanthios
✆ +30 28310 58250
www.avli.gr
Chambre double à partir de 150 € en saison. Petit déjeuner compris. Wifi.

L'hôtel Avli est un petit complexe comprenant des suites, des appartements, un restaurant, une cave à vin et une boutique avec des produits traditionnels. Avli est logé dans un groupe de beaux bâtiments vénitiens du XVIe siècle et offre un mélange unique d'architecture traditionnelle crétoise et de luxe moderne. Les suites, charmantes, sont tout confort (la plupart des suites proposent d'ailleurs un bain à remous). Le délicieux petit déjeuner est servi sur commande dans un cadre à la végétation luxuriante. Personnel professionnel, serviable et à l'écoute.

CASA DEI DELFINI €€

66-68 rue Nikiforou Foka
✆ +30 28310 55120
www.rethymnoholidays.gr
Chambre double de 100 à 130 € en saison. Wifi.

Quatre jolis studios et une maisonnette de 4 personnes, d'un romantisme tenace, bien équipés, avec salle de bains, cuisine et climatisation. Le tout dans une belle bâtisse vénitienne construite il y a 500 ans, aujourd'hui tenue par Katerina et Vangelis. L'une des chambres possède un puits d'origine ! Patio hors du temps. Tranquillité garantie tout en habitant à deux pas du cœur historique de la ville. Les prix restent corrects pour les prestations fournies. Comme pour toutes les adresses de Réthymnon, il faut trouver un parking à l'extérieur de la ville.

EVELIN HOTEL & APPARTEMENTS €€

17 Samou ✆ +30 28310 26541
www.evelinhotel.com
Studio jusqu'à trois personnes de 40 à 85 € selon la saison. Appartement avec vue sur la piscine de 55 à 105 €.

Bien situé : à quelques pas du centre de Platanes non loin de la plage. De petits bâtiments de deux étages entourent une belle piscine avec son grand snack-bar et son joli jardin. L'intérieur des immeubles donnés en location est neuf, spacieux, propre et bien équipé concernant les appartements. Aire de jeux pour les enfants, wifi gratuit, chaises longues gratuites, parking… Soirées « danseurs traditionnels » fréquentes. Juste à côté se trouve le centre de plongée du même nom.

HOTEL IDEON €€

10 place N. Plastira
✆ +30 28310 28667
www.hotelideon.gr/fr/
Ouvert en saison. Chambre double à partir de 75 € avec petit déj. Piscine, restaurant, bar, wifi. Offres sur le site.

Il est situé entre le port vénitien et la forteresse, à quelques mètres de la vieille ville historique de Réthymnon et de la plage de sable. Il s'agit d'un hôtel de bon standing et parfaitement rénové. L'hôtel propose des chambres doubles et des studios bien confortables dont certains jouissent d'une vue sur la mer ou la piscine. Ils disposent tous d'une salle de bains privative avec douche ou baignoire. Sèche-cheveux, réfrigérateur, TV satellite et coffre-fort. Le petit déjeuner (buffet) est servi dans le restaurant de l'établissement. Classique.

MAKRI STENO €

54 -58 rue Nikiforou Foka
✆ +30 28310 55465
makristeno.gr
Chambre double à partir de 50 € en saison. Tarifs dégressifs. Wifi gratuit partout.

© MAKRI STENO

Petite pension traditionnelle du centre-ville de Réthymnon, tenue par le sympathique Yorgos ! 16 chambres simples qui ne payent peut-être pas de mine, mais qui sont propres, bien entretenues, équipées de kitchenettes et louées à très bon prix. Salle de bains privée. Les chambres qui sont sur le toit ont l'avantage de bénéficier d'une grande terrasse commune, fleurie, et la vue n'est pas à négliger de jour comme de nuit. La plage est à 300 m et le bus à 600 m. C'est la rue la plus longue de la ville et l'établissement se trouve au début, à l'ouest.

HÔTEL LEO €€

2-4 rue Vafe et Arkadiou
✆ +30 28310 26197
www.leohotel.gr

Ouvert toute l'année. De 70 à 100 € la chambre double. Petit déjeuner inclus. Wifi. Air conditionné.

Cet hôtel de charme, très romantique, constitue en même temps un lieu historique de la ville. Il s'agit de l'ancienne demeure d'un seigneur vénitien, construite vers 1450, que l'on a transformé en hôtel en 1982. Il a été magnifiquement rénové tout en préservant les éléments de ses anciens propriétaires et dans les moindres détails : Vénitiens, Ottomans et Grecs s'y sont succédé. Murs en pierre, parquet, lits à baldaquin… C'est une adresse très courue par les jeunes mariés en lune de miel… 8 chambres seulement. Service de nettoyage quotidien.

LEONIDAS HOTEL & APPARTEMENTS €€

4 Michael Papadaki ✆ +30 28310 51754
www.hotel-leonidas.com

Ouvert toute l'année. Studio pour deux, entre 80 et 120 € en haute saison. Appartement entre 100 et 145 €.

26 appartements et studios modernes, élégants et surtout très calmes car en retrait du front de mer (d'une vingtaine de mètres). Les chambres toutes neuves sont très confortables et possèdent de grands balcons donnant sur la piscine. C'est un établissement familial tout confort : ascenseur, cuisinette équipée, climatisation, sèche-cheveux, réfrigérateur, bains à hydromassage... situé dans le nouveau quartier de la ville mais à proximité du centre. Accueil particulièrement gentil.

MYTHOS SUITES HOTEL €€

12 place Karaoli
✆ +30 28310 53917
www.mythoshotelsuites.com

Studio de 95 € à 150 € selon période et catégorie. Petit déjeuner inclus. Wifi. Air conditionné. Offres sur le site.

C'est un établissement familial de charme, entièrement rénové dans les années 2010. Il est abrité dans une ancienne demeure vénitienne datant du XVIe siècle. Il se situe en pleine cœur du centre historique de la ville de Réthymnon et à seulement 100 mètres de la plage. Les logements sont disposés autour d'une minuscule piscine. C'est calme, le petit-déjeuner est bien et ce n'est pas loin de la plage. Les chambres sont spacieuses et claires et toutes ont droit à un balcon privatif. Interdiction de fumer dans les logements : un espace fumeur est prévu.

PALAZZINO DI CORINA €€

7-9 rue Damvergi ✆ +30 28310 21205
www.corina.gr

Comptez de 110 à 185 € en saison pour une chambre double avec petit déjeuner. Réception 24h/24 en été seulement. Wifi.

Établissement de charme, situé au cœur de la vieille ville de Réthymnon, à deux pas du port et de la forteresse vénitiens. Une trentaine de chambres doubles luxueuses, maisonnettes et junior suites magnifiquement décorées, qui baignent dans une atmosphère chargée d'histoire. Dans un vieux bâtiment reflétant la richesse de la noblesse vénitienne de l'époque, fabuleusement rénové et où la pierre et le bois sont rois, se trouvent également un excellent restaurant et une jolie petite piscine autour de laquelle on peut se prélasser au calme. Confort garanti.

PEPI BOUTIQUE HOTEL €€

Tsouderon 22
✆ +30 28310 26428
www.pepiboutiquehotel.gr

Chambre double entre 120 € et 215 € en saison. Petit-déjeuner inclus. Enfants non acceptés. Wifi.

Au cœur de la vieille ville de Réthymnon et à seulement 2 minutes de la Loggia, les 17 chambres rénovées en 2015 sont vraiment charmantes, calmes et bien équipées, avec balcon pour certaines d'entre elles. Tout est neuf et cosy. Une toute petite piscine, juste devant, bien que la plage soit à seulement 300 m. Comme la circulation est interdite dans toute la vieille ville en été, pensez à vous garer aux parkings municipaux qui sont à quelques minutes à pied. Pepi Boutique Hotel est une très bonne adresse pour les voyageurs adultes sans enfants.

VENETO ART BOUTIQUE HOTEL & RESTAURANT €€

2-4 rue Epimenidou ✆ +30 28310 56 634
www.veneto.gr

12 suites. Chambre double à partir de 90 € en saison. Petit déjeuner inclus. Wifi. Air conditionné. Offres sur le site.

Magnifique hôtel, plein de charme et romantique à souhait, rénové en 2017. Les propriétaires ont aménagé et restauré cet ancien monastère dominicain du XVe siècle, passé par les mains des Vénitiens qui le rénovèrent, puis par les Ottomans qui apportèrent également leur pierre à l'édifice. Les chambres offrent tout le confort et le charme propres à ce genre d'établissement. Le restaurant Veneto est aussi une excellente adresse gastronomique, en particulier pour sa cave à vin.

CASA MOAZZO €€€

57 rue Tompazi ✆ +30 28310 36235
www.casamoazzo.gr
Ouvert en saison et pendant le carnaval. Suite-appartement pour 2 à 4 personnes de 100 à 230 € environ. 2 nuits minimum.

Voyageurs en quête d'authenticité et de confort moderne, la Casa Moazzo vous ravira ! L'établissement est abrité dans l'ancienne demeure de la famille Moazzo, une des plus importantes et riches familles de la noblesse vénitienne de la ville. Lumière et espace ont la part belle dans ces chambres aux murs de pierre et parquet luisant. Le décor épuré met en valeur un mobilier neuf, de style traditionnel. La literie frôle la perfection avec ses matelas et ses draps d'une blancheur immaculée. Le petit déjeuner, préparé avec grand soin, est servi dans un élégant salon.

CASA VITAE BOUTIQUE HOTEL €€€

3 rue Neophytou Patelarou ✆ +30 28310 350585
www.casa-vitae.gr
Ouvert toute l'année. Chambre double supérieure de 160 à 280 € environ, en haute saison, petit déjeuner inclus.

Casa Vitae, un des plus beaux hôtels de la vieille ville, abritait en son temps une maison de seigneur construite fin du XVIe siècle ; le charme vénitien a été conservé après la rénovation. Seulement 8 chambres supérieures et des suites juniors luxueuses, spacieuses et soigneusement aménagées en respectant le style de l'époque. Elles donnent toutes sur une cour intérieure, idéale pour prendre son petit déjeuner, se reposer et boire un verre en toute tranquillité. Coup de cœur garanti !

KYMA SUITES BEACH HOTEL €€€

Agnostou Stratioti square ✆ +30 28310 55503
www.ok-rethymno.gr
A partir de 200 € la chambre double en saison. Petit-déjeuner compris. Wifi. Salle de gym, sauna (payant)...

Voilà un hôtel moderne qui mérite bien ses étoiles ! Ne vous fiez pas à son apparence, il s'agit bien d'un petit établissement familial. Il est idéalement placé entre la vieille ville et la ville nouvelle. Il offre une vue superbe sur le port depuis de larges balcons équipés de chaises longues pour bronzer. Les chambres, confortables, offrent tous les équipements modernes. Une mention spéciale doit être ajoutée pour le restaurant Moulveri au rez-de-chaussée de l'hôtel : un vrai régal dans un jardin sous des châtaigniers où l'on prend son petit-déjeuner également.

CASTELO RESTAURANT €€

Radamanthios 19
✆ +30 28310 50567
https://castelorethymno.gr
Ouvert tous les jours de midi à minuit. Comptez à partir de 30 € par personne.

Un grand restaurant, charmant, établi en 1994 et qui s'étend sur la rue pavée et dans une jolie cour intérieure. Le mélange d'authenticité et de modernité fonctionne à merveille dans ce décor vénitien, et c'est sûrement parmi les plats les plus goûteux de la ville. On y sert des recettes de cuisine grecque et crétoise détournées en plats gastronomiques. Vous retrouverez ainsi : des crevettes à l'ouzo, des moules, des spaghettis aux fruits de mer... Service impeccable, distingué et aimable. On recommande d'y aller sans hésiter, en soirée, pour dîner sous les étoiles.

© CASTELO

© CASTELO

RÉGION DE RETHYMNON

PALAZZO RIMONDI BOUTIQUE HOTELS €€€

21 rue Xanthoudidou ✆ +30 28310 51001
www.hotelsrimondi.com
Chambre double entre 120 € et 280 € en saison. Petit déjeuner compris. Wifi. Air conditionné. Offres sur le site.

Superbe emplacement dans la vieille ville de Réthymnon, et seulement une vingtaine de chambres et une quinzaine de suites réparties dans les deux bâtiments de ce merveilleux établissement. Les propriétaires, architectes, ont rénové cette ancienne propriété vénitienne avec un goût sûr. On y appréciera notamment la cour en mosaïque de galets. Estate Rimondi, en face, fait plus de place au design contemporain. Sûrement une des adresses les plus réussies de la ville.

CHALIKOUTI €

3 rue Katechaki
✆ +30 28310 42632
http://toxalikouti.org
Ouvert tous les jours en saison de 10h à 1h. La cuisine ferme à minuit. Comptez moins de 10 € par personne.

Un lieu associatif, sorte de coopérative, propose quelques tables en intérieur et en terrasse. On peut y boire un très bon café et s'y délecter de quelques mets classiques et bons. Le menu n'est pas bien gros mais il suffira à calmer les petites fringales après la visite de la forteresse de Réthymnon, à peine quelques mètres plus haut. En plus d'être dans une jolie rue et de proposer un cadre agréable et tranquille, on aime encore plus l'idée que l'on fait fonctionner un lieu humain et engagé dans des luttes sociales. Personnel souriant et disponible.

1600 RAKI BA RAKI €

17 rue Arabatzoglou
✆ +30 8310 58250
Ouvert tous les jours en saison, de 9h au dernier client. Comptez 15 € par personne.

Ce *rakadiko* crétois typique est situé en face du restaurant Avli : il s'agit de sa petite sœur... Autrement dit, c'est la version plus *relax* du grand Avli, où l'on boit du raki en partageant des petits plats ou *mezze* qui sont mijotés sur place, devant nos yeux. Bonne alternative pour bien manger si l'on souhaite rester léger ou si Avli est complet comme souvent surtout en pleine saison. Idéal pour une petite soirée traditionnelle, entre boissons et bons mets. Les ingrédients proviennent des petits producteurs locaux, bio pour la plupart.

HASIKA €

Agias Varvaras 11-13
✆ +30 28310 21014
Ouvert tous les jours en saison, de 10h à minuit. Comptez autour de 18 € par personne.

Cette petite adresse de la vieille ville a récemment ouvert ses portes aux amateurs de la cuisine authentique et nous en sommes ravis. On s'y retrouve entre amis pour partager une foule de petits plats savamment concoctés à base de produits crétois mais le chef, Michalis Hassikos, se laisse la liberté d'être créatif et invente des recettes qui sortent des traditions locales. Il y a quelques tables en terrasse seulement et quelques-unes dans la jolie salle. L'ensemble est présenté avec goût et les plats sont savoureux. Carte de vins variée. Une très bonne adresse.

KAPILIO €

7 rue Xanthoudidou
✆ +30 28321 052001
https://kapiliorestaurant.com/
Ouvert tous les jours de midi à 23h30. Comptez entre 10 et 30 € par personne.

En plein cœur du centre historique de Réthymnon, ce restaurant a su dénicher un coin à l'écart du grand circuit touristique pour étaler ses tables et proposer des repas à base de cuisine crétoise et méditerranéenne. C'est un excellent choix si l'on ne veut pas s'éloigner de la ville tout en ayant la possibilité de goûter à une bonne friture de calamars, à des salades fraîches, à des feuilles de vigne farcies. Les produits sont d'une fraîcheur et d'une qualité remarquables, les gérants sont très aimables et très hospitaliers.

MESOSTRATI €

1 rue Gerakari Konstadinou
✆ +30 28310 29375
Ouvert tous les jours en saison de midi à minuit. Comptez autour de 15 € par personne.

Une adresse du cru fréquentée par les locaux et quelques touristes. Installez-vous sous l'immense bougainvillier et choisissez sur le tableau d'ardoise les spécialités du jour, préparées maison. Excellents mezzedes et grillades à arroser de vin crétois ou de raki frais. Parmi les plats à déguster : le plateau de moules à la vapeur, aux crustacés grillés et aux petits poissons frits, le ragoût de bœuf, le porc aux poivrons et au vin… Ambiance conviviale et agréable. Les soirées sont souvent égayées de concerts improvisés de musique crétoise.

TA 2 ROU €

28 rue P. Koronaiou
✆ +30 6936 500892
https://ta2rou.business.site/
Ouvert du lundi au samedi de 8h à 23h environ. Comptez autour de 12 €.

Si vous ne disposez pas de trop de temps pour visiter Réthymnon, un repas chez Ta 2 Rou vous donne tous les renseignements nécessaires. A travers quelque 200 photos qui décorent les murs de ce mezzedopoleio, l'histoire de la ville est dévoilée en passant par des étapes dont les traces, pour quelques-unes, ont été effacées au fil du temps. Il s'agit d'un établissement où l'on peut déguster la cuisine traditionnelle crétoise ou tout simplement accompagner son verre avec quelques mets. Très prisé des jeunes et des locaux, la qualité de la cuisine est indéniable.

TAVERNA PLATIA €

1 rue Makedonias et N. Plastira
✆ +30 28310 53598
Ouvert midi et soir. Compter entre 15 et 20 € par personne.

Depuis 1988, cette taverne propose une excellente cuisine simple et locale, en bordure de mer, au pied de la forteresse vénitienne. Des frites maison inoubliables, des spaghettis aux langoustes, le homard grillé… ainsi qu'une grande variété de mezzedes crétois et grecs traditionnels, faits maison, préparés dans les règles de l'art, servis rapidement et sans chichis. Les tables sont toutes à l'extérieur car l'intérieur est minuscule et encombré par le service et la cuisine. Une adresse authentique, rattrapée par le succès, où l'on vient toujours deux fois !

AGRIMIA RESTAURANT €€

23 rue Titou Petichaki
✆ +30 28310 24735
www.agrimia.gr
Ouvert toute l'année de midi à minuit. Comptez environ 20 € par personne.

© AGRIMIA

Cuisine crétoise, améliorée pour ne pas dire créative, avec de l'huile d'olive extra-vierge exclusivement. Ce restaurant fait partie des meilleures tables de Réthymnon. On y déguste une grande variété de *mezzedes* ainsi que la succulente souris d'agneau au four, version grecque, aux pommes de terre et légumes sauvages des montagnes crétoises, entre autres. Personnel accueillant et sympathique, notamment Alexandre, parfaitement francophone. Proche du port, le restaurant est placé sur une rue passante de Réthymnon, l'une des plus animées de la ville.

TAVERNA PONTIOS €

34 rue Melissinou
✆ +30 28310 57024
Ouvert tous les jours de midi à minuit en saison. Comptez autour de 10 € par personne.

Ne vous fiez pas au cadre apparemment peu avenant car la cuisine est vraiment bonne et maison dans cette petite taverne très populaire de Réthymnon. Les plats sont préparés au jour le jour avec soin et avec des produits locaux. Catherine, la propriétaire, veille sur la cuisine et c'est elle qui vous accueillera avec un grand sourire. Le ragoût de lapin ou de veau, les fritures d'anchois frais, le kleftiko sont à déguster. Terrasse sur la rue et salle. Carte de poissons et plats crétois. Certes un peu touristique, mais de bonne qualité.

TO KAFENEIO STH NOMARHIA €

16 place Iroon Polytecneiou
✆ +30 6934 054106
Ouvert tous les jours entre 8h et 3h. Comptez 10 € environ.

Endroit de rencontre pour les jeunes étudiants de Réthymnon, pour les jeunes de la ville, pour les clients alternatifs… C'est un kafeneio (café) d'antan où l'on peut boire tranquillement son café, prendre une boisson ou assouvir sa faim avec des repas simples mais de bonne qualité et qui ne manquent pas de saveur. Plus tard dans la journée, le kafeneio se transforme en bar et, avec un peu de chance, vous pouvez assister à des concerts improvisés ou organisés de musique grecque et crétoise. En tout cas, la bonne humeur dure jusqu'à l'aube…

VASSILIS €

27 rue Himaras
✆ +30 28310 54888
Ouvert de midi à 16h et de 19h à minuit. Dimanche le soir. Comptez autour de 15 € par personne.

Vassilis est un restaurant traditionnel, incontournable à Rethymnon de par son cadre romantique, au pied de la forteresse, ses prix plus que compétitifs, ainsi qu'en raison de l'hospitalité chaleureuse du patron et de son personnel. La jolie terrasse est couverte, idéale pour un dîner - et si vous ne venez pas pour savourer les pâtes aux crevettes, prenez-y au moins un café pour vous réconforter après l'effort de la visite de la forteresse. Une adresse pour les gourmands et les amateurs d'authenticité, mais aussi de calme ! On a envie d'y retourner.

EROFILI €€

1 rue Melissinou
✆ +30 28310 29660
Ouvert tous les jours en saison, de midi à minuit. Comptez 20 € environ par personne. Formule déjeuner intéressante.

Au cœur de la vieille ville, voici une belle architecture vénitienne dans un cadre particulièrement soigné. Jolie terrasse, bien ombragée et agréable, marquée par des bougainvilliers et de grands pots de fleurs pleins de géraniums ! Ici la cuisine se montre traditionnelle, crétoise et méditerranéenne. Délicieuses salades et bonnes viandes locales. Grande sélection de vins. Une adresse incontournable tant pour son cadre intime que pour sa carte. Il faudra profiter du joli jardin et se mêler aux locaux. Très bonne adresse et bon rapport qualité-prix.

LA BOHEME €€

15 rue Souliou
✆ +30 2733 021992
Ouvert tous les jours en saison, de midi à minuit. Comptez autour de 30 € par personne.

Un excellent restaurant élégant et charmant où vous reconnaîtrez des répliques de tableaux de la Goulue de Toulouse-Lautrec. La musique jazzy, la cour intérieure garnie de fleurs, les plats joliment présentés feront de votre repas une halte délicieuse et agréable. Le plateau de mets variés (poulpe au vinaigre, calamar grillé, langouste, rouget frit…) ou le plateau des grillades variées sont, entre autres, un excellent choix pour accompagner son verre de vin. Le patron parle quelques mots de français et vous conseillera dans le choix de vos plats et du vin !

GOULES €€

Village de Gouledíana, à 10 km au sud de Rethymnon. ✆ +30 28310 41001
http://goules.gr
Ouvert toute l'année. Du lundi au vendredi de 14h à minuit, le week-end à partir de midi. Comptez 20 € par personne.

Certes, ce restaurant n'est pas du tout dans le centre-ville de Réthymnon, mais il vaut vraiment le coup de s'aventurer en pleine campagne au cours de votre séjour en ville. Kostas Hamogiorgakis, le patron, est un gastronome passionné, un restaurateur talentueux et créatif. Les recettes d'inspiration traditionnelle, sorties d'un vieux tiroir, ont toutes un petit « je ne sais quoi » en plus. Les matières premières sont d'une qualité indéniable. Une très bonne adresse pour les gourmands et les amateurs de cuisine authentique et inspirée. Service impeccable.

CORINA RESTAURANT €€

7-9 rue Damvergi & Ath. Diakou
✆ +30 28310 21205
www.corina-restaurant.gr/en
Ouvert midi et soir. Comptez 30 € par personne environ.

Charme et romantisme garantis. C'est le restaurant de l'hôtel Pallazzo Di Corina. Il possède le label « bio » grec. Sur la grande terrasse de la place, on peut déguster, entre autres, les spécialités maison suivantes, selon la saison : agneau « Mitato » au miel, yaourt et thym, saganaki kavourma, boureki (feuilleté à la viande) ou fleurs de courgettes farcies. A la carte également, poissons, crustacés et fruits de mer, un mélange de cuisine crétoise traditionnelle et d'options plus créatives et contemporaines. Service professionnel et ambiance amicale.

LEMONOKIPOS €€

100 rue Ethnikis Antistaseos
✆ +30 28310 57087
www.lemonokipos.com
Ouvert tous les jours en saison, de 11h à 1h du matin. Comptez autour de 25 € par personne.

Le Jardin des citronniers (Lemonokipos) est une taverne familiale, depuis 1910, de cuisine grecque et crétoise. Il faut absolument goûter les spécialités de la maison : l'agneau du jardinier enveloppé de feuilles de vignes ou la délicieuse soupe de poisson… Un bon restaurant proposant un bon rapport qualité-prix, le tout sous la fraîcheur des citronniers. En plus, la calme et vaste place offre un terrain de jeux idéal à vos enfants. Service agréable et attentionné. Une bonne adresse, souvent remplie, mais qui reste, on ne sait comment, un lieu tranquille !

PRIMA PLORA €€

4 rue Akrotiriou
✆ +30 28310 56990
www.primaplora.gr
Ouvert en saison, de 11h au dernier client. Comptez autour de 30 € par personne. Plus cher pour les poissons.

Changez donc de perspective et découvrez la forteresse vue de la côte est de Réthymnon ! Loin de la foule qui se presse sur le vieux port, ce restaurant les pieds dans l'eau offre une vue sur mer à 180 degrés avec une terrasse sur plusieurs niveaux au-dessus des rochers. Chic et simple à la fois, il tente le pari d'une cuisine méditerranéenne, à base d'ingrédients locaux sélectionnés avec soin auprès des producteurs des environs. Tous les produits utilisés sont issus de l'agriculture biologique. La meilleure adresse de la ville pour déguster des sushis.

REMEZZO €€

2 rue Nearchou
✆ +30 28310 25795
Ouvert tous les jours en saison, midi et soir. Comptez environ 35 € par personne selon le poisson frais choisi.

Ouvert en 1965, c'était le premier restaurant de cette place appelée aussi « place des pêcheurs ». C'était ici le rendez-vous des pêcheurs qui alimentaient quotidiennement la cuisine en poisson frais. Au coin du port, reconnaissable avec sa terrasse faisant l'angle, vous trouverez facilement ce restaurant familial. On y déguste des spécialités de fruits de mer et poissons frais. Attention, comme toujours avec le poisson frais en Grèce : vérifiez bien le prix au kilo pour ne pas avoir de mauvaise surprise au moment de l'addition qui peut monter très vite.

THALASSOGRAPHIA €€

33 rue Kefalogiannidon
✆ +30 28310 52569
Ouvert de mai à fin octobre, de 10h à 3h. Dernier service à 0h30. Compter autour de 20 € par personne.

Surplombant la mer au pied de la forteresse vénitienne, le Thalassographia vous propose une vue splendide et une cuisine méditerranéenne basique mais bonne. Le restaurant est abrité dans un ancien bâtiment vénitien récemment aménagé et rénové. Pour un repas, un café ou une boisson, l'établissement est une source d'inspiration garantie pour la pause cartes postales ! Le front de mer est à la mode et jouit d'une bonne réputation. Le vent s'y agite plus qu'ailleurs mais la localisation, un peu isolée, vous promet un calme appréciable à Réthymnon.

ALANA €€

15 rue Salaminos
✆ +30 28310 27737
www.alana-restaurant.gr
Ouvert tous les jours de 11h à minuit environ. Comptez 30 € par personne.

Taverne réputée depuis 1986. Les tables soigneusement dressées dans le patio ombragé et fleuri sont du plus bel effet. Ce qui vous attend dans les assiettes a également tout pour séduire ; spécialités crétoises raffinées, viandes locales de montagne en grillades ou en casserole, carpaccio de filet de veau, escargots ou encore filet de bar. Notre coup de cœur reste le Chateaubriand pour 2 ! Très bien situé sur une des artères de la vieille ville entre le vieux port et la forteresse. Excellente adresse où les locaux viennent manger de la viande.

© ALANA

© ALANA

RÉGION DE RETHYMNON

AVLI €€€

22 rue Xanthoudidou et Radamanthios
✆ +30 28310 58250
www.avli.gr
Ouvert toute l'année, de midi à minuit. Comptez 30-45 € par personne.

Sans doute, une des meilleures tables de la ville qui ravira les gastronomes. Située dans une ruelle piétonne, elle vous enchantera avec sa superbe salle voûtée, sa courette intérieure en pierre croulant sous la végétation. La cuisine créative prend ses sources dans la tradition culinaire crétoise : laissez-vous tenter par la viande de chèvre tendre et savoureuse, cuisinée au miel et au thym. Choix de vins impressionnant. Service agréable. Une adresse coup de cœur ! Les ingrédients sont pour la plupart organiques et proviennent des petits récoltants locaux.

VENETO RESTAURANT €€€

2-4 rue Epimenidou
✆ +30 28310 56634
www.veneto.gr/en
Ouvert tous les jours de mai jusqu'à octobre de 17h à 23h45. Comptez 20-60 € par personne.

Il s'agit d'un ancien monastère dominicain du XVe siècle rénové en 1997 et transformé en hôtel-restaurant. On y déguste une cuisine crétoise créative, soit dans la cour extérieure de l'hôtel, soit dans la magnifique salle intérieure avec poutres apparentes. Parfait pour un dîner romantique et gastronomique. Au-delà du décor de rêve, la carte proposée est élaborée et sort de l'ordinaire. La cave à vin très bien fournie, elle propose plus de 150 étiquettes. Personnel professionnel et attentif. Cela vaut le coup pour ceux qui le peuvent !

CUL DE SAC

7 Place Titou Petichaki
✆ +30 6946 341161
www.culdesac.gr/home.html
Ouvert tous les jours de 8h à 2h environ. Comptez autour de 15 € pour un plat. Cocktails à partir de 7 €.

Situé en plein centre historique de Réthymnon, cet *all day* bar-restaurant mérite bien le détour. Il y a de fortes chances d'assister à une des soirées musicales live qui ont très souvent lieu ou à une soirée à thème. Sinon, les DJ assurent tous les jours des soirées animées. Bref, cet établissement est un lieu de rencontre de la jeunesse locale, assurant le divertissement et la convivialité. Du matin jusque très tard dans la nuit, vous avez une bonne raison de lui rendre visite : brunchs, snacks, desserts, salades, burgers, entre autres.

FRAOULES

62 rue Eleftheriou Venizelou
✆ +30 2831 024525
www.cyouout.com
Ouvert tous les jours de midi à minuit. Cocktails à partir de 8 €. Café à partir de 2 €.

Cet *all day* bar-café situé sur la route qui longe la plage de Réthymnon est renommé pour ses nuits animées. Grande liste de cocktails originaux, magnifique ambiance, et de temps en temps des soirées musicales live. Idéal pour un brunch ou un petit déjeuner, surtout si vous aimez les pancakes salés ou sucrés. Très bonne restauration rapide et plats inspirés de la cuisine méditerranéenne. Très belle terrasse spacieuse pleine de petits palmiers en pot qui rendent les couchers de soleil encore plus agréables. Personnel professionnel et amical.

MELI

7 rue Sofokli Venizelou
✆ +30 28310 50847
Ouvert de 9h à 1h et même plus tard en période estivale.

Les meilleurs glaces et sorbets de la ville, préparés avec du lait frais de vache ou de chèvre et des fruits de saison ! Pour prendre une glace, un dessert crétois de type baklava, un délicieux éclair fourré à la glace à la vanille, une tartelette aux fruits, boire une orangeade ou un excellent café, voici une terrasse ombragée, fréquentée par les locaux et les visiteurs grecs mais inconnue des touristes. Il existe une seconde adresse au 51, rue Palaiologou, à proximité de la Fontaine Rimondi, dans le vieux quartier de Réthymnon.

MELI-MELO

Palaiologou 38
✆ +30 2831 301214
Ouvert tous les jours de 10h à 1h.

Un lieu idéal pour un petit-déjeuner ou un brunch tardif. Dans le principe du « bar à jus », plusieurs jus de fruits (et légumes) frais vous sont proposés - mais vous y trouverez aussi toutes les variétés de café à votre goût, pour bien démarrer la journée. Un délicieux yaourt, dont les assortiments sont au choix, est disponible pour un prix abordable. Possibilité également d'y aller plus tard dans la journée, pour y savourer quelques desserts grecs et boire un verre de raki. L'endroit reste calme, bien qu'il s'anime en soirée quand les habitués s'y assoient.

YOG-INN

Petychaki Titou 3
✆ +30 28310 50466
www.yog-inn.com
Ouvert tous les jours de 10h30 à minuit et de 13h30 à minuit le week-end.

En plein centre-ville, une pause sucrée que l'on ne peut pas esquiver lors des chaudes après-midi crétoises. Cette petite entreprise familiale, située à côté de la fontaine Rimondi, propose le « fro-yo », ce yaourt glacé sur lequel on peut rajouter toutes sortes de gourmandises, du chocolat fondu, des fruits, des bonbons : tout ce que bon vous semble pour un prix tout à fait correct et l'assurance de se régaler ! Les glaces sont maison. La patronne et ses bavardages aimables fidélisent, et on y revient dès que l'opportunité se présente !

AVLI RAW MATERIALS

Xanthoudidou 22 et Radamanthios
✆ +30 28310 58250
Ouvert tous les jours de 10h à 22h.

L'épicerie Avli (magasin de produits de consommation) est une échoppe exclusive à Réthymnon, où sont exposés des aliments et des boissons exceptionnels en provenance de petits producteurs de Grèce et tout particulièrement de Crète. Dans cette boutique on peut découvrir des produits gastronomiques et viticoles de haute qualité ! On y trouve de l'huile d'olive vierge, de l'huile d'olive parfumée au romarin et aux herbes ou aux épices, de la charcuterie ainsi que d'autres produits locaux célèbres tels que le raki, le miel et des boissons. Dégustations variées…

MOKA

Portaliou 28
✆ +30 2831 050048
Ouvert tous les jours de 8h30 à 21h30.

Cette épicerie fine, établie depuis 38 ans, vend des fruits secs, du café moulu à la grecque, des pâtisseries, des chocolats, des épices… Nous recommandons en particulier cette adresse pour les herbes à tisanes de Crète : diktamon, thé des montagnes, camomille, etc., et pour les fines herbes : thym, origan… Les produits sont de très bonne qualité et pas plus chers qu'ailleurs. Les loukoums sont excellents : parfumés à la rose, à la bergamote et à d'autres essences enivrantes, ils sont fourrés aux brisures d'amande… Une bonne idée de cadeau à rapporter !

EOS RETHYMNON [ASSOCIATION OF GREEK MOUNTAINEERS]

12 rue Dimokratias
✆ +30 28310 57766
www.eosrethymnou.gr
Bureau ouvert le mardi de 20h à 22h.

EOS est l'association officielle grecque des montagnards. La succursale de Réthymnon est très active, très bien organisée et fiable. Depuis 1961, elle se compose de passionnés qui organisent de nombreuses sorties en montagne : randonnées, escalade, canyoning, visites de grottes… L'association joue un rôle très actif dans la promotion de ce genre d'activités parfois méconnues. Les membres balisent et entretiennent les chemins, gèrent les refuges…

EVELIN DIVERS

17 rue Samou ✆ +30 6936 202001
www.evelindivers.com
Programmes pour débutant à partir de 6 ans (30 €). Excursions pour pro en bateau avec guide (425 € les 10 plongées).

Programmes et stages différents pour débutants ou confirmés durant tout l'été au côté d'instructeurs SSI et PADI expérimentés. Une expérience vraiment amusante dans le monde de la plongée sous-marine et pour toute la famille. Situé au Evelin Apartements dans la belle station balnéaire de Platanes, qui est à seulement 5 kilomètres de la ville de Réthymnon. Matériel de qualité. Sélection de plusieurs sites de plongée : le plongeur averti peut varier les programmes. Une des principales préoccupations d'Evelin est la conservation de l'environnement marin.

METROPOLIS SOCIETY

15 rue Nearchou
✆ +30 694 452 5030
Ouvert toute l'année à partir de 20h et jusqu'à 3h du matin.

Pour ceux qui aiment les soirées bien animées ou qui désirent connaître la vie nocturne de cette ville ! Metropolis Society Bar est l'un des bars-clubs les plus connus de Réthymnon. Situé au port vénitien, ouvert toute l'année, il regorge d'étudiants hors saison, mais les locaux et, depuis ces dernières années, les touristes s'y pressent aussi en été. Musique mainstream et des classiques des années 1970, 1980 et 1990. DJ mais également quelques soirées live : vérifiez la programmation. Une bonne manière de faire la fête et de croiser la jeunesse de Réthymnon.

ARMENI ★★

Armeni est célèbre pour sa nécropole minoenne qui fait l'objet de fouilles depuis la fin des années 1960. Cette grande nécropole datant de la prériode postpalatiale (1400 av. J.-C.) est composée de 280 tombes creusées dans la roche, de toutes les tailles et dont certaines, immenses, peuvent être visitées. La plus impressionnante est la tombe n° 200, tholos ou tombe circulaire, à laquelle on accède par un passage en escalier de près de 5 m de long. Les plus belles pièces d'offrandes excavées de ces monuments funéraires qui abritaient les membres appartenant à la même famille sont exposées au Musée archéologique de Réthymnon, mais voir le site dans son ensemble et dans son environnement vaut le déplacement.

ARGYROUPOLIS ★

Argyroupolis, à 27 km de Réthymnon, est une oasis de fraîcheur : des sources alimentent la partie basse du village et irriguent châtaigniers, platanes, abricotiers et vignes. Argyroupolis a été construit sur le site de l'ancienne Lappa qui, selon la légende, aurait été fondée par Agamemnon lui-même. Lappa était en rébellion ouverte contre Cnossos, en même temps que Lycos, au IIIe siècle av. J.-C. La cité a prospéré pendant la période romaine, comme en témoignent les vestiges sur le site de l'ancienne cité. Ils sont très mal indiqués et nécessitent une carte que vous pourrez vous procurer dans la boutique Lappa Avocado. Demandez bien des précisions sur place avant de vous lancer dans la recherche des ruines de Lappa car la carte n'est parfois pas suffisante. Une fois sur place, vous pourrez admirer de magnifiques mosaïques, superbement conservées.

La cité se développa ainsi jusqu'au IXe siècle, époque à laquelle elle est détruite par les Sarrasins avant de renaître de ses cendres sous l'occupation des Vénitiens qui y construisirent villas et églises. Pendant la période ottomane qui suivit, le village s'appela Gaidouropoli puis Samaropoli. Son nom actuel lui a été donné par le comité révolutionnaire crétois en 1822 parce qu'il y avait, paraît-il, une mine d'argent (argyros) au sud-est du village. Le village est divisé en deux secteurs : la partie basse et la partie haute où se trouvent un square et la vieille ville. Un énorme platane, dans la partie haute du village, aurait plus de 2 000 ans et procure une ombre généreuse sous laquelle des bancs ont été installés. Quelques tavernes et kafeneia dans une végétation luxuriante : que rêver de mieux pour passer quelques heures agréables ? Au nord-ouest du village, une source s'échappe d'une tombe de l'époque romaine taillée dans le roc. Dans cette grotte s'abrite une petite chapelle dédiée à saint Jean, plus connue sous le nom d'Agia Dynami (Saint-Pouvoir).

Malheureusement, le village a été récemment inscrit sur les excursions des tour-opérateurs : en saison, les cars touristiques enlèvent un peu de sérénité aux lieux, mais cela ne devrait pas vous gâcher le beau panorama qui s'offre à vous.

Deux bus par jour sont programmés, du lundi au vendredi en saison depuis Réthymnon (35 minutes, environ 2 €).

EVANGELOS ZOGRAFAKIS €

A 100 m de la place de l'église.
✆ +30 28310 81269
www.ezografakis.gr
Chambre double à partir de 30-35 € avec petit déjeuner.

Cet établissement propose des chambres à louer, mais fait aussi office de taverna, kafeneion, pâtisserie, supérette, vente de produits locaux (miel, huile d'olive, fromage, fines herbes, tisanes...) et d'artisanat (sculptures sur bois, céramiques, textiles...) et musée folklorique traditionnel avec plus de 3 000 objets usuels authentiques... Bref, il y a ici tout ce dont le touriste a besoin pour un séjour agréable. Pour y loger, on ne s'attendra pas au grand luxe mais à un confort sommaire et fonctionnel. Les chambres se situent à proximité de la place du village.

ABELOS VILLA €€€

Village traditionnel de Roustika
✆ +30 28310 91595
www.abelos.gr
Ouvert toute l'année. A partir de 80 € pour deux personnes et de 180 € pour quatre personnes. Wifi.

Deux villas de pierre datant de 1810 à Roustika, l'un des plus beaux villages de l'arrière-pays crétois. Tout a été restauré pour apporter le confort moderne dans le respect des traditions du village. Les villas possèdent salles de bains, un séjour spacieux avec une cheminée, une salle à manger, une cuisine complètement équipée, l'air conditionné. Idéal pour les familles avec enfants. Piscine. Parking. La propriétaire organise également différentes activités : cueillette de raisin, d'olives et préparation traditionnelle du fromage selon la saison !

© YETI STUDIO - SHUTTERSTOCK.COM

Fontaines à Argyropoulis.

OLD MILL (PALIOS MYLOS) TAVERNE €

✆ +30 28310 81209

Ouvert tous les jours en saison, de 11h à 23h. Comptez autour de 15 € par personne.

Situé près des sources, il occupe l'ancien moulin à grains du village qui contenait aussi la presse à olives. Le cadre est plus qu'agréable ! On s'installe à l'ombre salvatrice des vieux platanes et on déguste d'excellentes grillades dorées au feu de bois ou le *gamopilafo* (à goûter absolument !), la spécialité de la maison (chèvre sauvage accompagnée de riz pilaf) ou encore l'*antikrysto* (une sorte de méchoui typiquement crétois). Bon choix de mezzés, également.

TAVERNA ANCIENT LAPPA €

✆ +30 28310 81004

Ouvert tous les jours en saison, de midi à minuit. Comptez 15 € par personne environ.

Le propriétaire de cette taverne a restauré et rénové une ancienne maison du village entièrement construite en pierre. L'établissement se trouve aux limites de l'ancien site, à quelques minutes d'Argyroupolis. La terrasse est très agréable, ombragée par des vieux oliviers... C'est une taverne classique qui propose de bons plats cuisinés de manière traditionnelle et à base des produits locaux uniquement. L'endroit est très agréable pour prendre un café, une boisson, un petit déjeuner ou un verre de raki. Egalement des chambres à louer avec vue sur les montagnes.

ASI GONIA

La difficulté d'accès de ce village de montagne (dans une sorte de cul-de-sac) situé à 7 km à l'ouest d'Argyropoulis en a fait un centre de résistance à l'occupant turc : les rebelles, Haïnides, y avaient leur quartier général avec du matériel d'imprimerie dans une grotte située au sud-ouest du village (à un endroit appelé Sikia). Il est connu en Crète sous le nom de Guerilla Village. C'est une région d'élevage de moutons (presque tout le monde y est berger) et chaque 23 avril (jour de la Saint Georges), les bergers descendent jusqu'à l'église du village avec leur bétail que le pope asperge d'eau bénite afin que la viande soit de bonne qualité pour l'année à venir. Les bergers traient ensuite les brebis et font bouillir le lait qu'ils offrent à l'assistance. C'est aussi le lieu de naissance de Giorgos Psykoundakis qui écrivit un superbe livre (*The Cretan Runner* paru en 1955) à propos de la résistance aux Allemands pendant la Seconde Guerre mondiale et de ces coureurs crétois qui parcouraient vaillamment de très longues distances au pas de course pour apporter des informations aux Britanniques.

Balade

Non loin de là, le petit village de Miriokefala (Mille Pics) entouré de collines possède un monastère datant du XIe siècle, inoccupé, mais ouvert aux pèlerins qui viennent y vénérer une icône miraculeuse... Le sentier de randonnée E4 passe par ce village. Il vous faudra être motorisé pour accéder à ce village et à ses environs.

MAROULAS ★

À environ 10 kilomètres au sud-est de Réthymnon, dans l'arrière-pays, le petit village de Maroulas est composé de superbes maisons datant de l'époque vénitienne (certaines sont turques) séparées par d'étroites ruelles typiques. L'Union européenne a inscrit Maroulas dans sa liste de protection du patrimoine et offre des aides aux propriétaires pour la restauration de leurs maisons. En échange, les bénéficiaires s'engagent sur une durée de cinq ans à louer leur propriété pendant les vacances. Cet endroit est vraiment plein de cachet, à ne pas louper si vous êtes motorisé.

VILLA MAROULAS €€€

✆ +30 28310 72342

www.villamaroulas.com

Villa pour 12 personnes. Une semaine de location minimum. De 3 900 à 6 400 € la semaine. Réductions. Piscine, wifi.

Isaline et Yorghy vous invitent à séjourner dans leur villa de luxe Maroulas, une demeure dotée de 5 chambres, construite en 1429 par un vénitien noble et somptueusement rénovée il y a 12 ans. Mobilier neuf et élégant, équipement tout confort idéal pour un séjour entre amis ou en famille, dans les montagnes à seulement 5 km des plages. Terrasse sur le toit avec vue sur la mer et patio ombragé dans la cour au bord de la piscine qui peut être chauffée si besoin. Possibilité de s'offrir la présence d'un cuisinier à domicile ! Accueil en français.

TAVERNA ELEVEN & CRETAN TOWER €

Village de Stavromenos

✆ +30 697 403 0100

www.cretantower.com/taverna-eleven/

Ouvert 7j/7 en saison, de 10h à 23h. Comptez 15 € environ par personne. Studios pour 2-3 personnes à partir de 170 €.

Kostas a ouvert cette taverne les pieds dans l'eau, il y a 20 ans. On y déguste les plats savoureux de Dora qui œuvre en cuisine. Tout est extra frais et délicieux. Au calme, on ne saurait que trop vous recommander de venir profiter de l'ambiance chaleureuse et sereine qui règne ici. Une ultime recommandation : venez en fin de journée pour voir le soleil se coucher au loin. Ambiance conviviale. Kostas offre également des studios de charme : consultez le site.

ARKADI ★★

À 23 km au sud-est de Réthymnon, le monastère d'Arkadi (Moni Arcadiou), construit sur un plateau à 500 m d'altitude au XVIe siècle, sur le flanc nord du mont Psiloritis, a une valeur symbolique pour les Crétois. On trouve sur place une église de style baroque et un petit musée qui raconte l'histoire du site. Pendant l'occupation ottomane, il constituait un centre de résistance important en supportant les rebelles Haïnides et devint en conséquence l'une des cibles privilégiées du gouverneur turc Mustaffa. Alors que 300 rebelles armés (accompagnés de 600 femmes et enfants) trouvèrent refuge au monastère début novembre 1866, Mustaffa, après une campagne victorieuse à Apokronas, décida d'en finir avec Arkadi. Le 7 novembre, il assiégea la place avec 15 000 hommes. Après un ultimatum que refusèrent le frère Gabriel Marinakis et le chef des rebelles Joannis Dimakopoulos, les Turcs attaquèrent et il leur fallut deux jours pour entrer grâce au renfort d'un canon qui ouvrit une brèche dans la porte ouest. Au crépuscule du 9 novembre, alors que frère Gabriel avait déjà trouvé la mort, les résistants, en un ultime geste d'insoumission, firent sauter le dépôt de munitions. La plupart des assiégés et de nombreux Turcs trouvèrent la mort dans l'explosion. Une partie des rebelles dont Dimakopoulos furent faits prisonniers. Le sacrifice d'Arkadi fit grande impression dans le monde et de nombreuses personnalités de l'époque (dont Victor Hugo) firent pression sur les politiciens pour soutenir l'indépendance de la Crète.

MONASTÈRE D'ARKADI ★★

A 25 km au sud-est de Rethymnon.

✆ +30 28310 83135

Ouvert de 9h à 19h (à 20h en juin-août) et à 16h/17h en hiver. Entrée : 3 €. Musée ouvert tous les jours en saison.

Le Monastère d'Arkadi est l'un des monastères les plus historiques de la Crète et qui mérite la visite. Il est reconnu par l'Unesco en tant que « Monument de la Liberté ». On peut y visiter le réfectoire, la poudrière, les cuisines, les jardins et le musée. A noter que le monastère est toujours un lieu de prière et abrite une communauté religieuse. Il est d'ailleurs possible d'assister à une célébration (attention tenue correcte exigée). Randonnée possible du monastère jusqu'à Thronos (compter 2h30 de marche). En voiture, la route par Perivolia est pittoresque.

PANORMOS

A partir du village de Panormos, le relief devient plus tourmenté, rocailleux. Le charmant petit port coincé dans sa minuscule baie conserve un charme pittoresque malgré le nombre de complexes hôteliers qui s'y pressent chaque année un peu plus. La petite plage de sable est dominée, au premier plan, par quelques tavernes et cafés très prisés en été. A l'arrière, les ruelles pavées du village offrent une certaine fraîcheur. On pourra visiter les ruines d'un château génois sur le port et d'une basilique chrétienne (Agia Sofia) construite au Ve siècle. Des excursions en bateau pour Bali partent par ailleurs depuis le port de Panormos.

GROTTE DE MELIDONI ★

Après le village de Melidoni, dans l'arrière-pays
✆ +30 6941 56 12 61
www.melidoni.gr/home-c1vi7

Cette grotte se trouve à un peu plus de 12 km au sud-est de Panormos, dans l'arrière-pays. Dans l'Antiquité, dans cette grotte, habitée dès le Paléolithique, on vénérait le héros légendaire de la Crète, Talos, et Hermès Talaios. C'est ici que, le 3 octobre 1823, les groupes armés ottomans assassinèrent près de 400 personnes. Les Crétois, principalement des femmes et des enfants, s'étaient réfugiés dans la grotte et y furent enfumés et asphyxiés par les occupants. On peut entrer dans cette grotte-symbole où un monument a été érigé en mémoire de ces victimes.

BALI TRAVEL

✆ +30 28340 94410
www.balitravel.gr

Bali Travel vous propose une multitude d'excursions intéressantes avec guide : Santorin en 1 ou 2 jours, Gramvoussa Balos, Elafonissi, Hania, Preveli Palm Beach, Gorges de Samaria, gorges d'Imbros, nuit crétoise à Axos, Jeep Safari, Water Park... la différence avec les autres agences c'est le confort des bus entièrement neufs avec climatisation et assurance passagers. Toutes les excursions se font en minibus ou midibus et directement, sans escale ou ramassage : cela permet de gagner jusqu'à deux heures de temps sur le trajet.

CAPTAIN'S HOUSE €

✆ +30 2810 380833
www.captainshouse.gr

Ouvert de Pâques à mi-octobre. Chambre double à partir de 50 € en saison. Petit déjeuner en supplément.

Situé au port de Panormos et à deux minutes à pied de deux plages de sable du village, Captain's House propose des chambres doubles, des suites et des appartements, entièrement rénovés, confortables et agréables, dans une grosse bâtisse traditionnelle faisant partie du patrimoine à préserver. Préférez les chambres donnant sur la mer. L'établissement, situé sur la jetée, offre des horizons infinis. Tous les logements proposés sont parfaitement équipés. L'hôtel abrite également une taverne et un café qui donnent directement sur le port.

Monastère d'Arkadi.

CASTELLO APARTEMENTS €

Face au port.
✆ +30 28340 51328
www.creteresidences.com
12 appartements à partir de 65 € en haute saison, répartis dans 3 villas. Wifi.

Appartements plutôt modernes pour 2 à 3 personnes, donnant tous sur la mer, tout près de la plage de sable. Ils sont tous bien équipés et entretenus et ont été rénovés entièrement en 2019. Chaque appartement (45 m²) est climatisé et dispose d'un salon, d'une kitchenette entièrement équipée avec réfrigérateur, d'une salle de bains avec douche et sèche-cheveux, d'une TV satellite, d'un fer à repasser, d'un coffre-fort et du wifi. Service de nettoyage tous les trois jours. Préférez les appartements du dernier étage avec immense terrasse face à la mer avec vue.

KIRKI VILLAGE HOTEL €

✆ +30 28340 51225
www.kirkivillage.com
Ouvert en sasion. Chambre double à partir de 60 € en saison. Petit-déjeuner en supplément. Possibilité de demi-pension.

Un petit resort agréable pour se détendre en famille ou en couple. A 22 km de Réthymnon et à 250 m de la plage de Panormos, Kirki est un véritable village dans le village : 50 petits appartements rappelant les maisons cycladiques, fonctionnels totalement équipés, répartis en 6 quartiers autour d'une charmante piscine. Le restaurant propose des spécialités crétoises. Surtout réservé par les tour-opérateurs. Plusieurs activités sont proposées : soirée vin et fromage, soirée thématique sur les traditions et l'histoire locales, séances de travail artistique…

MARELINA APARTMENTS €

✆ +30 28340 51597
www.marelina-villas.gr
Studios et appartements à partir de 65 € en saison. Piscine commune. Petit déjeuner en option.

Situé dans le paisible village de Panormos, Merelina Hotel propose de très jolis appartements à louer au bout du port, face à la mer et vraiment au calme. Tous les appartements sont neufs, climatisés, et disposent d'un balcon. Ils possèdent une kitchenette bien équipée avec un réfrigérateur, une salle de bains avec douche. Salle TV et wifi gratuit dans les espaces communs de l'établissement. L'ensemble est organisé autour d'une piscine commune pour ceux qui voudraient changer de la plage. C'est propre, confortable et agréable.

PENSION LUCY €

✆ +30 28340 51212
www.lucy.gr
Ouvert en saison. Studio à partir de 50 €. Maisonnette à partir de 80 € selon la vue. Villa à partir de 240 €/nuit.

Lucy, la propriétaire des lieux, est polyglotte et vous accueillera dans un bon français. Elle propose 4 studios climatisés, basiques mais très propres et confortables, pour 1 à 3 personnes. Ils disposent tous d'un balcon et possèdent une kitchenette bien équipée et une salle de bains avec douche. Wifi gratuit partout. La propriétaire propose également deux maisonnettes et une grande villa, entièrement équipées. La villa Andreas, pour 11 personnes maximum, est idéale pour les groupes d'amis ou les grandes familles. Parking gratuit. Établissement fumeur.

VILLA KYNTHIA €€€

✆ +30 28340 51102
www.villakynthia.gr
Chambre double de 145 à 195 € en saison, petit déjeuner inclus. Wifi gratuit. Moins cher en septembre et octobre.

Superbe villa au cachet fou, construite en 1898 et restaurée dans le respect des matériaux originaux et de l'architecture traditionnelle. Chaque chambre propose un voyage dans le passé, tout en offrant un grand confort. Cour intérieure avec piscine commune et un pin centenaire sous lequel on déguste son petit déjeuner ou son café, dans un calme absolu. Air conditionné, coffre-fort, TV, radio, sèche-cheveux. Ce n'est pas accessible à toutes les bourses bien évidemment, mais voilà un peu d'esthétisme dans une offre hôtelière qui en manque tant à Panormos.

TAVERNE AGKIRA €

✆ +30 28340 51022
Ouvert 7j/7 en saison, de 11h à 1h. Comptez 15 € le repas. Plus cher pour les poissons frais et crustacés.

Deux terrasses bien propres et ombragées qui surplombent la plage du petit port : cette taverne jouit d'une bonne réputation et d'une situation imprenable. Elle est fréquentée par les locaux car elle est réputée pour la qualité, indéniable, des poissons frais, des fruits de mer et des crustacés. Quelques plats crétois soigneusement préparés et à base des produits locaux sont également proposés en plus de tous les classiques de taverne. On y revient surtout pour le cadre et l'emplacement, la cuisine n'offre rien d'époustouflant mais reste très honnête.

O MAKIS €€

Située dans la ruelle principale du village, en face de la boulangerie. ✆ +30 28340 51341

Ouvert tous les jours en saison seulement, matin et soir. Comptez autour de 20 € le repas par personne.

Voici une petite taverne, pleine de charme, située dans une ruelle calme de Panormos où l'on peut s'installer sous les bougainvilliers en fleur. Chez Makis on ne peut pas se tromper : nous sommes en vacances et nous sommes en Crète ! Fréquentée pour la qualité de la viande (Makis, le patron, est le boucher d'à côté !) et des matières premières, provenant toutes des environs de Panormos. Dégustez les grillades bien juteuses, les aubergines au four, les poivrons farcis à la feta… Pour les plats du jour, Makis vous invite dans sa cuisine pour faire votre choix…

ATLANTIS DIVING CENTER

Club Marine Palace ✆ +30 28310 71640

www.atlantis-creta.com

Comptez 82 € pour 2 plongées, 160 € pour 4. Plongée de nuit 65 €. Équipements fournis. Location matériel. PADI.

Un centre de plongée sous-marine, expérimenté et fiable pour tous niveaux, toujours en petits groupes et en toute sécurité. Fondé en 1993, le centre offre également depuis 2002 ses services à Panormo, installé au Club Marine Palace. Atlantis Diving Center propose des programmes et stages différents pour débutants ou confirmés durant toute la période estivale aux côtés d'instructeurs SSI et PADI expérimentés. Une expérience sensationnelle dans l'univers sous-marin. Le centre assure, gratuitement, la récupération et la livraison à tous les hôtels de Réthymnon.

MARGARITES

Il y existe une longue tradition de céramique : déjà aux temps des Minoens, l'endroit était réputé pour la fabrication de *pithoi* (grandes jarres ou amphores qui servaient à conserver l'huile d'olive). De nombreux potiers y travaillent toujours et y vendent leurs réalisations aux touristes. Leurs productions, assez similaires dans leur ensemble, ne sont malheureusement pas très originales ni créatives. Mais avec un peu de chance, vous tomberez sur de nouveaux modèles ! Un intéressant petit musée sur la place au centre géographique du village jouxte un kafeneion ombragé d'où l'on jouit d'un magnifique panorama. Le village est en saison envahi par les cars des tour-opérateurs.

BALI ★★

Il y a encore quelques années, alors que certaines régions de Crète s'étaient déjà ouvertes au tourisme, Bali demeurait un paisible port de pêche de la côte nord, dans un décor naturel spectaculaire. La proximité de Réthymnon (38 km) et d'Héraklion (51 km) ne pouvait laisser ce lieu isolé. Et, en très peu de temps, Bali est devenu une station balnéaire qui attire de plus en plus de monde dans de grands hôtels en bord de plage. Le site s'organise autour d'une succession de trois petites baies (Paradise Beach, Kyma Beach et Bali Beach) avec en arrière-plan la présence proche et spectaculaire des montagnes. Au nord-est, un sentier côtier mène à la superbe plage d'Evita. En langue turque, *bali* signifie « miel ». Ici, les voyageurs pratiquent des loisirs nautiques. Les plus courageux pourront s'attaquer à pied à l'arrière-pays montagneux ! Bali se trouve en contrebas de la route Héraklion-Réthymnon et profite donc du trafic de bus entre ces deux grandes villes. Plusieurs arrêts se succèdent sur la route.

Sortir

Station appréciée par la jeunesse, Bali regorge de plus en plus de lieux branchés. Il y a plusieurs terrasses sur le port, très agréables quelle que soit l'heure. Et des beach bars le long des plages qui offrent de quoi prendre le café et casser la croûte en journée et où l'on vient en soirée pour prendre un cocktail sur la plage, dans une ambiance lounge et moderne. Le Mambo Beach Bar en est un bon exemple.

CAMMEL

✆ +30 28340 94159

www.cammel-rentacar.gr

Tarifs à la carte sur demande. En basse saison de 20 à 25 % de réduction par rapport aux prix officiels sur le site web.

Ce loueur de voitures, fiable, a plus de 25 ans d'expérience. Vous trouverez une succursale à l'entrée du village à droite, face au Attali Village Hôtel, et une autre pas loin du port, à droite lorsque l'on regarde la mer (à 50 mètres du Bali Beach Hôtel). Il propose des voitures récentes, climatisées, toutes catégories. Il propose également des minibus pour 7 à 9 passagers. Possibilité de livraison à l'aéroport. Kilométrage illimité, toutes les taxes et assurances incluses sans franchise. Informations pratiques concernant les routes et cartes gratuites.

BALI MARE HOTEL €€

A l'entrée du village : à 300 m de la plage et à 1 km du port. ✆ +30 28340 94375

http://balimare.gr

Ouvert en saison. Chambre double de 50 à 90 € avec petit déj. Possibilité de pension complète. Réservation en français.

Établissement familial avec 57 chambres doubles, triples et quadruples autour d'une piscine dont la plupart offrent une vue sur la mer. Elles ont soit une terrasse soit un balcon. L'intérieur des logements est rénové depuis avril 2017 et ils possèdent la climatisation et un mini-frigo. Il y a aussi un court de tennis. La situation est idéale parce que l'établissement est juste à côté de la station de bus Héraklion/Réthymnon, et à 300 m de la première plage. La gérante propose également 12 appartements avec 3 piscines communes.

TAVERNA AKROGIALI €€

Sur le port

✆ +30 28340 94206

www.akrogialibali.gr/en/index.html

Ouvert toute la journée. Environ 20 € le repas. Consulter impérativement la carte pour le prix au kilo du poisson.

C'est une taverne familiale, située au bord de la mer, au cœur du port central de Bali. Sur les deux terrasses on déguste des plats variés de la cuisine grecque et crétoise. Dans cet établissement on vient surtout pour déguster le poisson du jour, les crustacés, les fruits de mer bien frais. Les spaghettis au homard, les dorades grillées, les moules, les langoustes, les rougets sont délicieux mais assez chers. Autres spécialités : les viandes et les escargots. Préférez la terrasse du 1er étage dominant le port. Consultez la carte pour le prix au kilo du poisson.

PANORAMA €

✆ +30 28340 94217

Ouvert tous les jours en saison, de midi à minuit. Comptez autour de 18 € par personne.

Cette taverne de choix domine le port de Bali, et les plats grecs sont servis à l'ombre de la belle terrasse donnant pleine vue sur la baie et une partie du port. Comme le décor en atteste, le poisson et les crustacés sont rois ici. La salade de poulpe est très réussie, les calamars grillés ou l'espadon également. Une agréable façon de prendre de la hauteur et d'admirer la mer tout en accompagnant son verre de raki ou sa bière fraîche avec quelques-uns des mets proposés. Les prix restent raisonnables malgré la flambée touristique.

HIPPOCAMPOS CENTRE DE PLONGÉE

Milopotamou ✆ +30 28340 94193

www.hippocampos.com

Ouvert en saison. 75 € le baptême de plongée, 39 € la plongée. Consultez le site pour les horaires.

Centre fiable pour tous niveaux, qui organise des plongées sur des sites très intéressants, en petits groupes et sous les conseils d'un guide-instructeur expérimenté et professionnel. Il propose également des programmes et stages pour débutants ou confirmés de formation PADI, des cours Open Water (premier niveau de plongeur autonome), des cours Scuba Diver pour débutants, entre autres. Location et vente du matériel. Réservez bien en avance en juillet et août !

TAVERNA LIVADI - ΛΙΒΑΔΙ €

A l'extrémité est de la plage de Livadi

✆ +30 690 861 5968

Ouvert tous les jours en saison, de midi à minuit. Comptez autour de 30 € par personne.

C'est un restaurant de plage - celle qui est tout au bout sur la droite en arrivant dans Bali. On y mange une cuisine crétoise simple mais bonne, bercé par le bruit des vagues. Le mélange de viande grillée pour deux est recommandé... mais il y a aussi des plats faits maison, du poisson frais et une carte variée. Les plats sont soigneusement préparés et les mets copieux, ce qui n'est pas toujours d'usage dans ce genre d'établissement. Le cadre est sympathique et agréable, le personnel aussi. Transats et parasols gracieusement offerts. On y reviendra volontiers !

THE SKIPPERS

Sur le port

✆ +30 28340 94102

Ouvert en saison. Excursions en catamaran. Location des voiliers, petits bateaux à moteur (100 €/1h pour deux).

Organisation de sorties à la demi-journée en catamaran avec pause déjeuner dans une taverne sur le port de Panormos. Les départs de Bali ont lieu tous les jours en saison, pour peu que la météo le permette et qu'il y ait suffisamment de personnes pour embarquer. Les croisières sont bien organisées et vous feront découvrir de magnifiques aspects de la Crète, accessibles uniquement par la mer. Egalement locations de voiliers et de petits bateaux à moteur à l'heure et pour ceux qui ne savent pas naviguer : bateaux à pédales, canoës, jet-skis...

GERANI

Gerani figure parmi les plus beaux et pittoresques villages de la partie occidentale de Réthymnon. Situé à 6 km à l'ouest de Réthymnon et à quelque 90 mètres d'altitude, c'est une destination idéale pour les touristes qui désirent associer la montagne et la mer. En été, ce petit village d'environ 1 000 habitants déborde de vie sans perdre, pour autant, son caractère traditionnel et authentique. La plage de Gerani, une jolie petite baie de galets, est souvent touchée par le meltem. Il s'agit d'une plage calme, non organisée, très prisée par les amateurs de la pêche sous-marine.

PANAGIA I KAMARIANI

En quittant la nationale, au premier panneau « Gerani », il y a ensuite une bifurquation où Gerani est indiqué à gauche et la plage à droite. Prenez à droite.

Une jolie petite église orthodoxe, dédiée à la Vierge, entourée de tamaris, au bord d'une plage agitée et rocheuse. L'attribut « Kamariani » donné à cette église évoque une longue histoire concernant une icône byzantine représentant la Vierge à l'Enfant. L'icône d'origine, nommée également Vierge Kamariani, a été découverte au XIXe siècle à Bousbouroum, village de l'Asie Mineure situé en face de l'île de Symi, dans l'archipel du Dodécanèse. Cette icône authentique se trouve actuellement à Alikarnassos, dans la région d'Héraklion.

GROTTE DE GERANI

A 6 km à l'ouest de Rethymnon

La grotte de Gerani a été découverte par hasard en 1969, lors des travaux publics. Elle couvre une surface de 1 200 m^2 et se compose de six grandes salles recouvertes de stalagmites. Des ossements et outils datant du Néolithique y ont été découverts. On y a aussi retrouvé les restes d'une centaine de cervidés appartenant à une espèce endémique, datant de la fin du Pléistocène. Les squelettes humains appartenaient, probablement, à des individus surpris dans la grotte par un séisme. La plupart de ces découvertes sont exposées au musée de Réthymnon.

STUDIOS KYDONIA €€

✆ +30 28210 62196

www.kydoniastudios.com/

Studios pour deux personnes à partir de 60 € en saison.

Seulement lorsqu'on a une voiture, car l'endroit est un peu isolé (à dix minutes d'Héraklion, quarante de Chania). Profitez du calme de cet endroit, avec son jardin et sa piscine, dans la baie de Gerani. Il y a des studios ou de plus grands appartements, bien entretenus et équipés. C'est idéal pour les familles qui ne veulent pas trop dépenser dans l'hébergement en resort. Dans les environs, il y a tout ce qu'il faut : supermarchés, tavernes, plages... Le personnel est très attentif et l'accueil est familial. Un choix tranquille et relativement économique.

Plage rocheuse en contrebas du village de Gerani.

ANOGIA ★★

Perchée à flanc de montagne à une hauteur de 800 m, Anogia pourrait symboliser à elle seule l'esprit et l'essence de la Crète. Il y perdure un sentiment inexpugnable d'attachement aux traditions culturelles et rebelles crétoises. Le grec parlé par les anciens est enrichi de mots et expressions issus du grec ancien.

Dès l'arrivée dans la partie basse du village, l'atmosphère est posée : des kafeneia où sont attablés les hommes habillés et chaussés de noir et une succession de boutiques vendant des articles tissés par les femmes, prêtes à tout pour écouler leur production. De nombreux musiciens crétois sont par ailleurs originaires d'Anogia, aussi fêtes spontanées et mariages sont des moments forts de la vie sociale du village. Rester à Anogia une nuit ou quelques jours et se laisser gagner par cette atmosphère authentique est une expérience que vous ne regretterez pas si vous disposez de temps. En été, le village constitue un refuge à la chaleur accablante du bord de mer. La plupart des commerces et facilités se trouvent dans la partie haute du village qui s'est développé en direction du plateau de Nida et d'Héraklion : banque (avec distributeur automatique), poste et boutiques.

Le mouton est la principale ressource de la région (produits laitiers, viande et laine) et la vie ici, été comme hiver, tourne autour de l'élevage ovin. À l'un des angles de la place Agios-Giorgos en haut du village (qui est aussi le centre d'activité diurne et nocturne d'Anogia), une fromagerie vend du très bon *graviera* en tome et du *psicoudia* local (raki). Sur cette place, vous trouverez également le meilleur *galactoboureko* de Grèce, préparé à base de lait frais de chèvre. Un intéressant musée, en bas du village, présente des sculptures de personnages en bois brut ainsi que des peintures de style naïf.

Anogia est aussi le point de départ d'excursions vers le mont Psiloritis, point culminant de la Crète, et vers Ideon Andon, la grotte où Zeus serait né… À vos chaussures de marche donc !

Histoire

La ville a été fondée au XIIIe siècle par des éleveurs de bétail et les premiers membres à être initiés dans la Filiki Eteria (société secrète dont le but était de préparer la révolution grecque) étaient originaires d'ici. C'est à Anogia également que, pendant la Seconde Guerre mondiale, les kidnappeurs du général allemand Kreipe trouvèrent refuge. En guise de représailles, les nazis assassinèrent la plupart des hommes et détruisirent une grande partie du village.

Se restaurer

Viande de mouton grillée et spaghettis au fromage sont ici incontournables ! Il vous sera difficile de trouver autre chose dans les quelques tavernes du village, dont Ta Skalomata et Drosostalida, vos deux meilleures options.

Transports

Deux allers-retours par jour de/vers Réthymnon en saison sont effectués par les bus KTEL.

ARISTÉA €

✆ +30 283 404 1459

www.hotelaristea.gr

Chambre double à partir de 35 € en saison, petit-déjeuner en supplément.

Cet établissement propose 5 chambres pour deux à trois personnes et 4 studios pour trois à sept personnes. Tout est simple mais fonctionnel et, surtout, d'une propreté remarquable. Les chambres disposent de la climatisation, d'une salle de bains privative et d'une TV. Les studios sont bien équipés : kitchenette, réfrigérateur, TV, salle à manger, salle des bains double et cheminée. Pas d'inquiétude pour les visiteurs hivernaux : les chambres sont chauffées dans ces contrées froides. Accueil très chaleureux, presque maternel, par la propriétaire, Aristéa.

ENAGRON ECOTOURISM VILLAGE €€

Village d'Axos ✆ +30 28340 61611

www.enagron.gr

Studio à partir de 105 € en saison, réservation de 3 nuits minimum. Petit déjeuner compris. Piscine. Offre sur le site.

C'est le pionnier de l'écotourisme dans la région de Réthymnon. Enagron est un village d'une trentaine de petites maisons d'hôtes personnalisées, de style méditerranéen, édifiées avec des matériaux du pays. Il abrite également une exploitation agricole biologique avec production de viande d'agneau et de lait de brebis transformé en fromage, un vignoble et une oliveraie. Possibilité d'assister ou de participer à la fabrication du fromage ou du pain dans le four à bois. Coup de cœur !

MONT PSILORITIS ★★★★

La route qui grimpe jusqu'au plateau de Nida au pied du Psiloritis sur 20 km offre des points de vue superbes. Le mouton est encore omniprésent et, si vous partez suffisamment de bonne heure, vous pourrez assister à la traite, notamment à Tsounia, un lieu-dit avec une fontaine situé pratiquement à mi-chemin. Le long de la route, des huttes en murs et toiture de pierre (mitata) ressemblant à des tentes mongoles servaient aux bergers pour préparer yaourt et fromage. La plupart sont à l'état de ruines, mais certaines servent encore. A mi-chemin, sur la droite, se trouve l'observatoire Skinakas où a été repérée pour la première fois la comète de Halley, le 12 avril 1986. À une vingtaine de minutes à pied de là se trouve la grotte de Zeus, Ideon Andron. Le dieu des dieux y aurait été élevé après son séjour à la grotte de Dikti. L'Ideon Andron a servi de temple au culte de Zeus depuis des temps immémoriaux et de lieu de pèlerinage. Les fouilles entreprises ont montré qu'elle était déjà occupée 3 000 ans avant notre ère et qu'elle représentait un lieu sacré pour les Minoens. Il est possible d'y descendre. Elle n'a rien d'impressionnant, mais la balade est agréable. Au bout de la route, la taverne Analipsis, qui fait également gîte (2 chambres), est ouverte sporadiquement et peut être une bonne option si vous tentez la montée vers le sommet du Psiloritis (se renseigner à Anogia, en haut du village, à l'office du mont Psiloritis, s'il est ouvert…).

Balade

La taverne Analipsis est également le point de départ pour le point culminant de la Crète (2 456 m). On gravit 1 000 m de dénivelé pour une marche d'une durée de 7h à 8h aller-retour. Si cette randonnée ne présente pas de difficulté insurmontable, c'est tout de même une affaire sérieuse : chaussures de trek, vivres, bonne condition physique et vêtements chauds, même en été (pour le sommet où il peut faire froid et venteux), sont de rigueur. Il est préférable de partir au moins à deux et d'emporter une carte parce que le sentier n'est pas toujours évident à trouver. Le sentier (E4) débute dans le premier virage de la piste qui monte vers la grotte de Zeus depuis la taverne Analipsis. Il est signalisé par une flèche verte, mais ça n'est pas très clair. Tentez de suivre le chemin qui grimpe en partant vers la gauche, jusqu'à vous retrouver sous un gros rocher au-dessus de vous, où est peinte une grosse flèche en noir et jaune. Le noir et le jaune sont les couleurs qui balisent l'E4. A partir de ce rocher (soit environ 10 min après avoir rejoint l'E4 depuis la piste), le sentier est très bien fléché. Après la première partie, qui grimpe mais ne dure pas, vous arrivez dans le lit peu profond d'une rivière asséchée qu'on met bien 2h à traverser. Vous apercevrez ensuite le mont Psiloritis, le plus haut des trois pics qui s'offrent à votre vue, reconnaissable à sa petite chapelle de pierre toute ronde qui en coiffe le sommet. Un abri et la chapelle de Timios Stavros (Sainte-Croix) marquent le sommet, d'où le panorama est extraordinaire si le temps est dégagé… La descente par le même chemin vous prendra 3h. Une alternative consiste à redescendre par Fourfouras dans la vallée d'Amari.

RÉGION DE RETHYMNON

Mont Psiloritis.

AGIA FOTINI

Le village d'Agia Fotini se situe à 30 km environ au sud de Réthymnon et trône à 483 m d'altitude, au début de la vallée d'Amari. Accroché à une crête, Agia Fotini offre une vue sur l'ensemble de la vallée, avec le mont Psiloritis en arrière-fond. Il s'agit d'un village habité à partir des années 1950 et qui s'est, depuis, développé grâce à sa situation géographique. Aujourd'hui il dispose de toutes les commodités nécessaires pour un séjour paisible ou un passage de ravitaillement permettant l'accès aussi bien aux villages avoisinants de la vallée qu'à ceux qui longent la mer Libyenne. Ses habitants proviennent en grande partie des villages alentour qui ont été désertés au fil des ans, et d'Agioi Apostoloi, village actuellement unifié avec la commune d'Agia Fotini. Ce dernier doit son nom à l'ancienne église dédiée à Agia Fotini ou Agia Fotia (le *feu* – en grec fotia – qui punit les infidèles), érigée par le moine Nikon pour célébrer le siège de Hania par l'empereur byzantin Nikiforos Fokas, en 961 ap. J.-C. Sur les ruines de cette ancienne chapelle a été construite ultérieurement l'église actuelle du village.

Balade

Le sentier de randonnée E4 traverse la vallée d'Amari venant de Spili et, par Amari, grimpe jusqu'au sommet du mont Psiloritis, avant de rejoindre Anogia. Une vingtaine de villages accrochés à flanc de colline offrent des atmosphères différentes, toujours dans des panoramas remarquables.

Tourisme

C'est à ce point d'entrée de la vallée que vous pourrez vous ravitailler. Deux supérettes, une station-essence, une pharmacie et deux kafeneia dont un fait aussi taverne proposent leurs services. Le bus s'arrête à Agia Fotini avant de descendre vers Amari. Un choix s'impose parce que la route bifurque, soit à droite vers Meronas et Gerakari, soit à gauche en direction de Thronos et Fourfouras.

THRONOS ★

Thronos est le passage obligé de la vallée d'Amari. On y arrive en quittant la route principale qui va vers Fourfouras, à la sortie d'Agia Fotini. Vous y apprécierez, outre une vue grandiose sur la vallée, une petite chapelle (Panaghia) du XIVe siècle avec de superbes fresques de la même époque, retraçant les étapes de la vie de la Vierge Marie. Cette chapelle est bâtie sur le site d'une ancienne église, plus grande et datant du IVe siècle : des restes de mosaïques géométriques à l'extérieur en témoignent. Le site de l'ancien Sivrita (marqué Sybritos), un peu en dehors du village, remonte quant à lui au Ve siècle av. J.-C. et a été habité jusqu'au début du Moyen Age.

MERONAS

En prenant à droite, à partir d'Agia Fotini, Meronas est le premier village que vous rencontrerez. Deux tavernes se cachent sous d'imposants platanes dont l'une, près d'une fontaine généreuse, est tenue par trois femmes énergiques. La fraîcheur de l'endroit est la bienvenue par grosse chaleur. Regardez les annonces à la fenêtre du bar : des concerts de musique traditionnelle se tiennent régulièrement. Ambiance garantie. L'église de la Panaghia, après le mémorial, sur la gauche, possède des fresques datant de 1339 et une icône de la Vierge qui est l'une des plus anciennes de Crète.

AMARI

Face au Psiloritis. Au centre du village, la place abrite un kafeneion où quelques vieux Crétois devisent tranquillement. Il n'y a aucun cachet particulier : on pourrait penser de prime abord que l'endroit est désertique, mais en restant un peu, en début de soirée par exemple, le spectacle commence, certains s'installent au kafeneion. Et c'est ce moment que choisit le pope pour arriver à bord de son pick-up. En face du poste de police, vers la droite, une route descend la colline jusqu'à la chapelle d'Agia Anna qui contient les plus vieilles fresques de Crète (datant de l'an 1225, date inscrite sur les fresques endommagées du chœur).

PLAKIAS ★★

Plakias, connue pour ses couchers de soleil, peut être le parfait endroit pour passer des vacances. Bien qu'elle se soit agrandie et modernisée depuis quelque temps, et que l'affluence touristique ait eu un effet certain sur cet ancien village de pêcheurs, la ville a conservé son charme, et l'accueil traditionnel des Crétois y est toujours palpable. Niveau plages, il y a de quoi faire à Plakias, d'autant que les plages sont séparées de promontoires rocheux qui offrent des spots de plongée particulièrement intéressants. On trouve de tout en ville. Elle est traversée par une rivière enjambée par un petit pont et longe une grande plage au drapeau bleu. Le bord de mer enchaîne commerces, hôtels, tavernes et bars. Des ruelles partent de là vers la colline et finissent dans des champs d'oliviers pour la plupart. En suivant le bord de mer vers l'ouest après le petit port, un chemin mène à la très belle et sauvage plage de Souda à 3 km. Vers l'est jusqu'à Paligranos pendant près de 2 km, la plage n'est jamais totalement bondée avec des endroits occupés par des parasols et où il est possible de louer des planches à voile, catamarans, canoës et autres bateaux à pédales. En poursuivant au bout de la baie, cette même grande et magnifique plage de Plakias est fréquentée par des nudistes amicaux.

Transports

- **En voiture,** à l'ouest d'Agia Galini à 46 km soit 50 minutes de conduite. Et à 35 km au sud de Réthymnon soit 45 minutes de conduite par la route nationale n° 90. Spili : 22 km et 30 min. Frangokastelo : 27 km et 46 min. Hóra Sfakíon est à 40 km et 1h de route. Attention : pour embarquer la voiture sur le bateau vers Paleochora, il faut arriver avant midi à Hóra Sfakíon.
- **En bateau,** il y a possibilité d'aller vers Agia Galini, le château hanté de Frangokastello, Agios Pavlos et Limni Prevelis (se renseigner au port ou dans une des agences de voyages qui va vous vendre une excursion complète).
- **En bus.** De/vers Réthymnon, plusieurs allers-retours en semaine et le week-end.
- **Taxi.** La station se trouve près du pont et de l'arrêt de bus en plein centre. Le bureau se trouve dans la rue de la poste.

BAIE DES COCHONS

A l'est de Plakias.

Dans les années 1970, les locaux ont surnommé cette plage Gourounia (« cochons ») car le nudisme ne rentrait pas dans leurs traditions ! Toutefois la Crète reste l'île préférée des nudistes. S'ils sont parfois mal vus, c'est bien parce qu'ils occupent une des meilleures plages de l'île ! Ammoudaki, ou Mikro Ammoudi, aux eaux cristallines, couleur azur et de sable blanc, fait partie de ces plages-là. Elle est séparée d'une autre jolie plage, Kleissidi, que l'on peut joindre en plongeant sous le rocher qui la sépare d'Ammoudaki. Snack-bar. Parasols.

KATO RODAKINO ★

A l'ouest de Plakias, le village de Rodakino, étape du chemin de randonnée E4, s'ouvre sur la mer, bloqué entre deux collines. C'est un endroit relativement méconnu des touristes, et donc très reposant. Kato Rodakino correspond à la partie basse du village : les plages. Le village figure dans les registres ottomans de 1659 mais il a été habité en 1600. Pendant la Seconde Guerre mondiale, les sous-marins britanniques s'abritaient dans la baie de Kato Rodakino. Le village a été incendié par les nazis le 20 août 1943 et un grand nombre d'habitants a été exécuté.

PLAGE D'AMMOUDI ★

A l'est de Plakias, en 5 minutes en voiture ou en scooter.

La plage d'Ammoudi se situe à 5,5 km du village de Plakias, à l'est. Cette plage ombragée par les tamaris est un endroit réputé pour la plongée sous-marine. Vous ne serez donc pas surpris d'y trouver de nombreux hommes-grenouilles, car les fonds y sont, paraît-il, merveilleux. Il s'agit d'une petite baie avec une belle plage de sable et aux eaux cristallines. Un espace pour laisser sa voiture est aménagé juste avant de rejoindre la plage. On y trouve quelques parasols et chaises longues et un petit café qui fait office de taverne également.

PLAGE DE DAMNONI ★

A 3 km de Plakias en partant vers l'est.

Un chemin de randonnée y mène, il commence au bout de la baie, juste à côté de Plakias Bay Hotel.

La plage de Damnoni se situe à 3 km de Plakias, à l'est. C'est la plage la plus fréquentée, la plus grande et la plus belle du coin. La mer est translucide, turquoise, très propre et le sable est blanc. Côté ouest, la plage est occupée par les locataires du resort avoisinant. On y trouve quatre ou cinq tavernes dont deux très agréables. Venez vite en profiter avant que les promoteurs immobiliers n'y construisent des complexes plus importants les uns que les autres, ce qui ne saurait tarder. Parasols. Chaises longues. Activités aquatiques.

PLAGE PRINCIPALE DE PLAKIAS ★

Chaises longues gratuites pour les consommateurs dans une des tavernes, bars ou hôtels sinon comptez autour de 5 €/jour.

Cette plage est connue pour ses couchers du soleil, sa propreté et sa taille surtout : 2 km de sable fin. La plage est plus organisée vers le centre, elle est surveillée à certaines heures par un maître-nageur sauveteur en face de l'Alianthos Beach Hotel et l'on y trouve des cabines pour se changer, des bars... Pour les toilettes, il faut demander à une taverne, à un bar ou à un hôtel de vous indiquer le chemin des leurs - ils ont l'habitude et c'est gratuit.

CENTRE EQUESTRE ALIANTHOS CRETE

✆ +30 694 2011620

http://cretehorseriding.com/

Cours d'équitation à partir de 20 € la leçon, balade à cheval 30 à 100 €. Programme d'équitation à partir de 250 €.

Un très bel haras, d'une trentaine de chevaux adaptés aux débutants comme aux cavaliers confirmés, enfants ou adultes. Grandes randonnées ou petites balades sur les plages ou en montagne pour tous niveaux, promenades guidées de 20 minutes pour les enfants, leçons particulières pour tous. Les mêmes activités à dos d'âne y sont proposées. Se renseigner auprès de la réception de l'hôtel Alianthos Beach. Consultez le site : les horaires varient selon la température.

ALIANTHOS BEACH HOTEL €

A l'entrée du village, en bas au rond-point en venant de Réthymnon ou Matala, Agia Galini, Spili... Face à la plage. ✆ +30 28320 32033

Chambre double à partir de 75 € en saison, avec vue sur la mer ou sur la montagne, petit déjeuner buffet compris.

Complexe familial de taille humaine comme on les aime, bien situé sur le bon côté de la plage de sable et non loin du centre (à ne pas confondre avec Alianthos Garden, juste à côté). Il y a tout le confort d'un petit trois-étoiles de station balnéaire. Activités équestres, randonnées, balades à dos d'âne sont proposées : se renseigner à la réception. Restaurant de cuisine crétoise au rez-de-chaussée sous forme de buffets généreux. Vue sur la mer. Parking privé. Location de voitures, de studios et d'appartements à votre convenance. Pour un séjour agréable.

Plage de Damnoni.

© PAULINE BOYER

Petite crique à deux kilomètres de Plakias.

LIVIKON BEACH HOTEL €

Sur la route principale (la promenade au bord de mer). ✆ +30 28320 31216

https://hotel-livikon-plakias.com

Ouvert de Pâques à fin octobre. Chambre double 45-50 € en saison. Petit déjeuner en option : 4-6 €.

Petit hôtel familial situé sur la route qui longe la plage de Plakias. Il est en plein centre-ville et entouré de commerces et de restaurants. Arrêt de bus à proximité. Les chambres ont subi une sérieuse rénovation en 2014 : elles sont désormais plus confortables et modernes et sont toujours aussi propres. Elles sont climatisées et possèdent toutes un réfrigérateur et un balcon privé. Salle de bains privative avec douche. C'est un établissement non-fumeur. L'hôtel dispose également d'un café-bar. La plage de sable fin est en face. Parking gratuit. Wifi gratuit.

GIOMA €€

✆ +30 28320 31942

www.gioma.gr

Ouvert toute l'année. Studio pour deux personnes à partir de 50 €.

A 150 m de la plage de Plakias, Gioma est un établissement familial proposant des locations juste derrière le port du village. C'est une maison aux teintes orangées et recouverte de fleurs. Toutes les locations donnent sur la mer. Elles sont climatisées et possèdent un petit frigo, une salle de bains privative avec douche et une TV satellite. Les studios et les appartements disposent d'une petite kitchenette. Anna la propriétaire est également aux fourneaux de sa taverne (Taverna Gioma) qui se trouve sur le port. Accueil sympathique.

CRETA MARE €€

À la sortie du village en direction de Souda.

✆ +30 28320 32239

www.cretamarehotel.gr

Chambre double à partir de 50 €, studio pour 2 à partir de 55 €. Les prix augmentent selon la période et la catégorie.

Tout au bout en venant de Réthymnon, après le vieux du port, à la sortie du village, à l'ouest vers Sfakia, se dresse le grand hôtel Creta Mare. Style impersonnel mais confortable grâce à certaines chambres ayant subi une rénovation en 2015 et proposant balcon avec vue sur la mer et sur les couchers de soleil. C'est spacieux, selon les chambres, et propre. Juste en face, en traversant la ruelle, se trouve une petite plage joliment aménagée avec des chaises longues gratuites pour les clients de l'hôtel. Accès et aménagements pour les personnes handicapées.

HOTEL KALYPSO €€

plage de Karavos

✆ +30 28320 31296

www.kalypsohotels.com

Chambre double à partir de 90 € avec petit-déjeuner en saison. Possibilité de demi-pension ou de pension complète.

C'est un grand complexe isolé (au calme absolu) sur un site vraiment exceptionnel doté d'une plage (plage de Karavos) très atypique et d'une propreté incroyable. On nage avec les poissons dans une eau de couleur vert émeraude, coincé entre deux falaises. Les locations proposées, décorées avec goût, possèdent une terrasse privative avec vue et tout le confort proposé dans ce genre d'établissement. Sur place, piscines extérieure et intérieure, transats, terrasses communes, jardin commun, court de tennis, animations le soir… Parking. Wifi.

PLAKIAS BAY HOTEL €€

Sur la rue principale au bout de la plage côté est, à 10 minutes à pied du centre. A 20 mètres de la plage de sable. ✆ +30 28320 31215
www.plakiasbay.com

Ouvert en saison. Chambre double à partir de 90 €. Petit déjeuner inclus. Vue panoramique. Offres sur le site.

Hôtel familial, perché au-dessus de la plage, isolé au bout de la baie. Il se trouve à 600 m du village de Plakias et à 50 m de la plage. Son architecture agréable rappelle le style des Cyclades. Les studios, simples, gais et colorés, sont dotés d'une véranda et sont ouverts sur un balcon donnant pleine vue sur la mer. Un restaurant à la carte propose des plats maison (mijotés par Natasha, l'épouse du propriétaire) et du vin biologique en barriques du village voisin. Adresse de choix pour un repos au calme. Bon accueil familial.

PLAKIAS RESORT €€

Paligremos Plakias
✆ +30 28320 31630
www.plakiasresorts.com

Chambre double à partir de 118 € en saison. Plage privée. Offres sur le site. Wifi.

Un assez grand hôtel, bien situé à Plakias. Sur place, une piscine mais aussi un front de mer agréable, idéal donc pour les familles qui viennent se reposer, notamment avec des enfants. Les appartements sont spacieux, très propres - et leurs prix sont convenables pour les prestations offertes. Tous ont une vue sur la piscine et le jardin autour. Toutes les locations proposées sont climatisées et disposent d'un balcon spacieux et ombragé. Les studios pour deux disposent d'une kitchenette entièrement équipée, d'un frigo, d'une TV, d'une salle de bains.

ALIANTHOS BEACH TAVERNA €

Au rond-point à l'entrée du village en venant de Réthymnon, face à la plage. ✆ +30 2832 031196

Buffet. Petit déjeuner à volonté : 4-6 €. Déjeuner ou dîner à volonté : autour de 10 €.

En principe c'est le restaurant de l'hôtel où l'on se sert soi-même, mais puisqu'il est face à la plage, les clients commandent aussi depuis leurs chaises longues. Il est donc ouvert à tous, et vous y trouverez toujours un serveur qui parle très bien français. Petits déjeuners, dîners ou déjeuners : la nourriture y est excellente et il y du choix parmi toutes ces spécialités proposées. On y trouve son compte et à toutes les sauces. La viande provient directement de la ferme des propriétaires qui utilisent uniquement leur huile d'olive en cuisine.

MUSES RESTAURANT €

Agiou Vassiliou
✆ +30 28320 31469

Ouvert tous les jours en saison, de midi à minuit. Comptez autour de 15 €/personne. Plus cher pour les poissons frais.

Outre le poisson et les fruits de mer qui sont ici rois, il y a des plats traditionnels crétois, des menus économiques, beaucoup de plats végétariens. Les desserts et le pain sont fraîchement préparés en cuisine par le propriétaire en personne. C'est copieusement servi dans un beau cadre face à la mer. Vous pourriez être refroidi par le rabattage des serveurs en terrasse mais la nourriture ne déçoit pas. Très bon rapport qualité-prix. C'est le genre d'endroit où l'on se sent bien et où l'on revient volontiers plusieurs fois.

CHRISTOS €€

✆ +30 28320 31472

Ouvert tous les jours en saison, de midi à minuit. Comptez autour de 20 € par personne.

Cette jolie maison qui s'ouvre sur le petit port et la plage abrite l'une des meilleures tavernes de Plakias depuis 1949. Sur sa grande terrasse ombragée de grands tamaris, vous dégusterez des plats succulents, les pieds dans l'eau. Les plats sont en effet plus raffinés qu'ailleurs grâce au propriétaire Manolis, qui œuvre aussi en cuisine. Dégustez, entre autres, le poulpe frit ou grillé, les calamars grillés, le poisson frais. Comme partout, vérifiez le prix au kilo du poisson frais pour ne pas avoir de mauvaise surprise au moment de l'addition.

MEDOUSA €€

Aghiou Georgiou
✆ +30 693 713 3234

Ouvert tous les soirs en saison, à partir de 18h. Comptez 25 € par personne environ.

Medousa est un très bel établissement qui, au-delà de son décor moderne, réinvente la cuisine traditionnelle crétoise et grecque en lui donnant des touches gastronomiques modernes et créatives. Les matières premières sont très soigneusement sélectionnées, les ingrédients sont de la meilleure qualité. Le menu change régulièrement pour assurer plus de fraîcheur et de créativité. La terrasse de l'établissement est aménagée avec goût. La propreté est remarquable. Le service est impeccable. Une adresse raffinée qui se remplit vite en saison.

MES TIN AMMO

Ethnarchou Eleftheriou Venizelou

Ouvert tous les jours en saison, du matin au dernier client.

C'est un endroit bien agréable avec de la bonne musique sur la plage de Plakias. Des apéros, des bières, des jus de fruits pressés, des boissons non alcoolisées, du vin, des cafés : voilà tout ce qui est proposé ici, ainsi que les chaises longues et les douches gratuites pour les consommateurs. Du matin jusqu'à très tard le soir, ce café-bar propose des moments de détente et de convivialité. Les soirées sont toujours plus animées et l'ambiance est assurée. C'est tout ce que l'on demande pour passer une excellente journée de farniente les pieds dans le sable.

CENTRE DE PLONGÉE - DIVE2GETHER

En face des arrêts de bus et de taxi du village.

✆ +30 28320 32313 - www.dive2gether.com

Sortie aux chutes d'eau de la région en snorkeling : 66 €, équipement fourni. Journée/deux plongées à partir de 88 €.

Ecole de plongée sous-marine hollandaise, expérimentée et très sérieuse, ouverte d'avril à octobre, pour tous niveaux. Pour débutants ou confirmés, en petits groupes et en toute sécurité : plongées, obtention de brevet, stages, location de matériel. Equipe francophone. Un programme demi-journée est mis en place pour les débutants qui sont les bienvenus ainsi que toute la famille. Une expérience vraiment agréable et bien organisée dans le monde de la plongée sous-marine.

ESCALADE

Au bout de la baie sur la plage face à l'hôtel Plakias Bay.

Une énorme paroi calcaire et verticale se dresse au bout de la baie de Plakias. Cette falaise se trouve à quelques mètres de la plage avec une roche d'excellente qualité, jusqu'à 80 mètres de haut. Certains boulons doivent être remplacés, mais la plupart d'entre eux sont praticables. Le mur fait face au nord-ouest et il est possible de grimper presque toute la journée, même pendant l'été. Types de prises : verticales, réglettes, fissures et colonnettes. Attention ! Les voies sont difficiles : pour les grimpeurs confirmés uniquement.

SOUDA ★

A 3-4 kilomètres à l'ouest de la touristique Plakias, Souda fait figure de havre de paix. La plage de sable et de petits galets dessine un parfait arc de cercle et est bien moins fréquentée que sa voisine. Elle est également plus propre. Deux tavernes se cachent parmi la végétation luxuriante et les arbres des alentours. Quelques chambres sont également à louer dans les hauteurs. Le village de Plakias et ses commerces sont accessibles en moins de 10 minutes en voiture en longeant la côte. C'est même faisable à pied pour ceux qui aiment marcher. Souda est un bon camp de base pour découvrir la région.

PHOENIX APPARTEMENTS €

✆ +30 28320 32108

http://phoenix-plakias.com/

Studios 42 € pour 2 personnes en haute saison, appartements 63 € pour 2 personnes en haute saison. Piscine.

Situés entre la tranquille et sablonneuse baie de Souda et la touristique Plakias, les studios d'Eleni et Manolis ont vue sur la mer de Libye. L'établissement, adossé à la colline, entouré d'oliviers et assez soigné, propose des studios et des appartements d'un confort simple mais fonctionnel. Tous les logements sont climatisés et équipés d'une petite cuisine avec réfrigérateur, d'un salon et d'une salle des bains avec douche. Les appartements possèdent deux chambres à coucher. Grands balcons ombragés et parasols. Ambiance familiale.

TAVERNE GALINI €

✆ +30 6982 286 973

Ouvert tous les jours en saison, de 11h à 23h30. Comptez entre 7 et 15 € environ par personne.

Galini est une taverne familiale à quelques mètres seulement de la plage et des tamaris, offrant une agréable terrasse ombragée dans un espace soigné et bien aménagé. Une pause indispensable et reposante après une matinée de bain et de plage. Il s'agit d'une taverne classique, proposant tous les plats habituels de Crète et de Grèce. Un petit groupe de musiciens crétois vient parfois jouer le soir. Le parking est gratuit et bien protégé du soleil par plusieurs muriers, pour les clients à même la plage. Chaises longues gratuites également.

RÉGION DE RETHYMNON

MYRTHIOS ★

Ce charmant village ancien est un excellent point de départ pour des randonnées dans la région. Une balade dans ses petites ruelles pavées offre une vue superbe sur la baie de Plakias. Pour ceux d'entre vous qui ne sont pas motorisés, il faut compter une demi-heure de marche jusqu'au village côtier de Plakias où se situent la plupart des magasins et des restaurants, et la mer, bien évidemment. N'hésitez pas à venir déjeuner ou dîner ici, le panorama vaut le déplacement. D'ici, on vous propose surtout des excursions dans la superbe nature environnante, à travers des petits sentiers qui vous conduiront sur des plages paradisiaques, inaccessibles par la route.

GORGES DE KOTSIFOS ★

La gorge de Kotsifos est plus petite que sa rivale Kourtaliotiko, mais elle reste vraiment impressionnante. Elle est située entre les sommets des Kouroupa (984 m) et Krioneritis (1 312 m). Sa longueur est de 2 kilomètres. L'endroit est venté et très chaud en haute saison, donc prévoyez de l'eau. La vue est impressionnante, digne d'un décor à la Ennio Morricone, il y a plusieurs petits recoins pour prendre de magnifiques photos. On aperçoit des paysages à couper le souffle, des ravins impressionnants, des falaises imposantes mais pas de végétation.

GORGE DE KOURTALIOTIKO ★★

La gorge de Kourtaliotiko, également connue sous le nom de la gorge d'*Assomatos*, située à 22 km de la ville de Réthymnon, est le site naturel le plus impressionnant de la région. Elle est composée de falaises magnifiques qui plongent des deux côtés de la route, atteignant jusqu'à 300 mètres d'altitude par rapport à la route à plusieurs endroits. Le canyon est long de 2,5 km et est traversé par la rivière Kourtaliotis qui coule entre les monts Kouroupa et Xirón et qui se déverse dans la plage de Preveli, après avoir traversé la gorge de Frati. La gorge est presque nue ; formée de calcaire, elle possède de nombreuses petites grottes, des endroits de nidification et d'alimentation pour de nombreuses espèces de rapaces rares, un habitat d'une importance internationale où se repose en particulier le vautour gypaète (*Gypaetus barbatus*), espèce menacée et en voie de disparition. On peut voir, après un virage au bord de la route, la petite église pittoresque dédiée à saint Nicolas qui est incrustée dans la falaise, les sources de la rivière Kourtaliotis et, un peu plus haut, une chute d'eau de 40 mètres. Le nom de Kourtaliotiko provient du mot Kourtala, ce sont des sons de « clap » (comme lorsqu'on tape des mains), une conséquence du vent canalisé à travers les grottes les plus élevées de la gorge et brisé par le mur de la falaise d'en face renvoyé en écho. Le principal point où l'on peut entendre ces sons se situe près de l'entrée nord. Ce canyon, côté Preveli, est l'une des plus belles gorges de Crète.

Gorge de Kourtaliotiko.

TAVERNA MARIOU €

Village de Mariou
✆ +30 28320 31855
https://tavernamariou.business.site/
Ouvert tous les jours en saison, de 15h à 22h30. Comptez autour de 25 € par personne.

Située dans le village verdoyant de Myrthios, la taverne offre depuis la terrasse une vue superbe et panoramique sur la baie de Plakias. Mirios propose une cuisine méditerranéenne et des spécialités inspirées de recettes traditionnelles crétoises. Les plats proposés sont préparés avec générosité et des matières premières d'une qualité indéniable. L'agneau au four des bois et le rôti de porc – fondants –, le *kleftiko* au lait cru de Hania, les haricots secs géants à la sauce tomate et à la feta, entre autres, sont à déguster. Service sympathique.

TAVERNE ILIOMANOLIS €€

✆ +30 28320 51053
Ouvert toute l'année. Fermé les lundis et au mois de novembre. Midi et soir. Comptez 15 € par personne environ.

Manolis, le patron, vous invite à goûter une cuisine typiquement crétoise, juste au-dessus du canyon de Kotsifou, dans le lieu-dit Kanevos. La renommée des plats mijotés par son épouse, préparés à base de lapin, mouton, poulet élevés sur place et de légumes du jardin, dépasse les montagnes alentour et fait affluer les locaux. Préparés au jour le jour, tous les produits sont frais et savoureux. Le fromage, fait maison, à base de lait de brebis, est un régal. On choisit son plat en cuisine, directement dans les marmites fumantes de la cuisinière !

VRISI TAVERNA & CAFÉ €€

✆ +30 28320 31399
Ouvert tous les jours en saison, de midi à minuit. Comptez 20 € par personne.

Un restaurant qui commence à se faire connaître pour ses qualités culinaires, sa location impeccable avec une vue à couper le souffle, et son atmosphère chaleureuse. Un peu à part des autres restaurants touristiques de la région, il est à tester pour les amoureux de bonne gastronomie et de panoramas. La carte propose une sélection très variée de plats, de cuisine crétoise mais pas seulement. Ainsi, certaines propositions font piocher dans des influences orientales pour un brin d'originalité... Au coucher du soleil, c'est parfait. Les portions sont copieuses.

PREVELI ★★★

Situé à 8-9 kilomètres de Plakias et Myrthios en passant par Lefkovias, à la sortie des impressionnantes gorges de Kortaliotiko où souffle souvent un vent fort et incessant, on longe la rivière du Megalopotomos sur laquelle a été construit un pont à l'aspect vénitien datant du XIXe siècle. En continuant la route, on découvre les vestiges du monastère d'Agios Ioannis (ancien site de l'actuel monastère) avant d'atteindre le Moni Preveli (monastère Preveli) qui surplombe la mer de Libye. Du parking situé un peu plus bas, on jouit d'une vue panoramique magnifique sur la côte sud. Entre ces deux monastères, une petite route sur la gauche monte et mène à un parking d'où part un sentier escarpé descendant vers la très belle plage de Preveli surnommée Palm Beach en raison de sa célèbre palmeraie – sachez que cette dernière a été dévastée par le feu au cours de l'été 2010 mais elle repousse un peu plus chaque année. Il vous faudra compter 10 minutes pour la descente et 15 minutes pour la montée. Attention, chaussez-vous bien et ne vous chargez pas trop, le chemin est rude !

Transports

- **Liaisons en bus** avec Réthymnon tous les jours.
- **Bateau et taxi boat.** A partir de Plakias (15 € l'aller-retour, 40 min de traversée) et Agia Galini en saison. Renseignements : www.plakiasboattours.gr

La plage de Preveli.

Monastère de Preveli.

MONASTÈRE DE PREVELI ★★

Ouvert tous les jours de 9h au coucher du soleil en saison (fermé entre 13h30 et 15h30 l'été). Entrée : 3 €

Fondé au XVIe siècle, et plus précisément en 1594, comme le témoigne cette date gravée sur une des cloches du monastère, très probablement par un moine issu de la famille de Preveli, il a joué pendant plusieurs siècles un rôle important comme centre d'études (sa bibliothèque est particulièrement riche) et de conservation de certaines traditions artistiques (peintures, icônes, sculptures sur bois). Son histoire est intimement liée aux périodes de résistance aux différents occupants : les moines ont souvent soutenu directement les rebelles, notamment pendant les révolutions crétoises de 1821-1823 et 1866-1869 contre les Ottomans. Lors de la Grande Bataille de Crète en 1941, de nombreux soldats britanniques, néo-zélandais et australiens y ont trouvé refuge avant d'être évacués par la plage en contrebas en direction d'Alexandrie en Egypte à l'aide de sous-marins. Une partie du monastère a été détruite en représailles par les Allemands en 1941 et tous les moines ont été pris en otage. Les bâtiments actuels datant de différentes périodes offrent un ensemble agréable. Le musée du monastère, construit dans les anciennes écuries, abrite une exposition de cent icônes byzantines (XVIIe-XIXe siècles) d'une grande valeur artistique et historique. Un grand nombre d'entre elles est représentatif de l'influence qu'a exercée l'art flamand de la première moitié du XVIIe siècle sur l'art austère grec, obéissant au dogme orthodoxe. Le musée comporte également des objets liturgiques divers et des offrandes de soldats britanniques reconnaissants.

PLAGE DE PREVELI (PALM BEACH) ★★★

Située à l'embouchure du fleuve.

L'accès est situé à une bonne vingtaine de minutes à pied du parking en surplomb, mais la beauté du lieu en vaut la peine. Juste avant d'entrer sur la piste, possibilité de profiter d'un conducteur de Jeep pour vous amener sur la plage. Si vous n'avez que votre propre voiture de location, faites extrêmement attention, car on conduit entre la roche et le vide, la route n'est pas du tout asphaltée. Conduisez donc extrêmement lentement, entre 5 km/h et 10 km/h, vous parcourrez ainsi les cinq kilomètres de piste en environ une demi-heure. Alternative : vous pouvez prendre le bateau depuis Plakias ou Agia Galini qui vous amène directement sur la plage et vient vous chercher le soir. Sinon, marchez ! En ayant bien conscience que c'est une marche ardue.

Mais l'effort en vaut la peine. C'est un lieu magnifique, qu'il ne faut rater pour rien au monde. Avant de se jeter dans la mer, le lac forme un petit fleuve très rafraîchissant, d'une couleur turquoise épatante, entouré de palmiers et de lauriers-roses. A droite et à gauche se dressent des rochers escarpés qui rendent impossible l'accès à d'autres plages. Vous aurez l'impression d'être sur un des derniers paradis terrestres, dignes des plus impressionnantes cartes postales. L'endroit est superbe, et la plage particulièrement agréable avec ses nombreux recoins ombragés. Les palmiers ont repoussé tout autour de la rivière depuis le dernier incendie de 2010 et désormais la palmeraie se refait un nom. Un lieu à ne pas manquer !

SPILI ★★

Situé dans l'arrière-pays, à 20 km environ des plages de Preveli et Ligres, le village vaut un arrêt ne serait-ce que pour admirer la fontaine vénitienne aux 19 têtes de lion d'où coule l'eau fraîche des montagnes – censée être la meilleure de Crète ! Le village en lui-même n'apparaît pas très attractif au premier abord, mais dès que l'on s'éloigne un peu de l'axe principal par les ruelles le long de la colline, il dévoile tous ses charmes avec de nombreuses habitations assez bien conservées datant de l'époque de l'occupation vénitienne. Des bus de touristes s'arrêtent fréquemment dans la journée, mais le soir ce village essentiellement rural reprend le cours tranquille de sa vie. La plupart des boutiques se trouvent au centre autour de la place principale et ses nombreuses terrasses de café ombragées. Il y a un musée d'arts populaires, de jolies églises, des ruelles charmantes et la fontaine immanquable en guise d'attraction. Vous trouverez aussi banque et poste, sur l'artère principale. Il y a de nombreuses chambres à louer, surtout dans la rue principale. Notez la jolie église à la sortie du village.

Transports

De Réthymnon (via Armeni et Pale) ou d'Agia Galini, on arrive à Spili en 30 min de voiture. Plakias et Preveli sont à 20 min. Les bus qui vont de Réthymnon à Agia Galini (et retour) s'arrêtent à Spili. Plusieurs départs de Réthymnon en saison. Réservations et achat en ligne sur www.e-ktel.com

Village de Spilli.

MUSÉE FOLKLORIQUE

Au centre du village.

Ouvert tous les jours en saison, de 10h à 18h. Prix libre.

Un sentier à l'extrême nord de la ville nous mène dans un endroit renfermant un grand trésor d'objets d'époque. Le Musée folklorique de Spili est abrité dans une ancienne maison traditionnelle à deux étages et a été fondé par l'Association des femmes du village. Le rez-de-chaussée est consacré à la reconstitution d'une maison crétoise d'antan. Lors de la visite, la tisseuse géante traditionnelle, le torréfacteur de café, la chambre du cordonnier et la cuisine traditionnelle d'il y a 220 ans ont attiré notre attention, entre autres.

MARAVEL GREEN HOTEL €

Dans le centre-ville de Spili.

✆ +30 28320 22056

maravelspili.gr

12 chambres. Chambres double 30 €, petit-déjeuner en supplément.

Pour les visiteurs qui préfèrent l'agrotourisme au tourisme de masse. L'établissement propose des chambres simples et fonctionnelles, avec balcons, salle de bains privée et cuisinette. Parmi les services intéressants : sauna et massage de désintoxication à l'eau chaude avec des huiles essentielles. Les propriétaires vous invitent à vous promener à travers leur grand jardin débordant de fines herbes et de plantes aromatiques. Plusieurs activités proposées : randonnées, distillation du raki, participation à la vie paysanne, stages de cuisine crétoise, entre autres.

RASTONI RESORT €€

✆ +30 28320 22744

www.rastonihotel.gr

Chambre double à partir de 85 € en saison.

Le Rastoni est construit de manière traditionnelle, en pierre. Il est situé à 500 mètres du centre de la pittoresque Spíli. Cuisinette avec micro-ondes, réfrigérateur, télévision à écran plat, air conditionné et salle de bain privée (avec baignoire) dans toutes les chambres. Une aire de jeux pour enfants est disponible, tout comme une grande piscine autour de laquelle sont organisées des soirées à thème. Grillades à la braise dans le jardin. Commerces et restaurants sont à 300 mètres. Les plages de Plakias et Agia Galini sont à moins de 25 km.

VILLA AURORA €€

✆ +30 6984 863548

www.villa-aurora.gr

Location à la semaine, à partir de 150 € par nuit en saison.

La Villa Aurora est située au nord du village de Koxare. La zone fait partie du réseau européen Natura 2000. La Villa Aurora est un complexe tout confort, conçu avec soin dans un style rustique. Dans un jardin privé de 4 000 m², le bâtiment peut accueillir jusqu'à 10 personnes. La Villa comprend trois niveaux (190 m²), avec 4 chambres et 3 salles de bains, une cuisine, une salle à manger, et 2 salons, dans un paysage verdoyant avec une piscine de 43 m², également adaptée pour les enfants. Parking privé. Grillades à la braise possibles.

SIDERADIKO €

Vers la sortie du village en direction d'Agia Galini.

✆ +30 6973 697116

Ouvert en saison 7j/7 de 10h à 23h et en hiver en semaine seulement. Comptez autour de 15 € par personne.

Cette taverne est abritée dans une très ancienne forge, d'où son nom Sideradiko (forge). Rénovée mais gardant tout le charme du vieil atelier d'autrefois, elle propose des plats savoureux de la cuisine traditionnelle réussie : les fromages de chèvre, poulets ou légumes sont excellents. Dégustez, entre autres, les escargots au couscous crétois et à la sauce tomate, le ragoût et surtout le yoghourt au miel comme dessert. Des aliments de grande qualité dans un environnement agréable, avec un service impeccable et de petits prix.

TAVERNA AGAMEMNON €

Village de Kentrohori

✆ +30 28320 61540

https://tavernagamemnon.weebly.com/

Ouvert tous les jours en saison, de midi à minuit. Comptez autour de 15 € par personne.

Agamemnon, le propriétaire, tient cette agréable taverne hors des sentiers battus depuis 1988. Ici, on découvre la Crète authentique, perché à 600 m au-dessus du niveau de la mer, dans le petit village de Kentrohori. La vue sur les villages voisins et le mont Siderotas est splendide : de quoi respirer et se ressourcer le temps d'un repas. Côté cuisine, rien à voir avec les tavernes touristiques que l'on trouve si souvent en bord de mer. Ici tout est savoureux, préparé avec soin au jour le jour et avec de bons produits locaux.

TAVERNA DRIMOS €

✆ +30 28330 61300

www.taverna-drimos.gr

Ouvert tous les jours en saison, de 9h à 23h. Comptez autour de 15 € par personne.

Au bord des gorges de St Antonio, dans cet endroit si calme et retiré, la taverne Drimos est une bonne surprise, surtout après une longue marche. Au milieu d'une nature exubérante, les propriétaires servent une cuisine typique et locale de qualité, préparée avec de bons produits du coin. De nombreux animaux sont élevés sur place et font partie de la vie quotidienne. Fruits et légumes sont frais et du jardin des propriétaires ! Goûtez, entre autres, le riz pilaf, gamopilafo, cette spécialité crétoise (parfois avec de la chèvre), servie aux mariages et fêtes.

TAVERNA MARIA & KOSTAS €

39 M. Isidorou

✆ +30 28320 22436

Ouvert tous les jours en saison, de midi à minuit. Comptez autour de 15 € par personne environ.

Sans doute la plus typique et originale des tavernes à Spili. Sa terrasse ombragée, pleine de pots de fleurs, au bord d'une petite ruelle, cache une cuisine traditionnelle comme on les aime. Un endroit très agréable pour se régaler d'une cuisine locale, à base de produits frais, servie par des gens qui aiment faire découvrir leurs plats. La gentille patronne, Maria, cuisine de bonnes saucisses crétoises accompagnées de pommes de terre ou du lapin, des grillades, des tomates et des poivrons farcis… Demandez aussi à déguster les olives maison !

CAFE RAFTIS

En partant de la place de la fontaine.

✆ +30 2832 022029

Ouvert tous les jours en saison, de 7h30 à très tard.

Dans ce café on ne sert que de l'alcool et du café. Le patron est dans ce bar depuis près de cinquante ans. Radieux et très convivial, il accueille ses clients avec une chaleur sans pareille et fait tout pour vous mettre à l'aise. D'habitude il commence par vous offrir un verre de raki tout frais. Asseyez-vous pour siroter un café ou pour prendre un verre, profitez du temps qui passe, picorez les légumes crus servis pour accompagner votre boisson. Ça ne paie pas de mine mais ça présente l'avantage d'être resté traditionnel, rien n'a changé pour les touristes.

LIGRES ★

A 20 kilomètres au sud de Spili, sur la côte, la plage de Ligres est un site dont la beauté sauvage récompense largement le visiteur qui aura fait l'effort de venir jusque-là. Accessible par une toute petite route sinueuse descendant vers le sud, la longue plage est barrée d'un rocher géant, comme si ce dernier venait à peine de s'écrouler de la montagne. Le site est majestueux : on s'y croit seul au monde, l'eau est turquoise et le sable fin. Une petite cascade se jette dans la mer, sur la droite, visible depuis la mer. Deux tavernes ombragées offrent un refuge bienvenu, elles sont situées en surplomb de la plage.

LIGRES BEACH €

✆ +30 6974 234509

www.ligres.gr

Studios et chambres doubles : 35 € en saison. Taverne ouverte tous les jours midi et soir. Comptez 15 € par personne.

Juste au-dessus de la plage, on se rend à cette taverne en maillot et pieds nus ! Emplacement magnifique, avec accès direct à la plage, l'idéal pour se rafraîchir lors d'une pause déjeuner ou café. On y mange une cuisine classique, de la viande grillée à la braise ou du poisson frais pêché le jour même par les propriétaires. Des chambres et studios sont également disponibles pour séjourner au calme dans ce petit coin de paradis. Confort sommaire (climatisation, petit frigo et grand balcon donnant sur la mer) mais à ce prix-là, c'est déjà très bien !

VILLA MARIA €

✆ +30 6949 477081

www.ligres.eu

Studio pour deux personnes à partir de 45 € avec frigo, salle de bains et climatisation.

Villa Maria fait office de taverne et d'hôtel. Situé un peu en hauteur et en retrait de la plage, l'établissement, une grande bâtisse en pierre, affiche un excellent rapport qualité-prix, car l'endroit n'est pas encore très fréquenté par les touristes. L'hôtel propose des studios et des appartements simples mais propres et confortables dont certains offrent une vue magnifique sur la mer Libyenne. Les logements sont climatisés et disposent d'une kitchenette entièrement équipée, avec un frigo, une salle de bains avec douche. TV. Radio. Parking.

AGIOS PAVLOS ★

A une vingtaine de kilomètres au sud-est de Spili et à l'ouest d'Agia Galini, cette superbe plage est accessible en bateau ou en voiture à travers de petites routes sinueuses mais très praticables. La baie est séparée en deux par le cap Melissa : d'un côté, une petite plage protégée nichée au creux de la baie et de l'autre, une longue étendue de sable souvent battue par les vents. Si les quelques chambres disponibles sur place sont surtout destinées aux touristes étrangers, les Crétois apprécient de venir à Agios Pavlos à la journée, se baigner et déjeuner. Magnifique.

HÔTEL-TAVERNE AGIOS PAVLOS €

✆ +30 28320 71104

www.agiospavloshotel.gr

De 37 à 50 € la chambre double en saison, selon la vue. Wifi. Taverne : comptez 15 € par personne.

La pension Agios Pavlos propose des chambres basiques mais neuves et claires, avec accès direct à la plage en contrebas. Elles sont climatisées et disposent d'un frigo, d'une douche, d'un sèche-cheveux. Terrasse ou balcon. Les chambres doubles ont vue sur la mer. L'établissement fait aussi taverne et dresse ses tables sur sa jolie terrasse au-dessus de la plage. Ambiance très sympa l'été. Juste au-dessus, un centre de yoga et un café ont élu domicile dans ce joli site naturel.

SLEEPY DRAGON

A quelques mètres de l'Hôtel Agios Pavlos

✆ +30 28320 71104

Ouvert tous les jours en saison (8h à 12h petit-déj). Toute la journée : café/snacks. Le soir : cocktails.

Le Sleepy Dragon est un café très fréquenté car il offre une vue spectaculaire sur la mer de Libye. Par ailleurs, il est fréquenté aussi bien par les locaux que par les visiteurs qui adorent l'ambiance zen et multicolore qui règne dans les lieux ! Cela fait vraiment un bien fou de somnoler dans les hamacs suspendus sous la tonnelle, au rythme du clapotis des flots, juste en contrebas. Les jus de fruits sont frais et excellents. Les snacks sont simples mais de bonne qualité. Excellente adresse pour apprécier, plus tard dans la soirée, un cocktail.

AGIA GALINI ★★

Agia Galini se situe tout au bout de la route principale qui relie Rethymnon à sa côte sud. À l'extrémité orientale et méridionale de la préfecture, nous sommes ici à environ 25 km de Spili et un peu plus d'une heure de route de Rethymnon. Coincé entre deux montagnes et construit en escalier au bord de la mer de Libye, ce petit port a, dès l'abord, tout pour plaire tant le site est enchanteur. Même si la petite station balnéaire s'est fortement développée pour faire face à la demande croissante des tour-opérateurs, Agia Galini a préservé ses ruelles et son allure de petit village.

Aujourd'hui on trouve nombre de boutiques, restaurants, pensions, supérettes et bars mais Agia Galini garde un certain charme suranné, en particulier hors saison. Peut-être parce que les habitants ont conservé ce sens authentique de l'accueil et de la convivialité.

A l'est du village, un petit chemin cimenté longeant la roche conduit à la plage. Le matin, dès 7h, les locaux ont l'habitude de s'y retrouver pour le premier bain de la journée ! Place ensuite aux touristes et aux chaises longues.

Histoire

Dédale fut enfermé avec son fils Icare par le roi Minos, pour lequel il avait conçu le terrible labyrinthe de Cnossos. Vous pouvez retrouver la caverne qui leur servait de prison si vous suivez le chemin qui louvoie aux pieds de la colline d'Agia Galini : une percée dans la roche vous indique l'entrée de la grotte, fermée par une porte. Deux statues sont disposées sur la pointe rocheuse depuis laquelle le père et le fils prirent leur envol grâce à des ailes artificielles collées à la cire ; Icare se rapprocha trop près du soleil qui fit fondre la cire et tomba dans la mer. Un festival de théâtre a lieu en été : les pièces sont jouées dans le petit amphithéâtre qui surplombe le port.

Se loger

A savoir, les escaliers sont un véritable calvaire pour accéder à la majorité des hôtels, des appartements, voire même à certains restaurants du port. Les personnes à mobilité réduite devront donc opter pour les établissements sur la plage.

Se restaurer

Que ce soit sur le port ou dans les ruelles piétonnes du centre-ville, vous n'aurez que l'embarras du choix pour choisir votre restaurant. Il y en a pour tous les goûts. Inutile de rappeler que dans un petit village comme celui-ci, tout le monde se connaît et les prix sont sensiblement les mêmes partout.

Tourisme

Il y a un point info au port ouvert tous les jours de 10h à 12h et de 18h à 20h. Attention, comme l'accueil des touristes se fait sur la base du volontariat, les horaires sont variables. Là vous pourrez puiser une multitude d'informations parmi les prospectus et surtout abuser des connaissances des sympathiques hôtes.

Transports

Il existe deux arrêts de bus : le principal devant l'église et un autre en haut à l'entrée du village. Plusieurs allers-retours depuis/vers Rethymnon.

MUSÉE D'ETHNOLOGIE CRÉTOISE ★

Village de Voroi Pirgiotissis

✆ +30 28920 91110

Ouvert tous les jours de 10h à 17h (19h en saison). Ticket : 3 €.

Le Musée d'Ethnologie Crétoise est particulièrement riche en éléments liés à l'agriculture, l'élevage, la poterie, la vannerie, la spéléologie, l'architecture, la musique et la danse. C'était un important centre de recherche dans les années 1980 concernant l'étude des civilisations de Crète de l'an 1000 à nos jours. On y trouve des objets excavés de toute la Crète, des périodes minoenne (de 2000 à 500 avant J.-C.), archaïque, byzantine et ottomane.

PLAGE D'AGIOS GEORGIOS

La plage se situe à 62 km de Réthymnon, au sud-est et à 7 km du village d'Agia Galini, au sud. On peut également s'y rendre en bateau au départ du port d'Agia Galini. Il s'agit d'une très belle plage de galets et qui n'est pas aménagée. Deux tavernes, se situant à l'endroit où on peut se garer, surplombent la plage. Quelques marches séparent la plage du parking. La mer devient vite assez profonde et c'est la raison pour laquelle elle est très prisée par les amateurs de pêche sous-marine. La plage est également fréquentée par les nudistes.

PLAGE PRINCIPALE D'AGIA GALINI

À côté du port à l'ouest.

Les chaises longues sont gratuites pour peu que vous consommiez au bar d'une des tavernes.

La plage principale est divisée en deux par la rivière qui la traverse en plein milieu. Un pont métallique l'enjambe : unique en son genre, il relie les deux parties de la plage et ressemble étrangement au style Eiffel. Côté ouest du pont, la plage est aménagée avec bars et parasols et l'on peut louer jet-skis et bateaux à pédales tandis que le côté est reste nettement plus sauvage. Ce n'est pas la plus belle plage de la région car il y a beaucoup de galets de toutes les tailles.

CLICK & GO RENTAL

25 rue Martiou

✆ +30 699 88 80 900

www.clickandgo.gr

En saison, voiture classe A à partir de 45 €/jour selon la disponibilité. Livraison gratuite 24h/24 et 7j/7.

Le bureau central est situé à Mires, dans l'arrière-pays, mais votre voiture pourra être livrée un peu partout sur la côte sud. Parmi les avantages de cette agence sérieuse : l'annulation gratuite, des prix sans frais supplémentaires, des voitures livrées avec un réservoir plein, un service 24h/24. Véhicules récents, propres et vérifiés avant la livraison. L'assurance est en principe complète sur tous les véhicules. Ici vous trouverez le meilleur forfait de location à des prix compétitifs et, surtout, avec un service amical et professionnel.

CAMPING NO PROBLEM €

En contrebas le long de la plage, 1 km avant d'arriver dans la ville.

✆ +30 28320 91239

www.gogalini.com/camping

Comptez 6 € par personne, 4 € pour une petite tente et 2 € la voiture.

Le site sur lequel est implanté le camping est vraiment bien choisi avec des espaces pleinement ombragés par des platanes, des vieux oliviers et des grands tamaris. Il se situe à 100 mètres de la plage d'Agia Galini et à proximité de la rivière Platys. Le camping est équipé d'une grande piscine au centre de laquelle on a créé un petit îlot de quelques palmiers. Il dispose d'un restaurant (Taverna Kipos), d'une supérette et d'un bar. Chaises longues et parasols, autour de la piscine. Espace wifi. Cuisine commune. Machines à laver.

HOTEL PETRA €

Dans le centre près du port.

✆ +30 28320 91155

www.hotel-petra.gr/el/epikoinwnia

En saison, chambre double à partir de 65 €. Petit-déjeuner compris.

C'est un hôtel familial proposant une trentaine de chambres dont la moitié a été rénovée récemment. Elles sont climatisées et possèdent des doubles vitrages, un réfrigérateur, une salle de bains avec douche, une TV et un balcon. Piscine propre, Internet sans fil à la réception et au bar de la piscine, parking gratuit juste devant l'établissement. Les chambres rénovées offrent un confort moderne. La plage est située à 6 minutes et le port d'Agia Galini est à 3 minutes à pied. Le petit déjeuner (buffet) est servi sur le grand balcon commun de l'hôtel.

PALAZZO GRECO €€

A l'entrée du village à gauche sur les hauteurs par rapport à la plage.

✆ +30 28320 91187

www.palazzogreco.com

Chambre double à partir de 120 € en saison, petit-déjeuner inclus.

Surplombant la plage sur son piton rocheux, ce joli 4-étoiles dispose de 128 chambres, suites et appartements modernes et confortables. Les chambres, climatisées, possèdent frigo, TV, wifi, salle de bains, coffre-fort, téléphone. Parking gratuit, belle piscine dans un joli jardin, chaises longues sur l'herbe et vue imprenable sur la mer. Cependant, il est conseillé de réserver longtemps à l'avance car cet établissement est très souvent complet. Plage à 100 m et village à 1 km : attention, pour rejoindre le village à pied, ça descend et ça monte raide.

IRINI MARE €€€

A 1 km du village à l'ouest, au fond de la plage.

✆ +30 28320 91051

www.irinimare.com

En saison, à partir de 135 € la chambre double avec petit déjeuner. Wifi.

Cet hôtel 4-étoiles de 78 chambres s'étale au pied d'une colline. L'ensemble de taille humaine, entouré de verdure, est charmant. Une belle vue sur la baie est vraiment appréciable ! La plage de sable se trouve à 150 m environ. Les chambres climatisées offrent depuis leurs balcons ou terrasses privés une vue sur la mer ou sur la montagne. L'ensemble est tout confort et réalisé avec goût. Les chambres sont équipées d'un mini-frigo, d'une salle de bains, d'une TV. Deux piscines, une aire de jeux, une salle de fitness. Baby-sitting sur demande. Parking gratuit.

HARAKAS APPARTEMENTS €

Sur les hauteurs en direction du village de Melampes.

✆ +30 693 471 9373

http://harakas.com/

Chambre double à partir de 75 € en saison.

A seulement 2 km de la plage et du centre-ville, ces maisonnettes meublées offrent une vue panoramique sur les îles Paksimadia et la vallée de Messara. Depuis les balcons, on profite du lever du soleil et de son magnifique coucher ! Les appartements sont parfaits pour les familles. Ils sont climatisés et possèdent : une salle de bain avec douche, un salon spacieux, une cuisine entièrement équipée, une machine à laver et un lave-vaisselle. Le jardin est plein de fleurs et un café-bar propose des plats traditionnels crétois. Piscine.

MADAME HORTENSE RESTAURANT €

Au port, au-dessus du Zorbas Pub dans la dernière allée : il faut monter quelques escaliers.

✆ +30 69329 89538

Ouvert en saison, tous les jours midi et soir. Comptez autour de 15 € le repas. Poisson frais : plus cher.

Ce restaurant, offrant depuis sa terrasse pleine vue sur le port et la mer de Libye, est tenu par un fils de pêcheur qui garantit du poisson frais tous les jours en plus des spécialités habituelles. Une des adresses les plus soignées de la ville. Au menu, des mets crétois typiques et des bons plats tels que le ***kleftiko***, le lapin à la sauce citron, les escargots au romarin... Le nom du restaurant est inspiré d'un personnage du roman de Nikos Kazantzakis, ***Alexis Zorbas***.

TROPICA CLUB €€

En bordure de la rivière Platis et à même la plage.

✆ +30 28320 91351

www.gogalini.com

Appartements pour 2 personnes à partir de 55 € en saison. Petit-déjeuner en supplément à partir de 5 €.

Logements simples sur la plage, bien au calme et à proximité du centre. 12 appartements (+3 appartements jusqu'à trois personnes) donnant sur la mer sont équipés de balcons ou de grandes terrasses et au rez-de-chaussée un jardinet privé, mais aussi air conditionné, frigo, livres... Dans le joli jardin se trouve une grande piscine, entourée d'arbres, de fleurs et de pergolas. Profitez des chaises longues gratuites que ce soit au bord de la piscine ou sur la plage. Parking privé fermé, wifi partout. Établissement recommandé aux personnes à mobilité réduite.

PANTHEON TAVERNA €

Face au port sur les hauteurs.

✆ +30 28320 91466

Ouvert tous les jours en saison, entre midi et 23h. Comptez 15 € par personne environ.

Petit restaurant familial, très bien situé en hauteur pour admirer la vue splendide sur le port. Parmi le choix important des plats, nous avons apprécié le kleftiko (l'agneau au four au fromage et aux légumes). Bonne cuisine crétoise classique (tarama, pain à l'ail, crevettes saganaki, dorade grillée, agneau en sauce…), avec un accueil comme savent faire les Crétois. Le personnel est souriant. Le traditionnel verre de raki et la petite assiette de pâtisseries sont toujours offerts avec joie à la fin du repas. Il y a beaucoup d'habitués, c'est décontracté.

FAROS FISH TAVERNA €

Sur le port

✆ +30 694 477 3702

Ouvert 7j/7 en saison, de midi à minuit. Comptez 15 € par personne ou autour de 35 € pour du poisson frais.

Installée depuis 1976 sur le port d'Agia Galini, Faros est une petite taverne traditionnelle et familiale comme on les aime. La spécialité est bien évidemment le poisson frais, les crustacés et les fruits de mer : le menu varie selon l'arrivage. Les poissons frais sont étalés dans une vitrine spéciale à l'entrée de l'établissement : on les choisit et ils sont pesés en présence du client. Comme toujours dans ce cas-là, vérifiez bien le poids au kilo et demandez combien pèse la bête avant qu'elle ne soit préparée, cela vous évitera les mauvaises surprises.

TROPICA TAVERNA €

Au bord de la mer, juste après le petit pont qui relie les deux parties de la plage.

✆ +30 28320 91351

En saison, ouvert tous les jours de 9h à 23h. Comptez autour de 18 € par personne.

Cuisine traditionnelle crétoise et grecque principalement. Parce que c'est ouvert toute la journée sur la plage, on y trouve aussi toutes sortes de snacks : pizzas, omelettes, clubs sandwich, burgers, salades, spaghettis. Il y en a pour tous les goûts à chaque heure : déjeuner, dîner et surtout petits-déjeuners à des prix intéressants. Les chaises longues autour d'une grande piscine et sur la plage sont à la disposition des clients gratuitement. Musique en public tous les soirs en juillet et août à partir de 19h. Ambiance familiale.

ORGANISER SON SÉJOUR

Entre amis, en famille ou en solitaire, la Crète est une destination idéale pour vos vacances. L'organisation du séjour ne présente pas de difficultés particulières. Depuis l'adhésion de la Grèce, et donc de la Crète, à l'UE, aucune formalité administrative n'est demandée aux ressortissants des pays membres. On y accède très facilement par bateau ou en avion, les trajets et les vols sont très réguliers et en toute saison. L'île, la plus peuplée et la plus grande en superficie de la Grèce, possède des infrastructures très développées puisqu'elle ne vit pas qu'au rythme du tourisme. Les moyens de transport locaux, terrestres mais aussi aquatiques permettent aux visiteurs de sillonner confortablement et en toute sécurité l'île d'un bout à l'autre. Les routes nationales sont en très bon état, les ports et les marinas aussi. Comptez également sur le sens profond de l'hospitalité des Crétois qui sont prêts, à tout moment, à vous rendre service.

ORGANISER SON SÉJOUR

ARGENT

Depuis le 1er janvier 2002, la Grèce (et donc la Crète) est entrée dans l'Union monétaire européenne : l'euro y est donc en circulation, en remplacement de la drachme. Si les billets en euros sont les mêmes quel que soit le pays émetteur, les pièces de monnaie sont, quant à elles, spécifiques à chaque Etat. Les banques sont ouvertes uniquement le matin, en général entre 8h et 14h. Elles sont fermées le week-end et les jours fériés. Des distributeurs automatiques de billets sont disponibles 24h/24 dans les grandes villes et les lieux touristiques. Toutefois, dans les villages éloignés, les distributeurs ne sont pas approvisionnés aussi fréquemment : prévoyez donc de retirer des espèces avant de vous y rendre. Pour connaître le plus proche, un outil de géolocalisation de distributeurs est à votre disposition. Rendez-vous sur visa.fr/services-en-ligne/trouver-un-distributeur. De façon générale, évitez d'avoir trop d'espèces sur vous. Préférez payer avec votre carte bancaire quand cela est possible. Notez également que le paiement par carte bancaire est gratuit alors que les retraits sont soumis à une commission de 3 euros environ, selon les banques.

BUDGET / BONS PLANS

Malgré la toute récente crise économique qui a profondément touché la Grèce, la Crète a pu s'en sortir un peu mieux grâce aux flux touristiques et son développement agricole. Le coût de la vie reste moins cher que dans les autres pays européens, surtout si l'on choisit de suivre le mode de vie des locaux : préférez faire vos courses au marché et dans les grandes surfaces que dans les supérettes des régions balnéaires ! La haute saison touristique coûte en général plus cher en ce qui concerne le logement, c'est la raison pour laquelle mieux vaut réserver à l'avance. Les prix dans les restaurants, bars et tavernes restent les mêmes peu importe la saison. Toutefois, il faut rester vigilant et bien vérifier les prix sur le menu. En règle générale, un séjour en Crète en hiver ou au début du printemps sera aussi agréable et beaucoup moins cher qu'en plein été. En saison, le budget varie selon le type de logement et la vie que vous voulez mener ! Disons que, sans se priver de la vie nocturne crétoise, très animée, il faut compter 60 euros par personne et par jour si vous logez chez l'habitant (*domatia*), à partir de 95 euros si vous optez pour un hôtel de charme et au-delà de 150 euros si vous préférez vous offrir un séjour de luxe.

PASSEPORT ET VISAS

Les ressortissants de l'UE doivent être munis d'une carte d'identité ou d'un passeport. Pour les mineurs non accompagnés, une autorisation de sortie du territoire est exigée qui sera présentée aux autorités, accompagnée du passeport ou de la carte d'identité. Les ressortissants canadiens n'ont pas besoin de visa pour un séjour inférieur à trois mois. Pensez à photocopier tous les documents que vous allez emporter (permis de conduire international entre autres) : en cas de perte ou de vol, cela facilite énormément les démarches de renouvellement. Si possible, souscrivez à une assurance contre le vol avant de voyager : cela peut se montrer très utile.
Pour les ressortissants non européens ayant choisi la France comme point de départ, l'ambassade de Grèce à Paris et le consulat vous renseignent sur les démarches à suivre : Ambassade de Grèce : 17, rue Auguste Vacquerie – Paris 16e – 01 47 23 72 28 – www.mfa.gr/france. Consulat général : 23, rue de Galilée – Paris 16e – 01 47 20 40 64 – ouvert du lundi au vendredi de 9h30 à 13h.

PERMIS DE CONDUIRE

Le permis de conduire délivré par un pays de l'UE est reconnu dans tous les pays membres. En Crète, comme partout en Grèce, le permis de conduire français et belge est reconnu et accepté par toutes les agences de location de voitures. Un permis spécial est demandé pour la location d'un bateau ou d'un voilier sans skipper. Un permis spécial moto/scooter est également obligatoire car les loueurs crétois ne prennent pas le risque de louer un scooter, peu importe la catégorie, si le client n'est pas muni d'un document attestant qu'une formation deux-roues a été suivie.

SANTÉ

Aucun risque majeur n'est attesté en Crète sur le plan sanitaire. Il faut toutefois penser à vous procurer quelques bouteilles d'eau minérale (Rouvas, Nera Kritis, Samaria, entre autres, sont des eaux locales d'une excellente qualité) afin de rester hydraté pendant vos excursions ou vos baignades. Veillez à rester protégé pendant les heures les plus chaudes de la journée pour éviter les brûlures du soleil : préférez les parasols sur les plages, l'ombre d'un arbre ou d'une falaise. Pensez à avoir dans votre trousseau une lotion anti-moustique et une crème en cas de piqûre.

L'ASSURANCE VOYAGE, LE BON RÉFLEXE POUR PARTIR L'ESPRIT TRANQUILLE

avec CATHERINE DIBOUES, responsable du marché voyage, loisir et mobilités chez Allianz Travel

En cas d'annulation de voyage, peut-on bénéficier d'un remboursement des frais engagés ?

L'assurance voyage propose une indemnisation lorsque l'on doit abandonner son projet de séjour pour une raison indépendante de sa volonté. Contrairement aux idées reçues, les assurances liées aux cartes bancaires ne proposent pas toutes une assurance annulation.

Que se passe-t-il en cas de retard de vol ?

Avec l'assurance voyage Allianz Travel, les frais supplémentaires liés à l'attente sont pris en charge, à partir de 2h de retard. Il peut s'agir des frais de restauration, de transport lors d'un changement d'aéroport ou d'une éventuelle nuit d'hôtel.

L'assurance voyage couvre-t-elle la perte ou le dommage des bagages ?

Allianz Travel indemnise les voyageurs en cas de bagages endommagés ou perdus par la compagnie aérienne. Cela comprend l'indemnisation du bagage et son contenu.

Quelles sont les destinations couvertes par votre zoning Europe svp ? Est-ce uniquement l'UE ou l'ensemble du continent européen ?

Les pays européens ont des accords avec l'administration française. Avant de partir, il faut demander la carte européenne d'assurance maladie. La sécurité sociale et la mutuelle prennent alors en charge les frais médicaux, selon leurs barèmes. Les frais médicaux étant majoritairement plus élevés qu'en France, l'assurance voyage permet de se voir remboursé du reste à charge.

En cas de souci de santé sur place, que faut-il faire ?

En cas de doute ou pour des symptômes légers, nous proposons un service de téléconsultation médicale, par téléphone et en visio, qui permet d'être conseillé et orienté par un professionnel ainsi que d'obtenir une ordonnance si besoin. Pour une situation plus grave, il est nécessaire d'appeler les urgences locales, dont les numéros sont disponibles sur notre application mobile. Une fois à l'hôpital et dans un état stable, on appelle Allianz Travel pour déclencher les procédures de prises en charge. Notre centre d'assistance fonctionne 24h/24, 7j/7.

En cas de maladie grave, appelez le 166 (Grèce-Crète) ou le 112 et ayez le réflexe de contacter si besoin le consulat de France. Vous trouverez les établissements aux standards internationaux sur les sites www.diplomatie.gouv.fr et www.pasteur.fr

VACCINS OBLIGATOIRES

Aucun vaccin n'est recommandé pour voyager en Crète.

SÉCURITÉ

La Crète est exemplaire en termes de sécurité : c'est l'une des régions les plus riches du pays et il n'y a pas de surdensité géographique. Sans oublier la nature apaisante et le climat bonifiant. Pourquoi donc les Crétois seraient-ils violents ? Pourtant, ils sont loin d'être endormis et, conscients de leur richesse extrême, ils veillent à conserver cette tranquillité ainsi que leur identité : si celle-ci est en danger, le tempérament sanguin du peuple crétois se réveille aussitôt. Faites attention donc aux propriétés privées, ne vous y engagez pas sans autorisation, les Crétois sont des gens armés ! Par ailleurs, l'hospitalité crétoise accompagne une bonhomie certaine. Sous des airs parfois rustres, les Crétois témoignent d'une grande chaleur envers les visiteurs : l'accueil dans les pensions chez l'habitant est en général amical et donne l'occasion de partager un peu du quotidien de ce mode de vie à la crétoise. Rarement en Crète, mais mieux vaut être prudent, déplore-t-on des vols de pickpockets, qui concentrent leur action dans les pôles touristiques. Veillez donc à vos sacs et surtout à vos sacs à dos, et évitez de circuler avec vos pièces d'identité. Une photocopie certifiée est aussi valable que l'original en cas de besoin. Notez aussi que l'opérateur du standard de la police grecque (tél. 100) répond en anglais. Sinon, à ceux qui se déplacent en voiture ou en deux-roues, la plus grande prudence sur les routes est exigée. En cas d'incendie prévenez les locaux ou appelez les pompiers (tél. standard : 199).
Enfin, il est conseillé de vous référer aux recommandations publiées par l'ambassade de France en Grèce, et cela avant votre départ, concernant les mesures et les précautions à prendre en cas de séisme. Parmi elles :

Si vous êtes à l'intérieur d'un bâtiment :
- Restez calme et ne vous précipitez pas dehors
- Protégez votre tête et votre visage
- N'utilisez pas l'ascenseur ou tentez d'en sortir le plus vite possible
- Eloignez-vous des surfaces vitrées, des meubles en hauteur, des miroirs, des fenêtres
- Eteignez tous les appareils électroménagers
- Abritez-vous sous une table solide ou un bureau

Si vous êtes à l'extérieur :
- Restez-y et éloignez-vous des fenêtres, des immeubles, des fils électriques ou des poteaux de téléphone. Evitez les trottoirs qui longent des immeubles ou des hôtels en hauteur

Si vous êtes dans un véhicule :
- Restez calme et essayez de vous arrêter dans un endroit sûr sans bloquer la route
- Eloignez-vous des ponts, des viaducs et des immeubles
- N'essayez pas de sortir de votre voiture si des fils électriques sont tombés dessus. Attendez qu'on vous vienne en aide

Enfin, pour connaître toutes les informations sur la sécurité sur place, consultez le site du ministère des Affaires étrangères, rubrique « Conseils aux voyageurs » : www.diplomatie.gouv.fr/voyageurs. Il faut cependant savoir que les dangers potentiels prévus sur ce site ne sont pas très encourageants : la Crète, malgré tout, reste une destination où la sécurité est indéniable et ses habitants y veillent constamment.

DÉCALAGE HORAIRE

Comme dans tout le reste de la Grèce, l'heure en Crète est fixée à GMT-2. Il y a donc 1 heure de plus de décalage horaire avec la France (exemple : s'il est 7h en France, il est 8h en Crète). Le changement d'heure en hiver et en été a lieu aux mêmes dates, et cette heure de décalage reste donc effective toute l'année.

LANGUES PARLÉES

La langue officielle en Crète est le grec moderne. Cependant, tourisme oblige, les Crétois ont été forcés de s'initier aux langues étrangères. La majeure partie des locaux parle donc anglais, voire français, ce qui facilite la communication. Malgré tout, il est toujours utile et très apprécié d'apprendre quelques mots de grec avant de partir. Saluons l'effort des Grecs qui parlent souvent une langue étrangère. Il existe différents moyens d'apprendre quelques bases de la langue et l'offre pour l'auto-apprentissage peut se faire sur différents supports : CD, cahiers d'exercices ou même directement sur Internet. La meilleure méthode d'apprentissage reste toutefois l'effort de communication avec les locaux.

COMMUNIQUER

Depuis juin 2017, lorsque vous utilisez votre téléphone portable français dans un pays membre de l'UE, vous ne payez pas la communication, que vous émettiez l'appel ou que vous le receviez : les frais d'itinérance des portables ont été supprimés. De même, le *roaming* est gratuit dans l'UE et vous pourrez utiliser les données mobiles et la 3-4G sur vos portables sans coût supplémentaire. La Crète est à jour dans le domaine d'Internet. La plupart du temps, cela marche très bien, sauf en cas de tempête, alors il se peut qu'il y ait des ralentissements sur les réseaux wifi. Les cybercafés sont de moins en moins nombreux car pratiquement tous les hôtels, bars, cafés, gares... proposent gratuitement la connexion sans fil (wifi), encore faut-il avoir son propre ordinateur portable, sa tablette ou son smartphone. Le wifi public est désormais accessible dans les grandes villes. Depuis 2015, les bus Ktel intercités offrent à leurs passagers la possibilité de se connecter gratuitement au wifi, pour traverser l'île tout en restant connecté.

ELECTRICITÉ ET MESURES

▶ **Electricité :** Comme en Europe occidentale, les Crétois utilisent le 220 volts. Pas de panique donc avant d'emmener vos appareils électriques, ils pourront servir lors de votre séjour. Quant à ceux qui utilisent encore le 110 volts, il ne faudra pas oublier un adaptateur, car il ne sera pas facile d'en trouver sur place.

▶ **Poids et mesures :** Le système métrique a été adopté en 1959. En Crète, on parle donc en mètres et kilomètres, grammes et kilogrammes.

BAGAGES

La dominante du climat crétois est bien entendu le soleil et la sécheresse ! La température estivale diurne tourne autour de 30-35 °C, parfois un peu plus. Mieux vaut donc prévoir des vêtements légers, en fibre naturelle comme le coton, un maillot de bain, une serviette et un bon chapeau. N'oubliez pas lunettes de soleil et crème solaire, absolument essentielles. Côté chaussures, prenez une paire de claquettes ou chaussures « ouvertes » et des baskets si vous aimez marcher. Il faut aussi penser à emporter, pour les hommes, un pantalon et, pour les femmes, une jupe ou une robe longue, si vous souhaitez visiter les édifices religieux à l'intérieur desquels une tenue décente est exigée (pas de shorts et mini-jupes ainsi que des décolletés trop ouverts). Le soir, et parfois lorsque le vent souffle, ou encore en altitude (la Crète est un pays de montagnes !), l'air peut se rafraîchir. Un pull ou un coupe-vent peuvent alors s'avérer utiles, ainsi qu'un foulard pour se couvrir la gorge.

LES PHRASES CLÉS

Bonjour, je voudrais réserver un billet aller/retour pour...
Γεια σας, θα ήθελα ένα απλό/μετ' επιστροφής εισιτήριο για...

J'ai raté mon avion. Je voudrais échanger mon billet s'il vous plaît.
Έχασα την πτήση μου. Θα ήθελα να αλλάξω το εισιτήριό μου.

Mon vol est très en retard. Ma correspondance sera bien assurée ?
Η πτήση μου έχει μεγάλη καθυστέρηση. - Θα προλάβω την ανταπόκρισή μου;

Mes bagages ont été égarés, à qui dois-je m'adresser ?
Χάθηκαν οι αποσκευές μου, με ποιον πρέπει να μιλήσω;

Louez-vous des voitures avec chauffeur ?
Νοικιάζετε αυτοκίνητα με οδηγό;

Je n'ai presque plus d'essence. Où se trouve la station-service la plus proche ?
Η βενζίνη μου έχει σχεδόν τελειώσει. Ποιο είναι το πιο κοντινό βενζινάδικο;

S'Y RENDRE

Partir en individuel n'a rien de compliqué en Crète, les billets d'avion sont relativement abordables (autour de 350 € A/R), l'offre hôtelière est riche et les moyens de se déplacer aisés. En outre, même si le wifi est partout, vous bénéficierez de votre forfait téléphonique, ce qui vous facilitera le voyage, la route et les réservations de dernière minute. L'île est tellement facile (et ses habitants plutôt chaleureux) que la destination est aussi prisée par les femmes seules et les familles. Ensuite, il suffit de s'organiser : le plus tôt possible si vous partez en haute saison, entre la mi-juillet et la fin août, quand les prix flambent et les chambres partent vite et avant que les prix des vols ne soient exorbitants. Ou plus tranquillement, si vous décollez en juin ou septembre : deux mois assez idéals qui vous permettront même le luxe suprême d'organiser votre séjour au jour le jour, sur place, en fonction de vos envies.

AEGEAN AIRLINES

Aeroport Paris Charles de Gaulle Terminal 1
✆ +33 1 70 03 13 23
fr.aegeanair.com

Aegean Airlines est la plus importante compagnie aérienne grecque depuis son rachat d'Olympic Air en 2013. Membre du réseau Star Alliance, elle a régulièrement été récompensée « Meilleure Compagnie Régionale Europe ». Aegean dessert Athènes toute l'année depuis Paris Roissy-CDG (2 à 3 fois par jour). En saison s'ajoutent des vols directs vers Athènes de Marseille, Lyon, Toulouse, Nice, Nantes, Bordeaux, Lille. Depuis Athènes, des correspondances sont assurées sur l'ensemble du réseau domestique grec, dont La Canée et Héraklion.

AIR FRANCE

✆ 09 69 39 36 54
www.airfrance.fr

Réservations en ligne ou par téléphone, tous les jours de 8h à 20h.

Toute l'année, la compagnie nationale propose de nombreux vols tous les jours au départ des aéroports de Paris : plusieurs destinations en France, en Europe et à l'international. La compagnie, qui existe depuis 1933, est synonyme de qualité, de service et de confort. Sa flotte est majoritairement constituée d'Airbus âgés d'une dizaine d'années. Air France propose des vols directs et quotidiens de Paris ou Marseille à Athènes (durée de vol 3h15), puis une autre compagnie prend en charge le trajet jusqu'à Héraklion pour 50 min de vol après escale (moins de 2h).

EUROMER & CIEL VOYAGES

5 - 7, quai de Sauvages
MONTPELLIER
✆ 04 67 65 95 12
www.euromer.com

Ouvert du lundi au samedi de 9h à 18h45 et le samedi de 9h à 17h45.

Euromer est LE spécialiste des traversées maritimes en Europe depuis 22 ans. Son créneau : Euromer centralise les offres de nombreuses compagnies maritimes nationales et étrangères. Ce professionnel basé à Montpellier et aux 750 liaisons proposées permet ainsi de rejoindre la Grèce par bateau au départ de l'Italie. Rendez-vous ensuite en Crète au Port de La Canée depuis le port du Pirée avec la compagnie grecque Anek Lines. Bon à savoir, Euromer pratique des prix justes sans aucun intermédiaire. Une enseigne de confiance.

MINOAN LINES

www.minoan.gr

Leader dans le secteur du transport de passagers, Minoan Lines dispose d'une flotte importante de navires reliant Héraklion au Pirée, mais aussi aux Cyclades (Milos, Ios, Mykonos, Paros et Santorin). Il est également possible de naviguer entre La Canée et Le Pirée. Par exemple, la traversée Le Pirée-Héraklion se fait de nuit (départ 21h, arrivée à 6h30). A bord, retrouvez salles de gym, spas, bars, boutiques et restaurants. Idéal pour les personnes qui voyagent en camping-cars. A noter des offres pour les familles (1 personne sur 4 voyage gratuitement).

SÉJOURS ET CIRCUITS

L'offre des agences de voyage est importante et tâche de répondre à tous les goûts pour couvrir les mille et un visages de l'île : du simple séjour dans une station balnéaire à la croisière de rêves, en passant par des propositions thématiques, culturelles, gastronomiques ou bien par l'agritourisme et les sports.

Pour les séjours courts, retenez les visites aux sites de Cnossos et Phaistos et le musée Archéologique d'Héraklion ainsi qu'une excursion en bateau à Balos ou sur l'île de Gavdos. Ces formules sont proposées par un grand nombre de tour-opérateurs.

Des agences thématiques, aussi bien grecques que françaises, proposent des séjours centrés sur l'histoire de la Crète, ses traditions et coutumes locales, ou elles s'orientent vers les randonnées et la découverte de la richesse naturelle de l'île. Avec toujours deux points communs : la grande bleue et le sens hospitalier des Crétois.

ALMA VOYAGES

573, route de Toulouse
VILLENAVE-D'ORNON
✆ 05 56 87 58 46
www.alma-voyages.com
Ouvert du lundi au vendredi de 9h à 17h30 et le samedi de 9h à 12h.

Chez Alma Voyages, les conseillers connaissent parfaitement les destinations proposées et chaque client est suivi par un agent attitré ! Une large offre de voyages, avec émission de devis pour les voyages sur mesure, vous sera alors proposée. Alma Voyages pratique les meilleurs prix du marché et travaille notamment avec Kuoni, Beachcombers, Jet Tour, Marmara, Look Voyages... Si vous trouvez moins cher ailleurs, l'agence s'alignera sur ce tarif et vous bénéficierez en plus, d'un bon d'achat de 30 euros sur le prochain voyage... Catalogue sur le site Internet.

ARTS ET VIE

251, rue de Vaugirard - **PARIS** (15e)
✆ 01 40 43 20 21
www.artsetvie.com
Autres agences : Grenoble, Lyon, Marseille et Nice. Du lundi au vendredi de 9h à 12h30 et de 14h à 17h.

Depuis plus de 50 ans, Art et Vie, association culturelle, met au service des voyageurs son savoir-faire : transports aériens sur vols réguliers, programmes en formule tout compris, hôtels grand confort, guides locaux francophones... Découverte des cinq continents en optant pour une croisière, une randonnée, un week-end ou un voyage nature. Pour ceux qui aiment voyager en conjuguant visites et détente, Arts et Vie propose ainsi « Balades en Crète » de 8 jours qui offre notamment de découvrir Héraklion, Cnossos, Réthymnon, Spinalonga...

ATALANTE

36, quai Arloing
LYON (9e)
✆ 04 72 53 24 80
www.atalante.fr
Ouvert du lundi au vendredi de 9h à 18h et le samedi de 10h à 13h et de 14h à 18h.

Cette « maison de voyage » est spécialisée dans les voyages à pied. Trekking de haut niveau ou simples promenades dans la campagne, il y en a pour toutes les conditions physiques. Ils s'attachent à faire découvrir à leurs clients des régions du monde aux modes de vie préservés, riches de traditions et de cultures uniques. De nombreux circuits vous emmènent en Crète comme cette randonnée de 8 jours « Itinérance entre côte crétoise et montagnes blanches » ou le « Légendes mythologiques de Crète en famille » de 8 jours également.

CLIO

34, rue du Hameau
PARIS (15e)
✆ 01 53 68 82 82
www.clio.fr
Agence ouverte du lundi au vendredi de 10h à 18h, le samedi de 10h à 13h et de 14h à 16h.

En choisissant Clio, dont le nom est inspiré par la muse de l'histoire, partez à la découverte d'une conception du voyage originale et enrichissante, basée sur trois principes. Tracer un itinéraire pour vous faire découvrir les facettes d'un pays ou d'une région, vous apporter l'éclairage nécessaire pour mieux apprécier son histoire et son patrimoine. Constituer un petit groupe de personnes réunies par leur goût commun de la découverte culturelle. Optez pour le circuit de huit jours entre la Crète, au royaume de Minos et de Pasiphaé.

DESTINATIONS QUEYRAS

8, route de la Gare
GUILLESTRE
✆ 04 92 45 04 29
www.randoqueyras.com
Ouvert toute l'année. Du lundi au samedi 9h/12h et 14h/18h.

Ancrée dans le Parc naturel régional du Queyras, Destinations Queyras offre depuis dix ans un grand choix de randonnées. Cette agence de voyages, créée par quatre professionnels de la montagne, propose des séjours de randonnée pédestre, à raquettes ou à skis de montagne et des treks à l'étranger. En Crète, l'agence organise deux circuits itinérants de 8 jours intitulés « Découverte de la Crète en liberté », et « Crète, randonnées et baignades » qui sont de niveau de difficulté moyen et comptent entre 4 et 5 heures de marche par jour.

HÉLIADES

✆ 0 892 23 15 23
www.heliades.fr
Appeler du lundi au vendredi de 9h à 19h et le samedi de 10h à 18h.

La Crète fait partie des nombreux produits proposés par ce spécialiste de la Grèce. Avec Héliades, diverses formules : locations de villas, appartements et voitures, clubs, hôtels toutes catégories... Entre séjours balnéaires, autotours, circuits, croisières en yacht, combinés et randonnées, le voyageur est libre de choisir sa manière de voyager et de découvrir la Crète. L'agrotourisme est mis à l'honneur avec des séjours en maisons traditionnelles, fermes-hôtels et maisons d'hôtes. Egalement des vols secs, avec des départs de province.

FUN & FLY - SPORT AWAY

2, rue Louise-Weiss
TOULOUSE
✆ 05 67 31 16 11
www.fun-and-fly.com
Du lundi au vendredi de 8h30 à 18h30 et le samedi de 10h à 17h.

Kitesurf, plongée, windsurf, golf et surf, autant de sports que l'équipe de Fun & Fly s'engage à vous faire découvrir. Près de 15 ans de repérage, de logistique, de négociations avec ses partenaires permettent à Fun & Fly de proposer chaque saison le top des spots de la planète associé à des prestations touristiques de qualité, et cela au meilleur prix. Pour la Crète, l'agence propose différents lieux de séjour pour pratiquer le windsurf sur le site de Paleskatro dans la baie de Kouremenos, située dans la partie orientale de l'île.

TERRES D'AVENTURE

30, rue Saint-Augustin
PARIS (2e)
✆ 01 70 82 90 00
www.terdav.com
Ouvert du lundi au samedi de 9h30 à 19h.

Spécialiste de la randonnée autour du monde, le voyagiste des bons marcheurs a plus de 40 d'expérience. Terre d'Aventure propose deux circuits randonnée/treks accompagnés « Montagnes blanches et criques crétoises » en 14 jours ou une version plus light « Montagnes, gorges et criques crétoises » en 8 jours. Dans les deux cas, c'est l'Ouest de l'île que Terdav vous permet de découvrir. A noter deux temps forts particulièrement intéressants dans la version longue, l'ascension de deux sommets de plus de 2 000 mètres : Gingilos et Psiloritis.

GRAND ANGLE

52, rue du Tortolon
AUTRANS-MÉAUDRE EN VERCORS
✆ 04 76 95 23 00
www.grandangle.fr
Du lundi au vendredi de 9h à 12h et de 14h à 17h. Voyage «l'Archipel de Stockholm» à 1 130 €.

Spécialiste de la randonnée, du trek et du raid, Grand Angle propose toutes sortes de randonnées : à pied, à cheval, à VTT, avec des mulets, des ânes ou des chameaux, accompagnées ou en liberté. Le tour-opérateur réalise aussi des voyages sur mesure selon les envies et les goûts des voyageurs. Diverses randonnées guidées itinérantes mêlant histoire et nature, authenticité et confort sont programmées à destination de la Crète dont l'attrayante formule « Voyage au pays des mythes » en 12 jours qui permet de découvrir l'ouest de l'île.

TERRES DE CHARME

3, rue Villebois - Mareuil
PARIS (17e)
✆ 01 55 42 74 10
www.terresdecharme.com
Agence ouverte lundi, mercredi, jeudi et vendredi 9h30-18h30. Mardi à partir de 14h et samedi 10h30-13h et 14h-17h.

Si vous cherchez une agence spécialisée dans les voyages rares dans les îles alors c'est à Terre de charme qu'il faut s'adresser. L'accent est mis sur l'intimité, à l'originalité le tout, en profitant de la nature. En Crète, deux offres sont au catalogue : un autotour de 8 jours à la découverte de l'île, un circuit en boucle en partance d'Héraklion et avec pour étapes Elounda, Matala, La Canée et Réthymnon et une formule plus relax baptisée d'ailleurs « La vie de pacha en Crète » en hébergement à Elounda ou La Canée (8 jours).

BRAVO CLUB

✆ 08 21 23 26 26

www.bravoclub.com

Bravo Club propose, dans le monde, une vingtaine d'hôtels très confortables, idéalement situés, avec des formules *all-inclusive* comprenant vols, transports, hébergement, restauration et boissons mais aussi spectacles et activités sportives encadrées par des animateurs enthousiastes. Toujours à taille humaine pour conserver l'esprit club familial et convivial, les Bravo Clubs sont idéals pour découvrir des destinations traditionnelles en Europe ou plus atypiques et lointaines, avec les enfants, sans stress ni mauvaise surprise. Bravo Club a une adresse en Crète.

OPODO

✆ 01 70 91 75 75

www.opodo.fr

Centre d'appel ouvert du lundi au vendredi de 9h à 18h et le samedi et dimanche de 9h à 14h.

Pour préparer votre voyage, cette agence vous permet de réserver au meilleur prix des vols de plus de 600 compagnies aériennes, des chambres d'hôtels parmi plus de 1,7 millions d'établissements et des locations de voitures partout dans le monde. Vous pouvez également y trouver des locations saisonnières ou des milliers de séjours tout prêts ou sur mesure. De nombreuses offres de dernière minute sont proposées sur le site, de l'Amérique latine à l'Asie, en passant par l'Afrique et l'Océan Indien. Opodo dispose également de différentes options d'assistance.

PROMOVACANCES

✆ 08 99 23 00 16

www.promovacances.com

Promovacances est une agence de voyage en ligne qui propose de nombreux séjours touristiques, des week-ends, ainsi qu'un très large choix de billets d'avion à tarifs négociés sur vols charters et réguliers, des locations, des hôtels à prix réduits. En plus de cette importante offre, n'hésitez pas à guetter en ligne des promotions de dernière minute et les bons plans du jour. Enfin, des informations pratiques sont à consulter en ligne pour préparer votre voyage : santé, formalités, aéroports, voyagistes, compagnies aériennes.

BALI TRAVEL

PANORMOS

✆ +30 28340 94410

www.balitravel.gr

Bali Travel vous propose une multitude d'excursions intéressantes avec guide : Santorin en 1 ou 2 jours, Gramvoussa Balos, Elafonissi, Hania, Preveli Palm Beach, Gorges de Samaria, gorges d'Imbros, nuit crétoise à Axos, Jeep Safari, Water Park... la différence avec les autres agences c'est le confort des bus entièrement neufs avec climatisation et assurance passagers. Toutes les excursions se font en minibus ou midibus et directement, sans escale ou ramassage : cela permet de gagner jusqu'à deux heures de temps sur le trajet.

BALOS BUS

Kissamos - Balos Beach

GRAMVOUSSA

✆ +30 28220 24249

Plusieurs départs et retours entre Kissamos et Balos/jour : 15 € A/R. Se renseigner auprès de l'agence Strata tours.

Balos Bus vous emmène pour une somme modique directement à l'une des plus belles plages d'Europe, celle de Balos. Vous pourrez profiter de la péninsule de Gramvousa et de ses splendides paysages sans vous soucier de l'état de la piste qui y mène et des potentiels dégâts qu'elle occasionnerait sur votre véhicule de location. Dans un véhicule climatisé avec un guide (parfois francophone), c'est aussi un moyen sympathique d'en apprendre plus sur la culture locale, et de découvrir d'autres activités typiques et traditionnelles via l'agence Strata Tours.

BALOS TRAVEL

131 Iroon Polytechniou

KISSAMOS

✆ +30 28220 22900

www.balos-travel.com

Agence d'information touristique généraliste qui organise des excursions en bateau pour Gramvoussa et Balos. Organise aussi des visites guidées pour les gorges de Samaria, la plage d'Elaffonissi et Cnossos. Ici, on peut aussi louer des bicyclettes et participer aux excursions à vélo. Point fort, l'agrotourisme : visites de vieux villages comme Metochi, balades dans les fermes, cours de cuisine et initiation aux spécialités crétoises locales. L'agence propose des logements chez l'habitant ou en hôtel traditionnel. Vente de billets (air/mer/terre).

BYRON TRAVEL - LOCATION DE VOITURES - EXCURSIONS

AGIOS NIKOLAOS
✆ +30 28410 24452
https://byrontravel.com/
En saison, à partir de 40 € par jour pour la location d'une voiture classe A.

Implantée depuis 1971 sur Agios Nikolaos, Byron Travel propose une billetterie air/mer/terre toutes compagnies confondues. Vous pouvez également vous y adresser afin de réserver dans la région un hébergement toutes catégories et dans tous les styles. L'agence organise des excursions pour individuels et/ou groupes. En outre, elle propose un service très fiable de location de voitures. Très bon rapport qualité-prix. Assurance comprise. Assistance 24h/24.

CRETANPATHS - TOURISME ALTERNATIF

Village de Katalagari
ARCHANES
✆ +30 2810 751717
www.cretanpaths.com/

Cretanpaths est une agence de voyage spécialisée dans le tourisme alternatif. Elle propose différents types d'excursions afin d'en apprendre plus sur la Crète autrement. Vous pourrez notamment découvrir la destination en goûtant les spécialités crétoises avec les excursions suivantes : « Food and the city », « Let's cook Crete » ou « Tasting aroma ». C'est une manière aussi de soutenir un tourisme plus vert, plus authentique, loin des offres du tourisme de masse.

EXODUS TRAVEL

Kydonias 72
HANIA - LA CANÉE
✆ +30 28210 36368
www.exodustravel.gr
Ouvert du lundi au samedi de 9h à 21h et le dimanche de 10h à 14h et de 17h à 21h.

En plein cœur de Hania, cette agence de voyage propose des excursions à la journée, notamment à la plage d'Elafonissi ou dans les gorges de Samaria, à petits prix (on fait même des économies par rapport aux transports en commun). Les tours sont intéressants, renseignés, et les bus de déplacement sont propres et climatisés. Parfait pour les familles avec des enfants ou les seniors, avec une prise en charge sérieuse. C'est une bonne adresse parmi la pléthore d'offres que renferme la ville touristique, même si vous ne sortirez pas vraiment des sentiers battus.

THE HAPPY WALKER

56 rue Tompazi - **RETHYMNON**
✆ +30 28310 52920
www.happywalker.nl
Agence ouverte tous les jours de 10h à 14h. Chaque randonnée coûte 32 €. Déjeuner végétarien avec vin à 12 €.

Depuis 25 ans, The Happy Walker vous invite à vivre des expériences inoubliables à travers les magnifiques paysages de la Crète. Cette petite agence, très fiable, organise des marches d'une journée, avec une pause déjeuner dans une taverne typique (repas non inclus). Elle est spécialisée dans la randonnée et la découverte de la Crète profonde. Elle propose des excursions en petits groupes, encadrées par un guide expérimenté qui parle plusieurs langues. Le transport aller-retour du lieu de résidence au départ de la randonnée est pris en charge par l'agence.

PALEOLOGOS

5 rue 25 Avgoustou - **HÉRAKLION**
✆ +30 2810 346185
www.paleologos.gr
Agence de voyages francophone ouverte toute l'année. Possibilité de réserver en ligne : www.paleologos.gr/

Très bien située en bas de la rue piétonne avant le port et la gare routière, cette agence propose des billets de bateaux toutes destinations, aussi bien pour toutes les autres îles grecques que pour l'international (Italie et Turquie). C'est l'agence la plus sérieuse et la plus spécialisée dans le genre, la plus ancienne aussi ; elle travaille avec toutes les compagnies maritimes. On peut aussi y acheter des billets d'avion pour les îles et pour Athènes. Elle propose des excursions intéressantes comme 1 ou 2 jours à Santorin, en hydroglisseur.

PETASSOS TRAVEL

Kallonadon 3
HÉRAKLION
✆ +30 2810 327222
www.petassostravel.com/fr

Petassos Travel est une agence locale réceptive, francophone, de tourisme alternatif. Un groupe de professionnels s'occupe depuis plus de 20 ans de recevoir des passionnés de la nature, de l'histoire et de la culture crétoises. Ce sont de vrais spécialistes (archéologues, guides de montagne, alpinistes, spéléologues, œnologues, gastronomes...) qui s'investissent dans plusieurs institutions pour la protection de la nature et du développement durable de la Crète. L'agence planifie des voyages sur mesure pour toutes catégories et tout genre de passionnés.

PLORA TRAVEL

24 rue 28-Octovriou
AGIOS NIKOLAOS
✆ +30 28410 25868
Propose diverses excursions dans toute la région.
Un bureau très professionnel et donc très efficace. Il représente toutes les grandes compagnies aériennes, dont Air France, et maritimes, aussi bien grecques qu'internationales. Très fiable et flexible, Plora Travel vous propose toujours de bons vols et trajets maritimes au meilleur prix. En saison, l'agence propose plusieurs excursions intéressantes dans la région du Lassithi. Elle est située dans le même bureau que Clubcars Rental et ainsi vous avez en même temps la possibilité, si vous désirez louer un véhicule, d'avoir toutes les informations nécessaires.

SABINE TRAVEL

Rue Venizelou
PALEOHORA
✆ +30 28230 42105
http://sabinetravel.gr
Une agence de voyages qui propose des excursions (gorges de Samaria, d'Agia Irini et d'Anidri, Balos et Gramvoussa, visite au village d'Azogyres, site de Lissos, etc.), des hébergements (village d'Azogires et Paleohora), des tickets pour les sorties en bateau, bus ou taxi ! Sabine Travel, en collaboration avec Hermes Rent a Car, est également une agence de location de voitures et deux-roues (scooteurs, motos, bicyclettes). Les véhicules proposés sont de qualité et en bon état. Le prix inclut l'assurance tout risque et l'assistance routière.

SOUTH CRETE TOURS

Lasthenous, 36 - **IERAPETRA**
✆ +30 28420 22892
https://southcrete.gr
Ouvert toute l'année, de 9h à 21h en saison et de 10h à 14h le reste de l'année. Fermé le week-end.
Cette agence, qui compte déjà 40 ans d'expérience professionnelle, se situe à Ierapetra et Sitia, et opère principalement dans l'est de la Crète. Elle organise plusieurs excursions ainsi que des tours thématiques (histoire/culture, croisières, notamment vers l'île de Chrissi, découverte de la nature crétoise, safaris, entre autres). Agence très fiable et très professionnelle, elle propose, également, des locations de logements dans la région, des transferts à destination et en provenance des aéroports d'Héraklion et de Sitia ainsi que des locations de voitures.

EASYVOYAGE

✆ 08 99 19 98 79
www.easyvoyage.com
Le concept peut se résumer en trois mots : s'informer, comparer et réserver. Des infos pratiques sur plusieurs destinations en ligne (saisonnalité, visa, agenda...) vous permettent de penser plus efficacement votre voyage. Après avoir choisi votre destination selon votre profil (famille, budget...), le site vous offre la possibilité d'interroger plusieurs sites à la fois concernant les vols, les séjours ou les circuits. Grâce à ce moteur performant, vous pouvez réserver directement sur plusieurs bases de réservation (Lastminute, Go Voyages et bien d'autres).

JETCOST

www.jetcost.com
Jetcost compare les prix des billets d'avion et trouve le vol le moins cher parmi les offres et les promotions des compagnies aériennes régulières et *low cost*. Le site est également un comparateur d'hébergements, de loueurs d'automobiles et de séjours, circuits et croisières. L'interface du site Internet est très simple d'utilisation. Après avoir lancé la recherche, on peut affiner les résultats en fonction de ses choix afin de trouver le vol le plus intéressant, la durée du trajet, les éventuelles escales ou encore l'aéroport d'arrivée.

QUOTATRIP

www.quotatrip.com
Voyages sur mesure.
QuotaTrip est une nouvelle plateforme de réservation de voyage en ligne qui met en relation des voyageurs à la recherche d'expériences authentiques et uniques et des agences de voyages locales sélectionnées pour leurs compétences et leur sérieux. Le réseau de QuotaTrip couvre près de 200 destinations dans le monde entier. Le but de ce rapprochement est simple : proposer un séjour entièrement personnalisé aux utilisateurs. QuotaTrip promet ainsi l'assurance d'un voyage serein, sur mesure, sans intermédiaires et sans frais supplémentaires.

INTERVIEW

© D.R

LE VOYAGE-SUR-MESURE

AVEC STEVEN LE CHEVALIER ET MATHIEU VALLY DE QUOTATRIP

Quel est le concept de l'agence QuotaTrip ?

Quotatrip est la première plateforme de mise en relation entre voyageurs et agences locales. Grâce à elle, les voyageurs peuvent enfin échanger en direct avec des agences qui sont sur place et concevoir un voyage unique, au meilleur prix et 100% personnalisé.

Pourquoi voyager avec des agences locales ?

À l'inverse des agences traditionnelles, les agences locales sont des expertes de la destination choisie. Ce sont aussi les mieux placées pour concevoir des séjours qui sortent des sentiers battus. Elles sont ainsi en mesure de répondre à l'ensemble des envies, le voyageur rentre dans l'univers de l'equi-tourisme = le tourisme sans intermédiaire.

Quels sont les autres avantages pour les voyageurs ?

Il y a une multitude d'avantages. Cela permet notamment de ne pas voyager comme tout le monde, d'organiser de manière simple et rapide un séjour sur mesure et au meilleur prix. Fini les mauvaises surprises, les voyageurs posent toutes les questions qu'ils souhaitent et bénéficient d'un accompagnement sur mesure, de la conception du projet jusqu'à sa réalisation en toute sécurité car les agences référencées sont sélectionnées et recommandées par les journalistes des guides du Petitfute en toute impartialité.

Les démarches sont-elle simples à effectuer ?

Les sites de voyage en ligne font perdre beaucoup de temps aux internautes sans pour autant répondre entièrement à leurs désirs. QuotaTrip propose un formulaire simple et rapide qui permet de décrire les souhaits, les envies et les besoins. L'internaute reçoit aussitôt gratuitement et sans engagement les offres de trois ou quatre agences locales avec qui il peut ensuite échanger afin de personnaliser son projet grâce à la messagerie mise en place.

Quelles sont les destinations proposées ?

Notre plateforme propose plus de 21 000 projets de voyage sur plus de 100 destinations à travers le monde. De l'Amérique latine en passant par l'Asie et l'Afrique, nos mille agences partenaires sont là pour répondre à vos projets de voyage.

Décrivez votre projet de voyage. Échangez en direct avec les agences locales et partez au meilleur prix.

Plus d'informations : *quotatrip.com*

© D.R

© D.R

SE LOGER

La fréquentation touristique constitue un des principaux apports de devises pour l'île. L'infrastructure touristique est par conséquent présente partout. Vous n'aurez aucun mal à trouver un hébergement qui corresponde à votre budget... sauf parfois en été et en particulier entre le 20 juillet et le 20 août. Les prix peuvent alors varier du simple au double, voire au triple dans certaines destinations prisées, notamment dans le Péloponnèse. En haute saison, mieux vaut réserver ou être motorisé pour changer de village, ce qui a aussi son charme. En revanche, les prix chutent et sont plus négociables hors saison. Par ailleurs, le pays n'échappe pas à la règle et beaucoup de Grecs ont cédé aux sirènes du site AirBnb, n'hésitant pas à aménager des studios à des fins touristiques pour avoir un complément de revenu, au grand dam des hôteliers et des habitants qui peinent parfois à se loger.

BEWELCOME €€

www.bewelcome.org

Le système est simple : être hébergé chez l'habitant, partout dans le monde. C'est le site Internet qui se charge de contacter les accueillants et les postulants puis de les mettre en contact, que ce soit en ligne ou dans la vraie vie. Avec leur carte interactive, les profils *des « welcomers »* s'affichent, avec leurs disponibilités. Certains font part de leurs projets de voyage afin de pouvoir trouver des affinités, des opportunités d'action avec les membres du site. Idéal pour un voyage solidaire et plein de belles rencontres !

HOME EXCHANGE €€

www.homeexchange.fr

Abonnement annuel 130 €.

Et si vous échangiez votre maison avec d'autres pour partir en vacances ? HomeExchange est une plateforme d'échange de maisons et d'appartements entre particuliers. L'idée : un site Internet pour échanger son logement (studio, appartement, villa...) moyennant un abonnement annuel à l'agence en ligne, qui se charge de la présentation du bien et de la mise en contact des intéressés. Un excellent moyen de faire des économies pour partir en vacances et économiser ainsi les frais d'hébergement sur place. Le choix est large, avec plus de 400 000 offres dans 159 pays.

HELPX €€

www.helpx.net

Plateforme Internet pour séjourner chez l'habitant.

Des fermes biologiques, des B&B, des hôtels où l'étranger aide tout en bénéficiant, selon les hôtes, d'un hébergement, de repas ou de cours de langues selon le travail fourni. Un panel de lieux, partout dans le monde, où vivre durant une année ou moins, afin d'améliorer une langue ou vivre une expérience hors du commun pendant une année de césure. Lors de notre dernière visite sur le site, des propriétaires de *guesthouse* proposaient lit + déjeuner en échange de quelques heures de travail. Peut être une bonne affaire pour les plus jeunes.

GUEST INN €€

34 rue Kefallinias

ATHÈNES

✆ +30 210 96 07 100

www.guestinn.com

Une autre façon de sortir de certains sentiers rebattus par le tourisme. Fondé en 2004, Guest Inn est le premier réseau d'hébergements de charme labellisé en Grèce rurale s'inscrivant dans un type de tourisme solidaire et alternatif. Il regroupe des petits logements traditionnels qualitatifs, dans des régions calmes et authentiques, à la montagne, à la campagne et à la mer. Ses membres sont sélectionnés et disposent d'une licence officielle d'exploitation touristique délivrée par le ministère du Tourisme grec. Accueil et site en français.

SE DÉPLACER

Le choix d'un moyen de transport dépendra de votre ville d'arrivée mais surtout de votre style de séjour, farniente ou itinérant. Vous pouvez faire l'économie d'une location de voiture si vous restez au même endroit avec seulement quelques excursions programmées. Si votre itinéraire vous emmène ailleurs, la Crète dispose aussi d'un réseau de bus - les « Ktel » - développé, qui vous permettra facilement de vous rendre d'une ville à l'autre, à peu près n'importe où dans le pays. Le bus convient bien aux voyageurs qui ne sont pas pressés. Sinon, même si les distances ne paraissent pas très grandes sur le papier, la voiture reste un moyen idéal pour sillonner la Crète (attention la bande d'arrêt d'urgence sert de troisième voie de circulation). De toute façon, en dehors de la capitale, de Hania ou des villes de moyenne taille, vous ferez rarement l'économie d'une location : une automobile vous permettra de rallier tous les points d'intérêt…

AEGEAN AIRLINES

Heraklion International Airport Kazantzakis - **HÉRAKLION** ✆ +30 2810 330 475

fr.aegeanair.com

Centre d'appel ouvert 24 heures sur 24, 7 jours sur 7.

Aegean est une compagnie aérienne grecque fondée en 1999. En 2013, elle rachète l'emblématique Olympic, et devient ainsi la plus grande compagnie du pays. Membre de Star Alliance, elle propose actuellement 31 vols domestiques et 120 vols internationaux vers 44 pays, principalement vers l'Europe. Elle dessert entre autres Paris, Deauville, Metz, Strasbourg, Nantes, Lyon, Bordeaux, Toulouse et Marseille vers les aéroports d'Héraklion et de Hania en Crète. Elle dessert également les îles grecques les plus éloignées de la mer Egée, notamment Kastellorizo.

ANEK LINES

11 Av. Dimokratias - **HÉRAKLION**

✆ +30 2810 308000

www.anek.gr

Héraklion-Le Pirée : 7/7, durée 8-9 heures. Fauteuil, à partir de 35 €. Cabine double, à partir de 60 €. Voiture : 89 €.

Fondée en 1967, Anek Lines est une société dont les actionnaires étaient initialement des Crétois ordinaires désirant que leur île soit desservie fréquemment et en grande sureté avec des grands navires. En 1970, *Kydon*, le bateau emblématique reliant, pendant 20 ans, Le Pirée et La Canée, effectue son premier voyage. Il s'agissait d'un tanker lancé en 1953 et transformé en 1968, selon l'usage de l'époque, en ferry. Actuellement la société possède une flotte de 9 bateaux de matricule grec desservant, entre autres, les Cyclades et le Dodécanèse.

MINOAN LINES

Rue 25-Avgoustou 17 - **HÉRAKLION**

✆ +30 2810 399899

www.minoan.gr

A partir de 46 € le fauteuil, 69 €/lit en cabine, moto : 23 €, voiture : 89 €. Plusieurs départs en haute saison.

Fondée en 1972 à Héraklion, la compagnie figure parmi les leaders dans le secteur du transport de passagers. Le premier voyage reliant Héraklion au Pirée a eu lieu en 1974 à bord du ferry *Minos*. Actuellement, elle dispose d'une flotte importante de navires reliant Héraklion au Pirée mais aussi aux Cyclades (Milos, Ios, Mykonos, Paros et Santorin). Il est également possible de naviguer de La Canée au Pirée. A bord, retrouvez salles de gym, spas, bars, boutiques et restaurants pour votre plus grand confort. Idéal pour les personnes qui voyagent en camping-cars.

ANNA CARS

ANISSARAS

✆ +30 28970 24945

www.annacars.gr

Voiture classe A à partir de 50 € la journée en saison. Assurance tout risque comprise.

Créé il y a 30 ans, Anna Cars loue des voitures ainsi que des minibus pour les familles. Ces voitures peuvent vous être livrées là où vous le désirez, selon ce qui vous semble le plus pratique, que ce soit à l'aéroport, au port, ou à votre hôtel, à Héraklion ou à Hania, et cela gratuitement. Le nombre de kilomètres est illimité et vous aurez la possibilité d'ajouter un second conducteur gratuitement également. L'assurance est comprise dans le prix (offres promotionnelles sur le site Internet). L'agence est ouverte de mai à octobre, en saison.

ARKADI - LOCATION DE VOITURES, MOTOS & SQUADS

Sof. Venizelou 22 & G. Papandreou - **RETHYMNON**
✆ +30 28310 29134 - www.arkadi-rental.com
Environ 40 € par jour en fonction de la saison et du type de véhicule. Promotion sur les locations de longue durée.

Quads, motos, décapotables et voitures conventionnelles sont à votre disposition dans cette agence reconnue de Réthymnon. La compagnie familiale Arkadi, représentée par le sympathique Antonios, assure un service personnalisé pour vous accompagner dans votre découverte de l'île. Les véhicules sont neufs et peuvent être récupérés directement à l'aéroport sans attente ni queue. Une agence sérieuse donc, avec un grand choix de véhicule et une assistance 24h/24 et 7j/7 sur toute l'île.

AUTO THE BEST - RENT A CAR

Heraklion Airport
HÉRAKLION
✆ +30 2897 042800
www.thebestcars.gr
A partir de 20 € par jour en saison pour une voiture classe A.

Loueur de voitures depuis 1978, c'est une agence fiable et francophone. Une large gamme de voitures neuves, de toutes les catégories. livraison gratuite aux hôtels, au port et à l'aéroport d'Héraklion. Assurance tous risques sans franchise. Assistance routière 24h/24. Véhicules pour visiter Balos, Elafonissi etc avec une assurance pour les routes à gravier. Aucune carte de crédit pour réserver ou garantie. Contrat en français. Excellent rapport qualité-prix.

AUTO TRAVEL

20 avenue El.venizelou
HERSONISSOS
✆ +30 28970 22232
www.autotravel.gr
Ouvert tous les jours en saison de 8h à 23h.

Idéalement situé, au premier arrêt de bus près de la station-essence Eko, ce qui est très pratique, voici un loueur sérieux chez qui l'on peut également trouver trois belles villas à louer sur les hauteurs de la ville, au frais. C'est d'autant plus pratique lorsque tous les hôtels affichent complet quasiment 3 mois de l'année. Les véhicules loués sont bien entretenus et les contrats comprennent une assurance tous risques si vous le souhaitez. Livraison et récupération possible dans toute la région, tout comme l'assistance et le dépannage.

AUTOBEST CENTER - LOCATION DE VOITURES

41 rue K. Mitsotaki - **AMMOUDARA**
✆ +30 2810 255070
www.autobestcenter.gr/
Ouvert du lundi au vendredi de 8h30 à 20h30 et le samedi de 8h30 à 16h. Fermé le dimanche. Prix variables.

L'agence Autobest se spécialise depuis 25 ans dans le domaine de l'automobile. Elle propose en effet une gamme très vaste de voitures de location à des prix variables et intéressants selon la catégorie. C'est une agence très expérimentée, connue également pour la compétence de ses techniciens. Deux nouvelles succursales viennent s'ajouter à proximité d'Héraklion, une dans la région de Giofyro et l'autre à Gazi. Plusieurs offres sont disponibles sur le site.

BEST WAY LOCATION DE VOITURES

Idomeneos 37 - **HÉRAKLION**
✆ +30 2810 334334
www.bestwaytravel.gr
Ouvert toute l'année, 7/7 de 9h à 21h. Loueur de voitures, des motos, scooters et vélos. Service de dépannage 24h/24.

Best Way est non seulement un loueur de voitures (avec siège pour enfant, GPS...), motos, scooters et quads dans toute l'île mais aussi un excellent organisateur d'excursions diverses. Ses connaissances et son expertise promettent des expériences inoubliables pour tous. Parmi les expéditions possibles : tournée des vignobles, gorges d'Imbros ou Samaria, Spinalonga, forêt de Rouvas, un jour à Santorin, Jeep et quad safari, Chrissi, Elafonissi, Koufonissi, Knossos...

BLUE SEA - LOCATION DE VOITURES ET MOTOS

5 rue Kosma-Zotou
HÉRAKLION
✆ +30 2810 241097
www.bluesearentals.com
À partir de 125 € la semaine.

Ce loueur exerce dans toute l'île depuis 1980 : il s'agit d'un loueur historique, entreprise familiale qui se transmet de Yorgos père à Yorgos fils. Ils louent des voitures toutes catégories, neuves et bien équipées, mais aussi des scooters et des motos. Livraison partout sur l'île sur simple demande avec tous les équipements nécessaires (siège supplémentaire pour bébé, casques, porte-bagages...). Très bon rapport qualité-prix. Loueur sérieux, professionnel et disponible.

BYRON TRAVEL - LOCATION DE VOITURES - EXCURSIONS

AGIOS NIKOLAOS
✆ +30 28410 24452
https://byrontravel.com/
Comptez autour de 220 €/semaine pour une voiture de classe A, taxes, assurances et kilométrage illimité compris.

Entreprise familiale très fiable, connue dans la région depuis 1987. Elle loue une quarantaine de véhicules de modèles récents toutes marques confondues. Les voyageurs qui se trouvent à Agios Nikolaos pour affaires ou pour un court séjour ont la possibilité de louer un véhicule avec chauffeur très expérimenté. L'agence peut vous donner de bons conseils sur les itinéraires à faire. La collecte et la livraison à l'aéroport et aux hôtels sont gratuites.

CAMMEL

BALI
✆ +30 28340 94159
www.cammel-rentacar.gr
Tarifs à la carte sur demande. En basse saison de 20 à 25 % de réduction par rapport aux prix officiels sur le site web.

Ce loueur de voitures, fiable, a plus de 25 ans d'expérience. Vous trouverez une succursale à l'entrée du village à droite, face au Attali Village Hôtel, et une autre pas loin du port, à droite lorsque l'on regarde la mer (à 50 mètres du Bali Beach Hôtel). Il propose des voitures récentes, climatisées, toutes catégories. Il propose également des minibus pour 7 à 9 passagers. Possibilité de livraison à l'aéroport. Kilométrage illimité, toutes les taxes et assurances incluses sans franchise. Informations pratiques concernant les routes et cartes gratuites.

CARAVEL - LOCATION DE VOITURES

40 Dimokratias Street - **HERSONISSOS**
✆ +30 28970 24734 - www.caravel.gr
A partir de 20 € par jour en saison pour une voiture de classe A. Assurance tout risque comprise et dépannage 24h/24.

Ouvert toute l'année depuis 1979, Caravel est un loueur de voitures qui offre de nouveaux modèles à bas prix avec toutes les assurances au choix, pour le véhicule et les passagers. En principe, les assurances sont comprises dans le prix, mais il faut bien les mentionner dans les contrats. Retrait et remise du véhicule toute la journée dans toute la région. Aucune carte de crédit n'est requise pour les réservations en avance. Pas de frais d'annulation. Bureaux à Héraklion et à Stalida.

CLICK & GO

MIRES
✆ +30 6998 880 900
www.clickandgo.gr
En saison, voiture classe A à partir de 40 €/jour. Livraison gratuite dans tous les aéroports de l'île.

Une petite équipe dévouée qui fera tout pour un voyage réussi en Crète. Qualité et sécurité des véhicules, annulation gratuite, prix sans frais supplémentaires. Des voitures livrées avec un réservoir plein et un service 24h/24. Les véhicules sont récents, propres et vérifiés avant la livraison. L'assurance est en principe complète sur tous les véhicules, mais nous ne le dirons jamais assez : « vérifiez bien avant de donner votre CB et de signer ». Ici vous trouverez le meilleur forfait de location à des prix compétitifs avec un service amical et professionnel.

CLICK & GO RENTAL

25 rue Martiou - **AGIA GALINI**
✆ +30 699 88 80 900
www.clickandgo.gr
En saison, voiture classe A à partir de 45 €/jour selon la disponibilité. Livraison gratuite 24h/24 et 7j/7.

Le bureau central est situé à Mires, dans l'arrière-pays, mais votre voiture pourra être livrée un peu partout sur la côte sud. Parmi les avantages de cette agence sérieuse : l'annulation gratuite, des prix sans frais supplémentaires, des voitures livrées avec un réservoir plein, un service 24h/24. Véhicules récents, propres et vérifiés avant la livraison. L'assurance est en principe complète sur tous les véhicules. Ici vous trouverez le meilleur forfait de location à des prix compétitifs et, surtout, avec un service amical et professionnel.

CLUBCARS

AGIOS NIKOLAOS
✆ +30 28410 25868
www.clubcars.net
A partir de 50 € par jour pour une voiture classe A en saison. Prix par jour dégressifs selon durée de location.

Une agence professionnelle accueillante et particulièrement agréable. Livraison et récupération à l'aéroport d'Héraklion et plusieurs bureaux en Crète : Héraklion (Ammoudara), Rethymnon, Hania et Agios Nikolaos. Les véhicules proposés sont : 4x4 avec toit ouvrant et voitures de catégorie A, B, C et D (fourgonnette). En haute saison, il est conseillé de réserver vraiment à l'avance afin d'avoir la possibilité de louer une voiture de la catégorie souhaitée. Un forfait est toutefois à prévoir pour les livraisons et les locations nocturnes.

CRETE CARS

43 Rue Filitheou A - **IERAPETRA**
✆ +30 28420 25834
www.cretecars.com

En saison, comptez à partir de 200 € la semaine pour une voiture classe B, assurances et kilométrage illimité compris.

150 voitures à votre disposition à prix compétitifs. Livraison des voitures aux aéroports d'Héraklion et de Hania. Pour une location à long terme, la livraison est possible sur toute l'île. Un bureau efficace et professionnel reconnu par l'office du tourisme hellénique. Le prix comprend : kilométrage illimité, taxes locales, assurance tout risque ou dommages au tiers collision, assurance personnelle accident, assurance contre le vol, frais de livraison à l'aéroport et/ou à l'hôtel, maintenance, réparations, voiture de remplacement en cas de panne, carte routière.

EAGLE - LOCATION DE VOITURES

ELOUNDA
✆ +30 28410 42161
eloundarentacar.com

Comptez à partir de 180 € la semaine pour une voiture de classe A.

Agence très dynamique et professionnelle qui propose des voitures classiques. Prix très corrects, même avec une assurance tout risque, sans franchise, et assistance 24h/24 dans toute la Crète. Possibilité de réserver en ligne, sur leur site en français. Loueur sérieux et fiable depuis 1994. La livraison aux hôtels et à l'aéroport d'Héraklion est gratuite pour la location d'une semaine minimum. Kilométrage illimité. Très bons commentaires sur les réseaux sociaux.

ELOUNDA HAPPY TRAVEL

136 Rue Andrea Papandreou
ELOUNDA
✆ +30 69726 00567
www.eloundahappytravel.gr

Cette agence organise à la carte des excursions dans toute la Crète. Au programme : le site archéologique de Cnossos, Spinalonga, l'île de Chrissi et de Gramvousa, la plage de Balos, les gorges de Samaria, le Plateau de Lassithi, Elafonissi, les gorges de Sarakina, entre autres. Par ailleurs, l'agence propose des voitures de toutes catégories à louer ainsi qu'un excellent choix d'hébergements. Une journée au parc aquatique Elounda Water and Fun Club est également organisée (piscines, gym, spa, minigolf, activités pour enfants, bar, restaurants…).

ETHON - LOCATION DE VÉHICULES

GEORGIOUPOLIS
✆ +30 28250 61432
www.ethon.gr

Prix sur demande. Tarifs dégressifs selon la durée de location, la période et la catégorie.

Cette agence peut s'enorgueillir de vingt ans d'expérience. Elle est ouverte à partir de la mi-mars jusqu'au 1er novembre. Elle propose des voitures à la location mais également des vélos, des scooters et des motos, et offre tout un programme d'excursions à la carte, dans toute la Crète mais aussi à Santorin ! Comme toujours, pensez à demander si l'assurance de la voiture est comprise dans la note afin d'éviter tout malentendu. A noter également : service aux ports et aux aéroports.

EUROPRENT - LOUEUR DE VOITURES

87 Halidon - **HANIA - LA CANÉE**
✆ +30 28210 27810
www.europrent.gr

Agence francophone. De 35 € à 110 € par jour en haute saison, selon la catégorie.

Agence francophone ouverte toute l'année. Loue des voitures sur toute la Crète (aéroports, hôtels, ports…). Propose un large choix de véhicules de modèles récents. Assistance 24h/24 dans toute l'île. Pour les tarifs, consultez le site Internet, ils diffèrent selon la saison et il y a de bonnes promos. Réservation sans frais. Bureau également à l'aéroport d'Hania, à l'aéroport d'Héraklion, à Réthymnon rue Ari Velouchioti n° 23, et dans la rue principale d'Agia Marina (Hania).

GREENWAYS

HÉRAKLION
✆ +30 28310 72440
www.greenways.gr

Ouvert 7j/7 de 7h30 à 21h30. Comptez 140 € minimum pour une semaine de location d'une voiture classe A.

Cette agence sérieuse possède non seulement un grand nombre d'automobiles à la location allant de la catégorie A au 4x4, mais aussi un grand choix de motos jusqu'aux KTM grosses cylindrées. De plus, Greenways étant également une agence de voyages « hors des sentiers battus », elle peut vous aider à établir un itinéraire pour votre séjour en Crète. L'assurance tous risques est incluse dans le prix de la location, sans participation supplémentaire, tout comme l'option pour un deuxième conducteur et toutes les taxes. Un loueur fiable.

LIVAS - LOCATION DE VOITURES / EXCURSIONS

Istron
AGIOS NIKOLAOS
✆ +30 2841061460
www.livasrentacarcrete.com/contact.php
Agence francophone.

Loueur sérieux depuis 1978. Son atout principal : toute la famille parle bien français. Les véhicules de toutes sortes (quatre et deux roues) sont neufs et parfaitement entretenus. L'agence assure une livraison et une récupération rapides partout dans l'île 24h/24 et 7j/7. Assurance sur toute l'île sans franchise ! Unique : ils proposent à la location une Lancia Fulvia et une Mini Cooper de 1982. Tarifs très compétitifs. Réservation en ligne sécurisée et simplifiée.

MARI-KRISTIN LOCATION DE VOITURES

179 avenue Venizelou
HERSONISSOS
✆ +30 28970 23514
www.rentacarhersonissos.gr
A partir de 40 € par jour pour une voiture classe A. À partir de 220 € la semaine.

Cette agence de location de voitures est gérée par une famille franco-grecque. Elle propose une large gamme de véhicules toutes catégories ainsi que des modèles récents, en parfait état. Les assurances tout-risque sont incluses dans les prix. Mari-Kristin tient aussi un hôtel et une agence de voyages qui vous propose des excursions dans les gorges de Samaria et sur l'île de Spinalonga, mais aussi des croisières vers l'île de Santorin, entre autres.

MAX - LOUEUR DE VOITURES

KOKKINI HANI
✆ +30 28107 63009
www.max-car-rental.com
A partir de 40 €/jour (voiture classe A) en saison. Prix variables selon le véhicule et la durée de location.

Petite agence mais très sérieuse, établie en 1987 à Kokkini Hani, et à Hersonissos également, opérant sur toute la région. L'agence propose plusieurs offres sur le site. Il est conseillé de réserver jusqu'au 1e mai afin de bénéficier d'une remise de l'ordre de 10 %. Siège supplémentaire pour enfant, chauffeur supplémentaire et l'allée et retour vers/depuis l'aéroport, nettoyage du véhicule inclus dans le prix de la location. Kilométrage illimité. Assistance sur les routes 24h/24. Véhicule de remplacement rapide. Assurances multiples au choix.

MOTOR CLUB - LOUEUR ET AGENCE

1 rue 18 Agglon sq - **HÉRAKLION**
✆ +30 2810 222408
www.motorclub.gr/fr
Agence ouverte 24h/24 et 7j/7. A partir de 45 € en saison pour une voiture classe A. Voitures et motos récentes.

Cette agence est située en centre-ville face au vieux port de pêche depuis 1981. Mais elle délivre et récupère ses voitures à l'aéroport et dans les environs d'Héraklion. Outre sa flotte de 200 véhicules, ce loueur possède également environ 300 deux-roues (de 50 cc à 1 200 cc) et des jeeps. De plus, il y a un département « voyages » pour les billets air-mer-terre, des offres d'excursions en minibus et en moto, ou dans un beau voilier en bois. Réservations de logements également.

MOTOR HOLIDAYS

30 Rue Akti Koundourou - **AGIOS NIKOLAOS**
✆ +30 28410 24411
www.motorholidays.gr
Voiture de classe A à partir de 35 €/jour et moto à partir de 20 € en saison. Loue également buggys, quads et scooters.

Cette petite agence est située sur la très fréquentée côte Koundourou, tout près du centre-ville. Elle propose des locations de voitures, de motos, de quads et de buggys. Les prix sont abordables et ils diminuent selon la saison et avec la durée de la location. Grand avantage, la possibilité de louer une moto pour une durée d'un mois pour des prix intéressants. L'agence dispose de plusieurs motos, de voitures de toutes catégories, le stock est fréquemment renouvelé. La livraison aux aéroports d'Héraklion ou de Sitia, ou jusqu'à votre hôtel, est gratuite.

OK RENT-A-CAR AND MOTOBIKE

Kato Gouves
GOUVES
✆ +30 2897 042396
www.gouvescarrental.com
Ouvert toute l'année de 8h30 à 23h.

Il s'agit d'un loueur francophone dans le centre, situé en face du bowling et à côté du Lato supermarché. Vous reconnaîtrez l'enseigne facilement car ses scooters sont exposés dans l'angle des deux rues. Parmi les services offerts par cet établissement, OK Rent-a-Car and Motobike fait également office d'agence de voyages : le personnel de l'agence vous conseillera pour toutes vos excursions. Les voitures sont délivrées à l'aéroport d'Héraklion ou à votre hôtel, selon votre demande.

PENY RENT A CAR

143, rue Machis-Kritis
RETHYMNON
✆ +30 28310 54445
www.peny.gr
Kia Picanto à partir de 120 € par semaine. Tarifs dégressifs pour une location sur plusieurs jours.

Agence francophone, installée depuis 22 ans, à quelques kilomètres de la ville, à Platanias. Le service comprend, entre autres, la livraison et la récupération sur toute l'île. Contrats en français, assistance routière 24h/24. L'avantage de cette agence est l'assurance tout risque et sans franchise incluse dans le prix. L'âge minimum requis est de 25 ans ou de 21 ans pour les détenteurs d'une carte de crédit. L'agence Peny organise également des excursions dans les Gorges de Samaria, à Elafonissi, et des croisières d'une journée.

SUNBUDGET

Situé au milieu du village
MYRTOS
✆ +30 28420 51530
www.sunbudget.net/car_rental

L'accueil est parfaitement francophone dans cette agence qui gère les locations de voitures en passant par l'agence Crete Cars de Ierapetra toute l'année, via Internet. Le prix de la location comprend : assistance routière 24h/24, assurance tous risques sans franchise, livraison gratuite à l'aéroport et aux hôtels, kilométrage illimité, deuxième chauffeur gratuit, entre autres. L'agence propose également des studios, des chambres et des villas à louer, et peut vous donner de bons conseils en matière d'excursions dans les environs !

BEST WAY LOCATION DE VOITURES

Idomeneos 37 - **HÉRAKLION** ✆ +30 2810 334334
www.bestwaytravel.gr
Ouvert toute l'année, 7/7 de 9h à 21h.
Loueur de voitures, des motos, scooters et vélos.
Service de dépannage 24h/24.

Best Way est non seulement un loueur de voitures (avec siège pour enfant, GPS...), motos, scooters et quads dans toute l'île mais aussi un excellent organisateur d'excursions diverses. Ses connaissances et son expertise promettent des expériences inoubliables pour tous. Parmi les expéditions possibles : tournée des vignobles, gorges d'Imbros ou Samaria, Spinalonga, forêt de Rouvas, un jour à Santorin, Jeep et quad safari, Chrissi, Elafonissi, Koufonissi, Knossos...

LIVAS - LOCATION DE VOITURES / EXCURSIONS

Istron
AGIOS NIKOLAOS
✆ +30 2841061460
www.livasrentacarcrete.com/contact.php
Agence francophone.

Loueur sérieux depuis 1978. Son atout principal : toute la famille parle bien français. Les véhicules de toutes sortes (quatre et deux roues) sont neufs et parfaitement entretenus. L'agence assure une livraison et une récupération rapides partout dans l'île 24h/24 et 7j/7. Assurance sur toute l'île sans franchise ! Unique : ils proposent à la location une Lancia Fulvia et une Mini Cooper de 1982. Tarifs très compétitifs. Réservation en ligne sécurisée et simplifiée.

MALIA TRAVEL

MALIA
✆ +30 69442 26363
http://maliatravel.gr
Prix pour une voiture de catégorie A à partir de 35 € par jour en saison. Scooter à partir de 20 € par jour en saison.

Les services de cette agence polyvalente ne s'arrêtent pas à la location simple de voitures, de motos, de scooters ou de quads, car elle propose aussi un safari en ATV dans la montagne. Vous pouvez y participer à condition d'avoir sur vous votre permis de conduire : ça se passe tous les jours de 10h à 16h approximativement. Le forfait comprend le transfert depuis et vers l'hôtel, les taxes et l'assurance, les boissons et la nourriture, les équipements nécessaires et enfin l'essence bien sûr. Accueil sympathique et professionnel.

MOTOXPERIENCE

25 Rue Dimokratias
HERSONISSOS
✆ +30 2897 023868
www.motoxperiencesafari.gr
Activités possibles en hiver également.

Motoexperience est une société de location reconnue pour son professionnalisme et ses engins mécaniques de haute qualité. Elle a eu la bonne idée de partager sa passion pour les activités hors-piste en Buggy. Le choix des véhicules s'est porté sur le *Can Am Commander* et le *Polaris RZR*, des machines de la toute dernière technologie pour les activités hors-piste. Les sièges confortables et la position de conduite combinés avec la transmission automatique font de ces Buggy des véhicules conviviaux, accessibles à tous les conducteurs. Accueil francophone.

S'INFORMER

Outre cet excellent guide, d'autres sites vous permettront d'affiner la préparation de votre voyage et, surtout, de vous tenir au courant des différents sujets d'actualité qui peuvent affecter votre voyage. De quelles sources d'information a-t-on besoin lorsque l'on s'élance vers la Grèce ? Il y a bien sûr le très beau site officiel de l'office de tourisme grec - mais en anglais - pour peaufiner la préparation de son périple et faire quelques réservations. Pour les Français plus spécifiquement, le site de l'ambassade de France à Athènes est incontournable pour vérifier les derniers « conseils aux voyageurs ». Enfin, les touristes apprécieront de pouvoir aussi suivre l'information locale à travers des sites en français, ciblés pour un public francophone, ou encore des sites d'information en anglais intéressants pour suivre les informations grecques.

I KATHIMERINI

www.ekathimerini.com

I *Kathimeriní* est l'un des principaux quotidiens grecs, considéré comme un journal de référence et comme l'un des titres les plus prestigieux du pays. Mais ce quotidien intéresse surtout les voyageurs grâce à sa version abrégée en anglais, distribuée séparément aux États-Unis ainsi qu'en Grèce en supplément du *International Herald Tribune*. Ses articles en anglais sont également très bien référencés sur son site Internet. Il résume les plus grands titres de l'actualité avec des articles sur la politique, la vie sociale ou encore le tourisme.

VISIT GREECE

www.visitgreece.gr

Le très beau site officiel de l'office de tourisme grec. Disponible uniquement en anglais ou en grec, il regorge d'infos sur les destinations, les hôtels et les différents moyens de transport. On apprécie qu'il permette d'acheter en ligne des billets pour certains sites archéologiques et musées. Il est aussi possible de télécharger des cartes et des guides spécifiques (http://www.visitgreece.gr/en/downloads/guides). Les plus hermétiques aux langues étrangères pourront toujours télécharger de jolies photos et autres fonds d'écran.

CARNETS DE VOYAGE

36, Boulevard de la Bastille

PARIS (12e)

phoenix-publications.com

Trimestriel consacré à des destinations de voyage avec des focus dédiés à la découverte des régions.

Trimestriel consacré à des destinations de voyage avec des focus dédiés à la découverte des régions, *Carnets de Voyage*, le magazine des voyages réussis. Tous les 3 mois, la revue vous invite à découvrir à travers ses reportages le meilleur des destinations. Grande ou petite escapade à la découverte d'une ville, d'une région, en France, en Europe ou dans le monde à travers des reportages photo uniques complétés de conseils pratiques et de bonnes adresses pour nous faciliter le voyage avec enfin, un agenda des rendez-vous à ne pas manquer.

RFI

80, rue Camille Desmoulins

ISSY-LES-MOULINEAUX

✆ 01 84 22 84 84

www.rfi.fr

RFI (Radio France Internationale) est une radio française d'actualité diffusée mondialement en français et en 13 autres langues*, disponible en direct sur Internet (rfi.fr) et applications connectées. Grâce à l'expertise de ses rédactions basées à Paris et de son réseau de 400 correspondants, RFI propose à ses auditeurs des rendez-vous d'information et des magazines offrant les clés de compréhension du monde.

*anglais, cambodgien, chinois, espagnol, haoussa, kiswahili, mandingue, persan, portugais, roumain, russe, vietnamien.

RESTER

Envie de prolonger votre séjour en Grèce ? C'est possible grâce à plusieurs options. Une première étape consiste à jeter un œil au site du ministère des Affaires étrangères, avant votre départ, pour connaître les formalités de départ et y glaner de bons conseils. Dans la rubrique « Services aux citoyens », vous trouverez un guide de l'expatriation, les démarches à effectuer, les modalités de demande de documents officiels. Si vous avez entre 18 et 28 ans et êtes ressortissant de l'Espace économique européen, vous pouvez partir en volontariat international en entreprise (VIE) ou en administration (VIA). Il s'agit d'un contrat de 6 à 24 mois rémunéré (avec un renouvellement de 24 mois possible) et placé sous la tutelle de l'ambassade de France. Mais vous pouvez aussi vous tourner vers des ONG internationales spécialisées dans la lutte contre la précarité ou œuvrant pour l'éducation.

AGENCE POUR L'ENSEIGNEMENT FRANÇAIS À L'ÉTRANGER

23, place de Catalogne
PARIS (14e)
✆ 01 53 69 30 90
www.aefe.fr

Cette agence, sous tutelle du ministère des Affaires étrangères, anime et gère un réseau de près de 500 établissements d'enseignement français à l'étranger, dans près de 140 pays. 370 000 élèves, dont 40 % de Français, fréquentent ces établissements. Offres d'emploi à l'international pour les titulaires de la fonction publique (Education nationale principalement) et informations sur la politique pédagogique, la scolarité et l'orientation émaillent le site Internet de cet organisme.

BUSINESS FRANCE

77, Boulevard Saint-Jacques
PARIS (14e)
✆ 01 40 73 30 00
Ouvert en semaine de 8h30 à 18h30.

L'Agence pour le développement international des entreprises françaises travaille en étroite collaboration avec les missions économiques. Le site Internet recense toutes les actions menées, les ouvrages publiés, les événements programmés et renvoie sur la page du Volontariat International en Entreprise (VIE). Fondée en 2015, cette structure est née de la fusion entre Ubifrance et l'Agence française pour les investissements internationaux. Elle est affiliée au Ministère de l'Europe et des Affaires étrangères et au Ministère de l'Économie et des Finances.

MINISTÈRE DE L'EUROPE ET DES AFFAIRES ÉTRANGÈRES

www.diplomatie.gouv.fr

Site Internet officiel pour connaître les formalités d'entrée et séjour dans le pays. Dans la rubrique « Services aux Français », vous trouverez un guide de l'expatriation, les modalités de demandes de documents officiels. Sur la page d'accueil en sélectionnant le pays, vous obtenez les contacts des ambassades. Dans l'espace politique, économie et socio-culturel, quantité d'informations et de communications utiles pour qui s'intéresse aux réalités du pays.

VIE - VOLONTARIAT INTERNATIONAL EN ENTREPRISE

✆ 04 96 17 26 50
https://mon-vie-via.businessfrance.fr/

Le VIE est destiné aux jeunes de 18 à 28 ans. Il s'effectue en entreprise, dans une ONG, dans une collectivité locale ou dans un service de l'État – allant de l'ambassade à l'établissement culturel en passant par le consulat. Par ailleurs, il peut durer de 6 à 24 mois et être renouvelé une fois, de deux ans au plus. Enfin, sa rémunération mensuelle est constituée d'un salaire fixe de 723,99 € et d'une indemnité supplémentaire dont le montant varie selon la mission.

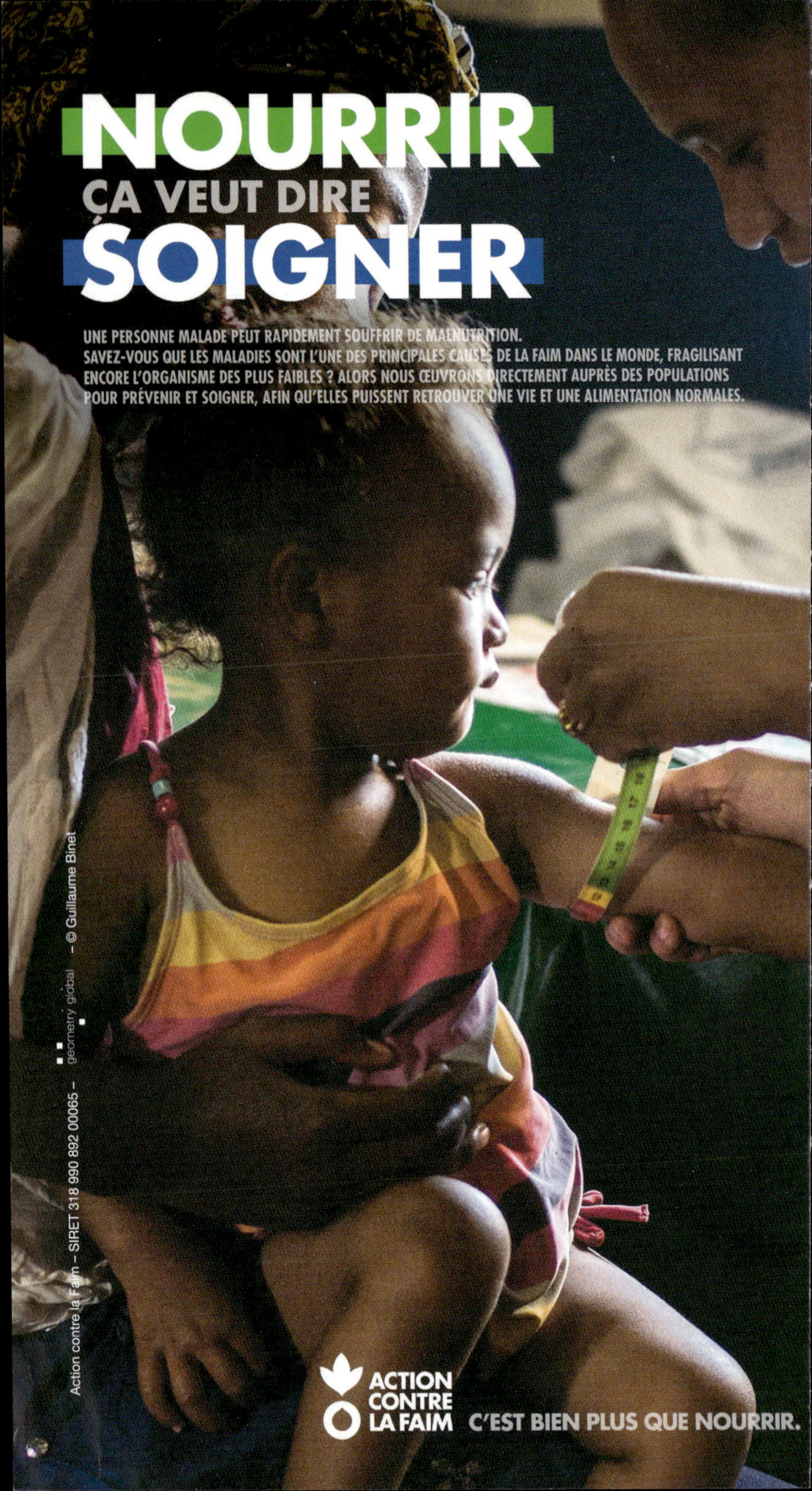
NOURRIR
ÇA VEUT DIRE
SOIGNER
UNE PERSONNE MALADE PEUT RAPIDEMENT SOUFFRIR DE MALNUTRITION.
SAVEZ-VOUS QUE LES MALADIES SONT L'UNE DES PRINCIPALES CAUSES DE LA FAIM DANS LE MONDE, FRAGILISANT ENCORE L'ORGANISME DES PLUS FAIBLES ? ALORS NOUS ŒUVRONS DIRECTEMENT AUPRÈS DES POPULATIONS POUR PRÉVENIR ET SOIGNER, AFIN QU'ELLES PUISSENT RETROUVER UNE VIE ET UNE ALIMENTATION NORMALES.
Action contre la Faim – SIRET 318 990 892 00065 – geometry global – © Guillaume Binet
ACTION CONTRE LA FAIM
C'EST BIEN PLUS QUE NOURRIR.

INDEX

F

G

H

N

O

P

Q

R

S

T

EDITION
Directeurs de collection et auteurs : Dominique AUZIAS et Jean-Paul LABOURDETTE
Auteurs : Kalliopi MORFI, Martin FOUQUET, Joseph VANILLA, Baptiste THARREAU, Mathias DESHOURS, Priscilla PARARD, Pauline BOYER, Romain RISSO, Juliette COURTOIS, Sylvie DEL COTTO, Amandine GLEVAREC, Alexandre VUCKOVIC, Anne-Sophie LAMOTTE, Catherine FAUCHEUX, Delphine MILLET-PRIFTI, Jean-Paul LABOURDETTE, Dominique AUZIAS et alter
Directeur Editorial : Stéphan SZEREMETA
Rédaction Monde : Laure CHATAIGNON, Morgane VESLIN, Pierre-Yves SOUCHET, Natalia COLLIER
Rédaction France : Briséis CREAC'H-MENUT, Mélanie COTTARD, Audrey VEDOVOTTO, Nicolas WODARCZAK

FABRICATION
Maquette et Montage : Romain AUDREN, Julie BORDES, Delphine PAGANO
Iconographie et Cartographie : Anne DIOT, Julien DOUCET

WEB ET NUMERIQUE
Directeur Web : Louis GENEAU de LAMARLIERE
Développeurs : Guillaume BARBET, Adeline CAUX et Roland SPOUTIL
Intégrateur Web : Mickael LATTES, Antoine DION
Webdesigner : Caroline LAFFAITEUR
Community Traffic Manager : Alice BARBIER, Mariana BURLAMAQUI et Noémie LE SAUX

DIRECTION COMMERCIALE
Directeur commercial : Guillaume VORBURGER
Coordinatrice des Régies commerciales : Manon GUERIN assistée de Jonas HESOL
Account Manager Marketplace : Leila ROUGEOT assistée de Lola FAVRE-MOT
Responsable Régies locales : Michel GRANSEIGNE
Responsables Développement régie inter : Jean-Marc FARAGUET, Guillaume LABOUREUR et Camille ESMIEU
Chefs de Publicité Régie nationale : Caroline AUBRY, François BRIANCON-MARJOLLET, Perrine DE CARNE MARCEIN, Jonathan TOUTOUX, Amélie NOEL,
Régie CRÈTE : Maurin GUILLERMOU

DIFFUSION ET PROMOTION
Directrice des Ventes : Bénédicte MOULET assistée d'Aissatou DIOP
Responsable des ventes : Jean-Pierre GHEZ assisté de Nelly BRION
Relations Presse-Partenariats : Jean-Mary MARCHAL

ADMINISTRATION
Président : Jean-Paul LABOURDETTE
Directrice des Ressources Humaines : Dina BOURDEAU assistée de Sandra DOS REIS et Eva BAELEN
Directrice Administrative et Financière : Valérie DECOTTIGNIES
Comptabilité : Guillaume PETIT, Aminata BAGAYOKO, Jeannine DEMIRDJIAN
Recouvrement : Fabien BONNAN assisté de Sandra BRIJLALL
Responsable informatique : Elie NZUZI-LEBA

PETIT FUTÉ CRÈTE
LES NOUVELLES EDITIONS DE L'UNIVERSITE
18, rue des Volontaires - 75015 Paris.
✆ 01 53 69 70 00 - Fax 01 42 73 15 24
Internet : www.petitfute.com
SAS au capital de 1 000 000 € - RC PARIS B 309 769 966
Couverture : Monastère (couvent) dans la vallée de Messara © vitmark - Shutterstock.com
Impression : CORLET IMPRIMEUR - 14110 Condé-en-Normandie
Achevé d'imprimer : avril 2022
Dépôt légal : 16/05/2022
ISBN : 9782305076973
Pour nous contacter par email, indiquez le nom de famille en minuscule suivi de @petitfute.com
Pour le courrier des lecteurs : info@petitfute.com

IMPRIMÉ EN FRANCE

U / V

W

X

Y

Z